Daniela Pscheida
Das Wikipedia-Universum

Daniela Pscheida (Dr. phil.) studierte Erziehungswissenschaften, Medien- und Kommunikationswissenschaften sowie Politikwissenschaft an der Martin-Luther-Universität Halle-Wittenberg. Ihre Forschungsschwerpunkte sind die soziokulturellen Auswirkungen medialer Neuerungen (mit besonderem Fokus auf Internet und Web 2.0), das Verhältnis von Medien und Kultur, Medienkompetenz und E-Learning sowie die Mediennutzung der Generationen.

DANIELA PSCHEIDA
**Das Wikipedia-Universum.
Wie das Internet unsere Wissenskultur verändert**

[transcript]

Bibliografische Information der Deutschen Nationalbibliothek
Die Deutsche Nationalbibliothek verzeichnet diese Publikation
in der Deutschen Nationalbibliografie; detaillierte
bibliografische Daten sind im Internet über
http://dnb.d-nb.de abrufbar.

© 2010 transcript Verlag, Bielefeld

Die Verwertung der Texte und Bilder ist ohne Zustimmung des
Verlages urheberrechtswidrig und strafbar. Das gilt auch für
Vervielfältigungen, Übersetzungen, Mikroverfilmungen und für
die Verarbeitung mit elektronischen Systemen.

Umschlaggestaltung: Kordula Röckenhaus, Bielefeld
Umschlagabbildung: momosu/photocase.com
Lektorat & Satz: Daniela Pscheida
Druck: Majuskel Medienproduktion GmbH, Wetzlar
ISBN 978-3-8376-1561-6

Gedruckt auf alterungsbeständigem Papier mit chlorfrei
gebleichtem Zellstoff.

Besuchen Sie uns im Internet:
http://www.transcript-verlag.de

Bitte fordern Sie unser Gesamtverzeichnis
und andere Broschüren an unter:
info@transcript-verlag.de

Inhalt

Einleitung | 9
  Streifzüge durch eine feuilletonistische Debatte | 11
  Anliegen und Prämissen | 16
  Erkenntnisziel und Vorgehensweise | 20

TEIL A GRUNDLAGEN UND VORÜBERLEGUNGEN

I Zum Verhältnis von Wissen, Medien und Wissenskultur | 27

1 Zur Genese und Kommunikation gesellschaftlich
  relevanten Wissens | 28
  1.1 Disziplinspezifische Sichtweisen auf den Wissensbegriff | 28
  1.2 Wissen als soziales Konstrukt und diskursives Produkt | 34
  1.3 Wissen als mediales Ereignis | 41

2 Nach der »Gutenberg-Galaxis«:
  Theorien zum Ende der Buchkultur | 47
  2.1 Computer und Hypermedien | 52
  2.2 Internet und Web 2.0 | 65

3 Konzeption des Untersuchungsdesigns zur Beschreibung der
  dispositiven Struktur der gesellschaftlichen Wissenskultur | 79
  3.1 Kontextanalyse: Zur Koevolution von Zeitgeschichte,
    Leitmedien und Wissenskultur | 81
  3.2 Die dispositive Struktur des Wissensdiskurses:
    Vier Ebenen der Analyse | 89
  3.3 Von der Phänomenologie zur Theorie: Deskription,
    Abstraktion und Interpretation als Analyseschritte | 94
  3.4 Zusammenfassung: Mehrebenen-Analysemodell | 96

II Das Wissensmodell der typographischen Ära | 99

Exkurs: Begriff und Geschichte der Enzyklopädie | 100
  Enzyklopädien als Ordnungssysteme und
  Instrumente der Wissensverwaltung | 101
  Enzyklopädien als Medien der Wissenspopularisierung | 107

1 Kontextanalyse: Soziokulturelle und mediale Entwicklungen
  in der Frühen Neuzeit | 113
  1.1 Renaissance, Humanismus, Reformation:
    Individualisierung und Säkularisierung des Denkens | 113
  1.2 Der Buchdruck: Entstehung und Verbreitung
    des typographischen Mediums | 125

2 Phänomenologie der Buchkultur: Wissenschaft
  und Popularisierung | 131

2.1 Normierung, Institutionalisierung und
   Standardisierung der Wissensproduktion | 131
2.2 Wissen(schaft)spopularisierung | 148
3 Theoretisierung: Das Wahrheitsmodell als Wissensmodell der
typographischen Ära | 167
   3.1 Welt- bzw. Wirklichkeitsverständnis | 170
   3.2 Wissen im Modus der Wahrheit | 172
   3.3 Das typographische Wissensmodell und die Enzyklopädie | 182

TEIL B ANALYSEN GEGENWÄRTIGER WISSENSGESELLSCHAFTLICHER UMWÄLZUNGSPROZESSE

III Gesamtgesellschaftliche Entwicklungen am Beginn des 21. Jahrhunderts | 193

1 Postmoderne Transformationsprozesse | 193
   1.1 Reflexive Modernisierung | 194
   1.2 Globalisierung | 196
   1.3 Individualisierung und flexible Lebensmuster | 200
   1.4 Demokratisierung | 203
   1.5 Zusammenfassung | 206
2 Das Konzept der Wissensgesellschaft | 207
   2.1 Zur Theorie der Wissensgesellschaft | 209
   2.2 Merkmale der Wissensgesellschaft | 214
3 Verhältniswandel zwischen Wissenschaft(en) und
Öffentlichkeit: »Modus 2« | 221
   3.1 Modus 2-Wissensproduktion: Kontextualisierung
       und Anwendungsorientierung | 222
   3.2 Wissenschaft unter den Bedingungen von Modus 2 | 225
   3.3 Wissen(schaft)spopularisierung unter den Bedingungen
       von Modus 2 | 235
4 Die Wissensgesellschaft als Aufgabe: Paradoxa
und Herausforderungen | 240
   4.1 Paradoxa der Wissensgesellschaft | 241
   4.2 Herausforderungen der Wissensgesellschaft | 243

IV Das Internet als Leitmedium der Wissensgesellschaft | 245

1 Entstehung, Entwicklung und Verbreitung des Internet –
vom hypertextuellen Rezeptions- zum kollaborativen
Partizipationsmedium | 247
   1.1 Eine kurze Geschichte des Internet und der Internetnutzung | 247
   1.2 Web 2.0 als neue Generation der
       (wissensgesellschaftlichen) Internetnutzung | 273

2 Das revolutionäre Potential des Internet im Kontext aktueller
gesellschaftlicher Bedürfnisse und Veränderungen | 283
2.1 Das Internet als Leitmedium der Wissensgesellschaft | 283
2.2 Wissensdemokratisierung im Web 2.0 | 291
2.3 Wissensdemokratisierung und wissenskultureller Wandel –
zum revolutionären Potential des wissensgesellschaftlichen
Leitmediums Internet | 328

V Das Beispiel Wikipedia – eine Analyse | 331

1 Bisherige Forschung zur Wikipedia | 334
1.1 Studien zur Qualität, Beschaffenheit und Struktur der Inhalte | 335
1.2 Studien zur Wikipedia als soziales System | 339
1.3 Studien zu Motivation und Partizipation | 342
1.4 Studien zur Wikipedia als Lernplattform und
lernende Gemeinschaft | 343
1.5 Fazit und Begründung des eigenen Vorgehens | 344

2 Deskription: Organisationsstruktur, Rollenmuster und
Konventionen des Handelns | 347
2.1 Technische, rechtliche und inhaltliche Organisationsstruktur | 348
2.2 Akteure: Nutzergruppen und Rollenmuster | 357
2.3 Regeln und Konventionen des Handelns | 367

3 Abstraktion: Handlungsereignisse, Handlungsfelder und Praktiken
innerhalb der Wikipedia | 370
3.1 Handlungsereignisse: Typische Aktivitäten,
Prozesse und Verfahren | 371
3.2 Handlungsfelder | 383
3.3 Praktiken | 386

4 Interpretation: Selbstverständnis und symbolische Ordnung –
zu den wissenskulturellen Tiefenstrukturen der Wikipedia | 387
4.1 Liberalisierung der Inhalte –
zur Unvereinbarkeit inhaltlicher und formaler Ansprüche | 393
4.2 Demokratisierung der Beteiligungsstruktur –
zur strukturellen Uneinlösbarkeit kollektivistischer Ideale | 399
4.3 Triangulation: Zwischen Produkt und Prozess, zwischen Hierarchie
und Gleichheit, zwischen Enzyklopädie und Gemeinschaft –
zur ambivalenten Identität der Wikipedia | 406

TEIL C DISKUSSION UND HYPOTHESENBILDUNG

VI Die Wissenskultur des digitalen Zeitalters | 413

1 Phänomenologie der Digitalisierung | 414
1.1 Dezentralisierung der Wissensproduktion und Aufweichung
akademischer Standards | 415
1.2 Demokratisierung: kollektive und
kollaborative Wissensprozesse | 417

1.3 Dynamisierung: Veränderbarkeit und Gestaltbarkeit von Wissen und Wissensprodukten | 419

2 Das Konsensmodell als Wissensmodell der digitalen Wissensgesellschaft | 421

   2.1 Welt- bzw. Wirklichkeitsverständnis | 422

   2.2 Wissen im Modus situativer Aushandlung | 426

   2.3 Von wahrer Erkenntnis zu situativem Konsens | 435

3 Reflexion der Wikipedia-Analyse | 436

   3.1 Die Mediengattung Enzyklopädie im Kontext der typographischen Wissenskultur | 437

   3.2 Die Wikipedia im Kontext der libertären Kultur der digitalen Wissensgesellschaft | 439

   3.3 Warum die Wikipedia keine Online-Enzyklopädie ist | 441

VII Wissenskultureller Wandel als Option – Bestandsaufnahme und Ausblick | 449

1 Die disparate Gegenwart des heraufziehenden Wandels | 452

2 Der digitale Wandel des Wissens als Äquilibrationsprozess zwischen normativer Assimilation und innovativer Akkomodation | 458

3 Wohin der Weg uns führt… Beobachtungen und Zukunftsvisionen | 465

Literatur- und Quellenverzeichnis | 471

Zitierte und ausgewiesene Sekundärliteratur | 471

Studien zur Wikipedia | 503

Zitierte und ausgewiesene Wikipedia-Artikel sowie andere Wikimedia-Seiten | 510

Zitierte und ausgewiesene Webseiten | 516

Einleitung

Mit der Entwicklung des Hypertext-Systems durch Tim Berners-Lee am Schweizer Kernforschungszentrum CERN und der Einführung von Browsern wie Mosaic oder Netscape waren Anfang der 1990er Jahre die technischen Voraussetzungen dafür geschaffen, das Internet zu einem massentauglichen Medium werden zu lassen. Der eigentliche Durchbruch kann auf das Jahr 1993 datiert werden. Seither entwickelte sich das World Wide Web (WWW) neben dem Versenden elektronischer Nachrichten (E-Mail) rasch zum beliebtesten und populärsten Dienst im sogenannten Internet.[1]

Das WWW stellt heute einen schier unbegrenzten Marktplatz für Informationen jeglicher Art dar. Kaum eine Auskunft, die sich nicht mit Hilfe des Netzes finden ließe. Regierungen und internationale Organisationen besitzen ebenso eine virtuelle Adresse wie Banken, Kultureinrichtungen, Ämter, Universitäten und Schulen – und natürlich auch immer mehr Privatpersonen. Der persönliche ›Webauftritt‹ gehört in den westlichen Industrienationen längst zum guten Ton. Auch Wirtschaft und Unternehmen haben das WWW schnell für ihre Zwecke zu instrumentalisieren gewusst. Nach einem rasan-

---

1 Was heute gemeinhin als ›Internet‹ verstanden wird, ist genau genommen nur eine Teilanwendung des Internet, das neben dem World Wide Web (WWW) auch noch andere Dienste (E-Mail, Gopher, Chat, Telnet, File-Transfer, Newsgroups) unter sich vereint. Konkret handelt es sich bei Internet und WWW um zwei verschiedene Ebenen der Vernetzung. Während das Internet die vernetzte Rechnerstruktur meint, die dem, was wir heute das Internet nennen, gewissermaßen als (technische) Infrastruktur zugrunde liegt, wird das World Wide Web durch die vernetzten Dokumente verkörpert, die erst aufgrund der Hardware und Protokolle des Internet überhaupt als solche existieren. Beide Begriffe bezeichnen also keinesfalls ein und dasselbe (vgl. dazu u.a. Alby 2008: 102). Dennoch sollen die Begrifflichkeiten Internet und World Wide Web (WWW, Web, Netz) im Folgenden weitgehend synonym verwendet werden – das jedoch eben gerade nicht in Unkenntnis ihrer deutlichen Differenz, sondern vielmehr angesichts des Bewusstseins für die Bedeutung ihrer engen wechselseitigen Bedingtheit. Meist beschränken sich die Formulierungen daher also auf das ›Internet‹, wobei die inhaltliche Ebene des Web dabei stets mitgedacht wird. Dort, wo es um das sogenannte Web 2.0 geht, wird allerdings auch der Begriff des ›Web‹ in den Mittelpunkt rücken.

ten Anstieg internetbasierter Unternehmenskonzepte und Verkaufsmodelle (E-Business und E-Commerce) ab Mitte der 1990er Jahre folgte um das Jahr 2000 herum jedoch zunächst einmal eine herbe Ernüchterung der damaligen New Economy, die oft mit dem fast schon sprichwörtlichen Platzen der ›Dotcom-Blase‹ beschrieben wird. Zahlreiche Startup-Unternehmen mussten gewissermaßen über Nacht immense Verluste hinnehmen und verschwanden teilweise wieder gänzlich von der ökonomischen Bildfläche. Ähnlich erging es auch dem mit dem E-Business in enger Verbindung stehenden E-Learning. Seit etwa 1998 entstand diesbezüglich insbesondere im Bereich der betrieblichen Weiterbildung ein regelrechter Hype. So versprach man sich vor allem eine deutliche Erweiterung und qualitative Verbesserung der Möglichkeiten der teilweise bereits seit den 1980er Jahren bestehenden Formen computer- bzw. mediengestützten Lehrens und Lernens durch die Netzwerkstrukturen des WWW. Mit dem jähen Ende des Dotcom-Booms ebbte allerdings auch diese ›erste Welle‹ des E-Learning zunächst ebenfalls erst einmal wieder ab (vgl. u.a. Detecon 2002: 6).

Inzwischen, gut 10 Jahre später, haben sich sowohl E-Business und E-Commerce als auch E-Learning neu, vielleicht auch erst richtig, etabliert. Aus ökonomischer Sicht ist das Internet auch für zahlreiche Unternehmen der sogenannten ›Old Economy‹ zu einem lukrativen Marketing- und Verkaufskanal geworden, bei dem es vor allem auf die immer wichtiger werdende ›Ware‹ Aufmerksamkeit ankommt (vgl. Hoewner 2008: 214). Aus der unternehmerischen Weiterbildung sind E-Learning-Angebote schon jetzt nicht mehr wegzudenken. Vor allem große Unternehmen profitieren von den Vorteilen des computer- und internetgestützten Lernens (vgl. BITKOM 2009). Im Bildungsbereich entdecken neben den Unternehmen aber auch immer mehr Hochschulen das E-Learning für sich (vgl. dazu insbesondere Merkt u.a. 2007 sowie Zauchner u.a. 2008). Die Schulen tun sich mit der Einführung von computer- und internetbasierten Lehr-Lern-Arrangements indessen noch weitgehend schwer.

Insgesamt lässt sich damit jedoch festhalten, dass – auch wenn die ›Wunderwirkungen‹ der Anfangseuphorie längst nicht eingetreten sind – heute zweifellos von einer klaren gesellschaftlichen Konsolidierung des Internet gesprochen werden kann. Vor allem sind webbasierte Formen des Handelns inzwischen fest im Alltagsleben der Menschen verankert. Der Umgang mit dem Internet wird zunehmend zur Selbstverständlichkeit – ob nun als Medium der Kommunikation, als Einkaufsparadies, als Lieferant von Unterhaltungsangeboten oder aber als Plattform der Informationsbeschaffung und der Wissensaneignung. So waren im Jahr 2009 etwa bereits 67,1 Prozent der Bundesbürger[2] ab 14 Jahren online (ARD/ZDF-Onlinestudie 2009).

---

2 Mit Nennung der männlichen Funktionsbezeichnung ist in diesem Buch, sofern nicht anders gekennzeichnet, immer auch die weibliche Form mitgemeint.

Im Zuge dieser Konsolidierung haben sich seit einigen Jahren auch neuartige Anwendungen und Nutzungsformen des World Wide Web etabliert, bei denen die Nutzer von reinen Konsumenten immer stärker zu aktiven Produzenten der Netzinhalte werden. Die Palette der Möglichkeiten reicht vom Einstellen privater Fotos und Videos über das individuelle Abonnement von Radiobeiträgen und den Aufbau virtueller sozialer Netzwerke bis hin zum Verfassen von Netztagebüchern und Nachschlagewerken. Die Nutzer – so macht es den Anschein – beginnen das Netz als Medium des öffentlichen Selbstausdrucks zu ›erobern‹ und sich darin einzurichten. Weblogs, Pod- und Vodcasts, Foto- und Video-Sharing-Portale, Profile auf Sozialen Netzwerk Seiten (SNS), Tags und Feeds, Beiträge in Foren und Social Communities und nicht zuletzt die über den Micro-Blogging-Dienst Twitter[3] gesendeten Kurznachrichten und Statements repräsentieren die Vorstellungen und Meinungen, die Interessen und Vorlieben sowie, in gewisser Hinsicht, auch die Weltsicht und das Wissen einer breiten Masse von Personen, die sich bisher massenmedial kaum Gehör verschaffen konnte. Schon ist die Rede von einer neuen ›Generation‹ des Internet bzw. der Internetnutzung, dem sogenannten *Web 2.0*. 2005 vom Verlagshaus O'Reilly geprägt, verbreitete sich dieser Begriff überaus schnell und setzte damit erst eine öffentliche Diskussion in Gang, da die bis dato vereinzelt beobachteten Phänomene im Web nun einen einheitlichen Namen erhielten.

Streifzüge durch eine feuilletonistische Debatte

Im Mittelpunkt der aktuellen Diskussion um das Web 2.0 stehen dabei – nicht zuletzt aufgrund der allgemeinen Beliebtheit der genannten Angebote und Anwendungen – immer häufiger Fragen der kulturellen Bedeutsamkeit dieser, so könnte man sagen, sich im Netz entwickelnden ›Wissenskultur der Amateure und Laien‹. Exemplarisch wird dabei fast immer und nicht selten kritisch die sogenannte Online-Enzyklopädie *Wikipedia* mit herangezogen. So argumentierte etwa der Feuilletonist Bernd Graff, studierter Germanist und Philosoph, in der Wochenend-Beilage der »Süddeutschen Zeitung« vom 8./9. Dezember 2007 unter der Überschrift »Web 0.0«[4], das Internet verkomme zu einem »Debattierclub von Anonymen, Ahnungslosen und Denunzianten«. Betont zukunftskritisch und bisweilen nicht wenig polemisch zieht er darin gegen den »User Generated Content« der immer zahlreicher werdenden »Prosumenten«[5] zu Felde, der, wie er schreibt, »nicht selten ein

---

3   Die einzelnen Begriffe und Anwendungen werden im vierten Kapitel dieses Buches ausführlich erläutert (vgl. Kap. IV, Abschn. 1.2.2).

4   »Web 0.0. Das Internet verkommt zu einem Debattierclub von Anonymen, Ahnungslosen und Denunzianten. Ein Plädoyer für eine Wissensgesellschaft mit Verantwortung« (Graff 2007).

5   Der Begriff des ›Prosumenten‹ (engl.: prosumer) geht auf Alvin Toffler (1980) zurück und bezeichnet eine Person, die im Hinblick auf ein Produkt zugleich

›Loser Generated Content‹ ist«, und zeigt sich folglich entsprechend erstaunt über eine »erschütternd arglose Öffentlichkeit«, in der ein Konsens darüber herrsche, »dass das basisdemokratisch breiig getretene Wissen erstens in der gesichts- und charakterlosen ›many-to-many‹-Kommunikation des Web gut aufgehoben ist, und dass das zweitens nicht nur Okay ist, sondern auch die Zukunft«. Graff spielt damit explizit auf ein Interview an, das der Berliner Medienwissenschaftler Norbert Bolz im Sommer 2006 dem Nachrichtenmagazin »Der SPIEGEL«[6] gab. Bolz stellt darin die gesellschaftliche Relevanz des Internet in Gestalt des partizipativen Web 2.0 heraus, die sich beispielsweise anhand der Wikipedia für jeden sichtbar zeige. Entscheidend sei diesbezüglich vor allem die Tatsache, dass da »ein weltweites Laienwissen« entstehe, das »in Konkurrenz zum Expertenwissen« trete. Freilich führt Bolz auch an, dass im Netz vor allem »Meinungswissen« im Sinne des griechischen Begriffs der »Doxa«[7] zirkuliere, das sich deutlich vom epistemischen Wissen der Wissenschaft(en)[8] unterscheide, aber gerade dieses Meinungswissen steige durch das Internet nun zu »einer der akademischen Arbeit mindestens ebenbürtigen Alternative« auf. Mehr noch: die ›Weisheit der Massen‹ sei dem Expertenwissen sogar in Dimensionen wie »der Aktualität, der Anwendungsbreite, der Eindringungstiefe und dem Verweisungsreichtum« überlegen. Die »Expertokratie« verliere damit »an Boden, an Legitimität. [...] Die Menschen werden immer mehr zu – wie man im Mittelalter sagte – idiotae: also zu eigensinnig Wissenden«. Bolz meint das in einem neutralen, wenn nicht gar positiven Sinne, denn hier kommt schließlich das demokratische, womöglich sogar aufklärerische Potential des Internet zum Ausdruck – die »Gegenmacht« der sich nun (nicht nur medial) emanzipierenden und aufklärenden Masse des Volkes. Gerade das wird von verschiedenen Seiten – insbesondere natürlich von Vertretern der klassischen Wissenschaft(en) – jedoch kritisch gesehen. »Ohne Elite

---

Produzent und Konsument ist – im Falle eines Medienprodukts dieses also sowohl erstellt als auch selbst rezipiert. (Vgl. Kap. I, Abschn. 2.2).

6 »›Exhibitionismus – leichtgemacht‹. Der Kommunikationswissenschaftler Norbert Bolz über die alltägliche Selbstentblößung im Internet, wegfallende Schamgrenzen und das Ende der Expertokratie« (Ohne Autor 2006b).
7 Ausführlicher dazu Hug 2003 sowie Wieland 1999.
8 Im Folgenden wird der Begriff ›Wissenschaft‹ dann verwendet, wenn es um die soziale Handlungspraxis des forschenden Zugangs zur Welt und des systematisierten und normierten Wissenserwerbs geht, wie sie sich im Zuge der Frühen Neuzeit an den Akademien und Universitäten herausbildete. Der Begriff der ›Wissenschaften‹ steht hingegen für die disziplinäre Ausdifferenzierung und Institutionalisierung dieser Praxis zu einem eigenen gesellschaftlichen Funktionssystems. Die Zusammenführung beider Begriffe zum Begriff der ›Wissenschaft(en)‹ kommt immer dann zum Einsatz, wenn eine klare Unterscheidung zwischen sozialer Praxis und Institution nicht möglich oder sinnvoll ist. Zu den Hintergründen dieser Unterscheidung siehe ausführlicher Kap. III, Abschn. 3.

geht es nicht« titelte etwa die »Neue Züricher Zeitung« Anfang März 2009 in einer gleichnamigen Beilage[9] – räumte aber gleichzeitig ein: »Der durchschlagende Erfolg des Internets hat vieles zur Disposition gestellt, was jahrzehntelang selbstverständlich war.« Anlass zu dieser auf den ersten Blick etwas widersprüchlich anmutenden argumentativen Zusammenstellung waren zwei Artikel dieser Beilage, deren Autoren dem Internet und vor allem der Bedeutung der durch dieses ausgelösten Veränderungen durchaus gegensätzlich gegenüber stehen: Der Kommunikationswissenschaftler Otfried Jarren beispielsweise zeigt sich in seinem Beitrag[10] fest davon überzeugt, dass die klassischen Massenmedien »[u]nersetzbare soziale Institutionen« sind, die eine einmalige »kommunikative Leistung« für die Gesellschaft erbringen und die daher auch nicht so einfach ersetzt werden können. So stellten die klassischen Massenmedien als Push-Medien »in spezifischer Weise, zum Teil zu vorab bekannten Zeitpunkten, Themen bereit« und seien daher »potenziell in zeitlicher und sozialer Hinsicht für alle Rezipienten gleich verfügbar«. Diese Funktion könnten Pull-Medien wie das Internet nicht erfüllen. Der Nutzen der Push-Medien bestehe nämlich nicht zuletzt darin, dass sie »das Informationsverhalten der Mehrzahl der Rezipienten in spezifischer Weise« strukturierten und vereinheitlichten und die Rezipienten ihnen dafür »entsprechende Glaubwürdigkeits-, Objektivitäts- oder Vertrauenswerte« zuschrieben. Die Rede vom Ende der Massenmedien und dem demokratisierenden Potential der Online-Medien verkörpere daher ein »naives Medienverständnis, weil die soziale Seite der Medien nicht gesehen wird«. Ronnie Grob, selbst Blogger und freier Journalist, betont in besagter Beilage der »NZZ« vom März 2009[11] ganz im Gegensatz zu Jarren, Webseiten wie Google, Wikipedia und YouTube »haben es geschafft, die Gewohnheiten der Menschen zu verändern«. Nach der »Demokratisierung der Produktionsmittel« (z.B. Digitalkameras), schaffe die »Demokratisierung der Publikationsmittel« (z.B. entsprechende Community-Portale oder Wikis) nun die Voraussetzung für eine digitale Revolution der Gesellschaft von unten. Das Internet erlaube, so Grob, »mehr Wettbewerb und mehr Demokratie« – ersteres, »weil es mehr Produzenten gibt« und letzteres, »weil alle Einfluss geltend machen können«. Folglich habe auch »Qualität, so individuell sie auch bewertet wird, mehr Chancen denn je, sich durchzusetzen«. Das Internet biete in diesem Sinne also alle Möglichkeiten zur Verteilung der Macht. Wenn man der »Weisheit der vielen« vertraue, sei auch eine »gut gebildete Elite [...] als Torwächter« nicht länger vonnöten, denn diese könne »mit den neuen Möglichkeiten täglich neu zusammengestellt werden«.

---

9 »Ohne Elite geht es nicht. Die Medienkrise, der Technologiewandel und die Öffentlichkeit« (Ohne Autor 2009).

10 »Unersetzbare soziale Institutionen. Die verkannten Vorteile der klassischen Medien« (vgl. Jarren 2009).

11 »Das Internet fördert die Demokratie. Warum die Menge intelligenter und effizienter als Eliten entscheidet« (Grob 2009).

Ein letztes Beispiel: Im Feuilleton der »ZEIT« beklagte der Journalist Adam Soboczynski Ende Mai 2009 »Das Netz als Feind« des Intellektuellen, der dort geradezu »mit Hass verfolgt« werde.[12] Vor allem über die ohnehin »in der Existenzkrise befindlichen Zeitungen«, die Soboczynski als »die letzten Bastionen sachkundiger Meinungsbildung« bezeichnet, ergieße sich der »Abscheu« der Netzgemeinde, die, von einem falschen emanzipatorischen Gefühl getragen, meint, das »Establishment« hinwegfegen zu können. Was wie die Furcht vor einem digitalen Wiederaufleben einstiger Forderungen der 68er-Bewegung anmutet, dokumentiert wohl den ehrlichen empfundenen Eindruck vieler Redakteure, im Internet gegenwärtig eine Art ›Kulturkampf‹ zu erleben. »Ein Autor«, so Soboczynski weiter, »der ein bestimmtes Niveau nicht unterschreitet, hat schlechterdings seinen Job nicht gut gemacht, sich einfach nicht durchringen können, sein Schaffen als Dienstleistung für Durchschnittskonsumenten zu begreifen«. Der Intellektualismus unterliege im und durch das Internet ganz klar dem massenkulturellen Sog. Das Mehrheitsprinzip habe sich »auf vormals von der Marktlogik geschützte Bereiche wie Wissenschaft, Kunst und Bildung ausgedehnt, die wie feudale, auszumerzende Restbestände traktiert werden«. Konkret bekämpft werde der Intellektuelle heute daher gleich von mehreren Seiten:

»Von Universitäten, die ihre Professoren durch verschulte Studiengänge zu Referenten des Immergleichen degradieren, von verlagsgeführten Internetzeitungen und E-Book-Verlagen, die ihre sogenannten Contents radikal dem internetspezifischen Marktprinzip unterwerfen dürften, von der Aushöhlung des Urheberrechts, schließlich von einer heraufziehenden Laienkultur, die sich ihrer Unbedarftheit rühmt [...].«

Ohne näher kommentieren zu wollen, inwieweit es prinzipiell gerechtfertigt ist, den Typus des Intellektuellen in so starke Nähe zu Zeitungen und Zeitungsverlagen schlechthin zu rücken, muss man doch feststellen, dass Soboczynskis Beobachtungen ebenso richtig wie falsch sind. Tatsächlich finden im Internet Entwicklungen statt, die einen »erkennbar revolutionären Anstrich« besitzen, doch gilt der damit einhergehende scheinbare ›Verdrängungswettkamf‹ nicht in erster Linie dem Intellektuellen, sondern stattdessen dem System, in dem dieser bislang zu Hause war. Ein »Neid der Amateure«, wie ihn Soboczynski ausmacht, gibt es demnach so sicherlich nicht. Vielmehr spielen die Amateure, der »unterdrückte Underground«, lediglich – wie im Folgenden gezeigt werden soll – nach anderen Spielregeln. Das stört den »Aufklärungsdiskurs« im herkömmlichen Sinne natürlich beträchtlich, ist aber nicht grundsätzlich ›anti-intellektuell‹.

Entsprechend kontert auch Gero von Randow in der »ZEIT«-Ausgabe der darauffolgenden Woche, dass nicht das »Impressum« den Intellektuellen mache, »ebenso wenig wie das Vorlesungsverzeichnis oder der Verlags-

---

12 »Das Netz als Feind. Warum der Intellektuelle im Internet mit Hass verfolgt wird« (Soboczynski 2009).

prospekt«.[13] Intellektuell sei stattdessen vielmehr eine bestimmte Art der Auseinandersetzung mit der Welt und in diesem Sinne »organisiert sich im Netz sehr wohl die intellektuelle Kritik«. Abgeklärt und weitsichtig zugleich stellt er fest:

»Das Netz ist wie eine Stadt. Sie zu lieben, nur weil sie Schönes beherbergt, wäre nicht weniger töricht, als sie des Abschaums wegen zu verachten. Interessanter ist das Prinzip der Stadt. Sie fugt und lockert die Gesellschaft, vervielfältigt ihre Verknüpfungen und Abgrenzungen, beschleunigt den Kreislauf von Auflösung und Verdichtung. An diesem Prinzip scheiden sich die Geister. Dem Konservativen ist unwohl in einer Welt, in der nicht alles am Platz bleibt. Er hat schon die Stadt und den Asphalt gehasst, um wie viel mehr nun das Netz und die Blogs!«[14]

Alle diese Beiträge, die nur beispielhaft für eine noch weitaus größere feuilletonistische und allmählich auch in der Wissenschaft selbst intensiver geführte Debatte zur kulturellen Bedeutung der neuen ›Wissenskultur der Amateure und Laien‹ im Internet stehen,[15] haben – die Überlegungen von Bolz und von Randow einmal weitgehend ausgenommen – eines gemeinsam: sie argumentieren allesamt von einem zwar formal durchaus unterschiedlich motivierten, dabei jedoch stets normativ basierten Standpunkt aus, nehmen also notwendig eine einseitige Perspektive ein. Allein Norbert Bolz beispielsweise bemerkt, dass im Kontext der Dynamik und Flüchtigkeit, der Subjektivität und sicher nicht selten auch intellektuellen Flachheit oder gar Fehlerhaftigkeit der Netzinhalte auch gesellschaftliche Bedürfnisse der Zeit eine entscheidende Rolle spielen: »Heute geht es darum«, so ist in besagtem »SPIEGEL«-Interview vom Juli 2006 zu lesen, »in kurzer Zeit möglichst viel Material zu durchforsten. In einem Satz: Die klassische Vernunft war zeitunabhängig, heute fehlt uns die Ruhe für sequentielle Informationsverarbeitung.«

---

13 »Geistesaristokratie. Nicht alles im Internet ist schön – na und? Das Netz ist demokratischer als seine Kritiker« (von Randow 2009).

14 Die Netzkritik Adam Soboczynskis erfuhr aber auch deutlich positivere Repliken. Jens Jessen nutzte die »ZEIT«-Ausgabe vom 4. Juni 2009 beispielsweise dazu, dem Internet nicht nur seinen demokratischen Charakter abzusprechen, sondern im Einklang mit Soboczynski erneut auch den »egalitäre[n] Relativismus« des »Netzfanatismus« anzuklagen, der ohnehin von einer »bildungsferne[n] Mittelschicht« ausgeht. Wenn der Nichtwissende im Netz den »lerneifrige[n] Dialog« mit dem Wissenden suche, dann gehöre das zu den »schönsten Möglichkeiten, die das Internet bietet«. Wenn der Nichtwissende dem Wissenden dabei jedoch auf Augenhöhe begegnen will und dazu noch »verlangt, dass alle sich so dumm stellen müssen wie der dümmste Diskursteilnehmer«, dann habe das eine »fatale Wirkung« (vgl. Jessen 2009).

15 Vgl. hierzu auch den diesem Buch inhaltlich wie argumentativ sehr nahe stehenden Beitrag von Dina Brandt.

Anliegen und Prämissen

Vor allem kulturkritische Ausführungen der oben genannten Art befeuern damit zwar die Diskussion, sind aber letztlich nicht wirklich gewinnbringend, denn sie eignen sich nur bedingt zur objektiven Erfassung und Einschätzung der gegenwärtigen Situation sowie zum Aufstellen diesbezüglicher Prognosen. Eschatologische Ängste ebenso wie euphorische Lobpreisungen eines kommenden digitalen Internetzeitalters müssen nämlich auf der Ebene vager Spekulationen verbleiben, wenn sie keine theoretische Begründung und empirische Fundierung erfahren. Die auf diese Weise entstehende Klarheit der Wertung vieler insbesondere kritischer Argumentationen ist damit insofern nur eine vermeintliche, als dass sich die dahinter stehende Strategie der Betrachtung des Unbekannten aus der Perspektive des Bekannten, bereits Etablierten und also Akzeptierten, die angesichts neuartiger Entwicklungen weitaus spannendere Möglichkeit unvoreingenommener Beobachtung und werturteilsfreier Hypothesenbildung vergibt.

Der vorliegende Band will daher den Versuch eines solchen bewusst *nicht-normativen Vorgehens* wagen, d.h. er will von einem unabhängigen Standpunkt aus konkret nach der wissenskulturellen Bedeutung des Internet im Allgemeinen und des Web 2.0 im Speziellen fragen und deren gesellschaftsreformerisches Potential betrachten. Dabei wird speziell zu klären sein, wie sich die medialen Bedingungen und Möglichkeiten der Darstellung, Diskussion, Zirkulation und Zugänglichmachung von Informationen und Wissensinhalten im Internet auf das gesellschaftliche Wissensverständnis und den Umgang mit diesem, kurz: die Strukturen der Genese und Kommunikation gesellschaftlich relevanten Wissens auswirken – denn dies zu tun gibt es gute Gründe:

Der gesellschaftliche Wissensdiskurs und folglich auch das *Dispositiv des gesellschaftlich relevanten Wissens* sind wohl beinahe so alt wie die Menschheit selbst. Mit der Herausbildung einfacher archaischer Stammesverbände mit festen Strukturen des gemeinschaftlichen Lebens und Interagierens entstand auch die Notwendigkeit zur Pflege und Weitergabe des gemeinsam geteilten Wissens über die Welt. Dieses spielte nicht nur eine entscheidende Rolle für die Bewältigung alltäglicher Aufgaben (wie beispielsweise der Jagd oder der Sammlung essbarer Früchte, Pflanzen und Wurzeln) und damit der Sicherung des Überlebens, vielmehr stellte es als identitätsstiftendes Element erst die Grundlage für den Prozess der Vergesellschaftung der Gemeinschaft dar. So wurden neben praktischem Alltagswissen immer auch Geschichten bezüglich des Ursprungs und der Vergangenheit der Gruppe (sogenannte Schöpfungsmythen) sowie grundlegende Ansichten über die Beschaffenheit bzw. Funktionsweise der sichtbaren oder auch unsichtbaren Realität kommuniziert. Hierin liegen also die Wurzeln dessen, was wir heute als Kultur bezeichnen (vgl. Assmann 2005 [1992]: 52ff.). An der gesellschaftlichen Notwendigkeit zur Erzeugung einer kulturell verbindenden, d.h. also »konnektiven Struktur« (ebd.: 16) durch die

Kommunikation eines gemeinsamen, kollektiven bzw. kulturellen Wissens hat sich von den Stammesgesellschaften bis in unsere heutigen Industriegesellschaften hinein nur bedingt etwas geändert. Die gesellschaftliche Realität basiert auf ganz bestimmten gemeinsam geteilten Überzeugungen darüber, wie diese Welt und damit auch das Wissen über diese Welt sowie die Gesellschaft als Ganze ›funktionieren‹. Diese Überzeugungen sind jedoch nicht universal, sondern differieren zwischen verschiedenen Gesellschaften und sind zudem auch zeitlich variabel. Da die Rückversicherung bzw. Verständigung bezüglich der gesellschaftlichen Grundüberzeugungen grundsätzlich mit Hilfe von Kommunikation erfolgt, spielen Medien hier eine entscheidende Rolle. Die mediale Verfasstheit von Gesellschaften gibt somit sowohl Hinweise auf deren kommunikative und soziale Strukturen als auch auf die diesen zugrunde liegenden kollektiven Sinnsysteme. Wie die Gesellschaft selbst stetigen politischen, ökonomischen, sozialen und medialen Veränderungen ausgesetzt ist, wandeln sich – so die hier vertretene *erste Prämisse* – auch deren Bedürfnisse und Erwartungen bezüglich der Beschaffenheit des gesellschaftlich relevanten Wissens (vgl. dazu auch Assmann 1991 sowie ausführlicher zum Zusammenhang von Kultur, Gedächtnis und Medien auch Assmann/Assmann 1994).

Unser heutiges ›modernes‹ Wissensverständnis – dies die *zweite Prämisse* – wurzelt nun in gesamtgesellschaftlichen Transformationserscheinungen, welche zwischen Renaissance und Aufklärung in Europa stattfanden. Die Erfindung bzw. Einführung des Buchdrucks mit beweglichen Lettern durch Johannes Gutenberg Mitte des 15. Jahrhunderts legte nicht nur den Grundstein für eine Kommunikationsrevolution ungekannten Ausmaßes, vielmehr erscheint sie im historischen Rückblick auch und womöglich insbesondere eng verbunden mit den religiösen, politischen, ökonomischen und gesellschaftlichen, kurz: kulturellen Veränderungen der Frühen Neuzeit. Die in immer reicherer Zahl entstehenden und sich verbreitenden typographischen Medien erzeugten einen Kommunikationsmodus, der bis heute maßgeblich durch Linearität, Einseitigkeit, Hierarchie und Passivität der Rezeption bestimmt ist. Zugleich institutionalisierten sich im Bereich der Produktion der im typographischen Medium zu kommunizierenden Inhalte daran angepasste Handlungsnormen und Legitimationsmuster jenseits von Mystik oder transzendentalen Glaubensvorstellungen. Fortan bedeutete die Beschäftigung mit Wissen die methodisch abgesicherte und interindividuell nachvollziehbare Erkenntnis der objektiven Wahrheit auf Seiten einiger privilegierter Experten, die daraufhin – insofern dies überhaupt für sinnvoll gehalten wurde – als solche an die große Masse der unwissenden Laien weitergegeben werden konnte (vgl. dazu etwa Eisenstein 1997 [1983]; Giesecke 1994).

Demgegenüber erscheint die Beobachtung der kollaborativen Produktion und enthierarchisierten Kommunikation von Wissensinhalten im Kontext der Anwendungen des sogenannten Web 2.0 umso vehementer als etwas Neuartiges. So orientiert sich der dortige Wissensdiskurs augenscheinlich weniger an den neuzeitlichen, typographisch geprägten Konventionen und Legitimationsprinzipien eines akademisch gesicherten, objektiven und folglich ›wahren‹ Wissens, sondern eher an individuellen Interessen, subjektiven Erfahrungswerten und entsprechend flexiblen, d.h. veränderlichen Gültigkeiten, die situativ ausgehandelt werden. Aufgrund der Vielzahl potentiell am Wissensdiskurs Beteiligter droht dadurch unweigerlich auch die kommunikative Dichotomie zwischen Experten und Laien allmählich zu verschwimmen. Mit anderen Worten: Der Wissensbegriff der neuzeitlichen Moderne und das dazugehörige Dispositiv des gesellschaftlich relevanten Wissens erfahren vermutlich gerade eine nicht zu unterschätzende strukturelle Umformung.

Noch sind es freilich tatsächlich Wenige, die den Schritt aus der Passivität der bloßen Rezeption wagen und das Medium Internet sowie dessen Inhalte selbst aktiv mitgestalten, indem sie etwa Beiträge in Diskussionsforen posten, ein eigenes Weblog betreiben oder Artikel für die Wikipedia verfassen. Ungeachtet dessen lässt die wachsende Zahl der Rezipienten von Web 2.0-Angeboten aber auch anderer alternativer Informations- und Wissensangebote im Netz (wie E-Papers oder E-Journals), die nicht unbedingt auf der Idee des *User Generated Content* basieren, sich jedoch immer stärker mit diesem vermischen, schon jetzt auf eine beachtliche gesellschaftliche Akzeptanz dieser Angebote schließen. Wenn laut Informationen des Nachrichtenmagazins »Der SPIEGEL« (29/2006) etwa 95 Prozent der deutschen Gymnasiasten die Wikipedia zur Erarbeitung von Vorträgen sowie zur Vorbereitung von Klassenarbeiten und Klausuren nutzen (vgl. dazu Hornig 2006: 74), handelt es sich bei dieser Gruppe zwar vorerst lediglich um eine junge, experimentierfreudige und formbare ›Fangemeinde‹, die auf ihrem weiteren Weg durch die Institutionen von Ausbildung und Berufstätigkeit zunehmend stärker in die bestehenden konservativen Strukturen der gesellschaftlichen Realität sozialisiert werden wird; gleichzeitig stellt diese Generation aber auch die Zukunft der Gesellschaft dar und verfügt in diesem Sinne per definitionem über die Macht, hergebrachte Grundannahmen und Deutungsmuster neu zu bestimmen. Die gegenwärtig zu beobachtenden Verschiebungen hinsichtlich der bisher üblichen Trennung zwischen Produzent und Rezipient in Bezug auf massenmediale Angebote, wie sie beispielhaft an der Wikipedia deutlich werden, könnten somit auf allmähliche Strukturveränderungen hinweisen, die weit unter der Ebene vordergründiger Sichtbarkeiten zu verorten wären. Peter Brinkemper formuliert daher in einem Artikel des Internet-Magazins »Telepolis« zur »Wikipediatisierung des Wissens« vom 15.06.2008:

»Die entscheidende Frage ist: Ist die beeindruckende statistische Progression von Wikipedia auch eine kulturelle Revolution oder zumindest ihr Vorbote? Oder ist sie ein Teil der Informations-Versklavung und Wissens-Nivellierung im Zeitalter der allgemeinen Datenexplosion?«

Die Autorin des vorliegenden Bandes hegt die stille Vermutung, dass beide der angegebenen Optionen zutreffend sind, da sie sich eben gerade nicht, wie von Brinkemper suggeriert, diametral entgegenstehen, sondern – positiv umgedeutet – im Sinne zweier Seiten einer Medaille untrennbar zusammengehören. So geht das revolutionär Neue notwendigerweise immer auch mit einer Veränderung des Alten einher.

Dies näher zu erläutern, soll Aufgabe der nachfolgenden sieben Kapitel sein. Dabei wird die *grundlegende These* vertreten, dass die gegenwärtige Konstellation gesellschaftlicher Verhältnisse und medialer Dispositionen deutliche Parallelitäten zu jenem wissenskulturellen Umbruch aufweist, der sich im frühneuzeitlichen Europa ereignete. Die Stoßrichtung der vorgenommenen Überlegungen ist so gesehen keineswegs neu. Ausgehend von einem kulturwissenschaftlichen Medienbegriff schließen sie an Argumentationen an, die von einem fundamentalen Wandel aller gesellschaftlichen Bereiche, insbesondere aber der Wissenskultur im Zuge der Einführung der elektronischen bzw. digitalen sowie vernetzten Medien (Computer und Internet) ausgehen und darin einen Medienumbruch mit revolutionärem Potential erblicken (vgl. dazu u.a. Gendolla/Schäfer 2005: 9 sowie insbesondere auch Spinner 1994[16]). Das Titelcover der 1994 im Suhrkamp-Verlag er-

---

16 Der Wissenschaftstheoretiker und Soziologe Helmut F. Spinner vertrat bereits 1994 die Idee, dass sich die ›klassische‹ oder auch ›alte‹ Wissensordnung, deren Entstehung er in der »neuzeitlichen Wissenschafts- und Gesellschaftsverfassung« sieht, sich im »Informationszeitalter« nachhaltig wandelt: »Wissenschaftswachstum, Informationsexplosion und die Verschmelzung von Technik & Wissen zu Kognitiv-Technischen Komplexen neuer Zusammensetzung und Größenordnung führen im Informationszeitalter – schlagwortartig gesagt: unter den Bedingungen des wissenschaftlich-technischen Fortschritts, der industriellen Wissensproduktion, elektronischen Datenverarbeitung und kommerziellen Massenmedien – zum gegenwärtigen Wandel der Wissensordnung.« (Spinner 1994: 16; Herv. i.O.) Zur angemessenen Erfassung und Untersuchung dieses Wandels im Sinne der Theorie der Technikfolgenabschätzung entwickelte er den sogenannten ›Karlsruher Ansatz der integrierten Wissensforschung‹. Spinner identifiziert die Wissensordnung darin neben der Rechts- und Wirtschaftsordnung als »dritte Grundordnung des Informationszeitalters«, die es angesichts der im Zitat genannten Umstände und Entwicklungen nun ebenso aufmerksam wie die beiden anderen zu betrachten gilt. Im Klappentext des oben genannten Buches, das zugleich den ersten Band der ›Studien zur Wissensordnung‹ darstellt, einer Reihe, die bis über die Jahrtausendwende hinaus sukzessive erweitert wurde, heißt es: »Neben der Rechts- und Wirtschaftsordnung bekommt die Wissensordnung im Informationszeitalter des technisierten Wissens und der wissensbasierten Techniken den Rang einer dritten Grundordnung, welche dieselbe Aufmerksamkeit verdient, wie jene. Mit der neuen Reihe ist ein Forum geschaffen zur Diskussion der geschichtlichen Entstehung, des systematischen Aufbaus, des gegenwärtigen Wandels und der bereichsspezifischen Ausprägungen der Wissensordnung im ordnungspolitischen

schienenen ersten Auflage der Taschenbuch-Ausgabe von Michael Gieseckes viel zitierter historischer Fallstudie »Der Buchdruck in der frühen Neuzeit« (1991) schmückt beispielsweise folgendes Zitat, das sich auch im eigentlichen Fließtext des Buches wiederfindet:

»Die Hoffnungen, die sich gegenwärtig an die Einführung der neuen elektronischen Medien knüpfen, finden eine frappierende Entsprechung in der Begeisterung, mit der der Buchdruck im 15. und 16. Jahrhundert als Medium der Volksaufklärung, der Ersparung menschlicher Mühsal bei der Informationsgewinnung und bei der Lösung so ziemlich aller kommunikativen Probleme gepriesen wurde. Es spricht überhaupt vieles dafür, dass wir gegenwärtig, ohne es uns recht klarzumachen, dabei sind, Prozesse technischer und kultureller Innovation zu wiederholen, die sich bei der Einführung des Buchdrucks schon einmal zugetragen haben.«

Und auch der Wissenschaftssoziologe Peter Weingart hegt in seinem 2001 erschienen Buch »Die Stunde der Wahrheit?« die Vermutung,

»dass es sich bei den beobachteten Veränderungen [gemeint sind hier in erster Linie die gesellschaftliche Diffusion, Neuorientierung und institutionelle Umstrukturierung des akademischen Systems unter dem Einfluss der sogenannten ›Wissensgesellschaft‹] um eine qualitative Transformation der Wissenschaft handelt, mehr noch, um eine Revolution wie die des 17. Jahrhunderts, die die Definition von Gegenständen, Methoden und sozialen Funktionen beeinflussen wird« (Weingart 2005: 16).

Erkenntnisziel und Vorgehensweise

Erklärtes Ziel dieses Bandes ist es nun, die These eines beginnenden wissenskulturellen Wandels im Kontext von Internet und Web 2.0, der zudem in einer gewissen analogen Relation zu jenem der Frühen Neuzeit steht, vor dem Hintergrund aktueller gesellschaftlicher und medialer Entwicklungen systematisch zu erfassen, analytisch zu fundieren und schließlich modellhaft zu strukturieren. Damit soll ein spezifisch medienwissenschaftlicher Beitrag zur aktuellen Auseinandersetzung um die Einschätzung und Bemessung der kulturellen Relevanz des Mediums Internet und der darin stattfindenden Prozesse geleistet werden. Auch wenn die folgenden Überlegungen und Analysen diesbezüglich – das sei schon jetzt vorausgeschickt – sicherlich keine letztgültigen Antworten liefern können, so sind sie doch grundlegend darum bemüht, hier einen neuartigen Zugang zur Thematik zu schaffen und einen aus Sicht der Autorin längst notwendigen Perspektivwechsel anzuregen. Dieser ginge idealtypisch nämlich mit der Möglichkeit zu einem nicht uninteressanten, differenzierteren Blick auf die eingangs kurz skizzierte feuilletonistische Debatte einher.

Pluralismus unserer Zeit.« Für ausführlichere Informationen siehe die Homepage http://www.rz.uni-karlsruhe.de/~Helmut.Spinner/start.html, Abruf am 10.07.2009.

Der Blickwinkel der Argumentation ist dabei in vielerlei Hinsicht ein interdisziplinärer. Der Schwerpunkt liegt freilich im Bereich medienhistorischer, medientheoretischer und bisweilen auch medienphilosophischer Überlegungen, nimmt aber auch starke Anleihen im Bereich der Wissenssoziologie und Wissenschaftssoziologie bis hin zur Wissenschaftstheorie und berührt darüber hinaus auch immer wieder genuine Kompetenzbereiche und Fragen der Ökonomie, der Politologie, der Psychologie und nicht zuletzt der Didaktik und Pädagogik. Nicht alle angerissenen Themenkomplexe können dabei aus Zeit- und Platzgründen angemessen dargestellt und aufgearbeitet werden und nicht alle relevanten Aspekte und Anschlussfragen, die sich zweifellos ergeben, lassen sich ausführlicher aufgreifen. Stattdessen soll es vor allem darum gehen, den vermuteten wissenskulturellen Wandel sowohl historisch zu verorten als auch und ganz besonders anhand der Betrachtung aktueller Phänomene analytisch zu begründen und auf diese Weise dessen kulturreformerisches Potential aufzuzeigen.

Dazu ist im ersten Kapitel zunächst eine grundlegende theoretische Annäherung an den Wissensbegriff selbst notwendig. Vor allem gilt es hier, das Verhältnis zwischen Wissensbegriff resp. gesellschaftlicher Wissenskultur und Medien genauer auszuloten. Weiterhin soll, ebenfalls im Sinne einer theoretischen Grundlegung, eine Einordnung in den fachwissenschaftlichen Diskurs erfolgen. Ausgehend von diesen theoretischen Überlegungen wird schließlich ein Analysemodell entwickelt, das als eine Art ›Untersuchungsdesign‹ den darauffolgenden historischen wie aktuellen Betrachtungen wissenskultureller Wandlungen, ihrer Ursachen und strukturellen Ausformungen zugrunde gelegt wird. Kern dieses Modells ist zum einen ein neuartiger Leitmedienbegriff, der sich klar von jenem der Publizistik unterscheidet, sowie zum anderen der Ansatz der Koevolution. So wird argumentiert, dass für die Beschaffenheit der jeweiligen gesellschaftlichen Wissenskultur neben medialen Einflüssen auch zeitgeschichtliche Umstände und gesellschaftliche Bedürfnislagen entscheidend sind, wobei beide Elemente sich wechselseitig bedingen, verstärken und nicht zuletzt verändern. Für die vergleichsweise lange Zeitspanne zwischen Renaissance und europäischer Aufklärung lässt sich im Wechselspiel zwischen soziokulturellen Umständen bzw. Entwicklungen und medialen Einflüssen zweifellos ein solches fertiles Konglomerat ausmachen, das im zweiten Kapitel in seinen wichtigsten Ausprägungen kurz skizziert wird. Daran anschließend soll die sich in diesem Konglomerat entfaltende (früh-)neuzeitliche bzw. moderne Wissenskultur eine nähere Kennzeichnung erfahren und zu einem entsprechenden Wissensmodell verdichtet werden. Als ›Seismograph‹ der geschilderten wissenskulturellen Neuerungen dient dabei die im Zuge der Frühen Neuzeit stattfindende Um- und Neubildung des Gattungsbegriffs Enzyklopädie, in dem die spezifischen Merkmale der neuzeitlichen Wissenskultur besonders deutlich repräsentiert sind.

Aufbauend auf diesem ersten inhaltlichen Teil der »Grundlagen und Vorüberlegungen« steht der zweite Teil des Bandes ganz im Zeichen der

»Analyse« gegenwärtiger – gesellschaftlicher wie medialer – Phänomene und Veränderungen. Das *dritte Kapitel* widmet sich dabei vor dem Hintergrund der zugegeben nicht ganz neuen Konzepte Postmoderne und Wissensgesellschaft zunächst den gesamtgesellschaftlichen Entwicklungen zu Beginn des 21. Jahrhunderts. So ist die Wissensgesellschaft nicht allein durch einen allgemeinen Anstieg der ökonomischen Bedeutung wissensbezogener Wertschöpfungsprozesse gekennzeichnet, ganz entscheidend sind zunehmend auch Phänomene der Dezentralisierung und Kontextualisierung der Wissensproduktion. Hier trägt vor allem auch die verstärkte Präsenz wissenschaftlichen Wissens im Alltag zu einem sukzessiven ›Verhältniswandels‹ zwischen Wissenschaft(en) und Öffentlichkeit bei. Die sich daraus ergebende Pluralisierung und Dynamisierung der gesellschaftlichen Wissensbestände führt schließlich zu spezifischen Paradoxa und Herausforderungen der Wissensgesellschaft, aus denen sich wiederum spezifische wissensgesellschaftliche Bedürfnislagen ableiten lassen. Das *vierte Kapitel* thematisiert diesbezüglich die mediale Seite. Internet und Web 2.0 werden als Leitmedium einer Wissensgesellschaft entworfen, die nunmehr zur ›digitalen Wissensgesellschaft‹ avanciert. Diskutiert wird dabei insbesondere auch die Frage, inwiefern das Beteiligungsmedium Internet in Gestalt des Web 2.0 zu einer potentiellen Demokratisierung des gesellschaftlichen Wissensdiskurses beiträgt. Die praktische Realität des revolutionären Potentials des Internet in Bezug auf die dispositiven Strukturen des gesellschaftlich relevanten Wissens wird im Rahmen des *fünften Kapitels* am Beispiel der deutschsprachigen Ausgabe der sogenannten Online-Enzyklopädie Wikipedia spezifiziert. Basierend auf einer Zusammenschau zentraler Studien und Forschungsprojekte zur Wikipedia nimmt das Kapitel eine differenzierte Analyse des ›Projekts‹ entlang der vier Ebenen des entwickelten Analysemodells vor – nähert sich der dispositiven Struktur des Wissensdiskurses innerhalb der Wikipedia also sowohl über den Weg der phänomenologischen Deskription ihrer institutionellen Verfasstheit (Organisationsstruktur, Rollenmuster, Handlungskonventionen) und der schrittweisen Abstraktion typischer Handlungspraktiken als auch und ganz besonders über jenen der interpretativen Rekonstruktion ihres kollektiven Selbstverständnisses.

Mit dem *sechsten Kapitel* beginnt der dritte inhaltliche Hauptteil, der mit »Diskussion und Hypothesenbildung« überschrieben ist. Im sechsten Kapitel selbst werden zunächst die wichtigsten Erkenntnisse der vorangegangenen Kapitel abstrakt zusammengefasst. Die Überlegungen münden schließlich im theoretischen Entwurf eines hypothetischen Wissensmodells der digitalen Wissensgesellschaft. Mit Hilfe dieses Modells können auch die Ergebnisse der Wikipedia-Analyse noch einmal neu und zielführender gedeutet werden. Den Abschluss bildet das *siebte Kapitel*, dessen Hauptanliegen neben dem Aufzeigen konkreter gegenwärtiger ›Spuren‹ eines heraufziehenden wissenskulturellen Wandels auch die Entwicklung verschiedener Zukunftsszenarien und deren argumentative Begründung ist.

Ein letztes (privateres) Wort vorweg: Argumentation und Herangehensweise des vorliegenden Bandes sind zugegebenermaßen spannungsgeladen, seine Botschaft und zentrale These zweifellos streitbar. Die vorgenommenen Betrachtungen oszillieren zwischen der beschaulichen Langsamkeit und Ruhe gelebter und inzwischen archivierter Geschichte, die sich höchstens noch im Hinblick auf ihre Deutungen verändert, und der Dynamik und Schnelllebigkeit aktueller Trends und Entwicklungen, deren Bedeutung sich vorerst nur erahnen, nicht jedoch beweisen lässt. Charmant sind sie aus Sicht der Autorin dennoch, weil sie zum Um- und Neudenken einladen, sowie zum Weiterdenken und Vordenken – auch wenn das nicht selten mit Konfrontationen verbunden ist. Die folgenden Ausführungen also, die manches Mal abschweifen und dennoch vielfach im Duktus eines kursorischen Über- und Einblicks verbleiben, denen angesichts der Flut neuer Entwicklungen und Gedanken zur Thematik schon im Schreiben der ›Geruch‹ des Veralteten und längst Überholten anhaftet, sie stellen nicht mehr und nicht weniger als erste Ausmessungen eines Möglichkeitsraums dar, der im Zwiegespräch mit der »Gutenberg-Galaxis« gleichsam als »Wikipedia-Universum« erscheint. Zugleich sind sie im wahrsten Sinne des Wortes Dokument einer wissenschaftlichen Spurensuche und persönlichen Entwicklung. Ein herzlicher Dank gilt dabei allen, die diese Entwicklung unterstützt und begleitet haben: meinem Doktorvater Prof. Dr. Reinhold Viehoff für seine Hartnäckigkeit und seinen unerschütterlichen (fachwissenschaftlichen) Optimismus, den Doktoranden und Mitarbeitern des Instituts für Medien- und Kommunikationswissenschaften der Martin-Luther-Universität Halle-Wittenberg für viele anregende Gespräche und aufmunternde Worte, der Interpretationsgruppe des Zentrums für Schul- und Bildungsforschung Halle (ZSB) für intensive Stunden der objektiv-hermeneutischen Rekonstruktion, meinen Eltern für Ihren Glauben an mich sowie Guido Überreiter für seine grenzenlose Geduld und Liebe.

Teil A
Grundlagen und Vorüberlegungen

I Zum Verhältnis von Wissen, Medien und Wissenskultur

Der Begriff des Wissens hat zweifellos Konjunktur. Ob im Kontext von Unternehmen (Stichwort: Wissensmanagement), in der Bildungspolitik (Stichwort: Wissen schafft Zukunft[1]) oder in den verschiedenen Angeboten der Massenmedien – man denke etwa an die zahlreichen Wissenssendungen und Wissenschaftsmagazine im aktuellen Fernsehprogramm[2]. Wie niemals zuvor wird gegenwärtig die Relevanz des Wissens für die Funktionstüchtigkeit und Zukunftsfähigkeit der Gesellschaft hervorgehoben.

Die Ursachen für diesen Bedeutungsanstieg des Wissens sind vielfältig. Ein gewichtiger Grund ist wohl in der allmählichen Technisierung und Digitalisierung nahezu aller Lebensbereiche seit den 60er Jahren des 20. Jahrhunderts zu sehen. Sie haben in der Wirtschaft beispielsweise dazu geführt, dass sich Marktchancen und Wettbewerbsvorteile aus dem Bereich der reinen Produktion in den der Innovation verlagert haben. Nicht mehr Material und Arbeit machen den wahren Wert eines Produktes aus, sondern die darin verarbeiteten und integrierten Ideen. In der massenmedialen Kommunikation hat die Technologieentwicklung zu einer geradezu explosionsartigen Vermehrung der Informationswege, aber auch des Spektrums zugänglicher Informationen geführt. So ist jeder Einzelne heute mit einer derartigen Flut an Eindrücken konfrontiert, dass deren Selektion und kognitive Verarbeitung immer aufwändiger und voraussetzungsreicher, im Hinblick auf Orientierung und gesellschaftliche Teilhabe zugleich aber auch immer entscheidender wird. Ferner resultiert die verstärkte Wissensfundierung der Gesell-

---

1 Das Land Rheinland-Pfalz hat 2005 ein Hochschulprogramm mit dem Titel »Wissen schafft Zukunft« ins Leben gerufen. Durch die Bereitstellung finanzieller Mittel (ab 2009 ca. 40 Mio. Euro jährlich) sollen nach eigenen Angaben bis 2013 »die Grundausstattung der Hochschulen verbessert, die Attraktivität des Studienstandortes gesteigert, die Profilbildung in der Forschung gestärkt sowie der Technologietransfer und die Forschungsinfrastruktur ausgebaut« werden (vgl. Homepage des Ministeriums für Bildung, Wissenschaft, Jugend und Kultur des Landes Rheinland-Pfalz).
2 Um nur einige Beispiele zu nennen: »Wissen macht Ah!« (ARD), »Abenteuer Wissen« (ZDF), »Galileo – das ProSieben Wissensmagazin« (ProSieben), »Planet Wissen« (WDR), »LexiTV – Wissen für alle« (MDR), »Nano« (3Sat).

schaft wohl auch aus dem insgesamt gestiegenen Bildungsniveau breiter Bevölkerungsteile, hervorgerufen durch immer längere Schul- und Ausbildungszeiten.

Eine ausführliche Betrachtung dieser und weiterer Ursachen aber auch Auswirkungen derartiger wissensbezogener Entwicklungen, die oft und gern unter dem Label *Wissensgesellschaft* zusammengefasst werden, wie auch der diesbezüglichen Einflusskraft gegenwärtiger medialer Veränderungen soll im zweiten und dritten Teil des Buches erfolgen. Im Vordergrund dieses ersten Kapitels steht zunächst die theoretische Annäherung an den Wissensbegriff – insbesondere unter der Maßgabe seiner Medienabhängigkeit – sowie die daraus resultierenden Konsequenzen für die Betrachtung der Genese und Kommunikation von gesellschaftlich relevantem Wissen, nicht zuletzt aber auch eine Auseinandersetzung mit den Bedingungen und Möglichkeiten eines digitalen Wandels der bestehenden Wissenskultur und dessen analytischer Erfassung. Zudem werden die zentralen Überlegungen dieses Buches dabei auch im Diskurs älterer sowie neuerer Theorien und Ansätze zur Überwindung buchkultureller Prinzipien und Konventionen durch den Einfluss von Digitalität, Hypermedialität und Vernetzung verortet.

1 Zur Genese und Kommunikation gesellschaftlich relevanten Wissens

Für das Verständnis dessen, was die Bedingungen und Möglichkeiten der Genese und Kommunikation von Wissen bestimmt und mithin deren Strukturen kennzeichnet, ist die theoretische Fundierung des gewählten Wissensbegriffs entscheidend. Zwar findet der Wissensbegriff – zumal in der Diagnose der Wissensgesellschaft – eine häufige und scheinbar einheitliche Verwendung, indem Wissen schlechthin eine besondere gesellschaftliche Relevanz zugesprochen wird, doch liegt dies bei genauerem Hinsehen weniger in einem tatsächlichen Konsens bezüglich dessen begrifflicher Füllung begründet, denn vielmehr in der mangelnden Thematisierung eben dieses Umstands. Schon die hier vorgenommene Spezifizierung auf *gesellschaftlich relevantes* Wissen lässt die Vielgestaltigkeit möglicher Sichtweisen erahnen und verweist dabei zugleich auf eine theoretische Ausrichtung, die nur unter bestimmten Prämissen überhaupt sinnvoll erscheint. Mit anderen Worten: Die Betrachtung der Prozesse der Entstehung und Weitergabe von Wissen resp. eventueller, in diesem Zusammenhang stattfindender, struktureller Wandlungen variiert je nach theoretischer Fokussierung und setzt daher zunächst eine konkrete begriffliche Definition voraus.

1.1 Disziplinspezifische Sichtweisen auf den Wissensbegriff

Trotz seiner aktuellen gesellschaftlichen Popularität ist der Wissensbegriff als solcher nur schwer zu fassen, da zahlreiche verschiedene Verständnisse und Konzepte existieren. Im Alltag verwenden wir Wissen meist im Sinne einfacher Kenntnisse oder Überzeugungen, deren Gültigkeit sich oftmals in nachfolgenden Handlungssituationen beweisen muss: Ein Schüler hat sich die wichtigsten Daten der deutschen Geschichte sorgfältig eingeprägt, *weiß* sie nun und kann sie auf Nachfrage hoffentlich korrekt wiedergeben. Eine Passantin hat den Unfall mit eignen Augen beobachtet, *weiß* daher, wie dieser sich zugetragen hat und kann auf dieser Basis vor Gericht eine Zeugenaussage leisten. Martin hat die Erfahrung gemacht, dass Klaus zu Verabredungen grundsätzlich zu spät kommt, *weiß*, dass er auch diesmal nicht pünktlich sein wird und lässt sich folglich auch selbst ein wenig mehr Zeit den Treffpunkt zu erreichen.

Anhand dieser Beispiele wird deutlich, dass die alltägliche Benutzung des Wissensbegriffs nur bedingt eindeutige Kriterien dafür aufstellt, wann etwas als Wissen gilt oder zu gelten hat. Die erfahrungsbasierte, jedoch keineswegs sichere Annahme über das Verhalten eines Freundes wird häufig mit derselben Selbstverständlichkeit als Wissen bezeichnet, wie die gelernten bzw. memorierten Fakten über geschichtliche Ereignisse. Die Wissenschaften arbeiten demgegenüber mit einem methodisch strengeren Konzept des Wissens. Insbesondere die von ihr verwendeten Gütekriterien (Validität, Reliabilität, Objektivität) regeln hier die Berechtigung zur Anwendung des Wissensbegriffs. Wissenschaftliches Wissen gilt im Vergleich zum Alltagswissen entsprechend auch als systematisch, begründet und reflektiert (vgl. Hug 2003: 27f.).

Divergenzen hinsichtlich des Wissensbegriffs zeigen sich aber nicht nur zwischen Alltagsauffassung und wissenschaftlicher Herangehensweise, auch innerhalb der verschiedenen, in besonderer Weise mit dem Wissensbegriff befassten Disziplinen (hier insbesondere: Psychologie, Pädagogik, Ökonomie, Soziologie und Philosophie) werden durchaus unterschiedliche Schwerpunkte gesetzt, was die Definition und Betrachtung des Wissensbegriffs angeht. Die mit Blick auf die hier verhandelte Thematik aufschlussreichsten Kontraste zeigen sich dabei entlang zweier Dimensionen: Zum einen handelt es sich um die Frage nach dem *Ort des Wissens* in der Welt, d.h. also, wie und durch wen bzw. was Wissen entsteht und wo es sich befindet. Dahinter verbirgt sich letztendlich die Bestimmung der Form des Wissens, da sich mit dem Wechsel des Ortes auch ein Wechsel seiner Beschaffenheit vollzieht. Eine zweite zentrale Dimension ist das *Verhältnis des Wissens zur Welt*. Dabei geht es um den angenommenen Bezug zwischen Wissen und Realität, also genauer um die Frage, inwiefern Wissen eine vorhandene Realität abbildet, erfahrbar macht oder diese erst selbst erzeugt.

1.1.1 Dimension 1: Der Ort des Wissens

Die Psychologie, insbesondere die Kognitionspsychologie, vertritt in diesem Zusammenhang ein *individualistisches Wissenskonzept*. Sie betrachtet Wissen hauptsächlich unter dem Fokus mental ablaufender Prozesse. Seit dem Einsetzen des Kognitivismus in den 1960er Jahren (später auch des Konstruktivismus)[3] wird der Mensch als aktiv Denkender begriffen und daher von ihr in den Mittelpunkt der Informationsverarbeitung gestellt (vgl. Bude 1990: 1228f.). Wissen gilt ausschließlich als Resultat mentaler Aktivitäten. Es ist, kurz gesagt, Produkt individuellen kognitiven Aneignens bzw. Lernens. In diesem Sinne setzt die Herstellung von Wissen stets ein operierendes kognitives System voraus. Innerhalb dieses Systems werden die von außen auf das Individuum einströmenden Eindrücke und Informationen mit subjektiven Bedeutungen und bereits vorhandenem Kontextwissen verbunden und so zu Wissen verarbeitet. Wissen ist unter dem Blickwinkel der Kognitionspsychologie als solches also nicht öffentlich zugänglich, sondern gewissermaßen nur in den Köpfen der Menschen vorhanden. Durch Veräußerung verliert es seine subjektive Kontextualisierung und fällt in den Status reiner Information zurück, von wo es durch die Aktivität anderer kognitiver Systeme erneut als Wissen angeeignet werden muss. Die Pädagogik schließt seit einigen Jahren – vor allem in neueren didaktischen Ansätzen im Bereich des E- und Online-Lernens (vgl. u.a. Baumgartner/Payr 1994; Hesse/Mandl 2000; Kerres 2001) – eng an diesen kognitiv-individualistischen Wissensbegriff an, indem sie das informationsverarbeitende Subjekt ebenfalls ins Zentrum des Lernprozesses rückt. So verstanden tritt der Wissensbegriff jedoch ein stückweit in Konkurrenz zum in der pädagogischen Tradition eigentlich stärker verankerten und bis dato immernoch weit verbreiteten Begriff curricularer Bildung (vgl. Höhne 2003: 106 sowie 110ff.) und dem damit verbundenen normativen Anspruch des Pädagogischen als »Praxis des Vermittelns von Wissen« (Kade 1997: 36). Im Auseinanderfallen von Vermittlung und Aneignung als lediglich komplementäre, im Grunde jedoch unabhängig voneinander ablaufende Operationen, erscheint das pädagogische Verhältnis zumindest nicht länger als steuerbare Einheit (vgl. ebd.: 50). Ein weiteres Beispiel für eine tendenziell individualistische Herangehensweise an den Wissensbegriff stellt die innerhalb der Ökonomie gegenwärtig vieldiskutierte Theorie des Wissensmanagements dar. Während Psychologie und Pädagogik auf der Mikroebene des Subjekts operieren, richtet sich das Interesse des Wissensmanagements allerdings auf die Mesoebene des Un-

---

3 Kognitivismus und Konstruktivismus sowie der ältere Behaviorismus verkörpern die drei klassischen Lerntheorien bzw. Lernparadigmen. Sie vertreten jeweils unterschiedliche Auffassungen hinsichtlich des Lernprozesses und leiten daraus auch unterschiedliche Anforderungen an die Lehr-Lernsituation ab. Während der Behaviorismus das psychische System des Menschen als eine Art ›black box‹ versteht, die unmittelbar von außen ›befüllt‹ und beeinflusst werden kann (z.B. durch Konsequenzen), geht der Kognitivismus davon aus, dass die menschliche Wahrnehmung und also auch der Prozess des Lernens aktive Verarbeitungsprozesse des kognitiven Systems darstellen. Der Konstruktivismus radikalisiert die Position des Kognitivismus noch einmal, indem er den Prozess der Informationsverarbeitung bzw. Wissensaneignung gänzlich individualisiert, gleichzeitig aber auch stärker kontextualisiert. Vgl. dazu u.a. Baumgart 2007.

ternehmens und betont die Bedeutung des Wissens für die Steigerung des unternehmerischen Wertschöpfungspotentials (vgl. dazu u.a. Bullinger/Wörner/Prieto 1998: 21). Als wirtschaftliches Kapital und Produktionsfaktor der Zukunft muss das unternehmerische Wissen daher systematisch verwaltet und fruchtbar gemacht werden. Die Notwendigkeit derartiger Wissensmanagement-Prozesse ist dabei jedoch wiederum der grundsätzlichen Differenz von äußerer Information und innerem Wissen geschuldet. Da Wissen im individualistischen Verständnis niemals direkt von Subjekt zu Subjekt transferiert werden kann, müssen Wissensgenerierung, -repräsentation, -kommunikation sowie die Nutzung von Wissen kontrolliert und gegebenenfalls durch spezielle Strategien und Programme unterstützt werden. Besonders deutlich zeigt sich dies an der ebenfalls aus der Kognitionspsychologie stammenden und auf Michael Polanyi (1983) zurückgehenden Unterscheidung von explizitem, sprachlich artikulierbarem Wissen (focal knowledge) und implizitem, sprachlich nicht-artikulierbarem Wissen (tacit knowledge). Die Subjektgebundenheit reicht im Falle des tacit knowledge, welches meist eine Art praktisches Handlungswissen darstellt, so weit, dass selbst die Veräußerung des Wissens in Form von Information bereits als unmöglich gilt. Der Prozess des Wissensmanagements muss sich folglich auch auf die Verwaltung humaner Ressourcen richten (vgl. Mohr 1997 sowie ausführlicher Kap. III, Abschn. 2.2.1).

Im Hinblick auf die in diesem Buch diskutierte Thematik der Auswirkungen neuartiger kollektiver und kollaborativer Formen der Wissensgenese und -kommunikation auf die Strukturen der gesellschaftlichen Wissensordnung bzw. -kultur erscheint ein derart einzelsubjektbezogener und individualistisch ausgerichteter Wissensbegriff freilich nur wenig zielführend. Die rigorose Trennung zwischen dem im kognitiven System einzelner Individuen eingeschlossenen bedeutungsvollen Wissen und der veräußerten und damit bedeutungsenthobenen Information schließt die Betrachtung des Wissens im Sinne der Gesellschaft als Einheit gewissermaßen von vornherein aus. So müsste man in schärfster Konsequenz womöglich sogar die Nicht-Existenz eines gemeinsamen, gesellschaftlich relevanten Wissens konstatieren, da die Beobachtung interindividueller Wechselwirkungen und Transferprozesse – der individualistischen Sichtweise folgend – ausschließlich im Bereich der Information verbleiben würde. Es gilt demnach also, einen wesentlich abstrakteren Analysefokus zu wählen und sich sowohl von der kognitionstheoretischen Mikro- wie auch von der organisationstheoretischen Mesoebene zu lösen. Die damit benannte Makro- oder gar Metaebene der Gesellschaft verlangt allerdings unmittelbar auch nach einem entsprechend angelegten Begriff des Wissens.

Die Soziologie blickt hier auf eine lange, bis in die Zeit der Aufklärung hineinreichende Tradition zurück, nach welcher Wahrnehmen, Denken und schließlich auch Wissen in einem engen Verhältnis zu den sozialen Zuständen und gesellschaftlichen Strukturen stehen. Als einer der ersten formuliert diesen Gedanken vermutlich Condorcet in seinem 1793 erschienenen Werk

»Esquisse d'un tableau des progrés de l'esprit humain« (vgl. Knoblauch 2005: 36). Später heben auch so unterschiedliche Theoretiker wie Hegel, Comte, Marx, Engels oder Freud die soziale Grundlage des Wissens bzw. Denkens in ihren Schriften hervor (vgl. ebd.: 37ff.). Der Franzose Emil Durkheim sieht im menschlichen Denken schließlich den expliziten Ausdruck gesellschaftlicher Wissensprozesse. Die Struktur der sozialen Gemeinschaft spiegelt sich gewissermaßen in der Struktur des individuellen Denkens (vgl. ebd.: 65ff.). Diese These der Spiegelung wurde später zwar scharf kritisiert, doch hielten auch ihre Gegner weitgehend daran fest. Das Wissen des Individuums wird nach dieser Lesart mit anderen Worten also maßgeblich durch die Gesellschaft beeinflusst und ist von dieser abhängig. Dieser, wenn man so will, *kollektivistische Wissensbegriff* ist denn auch das zentrale Thema eines speziellen Zweiges der Soziologie, der sogenannten Wissenssoziologie, auf die später noch ausführlicher eingegangen werden soll. An dieser Stelle sei vorerst nur vermerkt, dass, wie Reiner Keller zusammenfasst, in den Sozialwissenschaften (und längst nicht mehr nur dort) ein Grundkonsens darüber besteht, »dass die Beziehungen der Menschen zur Welt durch kollektiv erzeugte symbolische Sinnsysteme oder Wissensordnungen vermittelt werden« (Keller 2005a: 19). Auch individuelles Wissen erscheint aus dieser Perspektive als ein sozial beeinflusstes und gesellschaftlich potentiell relevantes Wissen und impliziert auf diese Weise eine gewisse kollektive Einheitlichkeit und überindividuelle Verbindlichkeit des Gewussten.

Doch wie kann es überhaupt zur Herausbildung eines gemeinschaftlich für relevant gehaltenen Wissens kommen? Wie ist ein solches Wissen denkbar und wie tritt es in Erscheinung? Hier kommt die zweite Dimension ins Spiel: das Verhältnis von Wissen und Realität.

1.1.2 Dimension 2: Das Verhältnis von Wissen und Realität

Von einem kognitivistischen, mehr noch aber von einem konstruktivistischen Standpunkt aus betrachtet, gibt es, wie wir gerade gesehen haben, kein Wissen an sich, genauso wenig, wie es eine objektiv bestimmbare Realität oder Wahrheit über die Welt gibt (vgl. von Glasersfeld 1992). Wissen entsteht – ganz individuell und unter höchst subjektiven Voraussetzungen – im kognitiven System des Einzelnen. Demzufolge ist es genau genommen ebenso unmöglich, von gemeinsam geteiltem oder gesellschaftlich relevantem Wissen, von Wissenskommunikation oder gar Wissenstransfer zu sprechen, wie anzunehmen, dass dieses Wissen mit irgendeiner Form von Wirklichkeit korrespondiert. Dennoch lehrt die Erfahrung, dass Prozesse der Vermittlung von Wissen durchaus gelingen können. Wie sonst wären Nachschlagewerke, Fach-, Sach- und Lehrbücher und nicht zuletzt Unterricht in Schulen und Universitäten überhaupt denkbar. Das Moment der durch soziale Interaktionen erzeugten Kollektivität trägt hier dazu bei, die individuelle Weltsicht zu stabilisieren. Wenn andere auch so wahrnehmen und denken wie ich, dann muss darin eine gewisse Objektivität liegen. Und mehr noch:

Nicht nur die soziale Vermittlung und Verhandlung von Wissen gelingt, auch eine handelnde Auseinandersetzung mit der Welt selbst kann den Eindruck von Realität erzeugen – etwa dann, wenn sich das Konzept der Wirklichkeit ganz praktisch an dieser bewährt.

Die Philosophie bietet hier im Rahmen der Erkenntnistheorie neben der sonst üblichen, rein analytischen Suche nach logisch notwendigen sowie hinreichenden Bedingungen des Wissens auch einen alltagsnahen und pragmatisch motivierten (gesellschaftlichen) Wissensbegriff an (vgl. Gettier 1963; Craig 1993; Enskat 2005). Grundlage dieser Denktradition ist der Begriff des »guten Informanten« (Craig 1993: 43), der sich unter anderem über die Arbeiten von Kant, Hobbes und Wittgenstein herleiten lässt. Um Handeln zu können, brauchen Menschen Meinungen, an denen sie sich orientieren und nach denen sie ihr Tun ausrichten. Insofern diese Meinungen bzw. die zur Meinung notwendigen Informationen nicht über das eigene kognitive System zugänglich oder zugänglich zu machen sind, können andere Mitglieder der Gesellschaft als Informanten dienen (vgl. ebd.: 40ff.). Dies setzt freilich erst einmal voraus, dass die als Informant fungierende Person in der jeweiligen Situation für den Informationssuchenden überhaupt als möglicher Informant erkennbar und sowohl räumlich als auch kommunikativ zugänglich ist (vgl. ebd.: 94). Weiterhin besteht für die auf handlungsleitende Meinungen angewiesenen Personen aber auch ein großes Interesse daran, dass die erhaltenen Informationen und die daraus resultierenden Meinungen wahr sind oder die Wahrscheinlichkeit der Wahrheit für die subjektiven Anforderungen der Handlungssituation zumindest als ausreichend erachtet wird (vgl. ebd.: 57ff.). In diesem Sinne basiert der zunächst weitgehend situativ und subjektiv determinierte Wissensbegriff des guten Informanten doch grundsätzlich auf der Vorstellung von Objektivität[4], die im Einzelfall zwar mehr oder weniger exakt abgebildet wird, die sich letztlich jedoch prinzipiell logisch begründen und ermitteln ließe. Wissen ist demnach »der Zustand, durch den ein Subjekt geneigt ist, in irgendeiner bestimmten Frage ein objektiv guter Informant zu sein« (ebd.: 110). Gesellschaftlich relevantes Wissen wäre folglich bereits a priori gleichzusetzen mit objektiv wahrem Wissen, das als solches auch unabhängig von der Gesellschaft existierte. Die Alltagserfahrung zeigt nun aber wiederum auch, dass dieser Anspruch auf Wahrheit bzw. unhintergehbare Objektivität niemals ganz oder nur unter bestimmten Prämissen zu erreichen ist. So zeigt sich schon anhand der Theorie des guten Informanten, wie in der konkreten Handlungsrealität andere, weitaus pragmatischere Maßstäbe greifen (beispielsweise jener der Wahrscheinlichkeit). Diese Maßstäbe verkörpern die Bedingungen der Akzeptanz bestimmter Informationen oder Meinungen als

---

4 Der objektivistische Wissensbegriff geht auf René Descartes zurück und suggeriert Wissen als unabhängig von Subjekten. Gleichzeitig stellt der Begriff der Objektivität aber auch eine historisch veränderliche Größe dar (ausführlicher dazu vgl. Daston 2003 sowie Kap. II, Abschn. 3.2).

gültiges und damit relevantes gesellschaftliches Wissen. So gesehen ist das (relevante) Wissen einer Gesellschaft zunächst einmal nichts anderes als ein System aus Überzeugungen, die unter bestimmten Bedingungen akzeptiert werden (vgl. Berndes 2000: 318).

Wie diese Akzeptanzbedingungen konkret beschaffen sind und woran sie sich orientieren, differiert nicht nur zwischen verschiedenen Gesellschaften, sondern wandelt sich – wie noch zu zeigen sein wird – aufgrund gewisser Entwicklungen ebenso historisch. In jedem Falle betreffen sie aber letztendlich die Produktion wie auch die Kommunikation des gesellschaftlich für relevant gehaltenen Wissens. So hängt das Verständnis dessen, was Wissen ist oder als solches gelten soll, einerseits ganz wesentlich mit den Prozessen und Vorgängen zusammen, durch die es zu einem solchen wird. Andererseits sind mit der gesellschaftlichen Akzeptanz bestimmter Fakten, Ansichten oder Überzeugungen als relevantes Wissen immer auch schon Möglichkeiten und Formen der Weitergabe und Verbreitung mitgedacht. Auf diese Weise sind die Bedingungen der Akzeptanz gültigen und relevanten Wissens Ausdruck des spezifischen Wissensverständnisses der jeweiligen Gesellschaft, das sich in den vorherrschenden sozialen Sinnkontexten und Deutungsmustern manifestiert.

1.2 Wissen als soziales Konstrukt und diskursives Produkt

1.2.1 Wissenssoziologie

Der Tradition der Wissenssoziologie folgend, ist die gesellschaftliche Wirklichkeit bzw. die Vorstellung von dieser sozialen Ursprungs und in diesem Sinne konstruiert (vgl. u.a. Hejl 1994). Schon Karl Mannheim, der als ›Nachfolger‹ Emil Durkheims auch als Begründer der klassischen Wissenssoziologie gilt, ging von einer derartigen sozialen Bedingtheit des Denkens aus. Was die Mitglieder einer Gesellschaft also für Wissen halten oder als solches anerkennen, wird demnach von ihrem sozialen Umfeld determiniert (vgl. Heintz 1993: 529). Diese heute auch als Sozialkonstruktivismus bezeichnete Spielart der breiten Strömung konstruktivistischer Annahmen geht auf das 1966 erstmals erschienene Buch Peter L. Bergers und Thomas Luckmanns »Die gesellschaftliche Konstruktion von Wirklichkeit« zurück. In diesem vertreten die Autoren die Auffassung, die Soziologie habe die Aufgabe, den Konstruktcharakter der gesellschaftlichen Realität zu analysieren und die Relativität sämtlicher sozialer Phänomene aufzuzeigen (vgl. Berger/Luckmann 2004 [1966]: 3f.). Die Wirklichkeit der Alltagswelt wird demnach von den Individuen der Gesellschaft sinnlich wahrgenommen und zur Schaffung von Stabilität subjektiv-sinnhaft gedeutet. Diese finden jene allerdings meist bereits als ein vorarrangiertes, kohärentes Gebilde vor, dessen Gültigkeit nur in den seltensten Fällen einer wirklichen intersubjektiven Aushandlung bedarf (vgl. ebd.: 21ff.). Basis dieser ›Objektivation‹ sind vor allem Prozesse der Institutionalisierung, durch welche das Handeln der Individuen sowohl sozial stabilisiert als auch kontrolliert wird. So ordnet und regelt die symbolische Sinnwelt der institutionellen Ordnung unter anderem soziale Rollen und Handlungsabläufe und stellt zugleich deren Legitimation sicher (vgl. ebd.: 58ff. sowie 100ff.). Die auf diese Weise entstehende sozial geformte Wirklichkeit wird von Generation zu Generation an die neuen Mitglieder der Gesellschaft weitergegeben. In Interaktion mit den Strukturen der Umwelt und in sprachlicher Kommunikation mit anderen Individuen wird die nun objektiv und unproblematisch erscheinende Routinewirklichkeit internalisiert und die neue Generation schrittweise in die bestehende Gesellschaft sozialisiert (vgl. ebd.: 63ff. sowie 140ff.).

Im Gegensatz zum wenig später entstandenen radikalen Konstruktivismus (u.a. von Glasersfeld; von Förster; Maturana; Varela), der die These vertritt, dass jeder Beobachter – verstanden als operativ geschlossenes (autopoietisches) System – durch Prozesse des Unterscheidens und Benennens zwar je eigene, spezifische Wirklichkeiten konstruiere, diese jedoch immer wieder interaktiv und kommunikativ abgeglichen werden können (vgl. Schmidt 1994: 8), geht der soziale Konstruktivismus im Anschluss an Berger/Luckmann also nicht nur von der Möglichkeit einer unmittelbar kommunikativen, intersubjektiven Erzeugung der sozialen Wirklichkeit aus, sondern versteht die Intersubjektivität bereits als inhärenten Bestandteil auch der subjektiven Realitäts- und Wissenskonstruktion, wobei eine subjektunabhängig objektivierbare Wirklichkeit ebenso verneint wird. Dies ist vor allem damit zu erklären, dass neben der biologisch ähnlichen Beschaffenheit der Sinnesorgane aller Individuen – was zunächst einmal zu grundsätzlich ähnlichen Umwelteindrücken führt – auch die dazugehörigen kognitiven Wahrnehmungs- und Verarbeitungsprozesse gesellschaftlich überformt sind. Übersubjektive Einflussfaktoren auf die subjektdependente Wissensproduktion sind dabei unter anderem in allgemeinen kulturellen Schemata zu sehen, wie sie beispielsweise die Sprache als kollektives Koordinatensystem der Sinnkonstruktion darstellt (vgl. ders. 2000: 105ff.).

1.2.2 Diskurstheorie

Unter dem Fokus von Gesellschaft tritt bei der Bestimmung des Wissensbegriffs also eine kommunikative Komponente hinzu, die deutlich weiter zu fassen ist, als die unmittelbare sprachliche Interaktion. Die Entstehung und Verbreitung von Wissen erfolgt unter den Bedingungen eines komplexen Konglomerats aus spezifischen, gleichwohl aber zeitlich dynamischen Denkweisen, Rollenmustern, Prinzipien und Konventionen. Dies rückt die wissenssoziologische Betrachtung in die Nähe der auf den Arbeiten und Konzepten Michel Foucaults (hier insbesondere »Archäologie des Wissens« 1969/1973 und »Die Ordnung des Diskurses« 1972/1974) aufbauenden und folglich aus dem Poststrukturalismus stammenden (sozialwissenschaftlichen) Diskurstheorie (vgl. u.a. Jäger 2001a; Keller 2001 und 2005a). Anders als beim oftmals verkürzten Alltagsgebrauch, der den Diskursbegriff nicht selten einfach mit dem der Diskussion gleichsetzt, geht es hier um die Beobachtung und Erkundung von Prozessen der Herstellung und Weitergabe von Wissen, die von konkreten situativen Konstruktions- und Aushandlungsprozessen abstrahieren und stattdessen stärker auf deren Grundstrukturen fokussieren (vgl. Keller 2001: 128).

Nach Foucault stellen Diskurse bestimmten Regeln gehorchende Praktiken dar, deren Bedingungsgefüge und Wirkmechanismen weit unter der Ebene aktiver Steuerung oder bewusster Entscheidungen anzusiedeln sind. In ihnen ist das Spektrum möglichen Denkens und Handelns innerhalb eines bestimmten Sozialsystems abgesteckt. Dazu werden Diskurse durch drei zentrale Arten von ›Prozeduren‹ kontrolliert und kanalisiert: Zum einen durch solche der Ausschließung. Sie entscheiden darüber, wann der Diskurs als solcher überhaupt in Erscheinung tritt und wie bzw. in welcher Form er das tut. So werden Inhalte und Sprecher den jeweiligen Umständen angepasst und gewisse Konstellationen mitunter auch von vornherein tabuisiert (vgl. Foucault 2003 [1974]: 11ff.). Während die Prozeduren der Ausschließung den Diskurs damit von außen begrenzen, indem sie vor allem regeln, was nicht dazu gehört und folglich außen vor bleibt, wirkt eine zweite Gruppe von Prozeduren, jene der Klassifikation, Anordnung und Verteilung, systematisch von innen. Auf der Basis der wiederholten Anwendung der immer gleichen Regeln und Mechanismen werden diese permanent reproduziert und aktualisiert. Dies verhindert Beliebigkeit innerhalb des Diskurses und erzeugt letztlich Identität (vgl. ebd.: 17ff.). Eine dritte und letzte Gruppe von Prozeduren verknappt schließlich den Zugang zum Diskurs, indem sie die Bedingungen für die Teilnahme an diesem selektiv regelt. Bestimmte Regionen des Diskurses sind dementsprechend nur speziell dazu qualifizierten Individuen vorbehalten; andere Individuen, die den notwendigen Erfordernissen nicht genügen, werden von diesen abgeschirmt oder sogar gänzlich vom Diskurs ausgeschlossen (vgl. ebd.: 25f.).

Insgesamt entsteht auf diese Weise eine rigide Diskursordnung, die aufgrund ihrer auch institutionellen Verfestigung eine erhebliche gesellschaftliche Macht ausübt. Diese Macht des Diskurses resultiert indirekt aus den formalen Prozeduren der Ausschließung sowie Ermächtigung, da diese festlegen, wer, wann und wie über was spricht. Die Ordnung des Diskurses determiniert damit aber nicht vordergründig die rein symbolischen Machtbeziehungen der diskursiven Interaktion und Kommunikation (vgl. dazu Bourdieu 1997: 81f.), entscheidender ist vielmehr die Tatsache, dass darüber auf der inhaltlichen Ebene konkrete Deutungsmuster erzeugt und transportiert werden, entsprechend derer die Akteure agieren und die deren Weltwahrnehmung und Wirklichkeitskonstruktion steuern (vgl. Keller 2001: 123 sowie 126).[5] So führt die diskursive Praxis schlussendlich zur Herausbildung und Verfestigung diskursspezifisch gültigen und relevanten Wissens. Foucault selbst beschreibt diese diskursive Produktion von Wissen wie folgt:

---

5   Man könnte mit Jäger (2001b: 87) auch sagen »Diskurse üben Macht aus, da sie Wissen transportieren, das kollektives und individuelles Bewusstsein speist«.

»Ein Wissen ist das, wovon man in einer diskursiven Praxis sprechen kann [...]; ein Wissen ist auch der Raum, in dem das Subjekt die Stellung einnehmen kann, um von Gegenständen zu sprechen, mit denen es in seinem Diskurs zu tun hat [...]; ein Wissen ist auch das Feld von Koordinaten und Subordination der Aussagen, wo die Begriffe erscheinen, bestimmt, angewandt und verändert werden [...]; schließlich definiert sich ein Wissen durch die Möglichkeiten der Benutzung und der Aneignung, die vom Diskurs geboten werden [...].« (Foucault 1981 [1973]: 259f.)

Innerhalb des so verstandenen Wissensbegriffs wird Wissen sogar im doppelten Sinne als diskursives Produkt erfasst – einerseits im Bereich der an diskursiven Deutungsmustern orientierten Wissenskonstruktion und andererseits im Bereich der durch spezifische Ermächtigungs- und Ausschließungsprinzipien determinierten Wissenskommunikation. Diskurse sind also, wie Reiner Keller (ebd.: 124) zutreffend bemerkt, nicht nur »selbst [...] geordnet, sie stellen auch eine machtvolle Wissens-Ordnung her [...]«.

1.2.3 Wissenssoziologische Diskursanalyse

Analytisch gesehen weisen Diskurse dabei für gewöhnlich typische Strukturelemente auf. So besteht ein Diskurs beispielsweise aus verschiedenen Themenkomplexen, den sogenannten Diskurssträngen. Bilden sich bezüglich dieser thematische Überlagerungen, entstehen Diskursstrang-Verschränkungen. Einzelne Themen der Themenkomplexe werden als Diskursfragmente bezeichnet. Des Weiteren lassen sich binnen eines Gesamtdiskurses auch verschiedene Diskursebenen sowie -positionen ausmachen, von denen aus gesprochen bzw. gehandelt werden kann. Nicht zuletzt besitzt jeder Diskurs auch einen Diskurskontext sowie eine Geschichte, Gegenwart und Zukunft (vgl. Jäger 2001a: 43ff.).

Die Untersuchung der Diskursstrukturen mitsamt ihrer sozialen Auswirkungen hat in den vergangenen Jahren insbesondere im Bereich der Analyse gesellschaftlicher Phänomene eine gesteigerte Aufmerksamkeit erfahren. Das liegt sowohl in der zunehmenden Bedeutung der reflexiven Gestaltung von Kommunikationsprozessen als auch im allgemein gewachsenen Bewusstsein für die Bedeutung symbolischer Ordnungen begründet (vgl. Keller u.a. 2001: 8). Die hauptsächlich in den Sprach- und Sozialwissenschaften (Linguistik, Soziologie, Kulturwissenschaft) beheimateten diskursanalytischen Forschungsverfahren widmen sich über die Betrachtung der strukturalen Bestandteile des Diskurses der Erfassung der jeweiligen Sagbarkeitsfelder. Dabei geht es weniger um die Deutung der sichtbaren diskursiven Praxis, als um die Analyse und Bewertung der qualitativen Bedeutung dieser Praxis für die Produktion und Kommunikation von Bewusstseinsinhalten, mit denen die Menschen die sie umgebende Wirklichkeit wahrnehmen; ergo um die Erforschung der Strukturen der Genese und Kommunikation gesellschaftlich gültigen Weltwissens (vgl. Jäger 2001b: 83ff.).

Darin liegt auch der Erkenntniswert einer theoretischen Verschränkung von Wissenssoziologie und Diskurstheorie, die Reiner Keller (2001; 2004;

2005a und b) als *Wissenssoziologische Diskursanalyse* bezeichnet. Beide – Wissenssoziologie wie Diskursforschung – basieren auf der Annahme der grundlegend sozialen Konstruktion, Objektivation, Kommunikation und Legitimation gesellschaftlicher Wirklichkeit. Wie die Mitglieder der Gesellschaft die sie umgebende Realität wahrnehmen, wie sie diese sinnhaft deuten und davon ausgehend ihr Weltwissen erwerben, ist auf interaktiv erzeugte, symbolische Ordnungen rückführbar (vgl. ders. 2001: 113). Zentrales Defizit der Wissenssoziologie in der Tradition der Theorie von Berger/Luckmann ist aus der Sicht der Diskursforschung nun allerdings deren Konzentration auf den basalen Bereich des Alltagswissens bei gleichzeitiger Ausblendung aller Spezial- und Sonderwissensbestände. Dies führt, wie Reiner Keller argumentiert, zu einer theoretischen Vereinseitigung der sozialkonstruktiven Betrachtung des Wissensbegriffs, da systematisierte und institutionalisierte Formen der Wissensproduktion und -kommunikation dadurch ausgeschlossen werden. Die Ergänzung des wissenssoziologischen Konzepts um den diskurstheoretischen Fokus Michel Foucaults kann in diesem Sinne sowohl in theoretischer als auch empirischer Hinsicht zu einer fruchtbaren Horizonterweiterung beitragen (vgl. ebd.: 120ff.). Erstens ist dies – auch im Rahmen der vorliegenden Arbeit – vor allem insofern interessant, als dass sich die Auseinandersetzung mit dem Wissensdiskurs von der Ebene des alltäglichen Wissens löst und die analytische Relevanz stattdessen stärker in den Bereich des wissenschaftlichen bzw. »kulturell prämierten« (Giesecke 2005: 14) Wissens verlagert wird. Gerade das Feld der Wissenschaft übt, wie noch gezeigt werden soll, mit seinen systeminternen Diskursen in modernen Gesellschaften einen erheblichen Einfluss auf den gesamtgesellschaftlichen Wissensdiskurs aus. Der zweite Aspekt der empirischen Horizonterweiterung erklärt sich aus dem diskursanalytischen Vorgehen selbst. So untersucht die wissenssoziologische Diskursanalyse konkret

»gesellschaftliche Praktiken und Prozesse der kommunikativen Konstruktion, Stabilisierung und Transformation symbolischer Ordnungen sowie deren Folgen: Gesetze, Statistiken, Klassifikationen, Techniken, Dinge oder Praktiken [...]. Der *Wissenssoziologischen Diskursanalyse* geht es dann darum, Prozesse der sozialen Konstruktion, Objektivation, Kommunikation und Legitimation von Sinn-, d.h. Deutungs- und Handlungsstrukturen auf der Ebene von Institutionen, Organisationen bzw. sozialen (kollektiven) Akteuren zu rekonstruieren und die gesellschaftlichen Wirkungen dieser Prozesse zu analysieren.« (Keller 2004: 57; Herv. i.O.)

Die wissenssoziologische Diskursanalyse stellt damit freilich noch keine eigene Methode dar, sondern präsentiert und versteht sich eher als Forschungsperspektive im Sinne organisierter Beobachtung und Interpretation (vgl. ders. 2001: 127), die sich wiederum anderer sozialwissenschaftlicher Methoden bedienen muss. Dennoch treten unter der von der wissenssoziologischen Diskursanalyse gewählten Perspektive die untersuchungsrelevanten

Stellgrößen weitaus konturierter hervor, als dies bei der abstrakten wissenssoziologischen Betrachtung möglich wäre.

Auffällig ist methodisch gesehen allerdings die analytische Breite des verwendeten Diskursbegriffs, der neben den in der Diskursforschung üblichen, rein sprachlichen Prozessen und symbolischen Ordnungen auch konkrete Praktiken und Produkte auf der institutionellen und organisationalen Ebene mit in den Blick nimmt. Die Grenzen zwischen kommunikativ-symbolischem Diskurs und handlungsbasierter Materialität scheinen hier konzeptionell zu verschwimmen. Ein derart weit gefasster Diskursbegriff rückt damit deutlich in die Nähe einer weiteren Analysekategorie aus dem Repertoire Michel Foucaults – jener nämlich des Dispositivs.

1.2.4 Dispositive als Dispositionen des Wissens

Das Dispositiv etablierte sich in der poststrukturalistischen Debatte (Michel Foucault; Gilles Deleuze; Jean-François Lyotard; Jean-Louis Baudry) als Bezeichnung für eine zu denkende Metakategorie, mit deren Hilfe ein komplexer Bestand sprachlicher (bzw. medialer) Elemente, Phänomene und Effekte samt ihrer Beziehungen und Verflechtungen als zusammenhängende Gesamtstruktur erfasst werden konnte (vgl. Paech 1997: 400). Im deutschen Sprachgebrauch existiert keine wörtliche Entsprechung, sogar das aus dem Französischen stammende Ursprungswort ›dispositif‹ weist keine einheitliche Bedeutung auf und ist daher nur schwer zu übersetzen. Meist wird darunter wohl eine Art ›Vorrichtung‹, ›Vorkehrung‹, ›Anordnung‹, ›Anlage‹ oder ›Mechanismus‹ verstanden (vgl. Dammann 2002: 4ff.). Genau genommen handelt es sich jedoch um einen Kunstbegriff, die – wenn man so will – »Kreation eines Tabula-rasa-Wortes« (ebd.: 6). Michel Foucault selbst entwarf den Begriff des Dispositivs als ein

»entschieden heterogenes Ensemble, das Diskurse, Institutionen, architekturale Einrichtungen, reglementierende Entscheidungen, Gesetze, administrative Maßnahmen, wissenschaftliche Aussagen, philosophische, moralische oder philanthropische Lehrsätze, kurz: Gesagtes ebensowohl wie Ungesagtes umfasst« (Foucault 1978: 119f.).

Der Begriff des Dispositivs weist nach Foucault also über den des Diskurses hinaus und schließt diesen in sich ein. Man könnte auch sagen: Der Diskurs erhält seine wirklichkeitskonstruierende, weil wirklichkeitsstrukturierende Macht erst durch das Dispositiv, da er nur über dieses aktiv in die Welt eingreifen und Wirkungen außerhalb seiner selbst erzeugen kann (vgl. Keller 2001: 135). Diskurse generieren, prozessieren und verbreiten Wissen. Wissen äußert sich aber nicht nur in den Inhalten des Sprechens und den Regeln der diskursiven Ordnung, sondern auch und vor allem in Handlungen sowie den durch diese Handlungen hergestellten Gegenständen (z.B. Konsumgüter, Gebäude, Denkmäler) deren Grundlage wiederum Wissen ist (Abb. 1). Ein Dispositiv ist demnach, wie Siegfried Jäger (2001b: 106) schreibt, der »prozessierende Zusammenhang von Wissen, welches in [einem komplexen

Zusammenspiel aus] Sprechen/Denken – Tun – Vergegenständlichung eingeschlossen ist«.

Das Dispositiv des Wissensdiskurses verkörpert anders ausgedrückt also die jeweiligen Dispositionen des Wissens. Erst das Dispositiv in seiner Gesamtheit schafft die Voraussetzungen für die Akzeptanz bestimmter Aussagen, lässt Handlungen als sinnvoll erscheinen und bietet somit Orientierung in Gesellschaft und Umwelt (vgl. Leistert 2002: 7).

Abbildung 1: Dreieck-Modell des Wissens-Dispositivs

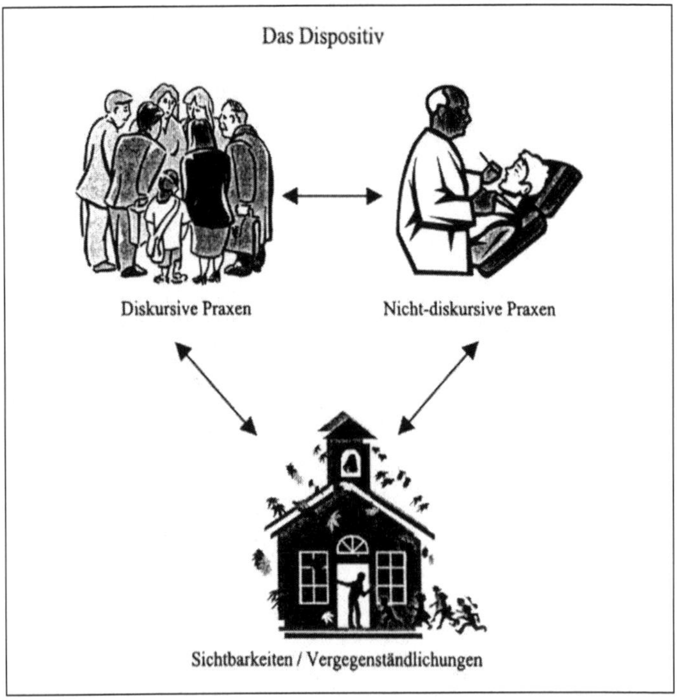

Quelle: Jäger 2001b: 107

Die wissenssoziologische Diskursanalyse greift daher tatsächlich zu kurz, wenn sie die nicht-diskursiven Praxen (Handlungen/Handlungspraxen) und Sichtbarkeiten (Produkte/Gegenstände) sowie deren Bedeutung für das gesellschaftlich relevante Wissen vernachlässigt und stattdessen lediglich den Diskurs selbst, d.h. das sagbare bzw. gesagte und niedergeschriebene Wissen in ihre Betrachtungen einbezieht. Die notwendige Erweiterung der Diskursanalyse zur Dispositivanalyse ist jedoch nicht nur überaus komplex, sondern auch ebenso voraussetzungsreich. Eine explizite Methodologie existiert laut Siegfried Jäger daher bisher noch nicht, obgleich sich eben jener intensiv der möglichen Realisierung einer solchen widmet (vgl. Jäger 2001c). So schlägt Jäger einen logischen Dreischritt vor, demzufolge alle drei zentralen Wissenselemente des Dispositivs systematisch rekonstruiert werden sollen (vgl. ebd.: 84). Problematisch gestaltet sich dabei jedoch insbesondere die Analyse der nicht-diskursiven Praxen und Vergegenständlichungen sowie die Rekonstruktion der in diesen enthaltenen Wissensbausteine. Denkbar wird ein solches Vorgehen letztendlich auch nur unter der Prämisse der analytisch engen Verknüpfung aller dispositiven Elemente, wie es Michel Foucault bereits mehr intuitiv als absichtsvoll in einigen seiner Arbeiten gezeigt hat (vgl. ebd.: 84ff.).

1.3 Wissen als mediales Ereignis

Die soeben vorgenommenen Überlegungen zum Diskurs- und Dispositivbegriff Foucault'scher Prägung haben deutlich gemacht, dass Wissen ebenso wenig allein ein individuelles Faktum im kognitiven System des Einzelnen wie eine autonome Größe darstellt, die gänzlich unabhängig von eben jenen kognitiven Prozessen existiert. Wissen besitzt im hier vertretenen Verständnis, d.h. mit Blick auf den Wissensdiskurs, vielmehr immer auch eine soziale bzw. gesellschaftlich Komponente. Diese ist bestimmt durch die Wissenskultur der jeweiligen Gesellschaft, worunter die grundlegenden Prinzipien des Umgangs mit Wissen, d.h. insbesondere die Konventionen der Erzeugung, Darstellung und Verbreitung von Wissen zu verstehen sind. Sie werden über Sozialisationsprozesse tradiert und regeln, unter welchen Bedingungen etwas allgemein als Wissen gilt. Die individuelle Konstruktionsleistung Wissen ist so gesehen also stets kulturell programmiert (vgl. Schmidt 2000: 114).

Angesichts dieser deutlichen soziokulturellen Prägung des Wissensbegriffs spielen gesellschaftliche Kommunikationsprozesse, in denen sich die Wissenskultur einer Gesellschaft manifestiert, tradiert und reproduziert, offensichtlich eine zentrale Rolle. Sie finden grundsätzlich in, über und durch Medien statt. Dies gilt für moderne Gesellschaften ebenso wie für archaische. Wenn bisher also von Diskursen die Rede war, dann müssen diese (und also auch der Wissensdiskurs) stets als mediale Ereignisse bzw. medial basierte sowie determinierte Ereignisse gedacht werden. Es sei daher eine dritte Perspektive des Blicks auf die Genese und Kommunikation gesellschaftlich relevanten Wissens bemüht – die des medialen Einflusses nämlich auf eben jene Prozesse. Dabei gilt es insbesondere zu klären, in welcher Relation Medien und Wissen zueinander stehen.

1.3.1 Die Medienabhängigkeit des Wahrnehmens und Denkens von Gesellschaften

Schon der Medienbegriff selbst ist jedoch nicht unproblematisch zu bestimmen. So existieren zahlreiche unterschiedliche Auffassungen darüber, was unter einem ›Medium‹ verstanden werden kann. Während Marshall McLuhan den Medienbegriff gewissermaßen auf alle Artefakte ausdehnt, die der Ausweitung des menschlichen Körpers und seiner Sinne dienen – dazu gehören auch Kleidung, Geld und sogar elektrisches Licht –, setzt die publizistisch orientierte Kommunikationswissenschaft demgegenüber meist bei einem institutionellen Medienbegriff an (Zeitung, Rundfunk, Fernsehen, Internet). Im Umfeld einer eher kulturwissenschaftlich ausgerichteten Medienwissenschaft geht man häufig allgemein davon aus, dass Medien bestimmte Mittel zur Präsentation, Speicherung und Weitergabe kultureller Wissensbestände darstellen, mit deren Hilfe die Mitglieder einer Gesellschaft miteinander sowie mit ihrer jeweiligen Vor- bzw. Nachwelt in Kontakt treten und sich auf diese Weise ihrer selbst vergewissern können. In diesem Sinne sind Medien also nichts anderes als Technologien, die insbesondere der Darstellung, Verbreitung und/oder Bewahrung gesellschaftlich relevanter Informationen dienen – dazu gehören Sprache, Schrift, Druck, Telegrafie, Telefonie, Film, Radio und Fernsehen ebenso wie Computer und Internet.

Medien sollen hier aber nicht einfach als Orte verstanden werden, an denen Wissen aufbewahrt wird oder als Kanäle des Wissenstransfers, vielmehr sind sie die Basis, auf welcher der gesellschaftliche Wissensdiskurs stattfindet. In diesem Sinne wirken ihre jeweiligen Dispositionen selbst auf das Wissen zurück. Den Medien kommt auf diese Weise ein nicht zu unterschätzendes wissenskulturelles Strukturierungspotential zu (vgl. Elsner u.a. 1994: 164). So verfügt jedes Medium über spezifische, nur ihm eigene Dispositionen im Hinblick auf die Bereitstellung kommunikativer Funktionen. Auf der Makroebene sind die jeweils zur Verfügung stehenden Medien damit maßgeblich an der Definition der räumlichen wie zeitlichen Grenzen einer Gesellschaft resp. Kultur beteiligt. Was den Aspekt des Räumlichen angeht, so gilt der Grundsatz, dass Inhalte desto flexibler und dynamischer verbreitet werden können, je stärker es dem jeweiligen Medium gelingt, sich vom konkreten menschlichen Körper zu lösen und entsprechender Verbreitungstechnologien zu bedienen. Die zeitliche Dimension hängt vor allem an der Robustheit und Beständigkeit des Trägermediums. Insgesamt entscheidet die mediale Verfasstheit einer Gesellschaft resp. Kultur also maßgeblich über deren zeitliche Stabilität und den Radius ihrer räumlichen Ausdehnung. In diesem Zusammenhang prägen Medien schließlich auch das Verhältnis einer Gesellschaft zu ihrer Vergangenheit sowie deren Fähigkeit zur Selbstreflexion.

Weiterhin bestimmt jedes Medium bereits durch seine materiale und technische Erscheinung die Möglichkeiten und Voraussetzungen seines Gebrauchs immer schon selbst mit und legt damit auch den Grundstein für etwaige Tendenzen der Inklusion und Exklusion von Kommunikationsteilnehmern. Während wir uns das Medium Sprache beispielsweise in Gestalt unserer Muttersprache im Normalfall relativ problemlos und rasch in der Interaktion mit anderen Menschen aneignen, erfordert das Erlernen der Kulturtechnik Schrift demgegenüber einen vergleichsweise langwierigen und komplexen Vermittlungsprozess. Folglich sind im Falle der Schrift die Möglichkeiten zur systematischen Exklusion ausgewählter Personengruppen eher gegeben. Aus einem anderen Blickwinkel betrachtet kommt wiederum gerade der Einführung der Schrift eine demokratisierende Wirkung zu, da aufgrund der Loslösung der zu kommunizierenden Inhalte vom konkreten menschlichen Körper und deren Externalisierung in das autonome Medium der Schrift, diese nun potentiell allen Mitgliedern der Gemeinschaft unterschiedslos zur individuellen Wissensherstellung zur Verfügung stehen. In jedem Falle jedoch gilt: Medien beeinflussen auf der Mesoebene, wer unter welchen Bedingungen an der Kommunikation teilnehmen kann und wer davon ausgeschlossen ist.

Nicht zuletzt steuern Medien auf der Mikroebene in entscheidender Weise den Zugang des Einzelnen zur Welt. Indem sie bestimmte Sinneskanäle beispielsweise in besonderer Weise ansprechen, andere hingegen vernachlässigen oder gänzlich ausblenden, kommt es zu einer allein dem jeweiligen Medium und dessen dispositiver Struktur eigenen Fokussierung und damit einer »Disziplinierung der Wahrnehmung« (Viehoff 1998).

Medien verleihen dem Blick auf die Wirklichkeit also ihren je spezifischen Zuschnitt. Darüber hinaus haben sie einen wesentlichen Anteil daran, in welcher Form die einzelnen Wahrnehmungen zu Wissen emergieren, wie dieses Wissen verbreitet und bewahrt wird und wer an diesem Prozess beteiligt ist. Die einer Gesellschaft zur Verfügung stehenden Medien der Herstellung, Speicherung und Verbreitung von Inhalten sind demnach zweifellos entscheidend für den Aufbau ihrer Wissenskultur.

»Unsere mentalen Strategien und ein Teil unserer sozialen Verhaltensweisen sind durch ›Denkzwänge‹ konditioniert, die informationsverarbeitende Medien unseren Gehirnen einpflanzen. Form, Inhalt und die Wiedergabe von Wissen werden gleichermaßen von Medien beeinflusst.« (de Kerckhove 2000: 49)

Die damit skizzierte Idee der Medienabhängigkeit unseres Wahrnehmens und Denkens verbreitete sich in der kulturwissenschaftlichen Debatte seit den 1950er Jahren. Die wichtigsten Impulse gingen dabei von den Mitgliedern der sogenannten »Toronto School of Communication« (Harold A. Innis, Eric A. Havelock, Marshall McLuhan sowie im weitesten Sinne auch Walter J. Ong) aus. Diese etablierten ein Konzept der kulturwissenschaftlichen Mediengeschichtsschreibung. Die dabei entstehende Kulturgeschichte der Medien beschreibt wissenskulturelle Revolutionen innerhalb von Gesellschaften entlang des medienhistorischen Wandels.

1.3.2 Wissenskultur und medienhistorischer Wandel

Der kanadische Wirtschaftshistoriker und Medientheoretiker Harold A. Innis hat sich als einer der ersten systematisch mit den Einflüssen und Effekten von Kommunikationsmedien auf die Formen gesellschaftlicher Organisation auseinandergesetzt und so, wie er etwa in einem Vortrag aus dem Jahre 1947 »Die Eule der Minerva« (als Aufsatz erstmals erschienen in: »The Bias of communications« 1951) schreibt, aufgezeigt, »welch tiefgreifenden Einfluss das Kommunikationswesen auf die Kultur des Abendlandes hatte und dass merkliche Veränderungen bei den Kommunikationsmitteln weitreichende Auswirkungen zeitigten« (Innis 1997 [1951]: 69). Innis ordnete jedem Medium eine spezielle Tendenz der Kommunikation zu, mit welcher er entscheidende Konsequenzen für das Wesen des Wissenserwerbs verband (vgl. ebd.). Bereits in den 1940ern konzipierte er eine universalgeschichtliche Untersuchung der Einflüsse und Effekte von Kommunikationsmedien auf die Entstehung von Wissensmonopolen und deren Institutionalisierung. In seinen historischen Analysen (»Empire and Communications« 1950) entwarf er die Menschheitsgeschichte als Abfolge kultureller Epochen, die jeweils von einem Kommunikationsmedium bestimmt werden und entwickelte unter anderem die These, dass Ausdehnung und Dauer von Großreichen aber auch die staatliche Verfassung und die Form der Machtausausübung von den Medien der Übertragung und Speicherung abhängen (vgl. Engell 2004: 128).

Wenig später entstanden im Bereich der Sprach- und Literaturwissenschaften auch die ersten Arbeiten von Eric A. Havelock (»Preface to Plato« 1963), Walter J. Ong (»Ramus, Method, and the Decay of Dialogue« 1958) und die Studien von Jack Goody und Ian Watt (»The Consequences of Literacy« 1963), die sich den Auswirkungen der alphabetischen Schrift auf die mentalen Strukturen des Denkens widmeten (vgl. Klook 2007: 242) sowie schließlich im Kontext des französischen Strukturalismus auch »La Pensée Sauvage« (»The Savage Mind«) von Claude Lévi-Strauss (1962) und die »Grammatologie« Jacques Derridas (1967). Letzterem ging es im Unterschied zu den zuvor genannten jedoch nicht in erster Linie um kommunikationshistorische Fragen, sondern vielmehr um den ontologischen Status von Sprache und Schrift (vgl. Pias 2004: 77).

Der Altphilologe Eric A. Havelock fragte demgegenüber vor allem danach, wie das Schreiben das Denken verändert bzw. was sich über ein Denken sagen lässt, das die Schriftlichkeit nicht kennt. Er begann damit gewissermaßen als erster überhaupt, Fragen nach der ›oralen Noetik‹, d.h. einer mündlichen Geistesverfassung,[6] zu stellen. In »Preface to Plato« (1963) verfasst Havelock eine frühgeschichtliche Genealogie des phonetischen Alphabets, welche die Sichtweise auf die griechische Kultur grundlegend veränderte. Anhand einschlägiger Arbeiten über Homer, Hesiod, die Vorsokratiker und Platon thematisiert er die Mediensituation im antiken Griechenland und weist nach, dass und inwiefern das griechische Alphabet eine Kulturrevolution bzw. einen Mentalitätsbruch auslöste, der Philosophie und Wissenschaft entstehen ließ. Havelock schreibt dazu in einem seiner späteren Werke:

---

6 Havelock selbst entwickelt die Idee einer ›oralen Geistesverfassung‹, die er häufig »state of mind« nennt, im Rahmen der Auseinandersetzung mit den Arbeiten Milman Perrys aus den 1920er/1930er Jahren, welche eine neue Forschungsrichtung im Bereich der Altphilologie begründeten: die der ›oralen Poetik‹. Walter J. Ong verwendet später vor allem den Begriff der ›oralen Noetik‹ (vgl. Assmann/ Assmann 1990: 5).

»Die Einführung der griechischen Buchstaben irgendwann um 700 v.Chr. in die Schrift sollte den Charakter der menschlichen Kultur verändern, indem sie eine Kluft zwischen allen alphabetischen Gesellschaften und ihren Vorgängerinnen aufriß. Die Griechen erfanden nicht nur einfach ein Alphabet; sie erfanden die Literalität und die literale Grundlage des modernen Denkens.« (Havelock 1990 [1982]: 71)

In präliteralen, vorgriechischen Kulturen, so Havelock, musste das gesamte Wissen narrativ übermittelt werden. Die jeweiligen ›Erzählakte‹ erschlossen sich jedoch nur über den situativen Kontext, d.h. in der Unmittelbarkeit ihrer konkreten Darbietung. Eine Abstraktion von dieser Unmittelbarkeit war für die Menschen dieser Kulturen nicht möglich, sie wussten folglich auch nicht mit komplexen Ursache-Wirkungszusammenhängen umzugehen (vgl. Klook 2007: 243). Die Erfindung des Alphabets erlaubt nun nicht nur, den Akt des Memorierens zentraler Aussagen und kultureller Inhalte von der festen Bindung an Rhythmen und Abläufe zu befreien, auch der Prozess der Reaktivierung des Memorierten war fortan nicht mehr an eine konkrete Aufführungspraxis gebunden. Dies schaffte Raum für die Entstehung einer kritischen Distanz zu den Inhalten selbst. Der von der Last des aktiven Memorierens befreite Geist verfügte über neuartige Kapazitäten. Zudem förderte das phonetische Schriftsystem die Produktion neuer Aussagen und das Denken neuer Gedanken, da die in schriftlicher Form und damit objektiv vorliegenden, bereits vorhandenen Ideen, distanziert betrachtet, reflektiert, neu kombiniert oder gegebenenfalls auch verworfen und durch andersartige ersetzt werden konnten (vgl. Havelock 1990 [1982]: 75). Das ist zu einem großen Teil auch heute noch die Grundlage des wissenschaftlichen Denkens und Arbeitens, auch wenn, worauf Havelock in diesem Zusammenhang ebenfalls bereits hinweist, erst der Buchdruck diesem Potential der alphabetischen Schrift zur Objektivierung und Rationalisierung des Denkens zu vollem Durchbruch verhalf (vgl. dazu ausführlicher Kap. II, Abschn. 2.1).

Walter J. Ong beschäftigte sich im Zusammenhang mit der kulturwissenschaftlichen These, dass Medien Denktypen konstituieren, und beeinflusst durch Havelock ebenfalls mit Fragen der oralen Noetik. Wie Havelock oder auch Innis ist er der festen Überzeugung, dass die Schrift dem Menschen nicht nur ein technisches Hilfsmittel geliefert hat, sondern dass der Eintritt in die Schriftlichkeit die menschlichen Denkweisen und damit die kulturellen und gesellschaftlichen Muster grundlegend und nachhaltig verändert hat. Eine derartige »sozialanthropologische Betrachtungsweise« eröffnet, wie Claus Pias (2004: 77) schreibt (wie es aber nicht nur auf Ong zutrifft), »die Perspektive einer durch Produktivitätsschübe medienhistorischer Effekte periodisierbaren Kulturgeschichte«. In seinem Spätwerk »Oralität und Literalität. Die Technologisierung des Wortes« (1987, in der amerikanischen Originalausgabe 1982 unter dem Titel »Orality and Literacy. The Technologizing of the Word« erschienen) betrachtet Ong insbesondere den Übergang von der mündlichen zur schriftlichen Geistesverfassung, würdigt aber auch die einschneidende Erfindung des Buchdrucks sowie schließlich den Übergang zur elektronischen Kommunikation. Auch er entwickelt also ein Viererschema von oralem, chirographischem, typographischem und elektronischem Denken. Insbesondere die Epoche der Elektronik bzw. der Post-Typographie zeichnet sich laut Ong durch das Phänomen einer, wie er es nennt, »sekundären Oralität« (Ong 1987: 136) aus.

Vor allem aber war es Marshall McLuhan, der inspiriert von den Arbeiten seines Lehrers Innis eine umfassende Theorie der Medien im Hinblick auf Wahrnehmung, Sinnesorganisation und schließlich die kulturelle Verfasstheit von Gesellschaften vorlegte (vgl. Fahle 2004: 14). McLuhan unterteilt die Weltgeschichte ebenfalls in vier große Kultur-Epochen. In seiner Mediengenealogie unterscheidet er die orale Stammeskultur, die literale Manuskriptkultur, die *Gutenberg-Galaxis* sowie das elektronische Zeitalter. Für die dazugehörigen medienkulturellen Umbrüche macht er jeweils das Auftreten eines bestimmten neuen Mediums verantwortlich (vgl. Spahr 2007a: 59 sowie McLuhan 1995 [·1968]). Seine Überlegungen bilden damit den Grundstein für eine allgemeine Betrachtung der Mediengeschichte im Sinne einer Medien*kultur*geschichte, wonach neue Medientechnologien immer auch mit Umbrüchen der gesellschaftlichen Wissenskultur verkoppelt sind.[7] Die Ursache für den kulturellen Wandel sieht McLuhan in der veränderten Ansprache der menschlichen Sinne durch die jeweilige Medientechnik:

»Wenn eine Technik, sei es von innen oder außen, in eine Kultur eingeführt wird und wenn sie dem einen oder anderen unserer Sinne ein neues Gesicht oder einen neuen Auftrieb gibt, dann verschiebt sich das gegenseitige Verhältnis aller unserer Sinne. Wir fühlen uns nicht mehr als dieselben, und auch unsere Augen, Ohren und anderen Sinne bleiben nicht mehr dieselben.« (McLuhan 1995 [1968]: 29f.)

In »The Gutenberg-Galaxy: The Making of Typographic Man« aus dem Jahre 1962 (in deutscher Übersetzung 1968 unter dem Titel »Die Gutenberg-Galaxis: das Ende des Buchzeitalters« erschienen) beschreibt er so überaus plastisch den Einfluss von Oralität und Literalität auf die kognitiven Besonderheiten von Gesellschaften und dokumentiert darauf aufbauend detailliert die Bedeutung der Typographie für die Entstehung eines neuen Wissenstypus. Anders als etwa Havelock interessiert sich McLuhan in erster Linie also weniger für die Veränderung der Wahrnehmungsbedingungen am Übergang von der oralen Stammeskultur zur phonetischen Alphabet- und Manuskriptkultur selbst, sondern thematisiert diese vielmehr als eine Vor-

---

7   McLuhan orientiert sich in Bezug auf diese Überlegungen aber nicht nur an Innis, sondern betont auch ganz explizit seine Verbundenheit mit dem englischen Dichter, Naturmystiker und Maler William Blake, denn dieser »schreibt [bereits] ganz ausdrücklich, dass bei einer Veränderung der Sinnesverhältnisse sich auch der Mensch ändert« (McLuhan 1995 [1968]: 327).

bedingung für die frühneuzeitliche Entstehung der Buchdruckkultur (vgl. u.a. ebd.: 51).

Im zweiten Kapitel dieses Buches werden vor allem die Charakteristika der zuerst von McLuhan in dieser Eindringlichkeit beschriebenen buchkulturellen Veränderungen bzw. gesellschaftlichen Auswirkungen noch eingehender beleuchtet. An dieser Stelle sollen vorerst ein paar zentrale Bemerkungen diesbezüglich genügen. So betont McLuhan vor allem, dass die auf die Unmittelbarkeit des Sprecherlebnisses angewiesene orale Stammeskultur nicht nur eine auditiv-taktile, sondern auch eine simultane gewesen sei. Die Einführung des phonetischen Alphabets – und hier unterscheidet McLuhan ebenso wie beispielsweise Havelock und Ong sehr deutlich gegenüber anderen, nicht-alphabetischen Schriftsystemen – gab dem Menschen »ein Auge für ein Ohr« (ebd.: 33) und reduzierte damit den unter den Bedingungen der Oralität notwendigen gleichzeitigen Gebrauch aller Sinne allein auf das Visuelle. Allerdings gelang es erst dem Buchdruck, die »visuelle Intensität der beschriebenen Seite« (ebd.: 140) derart zu steigern, dass sich die Schrift tatsächlich gänzlich vom Hörerlebnis des gesprochenen Wortes lösen und einen Prozess der simultanen Informationsverarbeitung anregen konnte. Die Uniformität und Wiederholbarkeit der Typographie sowie die starre bzw. fixierte Haltung des Lesers bildeten denn auch die Basis für die perspektivische Raumwahrnehmung und das moderne wissenschaftliche Denken mitsamt all den daran gebundenen, neuartigen Erkenntnisse über die Welt.

»Die Gutenberg-Methode homogener Segmentierung, die durch Jahrhunderte phonetischen Alphabetismus' psychologisch vorbereitet worden war, war es, welche die Merkmale der modernen Welt hervorrief. [...] Das heißt die Methode des starren oder spezialisierten Standpunktes, die auf der Wiederholung als dem Wahrheits- und Anwendbarkeitskriterium besteht.« (Ebd.: 341f.)

Mit dem Übergang zur Telematik der elektrischen Medien treten die westlichen Gesellschaften nun wiederum in eine neue kulturelle Phase ein. Diese ist, wie im folgenden Abschnitt noch genauer zu erläutern sein wird, vor allem durch eine elektronische Veräußerung, Durchdringung und Vernetzung des menschlichen Denkens gekennzeichnet. Entsprechend werden sich auch unsere Formen der Weltwahrnehmung verändern müssen.

2 NACH DER »GUTENBERG-GALAXIS«: THEORIEN ZUM ENDE DER BUCHKULTUR

Es ist das Kernanliegen dieses Buches, die gegenwärtigen gesellschaftlichen Phänomene im Kontext von Wissensgesellschaft und Internettechnologie, wie sie in der Einleitung ausführlich beschrieben worden sind, als Ausdruck eines teifgreifenderen Wandels unserer, in weiten Teilen wohl immernoch typographisch geprägten Wissenskultur zu verstehen und diesen Wandel im

Sinne einer medienkulturellen Revolution (ähnlich der im Zuge der Frühen Neuzeit durch die Technologie des Drucks ausgelösten buchkulturellen Revolution) vergleichend zu beschreiben. Dieser Gedanke ist jedoch nicht neu. Wie einleitend ebenfalls bereits betont, steht er in der Tradition einer längeren Reihe medientheoretischer, medienphilosophischer, aber auch technikphilosophischer und soziologischer Ansätze und Theorien, die sich ebenfalls dem Thema der Ablösung der Buchkultur durch ein medial anders bestimmtes Zeitalter und der Entwicklung hin zu einem neuen Paradigma des Wahrnehmens und Denkens von Gesellschaften sowie des Umgangs mit Wissen widmen. Einige der in diesen Theorien und Ansätzen enthaltenen Überlegungen dienten und dienen als fruchtbare Anregung und argumentative Grundlage der in diesem Buch entwickelten Ansichten. Sie werden in den folgenden Kapiteln immer wieder durchscheinen. Aus diesem Grund soll hier ein kurzer Überblick über die zentralsten Arbeiten zum Ende der Buchkultur bzw. zum digitalen Wandel der gesellschaftlichen Wissenskultur im weitesten Sinne gegeben werden. Dieser Schritt erlaubt zugleich eine Verortung der eigenen Positionen im Spektrum des bisherigen resp. aktuellen fachwissenschaftlichen Diskurses.

Fragt man nach dessen Ursprung, so kommt man erneut nicht umhin, bei der Person Marshall McLuhans anzusetzen, der in seinem Buch zur Gutenberg-Galaxis auch gleich auf deren Ende verwies und den Aufbruch in ein neues, elektrisches Zeitalter als Beginn einer neuen Galaxis, der er den Namen ›Marconi-Galaxis‹ gab (vgl. McLuhan 1995 [1968]: 180), pries. McLuhan geht dabei davon aus, dass das Zeitalter des Buchdrucks seit dem späten 19. Jahrhundert allmählich durch das Zeitalter der Elektrizität abgelöst wird, wobei er zunächst keinen harten Bruch, sondern eine gegenseitige Vermischung annimmt. So schließt er seine Ausführungen zur Gutenberg-Galaxis mit der Feststellung, die »neue elektrische Galaxis der Ereignisse ist schon tief in die Gutenberg-Galaxis eingedrungen« (ebd.: 345). Das Zeitalter des Buchdrucks endet aus Sicht McLuhans also mit dem Auftritt der Elektrizität (vgl. Spahr 2007: 68).

Die neuen Medien, die hier noch ganz allgemein unter dem Begriff der ›elektrischen Medien‹ subsumiert werden (dazu gehören nach McLuhan beispielsweise Telegrafie, Telefon, Kino und Radio aber natürlich ganz besonders auch Fernsehen und Computer), bewirken nun eine Implosion der gesellschaftlichen Kommunikation im räumlichen Sinne, nachdem Schrift und Druck während der vergangenen dreitausend Jahre zu deren zunehmender Explosion durch eine schrittweise Ausweitung des natürlichen Körpers geführt hatten (vgl. McLuhan 1992 [1964]: 13), und lassen die Welt auf diese Weise zu einem ›globalen Dorf‹ schrumpfen (vgl. ebd.: 113, aber auch 1995 [1968]: 39f.). Mit Blick auf das Fernsehen bemerkt McLuhan diesbezüglich:

»[…] zehn Jahre Fernsehen haben sogar die Vereinigten Staaten europäisiert, was ihr verändertes Gefühl für Zeit und persönliche Beziehungen beweist. Es ist eine ganz neue Empfänglichkeit für Tänze, Kultur, Architektur festzustellen, genauso wie die

Nachfrage nach Kleinwagen, broschierten Taschenbuchausgaben, plastischen Figuren und formbetonter Kleidung – von einem neuaufkommenden Interesse für Raffinessen der Kochkunst und des Weingenusses ganz zu schweigen.« (McLuhan 1992 [1964]: 359f.)

In diesem Zusammenhang zeigt sich aber auch die Tendenz zur sekundären Oralität, wie sie etwa Ong beschreibt. War der Leser eines geschriebenen oder gedruckten Textes bei seiner Lektüre auf sich allein gestellt, erzeugen die neuen elektrischen Medien erneut den Eindruck eines kollektiven, weil, wie im Falle von Film, Radio und Fernsehen, gleichzeitigen Prozesses der Rezeption. Der Einzelne wird wieder Teil einer Gruppe, er hat Anteil an einem allgemeinen und gemeinschaftlichen Ereignis.

Mit dieser erneuten Orientierung in Richtung kollektiver Rezeptionsereignisse, die mit den Merkmalen der Kommunikationsprozesse oral geprägter Stammeskulturen erstaunlicherweise sehr viel gemein haben (vgl. auch Ong 1987: 136f.), verlieren folglich auch die alten Ideale der typographischen Wahrnehmungs- und Denkkultur ihre Gültigkeit. Margreiter (2005: 247) verweist darauf, dass das Buchdruckdenken für McLuhan »durch konsequentes Streben nach Systematik, kausaler Notwendigkeit, Hierarchie, Eindeutigkeit und Abgeschlossenheit« gekennzeichnet war. Solche Ansprüche und Erwartungen stünden nun in Frage. »An die Stelle der typographischen Werte und Normen treten freie und kontingente Assoziation, Mehrdeutigkeit, Rekursivität und Offenheit.« (Ebd.) Diese Veränderungen der Wissenskultur greifen in gleichem Maße selbstverständlich auch auf die wissenschaftliche Praxis und deren Methoden aus. Während der Typographie, wie Spahr (2007: 41) schreibt, »das lineare Denken im Rahmen von einheitlichen Wissensschemata oder -systemen« entsprach, verlangten die neuen Medien hingegen nach einer neuen Art des Denkens, die McLuhan in der von ihm proklamierten und angewandten ›Mosaikmethode‹ fand.[8]

Vor allem aber beginnt unter dem Eindruck der elektrischen Medien die Entäußerung des Gehirns. Das elektrische Netz stellt für McLuhan (1992 [1964]: 59) ein »naturgetreues Modell seines eigenen Zentralnervensystems« dar, das sich nun jedoch außerhalb des Körpers befindet und an das der natürliche Körper gleichsam angeschlossen wird.

---

8   Für dieses, sein methodisches Vorgehen, das er selbst als »mosaikartige[s] Wahrnehmungs- und Beobachtungsmuster« (McLuhan 1995 [1968]: 327) bezeichnete, wurde McLuhan besonders in den ersten Jahren und Jahrzehnten nach Erscheinen seiner Bücher vor allem von wissenschaftlicher Seite häufig kritisiert. Das Konzept der ›Mosaikmethode‹ leitet McLuhan aus einem Buch von Georg von Bekesy zum Problem der Natur des Hörens und des akustischen Raums ab. Es trägt den Titel »Experiments in Hearing«. Bekesy stellt darin die klassische theoretische Methode dem Versuch gegenüber, verschiedene Elemente eines Problemfeldes als einzelne Probleme wahrzunehmen und deren Beziehungen zueinander zu ermitteln (vgl. ebd.: 52.f).

»Indem wir unseren natürlichen Körper mittels elektrischer Medien in unser erweitertes Nervensystem hineinverlegen, stellen wir eine Dynamik her, mit der alle vorhergehenden Techniken, die ja bloße Ausweitungen der Hände und Füße, der Zähne und der Körperwärmeregelung darstellen – alle derartigen Ausweitungen, einschließlich der Städte –, in Informationssysteme übertragen werden. Die elektronische Technik verlangt äußerste Bereitwilligkeit und besinnliche Ruhe vom Menschen, die ein Organismus braucht, der nun sein Gehirn außerhalb des Schädels und seine Nerven außerhalb der Haut trägt. Der Mensch muss seiner Technik der Elektrizität mit der gleichen Treue dienen, mit der er seinem Einbaum, seinem Kanu, seinem Buchdruck und all den anderen Ausweitungen seines Körpers diente.« (Ebd.: 75)

Diese Überlegungen korrespondieren natürlich bereits stark mit dem, was inzwischen unter dem Begriff der ›Virtual Reality‹ oder des ›Cyberspace‹ diskutiert wird, auch wenn sich das Interesse McLuhans Anfang der 1960er Jahre noch maßgeblich auf das damals noch recht junge Massenmedium Fernsehen richtete. Der Soziologe Manuel Castells bezeichnet die Ära des Fernsehens im ersten Band seiner Trilogie »Das Informationszeitalter«, der den Titel »Der Aufstieg der Netzwerkgesellschaft« trägt, daher sogar als ›McLuhan-Galaxis‹ und sieht darin den Übergang von der Gutenberg-Galaxis zu dem, was er selbst als Netzwerkgesellschaft oder ›Internet-Galaxis‹ bezeichnet (vgl. Castells 2001[9]: 378ff. sowie ders. 2005).

McLuhan reflektiert in seinen Arbeiten jedoch immer auch – und dieser Gedanke soll später in dieser Arbeit noch eine entscheidende Rolle spielen – die Unmöglichkeit, aus der Perspektive der Gegenwart das wahre Ausmaß der sich abzeichnenden Veränderungen zu erkennen. So ist er durchaus dessen gewahr, dass die ihn umgebende Gesellschaft (und mit ihr auch er selbst) die immense Einflusskraft der Buchkultur und die Bedeutung deren Abschieds ebenso wenig wirklich begreift, wie das 17./18. Jahrhundert dereinst die Manuskriptkultur in all ihren Dimensionen in Abgrenzung der eigenen Kultur erfassen konnte. Vielmehr betrachte man das Neue zunächst einmal vom Standpunkt des Bekannten aus und versuche das so Betrachtete in das einzig mögliche Weltbild zu integrieren. Die eigentliche Fülle und Relevanz der Veränderungen zeigt sich daher meist erst in der Retrospektive eines signifikanten zeitlichen Abstands. McLuhan (1995 [1968]: 176f.) betont dazu:

»Unsere eigene abendländische Reaktion auf die neuen Medien wie den Film, das Radio und das Fernsehen war ganz deutlich eine Buchkultur-Reaktion auf diese ›Herausforderung‹. Aber die eigentliche Übertragung des Gelernten und die Veränderung im Denkprozess wie in der Geisteshaltung gehen fast völlig unbewusst vor sich.«

---

9   Das englische Original erschien unter dem Titel »The Information Age: Economy, Society, and Culture« bereits 1996.

Vielleicht mag darin die Ursache liegen, dass McLuhans revolutionäre und – wie wir heute wissen – visionäre Thesen lange Zeit nicht entsprechend gehört und gewürdigt wurden. Erst in den 1980er Jahren wurde McLuhans Werk in der BRD ernsthafter rezipiert. Ab Beginn der 1990er Jahre entwickelte sich daraufhin dann auch eine erste Welle von Theorien bzw. Arbeiten einer, wenn man so will, ›Post-Gutenberg-Galaxy‹[10] *nach* McLuhan, welche dessen Ideen teilweise explizit aufgreifen oder zumindest inhaltlich in dieselbe Richtung weisen. Sie entstanden natürlich maßgeblich unter dem Eindruck der seit den 1980er Jahren stattfindenden massiven – auch privaten – Computerisierung.

---

10 Wohl als einer der ersten sprach Stevan Harnad 1991 davon: »There have been three revolutions in the history of human thought and we are on the threshold of a fourth. The first took place hundreds of thousands of years ago when language first emerged in hominid evolution [...]. There is no question but that this change was revolutionary, because we thereby became the first – and so far the only – species able and willing to describe and explain the world we live in. [...] The second cognitive revolution was the advent of writing, tens of thousands of years ago. Spoken language had already allowed the oral codification of thought; written language now made it possible to preserve the code independent of any speaker/hearer. [...] The third revolution took place in our own millennium: With the invention of moveable type and the printing press, the laborious handcopying of texts became obsolete and both the tempo and the scope of the written word increased enormously.« Harnad orientiert sich stark an McLuhan, sieht im Gegensatz zu diesem jedoch Transportmittel (Eisenbahn), Schreibmaschine, Fotografie und Fotokopie sowie das Telefon nicht als revolutionär an. Die Begründung dafür sieht er darin gegeben, dass Sprache, Schrift und Druck den zuvor genannten gegenüber qualitative Effekte auf die Art und Weise des Denkens hatten. Die vierte Revolution in den Produktionsmitteln des Wissens sieht Harnad schließlich im elektronischen Schreiben und den Möglichkeiten der Netzwerkmedien, speziell dem Internet, wie er am Beispiel eines ersten E-Journals mit dem Titel »Psycholoquy« beschreibt. Dabei räumt er ein: »The fourth revolution has not yet taken place«, stellt jedoch auch klar: »It is a foregone conclusion that the revolution will come; [...]. Allies in hastening its coming will be (1) research libraries, whose budgets are overburdened with the expenses associated with the print medium, (2) learned societies, whose primary motivation is to get refereed scholarly information disseminated to the peer community as quickly and fully as possible, and (3) the scholarly community itself, who will surely realize that it is they, not the publishers who merely give it the imprimatur, who are the controllers of the quality of the scholarly literature through peer review – not to mention that they are also the creators of the literature itself.« (Ebd.)

2.1 Computer und Hypermedien

Das Bemerkenswerte an diesen aus heutiger Sicht bereits ›älteren‹ Theorien und Arbeiten der 1990er Jahre ist, dass die meisten der darin enthaltenen Überlegungen und Annahmen, die zur Zeit ihrer Entstehung (vor inzwischen mehr als 15 Jahren) noch mehrheitlich Visionen oder Extrapolationen darstellten, heute an vielen Stellen tatsächlich ihre Entsprechung in der Realität gefunden haben und daher noch oder wieder ganz aktuell sind. Das Alter der theoretischen Ansätze tut ihrer Relevanz folglich keinen Abbruch, sondern unterstreicht vielmehr die analytische Prägnanz und prognostische Treffsicherheit der benannten Medientheoretiker und -philosophen sowie die Kontinuität der von ihnen antizipierten Entwicklung.

2.1.1 Vom Alphabet zum Computer (Derrick de Kerckhove)

Der bei Marshall McLuhan bereits formulierte Gedanke der Entäußerung des Denkens und des Bewusstseins durch die Möglichkeiten der elektronischen Medien spielt auch bei Derrick de Kerckhove eine entscheidende Rolle. Sein 1990 zunächst als französische Originalausgabe erschienenes und 1995 ins Deutsche übersetztes Werk mit dem Titel »Schriftgeburten. Vom Alphabet zum Computer« (»La civilisation vidéo-chrétienne«) ist nicht mehr und nicht weniger als ein Abriss der Geschichte der abendländischen Kultur entlang ihrer wichtigsten medialen Neuerungen. Formal kann man sagen, schreibt de Kerckhove – Schüler, langjähriger Assistent (1972-1980) und späterer Nachfolger McLuhans sowie ehemaliger Direktor des McLuhan-Programms für Kultur und Technologie an der Universität von Toronto[11] – darin vor allem McLuhans Medientheorie bis in die Gegenwart hinein fort. Er stellt die Medienwissenschaft kanadischer Prägung, wie Friedrich Kittler in seinem Nachwort zur deutschen Ausgabe von 1995 bemerkt, dabei jedoch »auf neurophysiologische Grundlagen um«. Medien sind für de Kerckhove »Psychotechnologien« (de Kerckhove 1995: 9), mit deren Hilfe wir die Welt und unsere Erfahrungen von Welt organisieren und die daher die Formen unseres Denkens prägen. Er wählt hier einen bewusst doppeldeutigen Begriff, um, wie er selbst schreibt, »in einem Wort auszudrücken, dass die Technologie in unsere Psyche eindringt und als Nachahmung eben dieser Psyche in Form artikulierter, selbstaktiver Ensembles, die uns beherrschen, wieder veräußert wird« (ebd.). De Kerckhoves Eigenheit (auch gegenüber McLuhan) besteht also darin, dass er, wie Claus Pias (2004: 79) es kurz ausdrückt, die »Schriftsysteme selbst auf ihre neurologischen, muskulären und sensorischen Grundlagen hin befragt, ihre kognitiven Auswirkungen [...] untersucht und sie als ›historische Programmierungen‹ (Kittler) sichtbar werden lässt«. Sprache, Schrift, Radio, Fernsehen, Computer – jede dieser medialen ›Umwälzungen‹ führte zu einer mentalen Umorganisation und vollzog im Zuge dessen notwendig auch hirnphysiologische Umdisposi-

---

11 Siehe http://www.utoronto.ca/mcluhan/, Abruf am 30.06.2009.

tionen (vgl. Mahrenholz 2004: 70). Aus Sicht de Kerckhoves zeigen sich dabei mit Blick auf die Menschheits- und Bewusstseinsgeschichte vor allem zwei revolutionäre Momente: zum einen der Übergang von der Oralität zur Schriftlichkeit sowie zum anderen der Übergang von der Schriftkultur zu jener der Computer und Netzwerke. Entscheidend sind für de Kerckhove also die Erfindung des Alphabets sowie das Aufkommen von Technologien, die auf Elektrizität beruhen (vgl. ebd.). Ganz im Unterschied zu seinem Lehrer McLuhan tritt die medientechnische Revolution des Buchdrucks bei ihm damit deutlich zurück, auch wenn er (und da ist er wieder sehr nah bei McLuhan) davon ausgeht, dass das Alphabet erst zwischen dem 15. und 17. Jahrhundert auf der Basis des Buchdrucks und in Reaktion auf eine breite Welle der Alphabetisierung im Zuge der Religionskriege auf gesellschaftlicher Ebene seine eigentliche Wirkung entfalten konnte (vgl. de Kerckhove 1995: 190f.).

Vor allem das phonetische, griechisch-römische Alphabet gilt für de Kerckhove als erstes Schriftsystem, das sich den Sinn untertan machte, statt ihm zu dienen. Die Vorteile der alphabetischen Schrift gegenüber anderen Schriftformen sieht er darin, dass man (1) jede Aussage lesen kann, ohne den Sinn bzw. jedes Wort zu kennen, dieses Schriftsystem einem (2) die Freiheit erlaubt, nach neuen Bedeutungen zu suchen, während andere Arten der Schrift demgegenüber (3) eher die Neigung besitzen, ein ›Heiligtum‹ zu konservieren, sowie dass dem Leser (4) ein großer Interpretationsspielraum bleibt und dabei (5) sogar spontane Interpretationen nach den Bedürfnissen des Augenblicks möglich werden (vgl. ebd.: 189ff.). In diesem Sinne ähnelt das Alphabet gewissermaßen einem Computerprogramm. Allerdings bewirkte, wie de Kerckhove ebenfalls bemerkt, die alphabetische Schrift auch eine allmähliche Verlagerung der gesprochenen Sprache nach innen.

»Das Alphabet hat aus der gesprochenen Sprache eine Form des Denkens gemacht und sie dem individuellen Nachdenken zur Verfügung gestellt. Die meisten Formen der Informationsverarbeitung verlagerten sich daraufhin vom oralen-vokalischen-öffentlichen zum privaten-stillen-denkenden Austausch. Das kollektive Bewusstsein wurde zu einem privaten Bewusstsein.« (Ebd.: 191)

Wie soeben erwähnt, weist die gegenwärtige epistemologische Revolution, die sich rund um den Computer ereignet, zunächst einmal deutliche Parallelen zur Einführung der Schrift auf. Die »diskrete Verwandtschaft« besteht dabei nach de Kerckhove in der Autonomie bzw. Anpassungsfähigkeit der Systeme gegenüber sich verändernden Anforderungen:

»Ganz unabhängig davon, welche Werte Sie Ihren Symbolen in einer Computersprache zuschreiben, sobald Ihr Programm läuft, wird es ohne Abweichungen den drakonischen Regeln seiner Logik folgen. Damit stoßen wir auf das grundlegende Paradox des Alphabets wie des Computers. Obwohl beide völlig unabhängig von Bedeutungen sind, die man ihnen gibt, existieren sie zugleich nur, um Aneinanderreihungen von Werten und Bedeutungen zu reproduzieren und zu manipulieren.« (Ebd.: 188)

Die neuen elektronischen Medien, insbesondere aber der Computer, beginnen nun jedoch damit, die individualisierenden und letztendlich auch separierenden Konsequenzen der Schrift auszugleichen. Der Unterschied zur Schrift liegt dabei in der Tendenz, das Gesprochene nicht mehr zu verinnerlichen, sondern es stattdessen zu veräußern. Wer auf den Bildschirm schaut, der orientiert sich nach außen und blickt nicht länger in sich selbst hinein (vgl. ders. 2000: 58). Anders als Radio und Fernsehen gelingt es dem Computer aber zudem, im Prozess der Veräußerung sinnstiftend zu wirken und den rezipierenden Menschen samt dessen Bewusstsein gleichsam in seine Sinnwelt hineinzusaugen.

»Am Bild des Halbleiters können wir veranschaulichen, was mit unserem Denken geschehen ist, seitdem es von den elektronischen Medien aus unserer Existenz verdrängt wurde. Es war ein Fehler zu glauben, dass wir einfach nur von der Herrschaft des Digitalen zu der des Analogen übergegangen wären. Gäbe es den Computer nicht, wäre das richtig. Radio und Fernsehen hätten uns ›verblöden‹ lassen, da sie unsere Fähigkeiten zur kritischen Beurteilung ausblenden, ohne sie durch etwas anderes zu ersetzen oder sie mit der Umwelt zu konfrontieren. Mit dem Computer sind die Verfahren zur Manipulation von Bedeutungen, die das Alphabet in unserem Gehirn angelegt hatte, einfach in die Maschine übergegangen, um uns von dieser Arbeit zu befreien.« (Ders. 1995: 196)

Das Netz der Computer vollzieht allmählich eine Symbiose mit dem physischen Körper, der mehr und mehr in die Cyberwelt hineingezogen wird (vgl. ebd.: 195). Ganz besonders deutlich zeigt sich das am Beispiel der ›Virtual Reality‹. Der damit induzierte persönliche Kontrollverlust über bestimmte Vorgänge des denkenden ›Verrechnens‹ (vgl. ebd.: 191), schenkt uns an anderer Stelle jedoch die Fähigkeit zurück, wieder miteinander zu kommunizieren und zu interagieren. Anders ausgedrückt: Unter dem Einfluss des Computers teilen wir heute zwar unsere mentalen Fähigkeiten zwischen Kopf und Computer auf, übertragen also einen Teil der Verantwortung der Maschine, wodurch die Verarbeitung des Veräußerten immens beschleunigt wird (vgl. ders. 2000: 51f.). Gleichzeitig bildet diese Form der Veräußerung innerer Vorgänge die Grundlagen für einen neuerlichen fruchtbaren kollektiven Austausch. Das System vernetzter Computer verkörpert demnach so etwas wie ein vernetztes Bewusstsein, eine vernetzte Intelligenz. Das bringt auch Multiplikationseffekte für den Prozess der Erzeugung und Verbreitung von Wissen mit sich, der nun zu einem kollektiven Vorgang wird (vgl. ebd.: 52 sowie 61f.).

»Wenn der erste Schritt der Evolution durch elektronische Systeme (E-volution) das Auswandern von Teilen des Denkens und Geistes in den Computer und die Beschleunigung von Denkvorgängen durch die Maschine ist, dann wäre der zweite Schritt der, dass sich Denken durch Vernetzung mit dem Denken anderer multipliziert.« (Ebd.: 63)

2.1.2 Die »Turing Galaxis« (Wolfgang Coy/Oliver Grassmuck)

Im deutschen Sprachraum prägt Wolfgang Coy, Mathematiker und Professor für Informatik, 1993 im Rahmen eines Vortrags zur Thematik »Computer als Medien« den Begriff der *Turing Galaxis* (Titel des Vortrags: »Die Turing Galaxis. Computer als Medien«). Dieser ist der Versuch der Etablierung eines neuen Epochenbegriffs für das Zeitalter vernetzter Computer, der – in Analogie zu McLuhans Gutenberg-Galaxis – ebenfalls an den ursprünglichen ›Schöpfer‹ der technischen Grundlagen für das den Epochenbruch auslösende Medium anschließt. Coy bezieht sich dabei auf den britischen Mathematiker Alan M. Turing und dessen Arbeiten zur Berechenbarkeit. Als maßgeblich gelten hier insbesondere zwei Aufsätze: »On Computable Numbers, with an Application to the Entscheidungsproblem« (1937) sowie »Computing, Machinery and Intelligence« (1950). Turing beschrieb darin den Vorgang des Rechnens als Notieren von Zahlen nach festen Regeln und konstruierte damit das Modell einer programmierten Maschine, der sogenannten ›Turing Maschine‹. Diese Maschine basierte auf dem Prinzip, dass alles Denkbare durch einen programmierbaren Algorithmus fassbar gemacht werden könne. Auch wenn sie als solche niemals existierte, fand sie ihre technische Realisierung doch schließlich in der Idee des Computers (vgl. Coy 1994: 9f.). Trotz des unaufhaltsamen Aufstiegs der Computertechnologie seit der zweiten Hälfte des 20. Jahrhunderts gerieten die Arbeiten Turings jedoch lange Zeit in Vergessenheit. Erst Andrew Hodges regte mit seiner 1983 erschienenen Biografie »Alan Turing: the Enigma« die Rezeption Turings wieder an.

Wolfgang Coy geht es nun vor allem darum, mit dem Namen Turings den Ursprung eines Epochenbruchs zu markieren, der aus seiner Sicht schrittweise alle gesellschaftlichen Bereiche neu konfigurieren wird. In der Niederschrift seines oben bereits genannten Vortrags heißt es:

»Wir sind am Anfang eines kulturell subversiven Prozesses, der sich noch viele Jahrzehnte entfalten wird. [...] Die Gutenberg Galaxis der statischen Druckmedien geht in der Turingschen Galaxis der dynamisch programmierbaren Medien auf.« (Ebd.: 7 sowie 10)

Coys Anliegen ist es, Computer als Medium und nicht länger als Automaten zu verstehen. Dabei geht er von der McLuhan'schen These aus, dass Medien (wie Buchdruck, Rundfunk, Fernsehen) nicht nur die Form der medialen Kommunikation bestimmen, sondern letztendlich auch deren Inhalte. Der Computer wird folglich die Struktur unserer Gesellschaften nachhaltig verändern. Im Vorwort zur deutschen Ausgabe der »Gutenberg Galaxis« (1995: XVII) schreibt er:

»Der Buchdruck hat aus oralen Gemeinschaften literale Gesellschaften mit grapholektischen Hochsprachen geformt und daraus folgend entstanden die Nationalstaaten, die Renaissance und die religiösen Reformationen ebenso wie das universelle wissenschaftliche Weltbild. Von der Erfindung des Textes im 12. Jahrhundert und der Erfindung des Buchdrucksystems im 15. Jahrhundert bis zur allgemeinen Schulpflicht sind Jahrhunderte vergangen. Die kommende globale mediale Gesellschaft wird Prozesse in Gang setzen, deren Wirkungen mit denen der Literarisierung vergleichbar sind. Die Ablösung der Schriftkultur durch eine Computerkultur hat gerade erst begonnen. Die Gutenberg-Galaxis erweitert sich zur Turing-Galaxis.«

Der Buchdruck, als dritte mediale Revolution (nach Sprache und Schrift), war aus Sicht Coys zweifelsohne die bislang umfassendste und tiefgreifendste (vgl. ebd.: X), auch wenn, wie sein langjähriger Assistent Oliver Grassmuck ergänzt, inzwischen zahlreiche technische Medien – allen voran Radio und Fernsehen – das Monopol des Buches gebrochen und Welt wie Mensch durch das Prinzip der Vernetzung reformiert haben (vgl. Grassmuck 1995). Der wirklich revolutionäre Schritt in Richtung Epochenbruch kommt jedoch dem Computer zu, denn dieser verfügt über zwei entscheidende Eigenschaften: Zum einen gewährleistet er in Wechselwirkungen mit den Möglichkeiten der sich beständig weiterentwickelnden Satelliten- und Kabeltechnologie eine umfassende Vernetzung, die, wie Coy (ebd.: XV) es ausdrückt,»vom lokalen Rechnernetz bis zu transnationalen Netzen reicht«. Die integrierten Rechnernetze des Internet seien nun zudem »ein richtungsweisendes Beispiel einer neuen Qualität globaler Vernetzung« (ebd.). Die zweite entscheidende Eigenschaft der Computertechnologie ist jene der Digitalisierung. Sie ist laut Coy vor allem deswegen besonders, weil nun alle bisher eingeführten schriftlichen, optischen und elektrischen Medien[12] potentiell digitalisiert werden können und so zu einem »allgemeinen digitalen Medium« verschmelzen (vgl. ders. 1994: 10ff.). Diese digitalen Medien sind nicht nur präzise kopierbar, weil maschinenlesbar speicher- und übertragbar, in digitaler Form besitzen ihre Inhalte zudem eine einheitliche technische Basis zur Verarbeitung (vgl. ebd.).

Der Computer bewirkt also hauptsächlich deswegen einen Epochenbruch, weil er ein Medium darstellt, das alle anderen Medien potentiell in sich vereinen und miteinander verbinden kann. Auch Volker Grassmuck hebt auf diesen Aspekt ab, wenn er schreibt: »Ich schlage vor, den emergierenden Horizont der binär-digitalen Medien ›Turing Galaxis‹ zu nennen, weil er es war, der dessen zentrale Konzepte formuliert hat« und damit zum einen das Konzept einer Universal-Maschine meint, die alle anderen emulieren kann, eine »Schreibmaschine, die einen operativen Text aus nur zwei Buchstaben schreibt und liest und dadurch ihre eigene Erscheinung modelliert«, zum anderen aber auch darauf verweist, dass Turings Maschine letzt-

---

12 Anmerkung der Autorin: Eigentlich müsste man hier genauer von deren Inhalten sprechen!

endlich darauf ausgelegt war, die menschliche Intelligenz zu simulieren (vgl. Grassmuck 1995).

So betrachtet werden Vernetzung und Digitalisierung einen grundlegenden Einfluss auf den Prozess des Denkens innerhalb unserer modernen Gesellschaften haben und damit auch deren Umgang mit Wissen verändern. Mitte der 1990er Jahre verbindet Wolfgang Coy seine Überlegungen mit dem von Helmut Spinner vertretenen »Karlsruher Ansatz der integrierten Wissensforschung«. Es entsteht beispielsweise das von der DFG geförderte Forschungsprojekt »Von der ›Ordnung des Wissens‹ zur ›Wissensordnung digitaler Medien‹« (1998-2000). Das Forschungsinteresse Coys richtet sich fortan neben technischen bzw. medialen Fragen auch auf rechtliche Aspekte der Turing Galaxis (Stichwort: Urheberrecht und Wissens-Allmende).

2.1.3 Aufbruch in die Welt der Hypermedien (Norbert Bolz)

Etwa zeitgleich zu Wolfgang Coy beschrieb auch Norbert Bolz in seinem gleichnamigen Werk Anfang der 1990er Jahre das Ende der sogenannten Gutenberg Galaxis. Auch er fragt darin nach dem »Strukturwandel der Kommunikationsverhältnisse« (Bolz 1995: 11) unter dem Einfluss von Computerisierung und Vernetzung, nimmt diesbezüglich allerdings eine auf den ersten Blick deutlich kulturpessimistischere Position ein. Seiner Grundthese entsprechend, wird das Buch als Leitmedium durch den Computer abgelöst. Dies bedeutet den Abschied von einer buchkulturell geprägten Welt und den Aufbruch in die Welt der Hypermedien.

> »Wir leben in neuen Kommunikationsverhältnissen, die mit dem Leitmedium der Neuzeit, dem Buch, gebrochen haben. Computer und elektronische Medien befördern das Ende einer Welt, die von Gutenbergs Technik des Drucks mit beweglichen Lettern geprägt war. [...] Unsere Gesellschaft beschreibt sich erstmals als das, was sie schon immer war, nämlich als radikal abhängig von technischen Medien. [...] Unsere Gesellschaft erweist sich immer nachdrücklicher als autonome Kommunikationsmaschine, die zwar auf Menschen und ihre Bewusstseine angewiesen ist, aber nicht auf sie zurückgeführt werden kann«,

heißt es im Klappentext zu »Am Ende der Gutenberg-Galaxis. Die neuen Kommunikationsverhältnisse«.

Nach Norbert Bolz leben wir heute also in einer Kultur, die sich »anschickt, ihre literarisch-humanistische Identität wie eine Schlangenhaut abzustreifen« (ders. 1994a: 10). Wie das Buch zunächst den Körper als privilegierten Ort kultureller Weltwahrnehmung verdrängte und die fehlende Beweiskraft der real erlebten Situation durch Normierung und Standardisierung ausglich (vgl. ders. 1995: 183f.), lösen die neuen Medien nun die lineare Einheit der Gutenberg-Galaxis in die Mehrdimensionalität und Komplexität der Hypertexte auf. Am Beispiel der Reklame erläutert Bolz diesen notwendigen Prozess der Veränderung von Wahrnehmung und Rezeption folgendermaßen: Bücher liest man horizontal, da die darin enthaltene Schrift à la lettre Schrift ist. Reklameplakate stellen demgegenüber Schrift-Bilder (Grafiken) dar, die nicht länger zweidimensional, sondern als dreidimensionale Gebilde wahrgenommen werden (vgl. ebd.: 196). Ähnlich verhält es sich auch mit dem Hypertext. Vergleichbar mit einem Reklameplakat sind auch Hypertexte nichts anderes, als in die Tiefe verschachtelte Schrift-Bilder, welche die verschiedenen Facetten eines Faktums gewissermaßen gleichzeitig, d.h. simultan abzubilden vermögen. Das erinnert auch Bolz an die McLuhan'sche Mosaikmetapher, derentsprechend sich das perspektivisch zugeschnittene, homogene Weltbild im Kontext der elektronischen Kultur facettenhaft aufspaltet (vgl. ebd.: 195).

Derartige Versuche, Aspekte auf verschiedenen Kommunikationsebenen parallel darzustellen, sind gleichwohl nicht neu. Wie Bolz selbst bemerkt, stellten, wenn man so will, schon die zahlreichen Kommentare in Tora und Bibel frühe Formen von Hypertexten dar (vgl. ebd.: 203). Er vermutet daher, dass »das Informationsverarbeitungssystem Buch der Komplexität unserer sozialen Systeme nicht mehr gewachsen ist« (ebd.), vielleicht auch nie gewachsen war. Gesucht werde daher ein »Medium simultanpräsenter Darstellung« (ebd.: 207), wie es Hypertexte verkörpern. Nach dem Prinzip der Knoten und Links sind in diesen zudem alle Inhalte miteinander vernetzt und können ›frei‹ begangen werden.

Resultat dieser freien Begehbarkeit auf der Basis hypertextueller bzw. hypermedialer Vernetzung ist nun allerdings das Hinzutreten aktiver Konstruktion als Komponente im Prozess der Rezeption.

»Hypertext-Systeme verteilen Informationen in einem Möglichkeitsraum. Was dann für einen Leser ›wirkliche‹ Information wird, ist von Fall zu Fall verschieden. Kurzum: *Ein Buch ist statisch, eben schwarz auf weiß gedruckt – ein Hypertext ist dynamisch, nämlich ein elektronischer Schriftraum, in dem wir uns frei bewegen können.* Die Bedeutung eines elektronischen Texts ergibt sich einzig und allein aus seinem Gebrauch in der jeweiligen Lektüre. Die Textstrukturen sind kinetisch. Und das heißt eben: ein Hypertext existiert nur in Echtzeit.« (Bolz 1994b: 119; Herv. i.O.)

An anderer Stelle heißt es zudem:

»Wie Magazine, in denen ja Notizen, Reklame und redaktionelle Artikel aufeinanderstoßen und um die Aufmerksamkeit des Lesers werben, bieten Hypertexte nicht mehr den sauberen Schriftraum des Buches, sondern reflektieren die topischen Eigenschaften des verarbeiteten Materials. Doch anders als Magazine sind Hypertexte kinetisch und interaktiv – u.d.h.: sie konfigurieren ihre Typographie im Akt des Lesens.« (Ders. 1995: 199)

Der Schlüsselbegriff lautet hier folglich Navigation. Der Rezipient eines Hypertextes muss sich seinen eigenen Weg durch die vorhandene Netzwerkstruktur bahnen und dabei eigene Verknüpfungen herstellen. Eine große Herausforderung besteht dabei darin, aus der Masse der zur Verfügung stehenden Informationen die jeweils richtigen und relevanten auszuwählen und diesen in ihrer Verbindung, gewissermaßen assoziativ, einen individuellen Sinn zuzuweisen. Im Resultat bedeutet das – in den vorangegangenen Zitaten klang es ja bereits an –, dass die in Hypertexten enthaltenen Informationen stets Produkt einer (inter-)aktiven Interpretation sind (vgl. ebd: 228f.). Das bedeutet aber vor allem auch, dass jeder Prozess der Rezeption die vernetzte Struktur der hypertextuellen Informationen potentiell verändert. Dokumente sind in diesem Sinne also nicht mehr statisch, es gibt keine definitiven Versionen mehr. So entstehen immer neue Verknüpfungen zwischen den einzelnen Elementen, während andere wieder in Vergessenheit geraten – die »[p]ermanente Revision wird zum Normalfall der Textverarbeitung« (ebd.: 218).

Norbert Bolz orientiert sich im Kontext dieser Überlegungen zu den Bedingungen und Konsequenzen der hypertextuellen Informationsverarbeitung besonders an Ted Nelsons ›Xanadu‹-Idee, der Vision einer elektronisch vernetzten Weltbibliothek, mit deren Hilfe sich jede Information jederzeit von einem zentralen Ort aus abrufen lässt, und bezüglich der Nelson den Begriff des ›docuverse‹ prägte. Bolz schreibt dazu:

»Ted Nelson nimmt Abschied von der Gutenberg-Welt diskreter, privater Dokumente und entwirft ein Medienenvironment, das es den Benutzern ermöglicht, eigene Verknüpfungen zwischen den auf ein kompatibles Format gebrachten, gleich zugänglichen Dokumenten der Welt zu etablieren – eben das nennt er *docuverse*.« (Ebd.: 217; Herv. i.O.)

Die Navigation durch dieses ›docuverse‹ vernetzter Informationen ist aber nicht nur ein individueller Assoziations- und Interpretationsprozess, es handelt sich zugleich auch um einen interaktiven und kollaborativen Akt. So ging bereits auch Nelson davon aus, dass der Mensch der Masse und Komplexität der vorhandenen Informationen nur dann gewachsen ist, wenn auch er das Potential der interaktiven Vernetzung nutzt (vgl. ebd.).

Angesichts dieser Veränderungen im Umgang mit Informationen, muss sich auch das gesellschaftliche Wissensdesign schlechthin notwendig wandeln und mit den alten Prämissen und Idealen der Gutenberg-Galaxis brechen.

»Die Bildungsstrategien der Gutenberg-Galaxis haben ausgespielt. Die Kinder der neuen Medienwelt beugen sich nicht mehr über Bücher, sondern sitzen vor Bildschirmen. Ihr Suchen und Forschen folgt nicht mehr Zeile für Zeile der Weisheit phonetischer Schrift, sondern läuft über Gestalterkennung. Die Welt erscheint ihnen unter völlig veränderten Kategorien: der Begriff der Wirklichkeit wird durch den der Funktion ersetzt, Konfigurationen treten an die Stelle von Klassifikation und Kausalität, die Bedeutung erlischt im Effekt, und ein *fine-tuning* übernimmt das Pensum der Synthesis.« (Ebd.: 201f.; Herv. i.O.)

Mit diesen Bemerkungen zu den Auswirkungen der Hypertextualität auf Bildung und Lernen verweist Bolz auf einen weiteren zentralen Aspekt der Veränderung im gesellschaftlichen Umgang mit Informationen. Im Anschluss an die Arbeiten Alan Turings gilt für Bolz zunächst: »Menschwerdung ist Programmierung« (ders. 1994a: 12). So ähnelt der Prozess der kognitiven Informationsverarbeitung durch Kategorisierung und das Ziehen kausaler Schlüsse, die Fähigkeit des logischen Denkens also, die man in Interaktion mit seiner objekt- wie subjekthaften Umwelt im Laufe der Sozialisation allmählich erlernt, stark dem Vorgang des Rechnens. Turin geht daher davon aus, dass anders herum auch Maschinen derartige Formen des Denkens prinzipiell übernehmen können. Dieses Bild der Veräußerung des Denkens und dessen Übernahme durch Maschinen findet sich auch bei McLuhan sowie in Bezug auf den Computer ganz besonders bei de Kerckhove (siehe Abschn. 2.1.1 in diesem Kap.). Allerdings sind Computer heute[13] natürlich nicht mehr allein Rechner. Sie sind vielmehr komplexe, lernende Systeme, die sich mehr und mehr der assoziativen Funktionsweise des menschlichen Gehirns annähern.

»Es kommt heute darauf an, die elektronischen Extensionen des Menschen nicht als dem Menschen äußerliche Apparaturen zu begreifen. Elektronik ist die globale Erweiterung unseres zentralen Nervensystems, das ja selbst als ein elektronisches Netz verstanden werden kann, das unsere Sinne koordiniert. [...] So können wir die beiden Grundvorgänge bestimmen, die das Gesicht der postmodernen Welt prägen – nämlich einmal die Entäußerung des Zentralnervensystems in den neuen Medien; zum andern der Transfer des Bewusstseins in den Computer durch elektronische Simulation.« (Ebd.: 9)

Dieser Gedanke geht deutlich über das einfache Turing-Paradigma hinaus. Nicht nur das logische, auch das assoziative Denken tritt nun ins ›Zeitalter seiner technischen Reproduzierbarkeit‹ ein (vgl. Bolz 1995: 215). Dies ist die Stunde der sogenannten Hypermedien. Der Computer fungiert dabei als Schnittstelle, er wird – und das erinnert wiederum stark an die Argumentation Wolfgang Coys – zum Medium der Medienintegration. Auf diese Weise verstärkt sich erneut die bereits im Hypertext angelegte Tendenz zur Schrift-Bildlichkeit. Neben Fragen des Rechnens und Programmierens gewinnen nun mehr und mehr auch Fragen des Designs an Bedeutung. Es kommt darauf an, Interfaces zu erzeugen, die dem Nutzer die Orientierung in und Interaktion mit dem zunehmenden komplexer werdenden, multimedial vernetzten Informationsangebot erleichtern. Dies gelingt deutlich besser durch den zusätzlichen Einbezug bildlicher und auditiver Elemente (vgl. ders. 1994a: 13ff.). Daran anknüpfend und offenbar in Anlehnung an McLuhan formuliert Bolz:

---

13 Die Einschätzungen beziehen sich hier freilich auf die Mitte der 1990er Jahre.

»Heute löst sich das linear perspektivierte, homogene Welt-Bild in Facetten eines Mosaiks auf. [...] Bücher werden von Bildschirmen, das face to face vom Interface verdrängt. Und die alten semantischen Fragen nach Bedeutung, Repräsentation und Intentionalität gleiten an einer EDV ab, die wie eine reine Inszenierung von Effekten verfährt. [...] An die Stelle der linearen Rationalität der Gutenberg-Galaxis tritt heute ein Denken in Konfigurationen. Die klassische Theorie der Wahrheit wird vom konstruktivistischen Kriterium des ›Passens‹ einer Theorie abgelöst; Kausalität wird durch Rekursion, Klassifikation wird durch Pattern recognition ersetzt. [...] Welt verstehen heißt, sie in Computersimulationen simulieren können. Realität wird als rein optionaler Zusammenhang gefasst.« (Ebd.: 10)

All das mag bisweilen kulturpessimistisch klingen, ist anzunehmenderweise aber weniger so gemeint. Stattdessen fügt Bolz geradezu prophetisch an:

»Unter Bedingungen der neuen Medien und Computertechnologien muss man Abschied nehmen von einer Welt, die durch Repräsentationen geordnet war – und das heißt eben auch: Abschied nehmen von einem Denken, das sich selbst als Repräsentation der Außenwelt verstand. Programme haben die sogenannten Naturbedingungen der Möglichkeit von Erfahrung ersetzt. Und jedes Kind weiß heute, was nur noch die Intellektuellen der Gutenberg-Galaxis zu wissen hartnäckig sich weigern: dass sich nämlich die Videowelt, die unser Alltag ist, von der Newtonwelt endgültig verabschiedet hat. So zerbrechen die Horizonte der aufgeklärten Welt unter Medienbedingungen.« (Ebd.)

Kulturpessimistisch wirken diese Ausführungen aber nicht zuletzt auch dann, wenn Bolz im Anschluss an Baudrillards Simulationsthese[14] behauptet, die neuen Medien würden das Ende der Philosophie einläuten. Das gelte aus seiner Sicht zumindest insofern man unter Philosophie das Beharren auf einem absoluten Wahrheitsanspruch versteht, ein Bestreben also, das Denken an eine denkunabhängige Realität anzubinden, und insofern man demgegenüber weiterhin davon ausgeht, dass »jede Form kritischen, begründeten und systematischen Denkens«, wie Margreiter (2007: 80) schreibt, »nur das strukturelle Abbild und der methodologische Reflex der Medien Schrift und Buchdruck ist«.

Die Cyberwelt der vernetzen Computer, so Bolz (1994b), schaffe ein »kontrolliertes Chaos« und lasse damit alle Bemühungen, von bloßer Meinung zu begründetem Wissen zu gelangen, obsolet werden.

---

14 Jean Baudrillard entwickelte bereits in den 1970er Jahren die These, die neuen Medien verwischten die traditionelle Unterscheidung zwischen Schein und Sein. Das klassische Wissenschaftsverständnis sei damit ein verfehlter, rationalistischer Wunschtraum. Für Baudrillard gibt es folglich keine Wahrheit außerhalb des Denkens. Diese Tatsache fasst er mit dem Begriff des ›Simulacrums‹ (vgl. u.a. Baudrillard 1978).

»Das Problem ist in der Tat dies, dass man die Grundbedingungen für einen anspruchsvollen Begriff von Wahrheit unter Medienbedingungen und modernen gesellschaftlichen Bedingungen nicht mehr durchhalten kann. [...] Ich sage nicht, Vernunft ist passé, ich sage nur, wir müssen überlegen, was es bedeutet, wenn anstelle der Buchkultur offensichtlich ein neues Paradigma tritt.« (Ders. 1998: 23)

2.1.4 Von den Mythen der Buchkultur (Michael Giesecke)

Die Ausführungen des deutschen Literaturwissenschaftlers und Medientheoretikers Michael Giesecke zum Ende der Buchkultur fußen mehr noch als die Überlegungen der zuvor genannten Autoren auf dezidierten Analysen zu den sozialen, geistigen, religiösen, wirtschaftlichen und politischen Begleitumständen und vor allem zu den Auswirkungen und Konsequenzen der Einführung der Typographie im frühneuzeitlichen Europa (siehe hierzu insbesondere Giesecke 1994). Vergleichbar sind diese – wenn überhaupt – lediglich mit McLuhans Analysen zur Gutenberg-Galaxis. Im folgenden, zweiten Kapitel dieses Buches werden die diesbezüglichen Argumente Michael Gieseckes noch ausführlicher beschrieben und diskutiert. Deswegen sei hier nur am Rande auf die immense Bedeutung des typographischen Mediums für die westlichen Gesellschaften verwiesen, die Giesecke in seinem Buch »Von den Mythen der Buchkultur zu den Visionen der Informationsgesellschaft. Trendforschungen zur historischen Medienökologie« (2002) pointiert folgendermaßen herausarbeitet:

»Die Industrienationen haben das sprachliche Wissen in unseren Köpfen und in den Büchern zum einzig glaubwürdigen Spiegel der Umwelt erklärt. Sie erfanden den Buchmarkt als interaktionsarmes Vernetzungsmedium zwischen den Menschen. Sie standardisierten die visuelle und akustische Wahrnehmung sowie die logische Informationsverarbeitung so konsequent, dass sie sich heute praktisch vollständig technisch simulieren lassen. Ihre Identität fanden die Industrienationen in Europa als Buchkultur. In das Medium ›Buch‹ übersetzte man alle Informationen, die wertvoll genug schienen, an die nachfolgenden Generationen vererbt zu werden. In diesem Medium führte man die Auseinandersetzungen über die Grundwerte der Gesellschaft. Mit seiner Hilfe normierte man die gesellschaftliche Wissensproduktion und überhaupt das soziale Handeln. Ohne dieses Medium keine allgemeine Schulpflicht, keine Aufklärung, keine industrielle Massenproduktion und auch keine Wissenschaft, die nach allgemeinen Wahrheiten sucht.« (Ebd.: 11)

Giesecke stellt nun verwundert fest, dass die zunehmende Begeisterung für die neuen Medien (gemeint sind hauptsächlich die digitalen Informations- und Kommunikationsmedien) nicht mit einer gleichzeitigen Kritik an den Werten der Buchkultur einhergeht, sondern dass es stattdessen den Anschein macht, als bliebe das »Vermächtnis Gutenbergs« (praktisch) unangetastet. Die Ursache dafür sieht er im oben bereits angedeuteten Erfolg der Gutenbergschen Erfindung. Er schlägt daher vor, neben den Chancen eines Mediums immer auch die mit diesem verbundenen Risiken zu betrachten und die

Buchkultur auf diese Weise zu entmystifizieren (vgl. ebd.: 221ff.). Giesecke thematisiert daraufhin elf *Mythen der Buchkultur*, die es, wenn auch nicht gänzlich zu revidieren, so doch wenigstens zu relativieren gilt.[15] So ließen sich die »ambivalenten Leistungen der Buchkultur« dergestalt objektiver wahrnehmen und gezielter bewerten (vgl. ebd.: 257). Vor allem aber erwächst daraus auch die Möglichkeit zu einer medienhistorisch vergleichenden Betrachtung des gegenwärtig stattfindenden Epochenwechsels von der typographischen zu den elektronischen bzw. digitalen Medien.

»Wenn die Augen für die Ambivalenz der Buchkultur einmal geöffnet sind, dann wird sich auch die Bedeutung anderer, neuer Medien relativieren. Auch diese werden sich als weniger monolithisch erweisen, als sie sich unserem rationalisierenden Blick gegenwärtig noch darstellen […].« (Ebd.: 268)

Im Hinblick auf die strukturelle Beschaffenheit und Dynamik dieses Epochenwechsels vertritt Giesecke ein sozialpsychologisches Modell des generationalen Übergangs. Dabei fasst er die auf unterschiedlichen Informationstechnologien basierenden skriptographischen, typographischen und elektronischen Kommunikationssysteme in der diachronen Perspektive als unterschiedliche Generationen im Sinne kultureller Epochen auf (vgl. ebd. 270f.). Bezüglich des Ablöseprozesses eines älteren durch ein neueres Kommunikationssystem differenziert er schließlich drei Phasen, die er aus dem Bereich

---

15 Im Einzelnen nennt Michael Giesecke hier: (1) zunächst den »Mythos der zwei Kulturen«, d.h. die Behauptung, Typographie und Industriegesellschaft hätten sich getrennt voneinander entwickelt und erstere hätte nichts mit letzterer Tendenz zu Ausbeutung und Imperialismus zu tun; (2) den »Mythos einer einheitlichen ›Schriftkultur‹«, d.h. die fälschliche Annahme eines einheitlichen Ursprungs von Schrift- und typographischer Kultur; (3) die »Mystifikation der Erziehung und Bildung durch Bücher«, gemeint ist die mit dem Buchdruck verbundene Normierung und Gleichschaltung des Denkens; (4) die »Mystifikation der sichtbaren, äußeren Welt« und damit die Abwertung subjektiver Modelle; (5) die »Mystifikation der synthetischen Buchwelt«, die allein aus Gründen der Gewohnheit als naturgegeben erlebt wird; (6) die »Mystifikation rationaler, sprachlicher Informationsverarbeitung«, die gegenüber anderen Formen der Informationsverarbeitung eine Prämierung erfährt; (7) die »Mystifikation des Gedächtnisses« als unbegrenzten Speicher, welche die Notwendigkeit des Vergessens ausblendet; (8) die »Mystifikation der Autoren als alleinige Schöpfer«, d.h. die Erwartung, Schriftstücke müssten sich stets auf einen klar benennbaren Schöpfer zurückführen lassen; (9) der »Mythos der Technisierung« als universellem Problemlöser; (10) die »Mystifikation der Geschichte als Akkumulationsprozess«, d.h. als eines unaufhörlich und linear fortschreitenden Wandlungsprozesses, sowie (11) die »Mystifikation der Buchkultur als monomediales System«, womit die Annahme gemeint ist, die Kultur einer Gesellschaft sei jeweils nur durch ein Medium (in diesem Falle den Buchdruck) beeinflusst (vgl. Giesecke 2002: 224-257).

der menschlichen Sozialisation übernimmt (vgl. ebd.: 271ff.): Zunächst eine Phase der Abhängigkeit. Diese besteht einerseits in der Übernahme der herkömmlichen Problemstellungen, ist andererseits aber auch durch den Versuch gekennzeichnet, unter Zuhilfenahme neuer Medien und Formen der Informationsverarbeitung und Kommunikation bessere Lösungen für bekannte Aufgaben zu finden. Für den aktuellen Fall des Übergangs von den alten typographischen zu den neuen elektronischen Medien gilt daher: »Alle elektronisch gespeicherten Informationen, die sich problemlos in typographische Produkte umsetzen lassen (und umgekehrt), gehören noch der typographischen Ära an.« (Ebd.: 275)

In der darauffolgenden Phase der Gegenabhängigkeit beginnt das neue Kommunikationssystem seine Funktionalität mehr und mehr gegenüber den alten Technologien und Programmen zu behaupten, indem es deren Unzulänglichkeiten offen legt und seine diesbezügliche Überlegenheit demonstriert. Mit anderen Worten ist man in dieser ersten Ablösungsphase also bestrebt, die Schwächen der alten Technologien durch die Möglichkeiten des neuen Mediums auszugleichen. Speziell für die elektronischen Medien resümiert Giesecke hier:

»Über den Buchdruck hinausgehende, bleibende Bedeutung werden die elektronischen Medien dort erlangen, wo sie völlig andersartige Informationssysteme aufbauen: nicht an der visuellen Wahrnehmung und am Bewusstsein anknüpfen oder rationales Denken substituieren, keinen ›sprachlichen‹ Speicher benutzen und auch keine sprachliche Darstellungsform wählen.« (Ebd.: 277)

Die eigentliche Emanzipation des neuen Kommunikationssystems von den Implikationen des alten erfolgt schließlich aber erst in der Phase der Autonomie. Das bedeutet gleichwohl nicht, dass die älteren Medien gänzlich von den neueren verdrängt werden. Vielmehr entsteht ein Zustand der Koexistenz, bei dem vor allem dem neuen Kommunikationssystem nun ganz eigene, neuartige Informationspotentiale zugesprochen werden (vgl. ebd.: 278). Hinsichtlich der konkreten Beschaffenheit dieser dritten Phase des Ablösungsprozesses im Falle der Ablösung der elektronischen Medien vom buchkulturellen Paradigma lässt sich bislang freilich nur spekulieren. Zum Zeitpunkt der Entstehung des hier zitierten Buches (2002) konstatiert Michael Giesecke jedenfalls vorerst den Übergang von der Phase der Abhängigkeit zur Phase der Gegenabhängigkeit. Er führt diesbezüglich, wie er es nennt, »sechs abhängige und gegenabhängige Trends« (ebd.: 280) an, die gewissermaßen als Beispiele für besagten Übergang fungieren (siehe dazu ausführlicher Kap. VI, Abschn. 2.1). Insgesamt verweisen diese Trends auf die Möglichkeit eines erkenntnistheoretischen Paradigmenwechsels von der »mono- zur multiperspektivischen Erkenntnistheorie« (ebd.: 301). Giesecke geht dabei – ganz und in der Tradition der Kanadischen Schule und unter explizitem Bezug auf McLuhan und Postman – von dem Grundsatz aus, »dass jeder Informationstechnologie auch eine Erkenntnistheorie entspricht«. Es steht folglich auch zu erwarten, »dass mit der Relativierung der Bedeutung der Buchkultur durch die neuen elektronischen Medien auch ähnlich dramatische Umstellungen unserer Konzepte von Wahrnehmung, Wahrheit, richtigen Darstellungen usf. einhergehen« (ebd.: 302).

Erstaunlicherweise geschieht dies bisher jedoch noch nicht spürbar, was laut Giesecke unmittelbar mit den Mythen der Buchkultur zusammenhängt. So wirken gerade die Funktionsmechanismen der Industriegesellschaft sowie der Buchkultur der Entwicklung einer multimedialen Erkenntnistheorie entgegen (vgl. ebd.: 327). Ein entsprechendes Umdenken wird jedoch allmählich unausweichlich. So vermutet Giesecke, dass sich unsere Zukunftsprobleme nicht mehr nach den bewährten Schemata der Buchkultur werden lösen lassen.

»Wir befinden uns jedenfalls augenblicklich an dem Punkt, wo die extensive Nutzung derjenigen Techniken individueller und sozialer Informationsverarbeitung, die für die Buchkultur typisch sind, und vor allem ihre Übertragung auf Bereiche, für die sie gar nicht gedacht waren, zunehmend unsere Ressourcen blockieren.« (Ebd.: 17)

Aus Sicht Gieseckes sind die Industriegesellschaften damit also längst in das post-typographische Zeitalter eingetreten. Es ist daher an der Zeit, diesen Schritt auch im Bewusstsein darüber zu vollziehen.

2.2 Internet und Web 2.0

In den letzten Jahren, genauer etwa seit der Mitte des ersten Jahrzehnts des neuen Jahrtausends, tauchen nun zunehmend Arbeiten bzw. theoretische Ansätze auf, die sich dem Thema der Ablösung buchkulturell geprägter Denk- und Informationsproduktionsstrukturen speziell mit Blick auf die Einflüsse und Auswirkungen des Internet und dessen neuen Möglichkeiten in Gestalt des sogenannten *Web 2.0* widmen. Diese stammen bislang nahezu ausschließlich aus dem englischsprachigen Ausland (USA, Australien) und besitzen vordergründig einen mehr wirtschaftswissenschaftlichen denn kulturwissenschaftlichen Blickwinkel. Sie betrachten in erster Linie also weniger das Ende der Buchkultur als vielmehr neue Wege der Produktion von Waren und Dienstleistungen und einen veränderten Umgang mit Informationen und Inhalten. Besonders deutlich wird das im Hinblick auf das Feld der Informationsökonomie. Des Weiteren fokussieren diese Ansätze stärker die Prinzipien und Strukturen der tatsächlichen Anwendung der oben genannten neuen Technologien, statt abstrakte medienphilosophische Reflexionen anzustellen. Das bedeutet gleichwohl keinesfalls, dass sich an diese eher konkreten Analysen nicht immer wieder komplexe theoretische Überlegungen anschließen, die zentrale gesellschaftliche Veränderungstendenzen markieren und auf die zukünftige Bedeutung derartiger Veränderungen im Sinne eines fundamentalen kulturellen Wandels hinweisen.

Bei all diesen – in Absetzung zu jenen im vorangegangenen Abschnitt diskutierten – ›neueren‹ Theorien bzw. Arbeiten zum medial bedingten Wandel der Gesellschaft resp. zum Wandel der gesellschaftlichen Wissenskultur kommt neben den Aspekten der hypertextuellen Vernetzung und Digitalisierung von Inhalten nun ein weiteres entscheidendes Moment hinzu. Gemeint ist die breite Beteiligung von Laien[16] am Prozess der Produktion und Kommunikation von Inhalten, genauer: Formen der Partizipation, Interaktion und Kollaboration von Amateuren im Netz mit Hilfe entsprechender Technologien und auf der Grundlage internetbasierter sozialer Netzwerke. Dieser Schritt hin zu einer partizipativen ›Amateurkultur‹ (vgl. dazu etwa Reichert 2008) bietet tatsächlich neuartigen Input für die in den bisherigen Theorien und Ansätzen antizipierten Entwicklungen, da angesichts dessen die hergebrachten und ganz und gar selbstverständlich erscheinenden buchkulturellen Strukturen endgültig eine Um- bzw. Neuorganisation erfahren.

2.2.1 »Generation C« (Trendwatching)

Bereits im Februar 2004 prägte das unabhängige, internetbasierte Trendforschungsunternehmen Trendwatching[17] den Begriff der *Generation C* und verwies damit zu einem sehr frühen Zeitpunkt auf die massenhafte Zunahme und Präsenz von sogenanntem ›User/Consumer Generated Content‹ im Internet. Auf der entsprechenden Seite der Internetpräsenz des Unternehmens[18] vom 24. Februar 2004 hieß es dazu:

»No, this is not about a new niche generation of youngsters born between March 12, 1988 and April 24, 1993; the C stands for CONTENT, and anyone with even a tiny amount of creative talent can (and probably will) be a part of the not-so-exclusive trend. So what is it all about? The GENERATION C phenomenon captures the an avalanche of consumer generated ›content‹ that is building on the Web, adding terapeta bytes of new text, images, audio and video on an ongoing basis.« (Herv. i.O.)

Beeinflusst sei dieser Trend zum einen von neuartigen Technologien bzw. Werkzeugen, die zur aktiven Partizipation und kreativen Produktion einladen, zum anderen aber auch von der Überzeugung, dass prinzipiell jede Person über die notwendigen Voraussetzungen und Kompetenzen dazu verfügt. Trendwatching führt hier die Werbestrategien namhafter Elektronikhersteller wie Canon, Sony oder Hewlett-Packard (HP) an, welche gezielt auf die professionellen Produktionsmöglichkeiten für Amateure abheben. So fand

---

16 Nähere Ausführungen zum Begriff des Laien in Abgrenzung zu jenem des Experten finden sich in Kapitel II, Abschnitt 2.2.2.
17 Das Unternehmen mit Sitz in Amsterdam ist bestrebt, weltweite Konsumenten-Trends vor allem im Bereich der (neuen) Medien aufzuspüren. Zahlreiche Marketingmanager führender Wirtschaftskonzerne aber auch Journalisten nehmen diesen Prognosedienst in Anspruch.
18 http://trendwatching.com/trends/GENERATION_C.htm, Abruf am 14.11.2008.

sich im Kontext der 2008 gestarteten Freefilming-Kampagne der Firma Canon (Werbekampagne Print) u.a. folgender Text:

»Sie müssen kein Hollywood-Regisseur sein, um Filme mit super Effekten zu drehen. Mit dem HD-Camcorder Canon HF10 ist das ganz einfach und Sie sind immer zur richtigen Zeit am richtigen Ort.«[19]

Dieser Slogan verdeutlicht beispielhaft den Trend zur Professionalisierung der Laienproduktion und den (postmodernen) Grundsatz, dass ausnahmslos Jeder bzw. Jede der Welt etwas Wichtiges mitzuteilen habe und sich daher am allgemeinen (medialen) Kommunikationsprozess beteiligen sollte.

Erstaunlicherweise lässt sich mit diesem Trend aus Sicht der Laien nicht nur Spaß haben, sondern zunehmend auch Geld verdienen oder wenigstens Popularität erlangen – wie das Beispiel zahlreicher erfolgreicher YouTube-Videos (ausführlicher dazu Kap. IV, Abschn. 1.2.2) zeigt. Das reflektiert auch Trendwatching.com in eben bereits zitiertem Artikel aus dem Jahre 2004:

»However, when Canon [...] tells consumers that its products ›*leave one difference between you and a professional. They get paid*‹, they're kind of behind already: talented members of GENERATION C actually DO get paid, as their stories, their observations, their articles, their pictures, their songs, and their books are noticed and bought by niche audiences, as well as (increasingly) by mass-media moguls eager for real-time, original content.« (Herv. i.O.)

Diese Feststellung trifft heute, gut 6 Jahre später, wohl mehr denn je zu, auch wenn die entsprechenden ›Nischen‹ aufgrund der inzwischen zweifelsohne vorhandenen Marktüberflutung zunehmend schwerer zu besetzen sind. Doch längst sind die einstigen Amateure zu ernst zu nehmenden Akteuren geworden, die sich mittels der vernetzten Verbreitungswege des Internet und daran angeschlossener Technologien Gehör verschaffen.

2.2.2 »Convergence Culture« (Henry Jenkins)

Der Trend zur Produktion relevanter (medialer) Inhalte durch Amateure resp. Laien und die Verbreitung dieser Inhalte via Internet ist auch das zentrale Thema eines Buches des amerikanischen Medienwissenschaftlers und MIT-Professors Henry Jenkins mit dem Titel »Convergence Culture. Where Old and New Media Collide« (2006), dessen darin enthaltene sowie frühere Analysen (zuletzt u.a.: »Fans, Bloggers, and Gamers: Exploring Participatory Culture« 2006 sowie gemeinsam mit David Thorburn »Democracy and New Media« 2003) Jenkins auch den Ruf einbrachten, der ›McLuhan des 21. Jahrhunderts‹ (H. Rheingold) zu sein.

---

19 Siehe http://www.canon.de/Images/DVC_Freefilming_3_tcm83-537932.jpg, Abruf am 14.11.2008.

Der Begriff der ›Convergence‹ (zu Deutsch: der Konvergenz, d.h. also der Bündelung und Konzentration) meint dabei, kurz gesagt, nichts anderes als die cross-mediale Verhandlung bestimmter Inhalte oder anders ausgedrückt: deren Präsenz in und Zirkulation zwischen verschiedenen Medien und Medienformaten. Jenkins selbst definiert den Begriff in seinem Glossar (2006: 322) folgendermaßen:

»A word that describes technological, industrial, cultural, and social changes in the ways media circulates within our culture. Some common ideas referenced by the term include the flow of content across multiple media platforms, the cooperation between multiple media industries, the search for new structures of media financing that fall at the interstices between old and new media, and the migratory behavior of media audiences who would go almost anywhere in search of the kind of entertainment experiences they want. Perhaps most broadly, media convergence refers to a situation in which multiple media systems coexist and where media content flows fluidly across them. Convergence is understood here as an ongoing process or series of intersections between different media systems, not a fixed relationship.«[20]

Dabei sind es nicht allein neue Technologien und mediale Anwendungen, die diese Zirkulation von Inhalten herbeiführen. Vielmehr basiert das Phänomen der ›Convergence‹ maßgeblich auf der Partizipation der Mediennutzer und deren kreativen Denkprozessen. Das bedeutet konkret, bisher eher passive Konsumenten werden zu aktiven Produzenten, indem sie eigene Inhalte beisteuern oder vorhandene Inhalte auf neue Weise und dabei publikumswirksam miteinander verbinden (vgl. ebd.: 3).

Vor allem aber handelt es sich bei den partizipierenden Nutzern nicht um isolierte Individuen. Die Durchschlagkraft der *Convergence Culture* resultiert vielmehr aus dem Prinzip der kollektiven Vernetzung, d.h. der Verbreitung der laienproduzierten Inhalte in und über soziale Netzwerke. Hier greift schließlich neben dem Begriff der ›participatory culture‹ auch der Begriff der ›collective intelligence‹.

»None of us can know everything; each of us knows something; and we can put the pieces together if we pool our resources and combine our skills. Collective intelligence can be seen as an alternative source of media power.« (Ebd.: 4)

---

20 Jenkins orientiert sich hier am Begriff der ›media convergence‹, der auf den amerikanisch-jüdischen Sozialwissenschaftler Ithiel de Sola Pool zurückgeht. Dessen 1983 erstmals erschienenes Werk »Technologies of Freedom. On Free Speech in an Electronic Age « gilt laut Jenkins als erstes Buch, welches das Konzept der ›convergence‹ als Agent des Wandels im Bereich der Medienindustrien beschrieb. Pool entwickelt darin beispielsweise den Gedanken, Divergenz und Konvergenz seien vor dem Hintergrund der Digitalisierung zwei sich gegenseitig bedingende Prozesse ein und desselben Phänomens. (Vgl. dazu Jenkins 2006: 10f.)

Jenkins erinnert weiterhin daran, dass es in den 1990er Jahren bereits eine intensive Diskussion um die ›digitale Revolution‹ gegeben habe (zentrale Vertreter dieser Diskussion wurden in Abschnitt 2.1 vorgestellt). Der damaligen Annahme zufolge würden die neuen digitalen Medien allmählich die alten, analogen Medien verdrängen. Vor allem der Rundfunk müsse wohl oder übel dem Internet Platz machen, wobei die Rezipienten dadurch die einmalige Gelegenheit bekämen, das Programm auf ihre je individuellen Bedürfnisse abzustimmen (vgl. ebd.: 5). Vereinzelt wurde in diesem Kontext auch bereits von ›Convergence‹ gesprochen, auch wenn dieser Terminus dabei noch ganz im Zeichen des Verdrängungsgedankens stand (vgl. ebd.).

Eben diese Verdrängung der ›alten‹ durch die ›neuen‹ Medien ist – wie wäre es auch anders zu erwarten gewesen – selbstverständlich nicht eingetreten. Stattdessen hat das berühmte Platzen der Dotcom-Blase zur Jahrtausendwende alle Phantasien einer weitreichenden digitalen Revolution zunächst einmal zunichte gemacht (vgl. ebd. 6). Im neuen Bild der ›Convergence‹ arrangieren sich alte und neue Medien nun in einem gemeinsamen Mediensystem.

»Now, convergence has reemerged as an important reference point as old and new media companies try to imagine the future of the entertainment industry. If the digital revolution paradigm presumed that new media would displace old media, the emerging convergence paradigm assumes that old and new media will interact in ever more complex ways.« (Ebd.)

In der Realität der Convergence Culture zeigen sich dennoch oder gerade deshalb deutliche Konsequenzen. In erster Linie betreffen diese Konsequenzen, wie Jenkins in seinem Buch beobachtet, den Bereich der Populärkultur, genauer die dafür geltenden Beziehungen zwischen Produzenten, Publikum und Inhalten (vgl. ebd.: 12). So sei das 20. Jahrhundert das Jahrhundert der massenmedialen Massenkultur gewesen, in dem Kunst und Kultur in der ›Idiotie‹ der Unterhaltungsindustrie aufgingen. Die kommerzielle Produktion von Unterhaltungsangeboten setzte jedoch zugleich Standards – sowohl was deren Qualität (Perfektion, Professionalität) als auch deren infrastrukturelle Verbreitung betraf – und bestimmte aus dieser Position der Stärke heraus Inhalte, Geschichten, Bilder (vgl. ebd.: 139). Lange Zeit unterschied man daher aus Sicht der Wissenschaft zwischen der Massenkultur (als Kategorie der Produktion) und der Pop- oder Populärkultur (als Kategorie der Rezeption). Diese Unterscheidung folgte der Argumentation, die Populärkultur sei das, was die Konsumenten mit den Inhalten und Angeboten der Massenkultur machten, Popkulturelles entstünde also immer dann, wenn Inhalte der Massenkultur von der Volkskultur aufgesogen und verarbeitet werden (vgl. ebd.: 140).

Während dieser Prozess der popkulturellen Verarbeitung massenkultureller Inhalte im 20. Jahrhundert sich noch hauptsächlich hinter verschlossenen Türen abspielte und auf den geschützten Raum speziell Interessierter beschränkt blieb, gelangt dessen kreative Produktivität nun im 21. Jahrhundert – nicht zuletzt mit Hilfe des Internet – mehr und mehr an die Öffentlichkeit. Menschen können nun das, was sie selbst produziert haben, weithin sichtbar machen und über Netzwerke miteinander teilen. Die popkulturell verarbeiteten Inhalte gelangen auf diese Weise nicht nur in viele Hände, sie werden potentiell auch immer neu verändert und weiterentwickelt.

»After all, much of what circulates through mass media is also bad by almost any criteria, but the expectations of professional polish make it a less hospitable environment for newcomers to learn and grow. Some of what amateurs create will be surprisingly good [...]. Much of it will be good enough to engage the interest of some modest public, to inspire someone else to create, to provide new content which, when polished through many hands, may turn into something more valuable down the line. That's the way the folk process works, and grassroots convergence represents the folk process accelerated and expanded for the digital age.« (Ebd.: 140f.)

Jenkins beschreibt die genannten Veränderungen in seinem Buch anhand einschlägiger Beispiele aus dem gegenwärtigen amerikanischen Massenmedienmarkt (insbesondere Film und Fernsehen). In den einzelnen Kapiteln widmet er sich etwa den RealityTV-Formaten »Survivor« und »American Idol« sowie den Internet-Fankulturen rund um »Star Wars« und »Harry Potter« – inklusive des zähen Kampfes zwischen bloggenden Potter-Jüngern und Warner Bros. um Namens- und Markenrechte. Auch wenn die Mehrzahl dieser und weiterer Beispiele aus dem Umfeld der Convergence Culture vorerst noch eher spielerisch anmuten mag, so lässt nicht nur die Vehemenz, mit der klassische Medienproduzenten wie Warner Bros. auf diesbezügliche Grenzüberschreitungen reagieren, erahnen, welch ungemeine gesellschaftliche Sprengkraft diese Entwicklung zukünftig beinhalten kann. Jenkins betont hier,

»[...] that convergence culture represents a shift in the ways we think about our relations to media, that we are making that shift through our relations with popular culture, but that the skills we acquire through play may have implications for how we learn, work, participate in the political process, and connect with other people around the world« (ebd. 22f.).

Für Jenkins stellt ein Medienwechsel – und hier befindet er sich mit seiner Argumentation ganz in der Tradition der Kanadischen Schule – nicht einfach einen Wechsel der verwendeten Medientechnologien dar. Ein neues Medium bedeutet immer auch das Hinzutreten der an das jeweilige Medium gebundenen kulturellen und sozialen Praktiken. In diesem Sinne verkörpert die Zirkulation von Medieninhalten zwischen verschiedenen Medientechnologien auch mehr als das (vgl. ebd.: 13f.).

Beide Seiten – institutionelle Medienproduzenten wie private Konsumenten – sind also gleichermaßen dazu aufgefordert, das Phänomen der Convergence Culture für sich nutzbar zu machen. Von ersteren verlangt dies ein Umdenken hinsichtlich veralteter Annahmen des Medienkonsums. Es gilt, die Aktivität des Rezipienten gezielt zu unterstützen, will man die eigenen Inhalte und Angebote möglichst weit streuen. Die Rezipienten selbst müssen lernen, die neuen Technologien sinnvoll und gewinnbringend für ihre Zwecke einzusetzen. Das setzt zuallererst einmal voraus, sich mit diesen vertraut zu machen und diese auch wirklich zu nutzen. Denn: Das zentrale Problem trägt heute längst nicht mehr den Namen ›digital divide‹. Neuerdings tritt vielmehr die ›participation gap‹ hervor:

»Yet many of the activities this book will describe depend on more extended access to those technologies, a greater familiarity with the new kinds of social interactions they enable, a fuller mastery over the conceptual skills that consumers have developed in response to media convergence.« (Ebd.: 23)

2.2.3 The Wealth of Networks (Yochai Benkler)

Auch Yochai Benkler widmet sich dem Phänomen einer freien Partizipation einzelner – privater – Individuen und deren kollektiv vernetzter Kooperation auf der Basis neuer medialer Technologien. Im Gegensatz zu Jenkins thematisiert er jedoch weniger Fragen der popkulturellen Verarbeitung resp. Produktion und cross-medialen Zirkulation von Inhalten. Sein Augenmerk liegt vielmehr auf dem Einfluss derartiger medienbasierter sozialer Netzwerke auf die klassische Informationsökonomie und den Auswirkungen diesbezüglicher Veränderungen auf Recht, Politik und Wirtschaft der westlichen Gesellschaften. Gleich zu Beginn des ersten Kapitels seines Buches »The Wealth of Networks. How Social Production Transforms Markets and Freedom« (2006) stellt Benkler klar:

»Information, knowledge, and culture are central to human freedom and human development. How they are produced and exchanged in our society critically effects the way we see the state of the world as it is and might be; who decides these questions; and how we, as societies and polities come to understand what can and ought to be done. For more than 150 years, modern complex democracies have depended in large measure on an industrial information economy for these basic functions. In the past decade and a half, we have begun to see a radical change in the organization of information production. Enabled by technological change, we are beginning to see a series of economic, social, and cultural adaptations that make possible a radical transformation of how we make the information environment we occupy as autonomous individuals, citizens, and members of cultural and social groups.« (Benkler 2006: 1)

Die von Benkler bemerkten Veränderungen sind also struktureller Natur und bewegen sich auf der Ebene der Fundamente liberaler Märkte und liberaler Demokratien. Grundlage und Ausgangspunkt sind maßgeblich zwei sich wechselseitig ergänzende Entwicklungen westlicher Ökonomien: Zum einen der Bedeutungsanstieg der Informationsökonomie schlechthin. Dieser Aspekt wird im dritten Kapitel dieser Arbeit noch einmal unter der Thematik der ›Wissensgesellschaft‹ aufgegriffen. So war gerade das 20. Jahrhundert durch die Transformation von einer ausschließlich materiellen Fertigungsindustrie hin zu einer informationsbasierten Dienstleistungs- und Kulturindustrie (Finanzen, Software und Beratung einerseits sowie Film, Musik und Unterhaltung andererseits) gekennzeichnet. Zum anderen haben die neuen Medientechnologien (Benkler hebt hier natürlich insbesondere auf das Internet ab) eine neue Kommunikationsumgebung entstehen lassen, in der Individuen stärker als je zuvor eine aktive Rolle einnehmen können und die zudem einen Netzwerkcharakter aufweist (vgl. ebd.: 2f.). Im Zusammenwirken beider Entwicklungen verändert sich nun der Charakter der Informationsproduktion entscheidend. Insbesondere der zweite Aspekt medialer Weiterentwicklung schafft zunächst einmal die notwendigen Voraussetzungen für einzelne Individuen, die eigenen Inhalte breit zu streuen. Die mediale Vernetzung ermöglicht zudem die Entstehung effektiver Formen der Kooperation (peer production), was nicht nur den inhaltlichen Output erhöht, sondern auch für eine exponentiell gesteigerte Sichtbarkeit des gemeinsamen Tuns sorgt. Benkler (ebd.: 6) schreibt dazu:

»It does mean, however, that whenever someone, somewhere, among the billion connected human beings, and ultimately among all those who will be connected, wants to make something that requires human creativity, a computer, and a network connection, he or she can do so – alone, or in cooperation with others. He or she already has the capital capacity necessary to do so; if not alone, then at least in cooperation with other individuals acting for complementary reasons.«

Vor allem aber besteht die Besonderheit dieser kollektiven Form der Informationsproduktion darin, dass die produzierten Inhalte kaum oder keinen Marktbezug aufweisen, d.h. also mehrheitlich nicht-kommerziell ausgerichtet sind. Das lässt sich, laut Benkler, vor allem damit begründen, dass im Kontext der Informationsproduktion nicht-eigentumsgebundene Inhalte von jeher eine größere Rolle gespielt haben als im Bereich der industriellen Produktion materieller Güter. Mit dem Bedeutungsanstieg der Informationsökonomie gewinnen folglich auch sie an Relevanz:

»What characterizes the networked information economy is that decentralized individual action – specifically, new and important cooperative and coordinate action carried out through radically distributed, nonmarket mechanisms that do not depend on proprietary strategies – plays a much greater role that it did, or could have, in the industrial information economy.« (Ebd.: 3)

Diese neue Praxis einer dezentral organisierten und kollektiven, dabei jedoch nicht-kommerziellen Informationsproduktion widerspricht nun (offensichtlich) geradezu allem, was uns im Hinblick auf marktorientierte, westliche Demokratien vertraut scheint und was wir bezüglich ihrer Funktionsweise folglich erwarten. Benkler stellt sich allerdings gerade gegen diese dominante These, wonach Eigentum und Markt als einzige Wurzeln und Antrieb ökonomischen Wachstums sowie wirtschaftlicher Produktivität zu betrachten seien. Dies hätte schon für das Industriezeitalter nicht zugetroffen, und das gelte demgemäß umso weniger für das Zeitalter der Informationsökonomie und der sozialen Netzwerke. Bezüglich der oftmals als ›Kuriositäten‹ wahrgenommenen Veränderungen der Informationsökonomie empfiehlt er daher:

»We should try instead to see them for what they are: a new mode of production emerging in the middle of the most advanced economies in the world – those that are the most fully computer networked and for which information goods and services have come to occupy the highest-valued roles.« (Ebd.: 5f.)

Neu ist freilich, dass sich dieser Prozess bis in die grundlegenden Prinzipien liberaler Gesellschaften hinein durchzusetzen beginnt. Menschen interagieren und kooperieren immer häufiger auf der Ebene sozialer Wesen und immer seltener auf jener von Marktakteuren bzw. über das Preissystem (vgl. ebd.: 6) – und das mit unübersehbaren Konsequenzen für die Logik des ökonomischen Handelns. Der erste Teil des Buches stellt in diesem Sinne eine zusammenfassende Darstellung dieser ›networked information economy‹ in Kontrast zur bisher bekannten ›industrial information economy‹ dar, deren zentrale Merkmale sich insbesondere im Umfeld der Softwareproduktion (Stichworte wären hier: commons-based peer production, free- bzw. opensource software) sowie neuerdings auch im Umfeld der verschiedenen Angebote des Web 2.0 (Benkler analysiert hier vor allem das Beispiel der Wikipedia) zeigen.

Teil zwei und drei reflektieren dann genauer die Auswirkungen dieser Merkmale im Bereich der Informationsökonomie auf die politische Ökonomie, das heißt konkreter, die sich daran anschließenden Diskussionen zu Fragen individueller, politischer und kultureller Freiheit. Am Ende des Buches resümiert Benkler schließlich:

»We have an opportunity to change the way we create and exchange information, knowledge, and culture. By doing so, we can make the twenty-first century one that offers individuals greater autonomy, political communities greater democracy, and societies greater opportunities for cultural self-reflection and human connection. We can remove some of the transactional barriers to material opportunity, and improve the state of human development everywhere. Perhaps these changes will be the foundation of a true transformation toward more liberal and egalitarian societies. Perhaps they will merely improve, in well-defined but smaller ways, human life along each of the dimensions. That alone is more than enough to justify an embrace of the networked information economy by anyone who values human welfare, development, and freedom.« (Ebd.: 473)

2.2.4 From Production to »Produsage« (Axel Bruns)

Ganz ähnlich wie Benkler argumentiert auch Axel Bruns, wenn er beschreibt, wie Inhalte, Ideen und Wissen unter dem Einfluss der kreativen Partizipation und Kollaboration der Nutzer im Web 2.0 nicht länger in einem traditionellen, industriell geprägten Sinne ›produziert‹ werden, wie sich also die Produktion strukturell vom klassischen industriellen Modell zu lösen beginnt. Bruns scheint der Terminus der ›Produktion‹ daher auch nicht länger korrekt. Er plädiert stattdessen für den Begriff der *›Produsage‹*.

»Terminology itself, then, is part of the problem: the very term ›product‹ necessarily implies a specific form of outcome, a process of reaching that outcome, and a set of likely consumer interactions with that outcome. [...] The concept of *produsage* is such a term: it highlights that within the communities which engage in the collaborative creation and extension of information and knowledge that we examine in this book, the role of ›consumer‹ and even that of ›end user‹ have long disappeared, and the distinctions between producers and users of content have faded into comparative insignificance. In many of the spaces we encounter here, users are always already necessarily also producers of the shared knowledge base, regardless of whether they are aware of this role–they have become a new, hybrid, *produser.*« (Bruns 2008: 2; Herv. i.O.)

Der Begriff der ›Produsage‹ fungiert, wie das Zitat bereits verdeutlicht, also als Gegenentwurf zum traditionellen Modell industrieller Produktion und dessen klarer Trennung zwischen den Arbeitsbereichen: Produzent – Lieferant – Konsument. So bestand die Rolle des Konsumenten bislang lediglich darin, Bedürfnisse zu entwickeln, die vom Produzenten aufgegriffen und befriedigt werden können. Direkte Rückmeldungsmöglichkeiten für den Konsumenten innerhalb der Produktionskette existierten dabei allerdings kaum. Das gilt auch für den Bereich der massenmedialen Informationsproduktion. Auch hier war der Raum der aktiven Einflussnahme auf Seiten des Konsumenten stark limitiert (vgl. ebd.: 9ff.).

Eine erste Lockerung dieses einseitigen Distributionsmodells fand mit der Einführung flexiblerer Produktionstechniken und der damit verbundenen Möglichkeit zur Personalisierung von Konsumprodukten statt. Der US-amerikanische Soziologe und Zukunftsforscher Alvin Toffler (»The Third Wave«, 1980) prägte dafür den Begriff der ›prosumption‹. Toffler erblickte in dieser Entwicklung bereits den Beginn der Vermischung der Rollen von Produzent und Konsument, auch wenn die damalige Veränderung vorerst noch keine wirkliche Verlagerung der Gleichgewichte, sondern vielmehr eine Individualisierung und, wenn man so will, Professionalisierung des Konsums bedeutete (vgl. ebd.: 11).

»Prosumption, if understood in this way, therefore describes merely the perfection of the feedback loop from consumer to producer; [...].« (Ebd.: 12)

Mit anderen Worten gewinnen die Konsumenten in diesem Modell zwar an Einfluss, da nun ihre individuellen Bedürfnisse in den Mittelpunkt der Aufmerksamkeit der Produzenten rücken, doch bleibt die prinzipielle Struktur der Interaktion weitgehend unverändert. Mochten Tofflers Prognosen in den 1980er Jahren damit noch mehrheitlich futuristisch anmuten, erleben sie, gerade was den Bereich der massenmedialen Informationsproduktion betrifft, durch das Internet nun ihre Realisation. Das Internet funktioniert, anders als alle bisherigen Massenmedien (hier sind insbesondere Zeitung, Radio und Fernsehen gemeint), nach dem Prinzip des ›information-pull‹, d.h. die Konsumenten sind nicht länger darauf angewiesen, was ihnen Redaktionen und Medienanstalten an Informationen zu Verfügung stellen (information-push), sondern sie besitzen nun in viel stärkerem Maße selbst direkten Zugang zu den verschiedenen Informationsquellen. In diesem Sinne steht es auch jedem Nutzer offen, selbst eigene Informationen über das Internet zu verbreiten (vgl. ebd. 13). Innerhalb der letzten zwei Dekaden hat sich im Kontext des Internet und damit verwandter technologischer Entwicklungen daher eine neue ›Spezies‹ herausgebildet: die des »professionellen Amateurs« (Leadbeater/Miller 2004). Bruns bezieht sich hier unter anderem auch auf die weiter oben bereits thematisierten Analysen zur Generation C sowie die Überlegungen Benklers zur kollaborativ organisierten, nicht-kommerziellen Amateurkultur (vgl. ebd.: 5 und 14). In digitaler Form sind produzierte Inhalte resp. Informationen nicht nur leichter zu verbreiten und zu teilen, sie können auch schneller verändert, ausgebaut und neu kombiniert werden (siehe auch den nachfolgenden Abschn. 2.2.5). Ein weiteres Merkmal der Informationsproduktion im Massenmedium Internet ist daher zudem die Entstehung sogenannter ›peer-to-peer Modelle‹. Diese basieren einerseits auf der Digitalität des Internet, andererseits, wie Bruns betont, vor allem aber auch auf dessen Netzwerkcharakter. Dieser Netzwerkcharakter ermöglicht die Entstehung und das Funktionieren einer zwar verteilten, aber dennoch koordinierten Gemeinschaft, die keine zentrale Autorität benötigt, sondern deren besondere Effektivität aus dem sich selbst regulierenden Zusammenspiel untereinander verbundener und zugleich unabhängig agierender Individuen resultiert. Beschrieben ist damit das, was Mitte der 1980er Jahre unter dem Stichwort der ›computer supported cooperative work‹ (CSCW) untersucht wurde, und was wir heute unter den Bedingungen des Internet ›folksonomy‹ oder ›kollektive Intelligenz‹ nennen (vgl. ebd.: 15f.).

Entscheidend für den Erfolg einer Netzwerkkooperation sind dabei vier Grundbedingungen (vgl. ebd.: 19f.): Erstens ein offener, zuvor nicht determinierter Weg der Problemlösung. Das setzt wiederum voraus, dass alle Mitglieder des Netzwerks dieses zu jeder Zeit – ganz im Sinne eines Panoptikums – umfassend überschauen und auf diese Weise effektive Beiträge leisten können. Zweitens gehört dazu aber auch, dass alle Mitglieder des Netzwerks dieselbe Chance zur Partizipation besitzen sowie dass ihre Beiträge als gleichwertig anerkannt werden. Drittens muss sich die gemeinsame Aufgabe in viele kleine Teilaufgaben aufspalten lassen. Viertens schließlich muss vorausgesetzt sein, dass der Inhalt als gemeinsames Produkt und nicht als individuelles Eigentum zu betrachten ist.

Der Unterschied des neuen Produktionsparadigmas der ›Produsage‹ im Vergleich zum traditionellen Modell industrieller Produktion ist so gesehen gewaltig. Bruns resümiert daher:

»As the core organizing principle of this communicative environment, the network therefore poses a significant challenge to the traditional, hierarchically organized structure of individual entities within the economy, as well as to the structure of that economy itself.« (Ebd.: 14)

In der Folge müssen auch die Erwartungen an das Ergebnis dieser kollaborativen Form der Netzwerkproduktion angepasst werden. Die so erzielten Produkte entsprechen freilich ebenfalls nicht mehr den Produkten des industriellen Fertigungsmodells. Vielmehr sind sie vor allem durch Unfertigkeit und Vorläufigkeit gekennzeichnet.

»Although produsage outcomes *can* substitute for conventional products, this dressing-up of the temporary outcomes of a continuing process as ›products‹ in their own right should not be misunderstood to indicate that these artefacts are anything but temporary, that they *are* anything other than artefacts. A physical product [...] is defined by its boundedness; it is ›the complete package‹, a self-contained, unified, finished entity. By contrast, the ›products‹ of the collaborative content creation efforts which we examine throughout this book are the polar opposites of such products: they are inherently incomplete, always evolving, modular, networked, and never finished. Their process of ›production‹ is a process of perpetual, ceaseless, continuous update, extension and revision which operates not according to a predetermined blueprint or design, but is driven by vagaries of user-producer interest in and enthusiasm for fixing specific problems or extending particular aspects of the project. Its outcomes are artefacts, not products.« (Ebd.: 22f.; Herv. i.O.)

Zentral an den Ausführungen Bruns – und hier weist er wiederum deutliche Parallelen zu Benkler auf, ist im Hinblick auf die Frage der Ablösung der Gutenberg-Galaxis durch ein neues, digitales Paradigma damit jedoch vor allem die Einsicht, dass das klassische Modell der industriellen Produktion weder der einzig mögliche noch der produktivste Weg ist. Diese Einsicht und das mit ihr verbundene Erleben wird das Vertrauen der postmodernen Gesellschaften in die Funktionalität hierarchischer Organisationsstrukturen fundamental erschüttern. Hier vermutet Bruns, wie er am Ende seines Buches betont, dass das Prinzip der ›Produsage‹ sich allmählich in allen Bereichen des sozialen, kulturellen, ökonomischen und politischen Lebens durchsetzen wird (vgl. ebd. 395ff.).

2.2.5 Everything is Miscellaneous (David Weinberger)

Eine demgegenüber noch wesentlich medienphilosophischere Sicht auf die Thematik von Digitalisierung, Vernetzung und kollektiver resp. kollaborativer Produktion nimmt David Weinberger ein. Für ihn stellt die digitale Welt eine Art ›Alternativuniversum‹ dar, in dem weder Raum und Entfernung, noch vorgezeichnete Wege oder andere geistige oder strukturelle Beschränkungen existieren. Waren unsere wahrnehmbare Realität und folglich auch unser Denken bisher maßgeblich durch die Erfahrung physischer Grenzen geprägt, so lässt der Zustand der Virtualität diese Grenzen nun erstmals in der Geschichte obsolet werden – und das mit weitreichenden Folgen nicht zuletzt für die Organisation unseres Wissens.

»Those differences are significant. But they're just the starting point. For something much larger is at stake than how we lay out our stores. The physical limitations that silently guide the organization of an office supply store also guide how we organize our businesses, our government, our schools. They have guided – and limited – how we organize knowledge itself. From management structures to encyclopedias, to the courses of study we put our children through, to the way we decide what's worth believing, we have organized our ideas with principles designed for use in a world limited by the laws of physics.« (Weinberger 2007: 6f.)

In einer physisch beschränkten Welt erscheinen die Dinge geordnet. Alles hat seinen festen Platz oder anders ausgedrückt: die physische Erscheinung eines Inhalts ist stets eindeutig lokalisierbar. Unter den Bedingungen der Digitalität gerät diese Grundregel menschlichen Erlebens insofern ins Wanken, als dass die in Bits und Bytes zerlegten Dinge (Weinberger hebt hier insbesondere auf Informationen ab) – seien es nun Bilder, Fotografien, Urkunden oder einfach Notizen – sich (zu elektronischen Datensätzen komprimiert) problemlos zur selben Zeit an unterschiedlichen Orten befinden können (vgl. ebd.: 10ff.).

Zur Erläuterung der Bedeutung dieser ontologischen Besonderheit der digitalen Welt nutzt Weinberger die Unterscheidung dreier Formen von Ordnungen (vgl. ebd.: 17ff.): Unter dem Begriff der ›Ordnung erster Ordnung‹ versteht er dabei zunächst die Ordnung der Dinge selbst. Bibliotheken oder Enzyklopädien stellen typische Ordnungssysteme erster Ordnung dar, allerdings lediglich im Hinblick auf ihre Funktion, den Dingen – in diesem Fall Büchern bzw. Wissensinhalten – einen konkreten Standort zu geben. Alles Weitere ist Gegenstand einer zweiten Form von Ordnung, der ›Ordnung zweiter Ordnung‹. Sie verkörpert die Ordnung der Informationen über die Dinge, aus der sich die Ordnung erster Ordnung erschließt. Sie dient dazu, die einzelnen Dinge zu klassifizieren und zu kategorisieren, sie also zu bestimmten Gruppen zusammenzufassen und/oder in eine bestimmte Reihenfolge zu bringen. Eine solche Ordnung zweiter Ordnung weist den Dingen damit nicht nur einen konkreten Ort, sondern auch eine konkrete Bedeutung zu. Mit anderen Worten handelt es sich bei der Ordnung zweiter Ordnung also um eine Art ›Ordnung der Metadaten‹. Zettelkataloge, Inhaltsverzeichnisse, Register oder Indizes folgen etwa dieser Logik. Erst sie erlauben den gezielten Zugang zu den in erster Ordnung geordneten Dingen. Dabei ist es auf dieser Ebene der Ordnung durchaus auch möglich, Dinge mehrfach unter verschiedenen Kategorien zu nennen – man denke beispielsweise an das Verweissystem bei synonymen Begriffen in Lexika. Dennoch folgt die Logik der Ordnung zweiter Ordnung bzw. der *Zu*ordnung stets dem Prinzip der Eindeutigkeit. In einer physisch begrenzten Welt – gemeint ist hier natürlich speziell die Welt des Papiers und der darin eingeschriebenen bzw. eingeprägten Informationen – muss der Akt des Ordnens folglich auch ein autoritär-hierarchischer, von ausgewiesenen Experten vorgenommener sein.

»We have entire industries and institutions built on the fact that the paper order severely limits how things can be organized. Museums, educational curricula, newspapers, the travel industry, and television schedules are all based on the assumption that in the second-order world, we need experts to go through information, ideas, and knowledge and put them neatly away.« (Ebd.: 22f.)

In einer physisch begrenzten Welt zweiter Ordnung besitzt also auch das Wissen eine feste Geografie. Weinberger leitet daraus vier zentrale Eigenschaften traditionellen Wissens ab. So basiert der Umgang mit Wissen (1) vorderhand erst einmal auf der Überzeugung, es gebe nur eine einzige, objektiv feststellbare Realität. Wissen kann demnach (2) auch nicht doppeldeutig sein. Vielmehr gibt es ein Wissen für alle. Sind zwei Menschen konträrer Meinung, dann muss einer von beiden zwangsläufig falsch liegen. Wenn aber das Wissen ebenso umfangreich und komplex wie die Realität ist, dann kann es einer Person allein niemals möglich sein, alles Wissen zu überschauen. Es braucht daher (3) Experten, die das Wissen auswählen, filtern und strukturieren – kurz: ihm eine Ordnung geben. Diese Experten werden (4) durch soziale Institutionen autorisiert und legitimiert (vgl. ebd.: 100f.).

Unsere bisherige Wissensorganisation zweiter Ordnung war grundlegend von diesen vier Prinzipien bestimmt. Die Welt stand dank ihnen auf einem rational versteh- und ergründbaren Fundament.

»We've tried to settle on a single, comprehensive framework for knowledge, with categories so clear and comprehensive that experts can put each thing in its proper place. Institutions grew to maintain the knowledge framework.« (Ebd.: 101)

Die neue ›Ordnung dritter Ordnung‹, die sich laut Weinberger unter den Bedingungen der Digitalität gegenwärtig zeigt und entwickelt, arbeitet diesen Prinzipien nun jedoch entgegen. Sie hebt alle Beschränkungen auf, die wir im Kontext der Organisation von Informationen resp. Wissen für unausweichlich gehalten haben. In dieser, wenn man so will, ›Ordnung der Digitalität‹, verlieren die Dinge ihre Bindung an einen festen Ort. Sie gehören keinen vorgegebenen Kategorien mehr an, sondern sind frei beweglich und lassen sich so zu immer neuen Sinnsystemen zusammenfügen. Weinberger nennt diesen Zustand beliebig veränderbarer Ordnung »miscellaneousness« (ebd.: 63).

»As we invent new principles of organization that make sense in a world of knowledge freed from physical constraints, information doesn't just want to be free. It wants to be *miscellaneous*.« (Ebd.: 7; Herv. i.O.)

Wie die Blätter eines Baumes, die man an immer andere Zweige hängt, lassen sich die digitalen Informationen je nach Bedarf individuell organisieren und immer neu kombinieren.

»Some ways of organizing it – of finding meaning in it – will be grassroots; some will be official. Some will apply to small groups; some will be funny; some will be tragic. But it will be the users who decide what the leaves mean.« (Ebd.: 230)

Unter den Bedingungen der Digitalität sind es also die User selbst und nicht länger die Experten, die die Zuordnung vornehmen und den Dingen damit ihre je eigene Bedeutung zuweisen. Aber damit nicht genug. Die digitale Vernetzung erlaubt es den Usern zudem, zu interagieren und sich über die vorgenommenen Zuordnungen kollektiv auszutauschen. Die neue Struktur des Wissens ist folglich nicht nur eine situative und dynamisch wandelbare, sie ist auch eine sozial ausgehandelte.

3 KONZEPTION DES UNTERSUCHUNGSDESIGNS ZUR BESCHREIBUNG DER DISPOSITIVEN STRUKTUR DER GESELLSCHAFTLICHEN WISSENSKULTUR

War der vorangegangene Abschnitt ganz darauf ausgerichtet, den bisherigen Forschungs- und Diskussionsstand zur Thematik eines durch den Einfluss von Computer- und Internettechnologie bewirkten gesellschaftlichen Wandels im Allgemeinen sowie wissenskulturellen Umbruchs im Speziellen zu skizzieren, sollen die folgenden Ausführungen noch einmal konkreter die theoretischen Überlegungen des ersten Abschnitts dieses Kapitels aufgreifen und weiterführen. Der Medientheorie in der Tradition der Kanadischen Schule folgend, haben Medien einen unmittelbaren und entscheidenden Einfluss auf das Wahrnehmen und Denken und damit auf die kognitive Verfasstheit von Gesellschaften. Medien sind nicht nur Speicher oder Verbreitungskanäle kultureller Informationen, sie wirken stets auch auf die Inhalte zurück, die sie darstellen bzw. transportieren. Die wohl einprägsamste Formel für diese Tatsache formulierte Marshall McLuhan, als er in »Understanding Media« behauptete, »the Medium is the Message«, das Medium selbst sei also die Botschaft, denn »die ›Botschaft‹ jedes Mediums oder jeder Technik ist die Veränderung des Maßstabs, Tempos oder Schemas, die es der Situation des Menschen bringt« (McLuhan 1992 [1964]: 18). Als entscheidende Größe im Wissensdiskurs bestimmen Medien also etwa das Spektrum der raum-zeitlichen Ausdehnung von Gesellschaften sowie die Dynamik der gesellschaftlichen Entwicklung, sie beeinflussen aber auch die jeweiligen Möglichkeiten und Bedingungen des Zugangs zu sowie Umgangs mit Wissen. Jedes Medium verfügt dazu über bestimmte (mediale) Dispositionen, mit deren Hilfe es die Wahrnehmung diszipliniert und das Denken seinen Strukturen unterwirft. Reinhard Margreiter (2005: 244) schlägt hier im Anschluss an Ernst Cassirers »symbolische Prägnanz« (Cassirer 1929) den Begriff der »medialen Prägnanz« vor und meint damit die »unverwechselbare Art und Weise, wie eine *bestimmte* Medialität unsere Wahrnehmung und deren – nicht nur kognitive, sondern auch emotive und volitive – Verarbeitung in spezifische, unverwechselbare Bahnen lenkt«. Mit Blick auf die kulturellen Konsequenzen dieser Wahrnehmungslenkung fährt er dann fort:

»Unterschiedliche Medien bedingen unterschiedliche Konzeptionen von Wahrheit und Methode, Erkennbarkeit und Wirklichkeit. Indem sich die mediale Verfasstheit einer Kultur und Lebenswelt ändert, ändert sich auch diese Kultur und Lebenswelt selbst und ändert sich das Denken mit all seinen Parametern, Fokussierungen und Ausblendungen, seinen Erwartungen und Hoffnungen, seiner Selbsteinschätzung, seinen Zielen und Methoden.« (Ebd. 245)

Mit anderen Worten schreibt Margreiter demnach also jedem Medium – und das ist McLuhans Argument in Reinform – das Potential eines kulturellen resp. wissenskulturellen Wandels zu. Ungeklärt ist jedoch bisher, wie dieser Wandel zustande kommt. Geht man tatsächlich davon aus, dass jedes Medium zunächst einmal das grundsätzliche Potential zu dessen Anregung besitzt, gilt es zu fragen, unter welchen Umständen bzw. wodurch es einem Medium gelingt, einen derartigen Wandel tatsächlich auszulösen. Oder anders gefragt: Wie ist der Zusammenhang zwischen medienhistorischem Wandel und gesellschaftlicher Wissenskultur konkret beschaffen?

Das Anliegen dieses Absatzes ist es, diesen Zusammenhang in einem ersten Schritt theoretisch genauer zu fassen und für eine analytische Betrachtung fruchtbar zu machen. So erlaubt erst eine spezifische Kenntnis der Rahmenbedingungen eines derartigen Wandels eine Vorstellung davon, wie man sich dem Phänomen analytisch nähern kann. Gleiches trifft auch auf die dispositive Struktur der gesellschaftlichen Wissenskultur insgesamt zu. Diese soll in einem zweiten Schritt ebenfalls theoretisch gefasst und schließlich in Form eines Mehrebenen-Analysemodells operationalisiert werden.

3.1 Kontextanalyse: Zur Koevolution von Zeitgeschichte, Leitmedien und Wissenskultur

Ansätze in der Tradition der Kanadischen Schule, das wurde nun schon mehrfach thematisiert, gehen oftmals von einem unmittelbaren bzw. direkten Einfluss des Mediums auf die Wissenskultur und deren Wandel aus. Insbesondere McLuhan prägte hier die Idee des ›Epoche machenden Mediums‹. Er begründet diese starke Wirkung vor allem mit einer Engführung der Sinne durch das Medium. Die Einführung der alphabetischen Schrift und deren spätere gesellschaftliche Potenzierung durch den Buchdruck beispielsweise reduzierten das ganzheitliche Erlebnis des körperlichen Beiwohnens, das einen gleichzeitigen Gebrauch aller Sinne einschloss, auf die Einseitigkeit der visuellen Wahrnehmung beim Lesen (vgl. McLuhan 1995 [1968]: 53ff.). In »Die Gutenberg-Galaxis: das Ende des Buchzeitalters« schreibt McLuhan daher:

»Die Hypnose-Formel lautet: ›Ein Sinn aufs Mal.‹ Und zwar verfügt eine neue Technik über diese hypnotisierende Kraft, weil sie die Sinne isoliert. […] Jede neue Technik vermindert somit das Wechselspiel der Sinne und schwächt das Bewusstsein, und zwar genau in dem neuen Bereich der technischen Neuerung, wo diese Form der Identifikation des Betrachters mit dem Objekt sich einstellt.« (Ebd.: 336f.)

Die gesellschaftlichen Auswirkungen gerade der Druckschriftlichkeit, welche im »Typographeum« (Giesecke 1994: 63ff.; ausführlicher siehe auch Kap. II, Abschn. 1.2.1) die handschriftliche Vervielfältigung von Texten allmählich ablöste und damit nicht nur die Textproduktion sowie -kommunikation insgesamt technologisierte und standardisierte, sondern auf diese Weise auch zu einer Normierung des Denkens und schließlich zu einer Rationalisierung des Umgangs mit Erkenntnis und Wissen beitrug, verdeutlichen das mögliche Ausmaß der medialen Einflussnahme auf die gesellschaftliche Wissenskultur. In diesem Sinne ist einerseits davon auszugehen, dass Veränderungen der medialen Erscheinungsformen des Wissens auch zu signifikanten Veränderungen des hier diskutierten Wissensdiskurses und damit letztlich der dispositiven Struktur der gesellschaftlichen Wissenskultur führen können. Dennoch ist der damit skizzierte direkte Zusammenhang von Wissenskultur und den zur Verfügung stehenden Medien der Speicherung und Verbreitung von Wissen zunächst nur die halbe Wahrheit. Zwar muss der Zustand von Gesellschaften heute mehr denn je, wie Klaus Merten (1994: 141) betont, »in enger Abhängigkeit von ihren Möglichkeiten und Mitteln der Kommunikation gesehen werden«, doch erzeugt erst der tatsächliche Gebrauch eines Mediums auch Konsequenzen für die gesellschaftliche Wissensordnung (vgl. Elsner u.a. 1994: 167). Ausgehend von der Idee des ›Epoche machenden Mediums‹ bei McLuhan wird hier daher für einen Ansatz plädiert, der die Vorstellung vom starken bzw. unmittelbaren Einfluss des Mediums durch den Ansatz der *Koevolution* ergänzt. Diese – gewissermaßen – ›koevolutionäre Erweiterung‹ einer in den letzten Jahren auch aus den Reihen der Medienwissenschaft vielfach kritisierten allzu technikdeterministischen Sichtweise auf die gesellschaftliche Wirkkraft der Medien (vgl. dazu u.a. Winkler 1994) gelingt mit Hilfe des innerhalb der Medien- und Kommunikationswissenschaften sattsam bekannten Begriffs des *Leitmediums*, der hier jedoch eine ganz neue und dabei ungewöhnliche Prägung erfährt.

3.1.1 Der Leitmedienbegriff

Der Begriff des Leitmediums erscheint auf den ersten Blick überaus reizvoll und analytisch ergiebig. Das liegt vermutlich vor allem daran, dass bis dato keine konsensuell feststehende Definition dahingehend existiert, was sich hinter dieser Bezeichnung letztendlich konkret verbirgt. Insofern handelt es sich hier genau genommen also erst einmal um nichts anderes als ein schillerndes Kunstwort, welches dank seiner Unspezifik verschiedensten Deutungen offen steht und daher je nach Anliegen oder fachwissenschaftlicher Ausrichtung durchaus unterschiedlich gefüllt werden kann.

Verstanden als Ableitung des Verbs *leiten*, was zum einen so viel heißen kann wie ›lenken‹, ›steuern‹, ›dirigieren‹ oder ›die (richtige) Richtung weisen‹, an anderer Stelle aber auch auf Prozesse des Führens oder Anführens hindeutet, ist mit dem Zu- bzw. Vorsatz *Leit-* in jedem Fall zunächst eine Art Besonderung markiert: Hier geht es um etwas Wichtiges, Herausgehobenes, sich in irgendeiner Weise von anderem Absetzendes; um etwas im Zentrum oder (je nach Blickwinkel) in vorderster Front Stehendes. Man könnte folglich also von einem Medium ausgehen, das Orientierung und Vorbild für andere Medien ist – ein Medium mit Vorreiterfunktion, an dem sich andere Medien ausrichten. Aus der Perspektive eines wissenskulturbezogenen Medienbegriffs, der insbesondere das determinierende und strukturierende Potential des jeweiligen Mediums in den Fokus der Aufmerksamkeit rückt, wäre damit allerdings zugleich auch ein Medium mit einer potentiell Kultur prägenden bzw. Kultur verändernden Wirkung gemeint, da dessen mediale Dispositionen zur zentralen und alles bestimmenden Größe im gesellschaftlichen Selbstvergewisserungsprozess avancierten. Es wäre in diesem Sinne also – metaphorisch gesprochen –›erstes Medium am Platze‹. Dies erinnert nun freilich wiederum stark an die oben beschriebene epochemachende Wirkung einzelner Medientechnologien, die es ja gerade zu überwinden gilt. Doch soll hier mitnichten einer vorschnellen theoretischen Subsumtion des Leitmedienbegriffs unter einen hinreichend bekannten Ansatz das Wort geredet werden. Der Schlüssel zur begrifflichen Erweiterung liegt dabei in einer begrifflichen Öffnung.

Laut etymologischem Wörterbuch des Dudens ist im Verb *leiten* ursprünglich nämlich noch ein weiterer Aspekt angelegt: Einst besagte leiten demnach auch so viel wie ›gehen oder fahren machen‹. Es geht entsprechend dieser heute weitgehend in Vergessenheit geratenen Wortbedeutung also nicht allein darum, eine Richtung weisend vorzugeben oder gar selbst führend vorauszugehen, sondern etwas bereits Vorhandenes überhaupt erst einmal anzuschieben bzw. in Gang zu setzen. Koppelt man dies mit dem zuvor erläuterten, kulturwissenschaftlich ausgerichteten Medienbegriff, dann erscheint das Leitmedium hier vor allem auch als ein Medium, dem eine ganz konkrete kulturelle Ermöglichungsfunktion in der Gesellschaft zukommt und dessen herausragende, Kultur prägende resp. Kultur verändernde Wirkung letztendlich eben genau darin wurzelt. Reinhard Margreiter (2007: 77) spricht in diesem Zusammenhang etwa von »Fähigkeiten«, die durch ein jeweiliges Medium begünstigt werden, »während andersgeartete Fähigkeiten, die bei anderen Medien im Vordergrund stehen, durch es vernachlässigt oder unterdrückt werden«.

Das Bild der Fähigkeiten bringt den Gedanken von deren Notwendigkeit zu oder für etwas ins Spiel. Wenn ein Medium eine bestimmte Fähigkeit im positiven Sinne begünstigt, dann muss es auch eine spezifische gesellschaftliche Anforderung geben, zu deren Bewältigung eben diese Fähigkeit gebraucht wird bzw. sich günstig erweist. So gesehen müsste die Frage nach dem Begriff des Leitmediums eigentlich eher die nach den gesellschaftlichen Umständen der Etablierung eines Mediums als Leitmedium sein. Zu fragen wäre demnach, auf welche Weise es einem bestimmten Medium gelingt, eine derartige kulturelle Ermöglichungsfunktion einzunehmen und zum Leitmedium einer Gesellschaft aufzusteigen, während zahlreichen anderen Medien dieser Schritt offensichtlich verwehrt bleibt. Ein Blick in die turbulente Mediengeschichte speziell der letzten 200 Jahre zeigt doch ziemlich eindrucksvoll, dass dabei keinesfalls allein von den jeweiligen Dispositionen eines Mediums ausgegangen werden kann. Vielmehr ist die hier vertretene These jene, dass nicht das Medium an sich darüber bestimmt, ob es zum Leitmedium wird, sondern dieses Medium dazu erst auf eine spezifische, den medialen Dispositionen dieses Mediums angepasste, gesamtgesellschaftlich relevante soziokulturelle Bedürfnislage stoßen muss, auf welche dieses Medium in einzigartiger Weise antwortet – und zwar so antwortet, wie dies kein anderes Medium vermag und welches aufgrund dessen eben jener Gesellschaft Entwicklungen ermöglicht, die ohne dieses Medium nicht zustande gekommen wären, die dieses Medium also befördert und dabei zugleich selbst noch einmal weiter anregt. Insofern es sich dabei um Entwicklungen handelt, welche die Darstellung, Speicherung und Weitergabe kultureller Informationen und damit das Verhältnis einer Gesellschaft zu sich selbst und der sie umgebenden Welt betreffen, ist hier unweigerlich auch ein Wandel in der gesellschaftlichen Wissenskultur angelegt.

3.1.2 Der Ansatz der Koevolution

Der damit skizzierte, medienkulturwissenschaftlich gedachte Leitmedienbegriff geht also, wie bereits deutlich geworden sein dürfte, ganz klar vom Ansatz der *Koevolution* aus. Dieser stellt – konzeptionell betrachtet – die zentrale Denkkategorie des vorliegenden Buches und den argumentativen Ausgangspunkt der folgenden Überlegungen und Analysen dar. Er soll daher an dieser Stelle noch einmal gesondert herausgegriffen und vertiefend erläutert werden.

Ein Leitmedium definiert sich, so die hier vertretene Annahme, erst über das wechselseitige Aufeinanderbezogensein von Medium und Gesellschaft. Nicht die spezifischen Dispositionen des Mediums allein sind also in der Lage, revolutionäre Veränderungen auszulösen. Die jeweiligen Dispositionen müssen von der Gesellschaft auch in einer spezifischen Weise auf- und angenommen werden. Das Medium stellt lediglich ein bestimmtes Angebot bereit. Hierzu zählen neben jenen Möglichkeiten und Spielräumen, welche die dahinter liegende Medientechnologie vorgibt, auch bestimmte, an das Medium und dessen Entwicklung geknüpfte Erwartungen und Ideologien der Nutzung. In diesem Sinne wird auch hier schon einem allzu stark gemeinten Technikdeterminismus abgeschworen, da bereits die Art und Weise der Entwicklung der Medientechnik selbst als Resultat eines bestimmten Zeitgeistes, d.h. bestimmter soziokultureller Umstände und daraus resultierender politischer, militärischer, ökonomischer und/oder allgemein gesellschaftlicher Anforderungen resp. Erwartungen sowie wiederum damit verbundener präferierter Handlungs- und Nutzungsweisen betrachtet wird, die allerdings durch das Medium bzw. die jeweilige Medientechnik selbst wiederum eine Veränderung erfahren.

Ganz prominent hat der Paderborner Medienwissenschaftler Hartmut Winkler solch ein zyklisches Modell der Medienkulturentwicklung bzw. Mediengeschichtsschreibung gegen Ende der 1990er Jahre entwickelt und im Rahmen eines Vortrags auf der Jahrestagung der »Gesellschaft für Film- und Fernsehwissenschaft« (heute: »Gesellschaft für Medienwissenschaft«, GfM) präsentiert, der später verschiedentlich veröffentlicht wurde (vgl u.a. Pias 1999). Winkler versucht darin zwischen technikzentrierten und anthropologischen Ansätzen, die jeweils nur eine einseitige Kausalität zulassen, zu vermitteln. Sein Vorschlag zur Moderation ist ein »Schema der zyklischen Einschreibung« (Winkler 1997b), das dem strukturalistischen Modell der Sprachwissenschaft nachempfunden ist. Bestimmte gesellschaftliche Praxen schlagen sich in Medientechniken nieder, die wiederum auf die gesellschaftlichen Praxen zurückwirken. So gesehen bedingen Medien und Gesellschaft sich stets wechselseitig. Fragt man allerdings nach den Bedingungen eines wissenskulturellen Wandels, um dessen analytische Erkundung es hier ja letztlich geht, reicht das Moment der Zirkularität bzw. Dialektik im Bereich der gesellschaftlichen Technikentwicklung allein jedoch nicht aus. Vielmehr muss zu den in spezifischer Weise immer schon gesellschaftlich geprägten medialen bzw. medienkulturellen Dispositionen noch eine weitere Komponente hinzutreten: die der soziokulturellen Bedürfnislagen. Diese sind in modernen Gesellschaften zwar ebenfalls nicht unabhängig von medialen Einflüssen zu denken, dabei jedoch nicht ausschließlich auf diese zurückzuführen. Vielmehr sind sie Resultat komplexer, gesamtgesellschaftlicher Entwicklungstendenzen und Herausforderungen, die nun aufgrund der Möglichkeiten des Mediums eine ganz neuartige Form der Ansprache und Bearbeitung erfahren und so sukzessive zu einer grundlegenden qualitativen Modifikation der gängigen Handlungs- und Problemlösungsmuster beitragen. Auf lange Sicht hat dies schließlich auch Auswirkungen auf die gesellschaftliche Wissenskultur, die sich in der dispositiven Struktur des jeweiligen Wissensdiskurses dokumentiert.

Vergleichbare Ansätze einer Betrachtung des Verhältnisses von Gesellschaft, Medien und Wissen aus der Perspektive koevolutionärer Verflechtungen finden sich auch in den Arbeiten anderer Autoren. Michael Giesecke etwa spricht von einem signifikanten Zusammenhang von Medien-, Kultur- und Wissenswandel. So betrachtet er beispielsweise den Buchdruck als »Katalysator kulturellen Wandels« (Giesecke 1994: 21) und beschreibt die soziale Gemeinschaft des 15. und 16. Jahrhunderts in den europäischen Kernlanden »als ein Informations- und Kommunikationssystem, welches durch den Buchdruck als Schlüsseltechnologie hervorgebracht wurde« und in dem zugleich »ein neuer Typus von Information« (ebd.: 22) entstand. An anderer Stelle betont er entsprechend, dass unsere »Konzepte von ›Wissen‹ [...] in Koevolution mit den Medien entstanden [seien], in denen unsere Kultur ihr Wissen gespeichert und verbreitet hat« (ders. 2005: 16). Gleichzeitig stellt er aber ebenso klar, dass »sich von jeder Erfindung und Technik nur so viel [durchsetzen lässt], wie an ihr sozial akzeptiert wird« (ders. 1994: 27). Laut Giesecke ist die zentrale Frage bei der Durchsetzung neuer Medien demnach zunächst jene nach dem Nutzen dieses Mediums im Hinblick auf die Befriedigung sozialer resp. kommunikativer Bedürfnisse (vgl. ebd. 1994 sowie 2002: 204). Die Frage der kulturhistorischen Relevanz eines bestimmten Mediums entscheidet sich jedoch erst entlang dessen Fähigkeit zur Modifikation des Zugangs zu und des Umgangs mit der Welt:

»Wenngleich alle Medien zu Katalysatoren der Veränderung sozialer Identitäten werden können, so wirken doch die Kommunikations- und Interaktionsmedien unmittelbar auf die Selbstbilder sozialer Gemeinschaften und auf ihre Vorstellungen von der Welt ein.« (Ders. 1994: 22)[21]

---

21 Gleichwohl sei hier auch vermerkt, dass gerade Michael Giesecke in seinen jüngeren Arbeiten zum Ende der Buchkultur unter den Bedingungen der Digitalität die dahinter stehende Idee des ›Leitmediums‹ längst nicht mehr in einem einzigen Medien wirklicht sieht: »Es geht darum, den Wiederholungszwang zu durchbrechen und nicht wieder ein einzelnes Medium – und sei es auch so komplex wie die digitale Datenverarbeitung und das Internet – zur Wunschmaschine zu erklären. [...] Wir können es uns nicht länger leisten, die Komplexität unserer Kultur so zu reduzieren, dass wir ein katalysatorisches Medium pars pro toto zum Namensgeber erklären. Statt ›Buchkultur‹ nun ›digitale Kultur‹, das wäre kulturgeschichtlich nichts wirklich Neues, sondern nur Mehr-vom-selben.« (Giesecke 2002: 222f.) Stattdessen plädiert er für eine »ökologische Kommunikationskultur«: »Diese zeichnet sich dadurch aus, dass sie keine Hierarchie zwischen den Medien und Kommunikationsformen festlegt. Sie setzt keine Prämie

Eine ähnliche Argumentation verfolgen auch Ada Briggs und Peter Burke. Auch sie verwenden das Bild des ›Katalysators‹, wenn sie die im zweiten Kapitel dieser Arbeit noch ausführlicher referierte Analyse von Elizabeth Eisenstein, welche die Druckerpresse in ihrem Titel als »Agent of change« bezeichnet, mit den Worten kritisieren: »It might be more realistic to view print, like new media in later centuries (television, for example), as a catalyst, assisting social changes rather than originating them.« (Briggs/Burke 2002: 22)

Zusammengefasst heißt das: Jedes neue Medium trifft zunächst auf den Kontext einer Gesellschaft, die dieses Medium zwar letztendlich hervorgebracht hat, deren Wahrnehmungs- und Denkweisen allerdings wesentlich von anderen, vorhergehenden Medien geprägt und bestimmt sind. Im zeitgeschichtlichen Verlauf wird eine Gesellschaft mit immer neuen An- und Herausforderungen konfrontiert, die aufgrund bestimmter Ereignisse (Kriege, Naturkatastrophen, klimatische Veränderungen etc.) teils von außen an sie herangetragen werden, welche sie vor dem Hintergrund ihrer spezifischen kulturellen Verfasstheit häufig aber auch aus sich heraus generiert und auf die es gleichwohl in jedem Falle zu antworten gilt. Hier nun bietet ein neues Medium alternative Sichtweisen und Handlungsmöglichkeiten an, die, sollten sie den bisherigen in der konkreten Konstellation überlegen sein, einen Prozess der gegenseitigen Verstärkung in Gang setzen können. Die neuartigen soziokulturellen Bedürfnislagen finden dann durch das Medium eine angemessene Bearbeitung sowie Beförderung und stützen zugleich dessen gesellschaftliche Etablierung. Erst dieses koevolutionäre bzw. fertile Konglomerat »wechselseitiger Ermöglichungszusammenhänge« (Schmidt 2005: 10) bildet die Basis für die Herausbildung eines wissenskulturellen Wandels.

Neu an diesem Ansatz der Koevolution als Erklärungsmodell des Zusammenspiels von Zeitgeschichte und Leitmedium ist nun jedoch, dass hier – anders als etwa bei Winkler und Giesecke – nicht von einer unmittelbaren oder dialektischen Beeinflussung der Kultur durch Medien bzw. durch ein bestimmtes Medium ausgegangen wird. Vielmehr wird das zyklische Modell derart aufgebrochen, dass die Wissenskultur als etwas Drittes erscheint, das selbst erst aus dem Wechselspiel zwischen Medium und Gesellschaft entsteht. Dies macht auch klar, warum nicht jede mediale oder zeitgeschichtliche Veränderung auch einen wissenskulturellen Wandel bewirkt.

---

für die Übersetzung der verschiedenen taktilen, visuellen, akustischen, olfaktorischen, emotionalen und anderen Informationen in ein einziges Medium aus, wie dies die Buchkultur mit ihrer Auszeichnung von Sprache und Bewusstsein getan hat. Vielmehr geht es um die Gestaltung des Zusammenwirkens der unterschiedlichsten Ausdrucks- und Verständigungsmöglichkeiten. Und dieses Zusammenwirken kann nur dann in einer Kultur frei erprobt werden, wenn zwischen den Kommunikations- und Informationsmedien Gleichberechtigung herrscht.« (Ebd.: 269)

3.1.3 Koevolutionärer Ansatz und Dispositivbegriff

Notwendig im Sinne des hier vertretenen Ansatzes der Koevolution bzw. des koevolutionären Aufeinanderbezogenseins zeitgeschichtlich bedingter soziokultureller Bedürfnislagen einerseits sowie medienspezifischer bzw. medienkultureller Dispositionen andererseits ist also die Entstehung einer fragilen Konstellation der gegenseitigen Aufnahme und Beförderung, darüber hinaus aber auch der gegenseitigen katalysatorischen Verstärkung. Dabei regen aber nicht nur die gesellschaftlichen Bedürfnislagen die mediale Entwicklung an, auch mediale Entwicklungen schaffen neue Ansprüche und intensivieren bestehende. Erst wenn also diese Konstellation eines fertilen Konglomerats aus soziokulturellen Bedürfnislagen und passgenau darauf bezogenen medialen Dispositionen vorliegt, sind die Voraussetzungen eines sich gegenseitig ebenso ergänzenden wie verstärkenden, koevolutionären Entwicklungsprozesses geschaffen. Koevolution ist demnach also – wie der Begriff schon deutlich macht – stets zirkulär-dialektisches Passungsverhältnis und Prozess der dynamischen Fortentwicklung zugleich.

Derartige Überlegungen erinnern vor dem Hintergrund der Ausführungen des ersten Abschnitts dieses Kapitels (insbesondere Abschn. 1.2.3 sowie 1.2.4) unweigerlich an das, was Michel Foucault als die Fähigkeit des Dispositivs zur dynamischen Veränderung beschreibt. So sei das Dispositiv stets auch

»[...] eine Formation, deren Hauptfunktion zu einem gegebenen historischen Zeitpunkt darin bestanden hat, auf einen Notstand (urgence) zu antworten. Das Dispositiv hat also eine vorwiegend strategische Funktion. [...] Zuerst gibt es immer die Prävalenz einer strategischen Zielsetzung. In der Folge konstituiert sich das Dispositiv dann eigentlich als solches und bleibt in dem Maße Dispositiv, in dem es Ort eines doppelten Prozesses ist: Prozess einerseits einer funktionellen Überdeterminierung, sofern nämlich jede positive oder negative, gewollte oder ungewollte Wirkung in Einklang oder Widerspruch mit den anderen treten muss und eine Wiederaufnahme, eine Readjustierung der heterogenen Elemente, die hier und da auftauchen, verlangt. Prozess einer ständigen strategischen Wiederauffüllung andererseits. [...].« (Foucault 1978: 120f.)

Die Beschaffenheit der hier zu analysierenden dispositiven Strukturen des Wissensdiskurses resp. – wenn man so will – des Dispositivs der gesellschaftlichen Wissenskultur ist demnach also abhängig von einem hochkomplexen Wirkgefüge aus zum einen gesamtgesellschaftlichen Zuständen, die das Dispositiv von außen beeinflussen, indem sie bestimmte Anforderungen erzeugen, auf die das Dispositiv gezwungen ist zu antworten, auf welche es selbst aber auch wiederum zurückwirkt. Zum anderen durch Technologien und Medien, die das Dispositiv von innen steuern, da sie die Prozesse der Interaktion und Kommunikation im Rahmen der Herstellung, Darstellung und Verbreitung des Wissens maßgeblich formen. Das der dispositiven Struktur des Wissensdiskurses zugrunde liegende und zugleich durch dieses erzeugte Wissenskonzept entwickelt sich mit anderen Worten folglich im Spannungsfeld zweier relevanter, aufeinander bezogener und miteinander verflochtener ›Stellgrößen‹: (a) den zeitgeschichtlich geformten soziokulturellen Entwicklungen einerseits sowie (b) den medialen bzw. medienkulturell gewachsenen Dispositionen der Produktion, Darstellung und Kommunikation von Wissen andererseits. Ursachen und Wirkungen von Veränderungs- und Anpassungsprozessen sind in diesem Konglomerat freilich nicht mehr klar auszumachen (vgl. Abb. 2).

Abbildung 2: Schematische Darstellung des koevolutionären Wechselverhältnisses soziokultureller Bedürfnislagen und medialer Dispositionen sowie der daraus erwachsenden, dynamisch veränderlichen gesellschaftlichen Wissenskultur

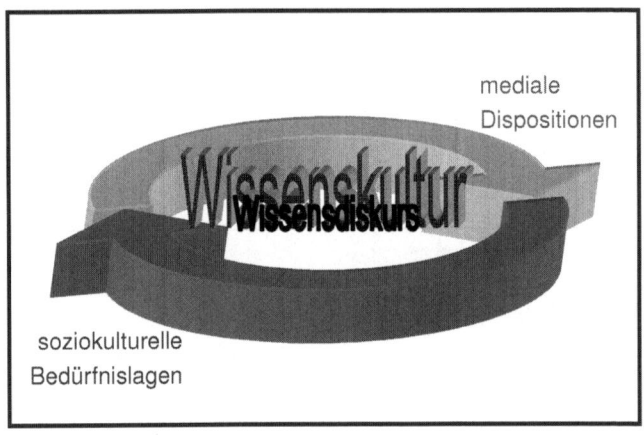

So gesehen greift auch eine um das Konzept des Dispositivs erweiterte Analyse des Wissensdiskurses zu kurz, wenn sie diesen ebenso wie die durch bzw. in ihm dokumentierte Wissenskultur als etwas einmalig Entstandenes, fortan jedoch Unveränderliches und Stabiles versteht. Vielmehr ist ganz im Sinne des Foucaultschen Gedankens der strategischen Wiederauffüllung von einem dynamischen Prozess permanenter Bewegung auszugehen. Gleiches gilt auch für den Schritt des Übergangs von einer Wissenskultur in eine andere. Auch dieser lässt das Moment des abrupten Umbruchs vermissen. Stattdessen summieren sich zahlreiche kleinere Modifikationen sukzessive zu einem kritischen Punkt des Überschlags auf. Ist dieser erreicht, wird, so könnte man sagen, die Dominanz eines Wissensmodus durch die eines neuen abgelöst.

Mit anderen Worten befindet sich das Dispositiv der gesellschaftlichen Wissenskultur also unaufhörlich im Fluss. Verändert man vor diesem Hintergrund die oben stehende schematische Darstellung des koevolutionären Wechselverhältnisses zwischen zeitgeschichtlich bedingten, soziokulturellen Bedürfnislagen und medialen Dispositionen ein wenig, wird der Wissensdiskurs, welcher sich in diesem Wechselverhältnis entspinnt, als eine Art Ring (schraffierte Fläche) sichtbar, der nicht nur von zwei Seiten beeinflusst wird und selbst auch wieder auf diese zurückwirkt, sondern der zudem dynamische Veränderungs- und Anpassungsprozesse im Sinne spiralförmiger Überlagerungen sichtbar macht (vgl. Abb. 3).

Abbildung 3: Analysemodell (Teil 1) – koevolutionärer Bezug zwischen zeitgeschichtlich bedingten, soziokulturellen Bedürfnislagen und medialen Dispositionen; Wissensdiskurs als Sphäre der wechselseitigen Vermittlung und Weiterentwicklung

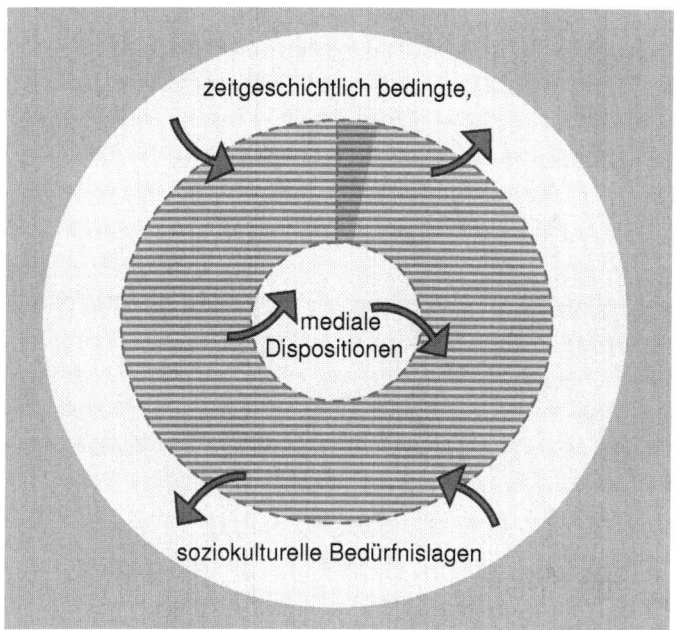

Auch die Analyse der dispositiven Strukturen dieses Wissensdiskurses kann also immer nur eine Art Momentaufnahme sein. Dennoch lassen sich in Anlehnung an die Überlegungen des ersten Abschnitts dieses Kapitels zu den Grundannahme der wissenssoziologischen Diskursanalyse und deren dispositiver Erweiterung entsprechende Elemente und Schritte ableiten, die im Folgenden vorgestellt und allmählich zu einem komplexen Mehrebenen-Analysemodell integriert werden sollen.

3.2 Die dispositive Struktur des Wissensdiskurses: Vier Ebenen der Analyse

Ausgehend vom soeben detailliert erläuterten Rahmenkonzept einer auf dem Ansatz der Koevolution basierenden Kontextanalyse gilt es nun zunächst, die für die Analyse der dispositiven Struktur des Wissensdiskurses relevanten Elemente zu erfassen. Genauer geht es dabei um die Erfassung der zentralen Ebenen des Dispositivs der gesellschaftlichen Wissenskultur, die sich in der dispositiven Struktur des Wissensdiskurses dokumentiert.

Im ersten Abschnitt dieses Kapitels wurde der Grundgedanke einer dispositiv erweiterten Diskursanalyse bereits weitgehend erläutert. Er fußt auf einem breiten Diskursbegriff, wie ihn etwa die Wissenssoziologische Diskursanalyse vertritt. Dieses von Reiner Keller entwickelte »Forschungsprogramm zur Analyse der diskursiven Konstruktion von Wirklichkeit« (Keller 2005b: 49) verbindet Forschungsperspektiven in der Tradition der Foucault'schen Diskurstheorien mit dem sozialwissenschaftlich-interpretativen Paradigma der Hermeneutischen Wissenssoziologie (vgl. ebd.). Diskurse erscheinen aus der Perspektive der Wissenssoziologischen Diskursanalyse als soziale Praxen, die der Reproduktion und Transformation kollektiver Signifikationsstrukturen bzw. Sinnordnungen dienen (vgl. ebd.: 63). Die Wissenssoziologische Diskursanalyse Reiner Kellers befindet sich damit aber auch in gedanklicher Nähe zum Dispositivbegriff Michel Foucaults, denn sie berücksichtigt auch die konkrete Materialität des Diskurses, d.h. also beispielsweise die am Diskurs beteiligten sozialen Akteure sowie die den eigentlichen diskursiven Ereignissen (Aussageereignissen) zugrunde liegenden Praktiken (vgl. ders. 2005a: 247-255). Hier findet schließlich auch der Dispositivbegriff selbst Eingang in das Konzept der Wissenssoziologischen Diskursanalyse. Reiner Keller erläutert dies folgendermaßen:

»Die sozialen Akteure, die einen Diskurs tragen, schaffen eine entsprechende Infrastruktur der Diskursproduktion und Problembearbeitung, die mit dem Begriff des *Dispositivs* bezeichnet werden kann. Dispositive sind die tatsächlichen Mittel der Machtwirkungen eines Diskurses. [...] Ein Dispositiv ist der institutionelle Unterbau, das Gesamt der materiellen, handlungspraktischen, personellen, kognitiven und normativen *Infrastruktur* der Produktion eines Diskurses und der *Umsetzung* einer angebotenen ›Problemlösung‹ in einem spezifischen Praxisfeld.« (Ebd.: 253; Herv. i.O.)

Kurz gesagt geht es hier also um jene Institutionen, Produkte, Gesetze, Maßnahmen, Mechanismen etc., die in unmittelbarer Verbindung zum Diskurs stehen, die diesen hervorbringen, durch diesen entstehen und/oder zu dessen Prozessierung notwendig sind, selbst jedoch keinen genuin diskursiven Charakter besitzen (vgl. ders. 2001:134f.).

Siegfried Jäger, Vertreter der kritischen Diskursanalyse, geht sogar noch einen Schritt weiter und baut die Diskursanalyse zu einer Analyse von Dispositiven aus, indem er die bislang übliche Analyse der diskursiven Praxen um jene nichtdiskursiver Praxen, sprich: Handlungen sowie entsprechender Vergegenständlichungen (Institutionen, Gegenstände etc.) ergänzt (vgl. Jäger 2001b: 106f.). Er versteht diesen Schritt als direkten Anschluss an Foucault, indem er argumentiert:

»Da Wissen die Grundlage für Handeln und die Gestaltung von Wirklichkeit ist, bietet es sich an, nicht nur diskursive Praxen zu analysieren, sondern auch nichtdiskursive Praxen und sogenannte Sichtbarkeiten/Vergegenständlichungen sowie das Verhältnis dieser Elemente zueinander. Dieses Zusammenspiel nenne ich mit Foucault ›*Dispositiv*‹.« (Ebd.: 87; Herv. i.O.)

Und weiter:

»Foucault war nach seinen archäologischen Bemühungen, die Entwicklung des Wissens ganz materialistisch zu rekonstruieren, zu der Überzeugung gekommen, dass nicht die Rede/der Text/der Diskurs allein die Welt bewegt, und er fand oder besser erfand das Dispositiv, um damit seine historische und aktuelle Wirklichkeit angemessener deuten zu können.« (Ebd.: 89)

Konkret bedeutet das, dass in eine um das Konzept des Dispositivs erweiterte Diskursanalyse – Jäger selbst spricht hier von einer ›kritischen Diskurs- und Dispositivanalyse‹ – neben rein sprachlichen Prozessen und den durch diese erzeugten textlichen Resultaten immer auch die Betrachtung der dazugehörigen Handlungen und Handlungspraktiken sowie deren institutioneller Verfestigungen einfließen muss. Mehr noch: strukturtheoretisch gedacht sind diese Handlungen als nicht-diskursive Praxen ebenso wie auch die diskursiven Praxen Ausdruck einer tiefer liegenden symbolischen Ordnung. Der jeweilige Diskurs bildet also Strukturen aus, die etwa in Form konkreter Handlungen und Verfahren aber auch in Handlungsrollen, Positionen und Hierarchien sowie in Form von Regeln, Prinzipien und Konventionen sichtbar zu Tage treten und auf diese Weise ganz im Sinne des Foucault'schen Dispositivs beobacht- und beschreibbar werden. Die diesen dispositiven Manifestationen zugrunde liegenden basalen Denk- und Orientierungsmuster (Strukturmuster) verbleiben hingegen im Bereich des Unsichtbaren und Verborgenen.

Derartige Überlegungen gehen nun freilich bereits weit über das ursprüngliche Konzept der Diskursanalyse hinaus, die sich ja vornehmlich auf die »Analyse von Sprachgebrauch bzw. von mündlichen oder schriftlichen Texten« richtet und »diese im Hinblick auf (formale) Regelstrukturen oder inhaltliche Strukturierungen« untersucht (Keller et al. 2001: 9). Genau genommen verlässt das hier vorgeschlagene analytische Vorgehen an dieser Stelle sogar weitgehend das Terrain der Diskursanalyse im Sinne der allgemeinen Diskurstheorie in der Tradition Michel Foucaults und nimmt mehr und mehr Züge einer reinen Dispositivanalyse an.

Den Begriff der Dispositivanalyse führt nun allerdings nicht nur bereits Jäger in seinen theoretischen Überlegungen zur dispositiven Erweiterung der Diskursanalyse an, auch Schneider/Hirseland (2005) bemühen sich gezielt um einen »Einstieg in das konzeptionell und forschungspraktisch noch weitgehend unerschlossene Feld der ›*Dispositivanalyse*‹« (ebd.: 251; Herv. i.O.), der sie ein ›Mehr‹ gegenüber der klassischen Diskursanalyse zuschreiben. Auch sie betrachten das Konzept der Wissenssoziologischen Diskursanalyse Reiner Kellers, das, wie oben bereits erwähnt, neben Akteuren und Praktiken ebenso die materiellen und ideellen Infrastrukturen von Diskursen mit einbezieht, als günstigsten Einstiegspunkt. Diskurse verkörpern für sie eine »Praxis des Bedeutens« (ebd.: 255), sind also Produzent und Ausdruck einer dahinter liegenden Wissensordnung zugleich. Gerade diese Wissensordnung ist jedoch nicht unmittelbar zugänglich, vielmehr tritt die Wirklichkeit den Individuen vor allem in konkret erfahrbaren und sichtbaren Objektivationen entgegen. Das ›Mehr‹ der Dispositivanalyse liegt folglich in der »Erweiterung des diskursanalytischen Blicks hin zu einer umfassenden Analyse der konkret erfahrbaren gesellschaftlichen Wirklichkeit« (ebd.: 272).

Während Schneider/Hirseland ebenso wie auch Jäger die Dispositivanalyse jedoch lediglich als eine Art Erweiterung bzw. Ergänzung des diskursanalytischen Vorgehens betrachten, rückt sie im hier entwickelten Analysemodell ins Zentrum der Betrachtungen. Der Diskurs wird hier also mit anderen Worten geradezu auf seine dispositive Erscheinungsform reduziert. Die Entscheidung dazu resultiert nun aber keinesfalls aus einem naiven Unterschätzen des heuristischen Werts diskursanalytischer Verfahren, vielmehr ist sie dem stärker medien- und kulturwissenschaftlichen Blick geschuldet, der den Überlegungen und Analysen dieses Buches zugrunde liegt, und der zugleich eine starke soziologische Komponente aufweist. Gleichwohl versteht sich auch die den konkreten sprachlichen Äußerungen weitgehend entrückte Dispositivanalyse immer auch ein stückweit als Analyse des Diskurses, ermittelt jene doch dessen Rahmenstrukturen.

Für den zu untersuchenden Wissensdiskurs und dessen dispositive Struktur ergeben sich folglich vier Ebenen der Analyse (vgl. Abb. 4).

Abbildung 4: Ebenen des Wissensdiskurses

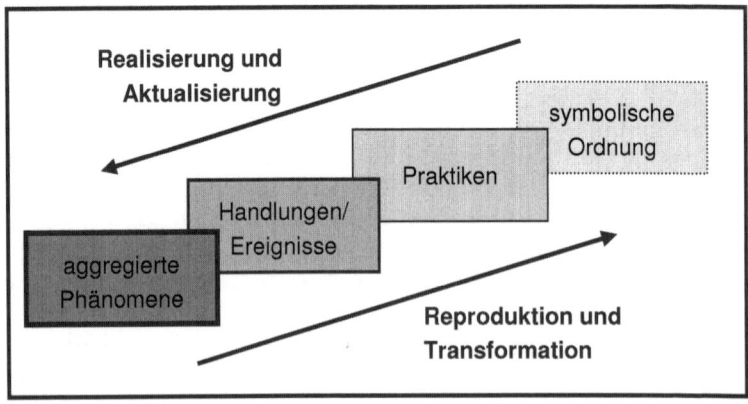

Ebene 1 – aggregierte Phänomene: Die erste Ebene ist zunächst die der sogenannten ›aggregierten Phänomene‹. Sie sind gewissermaßen der verfestigte Ausdruck des Wissensdiskurses. In weiten Teilen korrespondiert diese

Ebene mit dem, was Siegfried Jäger (2001b: 107) als »Sichtbarkeiten« bzw. »Vergegenständlichungen« betrachtet, »die Vergegenständlichungen diskursiver Wissens-Praxen durch nichtdiskursive Praxen darstellen, wobei die Existenz der Sichtbarkeiten (›Gegenstände‹) nur durch diskursive und nichtdiskursive Praxen aufrechterhalten bleibt« (vgl. dazu erneut Abb. 1). Während sich der Fokus bei Jäger jedoch auf tatsächlich greifbare Gegenstände sowie deren Bedeutung, d.h. das in diese eingeflossene und damit eingeschriebene Wissen richtet (vgl. ebd.: 109f.), werden im hier vorgeschlagenen Vorgehen auch institutionelle Strukturen, organisationale Ordnungen, Akteure und deren Rollenmuster sowie auch die in Gesetzen oder Richtlinien festgeschriebenen Prinzipien und Konventionen des Handelns als aggregierte Phänomene betrachtet werden, die im Übrigen auch in klassischen Diskursanalysen – hier allerdings meist als Kontextfaktoren (vgl. ebd.: 105) – einfließen.

Ebene 2 – Handlungen/Ereignisse: Auf der zweiten Analyseebene befinden sich die Einzelhandlungen bzw. typischen Handlungsereignisse. Dazu gehören einzelne Tätigkeiten ebenso wie komplexere Verfahren und Prozesse. Die dispositiv erweiterte wissenssoziologische Diskursforschung spricht hier von nichtdiskursiven Praxen, »in denen aber Wissen transportiert wird, denen Wissen vorausgeht bzw. [die] ständig von Wissen begleitet« werden (ebd.: 106). Insofern korrespondiert auch diese Ebene mit einem zentralen Element der Jäger'schen Dispositivanalyse.

Ebene 3 – Praktiken: Die dritte Ebene ist weiterhin die der den Einzelhandlungen übergeordneten Handlungspraktiken. Es gilt hier also grundsätzlich zu unterscheiden zwischen den einzelnen (beobachtbaren) Handlungsereignissen und der abstrakten Kategorie der Praktik für die diese stehen und die diese zugleich realisieren, d.h. aktualisieren und reproduzieren – wobei dieses Prinzip der wechselseitigen bzw. gegenläufigen Realisierung und Reproduktion, wie die grafische Darstellung (Abb. 4.) zeigt, über alle anderen Ebenen hinweg gilt. Die konzeptionelle Trennung zwischen den einzelnen Analyseebenen ist damit letztlich nichts anderes als ein Verweis auf die analytische Unterscheidung zwischen diskursivem Ereignis und Diskurs, wie sie etwa auch die wissenssoziologische Diskursanalyse im Anschluss an Michel Foucault vornimmt:

»Das Verhältnis von Diskurs und diskursivem Ereignis entspricht dem Verhältnis von Struktur bzw. Strukturierung und einzelner Handlung [...]. Aus der Handlung entsteht die Struktur, aus der Struktur im Prozess der Strukturierung die Handlung. Ohne Aussageereignisse gibt es keine Diskurse; ohne Diskurse können Aussageereignisse nicht verstanden, typisiert und interpretiert werden. Dieses Verhältnis von Diskurs und diskursivem Ereignis bildet die Dualität von Struktur.« (Keller 2005a: 201)

Ebene 4 – symbolische Ordnung: Die Praktiken des Handelns selbst werden aber wiederum von einer weiteren Ebene determiniert: jener der symbolischen Ordnung. Diese vierte Ebene stellt damit gewissermaßen den eigentlichen Kern des Wissensdiskurses dar. Gemeint sind damit die latent wirkenden Sinnstrukturen, die grundlegenden Denk- und Ordnungsmuster, welche die Praktiken des Handelns durchdringen, sich in einzelnen Handlungsereignissen und Aktivitäten äußern und schließlich in institutionalisierten Richtlinien, Rollenmustern und Organisationsstrukturen manifestieren.

Integriert man diese vier Ebenen in das zuvor entwickelte Kreismodell (Abb. 3), ergibt sich nun folgendes Bild (Abb. 5):

Abbildung 5: Analysemodell (Teil 2) – aggregierte Phänomene, Handlungen/Ereignisse, Praktiken und symbolische Ordnung als zentrale Elemente bzw. Ebenen des Wissensdiskurses

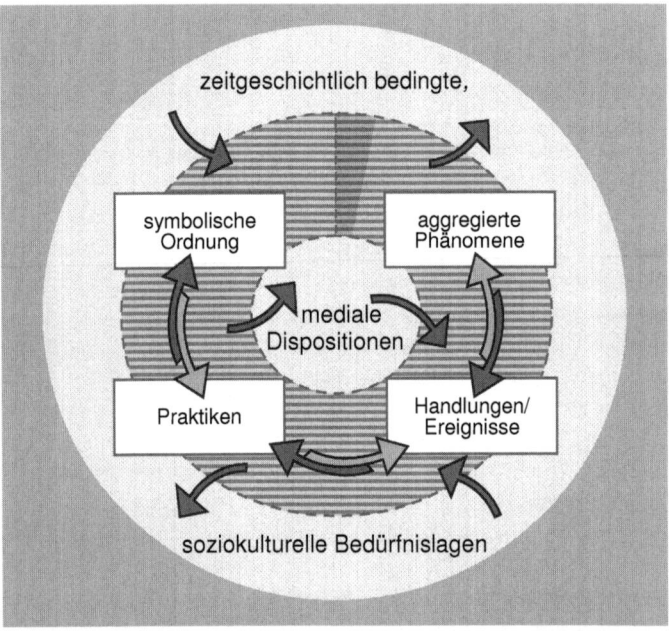

3.3 Von der Phänomenologie zur Theorie: Deskription, Abstraktion und Interpretation als Analyseschritte

Das Konzept der dispositiv erweiterten Diskursanalyse wird hier also einerseits aufgegriffen, zugleich aber dem Erkenntnisinteresse entsprechend umgedeutet. Umgedeutet vor allem, da weniger einzelne sprachliche Äußerungen und Aussagesysteme im Fokus der Analyse stehen, sondern vielmehr deren Voraussetzungen und Bedingungen. ›Wissensdiskurs‹ meint in dieser Logik mehr den prozessierenden Umgang mit Wissen allgemein, denn die Kommunikation und Verhandlung konkreter Inhalte. Diskursive Praktiken sind so gesehen nicht nur Resultat bzw. Ausdruck des Wissensdiskurses, sie gehen gewissermaßen auch in den anderen Elementen des (wissenskulturellen) Dispositivs auf: in Form von Wissensprodukten verfestigen sie sich zu aggregierten Phänomenen, als Aussagen und Statements sind sie Teil von Handlungsereignissen und Realisieren bzw. Reproduzieren damit bestimmte Praktiken, als Repräsentationen einer latent vorhandenen Fallstrukturgesetzlichkeit verweisen sie schließlich auf die dem Wissensdiskurs zugrunde liegende symbolische Ordnung, die zugleich Auskunft über die Kernprinzipien und Charakteristika der jeweiligen Wissenskultur gibt. Das hier vorgeschlagene analytische Vorgehen schließt demnach (notwendigerweise) auch weniger methodisch als methodologisch an das Konzept der dispositiv erweiterten Diskursanalyse der wissenssoziologischen Tradition an. Wie nun aber werden die einzelnen Ebenen des Diskurses bzw. die Elemente des Dispositivs analytisch zugänglich?

Zunächst gilt es dazu gesondert zu betonen, dass die Ebenen auf unterschiedlichen Niveaus der Wahrnehmung liegen. Während die Ebene der aggregierten Phänomene wie auch jene der Einzelhandlungen und Handlungsereignisse direkt beobachtbar sind, entziehen sich Praktiken und symbolische Ordnung systematisch einem solchen unmittelbaren Zugang. Die Analyse teilt sich in diesem Sinne in zwei Teile: einen anschaulich und damit unmittelbar zugänglichen Bereich des Sichtbaren und einen sich nur assoziativ erschließenden Bereich des latent Wirkenden und Verborgenen.

Den unterschiedlichen Wahrnehmungsniveaus der einzelnen Ebenen entsprechend differieren auch die vorzunehmenden Analyseschritte. So kann die Analyse der ersten beiden Ebenen (aggregierte Phänomene und Handlungen/Ereignisse) zunächst unmittelbar deskriptiv erfolgen. Der Übergang von der Ebene einzelner Handlungsereignisse zu jener der Praktiken, der zugleich den Wechsel vom Intuitiven zum Assoziativen, vom Konkreten zum Strukturellen bedeutet, erfordert hingegen einen Schritt der Abstraktion. Die vierte Ebene der symbolischen Ordnung ist schließlich nur interpretativ zugänglich. Demnach ergeben sich drei zentrale Analyseschritte, die sich wie folgt kennzeichnen lassen:

Deskription: Der erste Analyseschritt der Deskription nähert sich den sichtbaren Elementen des Wissensdiskurses zunächst über den Weg ihrer systematischen Beschreibung. Erfasst werden dabei institutionelle und organisationale Strukturen ebenso wie Akteure und deren Positionen, Funktionen und Rollenmuster. Weiterhin gehören dazu aber auch institutionell verfestigte Prinzipien und Konventionen des Handelns sowie nicht zuletzt auch die beobachtbaren Einzelhandlungen selbst, d.h. typische Handlungsereignisse, Prozesse und Verfahren.

Abstraktion: Im zweiten Schritt der Analyse, jenem der Abstraktion, werden die beobachteten Einzelhandlungen und typischen Handlungsereignisse zu Handlungsfeldern gebündelt und aus den entstehenden Clustern schließlich abstrakte Handlungspraktiken abgeleitet.

Interpretation: Den dritten Schritt der Analyse bildet, wie bereits erwähnt, die interpretative Erschließung der die restlichen Elemente des Dispositivs beeinflussenden und determinierenden symbolischen Ordnung des

(Wissens-)Diskurses resp. der Wissenskultur. Hier wird notwendigerweise ein hermeneutischer Zugang rekonstruktiver Annäherung zu wählen sein.

Integriert man die eben vorgenommenen Überlegungen erneut, ergibt sich folgendes Modell einer Mehrerebenen-Analyse (Abb. 6) der dispositiven Struktur des jeweiligen Wissensdiskurses:

Abbildung 6: Mehrebenen-Analysemodell (Teil 3)- Deskription, Abstraktion und Interpretation als zentrale Analyseschritte

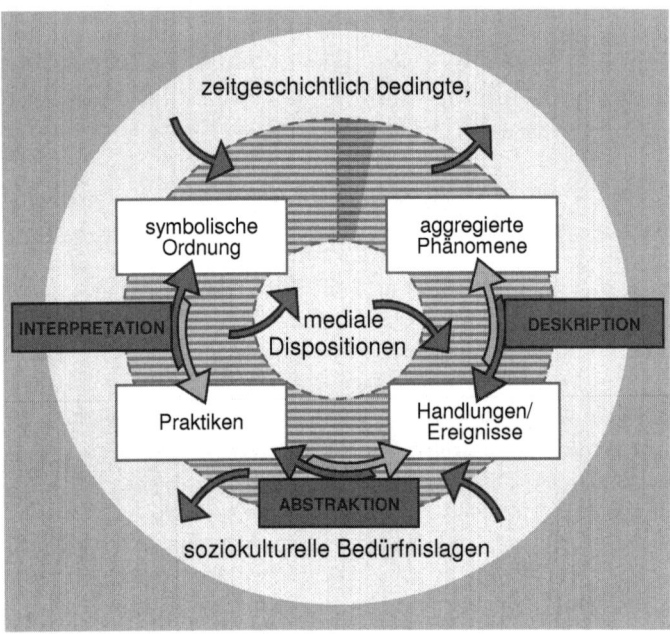

3.4 Zusammenfassung: Mehrebenen-Analysemodell

Fassen wir das damit entworfene Untersuchungsdesign abschließend noch einmal kurz zusammen: Den Ausgangspunkt der im Folgenden vorgenommenen retrospektiven Betrachtungen zur Entstehung und Beschaffenheit der typographischen Wissenskultur ebenso wie jener zum revolutionären Potential des Internet im Kontext wissensgesellschaftlicher Paradoxien und Herausforderungen sowie zu den möglichen Implikationen einer digitalen Wissenskultur und damit eines wissenskulturellen Wandels bildet zunächst eine komplexe *Kontextanalyse* basierend auf einem koevolutionären Ansatz wechselseitiger Ermöglichungszusammenhänge zwischen zeitgeschichtlich bedingten, soziokulturellen Bedürfnislagen und den Dispositionen eines passgenau darauf bezogenen Mediums. Grundlage dieses Ansatzes ist ein medienkulturwissenschaftlich gedachter Leitmedienbegriff.

In diesem fertilen Konglomerat des gegenseitigen Bezugs gesamtgesellschaftlicher Bedürfnislagen und medialer Dispositionen entspinnt sich nun der jeweilige Wissensdiskurs einer Gesellschaft. Die dispositiven Strukturen dieses Diskurses sind Ausdruck der aktuell dominanten Wissenskultur. Man könnte auch sagen: die Wissenskultur ist vermittelt über ein sich koevolutionär entwickelndes und diskursiv prozessiertes Wissensdispositiv.

Im Zentrum der Analyse dieses Dispositivs der Wissenskultur steht in einem ersten Schritt die *Deskription* der *aggregierten Phänomene*, d.h. der verfestigten und daher beobachtbaren Elemente des Wissensdiskurses. Hierzu zählen sowohl die Wissensprodukte selbst als auch die Institutionen des Wissens sowie die in und außerhalb dieser agierenden Akteure mitsamt ihrer Funktionen und Positionen (Rollenmuster). Zu den sichtbaren Manifestationen des Wissensdiskurses gehören aber auch die zu Regeln, Richtlinien, Prinzipien und Konventionen erstarrten Maximen des Handelns. Ebenfalls deskriptiv zugänglich sind auf einer zweiten Ebene der Analyse die *Einzelhandlungen*, d.h. einzelne Aktivitäten im Sinne von tatsächlich stattfindenden Handlungsereignissen. Diese beobachtbaren Handlungen laufen nicht notwendig konform mit den in Regeln und Prinzipien verfestigten Handlungsmaximen.

Im Übergang von der zweiten zur dritten Ebene des Wissensdiskurses verlässt die Analyse schließlich die Sphäre der Sichtbarkeiten. Mit Hilfe eines zweiten Schritts der *Abstraktion* werden einzelne Handlungsereignisse zu Handlungsfeldern geclustert, welche den Blick auf die grundlegenden *Praktiken* des Handelns freigeben. Diese verraten bereits viel über Beschaffenheit der dispositiven Strukturen des Wissensdiskurses und damit die *symbolische Ordnung* der dahinter liegenden Wissenskultur. Wirklich zugänglich wird diese vierte, latente Ebene des Wissensdiskurses aber nur über einen dritten Analyseschritt, den der *Interpretation*.

II Das Wissensmodell der typographischen Ära

Die Beobachtung und Beschreibung von Wandlungsprozessen setzt zunächst einmal die genaue Kenntnis des Bestehenden voraus. Versucht man die Herausbildung der Wissenskultur der typographischen Ära entsprechend des soeben vorgestellten koevolutionär angelegten Mehrebenen-Analysemodells retrospektiv nachzuzeichnen und die zentralen Strukturmerkmale des dazugehörigen Wissensmodells zu erfassen, so kann eine solche Darstellung freilich immer nur eine idealtypische sein. In der Praxis manifestiert sich ein Wissensmodell, äußert sich eine Wissenskultur letztlich im konkreten Umgang mit Wissen und den jeweiligen Wissensprodukten.

Ein zentrales Produkt der typographischen Wissenskultur stellen die *Enzyklopädien* dar. Zwar war die (enzyklopädische) Idee der Sammlung und Speicherung des jeweils vorhandenen und relevanten Weltwissens seit jeher ein Grundanliegen kulturell entwickelter Gesellschaften, doch vergrößerte sich im zeitgeschichtlichen Verlauf allmählich nicht nur die Menge des zu verarbeitenden Wissens; auch und vor allem die Vorstellungen resp. Erwartungen, die sich mit diesem Begriff der Enzyklopädie – verstanden als mediale Gattung – verbanden, erfuhren eine folgenschwere Wandlung. Geht man nun im Rückgriff auf die im ersten Kapitel vorgenommenen Erläuterungen zum Verhältnis von Mediensystem, Weltwahrnehmung und gesellschaftlicher Wissenskultur davon aus, dass die jeweilige Wissenskultur in enger Verbindung zum Spektrum relevanter Realitätskonstrukte innerhalb einer Gesellschaft steht (vgl. Schmidt 1987: 189) und sich zudem, wie soeben ausgeführt, im konkreten gesellschaftlichen Umgang mit Wissen äußert, so kann angenommen werden, dass das sich historisch modifizierende Begriffsverständnis von Enzyklopädie stets exemplarisch für die Modifikationen der dazugehörigen Wissenskultur dieser Gesellschaft steht. Genauer: Im neuzeitlichen Enzyklopädieverständnis dokumentieren sich dann beispielhaft die Strukturen des typographischen Wissensmodells.

Der historischen Rekonstruktion und Darstellung der Strukturmerkmale des typographischen Wissensmodells ist daher an dieser Stelle ein etwas ausführlicher gehaltener Exkurs zur Begriffsgeschichte der Enzyklopädie zwischen Renaissance und europäischer Aufklärung vorangestellt. Die darin aufgezeigten und in der enzyklopädischen Forschung vieldiskutierten Entwicklungsschritte verweisen bereits deutlich auf die in dieser Zeit stattfindenden wissenskulturellen Veränderungen, erfahren durch deren nachträgliche Erläuterung und Vertiefung jedoch erst die notwendige Schärfung. Mittelpunkt der Ausführungen bleibt trotz aller Exemplifizierung freilich stets die Darstellung des typographischen Wissensmodells. Ziel ist es daher nicht, die Geschichte der Enzyklopädie seit der Frühen Neuzeit in ihrer Gänze darzustellen. Vielmehr soll die Darstellung lediglich jene Aspekte aufzeigen, welche zum Verständnis der Kernstrukturen des Enzyklopädiebegriffs, wie er sich im Zuge der Frühen Neuzeit in Europa entwickelte, einerseits sowie der Verflechtung zwischen Enzyklopädiebegriff und gesellschaftlicher Wissenskultur andererseits notwendig sind.

EXKURS:
BEGRIFF UND GESCHICHTE DER ENZYKLOPÄDIE

Wie einleitend bereits kurz angedeutet wurde, unterliegt die gesellschaftliche Realisierung des Enzyklopädischen, d.h. die konkrete Umsetzung des allgemeinen Bedürfnisses nach Sammlung und Dokumentation des jeweilig verfügbaren Weltwissens sowie die damit verbundenen Ansprüche und Erwartungen, zeitgeschichtlichen Veränderungen. Wie noch zu zeigen sein wird, haben diese vor allem etwas mit den durch soziokulturelle Bedürfnislagen und mediale Ermöglichungszusammenhänge ausgelösten Wandlungen im Wirklichkeitsverständnis sowie der Wissenskultur der jeweiligen Gesellschaft zu tun. Entsprechend lassen sich unterschiedliche zeitgenössische Interpretationen des Enzyklopädischen finden (vgl. dazu u.a. auch Jaschniok 2007: 13). Die Enzyklopädie als ein in sich geschlossenes, schriftbasiertes Werk zu verstehen, welches uns das gegenwärtig relevante Weltwissen entlang von Stichworten erschließt und das uns dazu meist in Buchform – aktuell auch zunehmend digital und multimedial aufbereitet – entgegentritt, war nicht schon immer selbstverständlich. Burke (2001: 115) stellt hierzu unter anderem fest:

»Enzyklopädien und ihre Kategorien sind gewissermaßen Widerspiegelungen oder Materialisierungen einer bestimmten Auffassung von Wissen, wenn nicht gar einer bestimmten Weltsicht [...].«

Die Idee der Enzyklopädie als solche ist schon aus dem Altertum bekannt. Vermutlich steht ihre Entstehung in unmittelbarem Zusammenhang mit dem Aufkommen der Schrift als Medium der subjektunabhängigen Speicherung kulturell wichtiger Inhalte. Als eines der ältesten bekannten enzyklopädischen Projekte kann neben den altindischen Veden (1600-1200 v.Chr.) und der ägyptischen Enzyklopädie des Amenemope (ca. 1250 v.Chr.) (vgl. Zotter 2004: 26f.) wohl die Bibliothek von Alexandria gelten. Dort war man geradezu perfektionistisch darum bemüht, das in Buchform (damals freilich noch Buchrollen) vorhandene Wissen der Welt an einem Ort zu versammeln und aufzubewahren (vgl. Haber 2000: 25). Auch Antike und Mittelalter kannten und realisierten die Idee der Enzyklopädie zur Wissenssammlung. Der Begriff der Enzyklopädie, wie wir ihn heute kennen, kommt – auch wenn diesbezüglich lange Zeit eine gegenteilige Meinung vorherrschte – jedoch erst im Zuge der Frühen Neuzeit auf. In deren Kontext erfährt schließlich auch die Idee der Enzyklopädie mehrere entscheidende Modifikationen.

Enzyklopädien als Ordnungssysteme und Instrumente der Wissensverwaltung

Mit der im Fortgang des Kapitels noch genauer zu kennzeichnenden Ablösung der scholastischen Wissenschaftsverfassung durch die Studia Humanitas und der sich daran anschließenden sukzessiven Umgestaltung und Ausdifferenzierung der Wissenschaften setzte mit Beginn der Renaissance ein bis dato nicht dagewesenes Wissenswachstum ein. Entsprechend stieg auch die Notwendigkeit zur reflexiven Auseinandersetzung mit dem Wissen; vor allem aber galt es, dieses in irgendeiner Form zu verwalten. Ein bereits aus Altertum, Antike und Mittelalter bekanntes und praktiziertes System dazu war das der Enzyklopädie. Das enzyklopädische Material konnte dabei den unterschiedlichsten Darstellungsweisen folgen.[1] Insbesondere die mittelalterliche Enzyklopädistik wies jedoch mehrheitlich eine deutlich christlich-ontologische Fundierung und Perspektivierung allen Wissens auf (vgl. Stammen/Weber 2004: 9). Das mittelalterliche Wissen(schaft)smodell setzte mit anderen Worten also die uneingeschränkte Geltung der philosophischen Theologie voraus (Monotheismus, Schöpfungstheologie und Heilsgeschichte) (vgl. Schmidt-Biggemann 1995: 2f.). Ergo war auch das enzyklopädische Ordnungssystem grundsätzlich an dieser orientiert (vgl. ebd.: 4 sowie Zotter 2004: 26) – frei nach dem Grundsatz:

---

1 Paul Michel (2002: 39-72) listet hier insgesamt 20 »Dispositionstypen« von Enzyklopädien und enzyklopädischen Programmen auf. So unterschiedlich diese auch erscheinen mögen, ihnen allen gemeinsam ist stets der Versuch der Kategorisierung von Welt: (a) Miszellaneen (Buntschriftstellerei, bunte Zusammenstellung), (b) Taxonomie des Seienden (vom Allgemeinen zum Besonderen), (c) ›Würde des Seins‹ (top-down oder bottom-up), (d) Einteilung der Wissenschaften (Disziplinen), (e) Curriculum (Septem Artes, Haus), (f) Kosmogonie (Stück, Allegorie), (g) Sechstagewerk (göttliche Schöpfung), (h) Bibel, (i) Heilsgeschichte, (j) Dekalog (zehn Gebote), (k) Katechismus, (l) kalendarischer Jahreslauf, (m) Lebenswelten (Subsinnwelten), (n) Weltkarte oder Reisebeschreibung, (o) Biografie oder Bildungsroman, (p) Utopie oder Robinsonade, (q) Allegorie (Göttergeschichte), (r) erkenntnistheoretische Gesichtspunkte (Verstand, Gedächtnis, ...), (s) idealer Fall aus Sachgebiet, (t) Alphabet.

»Die Wissenschaft trägt dazu bei, die Wiederkunft des Herrn zu beschleunigen, indem sie die Schöpfung so vollständig wie möglich katalogisiert und damit zeigt, dass das Wissen der Welt sich erschöpft und die Zeit sich erschöpft und die Zeit sich erfüllt hat.« (Schmidt-Biggemann 1995: 12)

Eine neue enzyklopädische Methodik fand sich im Zuge der Renaissance hingegen in solchen Werken, die sich von der wissenschaftlichen Kultur bzw. der Philosophie und dem Denken des Mittelalters (z.b. augustinischer Gedankenkreis, Neuplatonismus) lösten und mehr einem neuen (philosophischen) Aristotelismus zugeneigt waren. Das Enzyklopädieverständnis, dessen man sich nun vorzugsweise bediente bzw. an welches man (hier muss man freilich sagen: vermeintlich) anschloss, geht laut Schalk (1936: 70f.) auf die antike Sophistik, d.h. die sophistische Philosophie (Hippias von Elis, 5. Jh. v.Chr.) zurück. Die Sophisten strebten aus Sicht der Renaissancegelehrten nach einem allumfassenden Wissen, nach einem »Ideal allumfassender Bildung« im Sinne von Perfektion und Universalismus (vgl. hierzu auch Vogelsang 2004: 16). Weiterhin baute diese Loslösung von der mittelalterlichen Philosophie aber auch eine Spannung zwischen Theologie und Philosophie auf, die schließlich zur Trennung zwischen Theologie und Wissenschaft (Stichwort: Säkularisierung) wurde (vgl. Schalk 1936: 75). Gerade in der Renaissance grenzte man den Begriff der Wissenschaft also zunehmend von jenem der Weisheit (und der göttlichen Offenbarung der Theologie) ab (vgl. dazu ausführlicher Abschn. 3 in diesem Kap.).

Was viele Enzyklopädien der Frühen Neuzeit jedoch vor allem gegenüber ihren mittelalterlichen Vorläufern auszeichnet, ist eine vermehrte Aufmerksamkeit für Praktiken und Techniken der Wissensverarbeitung und Wissensverwaltung[2] (vgl. Schneider/Zedelmaier 2004: 349).

»In der Frühen Neuzeit besaß das in Büchern eingeschlossene Wissen einen privilegierten Status. Wissen generierte sich nicht zuletzt durch beständige Lektüre und Relektüre der vorhandenen Bücher. Für das Ausschöpfen dieses Wissens benutzten Gelehrte besondere Techniken und Methoden des Lesens, Exzerpierens und Kompilierens, deren Anwendung ihrerseits neue Bücher produzierte. Als geordnete Wissenssammlungen sollten diese Werke ihren Lesern Landkarten des Wissens, Orientierung im Feld des Bücherwissens bieten. Zugleich waren sie Raster der Verortung, durch die neues Wissen eine Adresse bekam. Das hatte auch ganz praktische Funktionen: Viele Enzyklopädien der Frühen Neuzeit dienten den Gelehrten als Instrumente der Wissensverwaltung, die es ermöglichen sollten, das bei der Lektüre exzerpierte Wissen ordentlich zu ›verbuchen‹.« (Büttner/Friedrich/Zedelmaier 2003: 7)

---

2   Und zwar konkret der Wissensverwaltung ihrer Verfasser, wie Schneider/Zedelmaier (2004: 349) ebenfalls deutlich machen. Diese ersten Enzyklopädien der Frühen Neuzeit stellten damit – ganz im Unterschied zu den späteren großen Enzyklopädieprojekten des 18. Jahrhunderts – noch keine literarischen Gemeinschaftsprojekte dar.

Die (damals noch individuellen) Verfasser der Wissensapparate verfolgten also die ideologische Vorstellung, die vorhandene Wissenstotalität in einer zeitlosen »Ordnung der Ordnungen« bezwingen zu können (vgl. Schneider/ Zedelmaier 2004: 355). Dies erinnert freilich noch sehr an die mittelalterliche Schöpfungstheologie, doch hatte durch die Aufnahme neoplatonischer Philosophieelemente bereits im Mittelalter eine Überlagerung der an der Schöpfungstheologie orientierten Enzyklopädievorstellung einer philosophisch-theologischen Universalwissenschaft und jener einer Gesamtdarstellung von Disziplinen und Wissenschaften begonnen (vgl. Schmidt-Biggemann 1995: 4), die sich nun mehr und mehr zugunsten letzterer als vorherrschendem Typ bzw. Ordnungssystem entschied. Laut Fritz Schalk (1936) erscheint die Renaissance daher auch als Wegbereiterin der neuen (alten) Idee der Enzyklopädie als philosophische Gliederung der Wissenschaften.

In die Zeit der Renaissance und des Humanismus fällt entsprechend auch die sprachliche (Neu-)Prägung des Begriffs der Enzyklopädie. Wie die begriffsgeschichtliche Forschung der letzten Jahrzehnte inzwischen gezeigt hat, stellt das Wort Enzyklopädie bzw. das lateinische encyclopaedia als solches nicht mehr und nicht weniger als ein gelehrtes ›Kunstwort‹ der Neuzeit, geschaffen im Kreise der humanistischen Grammatiker, dar, welches erst ausgangs des 15. Jahrhunderts erstmals auftauchte[3] und vor dem 16. Jahrhundert in keiner europäischen Sprache nachgewiesen werden kann (vgl. Henningsen 1966: 274ff. sowie Dierse 1977: 7). Der oftmals noch heute häufig vorgenommene direkte Rückbezug auf ein griechisches ἐγκύκλιοπαιδεία gilt hingegen als eine unzutreffende etymologische Ableitung oder besser: eine fehlerhafte Rückübersetzung, die sich aus einem vermeintlichen Anknüpfen an antike Texte und Überlieferungen speist, in denen man meinte, sowohl die zeitgenössische Vorstellung hinsichtlich der Sache selbst als auch das Wort wiederzufinden (vgl. Henningsen 1966: 277). Es handelt sich dabei, wie Henningsen (1966: 285) meint, um ein nicht ungewöhnliches Phänomen des Versuchs der Etablierung einer Tradition durch eine sich zurückwendende Projektion. Die humanistischen Gelehrten nahmen in dieser Zeit in ihrem eigenen Interesse eine Rückübersetzung zahlreicher lateinischer Termini ins Griechische vor (vgl. Dierse 1977: 8). So kam es vermutlich, dass, wie Klaus Vogelsang (2004: 20) bemerkt, »das neue Modewort [...] also [gewissermaßen] in den antiken Text hineingetragen« wurde und »die Neubildung so als reine Neubelebung« erschien.

---

3 In die Wörterbücher gelangte der Begriff zwischen 1497 und 1524. Das erste lateinisch geschriebene encyclopaedia tauchte 1497 in einer Plinius-Ausgabe auf. Bereits seit 1493 fand sich κύκλοπαιδία in einer Quintilian-Ausgabe. Am Beginn des 16. Jahrhunderts fielen beide Varianten schließlich zu einem griechisch geschriebenen ἐγκύκλιοπαιδεία zusammen, das fortan als Ursprung des Enzyklopädiebegriffs galt (vgl. Henningsen 1966: 281).

»Wir dürfen vermuten, dass zwischen dem in die Codices hineingelesenen und dann als Beleg ausgegebenen ἐγκύκλιοπαιδεία und der Neuprägung dieses Wortes ein Zusammenhang besteht: aus einem Wissen um die Sache ›encyclopaedia‹ heraus wurde die Überlieferung so umgedeutet, dass man nicht nur die zeitgenössischen Vorstellungen in den alten Texten wiederzufinden meinte, sondern sogar das Wort selbst an Stellen las, an denen es nach heutiger Auffassung nicht gestanden haben konnte.« (Henningsen 1966: 277)

Von Anfang an war die genaue Wortbedeutung dabei jedoch unklar. Insbesondere hinsichtlich der antiken Bedeutung war und ist man sich bis heute uneinig: Die Humanisten gingen wohl, wie bereits erwähnt, grundsätzlich vom Begriff einer ›allumfassenden Bildung‹ bzw. vom Ideal eines ›Wissensinsgesamt‹ aus, doch bedeutete das historisch tatsächlich belegte ἐγκύκλιος παιδεία (im Folgenden: enkýklios paideía), wie man heute weiß, in der Antike wohl gemeinhin etwas nicht nur geringfügig anderes. Höchstwahrscheinlich wurde damit die von den Sophisten entwickelte ›allgemeine Bildung‹, die vor allem die Grundlehren der Grammatik, der Rhetorik, der Dialektik, der Musik, der Geometrie, der Arithmetik sowie der Astronomie einschloss und den freien Mann zu Selbstbehauptung wie zu Selbstbescheidung führen sollte, bezeichnet. Mit der Sophistik verband sich also vielmehr die Idee einer Enzyklopädie, die auf das griechische System der höheren Bildung verweist, welches später zur Grundlage der sieben freien Künste, des Triviums und Quadriviums, wurde. Diese Form der Bildung bzw. das damit verbundene Wissen war keineswegs ein allumfassendes, sondern galt als Voraussetzung für die Beschäftigung mit dem eigentlichen Wissen, der Philosophie. In späterer Zeit mit dem festen Ausdruck enkýklios paideía belegt, stand dieser also fortan für die ›allgemein übliche‹ höhere (Grund-)Bildung (vgl. Fuchs 1962: 366; auch Vogelsang 2004: 16). Konkreter heißt das, der ursprünglich griechische Begriff der enkýklios paideía meinte vermutlich so etwas wie eine Allgemeinbildung für (männliche) Erwachsene, über die man verfügen musste, wenn man gesellschaftlich mitreden wollte. Gerade diese Deutung wird jedoch nicht selten angezweifelt. Blickt man vor allem auf die drei Bedeutungsmöglichkeiten des griechischen Wortes ἐγκύκλιος – (1) kreisförmig/rund, (2) wiederkehrend/zyklisch, (3) gewöhnlich/alltäglich – erscheint gerade die dritte als die historisch umstrittenste. So stellt etwa Henningsen (1966) ganz im Gegensatz zu Fuchs (1962) fest, dass statt von einer ›allgemeinen‹ Bildung des freien Mannes, tatsächlich besser und richtiger von einer ›alltäglichen und gewöhnlichen‹ Form von Bildung zu sprechen sei und rückt von dieser Meinung auch angesichts verschiedentlich geäußerter Bedenken nicht ab. Gleichwohl räumt auch er ein, dass diese enkýklios paideía mehr war, als bloße Elementarbildung (vgl. Henningsen 1966: 205f.). Ulrich Dierse macht hingegen im Anschluss an Hermann Koller (1955) deutlich, dass mit dem antiken Begriff überhaupt keine Form der allgemeinen Bildung, sondern vielmehr eine ›chorische Erziehung‹ bezeichnet war, wobei (noch) unklar ist, ob es sich dabei um eine wortwörtlich verstandene ›musische Bildung‹ oder aber eine ›gute Erziehung‹ im übertragenen Sinne handelte (Dierse 1977: 5f.).

Bei den Humanisten ebenfalls beliebt, im Hinblick auf die ursprüngliche antike Begriffsbedeutung aus heutiger Sicht allerdings eher unwahrscheinlich, ist die Idee eines ›Kreises der Bildung‹ bzw. eines ›Kreises der Wissenschaften‹, d.h. eines inneren Zusammenhangs der enzyklopädischen Wissensinhalte. Auch wenn bereits bei den späten griechischen Deutungen des Begriffs enkýklios paideía diese wiederum fehlerhafte Etymologie nachweisbar ist (vgl. Fuchs 1962: 372 sowie Henningsen 1966: 306), die später zudem in die lateinischen Termini orbis doctrinae, orbis disciplinarum oder encyclios disciplina der römischen Antike und des Mittelalters einfloss, so waren es doch erst die humanistischen Grammatiker, die eine unmittelbare, d.h. direkte Parallelität zwischen dem antiken enkýklios paideía und dem frühneuzeitlichen encyclopaedia schufen (vgl. u.a. Dierse 1977: 8). Soll heißen: Im neuen Begriff der encyclopaedia ist die Bedeutung des Kreises, der kreisförmigen Geschlossenheit und vor allem des kreisartigen Verknüpftseins der Wissensinhalte von vornherein angelegt (vgl. Henningsen 1966: 309), während diese für den ursprünglichen Begriff der enkýklios paideía nicht nachgewiesen werden kann.[4] Hier muss man sich freilich vergegenwärtigen, dass man im 16. und 17. Jahrhundert, d.h. zur Zeit der frühneuzeitlichen Ausbreitung und Etablierung des Enzyklopädiebegriffs von der Antike vornehmlich nur durch die Überlieferungen und Interpretationen der Römer sowie der christlichen Kirchenväter Kenntnis hatte, bei denen sich der Bedeutungswandel von der ›allgemeinen Bildung‹ zum ›Kreis des Wissensinsgesamts‹ schon teilweise vollzogen hatte (vgl. ebd.) – wenn auch, wie geschildert, noch unter inhaltlich anderen Vorstellungen und Prämissen.

Die frühe Begriffsgeschichte der Enzyklopädie bleibt also weitgehend unklar und gibt bis heute Rätsel auf. Fakt ist jedoch, dass sich der neuzeitliche Begriff bzw. die auf einer falschen Rückübersetzung basierende humanistische Vorstellung von der enkýklios paideía erheblich von der antiken Begriffsbildung unterscheidet. Weiterhin ist das frühneuzeitliche (lateinische) Kompositorium encyclopaedia, das sich von einem griechischen ἐγκύκλιοπαιδεία ableitet, antik nirgends zu belegen (vgl. Vogelsang 2004: 18).

Nichtsdestotrotz verbreitete sich der neue Begriff während des 16. Jahrhunderts rasch in ganz Europa. Die Encyclopaedia wird dabei bald auch zum Titel für Werke, die das enzyklopädische Wissensinsgesamt, das praktisch natürlich zunächst sehr wohl den kanonischen Fächern der septem artes liberales entsprach, abbildeten:

---

4 Klaus Vogelsang (2004: 16) vermerkt sogar, dass diese Verbindung schon deswegen nicht bestehen kann, da ›Kreis der Bildung‹ im Griechischen wohl mit kýklos tes paideías ausgedrückt worden wäre.

»Indem Bücher dieses Wissensinsgesamt zur Darstellung bringen und seine Bezeichnung in den Titel aufnehmen, wird die Übertragung des Wortes ›Enzyklopädie‹ auf ein Buch, das die ›Enzyklopädie‹ darbietet, vorbereitet«,

schreibt hierzu Henningsen (1966: 286). Zudem erweiterte sich der inhaltliche Bedeutungsumfang unter dem Eindruck des fortschreitenden Wissenszuwachses im Zuge der Herausbildung und Verbreitung der akademischen Wissenschaften im 17. Jahrhundert noch einmal entscheidend (siehe dazu ausführlicher Abschn. 2.1 in diesem Kap.). Ein bekanntes Beispiel dafür ist das 1630 von Johann Heinrich Alsted herausgegebene Werk mit dem Titel »Encyclopaedia septem tomis distincta«. Der ursprünglich ›enkýklische‹ Kanon tritt darin mehr und mehr in den Hintergrund (vgl. ebd.: 288ff.; aber auch Dierse 1977: 19):

»Zur ›encyclopaedia‹ gehört von nun an alles, was auf der Universität gelehrt und gelernt werden konnte: die artes und scientiae des cursus philosophicus ebenso wie die drei Berufsfakultäten mitsamt den ›farragines‹ aller Wissenschaften.« (Henningsen 1966: 290)

Der Begriff der Enzyklopädie bezieht sich im Laufe der Entwicklung der akademischen Wissenschaftsverfassung also immer stärker auf den ›Kreis der akademischen Wissenschaften‹, richtet sich also explizit auf das wissenschaftliche Wissen. Zum enzyklopädischen Bildungsprinzip gehört es dabei, dass niemand in allen Fächern alles wissen, sich aber die Prinzipien aller Fächer im Zusammenhang aneignen können soll (vgl. ebd.: 291). Diese Idee schlägt sich schließlich auch im pädagogischen Konzept eines Johann Amos Comenius nieder, doch das wäre eine andere Diskussion (vgl. hierzu auch ebd.: 293-301). Bemerkenswert ist vielmehr, dass sich an dieser Stelle der eigentlich entscheidende Bedeutungsaspekt der frühneuzeitlichen Enzyklopädie spiegelt, der, wie oben bereits erwähnt, vermeintlich im antiken Begriff der enkýklios paideía zu finden ist, jedoch genau genommen das spezifische Begriffsverständnis der Humanisten abbildet – der Gedanke der inneren Verflochtenheit und Zusammengehörigkeit des Wissens im Sinne einer geschlossenen Struktur:

»Wenn die Humanisten der ersten Hälfte des 16. Jahrhunderts den Begriff Encyclopaedia gebrauchten, wollten sie damit weniger andeuten, dass damit eine Form der Sammlung allen Wissens benannt werde, sondern dass in dieser die Wissenschaften im Zusammenhang nach einer bestimmten Ordnung präsentiert werden.« (Dierse 1977: 9)

Dies hängt wohl nicht zuletzt mit der zunehmenden Komplexität des vorhandenen Wissens durch das Prinzip wissenschaftlicher Forschung zusammen. Ebenso wichtig wie das ›Streben nach Vollständigkeit‹ wird nun auch die systematische Anordnung und Strukturierung des Wißbaren.

»Durch die Ausweitung der Enzyklopädie auf alles Wißbare (omnis scibilis) muss nun ein neues Prinzip gefunden werden, um es zu bewältigen. Da der Mensch nicht alles wissen kann, behandelt die Enzyklopädie die Gesamtheit des Wißbaren nach seinen Grundlagen, damit der Schüler danach sich auf ein bestimmtes Fach oder einen Beruf spezialisieren kann [...].« (Ebd.: 20)

Wie Alsted und sein Schüler Comenius arbeiteten in dieser Zeit auch Francis Bacon und Gottfried Wilhelm Leibniz intensiv an der Entwicklung eines Ordnungssystems, welches die bekannten wissenschaftlichen Erkenntnisse systematisierte und zugleich zu neuen Erkenntnissen hinleiten und damit den Fortschritt der Wissenschaften sichern konnte (vgl. ebd.: 26ff.). Bacon entwarf beispielsweise in seinem Hauptwerk mit dem Titel »Instauratio magna« von 1620/1622 eine die klassischen freien Künste ablösende Neueinteilung der Wissenschaften und gilt damit als »Schöpfer des enzyklopädischen Stammbaums der Wissenschaften«, der für die Gelehrten des 17. Jahrhunderts richtungsweisend war (vgl. Keiderling 2005a: 72).

Renaissance und Barock können damit aus heutiger Sicht als der Höhepunkt der *systematischen Enzyklopädie* gelten, auch wenn sie diese freilich nicht erfunden haben. Die systematischen Enzyklopädien dieser Zeit waren gleichwohl aber noch längst nicht zwangsläufig an das Medium Buch gebunden. Die Enzyklopädie etabliert sich in dieser Zeit sogar als Unterrichtsform an der Universität. Jenen, die neu in die Universität eintraten, sollte auf diese Weise ein Überblick bzw. ein Einblick in die verschiedenen Einzelwissenschaften, deren Verbindung und Zusammenhang, gegeben werden, welcher der besseren Orientierung von Beginn an dienen sollte (vgl. Dierse 1977: 41f.).

Enzyklopädien als Medien der Wissenspopularisierung

Enzyklopädien sind heute aber nicht (mehr) nur und auch nicht (mehr) in erster Linie Medien bzw. Systeme der Verwaltung, Ordnung und Strukturierung des (wissenschaftlichen) Weltwissens, sie dienen auch dem Transfer von Wissen und sind dann auf Benutzung und Konsultation angelegt. Sie speichern nämlich insbesondere das für nötig erachtete Wissen einer Zeit, d.h. also das gesellschaftlich relevante Wissen, und fungieren daher, wie Ingrid Tomkowiak (2002: 9) es ausdrückt, als »Scharnier zwischen Wissenschaft und Alltagswissen«. Enzyklopädien werden daher heute häufig beschrieben als »geordnete Darstellung eines jeweils für wichtig erachteten und für einen größeren Kreis von Wissbegierigen brauchbaren Gesamtwissens« (Schenda 2002: 21).

Es lassen sich in diesem Sinne drei wichtige Funktionen von Enzyklopädien festhalten. Enzyklopädien sind demnach, erstens, zunächst Bücher, die selbst Wissen speichern (Wissensspeicherfunktion), des Weiteren, zweitens, Bücher, die ein Wissensgebiet ordnen oder darin eine Orientierung bieten (Orientierungsfunktion/Orientierungsleistung) – auf diese Bedeutungen wurde im vorangegangenen Abschnitt bereits eingegangen – sowie schließlich, drittens, Bücher, mit einem für den Zugriff des Lesers disponierten Wissen, d.h. mit der Ausrichtung auf eine möglichst unkomplizierte Benutzbarkeit (vgl. Schneider 2006: 16ff.). Diese dritte, gegenwärtig wohl am selbstverständlichsten erscheinende Bedeutung bzw. Funktion erhielt die Enzyklopädie jedoch erst im Zuge der Aufklärung.

Wie bereits erwähnt, verschmolz die allein auf das Inhaltliche gerichtete Bedeutung eines Wissensinsgesamts im Laufe des 17. Jahrhunderts mit der Idee der systematischen Ordnung und Strukturierung. Das galt insbesondere für den universitären Kontext und den Prozess der Ausdifferenzierung der akademischen Disziplinen und akademischen Curricula. Parallel dazu kamen im ausgehenden 17. Jahrhundert – und hier spielt der Einfluss des Buchdrucks zweifellos eine entscheidende Rolle – aber auch zunehmend Bestrebungen auf, das akademische Wissen nicht nur zu ordnen, sondern auch gezielt zu verbreiten und zugänglich zu machen. Beschränkten sich diese Bemühungen vorerst auf den Kreis der Gebildeten und Gelehrten, weiteten sie sich etwa um die Mitte des 18. Jahrhunderts auch auf die einfache Bevölkerung aus (siehe dazu ausführlicher Abschn. 2.2 in diesem Kap.). Entsprechend setzte sich auch ein neuartiges Prinzip der Anordnung der enzyklopädischen Wissensinhalte durch. Grob lässt sich sagen, dass etwa in der zweiten Hälfte des 17. Jahrhunderts die alphabetische Ordnung die bis dato dominierende systematische Gliederung zu verdrängen begann. Zu dieser Zeit fanden sich neben den klassischen (noch systematischen) Enzyklopädien und zunächst also gewissermaßen als »zusätzlicher Typus von Enzyklopädien« erstmals auch Enzyklopädien im Sinne von Nachschlagewerken oder Wörterbüchern, deren Inhalte alphabetisch angeordnet waren. Sie sollten sich im 18. Jahrhundert allmählich zur üblichen Form von Enzyklopädien durchsetzen (vgl. Jaschniok 2007: 19; Keiderling 2005a: 72).

Relevant ist an diesem Wechsel aber vor allem der gewandelte Blick auf die Gelehrsamkeit bzw. der gewandelte Umgang mit Wissen, der sich darin dokumentiert. Schalk (1936: 81f.) bemerkt dazu im Rückgriff auf das philosophische System René Descartes:

»In unserem Zusammenhang ist nun entscheidend, dass in der Folgezeit der Boden, auf dem das Recht der Descartesschen Fragen bestand, verlassen wird und in Vergessenheit gerät. Das ontologische Grundgerüst seiner Philosophie ist nicht mehr bekannt und hat – worauf es uns hier ankommt – auf die verschiedenen Typen der Encyclopädie, die das 17. Jahrhundert ausbildet, keinen Einfluß mehr. Diese verzichten auf die Zurückführung der Wissenschaften auf die sapientia generalis. Vielmehr verlegt sich nun alles Bemühen darauf, das wachsende Interesse des Publikums an den Entdeckungen der Naturforscher, an der Ausbildung neuer Wissenschaften zu befriedigen. Diesem Ziel dienen die verschiedenen sciences universelles, tableaux parfaits de toutes les sciences, idealis umbra scientiae universalis und ähnliche, bei denen es eben nicht auf eine philosophische Begründung der Wissenschaften ankommt, sondern auf eine Aneinanderreihung der Wissensinhalte.«

Das 18. Jahrhundert, das als »das enzyklopädische Zeitalter« in die Geschichte eingegangen ist (Keiderling 2005a: 73), bringt also auch einen weiteren konzeptionellen respektive begrifflichen Wechsel im Hinblick auf die Enzyklopädie mit sich – das der Sammlung und Zugänglichmachung in Form *alphabetischer Enzyklopädien.*

Aber noch etwas anderes erscheint in diesem Kontext relevant: Bis zur Mitte des 18. Jahrhunderts war die Vorstellung einer eigenen literarischen *Gattung Enzyklopädie* noch nicht geläufig. Zwar existierten, wie wir gesehen haben, bereits seit dem frühen 16. Jahrhundert zahlreiche Werke, die diese Bezeichnung im Titel führten, jedoch bestanden bezüglich diesen noch keine gattungsspezifischen Vorstellungen oder Erwartungen (ausführlicher zu gattungsspezifischen Erwartungen siehe Abschn. 3.3 in diesem Kap.). Mit anderen Worten: Die Übertragung des Begriffs Enzyklopädie als (strukturiertes) Wissensinsgesamt auf das Werk, das typographische Medium, das dieses Insgesamt abbildet und zugänglich macht, war noch nicht erfolgt. Dieser Schritt vollzog sich vermutlich erst zwischen 1750 und 1800 und steht dabei – wie heute verschiedentlich angenommen wird – in engem Zusammenhang mit dem Erscheinen der von Denis Diderot und Jean le Rond d'Alembert herausgegebenen und geradezu ›epochemachenden‹ »Encyclopédie, ou Dictionnaire Raisonné des Sciences, des Arts et des Métiers« (1751-1780) (vgl. Henningsen 1966: 323f. sowie Dierse 1977: 4f.).

Die gattungsspezifische Festschreibung der Enzyklopädie auf den Begriff des ›Nachschlagewerks‹ markiert damit, wenn man so will, zugleich auch das allgemeine Ende der systematischen Ordnung. Denn auch wenn die französische »Encyclopédie« selbst noch versuchte, beiden Ordnungsmustern (dem systematischen wie dem alphabetischen) gerecht zu werden und beispielsweise neben dem alphabetischen Register auch eine Tafel der Wissenschaften beinhaltete, sorgten die zahlreichen Nachahmungen und Überarbeitungen des französischen Originals in verschiedenen Ländern und Sprachen dafür, den Terminus zunehmend für ein alphabetisch angeordnetes Lexikon oder Wörterbuch zu reservieren (vgl. Dierse 1977: 52ff.).

Im 18. Jahrhundert sind im Hinblick auf die Geschichte der Enzyklopädie bzw. des Enzyklopädischen also zwei zentrale Momente auszumachen: Zum einen der Übergang vom systematischen zum alphabetischen bzw. lexikalischen Ordnungsprinzip, d.h. die Idee der Abbildung eines zusammenhängenden Wissensinsgesamts »schwindet zugunsten einer reinen Zusammenstellung von Wissen im Rahmen des gleichnamigen Werkes« (Jaschniok 2007: 20). Enzyklopädien wurden folglich stärker denn je zu Medien der Wissenssammlung oder gar -anhäufung. Zum anderen entwickelten sich die Enzyklopädien nun zunehmend zu Werken des Zugangs zu Wissen. Sie wurden von ihren Autoren immer häufiger mit aufklärerischer Absicht geschrieben. Ihr Publikum nahm dabei zahlenmäßig mehr und mehr zu und verlangte bald auch explizit nach derartigen orientierenden und informierenden Werken (vgl. ebd.).

Beide Momente sind in diesem Sinne unmittelbar mit den spezifischen soziokulturellen Entwicklungen der Zeit, zugleich aber auch mit dem medialen Einfluss des Buchdrucks verknüpft. Insbesondere die im 17. Jahrhundert beginnende und während des 18. Jahrhunderts zu voller Blüte gelangende (europäische) Aufklärung bewirkte eine Verknüpfung zwischen dem aufklärerischen Bildungsverständnis und dem Enzyklopädiegedanken. So hielten die Programmideen der aufklärerischen Reformbewegung (Vernunft, Selbstdenken/Mündigkeit, Perfektibilität, Kampf gegen Aberglaube und Vorurteile, Kritikfähigkeit und Toleranz) Einzug in das Konzept der Enzyklopädie (vgl. Albrecht 1995: 232). Im Gefolge der bereits mehrfach erwähnten »Encyclopédie« Diderots und d'Alemberts[5] beispielsweise verpflichteten sich auch zahlreiche weitere enzyklopädischen Unternehmungen partiell oder gänzlich gegenüber den Popularisierungsbestrebungen der Aufklärer. Hervorzuheben ist hier die Ende der 1770er Jahre durch eine Giessener Gelehrtengruppe (insbesondere: Heinrich Martin Gottfried Köster und Johann Friedrich Roos) herausgegebene »Deutsche Encyclopädie«. Konzipiert als Real-Wörterbuch (der Untertitel lautet: »Allgemeines Real-Wörterbuch aller Künste und Wissenschaften«) sollte diese bei aller »Gründlichkeit und Deutlichkeit«, die aus aufklärerischer Intention heraus stets von den Artikeln verlangt wurde, vor allem eine »lebenspraktische Nutzbarkeit« (ebd.: 234f.) bieten. Das verbindet die »Deutsche Encyclopädie« unter anderem auch mit dem noch stärker unter volksaufklärerischen Aspekten verfassten »Gemeinnützigen Lexikon«[6] des Nürnberger Pfarrers Johann Ferdinand Roth (vgl. ebd.: 235). Die Rezipienten der »Deutschen Encyclopädie« sollten ganz im Geist der Aufklärung durch Lektüre dazu befähigt werden, »berufliche Tätigkeiten und überhaupt Anforderungen des Lebens besser zu bewältigen; ferner ihr Urteilsvermögen so zu schärfen, dass sie berechtigte Kritik umsichtig und fundiert hervorbringen können […]« (ebd.: 234).

Im Unterschied zu diesen mehr volksaufklärerischen Werken entstanden im Laufe des 18. Jahrhunderts aber auch solche Werke, die sich speziell an die gebildeten Schichten des Bürgertums richteten. Diese neuen Werke standen nicht länger vordergründig in der Tradition der optimistischen Idee permanenten gesellschaftlichen Fortschritts durch Wissenspopularisierung,

---

5 Seit Diderot und d'Alembert gilt die Herstellung einer Enzyklopädie auch als kollektives Unternehmen im Sinne von Arbeitsteilung. Autoren und Herausgeber verständigen sich gemeinsam über den Wissensstand der Zeit. Auch bei Zedlers »Universal-Lexikon« kann angenommen werden, dass die Artikel hauptsächlich von Ärzten, Lehrern, Pastoren und Anwälten der Region stammen, weniger von prominenten Gelehrten (vgl. Schneider/Zedelmaier 2004: 362).

6 Ausführlicher Titel: »Gemeinnütziges Lexikon für Leser aller Klassen, besonders für Unstudierte oder kurze und deutliche Erklärung der vornehmsten Wissenschaften und Künste als in gesellschaftlichem Umgange gebräuchlichsten Redensarten, Ausdrücke und Kunstworte etc. in alphabetischer Ordnung«, erschienen in drei Auflagen: 1788-1807.

sondern zielten auf eine typische bürgerliche Geselligkeit in Gestalt mündlicher Kommunikation (vgl. ebd.: 236f.). Bekannte Beispiele dieser Gruppe aufklärerischer Lexika und Nachschlagewerke, die bald auch den Namen Konversationslexika trugen, waren etwa Renatus Gotthelf Löbels und Christian Wilhelm Frankes »Conversationslexikon mit vorzüglicher Rücksicht auf die gegenwärtigen Zeiten«, das zwischen 1796 und 1808 in Leipzig erschien, sowie das von Friedrich Arnold Brockhaus herausgegebene »Conversations-Lexicon«[7] (ab 1808), das auf Löbels und Frankes Werk aufbaute. Im Blick auf die Konversationslexika des 18. und 19. Jahrhunderts ist in den Kreisen des Bürgertums denn auch ein schleichender, jedoch unaufhaltsamer Paradigmenwechsel von ›Aufklärung‹ zu ›Bildung‹ zu beobachten (vgl. Albrecht 1995: 239). Die Konversationslexika stellten in diesem Sinne so etwas wie eine weitere Sonderform der ›Buchgattung Enzyklopädie‹ dar, die einerseits zwar einen grundsätzlich wissenschaftlichen Charakter aufwiesen (vgl. zum Hingst 1995: 2), andererseits aber, gerade im 18. Jahrhundert, auch auf Unterhaltung zielten. Letzteres brachte den Konversationslexika wie auch den gemeinnützigen Volksenzyklopädien und Zeitungslexika bisweilen harsche Kritik von wissenschaftlicher Seite ein. Im Laufe des 19. Jahrhunderts verschmolzen Konversationslexika und wissenschaftliche Enzyklopädien jedoch zunehmend, was ihr Ansehen wieder steigerte (vgl. Albrecht: 5; Spree 2000: 57ff.).

Man könnte also sagen: Während es den Enzyklopädien des 16. und 17. Jahrhunderts vornehmlich um die Erfassung des wissenschaftlichen Wissens zum Zwecke seiner Strukturierung und Systematisierung ging, dienten die Konversations- und Volkslexika des 18. und 19. Jahrhunderts mehr einem spezifischen Aufklärungs- bzw. Bildungsbedürfnis. In diesem Sinne erweist sich das lexikalische Prinzip der alphabetischen Ordnung auch als geeigneter. Diese Konvergenz verliert sich zwar bereits im 19. Jahrhundert wieder weitgehend, doch findet auch und gerade die Bedeutungsdimension der auf Nützlichkeit, Bildung und Unterhaltung ausgerichteten Lexika letztlich Eingang in den Begriff der Enzyklopädie als literarisches Werk (vgl. hierzu auch Spree 2000: 203-229).

»Die ›Enzyklopädie‹ als literarisches Werk will lehren, belehren; sie bietet einen auf spezifische Weise erschlossenen, ›zurechtgemachten‹ Inhalt dar; durch ›Verbreitung‹ und ›Popularisierung‹ von Wissen hat sie eine pädagogische Wirkung«,

schreibt Henningsen (1966: 328). Wolfgang Albrecht (1995: 253) macht aber auch darauf aufmerksam, dass den

---

7   Der volle Titel lautete: »Conversations-Lexicon oder kurzgefaßtes Handwörterbuch für die in der gesellschaftlichen Unterhaltung aus den Wissenschaften und Künsten vorkommenden Gegenstände mit beständiger Rücksicht auf die Ereignisse der älteren und neueren Zeit«. Ausführlicher zur Geschichte des »Brockhaus« vgl. zum Hingst 1995.

»Enzyklopädien und Lexika [...; auch] weithin übereinstimmend die Intention zugrunde [liegt], nicht lediglich zu belehren oder zu informieren, sondern zur lebenspraktischen Anwendung des Vermittelten anzuregen – gemäß dem verbreiteten Konsens, dass weder Aufklärung noch Bildung sich darin erschöpft, Wissen und Kenntnisse beizubringen«.

Abschließend lässt sich also Folgendes festhalten:

Bereits seit dem Altertum drängte es Gesellschaften dazu, das vorhandene Weltwissen (an einem Ort) zusammenzutragen und gemeinsam darzustellen. Der Begriff der Enzyklopädie stellt allerdings eine Neuschöpfung der humanistischen Gelehrten des ausgehenden 15. Jahrhunderts dar, die mit ihren eigenen Bestrebungen vermeintlich an die antike Tradition der griechischen enkýklios paideía anschlossen. Die antiken Überlieferungen waren dabei durch Mittelalter und Scholastik überformt. Der antike Begriff meinte vermutlich nur ein grundlegendes Allgemeinwissen, während seit der Renaissance mehr und mehr von ›umfassender Bildung‹ ausgegangen wird. Im Laufe der Frühen Neuzeit findet dann eine beständige Erweiterung des enzyklopädischen Wissens statt. Die Enzyklopädie bezieht sich nun unmittelbar auf die sich entwickelnden und ausdifferenzierenden akademischen Wissenschaften. Im Zuge dessen rückt auch die Idee des inneren Zusammenhangs bzw. der Ordnung und Strukturierung der Totalität des (wissenschaftlichen) Wissens in den Mittelpunkt enzyklopädischen Bestrebens (der ›Kreis der Bildung‹ wird zum ›Kreis der Wissenschaften‹). Dies äußert sich konkret im Streben nach einer Klassifikation der Wissenschaften und deren systematischer Darstellung (systematische Enzyklopädie).

Die gattungsspezifische Verfestigung des Enzyklopädiebegriffs, d.h. die Verwendung des Begriffs als fester Titel für solche Werke, die ein enzyklopädisches Wissensinsgesamt darstellen und zugänglich machen, ereignet sich erst am Endes 18. Jahrhunderts. Dieser Schritt steht in enger Verbindung mit der Idee der (Volks-)Aufklärung und Wissenspopularisierung, ist zugleich aber auch maßgeblich an den Einfluss des sich verbreitenden Buchdrucks und die Entwicklung der allgemeinen Lesefähigkeit gebunden. Die Enzyklopädie avanciert mehr und mehr zu einem Nachschlagewerk, zu einem Medium der Aufklärung und Bildung. Weder der antike Begriff enkýklios paideía, noch das lateinische encyclopaedia des 16. und 17. Jahrhunderts bezeichnen so etwas wie ein Lexikon oder Sammelwerk. In der Folge wird das systematische Ordnungsprinzip durch das alphabetische abgelöst, das eine schnelle und unkomplizierte Konsultation erlaubt. Der innere Zusammenhang des Wissens sowie die strikte Fokussierung auf die akademische Wissenschaftlichkeit treten in den Hintergrund und machen einer alltagspraktischen Nützlichkeit Platz (ohne dabei freilich unwissenschaftlich zu sein).

Die inhaltliche Idee der Enzyklopädie ist so gesehen zwar schon sehr alt, erfährt in der Frühen Neuzeit, d.h. zwischen Renaissance und Aufklärung, jedoch mehrere spezifische – begriffliche wie konzeptionelle – Verschiebungen. So wird etwa die heute weitgehend in Vergessenheit geratene systematische Bedeutungsdimension des Enzyklopädiebegriffs sukzessive hinter die lexikalische zurückgedrängt. Weiterhin entwickelt sich die Enzyklopädie von einem Instrument der Ordnung und Strukturierung der Wissenschaften und des wissenschaftlichen Wissens hin zu einem Medium der Wissenspopularisierung und alltagstauglichen Bildung. Diese Verschiebungen korrespondieren in erstaunlicher Weise mit dem sich parallel herausbildenden modernen Wissen(schaft)sverständnis, das die gattungsspezifischen Erwartungen an Enzyklopädien vermutlich bis heute prägt und welches in den folgenden Abschnitten nun selbst historisch-rekonstruktiv erläutert werden soll.

1 Kontextanalyse: Soziokulturelle und mediale Entwicklungen in der Frühen Neuzeit

Den Ausgangspunkt der nun folgenden historisch-rekonstruktiven Aufarbeitung der Entstehung der typographischen Wissenskultur bildet – dem koevolutionären Analyseansatz gemäß – hier nun zunächst die Darstellung des sogenannten ›fertilen Konglomerats‹ aus gesamtgesellschaftlichen Umbrüchen, geistigen Neuorientierungen sowie den daraus resultierenden soziokulturellen Bedürfnislagen innerhalb der Frühen Neuzeit einerseits und den medialen Neuerungen im Zuge der Einführung und massenmedialen Ausbreitung des Buchdrucks andererseits. Das Hauptaugenmerk liegt dabei auf dem Aspekt wechselseitig verflochtener Ermöglichungszusammenhänge zwischen den vorfindlichen zeitgeschichtlichen Umständen und den spezifischen Dispositionen des neuen Mediums, die es dezidiert herauszuarbeiten gilt, denn sie bilden die notwendige Basis für das Aufkommen einer neuartigen gesellschaftlichen Wissenskultur. Ziel ist es also, den Buchdruck oder besser: die Typographie als Leitmedium der beginnenden Moderne zu kennzeichnen und dabei, metaphorisch gesprochen, gewissermaßen den Raum auszuloten, in welchem sich der im Fortgang des Kapitels noch genauer zu beschreibende wissenskulturelle Wandel hin zu einem Modell vollzieht, dessen Prinzipien und Konventionen das (wissensbezogene) Denken und Handeln der westlichen Industrienationen bis heute grundlegend prägen.

1.1 Renaissance, Humanismus, Reformation: Individualisierung und Säkularisierung des Denkens

Die Auseinandersetzung mit den gesellschaftlichen Hintergründen und geistigen Grundlagen, die zur Herausbildung des neuzeitlich-modernen Wissensbegriffs beitrugen, muss ein weit gefasstes Feld historischer Entwicklungen, Bewegungen und Prozesse in den Blick nehmen, die im Zuge der frühen Neuzeit stattfanden. Sie alle stehen in einem mehr oder weniger engen Verhältnis zueinander und ermöglichen daher als Gesamtheit einen aufschlussreichen Zugang zu den Charakteristika jener Epoche, doch böte bereits jedes Phänomen für sich genommen genügend Stoff für mehr als eine Abhandlung. Der hier unternommene Versuch, die vor dem Hintergrund des Anliegens dieses Buches relevant erscheinenden zeitgeschichtlichen Umstände der Frühen Neuzeit zu beschreiben, kann daher nur ein weitgehend kursorischer sein. Es geht der Darstellung also weder um historische Vollständigkeit, noch darum, die thematisierten Phänomene in all ihren Einzelheiten detailliert und fundiert zu erfassen. Vielmehr wurden die angeführten Aspekte gezielt ausgewählt. Sie dienen der logisch geschlossenen Argumentation sowie der Illustration des Gesagten, nicht seiner erschöpfenden Aufarbeitung.

1.1.1 Gesamtgesellschaftliche Um- und Aufbrüche – Merkmale einer allgemeinen Renaissancegesinnung

Am Übergang vom Mittelalter zur Frühen Neuzeit lassen sich zahlreiche gesellschaftliche Veränderungen ausmachen, die in ihrem Zusammenwirken schließlich einen tiefgreifenden Transformationsprozess auslösten und damit den Beginn einer neuen Epoche markierten. Dabei bezogen sie sich nicht nur auf die Neuorganisation nahezu aller alltäglichen Lebensbereiche, sie gingen auch und vor allem mit einer grundlegenden Öffnung des geistigen Klimas einher. Dieser Strukturwandel der abendländischen Kultur kündigte sich schon im 13. Jahrhundert an und entwickelte sich dann – ausgehend von Italien – im 14. und 15. Jahrhundert zu dem, was wir heute als die Epoche der Renaissance bezeichnen. Der Beginn der Renaissance ist daher nicht eindeutig festlegbar. Er wird entweder um 1420 (Frührenaissance), häufiger jedoch erst um 1500 (Hochrenaissance) angesetzt. Eine diesbezügliche Einigkeit gibt es selbst unter Historikern nicht (vgl. Reble 1999c: 67).

a) Veränderungen in Wirtschaft, Politik und Sozialleben
Fest steht allerdings, dass sich die (spät-)mittelalterliche Gesellschaft zu dieser Zeit in einer Phase des allgemeinen Um- und Aufbruchs befand. Vor allem die zunehmende Entstehung von Städten führte zu einer größeren gesellschaftlichen Mobilität und Dynamik sowohl im sozial-strukturellen Bereich wie auch im räumlichen und ökonomischen Sinne.

Wirtschaftlich bedeutete die Abwanderung der Landbevölkerung in die Städte und deren dortige Konzentration die Ablösung der Naturalwirtschaft durch die Geldwirtschaft. So waren die frühneuzeitlichen Städte geprägt von einer Expansion des Handwerks sowie des Handels und des Gewerbes. Sie bildeten damit zugleich aber auch die Zentren einer neuartigen Wirtschaftsethik. Gemeint ist das sogenannte kaufmännische Gewinnstreben, welches sich später auch mit dem reformatorischen Wertehorizont verbinden sollte. Die Zeit gewann dabei für das ökonomische Denken der Renaissance eine besondere Bedeutung. Demgemäß fand auch hier ein Übergang von der Statik zur Dynamik statt (vgl. Buck 1987: 193ff.). Zeit und Geld als Maß für Produktivität und Wirtschaftlichkeit wurden zu Grundpfeilern eines Frühkapitalismus, der sich mit fortschreitender Weltentdeckung und beginnender Kolonialisierung rasch auch zu Erscheinungen kapitalistischer Ausbeutung auswuchs (vgl. u.a. Lutz 1985: 12ff.). Die Berichte erster Entdeckungsreisen förderten andererseits aber auch eine fortschreitende Erweiterung des eigenen Horizonts. Sie weckten die Neugier auf das Fremde und relativierten den Blick auf bislang Vertrautes.

Politisch betrachtet vollzog sich insbesondere in den Städten ein Wandel von der mittelalterlichen Feudalgesellschaft hin zu einer eher bürgerlich geprägten Gesellschaft. Existierte bis dahin ein festgefügtes und zudem relativ statisches System, in welchem jeder Mensch aufgrund seiner Herkunft eine genau bemessene Position besessen hatte, differenzierte sich diese Ordnung nun aus. Der Stadtmensch wurde so zugleich zum Bürger, dem es durch das Erlernen eines Berufs bzw. die Ausübung eines Handwerks weitgehend selbst oblag, sein Schicksal zu bestimmen. In seiner Funktion als freier, nicht mehr in feudalen Abhängigkeiten stehender Bürger wurde der Einzelne dabei mehr und mehr auch als politisches Wesen gesehen und mit entsprechenden Rechten ausgestattet (vgl. Buck 1987).

Dennoch darf man, wie oben bereits angedeutet, die Epoche der Renaissance keinesfalls allein auf derartige Prozesse gesellschaftlicher Veränderung reduzieren. Jedenfalls lassen sich die verschiedenen Um- und Aufbrüche wohl nicht verstehen, ohne auch die entsprechenden geistigen Hintergründe zu erfassen. Dem heutigen Betrachter mögen die genannten gesellschaftlichen Transformationsprozesse durchaus vertraut, ja als geradezu sinnlogisch notwendige Schritte der abendländischen Kultur auf ihrem Weg zur Moderne erscheinen. Im Blick jener Zeit spiegelte sich in ihnen jedoch vielmehr die fundamentale Krise des ausgehenden Mittelalters. Diese erst schaffte das notwendige geistig-seelische Klima für einen Wandel (vgl. ebd.: 123). Auf nahezu allen Gebieten der Gesellschaft brach die mittelalterliche Daseinsordnung zusammen. Mit der Um- und Neustrukturierung des wirtschaftlichen, politischen und sozialen Lebens verloren auch die hergebrachten Normen und Werte ihre Geltung und wurden unbrauchbar (vgl. Reble 1999c: 68). War die Gesellschaft des Mittelalters eine weitgehend dörflich strukturierte Agrargesellschaft ungebildeter Analphabeten gewesen, deren Machtzentren Ritterburgen und Klöster darstellten, welche ihre Herrschaft über das Volk meist unmittelbar und persönlich ausübten (man denke an Frondienste und regelmäßige Abgaben), verbreiteten sich nun – ausgehend von Italien – mehr und mehr die Grundzüge einer ständisch gegliederten Gesellschaft freier Bürger in den Städten. In dieser Renaissancegesellschaft reichte das christlich-mittelalterliche Orientierungswissen schlicht und einfach nicht mehr aus, um die Anforderungen des täglichen Lebens zu bewältigen. Die Nachfrage nach neuen Deutungs- und Orientierungsmustern entstand (vgl. Maissen 2006: 398f.).

b) Wiederbelebung der Antike

Ihren konkreten Ausdruck fand diese Suche nach neuen Deutungs- und Orientierungsmustern im Rückgriff auf die klassischen Schriften der griechischen und römischen Antike. Die darin enthaltenen Ideen und Ideale stellen den Ausgangspunkt und das Herzstück der geistigen Bewegung der Renaissance gleichermaßen dar. Unter dem Eindruck eines restlosen Zusammenbruchs der mittelalterlichen Ordnung geriet auch das Mittelalter selbst stark in Misskredit. Bereits in der damaligen retrospektiven Deutung erscheint es mehr und mehr als in tiefstes Dunkel gehüllte »Epoche des Verfalls und der Barbarei« (Buck 1987: 127). Von einem derart negativ wahrgenommenen Mittelalter wollten sich die Denker der Renaissance gezielt absetzen. Man entwickelt ein dreigliedriges Schema des Geschichtsablaufs, nach welchem das Mittelalter lediglich eine Zwischenzeit zwischen Altertum und Neuzeit darstellte (ebd.: 128). Demgemäß galt es als Aufgabe der Neuzeit, die verschüttete Kultur der Antike durch die wiederbelebte Rezeption klassischer Autoren zu regenerieren.

Mit Hilfe der antiken Schriften versuchten die frühneuzeitlichen Rezipienten dabei nicht selten auch Lösungen für ganz praktische gesellschaftliche Probleme zu finden (vgl. ebd.: S. 176). Großes Interesse gab es beispielsweise an der politischen Theorie der Antike. War der einzelne Mensch bisher politisch und sozial in feste Bedingungen eingefügt gewesen, die keinen persönlichen Spielraum zuließen, streben die einzelnen Mitglieder der Renaissancegesellschaft nun stärker auseinander. Insbesondere in den Städten fand eine nie dagewesene soziale Differenzierung statt (vgl. Reble 1999c: 68). Neue Überlegungen zum Verhältnis von Bürger und Staat wurden daher notwendig (vgl. Buck 1987: 176).

Vor allem aber wurden angesichts derartiger innergesellschaftlicher Differenzierungsprozesse wie auch außergesellschaftlicher Einflüsse fremder Kulturen – erinnert sei an dieser Stelle erneut an Entdeckungsreisen und beginnende Kolonialisierung – zunehmend Strategien im Umgang mit dieser Differenz gebraucht. Auch hier konnten die Aufzeichnungen der antiken Autoren gute Hilfe leisten. So betont beispielsweise Maissen (2006: 400):

»Die heidnische oder vielmehr polytheistische Antike mit ihrer Vielfalt von Völkern und Stämmen, von Sprachen, Religionen und Denkschulen, von Bräuchen und Rechtsordnungen bot sich an als Schule zur sprachlich-rhetorischen Bewältigung von Diversität aus römisch-italienischer, urbaner, laikaler Perspektive.«

Die Wiederentdeckung bzw. das Wiederaufgreifen der antiken Autoren innerhalb der Renaissance kam damit also geradezu deren »Wiederauferstehung« (Buck 1987: 124) gleich. Und nicht selten fand dabei freilich auch eine Idealisierung des Altertums statt (vgl. Lutz 1985: 19). Bei aller Idealisierung bedeutete dieser Prozess des Wiederaufgreifens jedoch keine reine Assimilation im Sinne einer kompletten ›Imitatio‹. Man darf den Umgang der Renaissance mit der Antike daher nicht als bloße Nachahmung missverstehen, sondern muss ihn stattdessen im Sinne einer ›produktiven Erinnerung‹ betrachten. So ging die Wiederentdeckung der antiken Schriften immer auch mit einem gewissen Maß individueller Freiheit einher, das, wie etwa im Exkurs zur frühneuzeitlichen Geschichte des Enzyklopädiebegriffs bereits gezeigt werden konnte, die Neuinterpretation der Autoren des griechisch-römischen Altertums im Geiste der Renaissance erlaubte (vgl. Buck 1987: 124 sowie 131ff.). Neu am Umgang der Renaissance mit der Antike war damit nicht zuletzt auch deren Verhältnis zu den antiken Texten im Prozess der Rezeption. Es etablierte sich in dieser Zeit erstmals ein dialogischer Bezug zum Text respektive zu dessen Inhalt (vgl. ebd.: 136ff.).

1.1.2 Humanistische Bildungsreform und Studia Humanitas

Die – wenn man so will – wissenschaftlich-pädagogische Entsprechung der soeben beschriebenen ›Renaissancegesinnung‹ der Frühen Neuzeit auf dem Gebiet der geistig-philosophischen Weltbetrachtung stellte gleichsam der Humanismus dar (vgl. Reble 1999c: 69). Vor allem das Schul- und Universitätsleben Deutschlands (wie auch des übrigen Europas) befand sich am Übergang vom 14. zum 15. Jahrhundert noch fest in der Hand der Institution Kirche und war auf deren Normwelt hin ausgerichtet (vgl. Lutz 1985: 16). Schulen wie Universitäten wurden mehrheitlich von Angehörigen des Klerus bevölkert. Diese waren treue Anhänger der Scholastik, einer tief in der christlichen Theologie und mittelalterlichen Philosophie verankerten Lehr- und Forschungstradition, die sich eng an das aristotelische Prinzip des Dialogs anlehnte und dabei fest an die Macht des deduktiven Schlusses glaubte. Das Grundanliegen der scholastischen Methode war es dabei, die unumstößlich feststehenden Wahrheiten des Glaubens argumentativ zu begründen und verstehbar zu machen. Dazu verglich man die vorhandenen Dogmen mit Aussagen anerkannter geistiger Größen und versuchte diese zu synthetisieren. Beobachtungen der Wirklichkeit oder empirische Überprüfungen von Aussagen wurden hingegen nicht einbezogen. Insofern verweigerte sich die Scholastik auch gegenüber einer forschenden Weiterentwicklung ihrer Erkenntnisse sowie dem Einbezug kreativer Ideen.

Der Humanismus nun richtete sich deutlich gegen die Inhalte und Methoden der Scholastik, insbesondere aber das starre System der mittelalterlichen Gelehrsamkeit.

»Von Petrarca angefangen werden die Humanisten nicht müde, der Scholastik die vor allem in ihrer Spätphase in Erscheinung tretende Neigung zu einem sterilen Spiel mit Begriffen, Distinktionen und Schlüssen vorzuwerfen. Da die formale Logik bzw. die Dialektik der Scholastik weitgehend von Aristoteles abhängt, erschien Petrarca und vielen anderen Humanisten, denen jedes Verständnis für die positive Leistung der Scholastik fehlte, der mittelalterliche Aristotelismus als der Inbegriff einer unfruchtbaren Philosophie, die ohne Nutzen für den Menschen, d.h. ohne Gewinn für die menschliche Lebensführung sich im bloßen Formalismus erschöpft.« (Buck 1987: 243)

Das humanistische Bildungsideal orientierte sich im Gegensatz zur Scholastik, der es im Kern allein um die Vermittlung der immer gleichen transzendenten Wahrheiten ging, nun grundlegend am Menschen. Unter dem Eindruck der Rezeption antiker Autoren und der aktiven Auseinandersetzung mit deren Kultur sollte das gesamte Bildungswesen dahingehend ausgerichtet und umgestaltet werden. Dabei glaubte man fest an die menschenformende Macht der klassischen Texte. Ziel der ›studia humanitas‹, des humanistischen Studiums der Antike, war der im humanistischen Geist umfassend gebildete Mensch, der auf der Basis dieser Bildung gewissermaßen ein zweites Mal als ein solcher erschaffen wurde. Der Humanismus erhob die Bildung des Menschen auf diese Weise zum Selbstzweck, denn ihre unentbehrliche Aufgabe bestand darin, dem Menschen zu seiner Selbstverwirklichung zu verhelfen (vgl. ebd.: 154). Idealiter sollte folglich auch niemand von Bildung ausgeschlossen sein. Die humanistische Bildung war vielmehr für jeden Menschen gleichermaßen bestimmt und weder vom Geschlecht noch von der jeweiligen sozialen Schicht abhängig (vgl. ebd. 171). Dieser Ansatz verweist bereits auf das spätere Ideal aufklärerischer Volksbildung. Dennoch muss auch hier bedacht werden, dass die praktische Einlösung des humanistischen Ideals im Kontext der vorfindlichen gesellschaftlichen Strukturen weniger zu Prozessen der Gleichberechtigung als zu neuen Differenzierungen beitrug. So wurde im Zuge der allgemeinen Bildungsbestrebungen des Humanismus Bildung erstmals auch zu einem Faktor gesellschaftlicher Unterscheidung zwischen Gebildeten und Ungebildeten (vgl. Böhme 1988: 15).

Das Zentrum der neuen Bildung waren einmal mehr die Städte. Sie bildeten das geeignete Umfeld, in welchem sich die humanistische Gelehrsamkeit entfalten und verbreiten konnte. Anfangs trafen die aus Italien kommenden Ideen nördlich der Alpen dabei allerdings auf eine noch ungleich stärker ländlich-territorial organisierte Gesellschaft, in deren Denken und Institutionen die Spätscholastik sich fest verankert zeigte. Seit Mitte des 15. Jahrhunderts waren daher zunächst Formen einer – freilich nur äußerlichen – Koexistenz von Humanismus und traditioneller Scholastik zu beobachten (vgl. Lutz 1985: 18). Mit der Wende zum 16. Jahrhundert gewann aber schließlich doch der Humanismus die Oberhand. Das beweisen nicht zuletzt die beeindruckende Zahl universitärer Neugründungen während des 15. und 16. Jahrhunderts, auf welche der Humanismus zunehmend Einfluss hatte (vgl. Buck 1987: 174), sowie die parallel dazu zwischen 1470 und 1520 kontinuierlich ansteigenden Studentenzahlen (vgl. Lutz 1985: 17).

Der auf die studia humanitas zielende, bildungsorientierte Humanismus fand dabei vor allem deshalb an den Universitäten eine bevorzugte Wirkungsstätte und gelangte als ›Universitätshumanismus‹ zu geschichtlich weitreichender Bedeutung (vgl. Baumgart 1984: 173), weil sich dessen Proklamation eines neuen Bildungsbegriffs nicht nur gegen die scholastische Didaktik, sondern insbesondere auch gegen die mittelalterliche Wissenschaft richtete. In den Augen der Humanisten erklärte sich der geistiger Verfall des Mittelalters einerseits zu einem großen Teil aus dem Mangel an Kenntnis und Beherrschung der klassischen Sprachen, die den Zugang zum antiken Erbe ja erst eröffneten (vgl. Buck 1987: 156). Weiterhin manifestierten sich die Lebensweisheiten der antiken Kultur, denen die Humanisten eine so erzieherische Wirkung zuschrieben, aber gerade auch erst in der hochgeformten Rede, d.h. den rhetorischen Strategien der antiken Autoren, die es daher genauestens zu studieren galt (vgl. ebd.: 161f.). Sprachlichkeit und Rhetorik entwickelten sich daher insbesondere an den Universitäten zu unerlässlichen Momenten der Bildung.

»Die Humanisten wollten die Dialektik – die Lehre vom richtigen Denken – mit der Kunst der Rede und der praktisch zweckmäßigen Methode des Lehrens und Lernens zu einer Einheit verbinden und sich eben dadurch von der spitzfindigen scholastischen Logik distanzieren.« (Baumgart 1984: 176)

So entwickelte sich die humanistische Bildungsbewegung im Laufe des 16. Jahrhunderts von einer zunächst eher elitären, literarisch-ästhetisch orientierten Bewegung zu einer rhetorisch-philologisch-wissenschaftlichen, von der starke Reformimpulse ausgingen, die nicht zuletzt auch auf die religiösen Entwicklungen des 16. Jahrhunderts ausgriffen (vgl. ebd.: 196f.).

1.1.3 Die Reformation

Das Ausgreifen der Renaissancegesinnung auf Fragen der Religiosität und des Glaubens hin mündet im frühen 16. Jahrhundert schließlich in die Reformation. Sie ist, wie Albert Reble (1999b: 69) dies anschaulich fasst, »in gewisser Beziehung die Auswirkung dieses neuen Geistes [der Renaissance] nach der religiösen Seite hin«. Die Unmittelbarkeit der Einflussnahme humanistischer Ideen auf das christliche Leben insgesamt erklärt sich dabei nicht allein aus der Stoßkraft der Ideen selbst, vielmehr resultiert diese aus der engen wechselseitigen Verzahnung zwischen Religion und Gesellschaft, welche auch durch die Reformation nicht aufgehoben, sondern stattdessen nur weiter verstärkt wurde (vgl. Schorn-Schütte 2003: 8).

Die Institution Kirche befand sich in dieser Zeit in einer – nicht nur aus der Retrospektive – weithin verzweifelt erscheinenden Lage. Theologische Unklarheiten, ein falsches Verständnis des Papsttums, weltlicher Kurialismus sowie das Streben nach Pfründen und persönlichem Gewinn schwächten das Ansehen und die Glaubwürdigkeit der Kirche und machten sie anfällig für die Kritik des Humanismus (vgl. Lortz/Iserloh 1969: 19ff.) – wenngleich dies freilich kaum bis auf die Ebene der einfachen Gläubigen durchschlug. Vor allem das geistliche Personal (Priester, Bischöfe, Kardinäle) war in einem desolaten Zustand. Schon seit dem späten Mittelalter gab es daher kirchenintern immer wieder Forderungen nach einer Rückbesinnung auf das ›Alte‹ und einer bewussten Erneuerung des religiösen Lebens nach dem Evangelium. Insbesondere in den Orden lassen sich schon vor der eigentlichen Reformation zahlreiche Versuche nachzeichnen, zur ursprünglichen

Regel zurückzukehren (vgl. ebd.: 13). Die weitreichenden kirchlichen Krisen des 14. und 15. Jahrhunderts dokumentieren sich darüber hinaus aber auch in einer Reihe von Schismen und Konzilsbewegungen, welche die grundlegende Problematik gleichwohl wenig zu ändern vermochten (vgl. Schorn-Schütte 2003: 12).

An der Wende vom 15. zum 16. Jahrhundert erfuhr die also bereits seit längerem schwelende Kritik an den bestehenden Umständen schließlich eine Radikalisierung. Sie verband sich dabei mit den allgemeinen sozialen Spannungen, Widersprüchen und Unruhen innerhalb der Gesellschaft – verwiesen sei hier lediglich am Rande auf die zahlreichen Bauernerhebungen seit 1431/32, die sich auch über die Reformation hinaus fortsetzten und schließlich zum großen deutschen Bauernkrieg von 1525 führten (vgl. ebd.: 19f.) – und den in dieser Konflikthaftigkeit enthaltenen Bestrebungen nach Befreiung von den Bindungen der traditionellen mittelalterlichen Ordnung (vgl. Reble 1999c: 81). Eine tiefgreifende Reformation schien und wurde damit unausweichlich. Den großen Reformatoren des 16. Jahrhunderts ging es dabei erneut um nichts anderes als die Wiederherstellung der alten, d.h. ursprünglichen christlichen Wahrheit. Das Wort der Bibel sollte wieder ernst genommen und die Strukturen der Kirche neu daran ausgerichtet werden (vgl. Lortz/Iserloh 1969: 15f.).

In diesem Sinne war das Anliegen Martin Luthers und seiner reformatorischen Mitstreiter an sich also kein wirklich neues, sondern lässt sich, wie Luise Schorn-Schütte (2003: 12) betont, »einordnen in eine lange Tradition der Kirchenkritik und der Bemühungen um Kirchenreform seit dem Spätmittelalter«, doch fanden ihre Forderungen eines kompromisslosen Rückgangs zu den Quellen sowie einer Rückbesinnung auf die heilige Schrift als Grundlage des Glaubens erst auf der Basis der allgemeinen Renaissancegesinnung ein entsprechendes Gehör.

Die Folgen der reformatorischen Bestrebungen sind gemeinhin bekannt: Auf dem Gebiet der Theologie kam es unmittelbar zwar tatsächlich zu weitreichenden innerkirchlichen Erneuerungserscheinungen, auch wenn diese in Kenntnis der weiteren Geschichte zuweilen durchaus kritisch zu betrachten sind – man denke beispielsweise an die ab etwa 1540 einsetzende katholische Gegenreformation und deren inquisitorische Auswüchse. Mittelbar bewirkten die Forderungen der Reformatoren jedoch eine folgenschwere Aufspaltung des Christentums, deren Auswirkungen in sämtliche Bereiche der Gesellschaft hinein ausstrahlten und die bis heute nicht überwunden ist.

Dieses Aufbrechen der traditionellen christlichen Einheit im Zuge der Reformation ist damit freilich nicht per se negativ zu werten. Kulturell schaffte es – allen Glaubenskriegen zum Trotz – auch die Voraussetzungen für eine größere Vielfalt des Glaubens sowie Offenheit gegenüber alternativen Weltanschauungen. So beinhaltete die Reformation nicht nur ein auflösendes und trennendes, sondern ebenso ein liberales Element (vgl. Lortz/Iserloh 1969: 291f.). Vor allem das Erlebnis eines möglichen Nebeneinanders verschiedener Konfessionen trug zu einer Stärkung der Autonomie des Gewissens bei. Der Glaube selbst löste sich mehr und mehr vom Institutionellen und wurde stärker ins Innere des Individuums hinein verlagert (vgl. u.a. Reble 1999c: 82). Wenn auch sicher eher unfreiwillig, ist die Reformation damit letztlich zur Grundlage eines geistesgeschichtlichen Liberalismus und zu einer Wegbereiterin der Aufklärung geworden, welche die reformatorischen Gedanken weiterentwickelte (vgl. Lortz/Iserloh 1969: 287f.). Das Bild einer als ausschließlich religiös angesehenen Bewegung muss folglich relativiert werden. Die Reformation steht vielmehr im Kontext verschiedenster charakteristischer Neuansätze in Recht, Wirtschaft, Sozialwesen, Technik, Literatur und Wissenschaft, die das 16. Jahrhundert prägen (vgl. Angermeier 1983: 2).

1.1.4 Zum Verhältnis von Humanismus und Reformation im Kontext der Renaissancegesellschaft

Fragt man nun nach dem Verhältnis von Humanismus und Reformation innerhalb der Renaissancegesellschaft, so ist dies wohl als ein grundlegend ambivalentes bzw. zwiespältiges zu beschreiben. Einerseits sind beide Entwicklungen – zumal in ihrer historischen Wirkung – kaum voneinander zu trennen und fest im gesellschaftlichen Kontext der Zeit verankert. Die Bildungsbewegung des Humanismus verkörpert ein durch und durch historisches Phänomen, das »sich unter spezifischen politischen, sozialen und wirtschaftlichen Bedingungen (und in steter Wechselwirkung mit diesen) im Italien des 14. Jahrhunderts entfaltete und bis zum 16. Jahrhundert auf ganz Europa ausstrahlte« (Walther 2006: 9). Der Humanismus hatte also (ganz im Sinne wechselseitiger Ermöglichungszusammenhänge) vor allem deshalb Erfolg, weil er von den zeitgeschichtlichen Wandlungserscheinungen unterstützt wurde, diese jedoch zugleich auch selbst wieder beförderte und damit neue Umbrüche vorantrieb. Dabei sprach der »humanistische Code« (ebd.:14) alle gesellschaftlichen Ebenen gleichermaßen an. Zum einen war er einfach genug, um die humanistischen Ideen auch ›Laien‹ verständlich zu machen, zum anderen aber war er auch herausfordernd genug, um für Intellektuelle interessant zu erscheinen. Im Ergebnis griffen die neuen Vorstellungen vom Individuum schließlich auf alle Bereiche der Gesellschaft – allen voran die Religion – über und begannen diese zu verändern. So gesehen gilt es zunächst zu konstatieren, dass die Reformation ohne Humanismus so überhaupt nicht denkbar gewesen wäre. Die Existenz einer breiten humanistischen Bildungsschicht und deren Aufnahmebereitschaft begünstigten die Akzeptanz der Kirchenkritik und verstärkten die immanent bereits längere Zeit schwelenden Forderungen nach einer Reform der Kirche an ›Haupt und Gliedern‹ (vgl. Schorn-Schütte 2003: 14). Insofern verdankt die Reformation ihren raschen Durchbruch und ihren durchschlagenden Erfolg zu großen Teilen den wegbereitenden Einflüssen des Humanismus. Baumgart (1984: 183) bemerkt dazu:

»Ein allgemeiner Bildungsaufschwung verband sich in Deutschland mit einem religiös-theologischen Neuanfang zu einer fruchtbaren Synthese. Der starke, auf die Schulen und Universitäten gerichtete pädagogische Impuls, der den Humanisten wie den Reformatoren eigen war, wirkte dabei als ein entscheidender Faktor.«

Diese einvernehmliche Synthese zwischen Humanismus und Reformation war gleichwohl nicht in jedem Falle selbstverständlich. Zwar stand die Rezeption antiker Autoren durch die Humanisten keineswegs im Widerspruch zur christlichen Religion. Auch in der Renaissancegesellschaft prägte der Glauben noch das gesamte menschliche Leben von der Geburt bis zum Tod (vgl. Buck 1987: 228). Entsprechend ihrer allgemeinen Wertschätzung nahmen die Humanisten die Kirchenväter (z.B. Hieronymus, Laktanz) sogar in ihrem Bildungskanon auf und warfen den scholastischen Theologen vor, deren Studium über das ganze Mittelalter hinweg sträflich vernachlässigt zu haben (vgl. ebd.: 231f.). Dennoch darf bei aller Anerkennung der sogenannten ›Väterliteratur‹ andererseits auch nicht das Neue am Verhältnis der Humanisten zur christlichen Religion und damit letztendlich auch zur Reformation übersehen werden. Gemeint ist die im Subjektivismus der Humanisten wurzelnde Relativierung und Individualisierung des Christentums.

»Während die Kirchenväter mit Hilfe des Logos die griechische Weisheit in die christliche Theologie einbezogen hatten, sehen die Humanisten in diesem Begriff die erwünschte Möglichkeit, den Bereich der christlichen Offenbarung zu überschreiten und die Erkenntnis der menschlichen Vernunft aus deren substantieller Teilhabe an der göttlichen Wahrheit zu rechtfertigen.« (ebd.: 233)

In diesem Sinne war die Stoßrichtung des Humanismus im Vergleich zu jener der Reformation also tendenziell säkular. Die christliche Lehre erschien aus der Perspektive der Humanisten »mehr als eine subjektive Gesinnung denn als eine objektive Verkündigung« (ebd.: 229). Die Religiosität der Humanisten reduzierte sich gewissermaßen auf eine Natur- und Vernunftreligion, die bereits an den späteren aufklärerischen Deismus erinnert (vgl. ebd. 242).[8]

---

8 Diese Ambivalenz im Verhältnis zwischen Humanismus und Reformation zwischen gegenseitiger Befruchtung und relativierender Überschreitung zeigt sich besonders deutlich an der Person Erasmus von Rotterdam. In seinen Schriften kamen theologische Grundkritik und humanistische Bildungsreform in einzigartiger Weise zusammen (vgl. Schorn-Schütte 2003: 13). Dabei vertrat er eine humanistische Theologie, die der Kirche theoretisch zwar die letzte Entscheidungshoheit zusprach, in der Praxis aber bereits dem Primat des Gelehrten folgte. Er wurde damit zu einer Hilfskraft der Reformation und zu einem Verfechter des ursprünglichen Glaubens einerseits, bereitete andererseits aber auch den Weg einer säkularen Wissenschaftsentwicklung im heutigen Verständnis (vgl. Lortz/Iserloh 1969: 20).

Weiterhin fand im Zuge der Reformation aber auch eine schrittweise Umwandlung humanistischer Ideale statt. War der Humanismus noch stark rückwärtig auf die Wiederbelebung der Antike ausgerichtet, propagierten die reformatorischen Denker (insbesondere Calvin mit seiner Prädestinationslehre) hingegen mehr und mehr das normative Postulat einer fortschreitenden Verbesserung der Welt und des Fortschritts schlechthin (vgl. Lutz 1985: 22 sowie 28). Die Renaissancegesinnung machte dem Selbstverständnis einer neuen, maßgeblich nach vorn gewandten Epoche Platz, in welcher der Humanismus im Prozess seiner Verwissenschaftlichung mehr und mehr die Züge einer reinen Altertumswissenschaft annahm (vgl. Buck 187: 153). Nicht nur in Deutschland erwies sich die Reformation damit gegenüber dem Humanismus als deutlich langlebiger, wenngleich doch dessen Implikationen in den philosophischen Ideen der Folgezeit fortlebten.

1.1.5 Zusammenfassung: Individualisierung, Säkularisierung und Rationalisierung des Denkens

Jenseits aller Ambivalenzen, welche sich zwischen den verschiedenen Prozessen und Ereignissen der Frühen Neuzeit ausmachen lassen, kristallisierte sich im Spannungsfeld von Renaissancegesinnung, Humanismus und Reformation schließlich aber vor allem eben jene Freiheit des Denkens heraus, die zum Ausgangspunkt der europäischen Aufklärung und damit zur Grundlage unserer westlichen Moderne werden sollte.

Die Bildungsbewegung des Humanismus rückte erstmals den Menschen in den Mittelpunkt der Wahrnehmung. Hatte das Mittelalter diesen noch als Teil einer festgefügten überindividuellen Ordnung betrachtet, hob die Renaissance – ganz in der Tradition der antiken Autoren – das Individuum in seiner Einmaligkeit hervor (vgl. Buck 1987: 253). Freigesetzt aus den Bindungen und Abhängigkeiten einer statischen Feudalgesellschaft erfuhr der Einzelne sich selbst mehr und mehr als eigenverantwortlich handelndes Ich und entdeckte in diesem neuen Zugang zu sich selbst bald auch einen neuen Zugang zur Welt (vgl. Reble 1999c: 72). Spürbar wurde dieser neue Individualismus bis hinein in die sozialen und ökonomischen Strukturen der Renaissancegesellschaft. Im bürgerlichen Kaufmannsstand zeigte sich beispielsweise ein erster Unternehmertyp, der die Verfolgung ökonomischer Interessen mit persönlichen Bedürfnissen und deren Befriedigung verband (Böhme 1988: 38). In erster Linie aber zielte der Individualismus humanistischer Herkunft auf die Ebene des Denkens. Autoritäre Wahrheiten sollten nicht länger einfach hingenommen, sondern vor dem Hintergrund des eigenen Bewusstseins kritisch und distanziert geprüft werden. Das Denken sollte mit anderen Worten unabhängig werden von überlieferten Dogmen und Lehrsätzen (vgl. ebd.: 10f.). Das galt in der Logik der Zeit ganz besonders für den Umgang mit Religion, denn diese bestimmte nahezu das gesamte Leben.

Hier nun wurden die Bestrebungen des Humanismus stark durch die Reformation unterstützt. Die Kirchenkritik der Reformatoren entzog dem Klerus das Monopol auf Auslegung der Heiligen Schrift und beseitigte die bis dato vorhandene Mittlerfunktion der geistlichen Eliten (vgl. Goertz 2004: 48). An ihre Stelle trat die unmittelbare Gottesbeziehung jedes einzelnen Gläubigen, der damit stärker denn je auf sich und sein Gewissen verwiesen war. Nicht nur das Denken, auch der Glaube wurde so zur individuellen Angelegenheit. Auch wenn der Reformationsbewegung selbst also bei aller Kritik und allem Veränderungsdrang stets daran gelegen war, die Macht des Glaubens und die Autorität der Kirche zu erneuern und zu stärken, so trug der reformatorische Übergang von der Priester- zur Laienkultur damit letztendlich doch zu einem schrittweisen Prozess der Säkularisierung bzw. Verweltlichung des Denkens bei (vgl. ebd.: 64). Im Zuge dieses Prozesses verlor der Glaube mehr und mehr seine Einflusskraft. Das Denken befreite sich aus seiner religiösen Prädetermination und begann seine autonome Unabhängigkeit zu behaupten. Glauben und Wissen gehörten in der frühneuzeitlichen Gesellschaft fortan getrennten Reichen an (vgl. ebd.: 41).

Auch die Wissenschaft erfuhr auf diese Weise eine Verselbständigung bzw. Emanzipation von der Religion. Im Bestreben, die verloren gegangene göttliche Weltordnung durch eine neue, anthropozentrische zu ersetzen, wandte sie sich dabei immer deutlicher dem Diesseits zu (vgl. Böhme 1988: 3). Die Suche nach neuen Formen des Zugangs zur Welt mündete schließlich in der Hinwendung zur Erfahrung und zur Methode des mathematisch-wissenschaftlichen Experiments. Mit anderen Worten: Der Weg der Erkenntnis verlief nicht länger über die in kontemplativer Versenkung gewonnene Offenbarung oder die Annahme tradierter Dogmen, sondern entwickelte sich zu einem produktiven Akt der Beobachtung, Berechnung und des theoretischen Weiterdenkens. Böhme (1988: 17) resümiert hier sehr anschaulich:

»Die humanistische Denkbewegung ist eine von der Transzendenz zur Immanenz, von einem Denken, das beherrscht ist von der Gebundenheit an Gott und eine jenseitige Welt, zu einem Denken, das sich zunehmend der kritischen Vernunft verschreibt. Dafür mag die Formel stehen, dass die Welt nicht mehr gegeben, sondern aufgegeben sei.«

Aufgegeben war die Welt dem Menschen vor allem als eine, die es zu erforschen und erforschend zu durchdringen galt. Der vorhandene Wissensschatz sollte durch neue Erkenntnisse systematisch erweitert werden. Es begann die Zeit der großen Forscher und Naturwissenschaftler. Der humanistische Geist der Renaissance wurde somit im 16. Jahrhundert allmählich von einer Epoche des Rationalismus und der empirischen Wissenschaften überlagert. In dieser »Epoche jenseits der des europäischen Humanismus« (ebd.: 2) avancierte die menschliche Vernunft zum Maß aller Dinge. Am Ende dieser

Entwicklung sollte das »cogito, ergo sum« eines René Descartes in das »sapere aude« der Aufklärung[9] übergehen.

1.2 Der Buchdruck: Entstehung und Verbreitung des typographischen Mediums

Die soeben beschriebenen soziokulturellen Entwicklungen im Kontext von Renaissance, Humanismus und Reformation wären, das wird später in diesem Abschnitt exemplarisch noch zu zeigen sein, ohne den Einfluss des typographischen Mediums so nicht denkbar gewesen. Andererseits ist aber auch dessen Verbreitung und Etablierung in spezifischer Weise und unumkehrbar mit den zeitgeschichtlichen Ereignissen der Frühen Neuzeit verbunden. Ohne hier eine weitere Geschichte des Buchdrucks im Kontext seiner zeitgeschichtlichen Verflechtungen schreiben zu wollen, was nicht zuletzt Michael Giesecke in seinem bemerkenswerten Werk »Der Buchdruck in der frühen Neuzeit« (1991) bereits ausführlich getan hat und auf welchen ich mich mit meinen Ausführungen daher auch maßgeblich beziehe, sollen hier doch überblicksartig einige der wichtigsten Aspekte zur Sprache kommen, die für das Verständnis und die Einordnung des Buchdrucks als Medium der Textverarbeitung, Textvervielfältigung und Textverbreitung notwendig sind. Wenn wir es heute als geradezu selbstverständlich ansehen, uns Kenntnisse über die Welt selbständig lesend anzueignen, dann reproduzieren wir damit – ohne freilich weiter darüber nachzudenken – ein eigentlich überaus komplexes und voraussetzungsreiches Set historisch gewachsener Strukturen.

---

9 Dieser ursprünglich auf Horaz zurückgehende Ausspruch wurde vor allem durch Immanuel Kant zum Wahlspruch der Aufklärung. In seinem bekannten Aufsatz »Beantwortung der Frage: Was ist Aufklärung?« (1783/1784) schreibt er: »Aufklärung ist der Ausgang des Menschen aus seiner selbst verschuldeten Unmündigkeit. Unmündigkeit ist das Unvermögen, sich seines Verstandes ohne Leitung eines anderen zu bedienen. Selbstverschuldet ist diese Unmündigkeit, wenn die Ursache derselben nicht am Mangel des Verstandes, sondern der Entschließung und des Muthes liegt, sich seiner ohne Leitung eines anderen zu bedienen. Sapere aude! Habe Muth dich deines eigenen Verstandes zu bedienen! Ist also der Wahlspruch der Aufklärung. [...] Wenn denn nun gefragt wird: Leben wir jetzt in einem aufgeklärten Zeitalter? So ist die Antwort: Nein, aber wohl in einem Zeitalter der Aufklärung. Dass die Menschen, wie die Sachen jetzt stehen, im Ganzen genommen, schon im Stande wären, oder darin auch nur gesetzt werden könnten, in Religionsdingen sich ihres eigenen Verstandes ohne Leitung eines Andern sicher und gut zu bedienen, daran fehlt noch sehr viel. Allein, dass jetzt ihnen doch das Feld geöffnet wird, sich dahin frei zu bearbeiten, und die Hindernisse der allgemeinen Aufklärung, oder des Ausganges aus ihrer selbst verschuldeten Unmündigkeit, allmählich weniger werden, davon haben wir doch deutliche Anzeichen. In diesem Betracht ist dieses Zeitalter das Zeitalter der Aufklärung, oder das Jahrhundert Friederichs.«

1.2.1 Das »Typographeum« als textverarbeitendes System

Die dem typographischen Medium zugrunde liegende Technologie des Buchdrucks mit beweglichen Metall-Lettern geht zurück auf den Mainzer Johannes Gensfleisch, genannt Gutenberg. Die besondere Leistung dieser Technologie ist wohl in der massenhaften mechanischen Reproduktion absolut identischer Texte zu sehen. Sie löste das aufwändige und von der subjektiven Kompetenz des jeweiligen Schreibers abhängige handschriftliche Kopieren ab. Ihre Entwicklung war jedoch weniger ein glücklicher Zufall, als vielmehr Ergebnis eines langwierigen Prozesses des Experimentierens. Auch wenn, worauf etwa Giesecke (1994: 68ff.) hinweist, die Quellen über den frühen Buchdruck eher rar sind und aus dieser Zeit weder detaillierte Darstellungen über Werkzeuge, noch Beschreibungen des eigentlichen Vorgangs des Druckens vorliegen, so lassen sich aus Handbüchern des 17. und vor allem des 19. Jahrhunderts gewissermaßen rückblickend-übertragend entsprechende Erkenntnisse ableiten.

Die Idee des Drucks selbst, d.h. die Technisierung und Standardisierung der Produktion und Reproduktion von Texten, war dabei keinesfalls neu. Einfache Stempeldrucke auf Gipsplättchen sind schon seit dem 7. Jahrtausend v.Chr., dem sogenannten akeramischen Neolithikum nachweisbar (vgl. Jahn 2003: 1). Der Holzschnitt und der gemeinsam mit dem Buchdruck im 15. Jahrhundert eingeführte Kupferstich übernehmen dieses Prinzip weitgehend. In China fertigte man seit etwa 750 n.Chr. sogenannte Blockdrucke an, wobei man den Text Zeichen für Zeichen aus einer Holzplatte herausarbeitete. In Südkorea kam im 15. Jahrhundert sogar die Verwendung von beweglichen Metall-Lettern auf, welche jedoch in einer Art Sandgußverfahren hergestellt wurden und daher größere Unregelmäßigkeiten aufwiesen (vgl. Giesecke 1994: 73ff.). Gutenbergs historisch einmaliges Verdienst ist daher nicht in der Erfindung, sondern vielmehr in der Weiterentwicklung, Verbesserung und Optimierung des bisherigen Druckverfahrens zu sehen (vgl. ebd.: 77). Vor allem entwickelte er ein Handgießinstrument, welches ihm die automatisierte Produktion von Rohtypen erlaubte. Diese mussten zwar weiterhin nachbearbeitet werden, doch wiesen sie aufgrund eben jener Automatisierung und aufgrund der Wiederverwendbarkeit des Instruments eine bisher nicht gekannte Genauigkeit auf (vgl. ebd.: 77ff.).

Entscheidend ist nun, dass der Buchdruck damit nicht nur zu einem Medium der standardisierten Massenproduktion, sondern zu einer, wie Giesecke (ebd.: 134) es ausdrückt, »Schönschreibmaschine ohne Schreibrohr, Griffel und Feder« avancierte. Der gesamte Prozess der Textverarbeitung verlangte eine ungemeine Präzision. Von der Auswahl der verwendeten Rohstoffe[10], über die Herstellung der notwendigen Werkzeuge und Lettern,

---

10 Gutenberg wählte mit seiner Entscheidung für den Rohstoff Blei und damit für ein Metall gerade den Stoff aus, der später die gesamte Industrialisierung in Europa bestimmen sollte. Diesen Gedanken formuliert zumindest Michael Giesecke

bis hin zur Abstimmung der einzelnen Arbeitsvorgänge musste alles eine gleichbleibend hohe Qualität besitzen (vgl. ebd.: 67f. sowie 80ff.). Nur so war ein entsprechendes Ergebnis zu erhalten. Giesecke (ebd.: 83) führt hierzu aus:

»Dieser noch ganz flüchtige Ausflug in die technischen Voraussetzungen des Buchdrucks macht schon hinreichend deutlich, dass wir es hier nicht mit einem einfachen Prozessor, sondern mit einem hochkomplexen System zu tun haben, in dem Stoffe und Energien nach einem einheitlichen, durch den Menschen kontrollierten Prinzip zusammenwirken.«

Er nennt dieses hochkomplexe System des Zusammenwirkens von Materialien, Mensch und Maschine in seinem Buch das *Typographeum*: Der erste Schritt des typographischen Informationsverarbeitungsprozesses verweist dabei auf die lange Zeit unhintergehbare Abhängigkeit der Typographie von der Skriptographie. Die Eingabe von Informationen in das System setzte zunächst ein handschriftliches Manuskript voraus (vgl. ebd.: 87). So ist es auch nicht verwunderlich, dass die ersten Druckerzeugnisse noch durch ähnliche Mängel an Einheitlichkeit und Vergleichbarkeit gekennzeichnet waren, wie die früheren Handschriften selbst (vgl. Eisenstein 1997 [1983]: 7). Noch waren die späteren buchtechnischen Konventionen, d.h. die entsprechenden Anforderungen an die textliche Normierung und Standardisierung (siehe Abschn. 2.1.3 in diesem Kap.), nicht entwickelt. Es kam folglich allein auf die Präzision des jeweils zuarbeitenden Skriptors an. Beim zweiten Arbeitsschritt, dem Setzen, galt es daraufhin, die handschriftliche Vorlage in die metallische Druckform zu übertragen. Die Herausforderung dabei bestand im Berechnen des Manuskripts und der darauf aufbauenden Organisation des Satzes (Format, Schriftgröße, Zeilenmaß, Zeilenabstand, Umbrüche, Zeilenausgleich). Erst im Laufe des 16. Jahrhunderts setzen sich in diesem Zusammenhang, angetrieben durch Überlegungen zur Leserfreundlichkeit (siehe ebenfalls Abschn. 2.1.3 in diesem Kap.), auch die noch heute üblichen selbstreferentiellen Informationen wie Titelblatt, Inhaltsverzeichnis, Register, Literaturverweise oder Seitenzahlen durch (vgl. Giesecke 1994: 90ff.). Das Drucken selbst, als dritter Arbeitsschritt und Kern des Typographeums, lässt sich wiederum in fünf Phasen unterteilen: das Einheben der Druckform, das Auftragen der Farbe, das eigentliche Drucken (im Fachjargon ›Ziehen‹ genannt), das Säubern der Formen sowie das Anfeuchten und Trocknen des Papiers (vgl. ebd.: 106ff.). Der vierte und letzte Arbeitsschritt betraf schließlich das Falzen, Zusammenlegen und gegebenenfalls auch Schneiden der bedruckten Bögen, wobei in diesem Rahmen auch die Hauptkorrektur erfolgte (vgl.: 112ff. sowie 117). Es handelte sich dabei um das Auffinden und Verändern von Mängeln, die zuvor beim Eingeben des

---

(1994: 78). Auch in dieser Tatsache könnte sich eine Ursache für den Siegeszug der Buchdrucktechnologie und des typographischen Mediums finden lassen.

Manuskripts und beim Überprüfen der fertigen Druckform nicht erkannt wurden bzw. erkannt werden konnten.

1.2.2 Wechselseitige Ermöglichungszusammenhänge – der Buchdruck als Leitmedium der Moderne

Kaum war die neue Technologie Gutenbergs in der soeben beschriebenen Form ausgereift, begann sie sich durch abwandernde Mainzer Drucker und deren Schüler rasch zu verbreiten (vgl. Burkhardt 2002: 20). Die Euphorie der Anfangszeit schuf gerade in Kreisen von Kirche, weltlichem Adel und Kaufleuten ein immenses Interesse an Druckerzeugnissen. Zunächst gelangten dabei freilich die antiken und mittelalterlichen Handschriften in den Druck, die zum klassischen Kanon der damaligen Theologie bzw. zum traditionellen geistlichen Textbedarf gehörten. Darüber hinaus fanden sich bald aber auch praktische und aktuelle Anwendungsbereiche für das typographische Medium – beispielsweise Lehr- und Selbststudienbücher (vgl. ebd.: 22ff.). Bisweilen wurden sogar Informationen, die als solche zuvor nie festgehalten worden waren, extra für den Druck verschriftet (vgl. Giesecke 1994: 64). Gegen Ende des 15. Jahrhunderts zählte man folglich bereits Druckereien in mehr als 250 Orten in Europa (vgl. ebd.: 64 sowie Briggs/ Burke 2002: 15).

Seine wirkliche Etablierung als unverzichtbares Massenkommunikationsmittel, das schließlich in der Lage war, im Sinne eines Leitmediums einen wissenskulturellen Wandel im (früh-)neuzeitlichen Europa herbeizuführen, verdankt der Buchdruck jedoch erst dem Zusammentreffen mit den die Epoche prägenden, markanten zeitgeschichtlichen Ereignissen und den mit diesen verbundenen bzw. von diesen ausgelösten Bedürfnislagen. Immer wieder zeigt sich dabei die Reziprozität wechselseitiger Ermöglichung. So geriet der Buchdruck schon bald nach der sogenannten Inkunabelnzeit, als eine erste Marktsättigung vorerst erreicht war, in eine Existenzkrise. Mit anderen Worten: Schon gegen Ende des 15. Jahrhunderts schwächte sich die Konjunktur, was die Nachfrage typographischer Erzeugnisse betraf, wieder ab und stagnierte (vgl. Burkhardt 2002: 25 sowie Weber 2004: 71).

In dieser Phase war es zunächst die Bildungs- und Reformbewegung des Humanismus, welche den Buchdruck gewissermaßen vor seinem frühzeitigen Verschwinden bzw. Verkümmern rettete (vgl. Weber 2004: 73). Die Begeisterung der frühen Humanisten hielt sich zwar zu Beginn noch in Grenzen, da ihre Aufmerksamkeit ja vornehmlich den antiken Handschriften und Artefakten galt (vgl. Giesecke 1994: 321), doch erschloss sich bald die Nützlichkeit des Mediums für die Vervielfältigung und weitere Entschlüsselung der antiken Texte (vgl. Eisenstein 1997 [1983]: 41) und damit die Verbreitung der humanistischen Ideen. Buck (1987: 145) stellt diesbezüglich fest:

»Von Jahr zu Jahr nahm die Bedeutung des Buchdrucks zu. Ohne ihn hätten sich weder die zu neuen Ehren gekommenen antiken Autoren noch das humanistische Gedankengut so rasch verbreiten und so weite Kreise erfassen können. Dessen waren sich auch die Humanisten bewusst.«

In diesem Sinne rettete also nicht nur der Humanismus den Buchdruck, auch der Buchdruck unterstützte wiederum den Humanismus, indem er beispielsweise die umfassende Herstellung eines Klassikerkanons ermöglichte (vgl. Weber 2004: 75). Über diesen Aspekt der medialen Funktionalität hinaus korrespondierte das typographische Medium aber auch in praktischer Hinsicht mit den Idealen der Humanisten. So galt ihnen das Buch im Kampf gegen die scholastische Gelehrsamkeit und unter Betonung der menschlichen Individualität und intellektuellen Freiheit als höchste Autorität. Der Buchdruck verändert damit schließlich sogar die gängige Vermittlungs- bzw. Unterrichtspraxis in Schule und Universität (vgl. Giesecke 1994: 217ff.): Etwa zu Beginn des 16. Jahrhunderts gewannen gedruckte Bücher dort nämlich an Bedeutung. Sie lösten die durch Mitschrift entstandenen Handbücher ab, die lediglich dem Lehrer als Gedächtnisstütze dienten, und traten als soziales Medium und unabhängige Informationsquelle nun zwischen Lehrer und Schüler. Die Folge war eine Standardisierung der Lehrinhalte und eine Neuorganisation der Lehr-/Lernsituation insgesamt.

»[...] sobald der Text im Unterricht eingesetzt wird, hat sich der Lehrer ein neues, fremdes Programm in seinen Kurs hereingeholt. Es tritt in Konkurrenz mit den bislang üblichen Instruktionsformen. Informationstheoretisch gesehen liefert der typographische Text eine Richtschnur für den Ablauf der schulischen Unterweisung. [...] Richtet sich der Magister nach dieser Vorlage, so lautiert er nicht mehr selbst memorierte, sondern fremde Informationen [...].« (Ebd.: 218f.)

Das Schul- oder Lehrbuch entwickelte sich also rasch zu einem von Lehrern und Schülern gleichermaßen genutzten, von beiden jedoch zugleich unabhängigen, d.h. autonomen Informationssystem (vgl. ebd.: 220ff.) und zu einer zentralen, wenn nicht der zentralsten Wissensquelle.

Schon im Zuge des 16. Jahrhunderts konnte ein derartig absoluter Prioritätsanspruch des Buches gegenüber allen anderen Erkenntnisquellen, wie ihn die frühen Humanisten vertraten, allerdings nicht mehr aufrecht gehalten werden. So verringerte sich, nachdem die Sicherung des überlieferten antiken Wissens im Medium des Drucks weitgehend abgeschlossen war und das neue Ideal empirisch forschender Welterkenntnis aufschien (siehe dazu ausführlicher Abschn. 2.1.1 in diesem Kap.), der Stellenwert des Buches im humanistischen Selbstverständnis (vgl. Buck 1987: 141). So gesehen könnte man konstatieren, dass die anfänglichen Schwierigkeiten des Buchdrucks, was dessen dauerhafte Durchsetzung und Behauptung als alltägliches Informations- und Kommunikationsmedium betrifft, aus einem Mangel an breitenwirksamer, gesellschaftlicher Relevanz resultierten. Johannes Burkhardt (2002: 26) fasst das Problem folgendermaßen:

»Dem Medium fehlte ein wirkliches Medienereignis, das eine breite Informationsnachfrage hätte auslösen können. Und es hatte auch noch keinen Medienhelden und Propheten, der die wahren Möglichkeiten des Informationssystems entdeckte, bewusst ausschöpfte und dem Medium selbst schließlich religiösen Kultstatus verlieh.«

Diese Lücke zu füllen, gelingt letztendlich erst der Reformation. Mehr noch als der Humanismus war sie die erste Bewegung, die, wie Eisenstein (1997 [1983]: 134) schreibt, vom Potential des Buckdrucks als einem »Massenmedium umfassend Gebrauch machte«. Das typographische Medium war der Reformation dabei in dreierlei Hinsicht nützlich: Zum Ersten fungierte es als zentraler Berichterstatter, indem es zur Grundlage der Dokumentation der Reformationsereignisse wurde. So beginnt mit der Reformation auch die druckgestützte Zeitgeschichtsschreibung (vgl. Burkhardt 2002: 33ff.). Zum Zweiten kann das Medium des Buchdrucks auch als eine Art Handlungsträger im Kontext der Reformation betrachtet werden. Im ganzen Geschehen selbst kursierte von Anfang an nicht nur beschriebenes, sondern speziell bedrucktes Papier. Als in dieser Zeit typische literarische Gattung trat so nicht zuletzt die Flugschrift ihren Siegeszug bei der Verbreitung der reformatorischen Forderungen an (vgl. ebd.: 28). Die populärste der drei großen Reformationsschriften mit dem Titel »An den christlichen Adel deutscher Nation«, die aus der Feder des Wittenberger Reformators Martin Luther stammt, besaß eine Startauflage von bereits 4000 gedruckten Exemplaren (vgl. ebd.: 44). Zum Dritten diente das typographische Medium schließlich und endlich aber auch der Sache der Reformation selbst. Schon der bekannte Gründungsmythos des Thesenanschlags an der Tür der Schlosskirche zu Wittenberg, der sich am 31. Oktober 1517 ereignet haben soll, weist eine deutliche Affinität zur Schriftlichkeit auf (vgl. ebd.: 31ff.). Vor allem aber steht das Grundanliegen der Reformation, die Rückbesinnung auf die Bibel als einzig wahre Grundlage der Religion und des persönlichen Glaubens (›sola scriptura‹) ganz im Zeichen der Schriftlichkeit (vgl. ebd.: 34). Kirche und Papsttum erschienen in den Interpretationen der Reformatoren mehr und mehr als von Menschenhand geschaffene Institutionen, die daher nicht mit der göttlichen Offenbarung des Evangeliums gleichgesetzt werden dürften. Der (gedruckte) Text wurde über die Amtsautorität gestellt (vgl. ebd.: 47) und dem Klerus damit inhaltlich wie medial das Monopol auf Auslegung der biblischen Botschaft genommen (vgl. Goertz 2004: 48). So war die Schrift im Medium der Typographie, wie Burkhardt (2002: 48) dies treffend zusammenfasst, »nicht nur Transportmittel für die Aussagen der Reformation, sondern wurde zum Träger des Heiligen selbst«.

2 Phänomenologie der Buchkultur: Wissenschaft und Popularisierung

Im historischen Rückblick ist also deutlich eine enge wechselseitige Verflechtung zwischen den soziokulturellen Um- und Aufbrüchen im Kontext von Renaissance, Humanismus und Reformation – insbesondere jenen im geistigen Bereich – und der Ausbreitung sowie dem Einfluss des typographischen Mediums zu erkennen. Der Buchdruck erscheint aus dieser Perspektive fraglos als das Leitmedium der beginnenden Moderne. Im Folgenden gilt es nun, die damit in Verbindung stehenden Auswirkungen auf die Wissenskultur der Frühen Neuzeit aufzuzeigen, welche, das sei hier bereits vorausschauend vorweggenommen, für die Entwicklung der europäischen Gesellschaften prägend waren und es bis heute sind. Wie sich schnell erschließt, ist dabei der Blick in erster Linie auf die Geschichte des gelehrten bzw. wissenschaftlichen Wissens zu richten. Denn dieses wurde, nachdem das christliche Offenbarungswissen seine Funktion der Weltordnung und Welterklärung eingebüßt hatte, zur neuen Maxime eines aufgeklärten Rationalismus.

2.1 Normierung, Institutionalisierung und Standardisierung der Wissensproduktion

Was den Aspekt der Wissensproduktion betrifft, so liegen bislang schon eine Reihe prominenter Arbeiten vor, die einen ähnlichen Ansatz verfolgen und sich mit den (wissens-)kulturellen Wandlungen der Frühen Neuzeit unter dem Einfluss des neuen typographischen Mediums auseinandersetzen. Als einer der ersten widmete sich Marshall McLuhan in seinem 1962 erstmals erschienenen Werk »The Gutenberg Galaxy« dem leitmedialen bzw. ›epochemachenden‹ Potential des Buchdrucks und dessen kulturprägender Wirkung. Davon inspiriert und angeregt durch eine zu dieser Zeit noch weitgehend offene Forschungslandschaft[11] veröffentlichte Elizabeth Eisenstein 1979 eine zweiteilige historische Studie mit dem Titel »The Printing Press as an Agent of Change«. Die hier verwendete gekürzte Fassung »The

---

11 Eisenstein (1997 [1983]: VI) führt hierzu im Vorwort ihres Buches aus: »Nicht zuletzt stellte McLuhan jedoch eine Reihe von Fragen zu den konkreten Auswirkungen des Aufkommens des Buchdrucks in den Raum, deren Beantwortung eine Voraussetzung für die Untersuchung anderer Fragestellungen war. [...] Als ich nachzuforschen begann, was zu diesem augenscheinlich wichtigen Thema veröffentlicht worden war, rechnete ich damit, dass mir die anstrengende Aufgabe der Durchforstung einer umfangreichen Literatur ins Haus stand. Zu meiner Überraschung fand ich jedoch nicht einmal eine bescheidene Auswahl an weiterführender Literatur vor. Es hatte bisher noch niemand den Versuch unternommen, einen Überblick über die Folgen des im 15. Jahrhundert erfolgten Wandels im Kommunikationswesen zu schaffen.«

Printing Revolution in Early Modern Europe« (deutsch: »Die Druckerpresse. Kulturrevolutionen im frühen modernen Europa«) erschien 1983. Eisenstein fragt darin u.a. explizit nach den Auswirkungen der Kommunikationsumwälzungen im späten 15. Jahrhundert auf die Gelehrsamkeit und die Entwicklung der Wissenschaften (vgl. Eisenstein 1997 [1983]: 39). Zusammengefasst konstatiert sie schließlich eine »Neuorganisation des Denkens« (ebd.: 59). Auf die Details dieser Entwicklung wird im Verlauf des Abschnitts noch näher einzugehen sein. Auch Michael Giesecke geht es in seinem 1991 erschienenen Werk »Der Buchdruck in der frühen Neuzeit« grundlegend darum, die gesellschaftlichen Folgen der Ausbreitung und Etablierung der Typographie zu beschreiben. Er markiert den Buchdruck daher gleich zu Beginn seiner Ausführungen als »Katalysator kulturellen Wandels« (vgl. Giesecke 1994: 21) und meint damit die fundamentalen Umbrüche in Politik und Verwaltung, Ökonomie und Handel, Religion, Bildung und nicht zuletzt in den Prozessen der kognitiven Welterkenntnis, die mit den veränderten kommunikativen Verhältnissen einhergingen. In seiner Arbeit zu den »Mythen der Buchkultur« (vgl. Kap. I, Abschn. 2.1.4) verweist er, wie schon Eisenstein, auf ein »neues Denken« (vgl. ders. 2002: 49), das durch die neue Technologie des Buchdrucks hervorgebracht wurde.

Allerdings rückt gerade Giesecke – auch wenn der Begriff des »Katalysators« freilich eine andere Intention verrät – die Informations- und Kommunikationsprozesse selbst zeitweilig ein wenig zu einseitig-singulär als Ursachen des kulturellen Wandels in den Mittelpunkt, ohne ausführlich nach den dahinter liegenden, durch den Buchdruck transformierten und eben katalysierten Logiken, Deutungsmustern und Strukturen zu fragen (vgl. dazu auch erneut Kap. I, Abschn. 3.1.2). Demgegenüber betrachtet Peter Burke, auf dessen Schrift »Papier und Marktgeschrei. Die Geburt der Wissensgesellschaft«[12] daher hier ebenfalls hingewiesen werden soll, speziell die Verbreitung eines neuen Wissens im Zuge der Erfindung des Buchdrucks aus wechselnder, nicht allein kommunikativ-medialer Perspektive.

Im Folgenden sollen die in diesen und weiteren Arbeiten benannten Erkenntnisse hinsichtlich eines Wandels der Wissenskultur unter dem Aspekt der Wissensproduktion zusammengefasst und systematisiert und dabei der Versuch unternommen werden, die koevolutionären Verflechtung von soziokulturellen Bedürfnislagen und medialen Möglichkeiten stets im Blick zu behalten.

2.1.1 Forschung und wissenschaftliche Methode als neuartige Formen der Wissensproduktion

Unter dem Einfluss der Druckerpresse verbesserte sich die Zugänglichkeit zum damalig vorherrschenden Wissensbestand – zumindest was den Kreis der Gelehrten angeht – gewaltig. Ohne die Notwendigkeit des handschriftli-

---

12 Der Titel der 1997 in Cambridge erschienenen englischen Originalausgabe lautet: »A Social History of Knowledge«.

chen Kopierens und angesichts der zunehmenden Selbstverständlichkeit der Verbreitung und Systematisierung von Inhalten im typographischen Medium blieb nun auch mehr Zeit für die eigentliche Rezeption der Fachliteratur sowie für deren Recherche (vgl. Stollberg-Rilinger 2000: 187). Darüber hinaus förderte die mechanische Reproduktion in der Druckerpresse aber auch die Beständigkeit sowie Einheitlichkeit und damit Vergleichbarkeit der einzelnen Texte. Eisenstein (1997 [1983]: 72) betrachtet diese Fähigkeit des Buchdrucks zur Konservierung, die »typographische Persistenz«, daher auch als »eine grundlegende Voraussetzung für den schnellen Fortschritt der Gelehrsamkeit«.

»Keine Handschrift, wie nützlich sie auch als Nachschlagewerk sein mochte, konnte über eine lange Zeitspanne konserviert werden, ohne dass die Arbeit der Kopisten zu Verfälschungen und Entstellungen führte und selbst diese Art des Fortbestands hing vom wechselnden Bedarf lokaler Eliten ab und der Frage, ob gerade geübte Handschriftenschreiber vorhanden waren. [...] Die Weitergabe von Informationen von einer Generation zur nächsten war durch fluktuierende Texte und dahinschwindende Handschriften beeinträchtigt.« (Ebd.)

Nun also wurde es möglich, barrierefrei an die intellektuelle Arbeit vorangegangener Generationen anzuschließen und auf diese Weise kumulative Effekte zu erzielen (vgl. Briggs/Burke 2002: 19). So konnten aus der Kombination und Permutation bereits vorhandener, älterer Theorien beispielsweise nicht selten ungeahnt neue Gedankensysteme entstehen (vgl. Eisenstein 1997 [1983]: 41). Aber nicht nur das Denken und Wissen früherer Gelehrter konnte nun viel systematischer und effektiver in die eigenen Überlegungen einbezogen werden, auch der gelehrte Austausch mit Zeitgenossen wurde durch den Einfluss des Buchdrucks intensiviert und auf eine vollkommen neue Ebene gehoben. Dank der Existenz hunderter weitgehend[13] identischer Texte, Karten und Abbildungen, konnte man diese zur selben Zeit an verschiedenen Orten rezipieren und ebenso problemlos darüber korrespondieren (vgl. ebd.: 21 sowie 48). Das wachsende Angebot an einheitlich vervielfältigten, gedruckten Informationen förderte nicht zuletzt aber auch die Vergleichbarkeit einzelner Werke. Die Folge war ein bis dato in diesem Ausmaß nicht gekannter kritischer Umgang mit den dort festgehaltenen Geschichten, Aussagen und Interpretationen der Autoritäten. Asa Briggs und Peter Burke (2002: 68) fassen dies folgendermaßen zusammen:

»Print facilitated the accumulation of knowledge by making discoveries more widely known as well as by making it more difficult for information to be lost. On the other hand [...] print destabilized knowledge, or what had been thought to be knowledge,

---

13 Kleinere Abweichungen zwischen einzelnen Ausgaben konnten, wie schon erwähnt, gerade zu Beginn des Buchdrucks freilich noch nicht gänzlich ausgeschlossen werden.

by making readers more conscious of the existence of conflicting stories and interpretations.«

Diese Beobachtung korrespondiert mit der Stoßrichtung der humanistischen Kritik am herkömmlichen Wissen der Scholastiker und deren ›Gelehrsamkeit alten Stils‹, welche sie als unzeitgemäß verspotteten (vgl. Stollberg-Rilinger 2000: 180f.). Insofern unterstützte das typographische Medium das humanistische Ideal selbständigen Denkens.

In diesem Kontext und vermutlich ausgelöst durch die generell begeisterte Antike-Rezeption der Humanisten verbreitete sich nun ab dem 16. Jahrhundert eine große Faszination für den Skeptizismus (vgl. Burke 2001: 231ff.). Als philosophische Strömung gewann dabei vor allem der pragmatische Skeptizismus an Bedeutung. Der kritische und zweifelnde Blick steigerte sich schnell jedoch so weit, dass gegen Ende des 17. Jahrhunderts von einer regelrechten Krise des Wissens zu sprechen ist (vgl. ebd.: 237). Eine Reaktion auf diese Krise war neben der Möglichkeit der geometrischen Methode (René Descartes: »Discours de la méthode« 1637) vor allem die Hinwendung zum *Empirismus* als Wissen schaffender Praxis (vgl. ebd.: 239). Hier zeigt sich einmal mehr die allmähliche Ablösung humanistischer Ideale durch den Rationalismus der aufkeimenden Moderne. War es dem Humanismus in erster Linie um die ›Renaissance‹, die Wiederentdeckung eines traditionellen, jedoch vergessenen Wissens gegangen, erhielt demgegenüber nun die systematische Ermittlung neuer Erkenntnisse einen besonderen, bisher so nicht gekannten Stellenwert. Das vorhandene Wissen wurde damit freilich nicht per se obsolet. Das empirische Vorgehen eröffnete aber eine Möglichkeit, das alte Wissen kritisch zu überprüfen und entsprechend zu erweitern. Die einfache, unkritische Übernahme alten Wissens, wie sie beispielsweise lange Zeit beim Kopieren von Handschriften praktiziert wurde, galt mehr und mehr als unzulässige Form der Informationsbeschaffung (vgl. Giesecke 1994: 340). Sie wurde durch neue Formen der Datenerhebung und -darstellung ersetzt (vgl. ebd.: 346ff.).

Diese besondere Wertschätzung der Schaffung neuen Wissens ist aber auch in Verbindung mit dessen Wahrnehmung zu sehen. Auch hier ist es wieder die durch den Buchdruck geschaffene Vergleichbarkeit, die einen neuen Umgang mit dem Wissen provozierte. Nur weil vorhandene Kenntnisse nun sicher dokumentiert und vor allem zeitlich stabil festgehalten werden konnten, waren neue Erkenntnisse – eben in der Abgrenzung gegenüber dem bereits Bekannten – auch sicher als solche zu erkennen (vgl. Eisenstein 1997 [1983]: 80).

a) Wissenschaftliche Methode
Es lässt sich also festhalten, dass wissenschaftlich motivierte Neugier und bewusste Suche nach neuen Erkenntnissen Resultate sich ergänzender zeitgeschichtlicher Orientierungen und medialer Möglichkeiten darstellen. Förderte der Buchdruck auch die Stabilität, Zugänglichkeit und Vergleichbar-

keit des vorhandenen Weltwissens, hätte der damit ausgelöste Impuls zur empirischen Überprüfung und forschenden Erweiterung nicht dieselbe Stoßkraft entwickeln können, wäre innerhalb der frühneuzeitlichen Renaissancegesellschaft nicht ein genereller Hang zur Neugier und zum selbständigen Denken angelegt gewesen, der nicht erst aus den Implikationen des Buchdrucks resultierte, sondern seine Ursachen wohl vor allem in der geographischen Erweiterung des Weltbildes und den Idealen des humanistischen Menschenbildes hatte.

Den Kern des empirischen Vorgehens in dieser Zeit bildete das *Experiment*. Auf dieses stützten sich vor allem die in dieser Zeit besonders erstarkenden Naturwissenschaften, die sich auf diese Weise, wie dies im ersten Abschnitt des Kapitels bereits angeklungen ist, ebenso wie die Philosophie von der Theologie emanzipierten. Mit Hilfe des Experiments sollten die Strukturen der Wirklichkeit mathematisierend-quantifizierend erfasst bzw. ›vermessen‹ und somit umfassend aufgedeckt werden. Schon Max Weber (1996 [1919]: 19f.) schrieb hierzu:

»Neben der Entdeckung des hellenischen Geistes trat nun als Kind der Renaissancezeit das zweite große Werkzeug wissenschaftlicher Arbeit: das rationale Experiment, als Mittel zuverlässig kontrollierter Erfahrung, ohne welches die heutige empirische Wissenschaft unmöglich wäre. Experimentiert hatte man auch früher […]. Aber das Experiment zum Prinzip der Forschung als solcher erhoben zu haben, ist die Leistung der Renaissance.«

Wie in diesem kurzen Zitat bereits anklingt, setzte sich die wissenschaftliche Methode also in erster Linie durch die Schaffung einer zuverlässig kontrollierten Erfahrung von anderen Wegen der Erkenntnis ab. Gemeint ist eine zunehmende Systematisierung des experimentellen Vorgehens, so dass Burke (2001: 60) konstatiert, etwa um 1700 habe eine »Verlagerung von der Neugier zur Forschung« stattgefunden. Die wissenschaftliche Arbeit entwickelte sich zu einer eigenen Praxis und erhielt einen geradezu »artifiziellen Charakter« (Frederichs 2001: 76). Zentraler Ausdruck dieser Systematisierung und Artifizierung war die Schaffung experimenteller Settings durch den gezielten Einsatz von Instrumenten und technischen Apparaten. So fand in Ablösung des mittelalterlichen Prinzips der Offenbarung und Verkündigung nun zwar eine Fokussierung der Erkenntnis auf die konkrete sinnliche Wahrnehmung statt, doch wurde diese durch die jeweilige experimentelle Anordnung gezielt gelenkt (vgl. Giesecke 1994: 566ff.). Wo es ging, bemühte man sich zudem, die natürliche Sinneserfahrung des Alltags durch künstlich[14] geschaffene, gegenüber störenden Einflüssen isolierte und damit

---

14 Paolo Rossi (1997: 19f.) verweist darauf, dass sich in diesem Sinne auch der Naturbegriff der beginnenden Moderne eklatant von jenem der mittelalterlichen Philosophen unterscheidet. So konnten die Gesetze der Natur nun auch unter künstlich geschaffenen Bedingungen untersucht werden, da natürliche und künst-

noch besser kontrollierbare Erfahrungen zu ersetzen (vgl. Krohn 2006: 8). In vielen Bereichen war die Konstruktion einer entsprechenden Vorrichtung auch überhaupt erst die Voraussetzung zur Beobachtung bestimmter Sachverhalte.

Die neue wissenschaftliche Methode beinhaltete aber nicht nur die Disziplinierung und ›Programmierung‹ der Informationsaufnahme und -verarbeitung, ein weiteres zentrales Element des forschenden Vorgehens bildete überdies die *Hypothese*, d.h. die durch das Experiment zu überprüfende Annahme bzw. Vermutung über die Wirklichkeit. Goertz (2004: 63) betrachtet sie sogar als »wichtigstes Instrument zur Erweiterung des Wissens«, denn nur durch sie konnte das experimentelle Vorgehen auch gedanklich systematisiert werden.

b) Das Prinzip der intersubjektiven Nachprüfbarkeit

Die eben beschriebene »Kultivierung der Gestaltung« (Krohn 2006: 8) wissenschaftlicher Arbeit, genauer der Anspruch eines systematisierten und kontrollierten Vorgehens bei der Informationsgewinnung, dient aber nicht nur der Zuverlässigkeit des wissenschaftlichen Erkennens selbst sowie der Qualität der Erkenntnisse, sie ist auch die Grundlage für die Realisierung des Prinzips intersubjektiver Nachvollziehbarkeit und -nachprüfbarkeit.

»Solange man Beschreibungen nur für sich selbst anfertigte oder sie im äußersten Fall Dritten mündlich erläuterte, bestand kaum Bedarf für eine intersubjektiv nachvollziehbare Reflexion der Vorgänge bei der Informationsgewinnung. Hier liegt der eigentliche Grund für die Ausbreitung der neuzeitlichen Wissenschaften: Die Reflexion von bestimmten Phasen der Informationsverarbeitung ist eine unabdingbare Voraussetzung und damit auch Folge des durch den Buchdruck technisch ermöglichten Kommunikationsmodells. Es reicht nicht mehr aus, Informationen zu sammeln und sie weiterzugeben. Man muss sich auch mit der Art und Weise beschäftigen, wie diese Informationen erworben wurden.« (Giesecke 2002: 69)

So verbreitete sich mit der Idee der Forschung auch die Forderung nach *Subjektunabhängigkeit*: Erkenntnisse dürfen demnach nicht abhängig vom jeweiligen Forscher respektive Experimentator sein, sondern müssen nach allgemeingültigen Regeln gewonnen und damit jederzeit von Fachkollegen überprüfbar sein (vgl. Perger 2003: 36f.). Dieser bereits Ende des 16. Jahrhunderts vorherrschende Grundsatz, wonach Wissen nur dann wissenschaftliche Gültigkeit beanspruchen kann, wenn es sich intersubjektiv überprüfen lässt, gilt noch bis heute unverändert. Die Realisierung dieses Grundsatzes intersubjektiver Nachprüfbarkeit machte die unbedingte Einhaltung be-

---

liche Körper nicht länger als verschiedene Entitäten aufgefasst wurden. Vor allem aber ging es der modernen Wissenschaft um eine wirkliche Untersuchung der Natur, während die Scholastik vielmehr das Wissen über die Natur untersuchte.

stimmter (systematisierter) Handlungsschritte wiederum noch einmal notwendiger und verfestigte sie damit. Auf diese Weise vollzieht sich im 17. Jahrhundert die Entstehung des *Normierungsparadigmas* als einer theoretisch begründeten Praxis (vgl. Weingart 2005: 24).

2.1.2 Institutionalisierung und Entstehung der akademischen Wissensordnung[15]

Die sich im 17. Jahrhundert entfaltende wissenschaftliche Methode eines systematisierten und normierten, forschend-experimentellen Zugangs zur Welt als Weg der Gewinnung neuer Erkenntnisse wäre ohne eine entsprechende institutionelle Verankerung und Verfestigung allerdings vermutlich kraftlos geblieben. Der institutionelle Kontext ist, wie Burke (2001: 45) schreibt, gewissermaßen von jeher ein »wesentlicher Bestandteil« der Geschichte des Wissens gewesen. Das gilt für die Mythen archaischer Völker, deren Heimstadt die Köpfe der jeweiligen Schamanen bildeten und noch bis heute bilden, ebenso wie für die in antiken Tempeln aufbewahrten Schriftrollen und die hinter mittelalterlichen Klostermauern verschlossenen Handschriften. Zu Recht verweist er daher darauf, dass seit der Renaissance, d.h. im Zuge der zahlreichen Stadtgründungen des ausgehenden Mittelalters (siehe auch Abschn. 1.1.1 in diesem Kap.), eine zunehmende Zentralisierung des Wissens in den Städten stattfand. In ihnen konzentrierten und vermehrten sich die verschiedenen »Sitze des Wissens« (vgl. ebd.: 71) – Universitäten, Bibliotheken, Kanzleien, Museen und Galerien ermöglichten immer intensivere Wechselbeziehungen zwischen den verschiedenen Arten des Wissens. Eine besondere Position im Hinblick auf die Zentralisierung des Wissens nahmen dabei die Seehäfen und Hafenstädte ein, denn hier trafen auch neue Erkenntnisse über ferne Länder und Kulturen ein, die aufbereitet und dann mit Hilfe des Buchdrucks weiterverbreitet wurden (vgl. ebd.: 93ff.).

Die Städte waren im Sinne der Buchdruckerkunst aber nicht nur Zentren der Wissensverarbeitung, sie waren auch Orte der Wissensvermittlung sowie – wenngleich auch erst späterhin – der forschenden Wissenserzeugung. Die darauf zugeschnittenen Institutionen, die ersten Universitäten, entstanden am Ende des 12. Jahrhunderts (insbesondere Bologna; im 13. Jahrhundert auch Paris, Oxford, Cambridge, Padua, Neapel etc.) und verbreiteten sich im 14. und 15. Jahrhundert über ganz Europa (Rom, Grenoble, Prag, Wien, Heidelberg etc.). Gerade die frühen Universitäten waren dabei jedoch noch fest in der Institution Kirche verankert. Das zeigte sich sowohl an der Struktur der Universitäten selbst (wo die theologische Fakultät der mittelalterlichen Universität noch bis weit in die Neuzeit hinein alle anderen Fakultäten dominierte) und den vermittelten Inhalten als auch beim Personal. Die Mehrzahl der Universitätslehrer und Studenten dieser Zeit waren – darauf

---

15 Zu dieser Thematik aus wissenssoziologischer Sicht ausführlicher auch Weingart 2003b sowie Weingart 2005: 35-86.

weist schon der Begriff Klerisei hin – Kleriker (vgl. Burke 2001: 32) und damit der scholastischen Methode verhaftet. Im Zuge der Renaissance und nicht zuletzt unterstützt durch den Buchdruck, welcher die Möglichkeit größerer Selbständigkeit durch die Veröffentlichung von Büchern eröffnete (vgl. ebd.: 33), emanzipierten sich die ersten Gelehrten jedoch allmählich von der institutionellen Bindung an Theologie und Kirche. Eben jene humanistisch ausgerichteten Renaissancegelehrten waren es auch, die sich mehr und mehr von der Tradition mittelalterlicher Gelehrsamkeit und der dazugehörigen scholastischen Methode abwendeten und eine moderne Wissenschaft forcierten (vgl. Rossi 1997: 19).

a) Akademien als Orte der Forschung
Die Universitäten des Mittelalters konzentrierten sich, auch darauf wurde im Rahmen der Darstellungen zur Renaissance und Humanismus schon bereits eingegangen (siehe Abschn. 1.1.2 in diesem Kap.), eher auf die Vermittlung von Wissen, denn auf dessen Entdeckung. Die scholastische Methode sah vor allem die getreue Weitergabe der Ansichten weniger anerkannter Autoritäten sowie die herleitende Erläuterung theologischer Dogmen vor (vgl. Burke 2001: 46). Die neue (natur-)wissenschaftliche Forschung, wie sie im vorangegangenen Abschnitt beschrieben wurde, hatte so gesehen im traditionell-scholastischen System der Wissenschaften an den spätmittelalterlichen und frühneuzeitlichen Universitäten also zunächst keinen Platz. Personen wie René Descartes (1596-1650) und Francis Bacon (1561-1626), welche eine neue, rationalistische Wissenschaft vertraten, standen den Universitäten daher auch überaus kritisch gegenüber. In England beispielsweise forderten die Vertreter des Puritanismus nicht nur die Einführung neuer Lehrstoffe und die Einführung veränderter Methoden der Wissensvermittlung; durch ihren Versuch, die wissenschaftliche Forschung auch an den Universitäten zu etablieren, erhofften sie sich zudem, dass mehr Menschen von diesem neuen Weg der Erkenntnis profitierten (vgl. Rossi 1997: 294). Der Versuch misslang zunächst. So ist es nicht verwunderlich, dass Forschungen, die im modernen Sinne als wissenschaftlich zu bezeichnen sind, in England wie auch in anderen Teilen Europas zwischen 1500 und 1640 noch weitgehend unkoordiniert stattfanden (vgl. Eisenstein 1997 [1983]: 207).

Die – wenn man so will – ›Geburt der modernen Wissenschaft‹ gelang jedoch erst in Verbindung mit dem Aufkommen alternativer Institutionen des Wissens – den sogenannten *Akademien* (der Wissenschaften), wie sie sich ab dem 17. Jahrhundert herausbildeten. Die erste dieser (privat gegründeten) Akademien war die Accademia die Lincei in Rom (1603). Bald folgten ihr weitere wie die Accademia del Cimento in Florenz (1657) und die Royal Society in London (1660) oder die Académie Royale des Sciences in Paris (1666). Auch bis ins 18. Jahrhundert hinein und darüber hinaus setzte sich diese Entwicklung fort. Im Zuge der Aufklärung entstanden schließlich sogar europaweite Gelehrtengemeinschaften (vgl. Burke 2001: 52ff.).

Einige dieser Institutionen besaßen einen ausgeprägt exklusiven und elitären Charakter, andere hingegen erwuchsen gewissermaßen ›von unten‹ als Gruppe Gleichgesinnter (vgl. u.a. ebd.; Stollberg-Rilinger 2000: 181; Rossi 1997: 296ff.). Immer aber verstanden sie sich als Gemeinschaft gelehrter Männer, denen es daran gelegen war, die wissenschaftliche Praxis zu fördern und zu verbreiten (vgl. Stollberg-Rilinger 2000: 181). Freilich konnten die damaligen Akademien der Frühen Neuzeit dabei nicht als Forschungsinstitute im heutigen modernen Sinne gelten. Sie waren, wie Rossi (1997: 296) schreibt, lediglich

»Orte, wo Informationen ausgetauscht und Hypothesen erörtert, gemeinschaftliche Experimente erwogen bzw. durchgeführt und wo vor allem Experimente oder Abhandlungen der Mitglieder, aber auch externer Korrespondenten bewertet und beurteilt wurden«.

Gerade unter Maßgabe dieses Blickwinkels muss jedoch konstatiert werden, dass bereits zu dieser Zeit die wichtigsten Merkmale vorlagen, welche heute noch die akademische Wissensordnung prägen. Sie sollen in den folgenden Absätzen genauer erläutert werden. Vor allem herrschte innerhalb der Akademien ein festes Reglement, dementsprechend die Aktivitäten des Einzelnen abgewogen und eingeschätzt wurden (ebd.: 297).

b) Wissenschaftliches Ethos und wissenschaftlicher Habitus
Im Kontext der frühneuzeitlichen Akademien, die sich vom 17. Jahrhundert an, ganz besonders aber im 18. Jahrhundert über Europa verbreiteten, erfuhr die moderne Wissenschaft als soziale Praxis also eine erste Institutionalisierung. Wer diesen Akademien beitrat, suchte in der Regel Schutz vor der Politik und/oder der Einmischung der Theologie, welche die eigene wissenschaftliche Arbeit zu gefährden drohten (vgl. Rossi 1997: 46). Die Mitglieder der Akademien betrachteten sich dabei als ›Gelehrte neuen Typs‹, als ›Philosophen der Weltweisheit‹[16], die sich in ihrem Tun deutlich von den alten Gelehrten der Scholastik aber auch des Humanismus unterschieden. Auf diese Weise entwickelten die frühneuzeitlichen Gelehrtengemeinschaften rasch den Charakter in sich geschlossener Funktionssysteme, die über eigene Regeln und Konventionen verfügten, welche ihre Handlungspraxis von anderen gesellschaftlichen Handlungspraxen absetzte und die mit eigenen Unterscheidungen operierten, die sie mit Hilfe der »miteinander verschränkten Programme Theorie und Methode« (Meißner 2007: 92) trafen.

In diesem Sinne wirkte der Prozess der Institutionalisierung der Wissenschaft zur akademischen Wissensordnung aber auch wieder rollen- und regelförmig auf ihre Mitglieder zurück. So stellen Münte/Oevermann (2002: 165f.) sehr zutreffend fest,

---

16 Den heutigen Begriff des Wissenschaftlers selbst brachte gleichwohl erst das 19. Jahrhundert mit sich (vgl. Stollberg-Rilinger 2000: 180).

»dass die Methoden erfahrungswissenschaftlicher Forschung als verbindliche Normen für eine prinzipiell universalistisch definierte Gemeinschaft von Wissenschaftlern eingerichtet sind und damit eine Mitgliedschaft definieren, durch die wissenschaftliches Handeln als Forschen zu einer unpersönlich rollenförmig vorgemusterten Praxis wird, deren Erfüllung nun nicht mehr wie zuvor von den partikularen, personalen Eigenschaften von Individuen abhängig ist [...]. Ein solcher Institutionalisierungsprozess geht einher mit der Verfestigung einer Habitusformation, in der sich die verpflichtende Bindung an ein normiertes Muster von Forschungspraxis so kristallisiert, dass mit ihr eine Basis für ein intuitives Urteil der Angemessenheit jenseits formaler Routine auf für zukünftige, bis dahin noch gar nicht bekannte Konstellationen und Handlungsbedingungen gelegt ist. Eine solche Habitusformation wirkt deshalb wie eine Erziehungsformel für eine zukünftige Praxis.«

Der amerikanische Wissenschaftssoziologe Robert K. Merton (»Science and Technology in a Democratic Order« 1942) formulierte diesbezüglich in den 1940er Jahren einen Satz institutioneller Imperative. Gemeint ist ein kollektiv geteilter und verbindlich geltender, moralischer Verhaltenskodex, d.h. Regeln und Normen, die bereits auf die Gründungsgeschichte der englischen und französischen Akademien zurückgehen und sich als funktional für die Produktion gesicherten Wissens erwiesen haben. Auch wenn sie inzwischen als weitgehend überholt gelten, spiegeln sich in ihnen doch die frühen Grundlagen des institutionalisierten wissenschaftlichen Handelns (vgl. im Folgenden Weingart 1998: 14 sowie 2003b: 16f.):

(1) Uneigennützigkeit: Das Prinzip der Uneigennützigkeit bezieht sich dabei auf die Integrität der wissenschaftlichen Praxis, welche sich darin begründet, dass im gesamten Forschungsprozess keine unerlaubten Mittel zum Einsatz kommen dürfen. Es ist also nicht die Uneigennützigkeit des Tuns des jeweiligen Wissenschaftlers, auf die der Grundsatz abhebt, sondern die Uneigennützigkeit der Wissenschaft selbst. So gesehen richtet sich dieses Prinzip gewissermaßen kategorisch gegen jede Form des Betrugs innerhalb der akademischen Wissensordnung.

(2) Organisierter Skeptizismus: Das Prinzip des organisierten Skeptizismus betont eine kritische Haltung gegenüber jedweder Behauptung. Gemeint sind damit keine anhaltenden Zweifel und Unsicherheiten, doch verlangt die Ethik des wissenschaftlichen Handelns unter dem Prinzip des organisierten Skeptizismus, dass ein endgültiges Urteil erst dann gefällt werden darf, wenn dieses auf der Basis empirischer und logischer Kriterien ausreichend und angemessen geprüft worden ist.

(3) Universalismus: Dem Prinzip des Universalismus entsprechend müssen Erkenntnisse nicht nur universal gültig sein, d.h. dem Kriterium intersubjektiver Nachprüfbarkeit genügen. Vielmehr verweist dieses Prinzip zudem darauf, dass die Annahme oder Ablehnung von Erkenntnissen nicht von personalen oder sozialen Faktoren des Forschers abhängig gemacht werden darf. Mit anderen Worten: Ebenso, wie die Erkenntnisse selbst un-

abhängig von der Person des Forschers sein müssen, darf auch deren Anerkennung nicht von jener abhängig sein.

(4) Kommunismus: Das Prinzip des Kommunismus schließlich verlangt, dass Erkenntnisse der Wissenschaft stets der wissenschaftlichen Gemeinschaft als Ganzer zugeschrieben werden. Sie sind nicht als Eigentum des jeweiligen Forschers zu betrachten, sondern offen zur Verfügung zu stellen.

c) Peer Review und Reputation
Der Logik des Funktionssystems der akademischen Wissensordnung folgend, findet darüber hinaus auch keine unmittelbare Entlohnung der wissenschaftlichen Arbeit des Einzelnen statt. Stattdessen haben sich zwei alternative Mechanismen der systeminternen Anerkennung und Wertschätzung entwickelt. Bei diesen alternativen Mechanismen der Wertschätzung handelt es sich um den Erwerb wissenschaftlicher *Reputation* einerseits sowie Zuerkennung bzw. Verleihung bestimmter akademischer Grade andererseits. Beide – die wissenschaftliche Reputation im Allgemeinen wie der wissenschaftliche bzw. akademische Grad im Speziellen – sind für Glaubwürdigkeit und Aufmerksamkeit innerhalb sowie außerhalb der wissenschaftlichen Gemeinschaft entscheidend. Dies ist besonders aus dem Grund von Bedeutung, da sich damit sowohl sozialer Einfluss als auch ideelle wie materielle Zuweisung von Ressourcen verbinden (vgl. Weingart 2003b: 23).

Die Basis dieser systeminternen Formen der Anerkennung und Wertschätzung ist der sogenannte *Peer Review*, die Überprüfung, Begutachtung und Bewertung eines jeden Mitglieds des Wissenschaftssystems durch andere Mitglieder der Gemeinschaft. Das bedeutet also,

»[e]s reicht nicht aus, dass der einzelne Wissenschaftler behauptet, eine neue Erkenntnis gewonnen oder eine neue Entdeckung gemacht zu haben. Sie bedarf vielmehr der Überprüfung und Lizensierung durch die Gemeinschaft der kompetenten Kollegen, um als anerkannt und gesichert zu gelten.« (Ders. 2005: 285)

Der Prozess des Peer Review erzeugt und sichert aber nicht nur das wechselseitige Vertrauen der Wissenschaftler untereinander und bildet damit die Basis für Anschlusskommunikationen, er wirkt überdies auch nach außen und gewährleistet die gesellschaftliche Legitimation des wissenschaftlichen Wissens. Hinter beiden Zweckrichtungen des Peer Reviews stehen dabei weitgehend pragmatische Gründe:

»[...] das ›Peer-review‹-System hat die Funktion, Vertrauen zu erzeugen, und zwar nach ›innen‹ das Vertrauen in die Verlässlichkeit und Wechselseitigkeit der wissenschaftlichen Kommunikation zur Sicherung ihrer Offenheit; und nach ›außen‹, gegenüber der Öffentlichkeit, Vertrauen in die Verlässlichkeit des produzierten Wissens, um die Ressourcen für die Forschung zu legitimieren.« (Ebd.: 287)

d) Wissenschaft als Kommunikationssystem: Publizität und Autorschaft
Im Sinne der Herausbildung des Peer Review und der Anerkennung durch Reputation gewannen also Kommunikationsprozesse innerhalb der Wissenschaft eine besondere Bedeutung. Das Funktionssystem Wissenschaft, die soziale Gemeinschaft, wurde zu einem *Kommunikationssystem*, dessen Mitglieder untereinander kommunikativ verbunden sind (vgl. u.a. Weingart 2003b: 32f.). In diesem System stellen Mitglieder – ganz in der Logik des ethischen Imperativs des Kommunismus – sich ihre Ergebnisse gegenseitig zur Begutachtung zur Verfügung. Niederhauser (1999: 102) schreibt hier im Hinblick auf die Logiken fachinterner Kommunikation:

»Diese für alle Wissenschaften geltende Verhaltensnorm [gemeint ist der Kommunismus] schließt den privaten Besitz an wissenschaftlichen Erkenntnissen aus und macht es zur Pflicht, wissenschaftliche Ergebnisse nicht für sich zu behalten, sondern zu veröffentlichen. […] Wissenschaftliche Ergebnisse und Erkenntnisse, die nicht der wissenschaftlichen Gemeinschaft zugänglich gemacht werden, gelten als nicht erzielt. Erst durch ihre Veröffentlichung können Arbeiten oder Forschungsresultate als wissenschaftliche Arbeiten anerkannt werden […].«

Will man innerhalb des Kommunikationssystems Wissenschaft also Anerkennung finden und wahrgenommen werden, dann muss man publizieren. Nach Derek de Solla Price ist die Publikation seit den Anfängen der modernen Wissenschaft im 17. Jahrhundert das zentrale Produkt wissenschaftlicher Arbeit (vgl. Weingart 2003b: 32), auf das sich Anerkennung erst beziehen kann. Hier zeigt sich die gängige Regel des ›publish or perish‹ – erst die schriftliche Publikation erreicht die Allgemeinheit (vgl. Cahn 1991: 41). *Publizität* gilt damit also als basales Moment der Autorität wissenschaftlicher Eliten (vgl. ebd.: 54). Weiterhin ausschlaggebend für den Grad der Anerkennung ist jedoch die tatsächliche Rezeption des jeweils Publizierten, die sich beispielsweise anhand der Zahl der Zitationen zeigt. So sind mit Publikation und Zitation die zwei zentralen quantitativen (bibliometrischen) Indikatoren benannt, die für die Anerkennung im Kommunikationssystem Wissenschaft stehen und über die sich Statusunterschiede zwischen Wissenschaftlern bis heute ausdrücken (vgl. Weingart 2003b: 31ff.).

Als wichtigstes Selektionskriterium im Hinblick auf die Wahrnehmung galt seit der Herausbildung der modernen Wissenschaft dabei die *Neuheit* dessen, was im wissenschaftlichen Kommunikationssystem Anerkennung finden sollte: Originalität und Erstentdeckung wurden auf diese Weise zu wichtigen Größen im innerdisziplinären Wettbewerb (vgl. Weber 2004: 68ff.). An ihnen dokumentieren und manifestieren sich der Fortschrittsgedanke der beginnenden Moderne einerseits und die Logik des Buchdrucks andererseits. Gefragt waren nicht mehr nur Abschriften und Übersetzungen namhafter Denker vergangener Tage, wie dies vor allem im Mittelalter üblich gewesen war, sondern es entstanden Normen, welche die Eingabe von Informationen und den Anschluss an diese Informationen durch Dritte prämierten (vgl. Giesecke 1994: 425ff.). Zwei Grundsätze hielten so Einzug in die Welt des wissenschaftlichen Arbeitens und Publizierens: »Vergewissere Dich, dass die Informationen, die Du verbreiten willst, tatsächlich neu sind.« und: »Schließe mit Deinen neuen Informationen an die schon gespeicherten Informationen an.« (vgl. ebd.: 427).

Diese beiden Maximen standen freilich im diametralen Widerspruch zu den Grundregeln oraler und skriptographischer Kulturen. Und das aus zwei Gründen: Zum einen, weil sie auf dem Grundsatz bzw. der Vorstellung aufbauten, dass eine Erkenntnis, eine kommunizierte Information, immer an eine einzelne, klar bestimmbare Person gebunden ist. Gemeint ist das Prinzip der individuellen und persönlichen *Autorschaft*[17]. Noch am Übergang vom Mittelalter zur Renaissance wurde der wirklichen Identität des Autors bekanntermaßen nur wenig Bedeutung beigemessen (vgl. Giesecke 1994: 316). Werke, die namhaften Personen zugeordnet wurden, konnten daher auch beliebig modifiziert und dem persönlichen Denken angepasst werden. Erst in der Neuzeit – und unter dem Eindruck des neuen Individualismus humanistischer Prägung – entstand die Überzeugung, dass sich hinter der Information eine »Eingabequelle aus Fleisch und Blut« (ebd.: 318) verbarg. Nun setzte es sich auch durch, Werke mit Titel- und Autorenangaben zu versehen. Es galt, wie Giesecke schreibt, die »Regel: ›Ein Autor, ein Werk (Titel), ein Informationsbündel‹« (ebd.: 325). Der ehemals als Gemeineigentum betrachtete Text wurde zur Individualleistung. Das bedeutete auch den Übergang zu einer individualistischen Wissensauffassung (vgl. Burke 2001: 179f.).

»Erst als es möglich wurde, zu unterscheiden zwischen dem Verfassen und dem Vortragen eines Gedichts oder dem Schreiben und dem Kopieren eines Buches; erst als Bücher auf andere Art und Weise klassifiziert werden konnten als mit Hilfe der Formel des ›incipit‹, konnte das moderne Spiel von Büchern und Autoren gespielt werden.« (Eisenstein 1997 [1983]: 78)

Neu war aber nicht nur die Vorstellung einer individuellen und personengebundenen Autorschaft. Neu war zum anderen auch der Grundsatz, den Autor als Schöpfer von etwas Neuem zu betrachten, das vor ihm so noch niemand gedacht, gesehen und beschrieben hatte. Auch das hängt wiederum eng mit den Neuerungen des typographischen Systems zusammen. Vor allem die Beständigkeit und Vergleichbarkeit von Informationen, die durch den Buchdruck erzeugt wurden, spielen hier eine entscheidende Rolle:

---

17 Zum Konzept der Autorschaft und dessen Modifikation im Kontext des Dispositivs Internet siehe die Dissertationsschrift von Florian Hartling »Der digitale Autor. Autorschaft im Zeitalter des Internets« 2009.

»Die Beständigkeit von Gedrucktem ermöglichte auch eine ausdrücklichere Anerkennung individueller Innovationen und förderte die Geltendmachung von Ansprüchen auf Erfindungen und Entdeckungen.« (Ebd.: 77)

Insgesamt liegt gerade in diesem gewandelten Blick auf Erkenntnis als intellektuelle Leistung, die sich über das Prinzip der individuellen und personengebundenen Autorschaft auch sicher auf die Aktivität eines bestimmten Individuums zurückführen lässt, das wirklich revolutionäre Moment der Wissensproduktion und -kommunikation in der Frühen Neuzeit, denn nur dadurch war eine systematische Weiterentwicklung des jeweiligen disziplinären Erkenntnisstandes möglich.

Praktisch schlug sich das neue Konzept des Autors nur allmählich in entsprechenden Normen und spezifischen Programmen nieder, zunächst arbeitete man vielfach noch mit den hergebrachten Normen aus skriptographischen Zusammenhängen (vgl. Giesecke 1994: 420). Mehr und mehr setzte sich jedoch das uns noch heute bekannte Titelblatt als zuverlässiger Träger von Angaben über Autor, Titel des Werkes, Drucker, Druckort, Erscheinungsdatum durch und macht die jeweilig publizierte Information nachhaltig anschlussfähig. Die Etablierung einer benutzerfreundlichen Paginierung, d.h. die Einführung von Seitenzahlen (über die von den Autoren verwendeten Kapiteleinteilungen hinaus), tat ihr Übriges (vgl. ebd.: 420ff.). Folglich lässt sich konstatieren, dass am Ende des 16. Jahrhunderts die anspruchsvollen Autoren in der bis heute üblichen Form zitieren konnten und dies auch weitgehend taten (vgl. ebd.: 425).

e) Wissenschaftssprache
Grundsätzlich sichert also Publizität die Existenz im Kommunikationssystem Wissenschaft, inhaltlich entscheidet die Neuheit, d.h. die Einmaligkeit und Originalität des Publizierten über dessen Wahrnehmung und Anerkennung im Kontext der Gemeinschaft. Das Konzept des Autors und die damit verbundenen typographischen Programme eröffnen zudem die systeminterne Anschlussfähigkeit durch die Möglichkeit der Zitation. Dennoch sind diese Faktoren nicht allein ausschlaggebend. Formal müssen die kommunizierten Texte auch sprachlich anschlussfähig sein, sich also auch auf der sprachlichen Ebene als zum Wissenschaftssystem zugehörig erweisen.

Als eigenständiges gesellschaftliches Funktionssystem entwickelte die Wissenschaft auch rasch eine eigene *Sprachlichkeit*. Diese sollte einerseits vor allem der Präzisierung des Gesagten dienen. Schon in einem Text der Royal Society aus dem Jahre 1667 heißt es beispielsweise, es werde »verlangt, auf eine Art und Weise zu sprechen, die deutlich, nackt, natürlich und von wissenschaftlicher Klarheit ist, wobei die Sprache der Handwerker und der Händler der der Philosophen vorzuziehen ist« (Sprat 1667 in Rossi 1997: 46).

Wissenschaftssprache zeichnet sich folglich bis heute durch besondere Sachlichkeit und Strenge des Ausdrucks aus und unterscheidet sich im Hinblick auf Klarheit und Einheitlichkeit deutlich von der Alltagssprache (vgl. Perger 2003: 47ff.). Dies zeigt sich etwa anhand eines weitgehenden Verzichts auf schmückende Beiwörter, einer normierten Verwendung von Begriffen, einer Präferenz für Definitionen oder den Einsatz der mathematischen Formelsprache. Weiterhin gehört dazu aber auch das Ich-Tabu, d.h. eine deagentivierte und sachbetonte Darstellung (Niederhauser 1999: 107), die sich beispielsweise dort findet, wo auch auf eigene Leistungen nur über unpersönliche, sachliche Literaturverweise rekurriert wird (vgl. ebd.: 109). Eine derartige Objektivierung und Präzisierung der Sprache ist vor allem dann hilfreich, wenn es um die Systematisierung und Klassifizierung beobachteter Phänomene geht. Die Theoriesprachlichkeit erleichtert dann die Prozesse der Beschreibung, Erklärung, Repräsentation und Begriffsbildung (vgl. Krohn 2006: 3) und reduziert die Gefahr interindividueller Missverständnisse auf ein Minimum.

Andererseits besitzt die Wissenschaftssprache aber auch ein selektierendes und exkludierendes Moment: Wer dazu gehören will, wer Teil des sozialen und kommunikativen Systems Wissenschaft werden will, muss die Fachsprache beherrschen. Dabei wird – von Fachbegriffen einmal abgesehen – der Sprachduktus der Fachsprache auch binnenwissenschaftlich nur in den seltensten Fällen explizit gelehrt, sondern muss habituell durch Einsozialisation erworben werden. Gefragt ist hier insbesondere die Verwendung sogenannter ›Catch Terms‹ und ›Catch Methods‹ durch deren Einsatz man Zugehörigkeit signalisiert (vgl. Narr: 42). In keiner Disziplin kann jedoch ohne die Einübung der Fachsprache und die Kenntnis der grundlegenden Theorien und Methoden erfolgreich geforscht werden (vgl. Krohn 2006: 13). Das ist die Kehrseite der Institutionalisierung. Wolf-Dieter Narr (2001: 40) vermerkt daher auch sicherlich bewusst provozierend, die »eigensinnige Sprachpolitik« der Wissenschaft käme einer »Art säkularisierte[r] Religion« gleich.

2.1.3 Zur ›Rhetorik des Drucks‹ – die buchtechnischen Konventionen der Darstellung von Wissen

Die Institutionalisierung der wissenschaftlichen Forschung und die Entstehung der akademischen Wissensordnung brachten es – wie soeben gezeigt wurde – also mit sich, dass sich die Wissenschaft zu einem eigenen sozialen System mit eigenem Ethos, eigenen Anerkennungsmechanismen sowie eigenen Sprachregeln ausdifferenzierte, an deren Einhaltung und Beherrschung bzw. Vollzug sich die Zugehörigkeit zum System fortan entschied. Ausschlaggebend für die Erlangung von Reputation im Wissenschaftssystem war dabei seit der Gründung der ersten Akademien die Kommunikation, d.h. die Präsentation und Verbreitung wissenschaftlicher Erkenntnisse im Sinne der neu entstandenen Idee von Autorschaft und Publizität. Angesichts der zunehmenden Durchsetzung und gesellschaftlichen Relevanz des typographischen Mediums bedeutete das immer häufiger auch, dass Informationen in eben jenes Medium eingespeist werden mussten, sollten sie öffentlich wahrgenommen werden. Michael Cahn verweist diesbezüglich darauf, dass vor allem die Form, d.h. die Art und Weise der Präsentation niemals gleichgültig für den Erfolg ihrer kommunikativen Übertragung an Dritte ist. Vielmehr seien die Strukturen oder besser: dispositiven Implikationen des jeweiligen Mediums hier von grundlegender Bedeutung (vgl. Cahn 1991: 50). Cahn betrachtet in seinen Ausführungen dabei die strukturellen Wirkungen des Drucks beispielsweise als so stark, dass er sogar von einer »Autorschaft des Mediums« (ebd.: 52) bzw. »Rhetorik des Drucks« (ebd.: 50) spricht. Das ist folgendermaßen zu verstehen: Die typographischen Medien sind, mehr als es die antiken und mittelalterlichen Handschriften je waren oder sein konnten, autonome Informationsmedien. Die Übertragung von Informationen vom Kommunikator zum Rezipienten findet interaktionsfrei und ohne die Möglichkeit einer unmittelbaren Rückkopplung statt (vgl. Giesecke 2002: 64). Aufgrund dieses »Selbständigkeitscharakters«, d.h. der »grundsätzlich individuell-isolierte[n] Form« ihrer Kommunikation bzw. Rezeption, »müssen die gedruckten Texte ihren Sach- und Kommunikationszusammenhang deshalb jeweils selbst ausweisen« und hinreichend ausführliche Argumentationen liefern (Weber 2004: 68). Mit anderen Worten: Die mit Hilfe des Drucks gespeicherten und weitergegebenen wissenschaftlichen Erkenntnisse müssen in ihrer Darstellung stets selbsterklärend sein.

Hier nun kommt weiterhin der Anspruch intersubjektiver Nachprüfbarkeit ins Spiel, welchem die empirisch Forschung seit der Entstehung der wissenschaftlichen Methode zu genügen hatte und welcher das akademische Wissen gegenüber anderen Formen des Wissens bis heute auszeichnet. Diesem Anspruch der Wissens*produktion* gemäß, lässt sich für die Wissens*kommunikation* entsprechend festhalten:

»Nützlich werden die Informationen erst dann, wenn der Anwender die Bedingungen ihrer Produktion kennt und den Wahrnehmungsprozess ggf. wiederholen kann. [...] Nur wenn der Leser seine eigenen Erfahrungen mit den aus Büchern und damit aus zweiter oder dritter Hand gewonnenen Informationen verknüpfen kann, können diese als Programme wirken.« (Giesecke 1994: 562f.)

Das Hauptproblem der frühen Autoren des 16. Jahrhunderts bestand demnach nicht in der Verschriftung von zuvor lediglich sprachlich gespeicherten Informationen, auch nicht in der Übertragung von Manuskripten in eine Druckfassung, sondern vielmehr in der Operationalisierung der Wahrnehmung der Umwelt (vgl. ebd.: 563) und das bedeutete im Falle wissenschaftlicher Forschung: des Forschungsprozesses und der dazugehörigen Erkenntnisse.

Die kommunikative Darstellung des Forschungsprozesses wie der Forschungsergebnisses im typographischen Medium weist also zwei Besonderheiten auf: Zum einen richtet sie sich im Regelfall an ein Publikum, das selbst nicht dabei oder gar beteiligt gewesen ist (Krohn 2006: 27). Zum anderen erfolgt die Verbreitung aufgrund der Spezifik des Mediums in einer aus dem Zusammenhang persönlicher Interaktion herausgelösten Form. Um angesichts dieser Besonderheiten der druckschriftlichen Kommunikation und Rezeption die Einhaltung des Anspruch intersubjektiver Überprüfbarkeit und Nachvollziehbarkeit und damit nicht zuletzt eine Anschlusskommunikation im Sinne des Wissenschaftssystems gleichwohl gewährleisten zu können, müssen die Gedanken der Leser systematisch gelenkt werden (vgl. Eisenstein 1997 [1983]: 59).

Auf der inhaltlichen Ebene bedeutete das die Entwicklung von »rhetorischen Strategien«, die dazu dienen, die in die »Praxis der Forschung eingeschriebene Evidenz« (Krohn 2006: S. 23) in die textliche Präsentation zu übertragen und »das Forschungsergebnis mit einer geschlossenen Argumentation und prägnanten Sichtbarkeit zu unterfüttern« (ebd.: 28). Eine derartige Strategie zur »Schaffung von ›objektiven‹ Beschreibungen« (Giesecke 1994: 12)[18] ist beispielsweise schon die der Wissenschaftssprache allgemein eigene Sachlichkeit und Abstraktion. Des Weiteren gehören dazu aber auch die Konvention der Zitation sowie das Einfügen von Anmerkungen und Bibliographien. Diese eröffnen die Möglichkeit, die eigene Arbeit in den Kontext bereits vorhandener Forschungen zu stellen und dabei zugleich glaubhaft von diesen abzusetzen. Niederhauser (1999: 103) formuliert diesen inhaltlichen Anspruch an die Wissen(schaft)skommunikation folgendermaßen:

»Es gibt gewissermaßen nicht nur ein wissenschaftliches Publikationsgebot, in wissenschaftlichen Publikationen haben Wissenschaftler auch einer eigentlichen ›Begründungspflicht‹ nachzukommen. Diesem kommunikativen Hintergrund gemäß wird erwartet, dass in einer wissenschaftlichen Arbeit das behandelte Thema und die durchgeführten Untersuchungen begründet, die angewandten Methoden und das gewählte Vorgehen nachvollziehbar dargestellt, der Argumentationsgang klar und vollständig unter Berücksichtigung möglicher Gegenargumente dargelegt und die benutzten Quellen offengelegt werden. [...] Ein wesentliches Element wissenschaftlicher Texte bildet der sogenannte wissenschaftliche Apparat aus Fußnoten, Anmerkungen, Bibliographie, Anhang und Register, mit dessen Hilfe die Nachprüfbarkeit und Nachvollziehbarkeit der Argumentation gewährleistet werden soll.«

Schließlich ist in diesem Zusammenhang aber auch die Integration von Abbildungen oder grafischen Darstellungen, d.h. die funktionale Verknüpfung von Text und Bild zu nennen.[19] Auch sie ist eine häufig eingesetzte Strategie

---

18 Giesecke verweist hier darauf, dass es vor der Einführung des Buchdrucks keine Notwendigkeit zur Erzeugung derartiger ›objektiver‹ Beschreibungen gab, da die Gelehrten stets von der Möglichkeit mündlicher Erläuterungen ausgingen (vgl. Giesecke 1994: 12).

19 Auf die besondere Funktion von Visualität im Kontext von Wissensvermittlungs- und -aneignungsprozessen – man denke etwa an die frühen didaktischen Überlegungen von Johann Amos Comenius und dessen »Orbis sensualium pictus« von

zur Unterstützung der Erklärungskraft der druckschriftlichen Darstellung im Kontext der Kommunikation wissenschaftlicher Erkenntnisse.

Auf der formalen Ebene bewirkte die Notwendigkeit zur Herstellung einer systematischen Gedankenführung auf Seiten der Rezipienten im Sinne der Gewährleistung einer logischen Stringenz und interindividuellen Nachvollziehbarkeit nicht zuletzt auch die Herausbildung von sogenannten »buchtechnischen Konventionen des wissenschaftlichen Publizierens« (Cahn 1991: 31). Gemeint sind unter anderem Index und Paginierung, aber auch Überschriften, Absätze, Fußnoten sowie die bereits im vorangegangenen Abschnitt thematisierten Titelkonventionen und Verlagsangaben (vgl. ebd.: 32 sowie Eisenstein 1997 [1983]: 67).

Insgesamt entstanden im Bereich der Kommunikation wissenschaftlichen Wissens also zahlreiche »Konventionen und Programme zur Steuerung der typographischen Information« (Giesecke 1994: 420), in denen sich inhaltliche Anforderungen des Wissenschaftssystems und formale Anforderungen des Mediums vermischten. Diese *Standardisierung und Normierung* der Formate wirkte schließlich und endlich aber auch wiederum auf die Systematik des wissenschaftlichen Systems zurück (vgl. Eisenstein 1997 [1983]: 67).

2.2 Wissen(schaft)spopularisierung

Nachdem in den zurückliegenden Abschnitten die Entstehung der modernen Wissenschaft als normiertes und standardisiertes Verfahren der Erzeugung gültigen Weltwissens sowie dessen institutionelle Verfestigung im System der akademischen Wissensordnung jeweils entlang ihrer zentralsten Aspekte ausführlich beschrieben wurde, soll es im nun folgenden Abschnitt verstärkt um die Frage der Weitergabe der nach wissenschaftlichen Maßstäben erworbenen Erkenntnisse, d.h. also den Wissenstransfer zwischen (früh-)neuzeitlicher Wissenschaft und deren Öffentlichkeit gehen. Gehört die Wissenschaftsentwicklung in den Bereich der Wissensproduktion, geht es hier um die sich neu entwickelnden Prinzipien und Strukturen der Wissenskommunikation. Wie im historischen Rückblick bisher gezeigt werden konnte, erfolgte die Herausbildung der sozialen Praxis Wissenschaft vor dem Hintergrund der soziokulturellen Um- und Aufbrüche der Frühen Neuzeit einerseits, insbesondere der Individualisierung, Säkularisierung und Rationalisierung des Denkens, sowie unter dem Einfluss der neuartigen Möglichkeiten und Bedingungen des sich mehr und mehr etablierenden typographischen Mediums andererseits. Im Ergebnis entstanden jedoch zunächst elitäre und

---

1658, der nicht nur das erste europäische Schulbuch überhaupt darstellte (vgl. u.a. Reble 1999a: 114-121), sondern auch zahlreiche Holzschnitte zu Illustrationszwecken enthielt – kann an dieser Stelle nicht näher eingegangen werden. Weiteres zur Rolle von Bildern und grafischen Darstellungen in wissenschaftlichen und populärwissenschaftlichen Texten bei Niederhauser 1999: 179ff.

weitgehend in sich geschlossene Gemeinschaften gelehrter Männer, welche ihre Erfindungen und Experimente, ihre Abhandlungen und Traktate vorerst ausschließlich untereinander kommunizierten. Während also der Austausch von Wissen im Kreise der Gelehrten von Anfang an üblich war, setzt ein breites Bewusstsein für die Notwendigkeit und die positiven Wirkungen der Vermittlung wissenschaftlichen Wissens an das ›einfache‹ Volk so richtig erst im Zuge der beginnenden Aufklärungsbestrebungen Anfang des 18. Jahrhunderts ein, die selbst wiederum einerseits mit der sozialen Umgestaltung der Gesellschaft zu tun hatten, andererseits aber durch das typographische Medium begünstigt wurden. Letztendlich ist also auch dieser Prozess der sogenannten Wissenspopularisierung der Aufklärung, wie im Anschluss noch detaillierter zu zeigen sein wird, als Resultat der Wechselwirkungen zwischen einem veränderten Weltverständnis und den neuen medialen Möglichkeiten des Buchdrucks zu betrachten.[20]

2.2.1 Volksaufklärung als Ideal

In einer zentralen Stelle des Matthäus-Evangeliums heißt es:

»Gebt das Heilige nicht den Hunden, und werft eure Perlen nicht den Schweinen vor, denn sie könnten sie mit ihren Füßen zertreten und sich umwenden und euch zerreißen.« (Mt 7,6)

Diese biblische Aussage Jesus wurde in der mittelalterlichen Scholastik stets so interpretiert, dass sie als Aufforderung zur Geheimhaltung der erkenntnismäßigen Wahrheit und als Warnung vor einer allzu freizügigen Verbreitung des kostbaren philosophischen und theologischen Wissens gelesen werden konnte. Wissen und Erkenntnis waren nicht für alle Menschen gleichermaßen bestimmt (vgl. Rossi 1997: 38). Diese zweifellos einseitige Interpretation des Bibeltextes wurde jedoch, wie Paolo Rossi betont, »im Laufe der Jahrhunderte zu einem beherrschenden Paradigma der europäischen Kultur« (ebd.). Wissen, zumal als wissenschaftlich geltendes Wissen, wurde nicht öffentlich diskutiert, sondern als etwas begriffen, dessen nur wenige überhaupt würdig waren. So unterschied man aus dieser Perspektive streng zwischen zwei Klassen von Menschen: den einfachen Unwissenden sowie den auserwählten Wissenden. Nur letztere waren in die verborgenen Wahrheiten und Mysterien des Wissens eingeweiht und durften an ihnen teilhaben (vgl. ebd.: 38f.).

Seit der Renaissance entwickelte sich nun aber allmählich eine neuartige Weltsicht, die notwendig auch mit einer neuen, rational forschenden Zugangsweise zur Welt einherging und sich unter dem Einfluss des ebenfalls

---

20 Was hier jedoch nicht geleistet werden kann und soll, ist eine differenzierte Auseinandersetzung mit dem Phänomen der mit der Wissenspopularisierung in enger Verbindung stehenden Entwicklung des Schul- und Bildungswesen im Zuge der Aufklärung (dazu ausführlicher Reble 1999b: 171-173).

neuartigen typographischen Mediums schließlich in Form der akademischen Wissensordnung institutionell verfestigte. Rossi schreibt hierzu:

»Ein Jahrtausend lang (die zehn Jahrhunderte des Mittelalters also) wird die Welt der Kultur [und des Wissens] durch Heilige, Mönche, Ärzte, Universitätsprofessoren, Soldaten, Heimwerker und Magier geprägt. Zu diesen gesellen sich später die Humanisten und höfischen Edelleute. Von Mitte des 16. bis Mitte des 17. Jahrhunderts tauchen neue Personen auf: die *Mechaniker*, die *Naturphilosophen* und die *Virtuosen* oder freien Experimentatoren. Diese *Neuen* suchen ihr Ziel weder in der Heiligkeit, noch in literarischer Unsterblichkeit oder in Wundertaten, um die Uneingeweihten zu beeindrucken. Die neue Wissenschaft entsteht auf dem Boden einer heftigen Auseinandersetzung mit dem Wissen der Mönche, Scholastiker, Humanisten und Professoren.« (Ebd.: 44f.; Herv. i.O.)

Die Verbreitung und Etablierung des Buchdrucks ebenso wie die Entstehung der akademischen Wissenschaft führten aber nicht unweigerlich auch zur öffentlichen Kommunikation des Wissens aus dem immernoch weithin geschlossenen System der Wissenschaft(en) heraus (vgl. ebd.: 44ff.) – das verhinderten latent wirkende, traditionelle Vorstellungen und Denkmuster ebenso wie die schlichte Tatsache, dass ein Großteil der einfachen Bevölkerung dieser Tage Analphabeten waren. Interessant und relevant ist in diesem Zusammenhang aber auch der Hinweis Elizabeth Eisensteins, dass der Buchdruck nicht allein die allgemeine Gelehrsamkeit und Aufklärung förderte, sondern auch neue Formen der Mystifikation hervorbrachte (vgl. Eisenstein 1997 [1983]: 45). So kam es in der Anfangszeit des Buchdrucks insbesondere zu einer Vervielfältigung und Verbreitung eher unwissenschaftlichen Materials und man kann wohl davon ausgehen, dass dies insbesondere die ungebildeten, einfachen Volksschichten betraf.

»Der Begriff Verbreitung scheint im Sinne der Wörterbuchdefinition vor allem auf die Vervielfältigung von Elementarbüchern, ABC-Fiebeln, Katechismen, Kalendern und Andachtsbüchern zuzutreffen. [...] Es gab Bucherregale, in denen außer Katechismen, religiösen Traktaten und Bibeln kein Lesestoff Platz fand. Die neue weiträumige, nicht zentrierte Gelehrsamkeit ging Hand in Hand mit einer neuen zielstrebigen und sehr konzentrierten Frömmigkeit. [...] Es ist auf jeden Fall zweifelhaft, ob die ›Auswirkungen der neuen Erfindung auf die Gelehrsamkeit‹ bedeutender war als ihre Auswirkung auf das Lesen der Bibel in der Landessprache zu Beginn des 16. Jahrhunderts.« (Ebd.: 45f.)

Erst nach und nach setzten sich im Rahmen eines mehr und mehr aufklärerischen Wissenschaftsverständnisses der Wille und die Bereitschaft durch, die herrschenden Naturgesetze dieser Welt nicht nur formal zu erforschen, sondern auch die praktische Nutzung der neuen Erkenntnisse gezielt zu befördern (vgl. Böning 1990: XXII), was sich auch in neuen Formen literarischer Erzeugnisse niederschlug (vgl. ebd.: XXV). Man könnte also formulieren:

Das Prinzip der rationalen Durchdringung und Durchdringbarkeit der Welt (vgl. Tschopp 2004: 469) wurde allmählich insofern verallgemeinert, dass es aus dem Bereich der Wissensgenese auch in den Bereich der Wissensverbreitung überging – und zwar am weitreichendsten unter dem Signum der *Popular- oder Volksaufklärung*.

a) Grundanliegen der Aufklärung im Sinne der Volksaufklärung
Ausgangspunkt der Volksaufklärung war die Überzeugung, dass die rationale Durchdringung der Welt nicht nur möglich sei, sondern dass auch alle Personen – insbesondere auch die bisher von der Bildung ausgenommenen Stände, also das einfache Volk – prinzipiell dazu fähig sind (vgl. Böning 1990: XXXII). Ergo sollte auch jeder die Möglichkeit zur Wissensaneignung erhalten und mehr noch: auch zu dieser angehalten werden.[21] So äußerte sich der Geist aufgeklärter Welterkenntnis also rasch auch in einem neuen »Bildungsideal, das dem Intellekt«, wie Tschopp (2004: 469) es ausdrückt, »als erkenntnisleitendem Instrument oberste Priorität einräumt[e]« – und dass ungeachtet jeglicher gesellschaftlicher Zugehörigkeit. Die Aufklärer gingen dabei von der Annahme aus, dass, wenn nur jeder Zugang zu den Erkenntnissen der Wissenschaften erhielte, sich die individuellen Lebensbedingungen fundamental verbessern ließen. Durch die gezielte Vermittlung von Einsichten aus der szientifischen Forschung sollte das Individuum schrittweise zu »Autonomisierung und Versittlichung« gelangen und zu einem dem Gemeinwohl verpflichteten Bestandteil der Gesellschaft werden (ebd.).

Mit Beginn der Aufklärung entsteht also eine Tendenz, nicht nur ›intensive Aufklärung‹ im Sinne der wissenschaftlichen und forschenden Gewinnung neuen Wissens bzw. der Erweiterung des Wissens zu betreiben, sondern unter der »Prämisse der prinzipiellen Vernunftbegabung und Perfektibilität des Menschen« (ebd.: 489) auch ›extensive Aufklärung‹ im Sinne der Weitergabe dieser neu gewonnenen Erkenntnisse. Wissen wurde nun immer häufiger im Verbund mit seiner Verbreitung gesehen. Es reichte nicht länger aus, Wissen einfach nur anzuhäufen, in Bücher zu bannen, in privaten Bibliotheken zu bewahren und ausschließlich im kleinen Kreis der wenigen Eingeweihten zu diskutieren, während es der großen Masse des Volkes vorenthalten blieb (vgl. Schwarz 2003: 221). Diese hermetische Form der Geheimhaltung wurde für die Wissenschaft des 18. Jahrhunderts mehr und mehr zu einem »Unwert« (Rossi 1997: 53). Viele Gebildete des 18. und 19. Jahrhunderts vertraten daher sogar die Meinung, dass eine Aufklärung, welche nur den bereits Aufgeklärten zum Adressaten hatte, genau genommen eigentlich nicht als Aufklärung zu bezeichnen sei (Böning 1990: XX sowie auch ders. 2004: 563).

---

21 Diesem Gedanken, dass das klassische Bildungsgut allen zugänglich zu machen und zu erschließen sei, hatten bereits Humanismus und Reformation vorgearbeitet (vgl. Böhme 1988: 11).

Diese Abkehr von sich selbst genügender Gelehrsamkeit und Geheimwissen bedeutete schließlich das Ende der gesellschaftlichen Exklusivität von Wissen. Neue wissenschaftliche Erkenntnisse sollten stattdessen zum allgemeinen Nutzen öffentlich verbreitet werden (vgl. ders. 1990: XXII). »Das 18. Jahrhundert«, so Stollberg-Rilinger (2000: 182), »erlebte eine bis dahin unvorstellbare Popularisierung der Forschung, die weit über die Akademien hinaus geradezu zu einer geselligen Mode wurde«. Nur am Rande sei bemerkt, dass damit auch der zunehmende Verzicht auf das sogenannte ›Gelehrtenlatein‹ einherging und sich – nicht nur im Bereich der Popularisierungsliteratur – mehr und mehr das Schreiben in der jeweiligen Muttersprache durchsetzte (vgl. Tschopp 2004: 482f.). Angela Schwarz (2003: 227f.) benennt diesbezüglich vier Bereiche der Volksaufklärung, die alle dem übergeordneten Ziel dienten, weite Kreise der Bevölkerung zu einer Beschäftigung mit wissenschaftlichen Themen anzuregen und auf diese Weise eine hoffnungsvolle, bessere Zukunft in Aussicht zu stellen: Dies waren zunächst (1) Angebote zur »Hilfestellung bei der konkreten Lebensbewältigung«, weiterhin (2) Angebote zur »Hilfestellung bei der ideellen Orientierung und Sinnsuche«, aber auch (3) »Angebote zur – als sinnvoll erachteten – Nutzung der freien Zeit« und nicht zuletzt (4) »Angebote zur emotionalen Stabilisierung inmitten einer sich verändernden Welt«. Es mag womöglich verwundern, dass die von Schwarz genannten Aufgabenbereiche populärwissenschaftlicher Literatur sich offensichtlich nur schwerlich von noch heute gültigen Differenzierungen unterscheiden. Tatsächlich bezieht sich die Untersuchung auf die Spätphase der europäischen Aufklärung im 19. Jahrhundert und dem zu dieser Zeit üblichen Kanon. In der Frühphase der Volksaufklärung wirkten hingegen verstärkt andere Mechanismen.

b) Entwicklung und Medien der Volksaufklärung
Insgesamt, so kann man also festhalten, entsteht die Volksaufklärung im Laufe des 18. Jahrhunderts und bleibt mit leichten inhaltlichen Modifikationen bis ins 19. Jahrhundert hinein lebendig (vgl. Böning 2004: 563). Der Beginn der Ausbreitung der Idee der Volksaufklärung ist etwa auf die Mitte des 18. Jahrhunderts zu datieren, wobei ihre volle Entfaltung dann erst in die 1760er und 1770er Jahre fällt. An ihrem Anfang stand dabei, wie eben bereits geschildert, vor allem ein neuer Blick auf das einfache Volk sowie ein neuartiges Interesse der Wissenschaft an der praktischen Anwendbarkeit und Gemeinnützigkeit der von ihnen erzielten Erkenntnisse. Ein besonders zentrales ›Bezugsfeld‹ wurde daher in der Landwirtschaft gesehen, dem volkswirtschaftlich wichtigsten Erwerbszweig der damaligen Zeit (vgl. ders. 1990: XXIff.). Erste Spuren eines aufklärerischen Blicks auf die Landwirtschaft finden sich bereits Ende des 17. Jahrhunderts in der sogenannten ›Hausväterliteratur‹[22]. Zu Beginn des 18. Jahrhunderts erhielt die Auseinan-

---

22 Die ›Hausväterliteratur‹ bezeichnet eine spezielle Form der Ratgeberliteratur zwischen dem 16. und 18. Jahrhundert, die sich u.a. an Grundbesitzer richtete.

dersetzung jedoch eine grundlegend neue Qualität, indem sich »aufklärerisch denkende Gelehrte und Gebildete« in einer »praktischen Reformbewegung« zusammenschlossen (ebd.: XXIV). Dieser Schritt gilt als »Vorstufe der Volksaufklärung«, die von Holger Böning auch als »gemeinnützig-ökonomische Aufklärung« (ebd.) bezeichnet wird. Die interessenbezogene, wissenschaftliche Auseinandersetzung hinsichtlich der Verbesserung der Landwirtschaft brachte schon bald ihre eigenen Periodika hervor (z.B. die zwischen 1729 und 1733 erscheinende »Oeconomische Fama« oder die von 1742 bis 1767 erscheinende Zeitschrift »Leipziger Sammlungen«). Diese richteten sich im Unterschied zu jenen Fachzeitschriften, die ausschließlich Gelehrte adressierten, auch an andere ›gebildete Leser‹; die einfache Bevölkerung war damit freilich noch nicht angesprochen (vgl. ebd.: XXV). In diesem Sinne verkörperte die gemeinnützig-ökonomische Aufklärung noch einen weitgehend hermetischen Wissensdiskurs. Vor allem ab den 50er Jahren des 18. Jahrhunderts kam allerdings vermehrt der Gedanke auf, die bäuerliche Bevölkerung, der all die theoretischen Überlegungen und Auseinandersetzungen ja letztlich praktisch zugute kommen sollten, direkt anzusprechen. Dies war der Beginn der eigentlichen Volksaufklärung, denn nun trat das Moment realer Wissensvermittlung hinzu:

»Die Volksaufklärung nimmt ihren Anfang mit dem Nachdenken der Gebildeten darüber, wie der bäuerlichen Bevölkerung und dem ›gemeinen Mann‹ zu dem Informationsstand und zu dem Wissen verholfen werden könne, den sie selbst schon erreicht haben und der in den Zeitschriften der gemeinnützig-ökonomischen Aufklärung dokumentiert ist.« (Ebd.: XXVII)

In der frühen (Vor-)Phase der Volksaufklärung bemühte man sich jedoch zunächst noch schwerlich um eine der Zielgruppe angemessene Darstellungs- bzw. Darbietungsweise. Insbesondere die Universitäten und Akademien waren nicht oder kaum zu einer entsprechend umfassenden Vermittlung wissenschaftlicher Erkenntnisse in der Lage. Weiterhin erwiesen sich auch die bislang zur (internen) Kommunikation gelehrten Wissens genutzten Medien bzw. Publikationsorgane als wenig geeignet für die Anliegen der Volksaufklärung. Es galt also neue, geeignetere Wege für diese Aufgabe zu finden (vgl. Tschopp 2004: 472).

Allgemein betrachtet fungierten letztlich nahezu alle zur damaligen Zeit bekannten und verbreiteten Medien als ›Medien der Volksaufklärung‹ – beispielsweise die bereits lange vor der Aufklärung verbreiteten Kalender, aber auch Hausbücher und Almanache. Darüber hinaus kamen bald aber auch Zeitungen und Intelligenzblätter, Broschüren und kleine Kolportageschriften sowie zunehmend auch spezielle Bücher und vor allem Zeitschriften, nicht zuletzt aber auch Enzyklopädien als Medien hinzu (vgl. ders. 2004: 564; Tschopp 2004: 473 sowie 484ff.). Die Etablierung des Buchdrucks als Technologie der Massenfertigung eröffnete so gesehen auch hier wiederum vollkommen neue Wege für die (populäre) Kommunikation wissenschaftlicher Ideen und Informationen.

Grundsätzlich gilt es im Hinblick auf die Volksaufklärung dabei zwischen Lesestoffen für Gebildete und sogenannten ›Volkslesestoffen‹ zu unterscheiden. Während erstere, wie die bereits angesprochene Hausväterliteratur oder die daraus hervorgehenden experimentalökonomischen[23] Schriften der gemeinnützig-ökonomischen Aufklärung, vornehmlich auf ein gehobenes, adliges Publikum zugeschnitten und meist kostbar gestaltet waren, dabei aber gleichwohl bereits einen unmittelbar praktischen Bezug zum Alltäglichen sowie ein enges Verhältnis zur Natur aufwiesen, schlossen letztere eher an die Rezeptionsbedürfnisse des ›einfachen Mannes‹ an – wenn auch mit veränderlichem Duktus (vgl. Böning 1990: XXVIIIff.):

Die erste Phase der Volksaufklärung, die etwa Ende der 1750er Jahre begann, dominierten insbesondere kleine ökonomische Schriften und Ratgeber, d.h. kleine Anleitungen und Abhandlungen zu Problemen der Land- und Hauswirtschaft. In diesem Sinne entstand eine vollkommen neue Form von Sachliteratur, deren Autoren noch weitgehend den Eindruck vermittelten, ihre Leser wirklich ernst zu nehmen (vgl. Böning 1990: XXXVIf.) Dennoch oder vielleicht auch gerade deswegen wurden diese Bemühungen anfänglich nicht selten enttäuscht, da diese vom Volk nicht in der Weise angenommen wurden, wie es sich die Volksaufklärer erhofft hatten. Das veränderte freilich auch das Verhältnis zwischen Aufklärern und Adressaten. Fehlte in den frühen volksaufklärerischen Schriften noch ganz der »herablassend-väterliche Gestus« (ders. 2004: 566), kam es nun – mit der Hinwendung zu einer adressatenbezogenen Wissensvermittlung – in der zweiten Phase der Volksaufklärung zur Ausbildung eines pädagogischen Gefälles. In der Konsequenz bedeutete das eine zunehmende Pädagogisierung und Didaktisierung der volksaufklärerischen Bestrebungen, die nicht zuletzt auch auf Mittel der traditionellen religiösen Volkaufklärung zurückgriffen, aber auch die Suche nach neuen literarischen Formen, von denen stärkere Leseanreize ausgingen (vgl. ebd.: 566f.; ders. 1990: XXXVIIf). Die dritte Phase der Volksaufklärung brachte hingegen ein weiteres Zugeständnis an die Lesegewohnheiten des einfachen Volkes mit sich. So entstanden vermehrt aufklärerische Schriften mit unterhaltendem Charakter. Um ganzheitlich auf

---

23 Die sogenannten ›Experimentalökonomen‹ stellten eine zentrale Gruppe bei der Herausbildung der Bauernaufklärung dar, die nicht nur aus einer steigenden Wertschätzung der Landwirtschaft selbst resultierte, sondern mit einem sozial höherwertigen Ansehen der Bauernschaft einherging. Böning (1990: XXX) schreibt hierzu: »Die Tätigkeit und die Literatur der Experimentalökonomen bilden eine Art von Zwischenglied zwischen einer theoretischen und einer praktischen, auf Umsetzbarkeit und Nutzbarkeit bedachten Naturwissenschaft, die sich im Verlaufe der ersten Hälfte des achtzehnten Jahrhunderts mehr und mehr darum bemüht, ihr Wissen denen zur Verfügung zu stellen, die unmittelbar mit der Landwirtschaft befasst sind.«

das Volk einwirken zu können, wurde die unterhaltsame Einkleidung der zu übermittelnden Inhalte zum wichtigsten Gestaltungselement (vgl. Böning 1990: XXXIXf.).

Es lässt sich demnach resümieren, dass sich mit fortschreitender Adressatenorientierung auch der inhaltliche Tenor der volksaufklärerischen Lesestoffe sukzessive veränderte. Wichtig ist nicht zuletzt aber auch, dass die Ausbreitung der Volksaufklärung selbstverständlich einherging mit dem Anstieg der Lesefähigkeit in der Bevölkerung. Man könnte auch sagen: der Expansion des literarischen Marktes korrespondierte ein signifikanter Anstieg der Lesefähigkeit (vgl. Tschopp 2004: 482). So ist im 18. Jahrhundert zunächst ein ungeheures Anwachsen der Literatur generell zu beobachten. Dieses äußerte sich nicht nur in einem Anstieg der reinen Buchproduktion, sondern auch in einer bemerkenswerten Welle von Zeitungs- und Zeitschriftenneugründungen um die Mitte des Jahrhunderts (vgl. ebd.: 484).

»Das fortschrittsgläubige Pädagogisieren, Dozieren und Moralisieren führt zu einer wahren Flut volkstümlicher Zeitschriften und Bücher, die in der zweiten Hälfte des Jahrhunderts immer mehr ansteigt. Durch sie vor allem hat die Aufklärung in die Breite gewirkt und die allgemeine Volksbildung gefördert.« (Reble 1999b: 148)

Auch hier setzte gerade das 18. Jahrhundert also Maßstäbe. Parallel dazu wuchs zudem aber auch das allgemeine Lese- und Bildungsbedürfnis in der Bevölkerung:

»Kritische Beobachter konstatieren im letzten Drittel des Jahrhunderts eine unersättliche Leselust aller Stände. Wieland urteilt 1779, dass niemals mehr geschrieben und gelesen worden sei als in dieser Zeit. Dementsprechend verbreitete sich im Volk auch die Fertigkeit des Lesens und Schreibens.« (Ebd.: 149)

Heute schätzt man, dass um 1800 etwa die Hälfte der Bevölkerung in Deutschland lesen und schreiben konnte, was einen unglaublichen Fortschritt in Richtung der Volksaufklärung darstellte (vgl. ebd.). Gleichwohl waren damit immernoch große Teile der Bevölkerung von Bildung ausgeschlossen. Zwar näherte sich die Volksaufklärung immer stärker dem Volk an, doch setzte auch ein noch so unterhaltsam-belehrender Lesestoff die prinzipielle Lesefähigkeit des Adressaten voraus. Nicht alle aufklärerischen Bemühungen erreichten demnach also wirklich die breite Masse des einfachen Volkes. Überdies waren auch nicht alle Schriften, die retrospektiv der populärwissenschaftlichen Literatur zuzuordnen sind, speziell an die einfachen Schichten der Bauern und der Landbevölkerung gerichtet. Gerade im Bereich des Bürgertums zeigte sich ein anderer Charakter. Weite Teile der Volksaufklärung erreichten notwendig vor allem diese privilegierte Schichten, herrschte in ihren Kreisen doch ein noch viel stärkeres Bildungsbedürfnis. Gerade in den Städten entstanden im Bereich des Bürgertums im letzten Drittel des Säkulums sogenannte ›Lesegesellschaften‹ bzw. literarische Lesezirkel (vgl. Tschopp 2004: 475ff.). Das veränderte, wie Reble (1999a: 149) schreibt, auch die Literatur selbst. Deren bis dato vorherrschender höfischer Gehalt und das Pathos verschwanden und machten einer moralisch-belehrenden Verbürgerlichung Platz. Den größten Einfluss insbesondere auf das mittlere und untere Bürgertum übten dabei die überaus populären Wochenzeitschriften aus (vgl. u.a. ebd.: 150).

2.2.2 Experten-Laien-Differenz

Die Umsetzung des aufklärerischen Ideals der Volksbildung bzw. Volksaufklärung kann auch als Prozess der *Wissenspopularisierung* gekennzeichnet werden. Einfache, bis dato weitgehend ungebildete Volksschichten, sollten gezielt und systematisch sowohl über neue wissenschaftliche Erkenntnisse informiert als auch zur Auseinandersetzung mit diesen angeregt werden und auf diese Weise ein neues Verhältnis zur sie umgebenden Welt entwickeln. Der Begriff der Wissenspopularisierung wird dabei in der Regel gleichgesetzt mit Wissen*schaft*spopularisierung (vgl. Kretschmann 2003: 8). Er steht also gemeinhin für

»den über sprachliche Manifestationen und soziale Handlungen vermittelten Versuch […], aus den Wissenschaften stammende Erkenntnisse und Erkenntnisweisen öffentlich an ein Publikum, das nicht selbst im Zentrum der Wissensproduktion steht, weiterzugeben« (Tschopp 2004: 474).

Anders ausgedrückt: Das Grundkonzept der Popularisierung ist die Übertragung intellektueller Produkte aus dem Kontext ihrer Entstehung in andere Kontexte (vgl. Whitley 1985: 12). Dennoch erweist sich eben jenes Konzept im Kern als nur schwer fassbar. Bis heute besteht im Bereich der wissenssoziologischen Diskussion Uneinigkeit darüber, wie der Prozess der Wissenspopularisierung strukturell zu denken ist. Dabei lassen sich unter dem Fokus des hier vertretenen medienkulturwissenschaftlichen Ansatzes markante Aspekte der Popularisierung ausmachen, die im Folgenden erläutert und schließlich zu einem allgemeinen Strukturmodell der Wissenspopularisierung verdichtet werden sollen.

a) Wissenspopularisierung als Wissenstransfer
Das Strukturmerkmal moderner Gesellschaften schlechthin ist eine arbeitsteilig angelegte, funktionale Differenzierung sowie eine damit verbundene soziale Wissensverteilung. Darüber hinaus ist der Umgang mit Wissen in modernen Gesellschaften grundsätzlich rational organisiert (vgl. Sprondel 1979: 140). Die Ursachen dafür liegen in den wissensbezogenen soziokulturellen und medialen Entwicklungen der Frühen Neuzeit: Zum einen veränderten die Systematisierung und Normierung der Wissensproduktion und deren Institutionalisierung zum System der akademischen Wissenschaft(en) die Ansprüche an gültiges und gesellschaftlich relevantes Wissen. Derartiges Wissen war fortan im Rahmen standardisierter, intersubjektiv nachprüf-

sowie nachvollziehbarer Verfahren herzustellen. Das Erlernen und die Verpflichtung zur Einhaltung der dazugehörigen Prinzipien entwickelten sich zur Voraussetzung der Zugehörigkeit zum Wissenschaftssystem. Insofern liegt im Modell der akademischen Wissenschaft methodisch wie institutionell eine gewisse Distanz zur übrigen Gesellschaft begründet. Zum anderen trug die Etablierung der wissenschaftlichen Methode, d.h. die Durchsetzung eines grundsätzlich forschenden Zugangs zur Welt, aber auch zur Pluralisierung, Diversifizierung und Differenzierung des verfügbaren Wissensbestandes bei. Der Wissenszunahme im Bereich der Wissenschaften und wissenschaftlich Tätigen korrespondiert seither jedoch eine sich relativ ebenso vergrößernde *Unwissenheit* auf Seiten der nicht-wissenschaftlichen Öffentlichkeit. Denn dieser ist es aufgrund der institutionellen Geschlossenheit des Wissenschaftssystems nicht nur strukturell versagt, sich unmittelbar selbst am Prozess der wissenschaftlichen Wissensproduktion zu beteiligen, ihr fehlen meist auch die entsprechenden Kompetenzen. Darüber hinaus wäre es angesichts der hohen Spezialisierung des Wissens auch immer weniger praktikabel – geschweige denn effektiv oder gar sinnvoll, stets aktiv am Wissensprozess teilzunehmen.

Die nichtwissenschaftliche Öffentlichkeit ist also auf die passive Teilhabe am wissenschaftlichen Wissen angewiesen. Die Wissenspopularisierung erscheint daher geradezu als nicht hintergehbare Notwendigkeit in funktional differenzierten Gesellschaften. Im Mittelpunkt steht dabei der Transfer von Wissen zum Zweck der allgemeinen Bildung und Aufklärung oder – was heute vermutlich wesentlich häufiger der Fall ist – zur partiellen Information und Problemlösung.

Seit einiger Zeit erforscht nun die sogenannte Transferwissenschaft[24] unter dem Diktum der Transdisziplinarität die »kulturellen, sozialen, kognitiven, sprachlich-medialen und emotionalen Bedingungen, die medialen Wege sowie Prinzipien und Probleme der Wissensproduktion und -rezeption« (Antos 2001: 5) in diesem Zusammenhang. Auch wenn sich die dortigen Überlegungen mehrheitlich auf spezielle Fragen und Herausforderungen der gegenwärtigen ›Informations- bzw. Wissensgesellschaft‹ beziehen, werden darin doch auch generelle Merkmale der Kommunikation von Wissen im

---

24 Der Transferwissenschaft geht es hauptsächlich um die Verbesserung und Optimierung des Wissenstransfers durch die Erforschung des Metawissens über Wissen angesichts einer von Informationsflut und Wissensexplosion geprägten Gesellschaft. Sie versteht sich als »eine Einladung an verschiedene Disziplinen (Linguistik, Medien- und Kommunikationswissenschaften, Didaktik, Soziologie, Ökonomie, aber auch Philosophie und andere Kulturwissenschaften), sich theoretisch und anwendungsorientiert mit Chancen und Barrieren des Zugangs zu neuem und tradiertem Wissen zu beschäftigen« (Antos 2001: 7). Inzwischen sind in der Reihe »Transferwissenschaften«, die vom Peter Lang Verlag herausgegeben wird, bereits fünf Tagungsbände zu dieser Thematik erschienen. Siehe http://www.transferwissenschaften.de

Sinne eines Wissenstransfers deutlich. Die Wissenspopularisierung gilt dabei als typisches Beispiel einer vertikalen Kommunikation oder auch Ingroup-Outgroup-Kommunikation[25] zwischen Experten und Laien (vgl. ebd.: 19f.).

b) Vertikalität und strukturelle Hierarchie als Kern der Experten-Laien-Differenz
Der Wissenstransfer zwischen Experten und Laien, wie er soeben hergeleitet und begründet wurde, realisiert und reproduziert demnach also ein ganz bestimmtes hierarchisch organisiertes Strukturmodell. Gemeint ist die *Vertikalität*[26] der Experten-Laien-Differenz, um deren nähere Beschreibung und allgemeine strukturelle Bestimmung es hier geht. Diese manifestiert sich auf verschiedenen Ebenen:

(1) Expertenwissen: Die grundlegendste Manifestation findet sich dabei auf der Ebene des Wissens selbst, auf welcher sich auch der Ursprung der Notwendigkeit des Wissenstransfers allgemein befindet. Die Entstehung der akademischen Wissenschaft im Zuge der Frühen Neuzeit führte, das wurde im vorangegangenen Abschnitt bereits ausführlich beschrieben, nicht nur zur Herausbildung von Sonderwissensbeständen, die sich bis heute vom gängigen Alltagswissen unterscheiden, da sie mit Hilfe standardisierter und normierter Verfahren hergestellt und entlang entsprechender Maßstäbe bewertet werden, sie führte im Laufe der Zeit auch und womöglich gerade deshalb ebenso zu deren Prämierung als präferiertes Handlungs- und Problemlösungswissen. Die Kenntnis und Berücksichtigung wissenschaftlichen Wissens wurde in der aufgeklärten Gesellschaft mehr und mehr zur Selbstverständlichkeit. Aberglaube und Volkswissen verloren ihre Einflusskraft. Die Prämierung des wissenschaftlichen Wissens an sich, brachte zugleich aber auch die Besonderung seiner Träger respektive Vermittler mit sich. So gesehen vollzog sich angesichts von Säkularisierung, Rationalisierung und Verwissenschaftlichung sowie aufgrund der funktionalen Differenzierung moderner Gesellschaften die Herausbildung dessen, was wir heute gemeinhin als Expertentum bezeichnen.

Experten verfügen danach, dem allgemeinen Begriffsverständnis folgend, in erster Linie über eben jenes *Sonderwissen*, das methodisch abgesichert ist und daher in einer rational denkenden und nach rationalen Maßstäben handelnden Gesellschaft eine besondere Gültigkeit und Legitimation beanspruchen kann, da es sich, wie dies Schmidt-Tiedemann (1996: 28) ausdrückt, um »Schemata« handelt, die »sich zur Beschreibung und Prognose der Wirklichkeit als brauchbar erwiesen haben«. In der Berufs- und Elitensoziologie wird zudem darauf verwiesen, dass Experten dazu gewöhnlich

---

25 Dieser gegenüber steht beispielsweise die horizontal angelegte Ingroup-Kommunikation zwischen Experten (vgl. Antos 2001: 19f.).

26 Der Begriff der Vertikalität ist hier insbesondere den Arbeiten Sigurd Wichters entnommen (vgl. hierzu u.a. Wichter 1994).

eine lange und umfangreiche Ausbildung absolvieren, in der sie die für ihr jeweiliges Fach notwendigen Kenntnisse und Kompetenzen erwerben, welche von ihnen wiederum durch entsprechende *Zertifikate* nachgewiesen werden können (vgl. Hitzler 1994: 14). Daran wird bereits deutlich, in welch enger Verbindung sich der Expertenbegriff zum System der Wissenschaft(en) befindet. Insofern die Besonderheit des Expertenwissens jedoch gerade in seiner Nähe zur Verwissenschaftlichung gesehen wird, handelt es sich hierbei freilich gleichzeitig um eine spezielle Form des Wissens, das theoretisch zwar prinzipiell von jedem erlernt werden könnte, gleichwohl praktisch aber nicht ohne Weiteres zugänglich ist und das daher von Laien nachgefragt wird (vgl. ders. 1998: 42). Der Begriff des Laien erscheint folglich gewissermaßen als Gegenpart zu jenem des Experten. Laien fehlen eben die Kenntnisse und Kompetenzen, welche den Experten geradezu selbstverständlich eignen. Experten besitzen gegenüber diesen Laien also sowohl einen quantitativen als auch qualitativen Wissensvorsprung. Dieser Wissensvorsprung weist den Experten nicht nur als solchen aus, er macht ihn dem Laien gegenüber auch erst zum potentiellen Lieferanten von Expertisen (Erklärung, Beratung, Urteilsbildung). Diese *Beratungs- und Ratgeberfunktion* ist neben Sonderwissen und Zertifizierung ein dritter zentraler Aspekt des Expertentums.

(2) Expertenwortschatz: Um als Laie aber überhaupt einen Rat von Experten annehmen zu können, ist es freilich erforderlich, diese sowohl inhaltlich als auch formal zu verstehen. Die Nähe des Expertentums zum Wissenschaftssystem bringt es nun wiederum mit sich, dass die Dispersion des Wissens (Allgemeinwissen vs. Sonderwissen) unweigerlich auch eine Dispersion der Sprache in verschiedene Sonder- bzw. Fachsprachen bedeutet, die sich deutlich von der Allgemeinsprache absetzen (vgl. Jäger 1996: 51f.). »Fachsprachen«, schreibt hierzu Niederhauser (1999: 23f.), »sind Erscheinungsformen der Sprache, die zur begrifflichen Erfassung und Darstellung fachspezifischer Sachverhalte und Gegenstände sowie zur Verständigung über diese Sachverhalte und Gegenstände innerhalb der durch berufliche und wissenschaftliche Fächer unterteilten Bereiche dienen«. Die *Fachsprachlichkeit* ist demnach ein weiterer Aspekt, durch den sich das Expertentum als solches auszeichnet. Darüber hinaus ist sie aber auch die zweite Ebene, auf der sich die vertikale Struktur der Experten-Laien-Differenz manifestiert. Wie schon in den Überlegungen zur Wissenschaftsentwicklung ausgeführt (siehe Abschn. 2.1.2 in diesem Kap.), sind Fachsprachen einerseits durch einen abstrakten, sachlichen und unpersönlichen Kommunikationsstil gekennzeichnet. Andererseits gehören zu den wichtigsten Charakteristika von Fachsprachen in erster Linie auch deren lexikalische Besonderheiten (vgl. Roelke 2001: 51). Tatsächlich unterscheiden sich die Wortschätze von Experten und Laien aufgrund der dahinter liegenden fachlichen Spezialisierung oft erheblich, was die wissensbezogene Vertikalität zwischen beiden daher ebenso zu einer sprachlichen macht (vgl. Busch 1994: 42).

»Im Bewusstsein von Experten und Laien sind Fachwörter als typisches Fachlichkeitssignal verankert. Sie gelten als Element fachlichen Darstellens, dem gerade in der fachexternen Kommunikation besondere Aufmerksamkeit zu schenken ist […].« (Niederhauser 1999: 134)

Jenseits dieser Signalfunktion von Fachbegriffen, haben diese jedoch vor allem Folgen für den fachexternen Wissenstransfer zwischen Experten und Laien. Aus Sicht der Verständlichkeitsforschung[27] ist die Geläufigkeit der verwendeten Wörter eine der häufigsten Ursachen für Verständigungsschwierigkeiten. Hinzu kommen, auch das wurde im Kontext der Überlegungen zur Entwicklung der Wissenschaften als soziales und kommunikatives System (siehe Abschn. 2.1.3 in diesem Kap.) bereits diskutiert, Aspekte der Textstruktur und Textgestaltung (vgl. ebd.: 48ff.). Gemeinsam mit dem zuvor beschriebenen fachlichen Wissensvorsprung ergibt sich daraus für den popularisierenden Wissenstransfer zwischen Experten und Laien die dringende Notwendigkeit zur ›Übersetzung‹, d.h. zur sprachlichen wie didaktischen Aufbereitung der fachspezifischen Informationen mit Hilfe bestimmter Techniken und Strategien. Dazu gehören neben der gezielten Auswahl sprachlicher Mittel, der systematischen Strukturierung und bildlichen Veranschaulichung von Wissensinhalten sowie der Reduktion der Informationsfülle und -dichte insgesamt nicht zuletzt auch die Explizierung von Fachausdrücken (vgl. ebd.: 117ff. sowie Jahr 2001: 239ff.).

So gesehen bedeutet Wissenspopularisierung stets den Versuch der Herstellung von Allgemeinverständlichkeit durch eine ›laienbezogene Sprache‹ und also sachliche und sprachliche Vereinfachung (vgl. hierzu u.a. Bromme/Rambow 1998: 49 sowie 52; Busch 1994: 44; Jäger 1996: 55). Nur am Rande sei hier erwähnt, dass dies der Popularisierung rasch den Vorwurf der Pseudowissenschaftlichkeit einbrachte und sie daher schon im 18. Jahrhundert negativ konnotiert war (vgl. Schwarz 2003: 222). Insbesondere das System der institutionalisierten Wissenschaften selbst hegt seit jeher eine Art kollektives Misstrauen gegenüber einer allzu weitreichenden allgemeinen Verständlichkeit aufgrund von Vereinfachung, »gilt eine unverständliche und komplizierte Sprache [doch] noch immer als Garant für eine gelungene wissenschaftliche Sozialisation und Ausdruck wahrer Wissenschaftlichkeit« (Zetzsche 2004: 82). Bei genauerem Hinsehen stützt jedoch gerade dieser Prozess der allgemeinverständlichen Vereinfachung im Kontext der Wissenspopularisierung die gesellschaftliche Besonderheit und Position des Ex-

---

27 Die Verständlichkeitsforschung hat sich an der Grenze zwischen Psychologie und Linguistik ausgehend von der Lesbarkeitsforschung der 1930er Jahre entwickelt. Sie widmet sich der Erforschung der Bedingungen für die Herstellung von textlicher Verständlichkeit und genießt seither eine große Popularität. In der sprachlichen Ratgeberliteratur beliebt und bekannt ist vor allem das sogenannte »Hamburger Verständlichkeitsmodell« nach Friedemann Schulz v. Thun (vgl. Niederhauser 1999: 48).

pertentums, indem er die unterschiedlichen Kompetenzniveaus von Experten und Laien stabil hält und so die strukturelle Hierarchie bzw. Asymmetrie der Experten-Laien-Differenz zu klaren Rollenmustern verfestigt.

(3) Dichotome Rollenmuster: Sigurd Wichter weist gleich zu Beginn seines programmatischen Werkes »Experten- und Laienwortschätze« (1994), in welchem er der Beschaffenheit einer sprach- und kommunikationsbezogenen Vertikalität nachspürt, darauf hin, dass der »vertikale Wortschatz und allgemeiner die vertikale Wissensvariation« für einen »technologischen Kulturtyp« wie den deutschen von »konstitutiver Bedeutung« sei (Wichter 1994: 1). Mit der zunehmenden Entwicklung und Differenzierung der Wissenschaften findet nicht nur eine horizontale Aufgliederung nach Fächern, Branchen, Sparten etc. statt, sondern es lässt sich laut Wichter auch die Ausprägung vertikaler Dimensionen beobachten. Diese verkörperten, wie er später weiterhin schreibt, »in einer arbeitsteiligen Gesellschaft [...] die anerkannte Differenzierung von Kompetenzen nach Niveaus« (ebd.: 301). Im Fall der Experten-Laien-Differenz verbindet sich mit dieser Form der Vertikalität idealtypisch ein einfaches dichotomes Modell, hinter dem sich wechselseitig aufeinander bezogene Rollenmuster mit klaren Anspruchsprofilen verbergen (ebd.: 9 sowie 26). Diese dichotomen Rollenmuster bilden denn auch die dritte Manifestationsebene der Experten-Laien-Differenz. Ihnen entsprechend haben Laien und Experten stets eine mehr oder weniger genaue Vorstellung darüber, was man selbst wissen muss bzw. nicht zu wissen braucht und was man vom jeweilig anderen erwarten kann. Wie bereits mehrfach erwähnt, verfügen Experten über ein signifikant hohes Wissens- und Sprachniveau, während Laien demgegenüber über ein signifikant niedrigeres Wissens- und Sprachniveau verfügen (vgl. ebd.: 54). Experten werden entsprechend von Laien als Wissenslieferanten angefragt, müssen im Prozess des Wissenstransfers jedoch eine allgemeinverständliche Vereinfachung auf Laienniveau gewährleisten. Dabei liegt wissenschaftlichen Verlautbarungen und Ratschlägen im Sinne von Wissenstransfer stets ein implizites Modell ihrer Adressaten zugrunde, wobei Laien gemeinhin als Personen gelten, »die durch das Fehlen spezifischer Kenntnisse oder Fertigkeiten [...] definiert sind« (Gisler u.a. 2004: 8), während Experten demgegenüber über eben diese Kenntnisse verfügen. Insofern ist die rollenförmige Dichotomie zwischen Experten und Laien zwar einerseits eine grundsätzlich hierarchische, d.h. also nicht-symmetrische Wechselbeziehung (vgl. Wichter 1994.: 50), andererseits verkörpert die strukturelle Differenz aber auch ein rein relationales Phänomen; das sich im Akt der Abgabe von Expertise an Laien konstituiert (vgl. Hitzler 1994: 21). So werden Experten erst durch die Abgrenzung gegenüber Nicht-Experten bzw. Laien als solche wahrgenommen. Will sagen: der Experte wird erst durch den Laien wirklich zum Experten – nämlich nur bzw. erst dann, wenn dieser durch jenen als solcher angefragt wird. Anders herum ist jemand auch nur dann Laie, »wenn es in einem gegebenen historischen Sozialverband (aus traditionellen Gründen) als selbstverständlich, (aus ›rationalen‹ Gründen) als zweckmäßig, oder (aus

moralischen Gründen) als geboten gilt, bei der Lösung von Problemen ein entsprechendes Expertenwissen zu konsultieren« (Sprondel 1979: 149).

Die Moderne Westeuropas und Nordamerikas entpuppt sich so gesehen als eine grundlegend »von Experten gestaltete und verwaltete Welt« (Hesse 1998: 7). Die dualen Handlungsmuster Experte/Laie sind zu etablierten Handlungsmustern geworden, die wir in unserer Alltagspraxis permanent reproduzieren und von denen wir uns nur schwer distanzieren oder gar trennen können, gehören wir doch selbst längst unmittelbar dazu (vgl. ebd.: 7f.). In dieser von Expertentum und Expertise durchdrungenen Welt – Dewe (2005: 374) spricht hier sogar von einer »Expertengesellschaft« – bedingen sich Experten und Laien also wechselseitig, indem sie durch reziproke Ansprache ihre Rollenmuster reproduzieren und damit die strukturelle Hierarchie der Experten-Laien-Differenz stabilisieren.

Experten reproduzieren sich weiterhin aber auch selbst – und zwar konkret über das Wissenschaftssystem. So lässt sich für die letzten rund zweihundert Jahre ein Prozess zunehmender Verwissenschaftlichung beobachten: Aufgrund fachinterner Spezialisierungen wird nicht nur immer mehr Wissen erzeugt, es entstehen auch immer mehr Sonderwissensbereiche (vgl. Jäger 1996: 48f.). Die Konsequenzen dieses (wissenschaftsinternen) Verwissenschaftlichungsprozesses sind erstens eine sinkende Reichweite der Spezialisierungen und Sonderwissensbestände, d.h. eine Modularisierung des Wissens. Daraus folgt zweitens, dass der Kompetenzbereich einzelner Experten sich ebenfalls verkleinert, während drittens die Angewiesenheit der Gesellschaft auf Expertenurteile unaufhaltsam ansteigt. Das bewirkt schließlich viertens und vor allem einen gewaltigen Kommunikationsbedarf zwischen Experten und Laien, der in der fortschreitenden ›Wissensgesellschaft‹ noch einmal eine Potenzierung erfährt (siehe dazu ausführlicher Kap. III). So stellte Sprondel schon 1979 fest, dass es inzwischen zahlreiche Berufe gibt, die Problemlösungen für Probleme anbieten, die es vor ihnen als solche niemals gegeben habe (vgl. 143f.). Die zunehmende Nachfrage nach Expertenwissen wird in diesem Sinne also im wahrsten Sinne des Wortes »durch die Tätigkeit der Experten [selbst] produziert« (Stehr 1998: 20). Mit der Ausweitung, Spezialisierung und Modularisierung des vorhandenen Wissens entstehen auch neue Widersprüche, für die wiederum Experten Lösungen und Deutungen anbieten müssen. Nicht zuletzt berührt die Dichotomie der Experten-Laien-Differenz damit auch Fragen von Macht und Deutungshoheit sowie – aus diesen abgleitet – gesellschaftlicher Lenkung. Klare Rollenzuweisungen und Anspruchsprofile bedingen auch eine unterschiedliche soziale Anerkennung und weisen ihren Trägern etwa entsprechende Privilegien im gesellschaftlichen Wissensdiskurs zu (vgl. hierzu u.a. Hesse 1998: 46-48 sowie Stenschke 2004).

c) Relativierende Aspekte im Hinblick auf die Experten-Laien-Dichotomie
Differenziert betrachtet erweist sich das für den Wissenstransferprozess angenommene dichotome Rollenmuster der Experten-Laien-Differenz freilich

als deutlich komplexer. Zum einen tauchen die Begriff Experte und Laie meist nicht isoliert auf, sondern in einem Kontext weiterer Begriffe. Die Abgrenzung zu diesen erfolgt dabei meist nur mangelhaft. Dem Begriff des Laien korrespondiert hier beispielsweise häufig der des *Dilettanten*. Darunter wird »allgemein die nicht-professionelle Beschäftigung mit Kunst, Wissenschaft, Handwerk« (Hesse 1998: 65) verstanden. Seit der bürgerlichen Kultur des 18. Jahrhunderts mehrheitlich als leidenschaftsgetriebener Nichtsnutz verschrien, dem Disziplin, Fleiß, Ernst und Mühe abgingen, und von Goethe sogar als ›erwachsener Spieler‹ in die Nähe des ›Pfuschers‹ gerückt (vgl. ebd.: 63f.), erfuhr die negative Besetzung des Dilettantismus, das Halbfertige, Subjektive, leicht Chaotische und Spielerische erst im Zuge der 68er-Bewegung wieder eine Aufwertung (vgl. ebd.: 69). Unabhängig jeglicher Konnotation bewegt sich der Dilettant damit aber stets auf der Grenze zwischen Experte und Laie (vgl. ebd.: 61). Weiterhin in enger Beziehung zum Laien stehen auch die Begriffe des ›gut informierten Bürgers‹ sowie des ›informierten Laien‹. Während ersterer auf Alfred Schütz zurückgeht und einen Alltagsmenschen bezeichnet, der die ihn umgebenden Dinge trotz Mangels an Fachkompetenz über die Grenzen seiner eigenen kleinen Lebenswelt hinaus interessiert wahr- und aufnimmt (vgl. Sprondel 1979: 145), ist letzterer – ähnlich wie der Dilettant, allerdings mit deutlich anderer Konnotation – an der Verbindungslinie zwischen Experten und Laien zu sehen. Das kann, wie bei Wichter (1994: 10) das unmittelbare »Fachumfeld« einer wissenschaftlichen Disziplin sein, aber auch Personengruppen, die mit einer bestimmten Expertise aufgrund ihrer institutionellen und/oder beruflichen Zugehörigkeit unweigerlich in Kontakt kommen – also etwa Verlagsangestellte, Lehrer oder aber Journalisten (vgl. Stenschke 2004: 51).

Parallel zum Begriff des Experten finden sich überdies häufig die Begriffe des Professionellen sowie des Spezialisten. Hier ist vor allem der gewählte Blickwinkel entscheidend: Richtet sich der Fokus auf einen fest abgegrenzten Teil eines Sonderwissensgebietes, das zur Bewältigung spezifischer Handlungsprobleme benötigt wird, ist tendenziell eher der Begriff des Spezialisten denn jener des Experten angebracht (vgl. Hitzler 1998: 40). Der Begriff des Professionellen zielt hingegen eher auf die institutionelle Verfestigung des Expertentums ab (vgl. ebd.: 42 sowie ders. 1994: 15).

Zum zweiten greift die einfache Dichotomie zwischen Experten und Laien auch deshalb zu kurz, weil dem Sonder-, Spezialwissen oder Fachwissen der Experten nicht die absolute Unkenntnis der Laien gegenübersteht. Im Sinne der »vertikalitätsorientierten Diskurslexikologie« stellt der öffentliche (Wissens-)Diskurs so etwas einen »thematisch und wissensmäßig fixierten, öffentlichen Kommunikationsraum [dar], der einer horizontalen Gliederung in Wissensbereiche und Fächer unterliegt und der vertikal in Experten- und Laienniveaus ausdifferenziert ist« (Busch 2005: 432). Nicht alle Diskursteilnehmer nehmen damit in gleicher Weise am Diskurs teil (vgl. Stenschke 2004: 47). Vielmehr kann eine Einstufung und Unterscheidung der Akteure des diskursiven Wissenstransfers »hinsichtlich ihres Öffentlichkeitsstatus sowie ihres Wissensniveaus« erfolgen (ebd.: 48). Daraus ergeben sich verschiedene Differenzierungen. Folglich ist der diskursive Wissenstransfer, wie Oliver Stenschke (2004: 45) auch bemerkt, »nur in den seltensten Fällen als eine Art ›Einbahnstraße‹ aufzufassen«. Stattdessen zeigen sich vielfältige Rückkopplungseffekte.

Zum dritten wird die Vertikalität der Experten-Laien-Differenz schließlich sogar teilweise regelrecht in Frage gestellt – und zwar dann, wenn es um Bereiche »bestrittener Vertikalität« geht, in der »der Expertenstatus wechselseitig postuliert bzw. bestritten« (Wichter 1994: 28) wird (vgl. dazu auch Adamzik 2004).

2.2.3 Zum Strukturmodell der Wissenspopularisierung

Der Begriff der Wissenspopularisierung, vor allem aber die Definition und Einordnung des sich dahinter verbergenden Strukturmodells bleiben trotz aller Explizierung und Systematisierung historisch gewachsener Prinzipien und Rollenmuster in letzter Konsequenz also weitgehend interpretationsoffen. So liegt es im analytischen Auge des Betrachters, die Wissenskommunikation zwischen Wissenschaft(en) und Öffentlichkeit, zwischen Wissensproduzenten und Wissenskonsumenten, kurz: zwischen Experten und Laien mal in ihrer detaillierten Komplexität, mal eher idealtypischsimplifizierend (wie hier hauptsächlich geschehen) zu verstehen und zu betrachten. Gerade die idealtypische Simplifizierung eröffnet jedoch die Möglichkeit, die Dinge pointierter wahrzunehmen und auf diese Weise deren Wesen klarer zu bestimmen. In diesem Sinne besitzen die aufgezeigten Strukturmerkmale einer dichotom angelegten Experten-Laien-Differenz zwar auf der einen Seite eine gewisse Allgemeinheit, insofern sie die Realität einerseits tatsächlich deutlich vereinfachen. Auf der anderen Seite lässt sich freilich nur so zum strukturellen Kern jenes komplexen Prozesses vorstoßen, der sich Wissen(schaft)spopularisierung nennt.

Auch Kretschmann (2003: 9) spricht hier von einer gewissen »Unschärfe des Popularisierungsbegriffs«, benennt aber gleichwohl fünf Parameter, die er als für den Transfer von Wissen im Sinne der Wissenspopularisierung entscheidende ausweist. Es handelt danach zunächst ganz grundsätzlich um eine (1) intentionale Form des Wissenstransfers, die sich (2) breitenwirksamer Medien mit multiplizierendem Effekt bedient, während (3) die Zahl der Produzenten stets kleiner ist als die der Rezipienten und (4) die Menge eben jener Rezipienten wenigstens eine minimale, bei Kretschmann jedoch nicht näher benannte, Größe besitzt. Vor allem aber – und das scheint im Hinblick auf das Strukturmodell der Wissenspopularisierung sowie auch die Gesamtanlage dieser Untersuchung am entscheidendsten – ist (5) von einem Wissensgefälle zwischen Produzenten und Rezipienten auszugehen (vgl. ebd.: 14). Vor allem letztere Feststellung entspricht den oben gemachten Überlegungen zur Vertikalität des Wissenstransfers. Diesen Überlegungen wiederum korrespondiert ein Strukturmodell der Wissenspopularisierung, welches auch als *diffusionistisches Modell* charakterisiert werden kann. Zusammengefasst bezeichnet dieses Modell »eine Form von hierarchischem Wissenstransfer, bei dem bestimmte wissenschaftliche Erkenntnisse von einem engen, homogenen Expertenkreis – einseitig – an ein nicht näher zu spezifizierendes Laienpublikum weitergegeben werden«, wobei der Vermittlungsprozess sich »in dieser Vorstellung ganz an der akademischen, der ›eigentlichen‹ Wissensproduktion orientiert« und zudem »einem genau strukturierten Zwei-Phasen-Ablauf« folgt: Dabei wird das »Wissen, das zuvor exklusiv und streng wissenschaftlich erzeugt worden war, [...] – in vereinfachter Form – einer Öffentlichkeit zur Verfügung gestellt, die weder an der Produktion noch an der Distribution dieses Wissens beteiligt war« (Kretschmann 2003: 9).

Eine ausführlichere Darstellung resp. Erläuterung dazu findet sich bei Terry Shinn und Richard Whitley (1985), genauer im einleitenden Aufsatz zu ihrem Sammelband »Expository Science: Forms and Functions of Popularisation«. Demnach geht das diffusionistische Modell, das dort als »common conception of scientific popularisation« oder gar »traditional view« eingeführt wird, von einem großen, diffusen, undifferenzierten, unorganisierten und passiven Publikum aus. Die Wissensproduzenten werden demgegenüber als hoch organisierte, elitäre Gemeinschaft mit klaren Grenzen verstanden, die über elaborierte Fähigkeiten verfügt und in Isolation von den Nicht-Wissenschaftlern wahres Wissen generiert. Das so produzierte Wissen wie auch die Normen und Prinzipien seiner Herstellung sind Nicht-Wissenschaftlern nicht unmittelbar zugänglich. Beides muss daher entsprechend transformiert, d.h. vereinfacht und dem alltäglichen Verstehenshorizont der Allgemeinheit angepasst werden. Im diffusionistischen Modell ist der Transferprozess damit grundsätzlich vom Produktionsprozess des Wissens getrennt. Die Popularisierung insgesamt wird nicht als Teil der Wissensproduktion und -überprüfung verstanden, sondern als eine externe und – speziell aus wissenschaftlicher Sicht – sogar weithin nebensächliche Tätigkeit (vgl. Whitley 1985: 4ff.).

Das diffusionistische Modell der Wissenspopularisierung wird heute, darauf weisen sowohl Shinn/Whitley als auch Kretschmann hin, vielfach als zu stark vereinfachend, vor allem aber veraltet und unzeitgemäß kritisiert. So sei die Wissenspopularisierung, wird behauptet, weitaus komplexer als ein einfacher, hierarchisch geordneter Kommunikationsvorgang (vgl. Schwarz 2003: 223). Sie sei vielmehr als interaktiver Prozess mit Rückkopplungseffekten zu betrachten, der grundsätzlich auch dialogische Elemente enthalte. Seit Ende der 1970er Jahre wird in der Wissenssoziologie mehr und mehr ein solches, dem diffusionistischen Modell entgegengesetztes, *interaktionistisches Modell* vertreten, wonach Wissensproduktion und -distribution ein Kontinuum bilden, an dem Experten und Laien, wenn auch in unterschiedlicher, so doch in gleich gewichtiger Weise teilhaben (vgl. Kretschmann 2003: 9). Mit anderen Worten:

»Hauptmerkmal von Popularisierung bleibt zwar die Übertragung von Geistesprodukten vom Kontext ihres Entstehens, dem des Wissenschaftlers, in einen anderen Kontext, dem des Laien, doch werden ihre Vertreter wie die Gruppe der Vermittler in einem Prozess wechselseitiger Beeinflussung und Rückwirkung gesehen.« (Schwarz 2003: 223)

Terry Shinn und Richard Whitley, die laut Kretschmann (2003: 9) in ihrem bereits erwähnten Sammelband wohl als erste explizit ein interaktionistisches Erklärungsmodell vertraten, betonen beispielsweise u.a. den direkten Einfluss der Popularisierung auf den Forschungsprozess in zahlreichen Geistes- und Sozialwissenschaften, wodurch dieser auch nicht von jener isoliert werden kann:

»The simple view of the relationship between knowledge production and its communication to the lay public is obviously incorrect for the many intellectual fields whose vocabulary and concepts are quite close to those of ordinary language and whose results are of clear public interest [...]. [I]n many scientific fields non-specialists are directly involved in the determination of research strategies, of topics to be pursued and of approaches to be followed. [...] Non-specialist audiences thus are not always passive recipients of scientific knowledge in the contemporary, differentiated sciences but can be significant actors in intellectual development so that popularisation often has a direct impact upon what research is done, how it is done and how it is interpreted.« (Whitley 1985: 8f.)

Weiterhin verweist Whitley einleitend auch auf die nicht zuletzt unterstützende Wirkung der öffentlichen Meinung auf kontroverse innerwissenschaftliche Debatten:

»Furthermore, of course, much popularisation of contemporary scientific knowledge is intended to gain wider social support for a particular position or approach within a scientific controversy.« (Ebd.: 9)

Shinn und Whitley ersetzen daher den Begriff der Popularisierung durch das alternative Konzept der »scientific exposition«. Wissenspopularisierung weist entsprechend dieser erweiterten Perspektive verschiedene Erscheinungsformen, sprich ›Typen von Popularisierung‹ auf, die sowohl nach ihrem Grad an Formalisierung und Präzision als auch entlang der Kontroversität der Argumente (jeweils hoch bzw. niedrig) differieren (vgl. ebd.: 16). Sie entstehen in unterschiedlichen Kontexten, welche wiederum unterschiedlichen Kontextfaktoren unterliegen. Dazu gehören erstens die Beschaffenheit des Publikums, d.h. dessen Größe und Heterogenität, zweitens weiterhin die Beschaffenheit des Systems der Wissensproduktion, genauer der Grad der Standardisierung und Formalisierung sowie das Sozialprestige der jeweiligen Einzelwissenschaft, sowie drittens die Beziehung zwischen Publikum und System der Wissensproduktion, also der Grad der kognitiven Nähe bzw.

der Grad der gegenseitigen Abhängigkeit (vgl. ebd.: 16ff.). Konkret bedeutet das:

»Thus the term needs to be broadened to include all communication to nonspecialists which involves transformation. The forms that such communication take and their consequences for intellectual development vary according to the sort of field involved, the audience addressed and the relationships between them.« (Ebd.: 25)

Erweisen sich all die zuvor herausgearbeiteten Strukturmerkmale einer hierarchisch angelegten Experten-Laien-Dichotomie als Grundkonzept der Wissenspopularisierung nun also als hinfällig, da zu wenig differenzierend? Trafen sie lediglich auf die frühe Phase der volksaufklärerischen Wissenspopularisierung zu, in der tatsächlich noch von einer großen breiten Masse eines wissenschaftlich vollkommen ungebildeten Volkes ausgegangen werden konnte?

Aus der hier vertretenen, grundsätzlich medienkulturwissenschaftlich geprägten und koevolutionären Sicht sei zunächst noch einmal daran erinnert, dass eine gewisse Vereinfachung und makroperspektivische Abstraktion hier durchaus notwendig ist, da sie die zentralen wissenskulturellen Strukturmuster deutlicher hervorscheinen lässt. Weiterhin ist, ausgehend davon, zu sagen, dass das diffusionistische Modell, auch wenn es aus heutiger Sicht tatsächlich unterkomplex und simplifizierend erscheinen mag, keine willkürliche Konstruktion darstellt, sondern, wie im Folgenden noch expliziter gezeigt werden soll, untrennbar mit der Wissenskultur des typographischen Zeitalters verbunden ist. Freilich findet im Prozess der Wissenspopularisierung – wie schon das Beispiel Volksaufklärung zeigt – stets eine dialogische bzw. relationale Anpassung an die Adressaten statt, doch bedeutet das keineswegs bereits die grundsätzliche Aufhebung der hierarchischen Rollendifferenz. Vielmehr sind dazu weitreichendere (auch mediale) Strukturveränderungen notwendig, wie sie Gegenstand des zweiten und dritten Teils dieses Buches sein werden, und die letztendlich auch das Konzept der Wissenspopularisierung selbst negieren. Der »fundamental dialogische Charakter aufklärerischer Wissensvermittlung«, der laut Tschopp (2004: 474), »die Vorstellung einer linear von oben nach unten verlaufenden Wissensdiffusion und eines weitgehend passiv rezipierenden Publikums relativiert«, ist im typographisch geprägten Wissensdiskurs der Buchkultur jedenfalls nicht ohne Weiteres zu realisieren.

3 THEORETISIERUNG: DAS WAHRHEITSMODELL ALS WISSENSMODELL DER TYPOGRAPHISCHEN ÄRA

Die Jahrhunderte zwischen Renaissance und Aufklärung, d.h. genauer die in den etwa 400 Jahren zwischen 1450 und 1850 stattfindenden religiösen, politischen, wirtschaftlichen, geografischen, sozialen, kulturellen und schließlich auch medialen Entwicklungen in Europa, nehmen eine Schlüsselstellung in der Herausbildung der spezifischen Formen gesellschaftlichen Denkens und Handelns ein, welche die westlichen Industrienationen bis heute grundlegend kennzeichnen und die bis in die private Lebenswirklichkeit hinein erlebbar werden. Die einzelnen Komponenten dieser Entwicklungen greifen dabei so treffsicher ineinander, dass in der Retrospektive vermutlich zu Recht der Eindruck einer notwendig ablaufenden, stringenten Evolution entsteht. Tatsächlich sind die soziokulturellen und medialen Verflechtungen aber wohl als derart besonders und historisch folgenreich zu betrachten, dass in Bezug auf das Wirklichkeitskonzept und damit die Wissenskultur der beginnenden Moderne vielmehr von einer regelrechten Revolution bzw. einer als revolutionär zu bezeichnenden Entwicklung auszugehen ist.

Erstmals in der Geschichte menschlicher Gesellschaften wurde die Möglichkeit der Erkenntnis vollständig von übersinnlicher Transzendentalität oder göttlicher Eingebung gelöst und allein an die Fähigkeiten der Sinnesorgane und des kognitiven Systems des Menschen zurückgebunden. Erstmals nahmen größere – wenn auch längst nicht alle – Schichten der Gesellschaft Anteil am (neu gewonnenen) Wissen über die Welt. Nicht zuletzt fand dieses neue, individualisierte und säkularisierte Wissen daher erstmals auch unmittelbar Eingang in wirtschaftliche, politische und soziale Prozesse und wirkte so wiederum auf die Beschaffenheit der gesellschaftlichen Verhältnisse zurück.

Dreh- und Angelpunkt dieser also geradezu revolutionären Neuerungen der Frühen Neuzeit war zweifelsohne die Erfindung bzw. Etablierung der Typographie, d.h. das Drucken von Texten mit Hilfe beweglicher Eisenlettern.[28] Durch Anwendung dieses Verfahrens konnte schriftlich fixiertes Wissen in kürzester Zeit beliebig oft und in immer gleichbleibender Qualität abgebildet und reproduziert werden. Doch nicht die Technologie des Buchdrucks oder die Implikationen des typographischen Mediums an sich lösten letztlich die besagte wissenskulturelle Revolution aus. Erst das Zusammentreffen der medialen Möglichkeiten mit konkreten, zeitgeschichtlich bedingten, soziokulturellen Bedürfnislagen, wie sie durch den Einfluss von Humanismus und Reformation zu Beginn der Frühen Neuzeit hervorgebracht wurden, schaffte hierfür den geeigneten Nährboden. Mit anderen Worten ist diesbezüglich folglich von einer koevolutionären Entwicklung auszugehen, die schlussendlich zur Herausbildung eines spezifischen Wissensmodells der typographischen Ära führte.

Die grundlegenden Strukturen dieses typographischen Wissensmodells abstrahierend-theoretisierend zu beschreiben, soll Gegenstand dieses dritten, gewissermaßen zusammenfassenden Abschnitts des Kapitels sein. Entspre-

---

28 Vgl. hierzu insbesondere die bereits vielfach angeführten zentralen Arbeiten von Michael Cahn (1991), Michael Giesecke (1994) und Elizabeth Eisenstein (1997 [1983]).

chend des im ersten Kapitel dieses Buches entwickelten Mehrebenen-Analysemodells werden dazu an dieser Stelle jedoch vorab die markantesten Aspekte der im vorangegangenen Abschnitt ausführlich dargestellten ›Phänomenologie der Buchkultur‹ noch einmal kurz skizziert, bilden sie doch den Ausgangspunkt der sich anschließenden idealtypischen Modellierung:

Charakteristisch ist hier zunächst, dass sich die wissenschaftliche Forschung als soziale Praxis im Laufe der Frühen Neuzeit institutionell verfestigte und differenzierte. Das auf diese Weise entstehende System der akademischen Wissenschaft(en) zeichnete sich fortan durch ein elitäres Selbstverständnis, ein striktes moralisches Ethos und feste Rollenmuster aus, an die klare interne Hierarchien gebunden waren. Die Wissensproduktion avancierte zu einem Prozess der direkten Auseinandersetzung mit der Welt und ihrer Gesetzmäßigkeiten und wurde exakten methodischen Standards unterworfen. Normierung und Standardisierung des forschenden Handelns sollten die intersubjektive Nachvollziehbarkeit und Überprüfbarkeit der Erkenntnisse sichern und gewährleisten. Dies gilt umso mehr, als dass Wissen dank der medialen Möglichkeiten des Buchdrucks leichter und schneller denn je zwischen den Gelehrten und Wissenschaftlern ausgetauscht werden konnte. Unter dem Einfluss des Buchdrucks und dessen Fähigkeit zur Beschleunigung und Intensivierung des wissenschaftlichen Publikationswesens entstanden aber auch vollkommen neuartige Phänomene und Einrichtungen im Kontext der Produktion als auch der Kommunikation des (wissenschaftlichen) Wissens. So ließen sich die neu erworbenen Erkenntnisse, Theorien, Entdeckungen und Erfindungen erstmals auf eine konkrete Person festschreiben. Damit entstand nicht nur das Konzept des Autors mit all seinen drucktechnischen Auswirkungen, auch das Prinzip der ›Erstbeschreibung‹ wird zu einem Wert. Das wiederum beförderte den Gedanken des wissenschaftlichen Fortschritts. Nur durch die Neuheit des eigenen wissenschaftlichen Beitrags lässt sich im System der Wissenschaft(en) Reputation erwerben. Die Arbeiten früherer Denker wurden diesbezüglich nun zum Ausgangspunkt, bisweilen auch zur Kontrastfolie neuer Erkenntnisse. Im Mittelpunkt der wissenschaftlichen Auseinandersetzung standen sie nicht mehr. Das Wissensprodukt selbst erschien dafür aber mehr und mehr als eines, das auf dem Vertrauen in die prinzipielle Erkenntnisfähigkeit eines jeden Menschen basierte. Insofern sollte auch jedermann daran teilhaben können. Gleichwohl setzt gerade auch eine so verstandene Wissenschaft gewisse Kompetenzen und den Schutz einer Gemeinschaft Gleichgesinnter voraus, welche über die Einhaltung der strengen formalen wie moralischen Regeln und Konventionen des Verhaltens wacht. Die Institutionalisierung der sozialen Praxis Wissenschaft beinhaltete daher auch die gesellschaftliche Besonderung der sozialen Gruppe der an dieser Praxis unmittelbar beteiligten Personen – der Wissenschaflerinnen und Wissenschaftler. Diese wurden in einer aufgeklärten Gesellschaft, deren zentrale Funktionsbereiche grundlegend auf einem solchen, rational erworbenen Wissen aufbauten, zu gefragten Ratgebern (Experten), welche die Erkenntnisse aus der Wissenschaft gezielt in die Öffentlichkeit transferierten und also gewissermaßen popularisierten. Der Prozess der Wissenskommunikation, der zugleich auch selbst durch die Möglichkeiten und Bedingungen der Typographie ebenso befördert wie beeinflusst wurde, folgte so gesehen dem Modell der vertikalen Diffusion. Das Resultat war eine strukturell begründete Experten-Laien-Differenz.

Es darf nun angenommen werden, dass sowohl die beschriebene Entstehung der Wissenschaft als spezifisch geprägter sozialer Praxis, deren Institutionalisierung und gesellschaftliche Verfestigung zum System der Wissenschaften, wie auch der Prozess der Wissenspopularisierung sowie die dazugehörigen hierarchisch angelegten Rollenmuster bereits deutlich auf die Konturen des im Folgenden zu beschreibenden Wissensmodells der typographischen Ära verweisen. Als sichtbare Manifestationen der dahinter liegenden typographischen Wissenskultur dokumentieren sich in ihnen die grundlegenden Prinzipien und Konventionen der Herstellung und Weitergabe gesellschaftlich gültigen Wissens samt der daraus abgeleiteten Handlungsroutinen resp. Praktiken und lassen somit auf die dahinter liegenden basalen Strukturen des Wahrnehmens und Denkens schließen, die hier freilich immer nur idealtypisch nachgezeichnet werden können.

3.1 Welt- bzw. Wirklichkeitsverständnis

Wie zu Beginn des Kapitels und erneut soeben festgestellt werden konnte, waren die ausschlaggebenden geistesgeschichtlichen Neuerungen der Frühen Neuzeit, deren Entwicklung sich in der Renaissance abzeichnete, die sich in der Folgezeit allmählich verbreiteten und etablierten und schließlich in die Ideale der Aufklärung mündeten, eine zuvor nie dagewesene Individualisierung, Säkularisierung sowie Rationalisierung der Weltbetrachtung. Der Mensch trat als selbständig denkendes Wesen in Erscheinung. Ihm wurde mehr und mehr die Fähigkeit zugesprochen, die Welt ohne den Umweg über die göttliche Offenbarung oder die dogmatische Vermittlung durch Dritte (hierzu gehörte auch die Re-Lektüre klassischer Werke), wie dies noch in der scholastischen Tradition üblich gewesen war, allein aus sich heraus zu verstehen. Man kommt der Welt im Zuge der Frühen Neuzeit also persönlich näher. Die Welt tritt dem Menschen nun als *lesbarer Text*[29] ent-

---

29 Die Metapher des ›lesbaren Textes‹ erscheint symptomatisch für die europäische Wissenskultur seit der Frühen Neuzeit. So war die Manuskriptkultur noch von einer starken Nähe zur Mündlichkeit und mündlichen Interaktion gekennzeichnet – man denke beispielsweise an die u.a. von Giesecke (1994: 212f.) beschriebene mittelalterliche Lehr- und Lernsituation, in welcher allein die Person des Gelehrten als vermittelndes Medium fungierte, das entsprechende (durch Abschrift entstandene) Handbuch jedoch lediglich als Speicher und Erinnerungsstütze für dessen Rede diente und daher auch nur für ihn zugänglich war. Mit dem Aufkommen der Druckschriftlichkeit änderte sich diese Situation rapide. Im Wechselspiel zwischen der Ausbreitung der Technologie bzw. der Ausweitung des Ange-

gegen, den er nur noch zu decodieren braucht und den er auch zu decodieren vermag, da er selbst in unmittelbarer, d.h. direkter Form Zugang zu diesem Welttext hat. Das Mittel dazu ist die empirische Forschung, die im Rahmen der akademischen Wissenschaft(en) schließlich zu einem eigenen sozialen System institutionalisiert und dabei methodisch standardisiert sowie normiert wird.

Das neuzeitliche respektive moderne Weltverständnis basiert also auf zwei Grundannahmen: Alle Dinge der Wirklichkeit bilden erstens einen widerspruchsfrei feststehenden Bestand. Sie sind daher zweitens mit Hilfe der menschlichen Vernunft prinzipiell zu durchschauen. Die Wirklichkeit ist entsprechend dieser Annahmen nicht länger eine transzendente, eine aus ewigen (göttlichen) Ideen bestehende, jenseitige Realität, welche sich dem Menschen nur durch Offenbarung und Glauben erschließt, sondern kann als tatsächlich existente forschend erkannt werden. Sie liegt als solche darüber hinaus außerhalb des erkennenden Subjekts (vgl. Bialas 1990: 142). Das Wissen über die Wirklichkeit wird im Forschungsprozess mit Hilfe wissenschaftlicher Methoden ermittelt. Der Wissenschaftler ist dabei nicht mehr Gelehrter, sondern Forscher (vgl. Walger 2000: 5ff.). Das gewonnene Wissen ist fortan weniger ein philosophisch erdachtes, denn ein empirisch erschlossenes Resultat und insofern nicht mehr unmittelbar an die einzelne Person gebunden. Folglich lässt sich im Rückgriff auf Fischer (2004: 158) formulieren:

»Die wissenschaftliche Revolution des 17. Jahrhunderts ist das Ergebnis einer grundlegenden Veränderung der Ökologie und Systematik des frühneuzeitlichen Wissens, der eine ebenso grundlegende Transformation der Wirklichkeit korrespondierte.«

Die im Zuge der Frühen Neuzeit sich verbreitende Annahme, alle Dinge der Natur seien prinzipiell durch Berechnung zu beherrschen, war somit einerseits das Ende der scholastischen »Idee eines abgeschlossenen Korpus von Wissen, welches im Grunde kaum mehr verbessert, sondern nur noch besser angeeignet werden kann« (Giesecke 1994: 435).[30] Wissenschaftliche Arbeit

---

bots und der allgemeinen Zunahme der Lesefähigkeit innerhalb der Gesellschaft setzte sich langfristig schließlich mehr und mehr die Tendenz zur stillen Lektüre durch. Nun waren es nicht mehr die interaktive Kommunikationssituation oder die unmittelbare persönliche Erfahrung, durch die Wissen hauptsächlich vermittelt wurde, der Text selbst avancierte zum Transporteur und Vermittler von Wissensinhalten (vgl. Elsner u.a. 1994: 171ff.). Elsner u.a. (1994: 174) behaupten daher, die »mediale Form der linearen Schriftlichkeit [... sei] die Art und Weise, in der sich in der europäischen Kultur das Bewusstsein als Denkendes selbst erfährt«.

30 Elizabeth Eisenstein (1997 [1983]: 234f.) führt hierzu ganz ähnlich aus: »Derselbe sich erweiternde erkenntnismäßige Fortschritt [...] führte auch zu neuen Wissenskonzepten. Die Vorstellung einer geschlossenen Sphäre oder eines einzigen

ist stattdessen ein offener Prozess der Wissensakkumulation und, wie etwa bereits Max Weber (1996 [1919]: 15) betonte, grundsätzlich »eingespannt in den Ablauf des Fortschritts«. Es sei ihr Schicksal, dass jede neu gewonnene Erkenntnis auch wieder neue Fragen aufwerfe und damit vorherige veralten lasse. Das jedoch bedeute zugleich auch die unwiederbringliche »Entzauberung der Welt« (ebd.: 17).

Die systematische Entzauberung der Welt mit Hilfe der akademischen Wissenschaft(en) bedeutete für die westlichen Gesellschaften seit der Frühen Neuzeit andererseits aber vor allem auch, dass kollektiv bindende Entscheidungen nicht länger religiös, sondern wissenschaftlich begründet wurden (vgl. Böschen 2003: 21). Glaube und Wissen differenzierten sich zu zwei konträren Denksystemen aus. Die Subjektivität des Glaubens verlor gegenüber der Intersubjektivität wissenschaftlichen Wissens an Relevanz. Das Erkenntnismodell der empirischen Forschung war gegenüber dem mittelalterlichen dabei freilich radikal reduziert: Während die christliche Offenbarung neben den äußeren Sinnen auch und vor allem das Herz bzw. die Seele der Gläubigen erreichen wollte, beschränkte sich die moderne Wissenschaft auf erstere Klasse von Sensoren (vgl. Giesecke 1994: 583). Sie büßte damit zwar die Kraft der Emotion ein, gewann im Gegenzug jedoch die Macht der Präzision. Dülmen/Rauschenbach (2004: 1) vermerken hierzu in der Einleitung ihres wirklich prachtvollen Bandes zur »Entstehung der modernen Wissensgesellschaft«:

> »Insbesondere in der frühen Neuzeit, mit dem Beginn der Renaissance, entstand etwas Neues, ein Wissen, das zunehmend an Bedeutung gewann und durch das sich neue Mächte und Machtverteilungen in Staat und Gesellschaft entwickelten. Dieses Wissen war verbunden mit den Kenntnissen und Konsequenzen, die sich aus einer ebenfalls neuartigen wissenschaftlichen Forschung ergaben, und es wurde grundlegend für das moderne Weltbild, die Verständigung des Menschen in immer größeren Zusammenhängen, schließlich allgemein für die Begründung von sozialen, politischen und ökonomischen Strukturen. Es war geprägt durch das zunehmende Vertrauen, das die Gelehrten in ihre Wahrnehmung, ihre Erkenntnisse und ihre Forschung setzten, und zeichnete sich durch einen gestalterischen Anspruch aus, der dem mittelalterlichen Wissen, selbst wenn dieses durchaus weltlich sein konnte, im großen und ganzen fremd war.«

3.2 Wissen im Modus der Wahrheit

Fremd war dem mittelalterlichen Modell des Wissens vor allem der mit dem Prozess der forschenden Welterkenntnis verbundene allgemeingültige *Wahrheitsanspruch*. Zweifellos hatte auch und gerade die mittelalterliche

> Korpus, von Generation zu Generation überliefert, wurde durch die neue Idee eines uneingeschränkten wissenschaftlichen Erforschungsprozesses ersetzt, der die Grenzen immer weiter vorwärts treibt.«

Scholastik das Konzept einer feststehenden, allgemeingültigen Wahrheit gekannt. Diese wurde allerdings stets an eine transzendente, sinnlich nicht unmittelbar erfahrbare Wirklichkeit bzw. Ewigkeit zurückgebunden und war daher von Verfahren dogmatischer Festschreibung (sakrosanktes Wissen) abhängig, deren Legitimität sich wiederum, wie eben bereits beschrieben, aus dem Glauben an die göttliche Eingebung speiste. Zu Beginn der Frühen Neuzeit wurde nun jedoch diese vormoderne Vorstellung einer geoffenbarten Wahrheit durch die Idee einer Wahrheit bzw. eines wahren Wissens abgelöst, das – da seine Grundlage nicht länger jenseits, sondern diesseits einer sinnlich erfahrbaren Welt liegt – allein auf der menschlichen Erkenntnisfähigkeit beruht; durch ein wahres Wissen also, das mit Hilfe methodisch abgesicherter und intersubjektiv nachvollziehbarer, empirisch-wissenschaftlicher Verfahren gewonnen wurde und dadurch umso mehr Gültigkeit beanspruchen konnte.

»Was die Kirche in ihren Grundfesten bedrohte, war das neue Konzept von Wahrheit, das Galilei verkündete. Neben der Wahrheit der Offenbarung zeigt sich nun eine unabhängige und ursprüngliche Wahrheit der Natur. Diese Wahrheit offenbart sich nicht in Gottes Worten, sondern in seinem Werk; sie basiert nicht auf dem Zeugnis der Heiligen Schrift oder der Tradition, sondern ist für uns jederzeit sichtbar.« (Cassirer zit. nach Eisenstein 1997 [1983]: 245)

Diese unabhängige und ursprüngliche Wahrheit der Natur oder, um an die Formulierungen des vorangegangenen Abschnitts anzuschließen, die empirisch erkennbare Wahrheit des lesbaren Welttextes wird im Zuge der Frühen Neuzeit denn auch zum zentralen Typus gesellschaftlich bzw. kulturell ›prämierter‹ Information (vgl. Giesecke 1994 [1991]: 22 sowie 2005) und damit zum ›Markenzeichen‹ sowie grundlegenden Modus der typographischen Wissenskultur, deren Strukturmodell in der nachfolgenden Tabelle 1 idealtypisch zusammengefasst ist.

Was dieser Schritt der Prämierung und Zentrierung ›weltlicher‹, d.h. durch Forschung (nicht durch Offenbarung) erkannter Wahrheit im Hinblick auf die gesellschaftliche Wissenskultur im Allgemeinen bzw. die dispositive Struktur der typographischen Wissenskultur im Speziellen dabei wirklich bedeutete, erschließt sich nur über die Frage nach der gesellschaftlichen Funktion und Legitimation dieser Wahrheit. Wahrheit stellt – zumindest wenn man, wie hier getan und wie es in den Überlegungen des ersten Kapitels zum Begriff sowie den Dimensionen und unterschiedlichen Betrachtungsweisen des Wissens bereits angeklungen ist, von einem sozialkonstruktivistischen Realitätsverständnis ausgeht – vor allem ein zentrales Diskurselement dar, das wahlweise als Regulativ bzw. Korrektiv des Wissensdiskurses funktioniert und eingesetzt werden kann. So gesehen gibt es auch nicht *die* Wahrheit an sich, Wahrheit muss vielmehr erst diskursiv zugeschrieben werden und setzt folglich eine soziale Akzeptanz voraus, wie etwa Schmidt (2005: 73f.) betont.

Tabelle 1: Strukturmodell der Wissenskultur der typographischen Ära (Wahrheitsmodell des Wissens)

Welt- bzw. Wirklichkeitsverständnis	• Funktionsprinzipien der Wirklichkeit sind mit Vernunft prinzipiell zu durchdringen; • widerspruchsfrei feststehender, lesbarer Welttext; • Wissen als forschend erschlossenes Resultat
Wissensmodus	• Erkenntnis allgemeingültiger *Wahrheit*
Legitimationsprinzipien	• Objektivität und Rationalität (Einhaltung normativer Verfahren und Standards im Prozess der Wissensproduktion) • strukturelle Autorität und Hierarchie (professionelles Expertentum, diffusionistisches Modell der Wissenskommunikation)

Dabei begegnet uns Wahrheit in den meisten Fällen allerdings in Gestalt »akzeptierte[r] Aussagen«, die aufgrund entsprechender stimmiger[31] »Erfahrungen, die Aktenten mit diesen Aussagen in ihren bisherigen Geschichten und Diskursen [nicht aber unbedingt mit der Realität] gemacht haben«, schließlich »zu Erwartungen (Strukturen) kondensiert werden können« (ebd.: 76). Das diskursive Element ›Wahrheit‹ wirkt also einerseits überall dort und immer dann, wo bzw. wenn Behaupten sozial gelingt. Wahrheit erzeugt in diesem Fällen den Eindruck kollektiver Verlässlichkeit und Selbstverständlichkeit von Kommunikation und Wissen (vgl. ebd.: 71f.). Die sozial akzeptierten Aussagen könnte man daher auch als wahres bzw. gesellschaftlich relevantes Wissen bezeichnen. Dieses trägt nach Niklas Luhmann, wie Schmidt (2005: 73) ebenfalls vermerkt, »stets einen impliziten Wahrheitsanspruch mit sich«. Für den Fall aber, dass Zweifel aufkommen und »Aussagen, Behauptungen oder Argumentationen infrage gestellt bzw. angezweifelt werden […] dient der Rekurs auf wahre Aussagen [aber auch] als Legitimationsunterbrecher, der die Anschlussfähigkeit der Kommunikation wiederherstellt« (ebd.: 77). Das Konzept der ›Wahrheit‹ sichert dann andererseits auch das pragmatische Funktionieren und den Fortbestand des sozialen Miteinanders, denn es erlaubt uns, »den aus Bezweifeln resul-

---

31 Schmidt (2005: 76) vermerkt hierzu, das »[d]iese Stimmigkeit […] aus der Vereinbarkeit mit den im Wirklichkeitsmodell und Kulturprogramm konstituierten Normalitätsstandards [resultiert], die wie ein System blinder Flecken das Selbstverständlichkeitsprofil des Wissens einer Gesellschaft konstituieren – sozial verbindlich und unabhängig von einzelnen Aktanten.«

tierenden Begründungsregress in zustimmungsfähiger Weise [zu] unterbrechen« (ebd.: 73). Wahrheit fungiert dann mit anderen Worten als »Regressunterbrecher in Geschichten und Diskursen« (ebd.: 71).

Auch bei Josef Mitterer findet sich dazu ein weiterer interessanter Gedanke. So geht dieser nämlich davon aus, dass hinter der Verwendung der ›Wahrheit‹ im diskursiven Kontext stets ein Basiskonsens diesbezüglich vorherrscht. Diskurse – konkret muss man hier wohl von Wissensdiskursen sprechen – »beginnen [demnach] nicht mit einem Konflikt, sie beginnen mit einem Konsens« (Mitterer 1988: 24). Dieser Konsens würde im wahrheitsbezogenen Wissensdiskurs dann im Anspruch auf eine Wahrheit bestehen, die als tatsächliche jenseits des Diskurses liegt. Der Diskurs trägt damit zur eigentlichen Wahrheit auch nichts bei:

»Die Entscheidung über Wahrheit und Falschheit fällt nicht *im* Diskurs, sondern *jenseits des Diskurses* und ist dort genau genommen immer schon gefallen. Die Entscheidung wird *diesseits*, im Diskurs, bloß verkündet.« (Ebd.: 25; Herv. i.O.)

Aus diesem Grund sind Sprecher und Autoren in diesem Modell auch stets um objektivierende Formulierungen bemüht. Die Wahrheit gilt als subjektunabhängig und kann daher zu Recht depersonalisiert werden, während der Irrtum demgegenüber stets persönlich und subjektabhängig ist (vgl. ebd.: 24f.).

Dass es eine solche Wahrheit aber überhaupt gibt und dass diese in jedem Fall zu suchen ist (und auch prinzipiell gefunden werden kann), auch das gehört zum Basiskonsens eines wahrheitsbezogenen Wissensdiskurses. Dabei sind, wie Mitterer (1988: 28) weiter schreibt,

»die Diskursteilnehmer geradezu verpflichtet, wenn sie dem Ausschließlichkeitsanspruch (und dem hohen ethischen Anspruch) der Wahrheit genüge tun wollen, den Versuch zu unternehmen, ihre vom Jenseits des Diskurses legitimierten Wahrheitsansprüche auch bei den übrigen Diskursteilnehmern *durchzusetzen*« (Herv. i.O.).

Ein Verzicht auf den absoluten Wahrheitsanspruch, auf den Basiskonsens eines »pursuit of thruth« (ebd.), nähme dem Diskurs hingegen weitgehend seine Rationalität. Gleichzeitig führte er aber zu einem deutlich flexibleren Umgang mit divergierenden Meinungen: Auffassungen wären dann wahr, »weil und solange sie vertreten werden« und sie wären falsch, »weil und solange sie nicht vertreten werden« (ebd.) Der situative Konsens wäre dann auch kein Konsens über die Wirklichkeit mehr, sondern ein Konsens zwischen den Teilnehmern des Wissensdiskurses (vgl. ebd.: 29).

Was lässt sich daraus also für das hier entwickelte und zur Diskussion stehende Wahrheitsmodell der typographischen Wissenskultur ableiten? Zunächst einmal sicherlich die Feststellung, dass dessen Wahrheit, wie bei Mitterer schon erwähnt, obgleich oder gerade weil sie sich auf die diesseitige Welt bezieht, in der Logik des Modells immer schon jenseits des Diskurses liegt. Man könnte auch sagen, die diskursive Aushandlung der Wahrheit wird im typographisch geprägten Wahrheitsmodell des Wissens strukturell ebenso umgangen, wie dies etwa auch im mittelalterlichen Modell der Offenbarung der Fall gewesen ist. Im Unterschied zu diesem gelingt die Durchsetzung des Wahrheitsanspruches im neuzeitlichen bzw. modernen Wissensmodell jedoch, weil der Prozess der Produktion und Kommunikation des wahren Wissens über zwei Mechanismen gewährleistet wird, die dessen gesellschaftliche (kollektive) Anerkennung als wahres Wissen gewissermaßen a priori sicher stellen: (a) die strikte Einhaltung normativer Verfahren und Standards im Dienste von Objektivität und Rationalität sowie (b) ein professionelles Expertentum, das als elitäre Gemeinschaft sowohl die alleinige Kompetenz zur Wissensproduktion als auch das Vorrecht zu dessen autoritärer Verkündigung besitzt.

»This ›truth‹ production process is commonly seen as being very different from profane, everyday activities and one which requires, or is guaranteed by, a strong community structure that is largely governing through distinctive norms and traditions.« (Whitley 1985: 6)

3.2.1 Objektivität und Rationalität

Wie nun bereits mehrfach erwähnt, hatte auch das Wissen der mittelalterlichen Scholastiker Allgemeingültigkeit und Wahrheit beansprucht. Der zentrale Umbruch, der sich im Zuge der Frühen Neuzeit und der Entstehung der akademischen Wissenschaft(en) ereignete, lag aber vor allem in der Beschaffenheit dieser allgemeingültigen Wahrheit des Wissens oder anders ausgedrückt: im Weg der Erkenntnis und Legitimation dieser Wahrheit. Ausgehend von der Annahme, dass die Funktionsprinzipien von Welt prinzipiell mit der menschlichen Vernunft zu erfassen sind, wurde der Prozess der Erkenntnis bzw. der Wissensgenese nämlich nicht nur in das sensuelle und kognitive System des Menschen ver- bzw. ausgelagert, er erschien nun zum ersten Mal als ein planbarer, gezielt herbeiführbarer sowie aktiv beeinfluss- und steuerbarer Prozess. Wahres Wissen im Sinne von Erkenntnis meinte fortan ein durch Forschung erworbenes und nach wissenschaftlichen Prinzipien und Standards erzeugtes Wissen und damit ein Wissen, dessen ›Herstellungsverfahren‹ sich sowohl vom Vorgang der Kontemplation als auch vom Erfahrungserwerb des alltäglichen Handelns grundlegend unterschied.

Bis heute nimmt wissenschaftliches Wissen bzw. mit Hilfe wissenschaftlicher Verfahren erzeugtes Wissen daher aus Sicht der Wissen(schaft)ssoziologie eine Sonderstellung neben anderen Wissensarten ein und das in erster Linie deshalb, weil dieses Wissen den Anspruch der Universalität erfüllt. In der Logik des Wahrheitsmodells der typographischen Wissenskultur verkörpert wissenschaftliches Wissen also genau deswegen ein wahres Wissen, weil es sich – zumindest augenscheinlich – der gesellschaftlichen Relativierung entzieht.

»Es gilt unanhängig von den religiösen oder weltanschaulichen Überzeugungen seiner Entdecker und Befürworter, unabhängig von ihrer Hautfarbe und nationalen Zugehörigkeit und unabhängig vom Ort seiner Entdeckung, Überprüfung und Anwendung.« (Weingart 2003b: 7)

Auch wissenschaftliches Wissen ist damit zwar nicht gefeit vor Veränderungen und Revisionen – neue Erkenntnisse können bestehende Wahrheiten durchaus aufheben und ersetzen –, doch ist der Nachweis der Ungültigkeit oder Unwahrheit des bis dato gültigen und wahren Wissens erst unter erneutem Einsatz wissenschaftlicher Verfahren und Methoden und also aus dem Wissenschaftssystem selbst heraus zu erbringen.

Universal ist das wissenschaftliche Wissen aber insbesondere aufgrund der *Objektivität*, die der wissenschaftlichen Beobachtung und Beschreibung der Wirklichkeit eignet und diese daher – freilich immer gedacht in der Logik des Wahrheitsmodells – tatsächlich als solche erfasst.[32] Die Erkenntnis selbst basiert damit zwar zunächst auf der sinnlichen Anschauung der Welt und ihrer Phänomene durch ein menschliches Individuum (Messinstrumente etwa objektivieren schließlich auch diesen Schritt der Beobachtung), das Moment der subjektiven Prägung, Beeinflussung oder gar Verzerrung wird jedoch systematisch ausgeschaltet. Man könnte mit Wolfgang Krohn (2006: 3) daher auch sagen:

»Wissenschaft kultiviert Wahrnehmung und Gestaltung in der ihr besonderen Weise. Mit ihrem instrumentellen Inventar schult, verfeinert, übersteigert und transformiert sie die Sinnesleistungen weit über die alltäglichen Gebrauchsmuster hinaus.«

Krohn stellt daher die These auf, dass der Wahrheitsanspruch des wissenschaftlichen Wissens eng mit der »Ästhetik des Vorgehens«, d.h. der »Ästhetik des Wahrnehmens, Begreifens und Gestaltens von Wissen« verknüpft ist, dass also

---

32 Lorraine Daston (2003: 128f.) verweist hier eindringlich darauf, Objektivität im wissenschaftshistorischen Kontext nicht als einen »monolithische[n] und unveränderliche[n] Begriff« missszuverstehen, sondern als ein vielschichtiges und historisch wandelbares Konzept zu begreifen. So müsse etwa die »aperspektivische Objektivität« vom ontologischen Aspekt sowie vom mechanischen Aspekt der Objektivität unterschieden werden. Der »Satz von Tugenden, den wir heute mit Objektivität verbinden« (Daston nennt hier u.a. Distanz, Unparteilichkeit, Unvoreingenommenheit) und der ganz klar eine aperspektivische Objektivität markiert, hält erst allmählich (etwa um die Wende zum 19. Jahrhundert) Einzug in das Konzept der wissenschaftlichen Objektivität (vgl. ebd.: 134ff.). Zuvor (im 17. und 18. Jahrhundert) bezog sich der Begriff noch mehrheitlich auf den ontologischen Aspekt der realen und also objektiven Natur von Erscheinungen und Objekten (vgl. ebd.: 131-134).

»der Geltungsanspruch, den ein Wissensproduzent gegenüber einem Rezipienten erhebt, einem Gestaltungsprozess entspringt, in dem instrumentalisierte Wahrnehmung, experimentelle Generierung von epistemischen Gegenständen und die Formung begrifflicher Interpretationen so verknüpft werden, dass sie eine Evidenz erzeugen, die es lohnt, behauptet, dargestellt und rezipiert zu werden« (ebd.: 3f.).

Die Objektivität des Vorgehens durch die Einhaltung standardisierter und normierter Verfahren dient – das sei hier noch einmal hervorgehoben – im Hinblick auf die Strukturmuster der vorgestellten neuzeitlichen Wissenskultur, d.h. mit Blick auf die Ebene der symbolischen Ordnung, demnach also weniger der Erkenntnis eines tatsächlich für alle Zeit allgemeingültigen und wahren Wissens, als vielmehr der Erfüllung der Erwartungen an ein solches Wissen. Allein das sichert die gesellschaftliche Anerkennung der Erkenntnis als relevantes Wissen im Modus der Wahrheit.

Entscheidend ist dabei, dass die Standardisierung und Normierung des Prozesses der Wissensgenese im Sinne von Wissenschaft das Vorgehen wie auch dessen Ergebnis, die konkrete Erkenntnis nämlich, intersubjektiv nachvollziehbar und folglich überprüfbar macht und so überhaupt erst einen Eindruck von Objektivität erzeugt. Das gilt bzw. galt auch für die wissenschaftsinterne Darstellung und Kommunikation neuer Erkenntnisse im Druck. Peter Burke (2001: 132) weist diesbezüglich beispielsweise darauf hin, dass gerade in der zunehmenden Verwendung von Zahlen und Statistiken das »neue Ideal eines unpersönlichen oder unparteiischen Wissens zum Ausdruck [kam], dessen, was man später Objektivität nannte«. Und mehr noch: Auch der Umstand der Vervielfältigung und Verbreitung bzw. Zirkulation des dem menschlichen ›Träger‹ enthobenen und entäußerten Wissens im Medium des Drucks selbst trug zur gesellschaftlichen Verfestigung der Objektivität als zentralem Legitimationsmechanismus wissenschaftlich wahren Wissens bei. Giesecke (2002: 84) bemerkt dazu etwa, dass »die interaktionsfreie Parallelverarbeitung von Informationen, wie sie durch die Verbreitung gedruckter Bücher auf die Tagesordnung gesetzt wurde«, den »Informationstyp [...] ›wahres Wissen‹« geradezu erforderte:

»Wenn der Prozess der Informationsgewinnung der Autoren reversibel, für die Käufer der gedruckten Bücher wiederholbar sein soll, dann muss man nach einem anderen, einfacheren Modell vorgehen. Eine solche Vereinfachung nahmen die Autoren der Fachprosa in der frühen Neuzeit vor. Sie sahen von den inneren Sinnesorganen ab und schufen ein eindimensionales Bild des Menschen als informationsverarbeitendem System. In diesem war kein Raum mehr für einen allmächtigen Kommunikator. Stattdessen postulierte man die Gleichheit aller Phänomene der Umwelt und erklärte alle Informationen, die nicht mit den äußeren Sinnen aufgenommen werden konnten, als nicht relevant für die Fachprosa.« (Ders. 1994: 587)

Was in letzterem Zitat zum Ausdruck kommt, ist aber nicht nur die starke Beeinflussung der neuzeitlichen Wissenskultur durch die Interaktionsarmut sowie die Linearität und ausschließliche Visualität des gedruckten Wortes, sondern vor allem die ›Engführung‹ der Erkenntniswege auf das, was man gemeinhin ›Vernunft‹ oder ›Verstand‹ nennt. Gemeint ist die Unterordnung der Erkenntnis unter das Diktum der *Rationalität*. Andere Wege der Erkenntnis – Offenbarung oder gar Mystik[33] – werden rigoros ausgeschlossen. Fritz Böhle (2003: 150) spricht hier auch von einer »Unterordnung der sinnlichen Wahrnehmung unter den Verstand«. Das Wissensmodell der typographischen Ära sichert ihren Anspruch auf Erkenntnis einer allgemeingültigen, weil objektiven Wahrheit also zudem über die Absolutheit und die Ausschließlichkeit der (wissenschaftlichen) Rationalität. Wie die Aufklärung selbst irrationalisiert sie alles, was ihr entgegensteht (vgl. Luhmann 1992: 56). Hier gründet auch der »wissenschaftliche Monopolanspruch auf Wahrheit«, wie ihn Krohn (2003: 10) beschreibt.

Es lässt sich demnach zusammenfassen: Über die rationale Erfassung des lesbaren Welttextes mit Hilfe objektiver Verfahren der Beobachtung und Beschreibung wird in der Logik des Wahrheitsmodells – verstanden als Wissensmodell der typographischen Ära – Wissen im Modus der Wahrheit erzeugt resp. forschend erschlossen. Was sich aus heutiger Sicht jedoch als typisch modern und geradezu naturwüchsig darstellt, ist erst durch das Zusammenwirken bestimmter historischer Entwicklungen entstanden. Die Rationalität, die dieses (auch aktuell noch gültige) Wissensmodell prägt, kann man dabei fast schon als eine aus der Frühen Neuzeit stammende ›europäische Tradition‹ betrachten. Niklas Luhmann (1992: 52) bemerkt diesbezüglich ganz systemtheoretisch, »dass die europäische Rationalität sich von anderen vergleichbaren Semantiken durch ihren Umgang mit Unterscheidungen unterscheidet«. Mit ein wenig Phantasie und Abstand vom systemtheoretischen Begriffsrepertoire beschreibt diese Feststellung letztlich die spezifische symbolische Ordnung der typographischen Wissenskultur. Das kann und muss dann gewiss kritisch gesehen werden. Luhmann etwa betont:

»Mehr und mehr hat man sich seit dem 19. Jahrhundert daran gewöhnt, mit Unterscheidungen zu arbeiten, ohne die Frage nach der Einheit der Unterscheidung selbst zu stellen. [...] Zahllose explizite Unterscheidungen wie Materie und Geist, Staat und Gesellschaft, Gesellschaft und Gemeinschaft, Individuum und Kollektiv, Kapital und Arbeit dienen als Instrumente der Analyse mit offen gelassener (oder offen oder verdeckt erfolgender) Option für eine der Seiten. [...] Die Einseitigkeit der Rationalitätszurechnung ebenso wie der Verzicht auf die Frage, was denn die Einheit der jeweils benutzten Unterscheidungen sei, spiegeln die Unfähigkeit der modernen Gesellschaft, ihre eigene Einheit zu reflektieren.« (Ebd.: 57f.)

---

33 In Marshall McLuhans »Gutenberg-Galaxis« findet sich beispielsweise die Aussage: »In einem Zeitalter, da ein fragmentiertes, lineares Bewußtsein dominiert, so wie es von der Gutenberg-Technik erzeugt und übersteigert wurde, bleibt eine mythische Schau völlig unverständlich.« (McLuhan 1995 [1968]: 328)

Faktisch jedoch erzeugt die Einhaltung eben dieser Systemlogik das für die gesellschaftliche Anerkennung und Durchsetzung des Wahrheitsanspruchs wissenschaftlichen Wissens notwendige ›Evidenzempfinden‹.

Der Eindruck der Evidenz wissenschaftlichen Wissens, die im Wahrheitsmodell über Objektivität und Rationalität sichergestellt wird, ist zugleich aber auch ein sozialstrukturelles Phänomen, denn vom Wissenschaftssystem werden wahre Beschreibungen der Realität in der Regel auch gesellschaftlich erwartet. Die Zuständigkeit der Wissenschaft für den Prozess der Erkenntnisproduktion stellt also eine kollektive Erwartung dar. Andererseits wurzeln gerade darin auch die strukturelle Autorität der Wissenschaft als sozialer Praxis und das damit verbundene hierarchische Verhältnis zwischen Wissenschaft(en) und Öffentlichkeit.

3.2.2 Professionelles Expertentum

Im Rahmen der Betrachtungen zur Wissenskommunikation wurde bereits darauf hingewiesen, dass die (volks-)aufklärerischen Bestrebungen der Wissen(schaft)spopularisierer, d.h. der Transfers wissenschaftlich erzeugten Wissens in die (nicht-wissenschaftliche) Öffentlichkeit, in Verbindung mit den Besonderheiten und Implikationen der Typographie zur Herausbildung einer hierarchisch strukturierten Differenz zwischen Experten und Laien geführt haben. Auch diese Differenz stützt bzw. legitimiert letztendlich den Modus des wahren Wissens. Experten sind dabei ganz allgemein Akteure, die im Hinblick auf den Wissensdiskurs »über relative Produktions- und Deutungsmonopole (bzw. -Oligopole) für Expertisen verfügen« (Hitzler 1998: 37). In diesem Sinne besteht zwischen Experten und Laien eine gleich dreifache Ungleichverteilung: auf der Wissensebene, auf der Arbeits- und Erwerbsebene, aber auch und vor allem auf der Machtebene. Hesse (1998: 43) führt dazu aus:

»Der Fachmensch hat ein Wissen zur Verfügung, die dem Laien fehlt; er kann Anordnungen treffen, die der Laie zu befolgen hat; oft genug organisiert er die Beziehung schlicht nach dem Muster von Befehl und Gehorsam. Umkehrbar ist dieses Muster für den Laien in der Regel nicht.«

Und fügt an späterer Stelle noch hinzu:

»Wie also setzt sich Wissen in Macht um? Es setzt sich um, sofern es mit Verheißungen verbunden wird, die, wenn sie geglaubt werden, dem Anordnungs- und Durchsetzungswillen des Fachmenschen einen guten Grund verleihen und die auf der anderen Seite die Gehorsamsbereitschaft fördern.« (Ebd.: 47)

Hier wird nun deutlich, dass besagte Ungleichverteilung von Wissen, Arbeit/ Erwerb aber auch Macht gesellschaftlich durchaus für richtig gehalten bzw. wenigstens akzeptiert wird. Praktisch ist dieser Umstand vermutlich vor allem der Tatsache geschuldet, dass die Akzeptanz bzw. Anwendung dieser Handlungsmusters Entlastung und Orientierung bietet. Strukturell betrachtet unterstreicht gerade diese Anwendung bzw. Reproduktion aber auch die Legitimität des Musters im Sinne einer Routine (vgl. ebd.: 85ff.). Mehr noch: Die Differenz erscheint geradezu als konstitutiver Bestandteil des hier diskutierten Wahrheitsmodells des Wissens, braucht die Wahrheit doch schließlich konkrete Akteure, die diese nicht nur objektiv und rational erkennen resp. ermitteln, sondern als solche auch weiterverbreiten. Dichotomie und Ungleichverteilung erscheinen so gesehen strukturell im Wahrheitsmodell des Wissens verankert und können damit auch nicht situativ in Frage gestellt oder verändert werden.

Ausschlaggebend für diese strukturelle Verankerung der Experten-Laien-Differenz im typographischen Wissensmodell bzw. die legitimierende Funktion des wissenschaftlichen Expertentums im Wissensmodus der Wahrheit ist dabei dessen gesellschaftliche *Institutionalisierung*. Sie ist neben der im vorangegangenen Abschnitt ausführlich beschriebenen Normierung des Handelns im Sinne der Gewährleistung von Objektivität und Rationalität das zweite zentrale Element dessen, was man auch als ›Profession‹ oder ›Professionalisierung‹ bezeichnen kann. Man könnte also auch sagen: das wissenschaftliche Expertentum nimmt im typographischen Wissensmodell die Form eines *professionellen* Expertentums an.

Hinter dem Begriff der Profession oder der Professionalisierung steht dabei zunächst die Berufsidee. Berufe werden im Unterschied zu Tätigkeiten, die abhängig von sozialem Status oder Herkunft ausgeübt werden, frei gewählt. Mit dem Aufkommen der Berufsidee zu Beginn der Moderne – ein Prozess, der wiederum eng mit dem Phänomen der funktionalen Differenzierung moderner Gesellschaften verknüpft ist – wurden die hergebrachten Leitformeln sozialer Ordnung, Stand und Eigentum, zunehmend brüchig (vgl. Stichweh 1996: 49ff.). Der Begriff ›Beruf‹, so Hitzler (1998: 35),

»bezeichnet also eine bestimmte Form der sozialen Organisation von Arbeit, er meint im wesentlichen: freies, relativ kontinuierliches, idealerweise auf Eignung und Neigung basierendes, besonders erlerntes und relativ spezialisiertes Arbeiten gegen Entgelt zur Befriedigung materieller oder immaterieller Bedürfnisse«.

Professionen stellen nun Berufe besonderen Typs dar, da sie »die Berufsidee reflexiv handhaben, d.h. das Wissen und das Ethos eines Berufs bewusst kultivieren, kodifizieren, vertexten und in eine akademische Lehrbarkeit überführen« (Stichweh 1996: 51). Professionen sind mit anderen Worten also Berufsfelder, in denen Ausbildungsvoraussetzungen, -zeiten und -inhalte sowie deren Anwendung in der beruflichen Praxis von den Mitgliedern selbst kontrolliert werden« (Hitzler 1998: 36).[34] Das bedeutet vor allem, dass Professionen – unabhängig von der Spezifik und Komplexität des von ihnen jeweils abgedeckten Wissensgebietes – über eine besondere Fähigkeit

---

34 Beispiele für moderne Professionen sind etwa die Medizin oder die Pädagogik. Zur Medizin als Profession ausführlicher u.a. bei Busch 1994.

zur kollektiven Selbstbeobachtung verfügen. Kade/Seitter (2004: 339) sprechen hier sogar von einem »Selbstbeobachtungshabitus«. Die ausgegebenen Expertisen erhalten so eine besondere Qualität und Verlässlichkeit, besitzen zugleich aber auch ein gewisses Innovationspotential, was insbesondere im Kontext der Wissensentwicklung von Relevanz ist (vgl. Hitzler 1998: 36f.). So gesehen genießen auch die Mitglieder einer Profession, die professionellen Experten, einen besonderen gesellschaftlichen Status: Professionelle Experten können ihr Wissen »entsprechend den professionell verwalteten Kriterien formal nachweisen« (ebd.: 38). Bestimmend für die Funktionsweise des professionellen Expertentums ist also nicht der Nachweis eines tatsächlich vorhandenen, glaubhaften (man könnte auch sagen: wahren) Wissens, allein der Faktor der »Professionalität bewirkt Legitimität« (ebd.: 37).

Peter Münte und Ulrich Oevermann haben im Sinne der Professionstheorie die Institutionalisierung und schließlich Professionalisierung der Erfahrungswissenschaften am Beispiel der Royal Society nachgezeichnet. Mit Hilfe sequenzanalytischer Fallanalysen nehmen sie einen professionalisierungstheoretischen Blick auf das Gründungsverständnis ein. Dabei stellen sie fest:

»Das eigentlich Neue der sich mit der Gründung der ›Royal Society‹ eröffnenden Entwicklung sehen wir in dieser Professionalisierung, der sich die einzelnen Züge des neuen experimentierenden Forschens zuordnen lassen: die entscheidende Bedeutung des förmlichen Protokollierens und der formalen Beglaubigungen dieser Protokolle; die Forderung nach einer nüchternen, schmucklosen, sachhaltigen Berichts- und Analyse-Sprache und die Ablehnung jeglicher, der humanistischen Tradition verpflichteten Rhetorik; die Heraushebung der falsifikatorischen Vorgehensweise; und schließlich die enorme Bedeutung der kollegialen Kooperation und Kritik.« (Münte/Oevermann 2002: 205)

3.3 Das typographische Wissensmodell und die Enzyklopädie

Die in diesem letzten Abschnitt vorzunehmenden Betrachtungen führen die Diskussion noch einmal zurück an den Anfang des Kapitels. Dort wurde zunächst die Entwicklung des Enzyklopädiebegriffs bzw. die Geschichte der Enzyklopädie zwischen Renaissancegeist und Aufklärungsbewegung historisch-rekonstruktiv nachgezeichnet. Diese einleitende Auseinandersetzung diente vor allem der exemplarischen Verortung der Enzyklopädie als verfestigter ›Ausdruck‹ des gesellschaftlichen Wissensdiskurses im Kontext eines sich unter dem Einfluss frühneuzeitlicher, soziokultureller Veränderungstendenzen und der medialen Neuerungen des typographischen Mediums vollziehenden wissenskulturellen Wandels. Es wird also davon ausgegangen, dass die Enzyklopädie als zentrales Wissensprodukt gewissermaßen prototypisch das Wissensmodell bzw. die Wissenskultur der jeweiligen Epoche widerspiegelt. Erschließen und ausdrücken lässt sich diese Annahme mit Hilfe des Konzepts der *Mediengattung*. Implizit ist dieses Konzept an verschiedenen Stellen des Kapitels bereits zur Anwendung gekommen. An dieser Stelle gilt es nun, die Konturen des Mediengattungsbegriffs Enzyklopädie abschließend auch explizit herauszuarbeiten.

Um aber die Bedeutung dessen, was hier im Folgenden als Mediengattung Enzyklopädie diskutiert und in Relation zum typographischen Wissensmodell gesetzt werden wird, genauer zu explizieren, sollen zunächst ein paar kurze Ausführungen zum medialen Gattungsbegriff eingefügt sein.

3.3.1 Zum Konzept der Mediengattung

Die Literaturwissenschaft, in deren direkter Tradition sich einige Zweige der heutigen Medienwissenschaft bekanntlich sehen, kennt vor allem zwei Begriffe mit kategorisierender bzw. klassifikatorischer Funktion: Der Begriff der (literarischen) *Gattung* ist eine der wichtigsten Einteilungs- und Gliederungsmöglichkeiten in der Literatur und Literaturgeschichte. Er fungiert als Sammelbezeichnung für literarische Formen, die aufgrund gemeinsamer Merkmale zu Gruppen zusammengefasst werden (vgl. Voßkamp 1992: 253). Anders ausgedrückt verkörpert der Gattungsbegriff traditionell also einen anderen Begriffen übergeordneten Ordnungsbegriff mit eindeutiger Tendenz zur Inklusion sowie Exklusion, indem er die Bedingungen festlegt, nach denen bestimmte Textarten ein-, andere jedoch ausgeschlossen sind (vgl. Viehoff 2002a: 125f.). Für die deutsche Literaturwissenschaft charakteristisch ist in diesem Sinne beispielsweise die Unterscheidung zwischen Epik, Lyrik und Dramatik als den drei Hauptgattungen, denen alle denkbaren Literaturformen normativ zugeordnet werden sollen (vgl. Voßkamp 1992: 254).

Wie schon der Gattungsbegriff dient weiterhin aber auch der Begriff des Genre zur systematischen Unterscheidung von Textsorten. Gegenüber ersterem wird dieser jedoch weniger formal und stärker inhaltsbezogen benutzt (vgl. Lünenborg 2006: 81). In der Praxis wird freilich auch in der Literaturwissenschaft oftmals keine derartige Differenzierung zwischen Gattungs- und Genrebegriff vorgenommen.35 Vielmehr ist häufig einfach eine synonyme Verwendung der beiden Begrifflichkeiten zu beobachten. Dies trifft insbesondere auf die Medienwissenschaften zu, in denen aufgrund der Ausdifferenzierung der Angebots-, Programm- und Sendeformen vor allem der Genrebegriff inzwischen zu einem rein nominalistischen Phänomen geworden ist (vgl. Viehoff 2002b: 127).

Der Gattungsbegriff hingegen wurde als an normativen Prinzipien ausgerichteter Sammelbegriff seit den 1970er Jahren sowohl aus literatursoziologischer als auch literaturgeschichtlicher und linguistischer Sicht heftig kritisiert (vgl. ders. 2002a: 126). Dem geschichtsphilosophischen oder anthropologischen Herangehen wurden kommunikationsorientierte sowie struktur- und funktionsgeschichtlich orientierte Gattungskonzepte entgegengesetzt.

---

35 In der englischen Sprache beispielsweise wird der Begriff ›Gattung‹ ohnehin mit ›genre‹ übersetzt.

Literarische Gattungen funktionieren diesen entsprechend nicht länger als »transgeschichtliche Formkonstanten«, sondern werden eher als »historisch bedingte Kommunikations- und Vermittlungsformen« basierend auf soziokulturellen Konventionen bestimmt (vgl. Voßkamp 1992: 256). Hier geht es also weniger um ein klassifikatorisches Interesse, denn um Fragen des systematisierenden und orientierenden Einflusses von Gattungskonzepten auf die Produktion sowie die Rezeption von Medienangeboten (vgl. Viehoff 2002a: 126). Ausgangspunkt einer derartigen Sichtweise auf den Gattungsbegriff ist die »Feststellung, dass Gattungsvorstellungen Art und Weise der Produktion und Rezeption von Literatur beeinflussen, dass sie also Bestandteil des Kommunikationsprozesses sind« (Hempfer 1973: 91 sowie 117). Gattungsbezeichnungen wirken also im Sinne sozialer Konventionen, welche mit bestimmten Intentionen auf Seiten der Produzenten sowie Erwartungen auf Seiten der Rezipienten verbunden sind. Dieser an den Gattungsbegriff geknüpfte Erwartungshorizont unterliegt freilich zeitgeschichtlichen Modifikationen durch Prozesse der Reproduktion und Aktualisierung, ist also historisch variabel (vgl. ebd.: 111). Insofern muss man sich die Entstehung eines Gattungsbegriffs rezeptionsgeschichtlich als einen dialektischen Prozess wechselseitiger Prägung vorstellen: Die historisch veränderlichen Erwartungshorizonte der Rezipienten beeinflussen die konkrete Ausformung literarischer Gattungen, welche wiederum auf jene zurückwirken. So gesehen lassen sich laut Voßkamp (1992: 259) »Gattungen generell als geschichtliche Bedürfnissynthesen bezeichnen, in denen bestimmte historische Problemstellungen bzw. Problemlösungen oder gesellschaftliche Widersprüche artikuliert und aufbewahrt sind«, sie »verkörpern institutionalisierte Organisationsformen literarischer Kommunikation, in denen spezifische Welterfahrungen sedimentiert sind« (ebd.: 265).

Diese Idee eines kommunikativen Gattungsverständnisses wurde von den Medienwissenschaften[36] für den Begriff der *Mediengattung* übernommen, dem eine *Mediengattungstheorie* anhängt. Der Begriff der Mediengattung selbst geht auf die handlungs- und systemtheoretischen Arbeiten von S.J. Schmidt und des dazugehörigen DFG-Sonderforschungsbereichs »Geschichte, Pragmatik und Ästhetik der Bildschirmmedien in der Bundesrepublik Deutschland nach 1945« zurück. Maßgeblich sei hier auf dessen »Skizze einer konstruktivistischen Mediengattungstheorie« aus dem Jahre 1987 verwiesen, die im Weiteren zitiert wird. Typisch für diese Arbeiten ist das Anliegen einer grundsätzlich konstruktivistischen Konzeption einer Gattungstheorie, die für alle Medien Gültigkeit beansprucht (vgl. Schmidt 1987: 164ff.) sowie die Suche nach

»einer diskutablen Antwort auf die Frage, wie sogenannte Gattungen entstanden sind und entstehen, welche Funktionen sie haben (können) und welcher Dynamik sie ge-

---

36 Zur Entstehungszeit des Begriffs ›Mediengattung‹ war damit noch hauptsächlich die empirische Literaturwissenschaft Siegener Prägung gemeint.

horchen, um Probleme der Struktur, Funktion und Dynamik des Handelns mit Medien in unserer Gesellschaft [...] adäquater als bisher behandeln zu können« (ebd.).

Die damit fokussierte Mediengattungstheorie ist demnach eine funktional orientierte (vgl. ebd.: 166). Ausgangspunkt dieser Mediengattungstheorie ist die Annahme, dass die Eigenschaften und Bedeutungen von Medienangeboten nicht in diesen selbst liegen, sondern diesen vielmehr durch denkende und handelnde Menschen in sozialen Kontexten zugeschrieben werden. Diese Zuschreibungen wiederum sind Ausdruck sogenannter *Medien(handlungs)schemata*, d.h. konventionalisierter, kognitiver Programme zur Realitäts- bzw. Sinnkonstruktion, welche intersubjektiv hergestellt und mit der Zeit individuell internalisiert werden (vgl. Schmidt 1987 sowie Schmidt/ Weischenberg 1994). Sie beziehen sich auf die Gesamtstrategie (Intentionen, Pläne, Vorwegnahmen), die Thematik und Stilistik, d.h. die Modi der Gestaltung und Präsentation von Medienangeboten, regeln vor allem aber auch die Erwartungen der Mediennutzer hinsichtlich des Wirklichkeitsbezugs sowie deren Anspruch bezüglich des Grades der Zuverlässigkeit bzw. Glaubwürdigkeit und legen nicht zuletzt die zugehörigen Handlungsrollen fest (vgl. ebd.: 219). Sie konstituieren mit anderen Worten also »die Bandbreite gesellschaftlich erwarteter Strategien der Realisierung, Rezeption und Bewertung von Medienhandlungen und deren Resultaten« (Schmidt 1987: 177). Versteht man den Begriff der Mediengattungen nun im Sinne von Medien(handlungs)schemata, dokumentieren diese schließlich das gesellschaftlich festgeschriebene Wirklichkeitsmodell (vgl. ebd.: 168).

3.3.2 Enzyklopädie als Mediengattungsbegriff

Das damit kurz umrissene Konzept der Mediengattung geht also weniger von einem klassifikatorischen Interesse aus, denn von Fragen eines orientierenden und koordinierenden Einflusses von Gattungskonzepten auf die Produktion sowie Rezeption von Medienangeboten. So gesehen beinhaltet auch der Begriff der Enzyklopädie verstanden als Mediengattungsbegriff bestimmte gattungsspezifische Erwartungen. Diese korrespondieren, wie abschließend kurz gezeigt werden soll, aufs Engste mit den Prinzipien und Konventionen des typographischen Wissensmodells, d.h. den für dieses geltenden Strukturen der Wissensgenese und -kommunikation. Nicht von ungefähr lassen sich daher deutliche Parallelen zwischen dem wissenskulturellen Wandel der Frühen Neuzeit und der Entstehung des heutigen Enzyklopädiebegriffs ausmachen, die im Anschluss an den einleitenden Exkurs zur Enzyklopädie und erweitert um die Kenntnis der Kontextbedingungen der Herausbildung sowie der Merkmale der typographischen Wissenskultur entlang dreier Aspekte folgendermaßen skizziert werden können:

a) Enzyklopädie als fehlerhafte etymologische ›Ableitung‹
Grundlegend ist zunächst einmal die Aussage, dass Enzyklopädien in Form lexikalisch geordneter Nachschlagewerke bis weit in die Frühe Neuzeit hin-

ein unbekannt waren, obgleich die Idee des Enzyklopädischen, der Sammlung, Speicherung und Ordnung des verfügbaren Wissens, schon seit dem Altertum sowie auch und insbesondere im Mittelalter praktiziert wurde. Der Terminus der Enzyklopädie selbst stellt eine begriffliche Neuschöpfung der Renaissancegelehrsamkeit dar. Erstmals tauchte er in lateinischer Form als encyclopaedia in einer Plinius-Ausgabe von 1497 auf. Er entstand im Zuge der humanistischen Antikerezeption als fehlerhafte etymologische ›Ableitung‹ des griechischen enkýklios paideía oder besser: als eine fehlerhafte Rückübersetzung der gut überlieferten lateinischen Termini in ein vermeintlich griechisches ἐγκύκλιοπαιδεία. Die antiken Überlieferungen wurden dabei so umgedeutet, dass man die zeitgenössischen Vorstellungen in den alten Texten regelrecht wiederzufinden meinte. Die Fehldeutung bestand vor allem im falschen Verständnis des Begriffs enkýklios, der vor dem Hintergrund der Empfindung der Zeit im Sinne einer ›kreisförmigen Geschlossenheit‹ reinterpretiert wurde und damit vermeintlich einerseits auf ein umfassendes Wissensinsgesamt und andererseits auf einen irgendwie gearteten inneren Zusammenhang, eine Struktur dieses Wissens zu verweisen schien. Demgegenüber hatte sich der antike Begriff der enkýklios paideía vermutlich eher auf eine Art Grundbildung oder auch höhere Bildung für junge Männer ähnlich den Artes Liberales (also im Sinne eines allgemeinbildenden Curriculums) bezogen.

b) Systematische Ordnung eines allumfassenden und säkularisierten Weltwissens – Enzyklopädie als ›Kreis der Wissenschaften‹
Mit der Verbreitung des Begriffs und der parallel dazu stattfindenden Herausbildung der akademischen Forschung weitete sich nicht nur das Spektrum des Wißbaren aus. Der Begriff der Enzyklopädie richtet sich ab dem 17. Jahrhundert folglich auch mehr und mehr speziell auf das neue, akademisch-wissenschaftliche Wissen und dessen Ordnung, Strukturierung und Klassifikation. Eine Enzyklopädie bezeichnete nun immer häufiger den ›Kreis der Wissenschaften‹, d.h. eine Gesamtdarstellung der akademischen Disziplinen und Wissenschaften und ihres inneren Zusammenhangs.

Die systematischen Enzyklopädien dieser Zeit waren aber noch längst nicht unbedingt an das Medium Buch gebunden. Es gab auch Vorlesungen bzw. Vorlesungsreihen, die unter diesem Begriff stattfanden. Das änderte sich erst mit den großen enzyklopädischen Projekten der beginnenden Aufklärung – allen voran das ›epochemachende‹ Werk der französischen »Encyclopédie« von Denis Diderot und Jean le Rond d'Alembert. Mit der weiteren Zunahme der Menge des Wissens wurde vor allem ein neues Ordnungssystem notwendig. Ab der zweiten Hälfte des 17. Jahrhunderts rückte daher die systematische Ordnung in den Hintergrund und machte der alphabetischen Ordnung Platz.

c) Lexikalische Zugänglichmachung eines informativen Bildungswissens – Enzyklopädie als praktisches Nachschlagewerk
In die Zeit der großen monumentalen Universalenzyklopädien der europäischen Aufklärung fällt schließlich auch die Prägung des Begriffs als gattungsspezifischer Titel. Im Zusammenhang mit Veränderung des Ordnungssystems einerseits und dem aufklärerischen Anspruch der Volksaufklärung andererseits entwickelte sich die Enzyklopädie im 18. und 19. Jahrhundert mehr und mehr zu einem Medium der Wissenspopularisierung, das vor allem einen praktischen Nutzen erfüllen sollte. Im Bereich des Bürgertums taten dies insbesondere die sogenannten Konversationslexika, die, wie der Namen schon zu erkennen gibt, eine schnelle Auskunft über die verschiedensten Begriffe und folglich eine angemessene Teilnahme an gesellschaftlichen Konversationen gewährleisten sollten. Einige der fortan massenhaft entstehenden enzyklopädischen Werke richteten sich aber auch explizit an die einfachen Schichten – wobei bezüglich dieser zunehmend auch der Begriff des Lexikons üblich wurde. Johann Ferdinand Roth etwa schreibt im Vorwort seines »Gemeinnützigen Lexikons für Leser aller Klassen, besonders für Unstudierte [...]« 1788:

»Sollen die ruhmwürdigen Bemühungen der Gelehrten, welche unter *allen* Volksklassen Aufklärung zu verbreiten und zu befördern suchen, ihre volle Wirkung hervorbringen; so ist es nöthig, dass der *Unstudierte* und der gemeine Mann ein Buch an der Hand habe, in welchem er Kunstworte und solche Ausdrücke, die aus andern Sprachen entlehnt sind, erklärt findet.« (Herv. i.O.)

Im Sinne des literarischen Gattungsbegriffs wurden Enzyklopädien im Zuge der Aufklärung also mehr und mehr zu pragmatisch genutzten Nachschlagewerken. Auch Wissen aus Handwerk und Gewerbe fand so Eingang in den Kanon des Enzyklopädischen. Die Gelehrsamkeit früherer Jahre sowie die Idee des systematisch geordneten Ganzen traten damit zwar ein wenig zurück, ihren wissenschaftlich-rationalen Anspruch verlor die Enzyklopädie damit gleichwohl nicht. Sie stand auch weiterhin in der Tradition der gelehrten Wissenschaft(en). In einer »Brockhaus«-Ausgabe aus dem Jahre 1868 heißt es dazu beispielsweise:

»Da Zweck und Ziel des Conversations-Lexikon die Popularisierung der Wissenschaft ist, so ergibt sich von selbst, dass die leitenden Grundsätze, die in ihm bei der Beurtheilung der Dinge und Menschen zur Geltung kommen müssen, nur die Principien der modernen Wissenschaft und der aus dieser hervorgehenden humanen Lebensanschauung sein können. Das wissenschaftliche Urtheil aber, weil es aus der Sache selbst als etwas Nothwendiges hervorgeht, verschmäht Leidenschaft und Willkür und macht mit Recht Anspruch auf Objektivität [...].« (Zit.n. Spree 2000: 85)

3.3.3 Gattungsspezifische Erwartungen an den Enzyklopädiebegriff

In der Zusammenschau der Entwicklungsgeschichte des Enzyklopädiebegriffs in der Frühen Neuzeit wird deutlich, dass der Mediengattungsbegriff Enzyklopädie vor allem zwei zentrale Momente der modernen, typographisch geprägten, Wissenskultur in sich vereint, woraus sich spezifische Erwartungen an die Enzyklopädie selbst ergeben:[37]

Erstens einen rationalistischen und säkularisierten Zugang zur Welt und zum Wissen der Welt. Die neuzeitliche Enzyklopädie entsteht und entwickelt sich im Kreise der sich ebenfalls neu herausbildenden akademischen Wissenschaft(en). Dort setzt sich zunehmend die Überzeugung durch, dass die Funktionsprinzipien der Wirklichkeit prinzipiell mit Hilfe des menschlichen Verstandes zu durchdringen und ein gültiges (wahres) Wissen über die Welt zu erhalten sei. Dazu gehört infolge der Institutionalisierung auch ein normierter und standardisierter und also objektivierter Weg der Wissensgenese (Forschung und wissenschaftliche Methode). Die Enzyklopädien werden im Zuge dessen zu Instrumenten der Ordnung und Verwaltung dieses neuartig rationalen und wissenschaftlich-forschend erschlossenen Weltwissens. Ihre Inhalte haben damit nicht nur immer mehr dem Anspruch auf Vollständigkeit zu genügen, sie sind fortan auch dem Anspruch auf Objektivität, d.h. also Verlässlichkeit und Vertrauenswürdigkeit (Evidenz) verpflichtet. In diesem Sinne gilt für enzyklopädisches Wissen weiterhin auch der Anspruch einer »sachliche[n] und überparteiliche[n] Darstellungsweise« (Keiderling 2005b: 331). Dies umso mehr, da unter dem Einfluss der Typographie enzyklopädisches Wissen oder besser: enzyklopädische Systeme nicht mehr nur für den eigenen (wissenschaftlichen) Gebrauch erstellt oder in Form eines Unterrichtssystems direkt vermittelt werden, sondern immer häufiger auch Kompendien zum Selbststudium darstellen.

Enzyklopädien sammeln, speichern, ordnen und systematisieren das Weltwissen aber nicht nur, sie machen es zudem auch – allgemeinverständlich aufbereitet – zugänglich. So sind Enzyklopädien heute insbesondere auf Konsultation angelegt. Hier nun zeigt sich zweitens die deutliche Verbindung des Mediengattungsbegriffs Enzyklopädie zum (volks-)aufklärerischen Ideal der Wissenspopularisierung, wie es sich im Laufe des 18. Jahrhunderts allmählich verbreitete. Dazu gehört, wiederum unter dem Einfluss der Typographie, ein hierarchisch-diffusionistisches Modell der Wissenskommunikation, d.h. das Prinzip einer strukturell verfestigten Experten-Laien-Differenz, das auf einem Wissens- und Kompetenzgefälle zwischen Produ-

---

37 Ulrike Spree hat hierzu eine interessante Analyse der »Programmatik der Lexika« bzw. des Selbstverständnisses der Lexikographen des 18. und 19. Jahrhunderts vorgelegt. In ihrem Buch »Das Streben nach Wissen« untersucht sie u.a. die Vorwörter namhafter Enzyklopädien und Konversationslexika auf explizite und implizite Äußerungen hinsichtlich relevanter Inhalte, Zielsetzungen und Intentionen. Vgl. hierzu ausführlicher Spree 2000: 23-87.

zenten und Rezipienten basiert. Die Enzyklopädie dient dem einfachen, außerhalb der Wissenschaft(en) stehenden Bürger als Zugang zu einem umfangreichen Wissensuniversum und klärt ihn bei Bedarf über den gegenwärtigen Stand des gültigen Weltwissens auf. Um aber diese Gültigkeit trotz des gleichzeitigen Anspruchs auf Allgemeinverständlichkeit weiterhin gewährleisten zu können, müssen Enzyklopädien auch in ihrer Funktion als populäres Nachschlagewerk stets den Bezug zur Wissenschaftlichkeit wahren. Auch wenn, wie etwa Ulrich Dierse und im Anschluss an diesen auch Meike Jaschniok betonen, die wissenschaftliche Funktion der zusammenhängen und systematischen Ordnung inzwischen also weitgehend in Vergessenheit geraten ist und Enzyklopädien heute stattdessen vornehmlich der Darbietung und Zugänglichmachung von Wissen dienen – was nicht zuletzt auch anhand der zunehmenden Gleichsetzung des Begriffs der Enzyklopädie mit jenem des Lexikons und des Wörterbuchs seit dem 18. Jahrhundert zu beobachten ist (vgl. Dierse 1977: 1 und 4f. sowie 67; Jaschniok 2007: 24), dokumentiert sich doch gerade darin keineswegs ein ›Verlust‹ der Wissenschaftlichkeit des enzyklopädischen Wissens, sondern vielmehr die volle Wirkkraft der typographischen Wissenskultur im Mediengattungsbegriff Enzyklopädie.

Teil B
Analysen gegenwärtiger wissensgesellschaftlicher Umwälzungsprozesse

III Gesamtgesellschaftliche Entwicklungen am Beginn des 21. Jahrhunderts

Die Argumentation dieses Buches geht von einer Parallelität bzw. gleichartig gelagerten Potentialität zwischen aktuellen soziokulturellen und medialen Konstellationen und jenen sich zwischen Renaissance und Aufklärung im frühneuzeitlichen Europa ereignenden Prozessen aus, wie sie im vorangegangenen Kapitel ausführlich beschrieben worden sind. Hier nun beginnt der zweite Teil der analytischen Annäherung an diese These, in dem es um das Ausloten des (wissens-)kulturverändernden Möglichkeitsraums des Mediums Internet im Kontext gegenwärtig stattfindender gesamtgesellschaftlicher Entwicklungen geht.

In diesem dritten Kapitel werden dabei zunächst einige zentrale Transformationsprozesse angesprochen, welche die gesellschaftliche Realität der sogenannten ›Moderne‹ derart entscheidend und nachhaltig verändern, dass sie nunmehr als ›*Post*moderne‹ zu charakterisieren ist, bevor im weiteren Verlauf des Kapitels das Konzept der ›Wissensgesellschaft‹ in den Mittelpunkt der Betrachtungen rückt. Mit diesem Konzept verbunden ist nicht nur eine allgemeine Bedeutungszunahme wissenschaftlichen resp. theoretischen Wissens innerhalb der Gesellschaft, sondern zugleich und vor allem auch ein Verhältniswandel zwischen Wissenschaft(en) und Öffentlichkeit, der vollkommen neuartige Implikationen im Hinblick auf die Produktion und Kommunikation gesellschaftlich gültigen Wissens mit sich bringt. Für den Einzelnen wie auch für die Gesellschaft als gesamte erwachsen daraus zentrale Paradoxa und Herausforderungen der Wissensgesellschaft, denen es angemessen zu begegnen und die es zu bewältigen gilt. Inwieweit in dieser Situation das Internet als Medium der Information und Kommunikation sowie neuerdings auch Interaktion und aktiven Beteiligung einen entscheidenden Beitrag leistet, soll jedoch erst Gegenstand der Diskussion der folgenden Kapitel sein.

1 POSTMODERNE TRANSFORMATIONSPROZESSE

Gesellschaftsdiagnosen sind stets ein heikles Unterfangen, besonders dann, wenn sie mit dem Anspruch auftreten, allgemeingültige Aussagen über die gesellschaftliche Realität zu treffen. Diese ist als solche wohl niemals zutreffend umfassend auszumachen, sondern immer nur aus der Perspektive einzelner Beobachtungsfoki mit je eigenen Schwerpunktsetzungen zu beschreiben. Zu Recht stellte der Soziologe Armin Pongs zwischen 1999 und 2000 daher gleich in zwei Bänden die Frage: »In welcher Gesellschaft leben wir eigentlich?« und kontrastierte darin jeweils 12 bedeutende Gesellschaftswissenschaftler unserer Zeit samt ihren durchaus unterschiedlichen Ansichten und Konzepten zur gegenwärtigen Gesellschaft.

Ist der Versuch einer Gesellschaftsdiagnose jedoch heikel, so erscheint das Vorhaben, die Komplexität der westlichen Gesellschaften am Beginn des 21. Jahrhunderts zu erfassen, geradezu als ein unmögliches. Auch die Festlegung und Konzentration auf ein Sammelsurium ihrer zentralsten Merkmale muss realistisch betrachtet als aussichtslos gelten. Dennoch lassen sich Entwicklungen bzw. Veränderungstendenzen nachzeichnen, die – gewissermaßen als Makro-Trends – die gesellschaftliche Wirklichkeit als Ganze betreffen.

Der folgende erste Abschnitt gleicht daher vorerst weniger einem argumentativ in sich geschlossenen Gesellschaftskonzept, als vielmehr einer Zusammenstellung verschiedener singulärer, zugleich aber auch komplex miteinander vernetzter Entwicklungen. Jede von ihnen könnte dabei ohne Frage theoretisch auch zu einem eigenen Gesellschaftskonzept ausgebaut werden – an verschiedenen Stellen ist dies auch bereits geschehen. Insgesamt verweisen die dargestellten Transformationsprozesse allesamt auf die Tatsache, dass die vertrauten Grundmuster und Kategorien der Moderne, deren Grundlagen in der Frühen Neuzeit gelegt wurden und die sich seit der Aufklärung gesellschaftlich etablierten, nun zunehmend ins Wanken geraten und brüchig werden oder sich gar auflösen. In diesem Sinne soll hier auf den Begriff der *Postmoderne* rekurriert werden, ohne damit zugleich die weitreichende theoretische Diskussion zur Postmoderne in aller Ausführlichkeit mit aufzugreifen. Unter Postmoderne wird somit lediglich eine der eigentlichen Moderne nachfolgende zweite Moderne verstanden – eine weiterentwickelte, transformierte Moderne also, welche die erste allmählich ablöst.

1.1 Reflexive Modernisierung

Einen analytisch komplexen Zugang zum Begriff der Postmoderne bietet die Theorie der *Reflexiven Modernisierung*.[1] Sie geht insbesondere auf die Ar-

---

1 Hier sei angemerkt, dass diese Behauptung in einer gewissen Spannung zu jenen Überlegungen steht, die etwa Ulrich Beck selbst bezüglich des Verhältnisses von ›reflexiver Moderne‹ und ›Postmoderne‹ anstellt. Auch er räumt zwar zahlreiche Überschneidungen ein, zeigt aber ebenso auch klare Differenzen auf. So gehe es der Theorie der ›Reflexiven Modernisierung‹ weniger um eine De-Strukturierung und De-Konzeptualisierung des bis dato Gültigen, vielmehr sei eine Re-Strukturierung und Re-Konzeptualisierung das Ziel (vgl. Beck/Bonß/Lau 2001:

beiten von Ulrich Beck, Anthony Giddens und Scott Lash (hier vor allem das Werk: »Reflexive Modernisierung. Eine Kontroverse«, 1996), nicht zuletzt aber auch auf die Gedanken von Bruno Latour[2] zurück. Die Theorie der Reflexiven Modernisierung ist dabei allerdings keinesfalls gleichzusetzen mit Reflexion oder gar einer reflektierten Moderne, denn selbstreflexiv war die Moderne immer schon. Vielmehr steckt dahinter die Idee einer zweiten Modernisierung, einer ›Modernisierung der Moderne‹, wobei die Maximen der ersten Moderne nun – und das meint letztlich reflexiv – auf sie selbst angewandt werden (vgl. Beck/Bonß/Lau 2001: 11):

»Die westliche Moderne wird sich selbst zum Thema und zum Problem; ihre Basisprinzipien lösen sich im Zuge radikalisierter Modernisierung von innen her auf; das Projekt der Moderne muss neu verhandelt, revidiert, restrukturiert werden.« (Ebd.)

Anders ausgedrückt beschreibt die Theorie der Reflexiven Modernisierung also den Prozess der Transformation der ersten, der sogenannten ›einfachen‹ oder eigentlichen Moderne, die mit den Auswirkungen, Langzeitwirkungen bzw. Rückwirkungen ihrer eigenen Ideale zu kämpfen hat. Als eine Art ›Meta-Theorie‹ konstatiert sie daher einen fundamentalen und epochalen Wandel in sämtlichen gesellschaftlichen Teilbereichen und versucht einen Analyse-Rahmen anzubieten, mit dessen Hilfe die Differenzen zwischen erster und zweiter Moderne idealtypisch herausgearbeitet und dadurch besser verstanden werden können (vgl. Dörre 2002: 55). Beck/Bonß/Lau (2001: 20ff.) benennen zunächst sechs Prämissen der ersten Moderne: Nationalstaatlichkeit, Individualisierung, kapitalistisch geprägte Erwerbsgesellschaften, Ausblendung und Ausbeutung der Natur, ein wissenschaftlich definiertes Realitätskonzept sowie das Prinzip der funktionalen Differenzierung aus denen sie u.a. folgende Strukturmerkmale ableiten: eine als Errungenschaft begriffene nationalstaatliche Organisation der Gesellschaft; eine territoriale Bindung von Produktion, Kooperation und Betrieb; eine geschlechtsspezifische Arbeitsteilung; die Existenz von Kleinfamilien; relativ geschlossene, ständisch geprägte proletarische und bürgerliche Milieus bzw. Lebenswelten; die wechselseitige Abgrenzung gesellschaftlicher Teilsysteme; eine Hierarchisierung der gesellschaftlichen Wissenssysteme, die mit einer Abwertung des Alltags- und Erfahrungswissens einhergeht sowie eine professionell abgesicherte Hierarchie (sic!) zwischen Experten und Laien.

Diese freilich nur scheinbar naturalisierte Struktur wird nun angesichts der Bedingungen bzw. Dynamiken der zweiten, der reflexiven Moderne,

---

13f.). Diese Differenz wird für das hier verfolgte Anliegen jedoch als kaum zentral erachtet, da in beiden Fällen letztendlich von einer Diskontinuität, d.h. von einer Art Epochenbruch auszugehen ist (vgl. hierzu auch ebd.: 25) – auch wenn die Deutung desselben womöglich entsprechend unterschiedlich ausfällt.

2 Latour schlägt alternativ zur ›reflexiven Moderne‹ den Begriff ›Re-Moderne‹ vor (vgl. Beck/Bonß/Lau 2001: 13).

jedoch durch verschiedene Prozesse herausgefordert: Globalisierung und Ökologisierung, fortschreitende Individualisierung und (geschlechtliche) Demokratisierung sowie eine Krise der bisherigen Prinzipien der Erwerbsarbeit (vgl. ebd.: 22f.), die in den nachfolgenden Abschnitten noch genauer beleuchtet werden sollen. In der Kopplung dieser Beschreibungen lassen sich aber schon jetzt sechs miteinander verwobene Merkmalsbündel als Ausdruck des Epochenbruchs herausarbeiten (vgl. im Folgenden ebd.: 57ff.): (1) Aus einer ökonomischen Perspektive betrachtet greift das systemtheoretische Prinzip funktionaler Differenzierung als Grundlage von Modernisierung heute in vielen Bereichen der industriellen Produktion nicht mehr. Das Auftreten unvorhergesehener Nebenfolgen und komplexer Folgeprobleme macht vielmehr die Entwicklung integrierter und vernetzter Lösungen notwendig. Dies hat zur Folge, dass (2) die Triebkräfte gesellschaftlicher Entwicklung sich verändern. Der Umgang mit Nebenfolgen tritt an die Stelle einer durch wissenschaftlich-technischen Fortschritt immer stärker gesteigerten Zweckrationalität als Movens von Veränderung. In diesem Zusammenhang werden (3) auch die Grenzen zwischen dem Politischen und dem Unpolitischen durchlässig. Wissenschaftlich-technischer Fortschritt wird in einem bisher nicht gekannten Maßstab gesellschaftlich legitimations- und begründungspflichtig. Das bedeutet auch, dass (4) die bisher gültigen Rationalitätsgrundlagen brüchig werden. Die großen Institutionen der Moderne – Wirtschaftsunternehmen, Verwaltungen, aber auch wissenschaftliche Einrichtungen – sehen sich ihrer gängigen Entscheidungsroutinen beraubt. Die Gesellschaft der zweiten Moderne hat folglich mit einer systematisch hergestellten Unsicherheit zu kämpfen. Damit kommt es auch im Bereich das Sozialen und Privaten zu schwerwiegenden Veränderungen. (5) Die kulturell verbindlichen Leitbilder der Moderne lösen sich auf oder verbinden sich mit Leitbildern fremder Kulturen zu neuartigen Formen. Damit heben sich (6) unweigerlich auch verbindliche Sozialformen und Bindungen der industriellen Moderne auf. Vorgegebene Verlaufsformen von Biografien und traditionelle Lebensmuster sind immer weniger existent. Die individuelle Lebensplanung wird zum kreativen Projekt des Einzelnen.

1.2 Globalisierung

Schenkt man zahlreichen sozialwissenschaftlichen Arbeiten der vergangenen Jahre zur gegenwärtigen Gesellschaftsentwicklung Glauben, so steht der Begriff der Globalisierung für ein Phänomen, das zunehmend alle Bereiche unseres Lebens erfasst und diese entscheidend verändert (vgl. Angilletta 2002: 59). Er charakterisiert eine Reihe sich vor allem innerhalb der letzten zwei Jahrzehnte rasant vollziehender Entwicklungen, die sowohl Fragen von Umweltzerstörung, Armut, Benachteiligung und eines nahezu ungebremmsten Bevölkerungswachstums in den Ländern der sogenannten ›Dritten Welt‹, aber auch Probleme der Einhaltung und Gewährung von Menschenrechten, der Urbanisierung und der Bedrohung traditioneller Lebensformen umfassen (vgl. Müller 2002: 7). Nicht zuletzt sind damit aber auch Fragen der Ausweitung und Verflechtung wirtschaftlicher Austauschbeziehungen sowie der Auflösung nationalstaatlicher Grenzen angesprochen. Besonders in den Jahren um den Jahrtausendwechsel hatte der Diskurs um die Beschreibung, Verortung und Bewertung des Globalisierungsphänomens eine hohe Relevanz und Brisanz entwickelt. So stellt beispielsweise Angilletta in einem Buch aus dem Jahr 2002 fest: »Die Globalisierungsdebatte ist allerorts zu einem Modethema geworden« (ebd.: 61).

Zwar hat sich die Intensität der Diskussionen um Bedingungen und Folgen der Globalisierung während der letzten Jahre ein wenig abgeschwächt, die Aktualität und Relevanz der Thematik bleibt gleichwohl erhalten – sind doch die Phänomene einer fortschreitenden Globalisierung längst ein Teil unserer alltäglichen Lebensrealität. Gestern wie heute ist die Globalisierung dabei in erster Linie ein politisch und wirtschaftlich relevantes Phänomen. Aus dem Blickwinkel der Politik bzw. Politikwissenschaft galt die Globalisierung daher von Beginn an als ein Teilaspekt der Theorie der Internationalen Beziehungen und, wie Müller (2002: 7) schreibt, als das »Aufgabenfeld einer ›Weltinnenpolitik‹«. Von ökonomischer Seite aus betrachtet steht der Begriff der Globalisierung für Prozesse einer weltweiten Expansion von Wirtschaftsunternehmen und grenzüberschreitender Unternehmenszusammenschlüsse sowie weiterhin der Liberalisierung der Devisen- und Kapitalmärkte und damit der Deregulierung der Weltwirtschaft allgemein. Daneben hat die Globalisierung aber auch eine kulturelle Dimension. So bewirken zunehmende, über sich auflösende nationalstaatliche Grenzen hinweg verlaufende wirtschaftliche Kooperationen, welche nicht zuletzt auch durch die permanente Weiterentwicklung digitaler Informationsverbreitungs- und Kommunikationstechnologien unterstützt werden, schließlich auch »die raum-zeitliche Ausdehnung sozialer Praktiken über staatliche Grenzen, die Entstehung transnationaler Institutionen und Diffusion kultureller Muster« (ebd.: 8).

Angesichts dieser Mehrdimensionalität und Mehrdeutigkeit bleibt eine klare Definition und Abgrenzung des Globalisierungsbegriffs also schwierig. Globalisierung, soweit der Konsens, kann definiert werden, als »eine Vielfalt realgeschichtlicher Transformationen in Richtung auf globale Vernetzung und Abhängigkeiten« (Dürrschmidt 2002: 12). Was aber genau sich hinter der Komplexität dieser Transformationsprozesse verbirgt, ist damit noch längst nicht erfasst. Strittig ist vor allem auch die Frage, ob es sich bei den verschiedenen genannten Aspekten lediglich um einzelne Trends handelt oder um den Eintritt in ein neues, in jeglicher Hinsicht ›globales‹ Zeitalter. Das Spektrum der Einschätzungen und Meinungen reicht hier von radikalen Theorien der Erosion der Moderne bis hin zu multidimensionalen Ansätzen und historisch ausgerichteten Phasenmodellen. Anstelle einer Legaldefinition sollen im Folgenden daher die Theorieansätze dreier zentraler Vertreter der (wohlgemerkt) soziologischen Globalisierungsdebatte vorgestellt werden.

1.2.1 Glokalisierung im globalen Feld (Roland Robertson)

Bedeutender Vertreter vor allem der Anfangszeit sozialwissenschaftlicher Globalisierungstheorien ist der amerikanische Soziologe Roland Robertson (hier vor allem das Werk:»Globalization. Social Theory and Global Culture«, 1992). Als »Gründungsvater des soziologischen Globalisierungsdiskurses«, wie Dürrschmidt (2002: 13) schreibt, war er mitverantwortlich für die Emanzipation einer Soziologie der Globalisierung von der eher politik- und wirtschaftswissenschaftlich geprägten Theorie der Internationalen Beziehungen (vgl. ebd.: 52). In der Reihe aktueller globaler Ansätze ist Robertson dabei als klassischer Vertreter jener Theorierichtung zu kennzeichnen, welche in der Globalisierung einen geschichtlich weit zurückreichenden, sich beständig verstärkenden und beschleunigenden Transformationsprozess erblickt (vgl. ebd.: 21). Globalisierung war im Rahmen dieses Verständnisses also immer schon vorhanden. Folgerichtig entwarf Robertson eines der bekanntesten Phasenmodelle der Globalisierung. Dieses beschreibt die Entstehung zunehmender Verdichtung und Intensivierung globaler Verflechtung als einen sich über 5 Phasen erstreckenden, offenen Entfaltungsprozess vom beginnenden 15. Jahrhundert bis in unsere heutige Zeit (vgl. ebd.: 22ff.).

Robertsons Theorieansatz basiert auf drei Kerngedanken: Zum einen richtet er sich gegen die »eindimensionale Logik eines politisch oder ökonomisch definierten Weltsystems« (ebd.: 52). Stattdessen will Robertson dafür sensibilisieren, dass sowohl wirtschaftlich-politische als auch kulturell-symbolische Einflüsse jeweils autonome Dynamiken erzeugen und somit gleichwertige Aufmerksamkeit verdienen. Sein Ansatz wird daher der sogenannten multikausalen bzw. multidimensionalen Schule der Globalisierungstheorien zugeordnet (vgl. ebd.). Zum anderen verweist Robertson auf ein zunehmendes Bewusstsein und Bewusstmachen über den Zustand der komprimierten Welt als weiteren Teilaspekt der Globalisierung. Dieser zweite Kerngedanke wird besonders durch seine, von ihm selbst als ›Minimaldefinition‹ bezeichnete Begriffsbestimmung von Globalisierung deutlich:

»Globalization as a concept refers both to the compression of the world and the intensification of consciousness of the world as a whole.« (Zit. nach ebd.: 13)

Ein letzter Kerngedanke bezieht sich auf die Analyse der gegenwärtigen Strukturierung der Welt. Hier plädiert Roland Robertson für eine konkrete Analyse, genauer gesagt eine »empirisch orientierte Entschlüsselung von Globalisierung« (ebd.: 54). Die Bedeutung dieses Strukturprinzips in Robertsons Ansatz zeigt sich vor allem in dem von ihm mit *Glokalisierung* bezeichneten Phänomen. Glokalisierung meint dabei das Zusammenspiel von globalen und lokalen Tendenzen (vgl. Angilletta 2002: 69) und impliziert folglich »die Aufhebung der Polarität von Globalem und Lokalem« (Dürrschmidt 2002: 55). Unter dieser Betrachtungsweise ist Globalisierung stets ein zweiseitiger Prozess. Globale Eindrücke fremder Kulturen, so Robertson, würden danach immer auch lokal, d.h. kulturspezifisch, interpretiert (vgl. Angilletta 2002: 69). Deutsche Pizza-Lieferdienste – um nur ein Beispiel zu nennen – sind keine Erfindung der Italiener. Auch einzelne Individuen bestimmen ihren Lebensstil stets gleichzeitig unter den Bestimmungen ihres direkten Lebensumfeldes und den jeweiligen Eindrücken der Globalisierung (vgl. ebd.: 67).

Alle bisher beschriebenen Teilaspekte des Globalisierungsprozesses fasst Robertson schließlich im idealtypischen Modell des *Globalen Feldes* (global field) zusammen. Dieses kann im einfachsten Sinne als eine Art Spielfeld verstanden werden, in welchem Individuen, Nationalgesellschaften, Gesellschaftssysteme, auch die gesamte Weltgesellschaft in unterschiedlichen Konstellationen in Beziehung treten können (vgl. Dürrschmidt 2002: 55f.).

1.2.2 Globalismus, Globalität, Globalisierung (Ulrich Beck)

Als einflussreicher deutscher Vertreter der Globalisierungsdebatte ist insbesondere Ulrich Beck zu nennen. Kennzeichnend für seinen Definitionsansatz ist die Zerlegung des Globalisierungsbegriffs in die drei von ihm postulierten Einzelphänomene: Ideologie, Zustand und Entwicklung (vgl. Angilletta 2002: 64): *Globalismus* bezeichnet dabei die »Auffassung, dass der Weltmarkt politisches Handeln verdrängt oder ersetzt, d.h. die Ideologie der Weltmarktherrschaft, die Ideologie des Neoliberalismus« (Beck 1998: 26). Abgehoben von dieser sehr monokausalen Ideologie muss hingegen *Globalität* als der gegenwärtige Zustand der Vernetzung betrachtet werden, welcher nach Beck bereits beträchtliche Ausmaße angenommen hat. »Kein Land, keine Gruppe kann sich gegeneinander abschließen« (ebd.: 28). Folglich meint *Globalisierung* »die Prozesse, in deren Folge die Nationalstaaten und ihre Souveränität durch transnationale Akteure, ihre Machtchancen, Orientierungen, Identitäten und Netzwerke unterlaufen und querverbunden werden« (ebd.: 28f.). Der so neu entstehende Zustand der Globalität ist jedoch durch verschiedene Formen der Vernetzung charakterisiert. Hier nennt Beck beispielsweise die »geographische Ausdehnung«, die »informations- und kommunikationstechnologische Dauerrevolution«, aber auch »Fragen der globalen Armut« sowie der »globalen Umweltzerstörung« (ebd.: 29f.). Die beiden zuletzt genannten Merkmale verdeutlichen zudem das von ihm vertretene »Konzept zivilisatorischer Selbstgefährdung« (Dürrschmidt 2002: 73). Vor allem in seinem viel zitierten Werk »Risikogesellschaft« (1986) weist er wie kaum ein anderer auch auf die ökologischen und sozialen Gefahren der modernen Gesellschaft hin, die in einer Art »Bumerang-Effekt« zurückschlagen, und stellt fest: »Die Akteure der Modernisierung selbst geraten [...] in die Strudel der Gefahren, die sie auslösen« (Beck 1986: 48f.).

1.2.3 Das globale Zeitalter (Martin Albrow)

Als die wohl konsequenteste unter den Radikalisierungen soziologischer Globalisierungstheorien gilt der Ansatz Martin Albrows (hier vor allem das

Werk: »The Global Age: State and Society Beyond Modernity«, 1996/in erweiterter deutscher Neuausgabe: »Das globale Zeitalter«, 2007). Dieser versteht Globalisierung, wie Angilletta (2002: 65) schreibt, als eine vollkommen »neue gesellschaftshistorische Phase, die sich im Anschluss an die Moderne oder Postmoderne entwickelt hat«. Die Neuartigkeit dieser Epoche wird nach Meinung Albrows besonders an der Bedeutung der Dimensionen Raum und Zeit erkennbar. Die Generationen der Moderne bezogen sich danach in ihrem Handeln vorrangig auf die Wertvorstellungen und Traditionen vorangegangener Generationen; akzeptierten, erneuerten oder verwarfen sie. Die Moderne betonte in ihrem Streben nach Erneuerung von Überholtem also die Dimension der Zeit (vgl. ebd.: 66). Im Zeitalter von Globalität (global age) verkehrt sich dieses Zeit-Raum-Verhältnis in sein Gegenteil. Es kommt zu einem Orientierungswechsel, in welchem sich die Individuen in Bezug auf ihre Handlungsmöglichkeiten nun stärker an ihrem Lebensumfeld orientieren, das sich indes – dank neuester Informations- und Kommunikationstechnik – über örtliche und staatliche Grenzen hinweg ausgeweitet hat (vgl. ebd.). Hier tritt die notwendig räumliche Bestimmtheit von Globalisierung bzw. Globalität am deutlichsten zu Tage. Dabei sind es gerade die materielle Endlichkeit und räumliche Begrenztheit dieser Konzepte, die das Projekt der Moderne an seine Grenzen bringen (vgl. Dürrschmidt 2002: 83). Im globalen Zeitalter sind die allgemeingültigen Sinn- und Handlungsrahmen der Moderne unsicher geworden, ja, sie werden sogar in Frage gestellt. Das erinnert stark an die Theorie der ›Reflexiven Modernisierung‹.

1.3 Individualisierung und flexible Lebensmuster

Der Begriff der Individualisierung wird in der Soziologie bereits seit deren Anfängen als wissenschaftliche Disziplin und damit zweifellos länger als jener der Globalisierung diskutiert und mit Theorien versehen. Ganz allgemein versteht man unter Individualisierung erst einmal nur einen Zuwachs an persönlichen Freiheiten des Individuums (vgl. Angilletta 2002: 31). Dieser Trend setzt sich in den westlichen Gesellschaften seit der Frühen Neuzeit beständig fort (vgl. dazu auch Kap. II). Bei differenzierterem Hinsehen entdeckt man zusätzlich eine Vielzahl von Folgeerscheinungen und aktuellen Problematiken, welche eine enge Verbindung mit dem Individualisierungsbegriff aufweisen und daher auch nicht unbeträchtlich zu dessen Charakterisierung beitragen können. Auch wenn an dieser Stelle freilich nicht alle Facetten der Individualisierung Beachtung finden können, so sollen im Folgenden doch einige im Hinblick auf die Gesamtargumentation des Kapitels relevante Aspekte erläutert werden. Die Darstellungen der ersten beiden Abschnitte beziehen sich dabei maßgeblich auf die Arbeiten Ulrich Becks und hier natürlich in erster Linie auf dessen Überlegungen zur »Risikogesellschaft«.

1.3.1. Enttraditionalisierung von Lebensformen und Lebensentwürfen

In nahezu allen westlichen Industrienationen setzte spätestens nach dem Ende des Zweiten Weltkrieges eine bis heute anhaltende wohlfahrtsstaatliche Modernisierung[3] ein, in deren Folge »ein Prozess der Individualisierung und Diversifizierung von Lebenslagen und Lebensstilen« zu verzeichnen ist, »der das Hierarchiemodell sozialer Klassen und Schichten unterläuft und [...] in Frage stellt« (Beck 1986: 122). Die traditionellen gesellschaftlichen Grundkategorien sind damit weitgehend außer Kraft gesetzt, ihre Weltbilder und Lebensentwürfe scheinen untauglich. Im Zuge dieses mit dem Stichwort *Enttraditionalisierung* bezeichneten gesellschaftlichen Wandels werden die Menschen mehr und mehr aus ihren traditionellen Bindungen freigesetzt. An deren Stelle treten vielfältige Möglichkeiten einer individuellen Gestaltung und Entfaltung der eigenen Existenz (vgl. Angilletta 2002: 31). Vor allem Familie, Ehe und Elternschaft erfahren daraufhin einen Bedeutungswandel. Es entsteht »eine große Variationsbreite von familialen und außerfamilialen Formen des Zusammenlebens« (Beck 1986: 195) und damit »eine permanente Erosion und Evolution soziokultureller Lebensformen« (ebd.: 156). Gemeinsam mit den traditionellen Lebensentwürfen verfallen auch deren zughörige Erfolgssymbole und Zielsetzungen. Sie werden ersetzt durch neue, individualisierte Ziele wie Selbstfindung und Selbstverwirklichung (vgl. ebd.: 156). Anregungen hierfür stehen – dank der digitalen Vernetzung – in nahezu unbegrenzter Auswahl zur Verfügung.

Die Kehrseite dieser neuen »Innenanleitung des Handelns« (Angilletta 2002: 35) manifestiert sich hingegen in einer zunehmenden Orientierungslosigkeit und Sinnsuche der Menschen. War es im Rahmen traditioneller Gesellschaftsmuster möglich, seinen Standpunkt innerhalb der Gesellschaft über lebenslang beständige Zuordnungen wie Schichtzugehörigkeit oder Berufswahl zu definieren, stellt sich dies in Zeiten globalen Wandels als weitaus schwieriger dar. »Die einmal vorgenommenen Identifizierungen tragen nicht mehr über das ganze Leben hinweg, [...] berufliche Perspektiven [...] sind keine Lebensperspektiven mehr« (Moser 1999: 108f.). Die dadurch entstehende »Patchwork-Identität« (ebd.) führt besonders bei Heranwachsenden zur Verunsicherung. Das vorhandene Bedürfnis nach Orientierung äußert sich bei Jugendlichen vielfach in der prinzipiellen Ablehnung, ihre Zukunftsperspektiven und Identitäten festzulegen und in eine bestimmte Richtung zu koordinieren (vgl. Schachtner 1997: 136).

---

3 In Anlehnung an Ulrich Beck (1986: 116) sind hierunter besonders der Anstieg des materiellen Lebensstandards und der sozialen Sicherung in der Phase des bundesdeutschen Wirtschaftswachstums zu verstehen.

1.3.2. Ausdifferenzierung und Standardisierung von Lebensläufen

Unter dem Aushängeschild der Individualisierung erleben gegenwärtig nicht nur herkömmliche Lebensstile und -formen eine radikale Veränderung und Pluralisierung, auch altbewährte Biografiemuster sind im Wandel begriffen. Besonders aufgrund verlängerter schulischer Bildungswege ist eine Verschiebung der Lebensphasen Jugend und Erwachsenenleben eingetreten (vgl. Moser 1999: 100). Dabei ist der Einzelne heute zunehmend selbst verantwortlich für die Ausgestaltung seiner Biografie. Sie ist, wie Beck (1986: 216) betont, »als Aufgabe in das Handeln jedes einzelnen gelegt«. In diesem Zusammenhang werden Lebensläufe in jeder Hinsicht vielfältiger und dynamischer.

Die damit beschriebene Form der Individualisierung darf jedoch keinesfalls als unbegrenzte Freisetzung des Individuums fehlverstanden werden. Vielmehr geht sie einher mit neuen Tendenzen der Institutionalisierung und Standardisierung (ebd.: 119). An die Stelle traditioneller Einbindungen rücken folglich neue Abhängigkeiten. Damit ist beispielsweise gemeint,»dass Regelungen im Bildungssystem [...] direkt verzahnt sind mit Phasen im Lebenslauf der Menschen« (ebd.: 212). So entstehen neuartig standardisierte Lebenslaufmuster.»Gerade Individualisierung bedeutet also: Institutionalisierung.« (Ebd.)

Dieser immanente Widerspruch im Individualisierungsprozess bildet den Kern der Beckschen Individualisierungsthese. Hiernach ist das Modell des Individualisierungsprozesses von drei Entwicklungsschritten bestimmt: der Herauslösung aus historisch vorgegebenen Sozialformen, auch *Freisetzungsdimension* genannt, dem mit *Entzauberungsdimension* bezeichneten Verlust traditionaler Sicherheiten im Sinne eines Stabilitätsverlustes, sowie einer neuen Art sozialer Einbindung oder *Reintegrationsdimension*, welche den ursprünglichen Charakter der Individualisierung letztendlich wieder in sein Gegenteil verkehrt (vgl. ebd.: 206f.).

1.3.3 Individuelle Wertekonzepte

Mit der Aufsplitterung traditioneller Lebensformen in individuelle und dynamisch veränderliche Formen des Daseins verlieren auch gesamtgesellschaftliche Wert- und Moralvorstellungen an Bedeutung (vgl. Angilletta 2002: 34). Vor allem traditionell-religiöse Orientierungen müssen im Zuge weiterer Säkularisierung[4] einen Großteil ihres Einflusses an augenblicklich attraktivere Konzepte abtreten (vgl. Gensicke 2001: 131ff.). Bereits Anfang der 1980er Jahre beschrieb Neil Postman den Verfall traditioneller Wertori-

---

4 Auch dieser Prozess der fortschreitenden Säkularisierung der westlichen Gesellschaften, d.h. die zunehmende weltliche Abkehr von Leitvorstellungen des christlichen Glaubens, ist, wie jener der Individualisierung, bereits in den soziokulturellen ›Revolutionen‹ der Frühen Neuzeit verwurzelt (siehe Kap. II, Abschn. 1) und damit als das Resultat einer ›langen Aufklärung‹ zu verstehen.

entierungen und Moralvorstellungen anhand seiner These über »Das Verschwinden der Kindheit« (1982). Dabei machte er die Massenmedien, insbesondere das Fernsehen, für die Aufdeckung der charakteristischen Erwachsenen-Geheimnisse verantwortlich, ohne die es – so seine These – das Faktum Kindheit nicht mehr länger geben könne (vgl. Postman 1992: 97ff.).

Dennoch stellt sich die Frage, ob hinsichtlich der heutigen Situation tatsächlich von einem Werte*verlust* die Rede sein kann, oder ob, wie die Speyerer Werteforschung feststellte, nicht eher von einer Art Werte*wandel* auszugehen ist (vgl. Gensicke 2001: 145). Der augenscheinliche Verlust von Wertorientierungen würde demnach lediglich einem »Veränderungsprozess von Wertkonzepten« (ebd.) gleichkommen, in welchem das auf Religiosität aufbauende und folglich absolut verbindliche traditionelle Wertekonzept sowie das konventionelle Wertekonzept der bürgerlichen Zeit von *individuellen Wertkonzepten* abgelöst werden (vgl. ebd.: 145ff.). Zwar weisen diese höchstwahrscheinlich »einen geringeren Grad an kollektiver Verbindlichkeit und an längerfristiger Stabilität auf«, bringen dafür aber »eine Reihe neuer Komponenten in die Wertkultur ein« (ebd.: 149).

1.4 Demokratisierung

Ein viertes Phänomen prägt die Postmoderne: das der zunehmenden Demokratisierung, d.h. das Anwachsen demokratischer Regime sowohl in den fortgeschrittenen industriellen Gesellschaften Westeuropas, Nordamerikas, Australiens, Neuseelands und Japans als auch in den transformierten Staaten Ost- und Mitteleuropas sowie in einigen Ländern Lateinamerikas, der Karibik, Asiens und Afrikas (vgl. Vorländer 2003: 7). Vor allem das 20. Jahrhundert war dabei im Hinblick auf die Demokratie ein entscheidendes: Nie zuvor wurden das Ausmaß und die Möglichkeiten ihrer Gefährdung so vehement spürbar, nie zuvor aber konnte die demokratische Staats- und Regierungsform zugleich solche Erfolge verbuchen. Das Beispiel Deutschland erscheint aus Sicht des Politikwissenschaftlers und Demokratietheoretikers Hans Vorländer hierfür symptomatisch:

»Dem alten, monarchischen System der Jahrhundertwende folgte, nach der Niederlage im Ersten Weltkrieg, die Etablierung der Weimarer Demokratie, die, nach anfänglicher Anfechtung, dann eine kurze Phase der Stabilisierung durchlief, um schließlich in einem tragischen Prozess ihrer Auflösung einer totalitären Diktatur unvorstellbaren Ausmaßes Platz zu machen. Doch nach dem Zweiten Weltkrieg, ebenfalls nach einer Kapitulation, die zugleich aber Befreiung vom nationalsozialistischen Regime war, wurde in Westdeutschland eine demokratische Ordnung eingerichtet, die sich nicht nur zu behaupten wusste, sondern auch ein Maß an Stabilität und Zustimmung ihrer Bürger erlangte, das bei ihrer Gründung 1948/49 undenkbar erschien.« (Ebd.: 93)

Der »Siegeszug der Demokratie« (ebd.: 7), wenn man angesichts der in eben genanntem Zitat kurz angedeuteten Fehlentwicklungen und geradezu erschreckenden Entgleisungen des politischen wie auch des gesellschaftlichen Lebens im 20. Jahrhundert von einem solchen überhaupt sprechen kann, vollzog sich demnach in mehreren Wellen (vgl. ebd.: 6 sowie 76-92): Eine erste Welle, die bereits in den 20er Jahren des 19. Jahrhunderts begann und bis in die Mitte der 1920er Jahre anhielt, war von einer allmählichen Ausweitung des allgemeinen Wahlrechts zunächst für die männliche, später auch für die weibliche Bevölkerung geprägt. In dieser Periode etablierten sich ganze 29 Demokratien. Mit dem Machtantritt Mussolinis in Italien und der Ausbreitung des Faschismus erfuhr dieser Trend jedoch eine jähe Zäsur und die Zahl der Demokratien reduzierte sich auf weniger als die Hälfte. Erst nach dem Ende des Zweiten Weltkriegs konnten sich die Demokratien Westeuropas wieder nachhaltig stabilisieren und setzten eine zweite Welle der Demokratisierung in Gang. Zu dieser Entwicklung trug natürlich nicht zuletzt auch der unaufhörlich schwelende Konflikt mit dem sogenannten ›Ostblock‹ bei, so dass in den 1960er Jahren wieder ganze 36 Demokratien zu verzeichnen waren. In der ersten Hälfte der 1970er Jahre setzte schließlich eine dritte Welle der Demokratisierung ein. Die Zahl demokratischer Staaten nahm in dieser Zeit unaufhörlich zu. Hier sei auch auf Samuel P. Huntingtons Analyse der weltweiten Demokratisierungsprozesse zwischen 1974 und 1990 mit dem Titel »The Third Wave. Demokratization in the Late Twentieth Century« (1991) verwiesen. Und dennoch: die Epoche der Demokratien, der eigentliche ›Durchbruch‹ der postmodernen Demokratisierungswelle, scheint in der Retrospektive so richtig erst 1989/1990 mit dem Zusammenbruch der sozialistischen und kommunistischen Regime zu beginnen. Nun, so könnte man sagen, war auch die letzte Bastion gefallen. Das westliche Modell der liberalen Demokratie hatte seine Konkurrenten (Nationalsozialismus, Faschismus, Kommunismus) endgültig besiegt (vgl. ebd.). Die Demokratie avancierte in den Folgejahren rasch zur favorisierten Gesellschaftsform, so dass zu Beginn des 21. Jahrhunderts etwa 120 Länder als Demokratien zu bezeichnen sind und damit mehr als die Hälfte der Weltbevölkerung von demokratischen Systemen regiert wird (vgl. Beisheim/Nuscheler 2003: 32) – ein erneuter Beleg für die weiterhin gültige These Huntingtons vom Siegeszug der Demokratie.

Allerdings bedeutet das schlichte Anwachsen demokratischer Systeme weltweit nicht in jedem Fall dasselbe. Vielmehr gilt es, zwischen ›dünnen‹ und ›anspruchsvollen‹ Demokratien zu unterscheiden. Zwar stellt eine demokratisch gewählte Führung in jedem Fall die Grundlage einer Demokratie dar, auch reguläre und freie Wahlen sowie ein differenziertes Parteienspektrum sind zentrale Merkmale – aber eben nicht die einzigen. Sie verkörpern eher das notwendige Minimum (vgl. Vorländer 2003: 7). Wichtig sind hingegen gleichfalls die Gewährung und Einhaltung der grundlegenden Menschen- und Bürgerrechte, insbesondere auch die politischen Freiheitsrechte (Meinungsfreiheit, Versammlungsfreiheit, Pressefreiheit) sowie weiterhin rechtsstaatliche Sicherungen, welche die Gleichheit und den Schutz des Individuums gewährleisten. Darüber hinaus gelten aber auch eine unanhängige und neutrale Justiz und schließlich auch ein freies Mediensystem, das eine pluralistische Öffentlichkeit schafft, als konstitutive Elemente einer demokratischen Ordnung (vgl. ebd.). Allen diesen Anforderungen werden bislang freilich noch längst nicht alle Demokratien gerecht, d.h. nicht immer findet wirklich auch eine umfassende Durchsetzung demokratischer Prinzipien und Strukturen statt. Genau genommen können gerade einmal 75 der insgesamt etwa 120 demokratischen Staaten, wie Vorländer betont, zu den anspruchsvollen Demokratien gezählt werden. In den restlichen Fällen bestehen teilweise erhebliche Zweifel an deren demokratischer Qualität. Das geht bisweilen sogar so weit, dass behauptet wird, die von Huntington beschriebene ›dritte Welle der Demokratisierung‹ sei in der zweiten Hälfte der 1990er Jahre letztlich zum Stillstand gekommen (vgl. Beisheim/Nuscheler 2003: 32). Dem kann jedoch entgegengesetzt werden, dass real existierende Demokratien immer hinter ihren Idealen zurückbleiben werden, und zwar schon allein deswegen, weil der Demokratiebegriff stets ein normatives Ideal verkörpert (vgl. hierzu auch Kap. IV, Abschn. 2.2.1).

Demokratien stellen mit anderen Worten also grundsätzlich höchst voraussetzungsreiche und daher gefährdete Formen der politischen Ordnung dar, wie schon ein kurzer Blick in die Geschichte zeigt. Dort finden sich teilweise durchaus unterschiedliche Formen und vor allem divergente Sichtweisen auf die Praxis der Demokratie (vgl. Vorländer 2003: 8ff.). Zu den historischen Wurzeln des Demokratiebegriffs und der Verflochtenheit des Demokratiegedankens mit medialen und gesellschaftlichen Gegebenheiten bzw. Entwicklungen kommt die Darstellung im folgenden vierten Kapitel ausführlicher zurück. Argumentativ entscheidend ist an dieser Stelle lediglich die Feststellung, dass sich in den hier betrachteten postmodernen Gesellschaften schließlich – trotz aller Rückschläge und historischer Widrigkeiten – auf breiter Linie das Modell der liberalen Demokratie behaupten konnte und damit eine Regierungsform, die ein bestimmtes Bild des Menschen als mündigen und selbstbestimmten Bürger vertritt, der als Einzelner aktiv in den Prozess der politischen Willensbildung und Entscheidungsfindung einzubeziehen ist, wozu es wiederum bestimmter freiheitlicher Rechte und Strukturen bedarf. Es sei nun im Anschluss an die Ausführungen Hans Vorländers (2003: 93ff.) zu einem »Modell der Funktionsvoraussetzungen der Demokratie«, bei dem dieser sich u.a. auf die Forschungen von Manfred G. Schmidt bezieht, behauptet, dass vor allem die für die postmodernen Gesellschaften typischen Eigenschaften besonders förderlich für die Etablierung demokratischer Strukturen sind. So tragen Schmidt bzw. Vorländer zufolge neben einem freien, marktwirtschaftlichen Wettbewerb in der Wirtschaft auch Säkularisierung, Pluralismus und kulturelle Vielfalt ganz entscheidend zu einer stabilen und funktionsfähigen Demokratie bei. Darin liegt also der große Wert etwa der Globalisierung aber auch der Individualisierung: im Bewusstsein für die mögliche Vielgestaltigkeit von Meinungen und Positionen und die Notwendigkeit zu deren demokratischer Vermittlung bzw. Integration. Insofern ist auch das Phänomen zunehmender Demokratisierung in der Postmoderne oder besser: in der reflexiven Moderne in enger Verbindung zu deren anderen Elementen bzw. Merkmalen zu sehen.

Im Zuge dessen kann aber gerade auch der Prozess der Globalisierung die Demokratisierung ebenso zunehmend gefährden. Dazu muss man bedenken, dass Demokratien und die dazugehörigen Prinzipien und Strukturen im Kontext territorial begrenzter Nationalstaaten entstanden sind (vgl. dazu ebenfalls ausführlicher Kap. IV, Abschn. 2.2.1). Auch wenn man also sicherlich behaupten kann, dass die Demokratie inzwischen zu einem beinahe global gültigen und anerkannten Wert geworden ist, entzieht die Globalisierung der Demokratie dennoch systematisch ihre räumliche Grundlage – ein Prozess, dessen Folgen gegenwärtig noch schwerlich abzuschätzen sind (vgl. Vorländer 2003: 119ff.). Kritiker der Globalisierung wie Hans P. Martin und Harald Schumann, Ralf Dahrendorf oder Jürgen Habermas warnen etwa längst vor einer gesellschaftlichen Desintegration und politischer Instabilität sowie einem Verlust an Entscheidungs- und Handlungskompetenzen auf Seiten demokratisch legitimierter nationalstaatlicher Institutionen zugunsten internationaler Institutionen, was letztendlich die sukzessive Abnahme von Transparenz als Voraussetzung demokratischer Kontrolle bedeuten würde und damit ein Legitimationsproblem mit sich brächte (vgl. Beisheim/Nuscheler 2003: 34-37). Die Befürworter der Globalisierung hingegen betonen deren Chance zur Durchsetzung der Demokratie als universalem Leitbild, das auch nicht-demokratische Regime zunehmend unter Druck setzt. Die Probleme mangelnder Legitimität und Transparenz werden aus dieser Perspektive insofern negiert, als dass von einer vernetzten Weltöffentlichkeit ausgegangen wird, die als eine Art ›transnationale vierte Gewalt‹ die Einhaltung international vereinbarter Menschenrechts-, Sozial- und Umweltstandards sicher stelle (vgl. ebd.: 33f.). Verschiedene Modelle globalen Regierens respektive derartiger globaler oder kosmopolitischer Demokratiepraxis existieren bereits, auch wenn keines dieser Modelle bislang ein hinreichendes Konzept für die demokratische Regierung transnationaler Räume darstellt (vgl. Vorländer 2003: 121ff.).

1.5 Zusammenfassung

Zusammenfassend sei noch einmal festgehalten, dass die drei unter der Perspektive der Theorie der ›Reflexiven Modernisierung‹ herausgegriffenen Phänomene (Globalisierung, Individualisierung und Demokratisierung) nicht nur als Hintergründe postmoderner Transformationsprozesse fungieren, sondern an vielen Stellen auch mit ebendiesen korrespondieren. Sie sind in diesem Sinne also Ursache und Resultat zugleich. Allen Phänomenen, auch das sei hier noch einmal deutlich betont, ist gemein, dass sie ihren (ideellen wie faktischen) Ursprung im Kontext der soziokulturellen Veränderungstendenzen und Entwicklungen der Frühen Neuzeit haben: sowohl die Globalisierung als auch Individualisierung und Demokratisierung nehmen hier ihren Ausgang. So gesehen sind sie das Produkt einer ›langen Aufklärung‹ oder anders ausgedrückt: ›Kinder der Moderne‹. In allen drei Fällen lassen sich gegenwärtig nun aber auch entscheidende Qualitätsveränderungen feststellen, welche das Prädikat einer reflexiven Modernisierung durchaus rechtfertigen. So ist in allen Fällen zu beobachten, dass die bisher linear oder zyklisch verlaufenden Veränderungsprozesse sich plötzlich potenzieren und innerhalb eines vergleichsweise kurzen Zeitfensters geradezu sprunghaft ein vollkommen neuartiges Niveau erreichen, welches nun auch zudem mit gänzlich anderen Implikationen verbunden ist. In Bezug auf das Phänomen der Globalisierung bedeutet das beispielsweise, dass wir innerhalb des letzten Jahrzehnts (d.h. im Zeitraum der Internetentwicklung) letztlich in der von Marshall McLuhan zu Beginn der 1960er Jahre formulierten Realität eines ›globalen Dorfes‹ angekommen sind. Globalisierung ist damit nicht länger allein ein Phänomen der Weltpolitik oder international agierender Wirtschaftsunternehmen, sie wird zum alltäglichen Begleiter, zum Teil der Lebenswelt jedes Einzelnen. Die postmoderne Gesellschaft erreicht zudem aber auch ein neues Level im Hinblick auf Individualisierung und Säkularisierung. Dabei ist der Prozess der Individualisierung jetzt – in scharfem Kontrast zur Ursprungsidee des Humanismus – paradoxerweise einer, der das Individuum grundsätzlich destabilisiert, die Säkularisierung säkularisiert nun auch die bereits säkularisierten Werte und Orientierungsmuster. Schließlich weitet sich die Demokratisierung, unterstützt durch neue Impulse gesellschaftlicher Differenzierung sowie die neuen medialen Möglichkeiten des Internet zu einer Bewegung aus, die nun auch den Kern moderner Gesellschaften – das wissenschaftlich-rationale Wissen – erfasst. Inwieweit auch dieser Prozess der fortschreitenden Demokratisierung sich letztlich reflexiv überholt, wird Gegenstand der nachfolgenden Kapitel sein.

2 DAS KONZEPT DER WISSENSGESELLSCHAFT

Das im zurückliegenden Abschnitt beschriebene Muster der Reflexivität, d.h. die rückbezogene Anwendung bestimmter Prinzipien auf sich selbst bzw. die Rückwirkung der durch sie ausgelösten Prozesse, zeigt sich aber nicht nur im Hinblick auf gesellschaftliche Makro-Trends wie Globalisierung, Individualisierung und Demokratisierung. Es findet sich auch in Bezug auf die Wissenskultur, die ja stets im Zentrum der hier getroffenen Überlegungen steht. Insofern ist zu vermuten, dass es sich dabei um ein typisches Grundmuster postmoderner Gesellschaften handelt. Das zumindest soll vorerst angenommen werden, deckt es sich doch mit den zentralen Aussagen des nun folgenden Abschnitts.

Spätestens seit der Herausbildung der modernen Wissenschaft(en) im 17. Jahrhundert (Kap. II, Abschn. 2) ist eine zunehmende Wissensorientierung der westlichen Gesellschaften zu beobachten. Der Argumentation Max Webers folgend dokumentiert sich darin die von ihm vielfach beschriebene ›Fortschrittsgläubigkeit‹ der abendländischen Kulturen. In einem im Jahre

1919 veröffentlichten Vortragsmanuskript mit dem Titel »Wissenschaft als Beruf« weist er beispielsweise darauf hin, dass besonders in der jüdischen und christlichen Religion und Tradition die Sehnsucht nach einer besseren Welt schon von jeher tief verwurzelt gewesen sei. Die Aufklärung setzte dieser Grundtendenz darüber hinaus die feste Überzeugung hinzu, dass durch forschend erworbene Welterkenntnis und die Verbreitung dieser Erkenntnis die Lebensbedingungen des Einzelnen und damit die Welt selbst sukzessive verbessert werden können. Laut Weber unterliegt die okzidentale Welt also einem bereits Jahrhunderte währenden Rationalisierungsprozess. Insofern ist sie zwar eine grundlegend entzauberte, da alles Mystische und Geheimnisvolle in der intellektuellen Durchdringung der prinzipiell beherrschbaren Wahrheit aufgeht, doch liegt gerade darin letztlich die Basis eines beständigen wissenschaftlichen Vorwärtsstrebens (vgl. Weber 1996 [1919]: 15ff.). In diesem Sinne müssen also gerade die abendländisch geprägten Gesellschaften als Gesellschaften verstanden werden, in denen Wissen zu allen Zeiten eine hohe Bedeutung beigemessen wurde.

Ganz besonders stark rücken Wissen und wissensbezogene Handlungen nun allerdings seit der zweiten Hälfte des 20. Jahrhunderts ins Zentrum der westlichen Gesellschaften. Neu an dieser Wissenszentrierung ist vor allem das Ausmaß, in dem Wissensprodukte und die dazugehörigen Wissensprozesse jetzt auch in die alltägliche Lebensrealität vordringen und dort bisher nicht dagewesene reflexive Tendenzen auslösen. Zur Erfassung, Beschreibung und Beurteilung dieser oder damit verflochtener Tendenzen wird häufig das Konzept der *Wissensgesellschaft* herangezogen.

Man mag, wie eingangs bereits erwähnt, darüber streiten, ob sich die Komplexität einer Gesellschaft in der Form eines solchen Gesellschaftskonzepts erfassen lässt. Man mag ebenso darüber streiten, inwieweit die Verwendung von ›Bindestrich-Gesellschaften‹ überhaupt einen heuristischen Wert besitzt. Derartige Diskussionen seien hier jedoch nachgestellt. Denn zum einen verkörpert das Konzept der Wissensgesellschaft ein zentrales, vermutlich sogar das gegenwärtig wohl beliebteste zeitdiagnostische Konzept in den Geistes- und Sozialwissenschaften und verdient im Zusammenhang einer Auseinandersetzung mit den relevanten gesamtgesellschaftlichen Veränderungstendenzen am Beginn des 21. Jahrhunderts schon allein deswegen eine entsprechende Betrachtung. Zum anderen – und hierauf mag zweifellos der argumentative Schwerpunkt liegen – dient das Konzept der Wissensgesellschaft im Kontext der vorliegenden Arbeit insofern tatsächlich heuristischen Zwecken, als dass es den Fokus speziell auf Aspekte des Wissens – genauer auf dessen kulturelle Bedeutung und Funktion innerhalb postmoderner Gesellschaften richtet. So gesehen ist die hier getroffene Entscheidung für das Konzept der Wissensgesellschaft zweifellos eine bewusste. Dies nicht zuletzt auch in der Abgrenzung gegenüber dem mit der Wissensgesellschaft in enger Verbindung stehenden Konzept der *Informations*gesellschaft. So betont letzteres zwar den Anstieg der informationellen Durchdringung der gesellschaftlichen Lebensrealität und kommt damit der wahren Beschaffenheit der in postmodernen Gesellschaften massenhaft stattfindenden Wissenstransferprozesse deutlich näher, doch vernachlässigt die Beschränkung auf den Informationsbegriff zugleich den für den Prozess der Wissensproduktion überaus relevanten kulturellen Aspekt.

2.1 Zur Theorie der Wissensgesellschaft

Retrospektiv wird fälschlicherweise oft angenommen, die Konzepte der Informations- und Wissensgesellschaft seien gewissermaßen intrinsisch mit dem Aufkommen und der massenhaften Verbreitung der neuen Informations- und Kommunikationstechnologien, insbesondere der digitalen Datenverarbeitungstechnik bzw. des Computers verbunden. Diesbezüglich muss jedoch differenziert werden, denn obgleich die Wurzeln der Entwicklung dieser Technologien bis ins späte 19. und frühe 20. Jahrhundert zurückreichen, vollzog sich ihr revolutionärer Durchbruch doch erst ab Mitte der 1970er Jahre. Tatsächlich lässt sich ab dieser Zeit eine zunehmend enger werdende Verflechtung zwischen technologischen Weiterentwicklungen und darauf bezogenen theoretischen Überlegungen ausmachen. So ist eine durch Digitalisierung und Computerisierung ausgelöste deutliche Beschleunigung und Intensivierung wissensgesellschaftlicher Veränderungstendenzen inzwischen auch nicht mehr von der Hand zu weisen. Die konzeptionellen Grundlagen zur Existenz eines eigenen Informations- bzw. Wissenssektors innerhalb der Wirtschaft sowie die Betonung der ökonomischen Bedeutung von Wissen wurden hingegen bereits Ende der 1960er Jahre gelegt (vgl. Steinbicker 2001: 13ff.). Die Idee eines Informations- und Wissenssektors in der Wirtschaft ging dabei aus der Auseinandersetzung der Wirtschaftswissenschaften mit der Bedeutung von Information und Wissen als wirtschaftliche Ressource hervor (Wissensökonomie). Eine erste Pilotstudie zur Wissenswirtschaft mit dem Ziel der Ermittlung des quantitativen Anteils der Wissenswirtschaft am Bruttosozialprodukt wurde schon 1962 von Fritz Machlup durchgeführt und unter dem Titel »The Production and Distribution of Knowledge in the United States« veröffentlicht (ebd.: 15).

Der Terminus der Wissensgesellschaft oder *knowledge society* geht schließlich auf den amerikanischen Soziologen R. E. Lane zurück. Seine erstmalige Verwendung wird meist auf das Jahr 1966 datiert (vgl. u.a. de Haan/Poltermann 2002: 31; Stehr 1994: 26). Nur wenige Jahre zuvor wurde auch der Begriff der Informationsgesellschaft geprägt. Er findet sich erstmals in einem 1963 erschienenen Essay des Japaners Tadao Umesao, in welchem dieser die klassische Einteilung wirtschaftlicher Aktivitäten um den Informationssektor erweiterte (vgl. Steinbicker 2001: 17). Im Zuge der im Jahre 1969 von Radovan Richta und Kollegen an der damaligen tschechoslowakischen Akademie der Wissenschaften aufgestellten These von der wissenschaftlich-technologischen Revolution, für deren Beginn sie die 1950er Jahre angaben und in der sie den Aufstieg des Wissens zur ersten Produktivkraft erblickten, entstanden ab Ende der 1960er Jahre dann auch vermehrt theoretische Ansätze, welche sich mit dem Strukturwandel der Industriegesellschaft auseinander setzten (vgl. ebd.: 19f.). Gemeinsam ist diesen frühen Ansätzen bzw. Theorien der 1960er und 1970er Jahre vor allem die Betonung ökonomischer Aspekte. Dabei gehen sie von einem Übergang von der industriell geprägten zur post-industriellen Gesellschaft aus.

2.1.1 Theorien einer post-industriellen Gesellschaft

Den Kern dieser frühen Theorien einer post-industriellen Gesellschaft bildete die Auseinandersetzung mit dem Phänomen einer wachsenden Relevanz von Wissen und Informationen innerhalb moderner Gesellschaften nach dem Zweiten Weltkrieg, insbesondere aber im Kontext unternehmerischer Produktion und Wertschöpfung. Zwei zentrale Ansätze sollen kurz vorgestellt werden.

a) Das Zeitalter der Diskontinuitäten (Peter Drucker)
Für Peter Drucker sind moderne Gesellschaften durch bedeutende Umbrüche in Technologie und Wirtschaft gekennzeichnet. Er bezeichnet die Gegenwart daher auch als »Zeitalter der Diskontinuitäten«. In seinem gleichnamigen Werk aus dem Jahr 1969 (»The Age of Discontinuity«) nimmt er gewissermaßen die Globalisierungsdiskussion vorweg und beschreibt die zunehmende Integration der Märkte zu einem Weltmarkt, d.h. die Entwicklung hin zu einer Weltwirtschaft. Die modernen Gesellschaften seien zudem Gesellschaften spezialisierter Organisationen. Wissen (verstanden als gezielter Erwerb von Informationen und deren systematische Anwendung) müsse daher als zentrale Ressource gelten (vgl. Steinbicker 2001: 22ff.), denn es sei »zur eigentlichen Grundlage der modernen Wirtschaft und Gesellschaft und zum eigentlichen Prinzip des gesellschaftlichen Wirkens geworden« (Drucker 1969: 455f.).

Das ›Zeitalter der Diskontinuitäten‹ ist damit aber vor allem auch durch einen Wandel im Charakter des Wissens selbst geprägt. Wurde Wissen ab der Mitte des 18. Jahrhunderts zunächst nur auf die Entwicklung von Werkzeugen, Produkten und Prozessen und späterhin auch auf Industriearbeit bezogen, kommt es in der Wissensgesellschaft schließlich zur (reflexiven) Anwendung von Wissen auf Wissen selbst (vgl. Steinbicker 2001: 27). Diese Evolution des Wissens wurzelt nach Drucker in der modernen ›Bildungsrevolution‹, einem Prozess, in dessen Zuge breite Bevölkerungsschichten Zugang zu tertiärer Bildung erhielten und der zum massenhaften Anstieg von sogenannten ›Wissens- oder Kopfarbeitern‹ führte (vgl. ebd.: 29). Moderne Gesellschaften stellen sich folglich gerade deswegen auch als post-kapitalistische Gesellschaften dar, da Kapital und Arbeit als sekundäre Ressourcen hinter das Wissen zurücktreten und Wissen und Bildung die Funktion von Geburt und Reichtum einnehmen (vgl. ebd.: 33ff.).

b) Die post-industrielle Gesellschaft (Daniel Bell)
Auch die zentrale These Daniel Bells ist die Ablösung der modernen Industriegesellschaften durch die Entstehung einer Gesellschaftsordnung, welche nicht länger durch die industrielle Produktion von Gütern und ein hohes Maß körperlicher Arbeit, sondern durch ein rapides Wachstum des Dienstleistungssektors und die zunehmende ökonomische Bedeutung des Wissens gekennzeichnet ist (vgl. Pongs 1999: 71). In dieser Hinsicht schließt er mit seiner Studie »The Coming of Post-Industrial Society« (1973) zwar eng an die Überlegungen Peter Druckers an, formuliert den Übergang zur einer post-industriellen Gesellschaft und die damit verbundenen Auswirkungen jedoch wesentlich radikaler als sein Vorgänger.[5]

Die post-industrielle Gesellschaft ist daher eine der ersten und bedeutendsten soziologischen Studien zur modernen Gesellschaft, nach der Wissen eine für alle Sphären der Gesellschaft signifikante Bedeutung erlangt (vgl. Stehr 1994: 42) und so, wie Bell es ausdrückt, gewissermaßen zum »Axialprinzip«[6] moderner Gesellschaften wird. Dennoch betrifft der Wandel zur post-industriellen Gesellschaft auch hier in erster Linie zunächst Veränderungen in der Sozialstruktur – womit bei Bell speziell Wirtschaft und Beschäftigungssystem gemeint sind (vgl. Steinbicker 2001: 50f.).

In der post-industriellen Gesellschaft kommt es zu einem fundamentalen Wandel von der Güterproduktion zur Dienstleistung. Damit verbunden ist – ähnlich wie bereits in Druckers Ansatz – eine Zunahme an diese Dienstleistungen herstellenden Wissensarbeitern bei gleichzeitigem Rückgang der Industriearbeiterschaft (vgl. ebd.: 53). Bell selbst schreibt hier beispielsweise:

»By this criterion, the first and simplest characteristic of a post-industrial society is that the majority of the labor force is no longer engaged in agriculture or manufacturing but in services, which are defined, residually, as trade, finance, transport, health, recreation, research, education, and government.« (Bell 1973: 15)

Somit ergibt sich für die post- oder nachindustrielle Gesellschaft also ein Wandel in der Beschäftigungsstruktur und es etabliert sich nach Bell eine eigene Wissensklasse, welche zur gesellschaftlich mächtigsten Statusgruppe aufsteigt (vgl. ebd.: 60). Die so charakterisierte post-industrielle Gesellschaft könnte folglich auch als Dienstleistungs- oder Wissensgesellschaft bezeichnet werden.

---

5 Darüber hinaus versteht Bell unter dem Begriff des ‚Wissens‘ stets ein kodifiziertes theoretisches Wissen, während Drucker im Vergleich dazu von angewandtem Wissen spricht (vgl. Steinbicker 2001: 60).

6 Bell versteht darunter die primäre Logik, das konzeptionelle Schema einer Gesellschaft.

2.1.2 Neuere Theorien der Wissensgesellschaft

Wie der kurze Überblick zu den frühen Theorieansätzen bereits erkennen lässt, wird das Konzept der Wissensgesellschaft in diesen Jahren tatsächlich vor allem auf ökonomische Aspekte reduziert und auf diese Weise begründet. Die Wissensgesellschaft ist eine post-industrielle Gesellschaft. Der Bedeutungsanstieg des Wissens führt erst einmal zu einer Veränderung von Produktionsprozessen (Wissen als zentrale Ressource) und zu einem Wandel der Beschäftigungsstruktur (Wissensarbeiter, Dienstleistungssektor). Weder bei Drucker noch bei Bell werden weiterführende, auf andere Bereiche der Gesellschaft ausgreifende Effekte dieser post-industriellen Wandlungen (ausgenommen der Wissenspolitik) ausführlich thematisiert und diskutiert.

Das ändert sich mit dem Aufkommen einer, wenn man so will, zweiten Phase der Theoriebildung. Vermutlich als Reaktion auf das vermehrte Eindringen von Computerisierung und Digitalisierung in den privaten Alltag (PC und Internet) ist etwa seit Mitte der 1990er Jahre ein verstärkter Rückgriff auf das Konzept der Wissensgesellschaft zu registrieren. Dabei werden die Ideen der alten Konzepte aufgegriffen und ausgeweitet.

Die neueren theoretischen Auseinandersetzungen widmen sich nun maßgeblich den vielfältigen sozialen Auswirkungen, die mit der Wissensgesellschaft als zeitgeschichtlicher Diagnose verbunden sind. Diese Diagnose einer mehr und mehr von Wissen durchwirkten Gesellschaft basiert dabei auf der Beobachtung, dass theoretisches Wissen immer stärker zur Grundlage und Richtschnur auch des alltäglichen sozialen Handelns wird (vgl. u.a. Stehr 2001: 10). Das bedeutet im Gegenzug freilich auch, dass es sich hier um Gesellschaften handelt, die auf die permanente Schöpfung und Bereitstellung neuen respektive aktuellen Wissens in allen Lebensbereichen unmittelbar angewiesen sind. Fragen und Probleme im Zusammenhang mit den Prozessen der Wissensgenese und -kommunikation rücken damit ins Zentrum heutiger Theorien der Wissensgesellschaft. Derartige Tendenzen hatten zwar auch Drucker und Bell bereits in ihren Überlegungen angedeutet, doch blieb gerade die Wissensproduktion dort noch ganz klar Aufgabe der Wissenschaften und Bildungsinstitutionen.

a) Wissen als Strukturmechanismus (Nico Stehr)
Nico Stehr beschreibt in seinem Buch »Arbeit, Eigentum und Wissen« (1994) seine theoretischen Überlegungen zu einer Theorie der Wissensgesellschaft als »Anregung für die Sozialwissenschaften [...] sich sowohl theoretisch als auch empirisch intensiver mit der Problematik der reziproken Durchdringung von Wissenschaft und Gesellschaft auseinanderzusetzen« (Stehr 1994: 26). Er geht wie seine Vorgänger davon aus, dass der Wandel der modernen Industriegesellschaften grundsätzlich einer Veränderung auf dem Gebiet des Wissens geschuldet ist (vgl. ebd.). Die Herausbildung der Wissensgesellschaft ist für Stehr dabei aber kein revolutionärer, sondern vielmehr ein evolutionärer Prozess. Dennoch ist er als außergewöhnlich zu

betrachten, da zugleich bedeutende soziale, wirtschaftliche sowie kulturelle Veränderungen ablaufen (vgl. ebd.: 29). Zwar hat Wissen schon immer eine wichtige Rolle für das menschliche Zusammenleben gespielt, doch dringt die Wissenschaft resp. wissenschaftliches Wissen nun in alle gesellschaftlichen Lebensbereiche vor (vgl. ebd.: 33). Der Begriff der Wissensgesellschaft beschreibt – auf das Wesentlichste zusammengefasst – eine Gesellschaft, »in der Wissen in allen Bereichen zunehmend Grundlage und Richtschnur menschlichen Handelns wird« (ders. 2001: 10) und die gesellschaftliche Wirklichkeit auf diese Weise organisiert und strukturiert. In der Wissensgesellschaft ist der Prozess der Produktion gültiger Wissensbestände damit auch nicht länger allein auf das Wissenschaftssystem beschränkt, sondern hat sich auf alle gesellschaftlichen Funktionsbereiche ausgeweitet (vgl. Staudt 2002: 117).

Wirtschaftlich gesehen konkurriert das Wissen mit Arbeit und Eigentum um die Funktion als zentraler Strukturmechanismus der modernen Gesellschaft. So wird theoretisches Wissen mehr und mehr zum Motor und zur wichtigen Größe im Produktionsprozess und löst damit die Vormachtstellung der materiellen Faktoren ab (vgl. Stehr 1994: 30 und 35). Diese Bedeutung und Funktion des wissenschaftlichen Wissens im Bereich der Wirtschaft geht dabei nach Stehr noch über die bereits von Bell beschriebene hinaus, da sich nach seiner Meinung in der Wissensgesellschaft eine sekundäre Produktionsstruktur auf einer Meta-Stufe herausbilde. Die Produktion erfolgt danach also nicht mehr im direkten Austausch mit der Natur, sondern hat es vornehmlich mit deren medialen Repräsentationen zu tun (vgl. ebd.: 216ff.).

b) Wissensbasierte Infrastrukturen zweiter Ordnung (Helmut Willke)
Auch Helmut Willke (»Supervision des Staates«, 1997) sieht im Zuge des beschleunigten technologischen Wandels die Heraufkunft einer Epoche der Wissensgesellschaft (vgl. Pongs 1999: 263). Willke datiert den Beginn des Umbruchs von der Industrie- zur Wissensgesellschaft dabei jedoch erst auf die frühen 1990er Jahre und beschreibt als markantesten Indikator des Wandels den Aufbau wissensbasierter Infrastrukturen zweiter Ordnung, welche es ermöglichen, Informationen schnell und kostengünstig auszutauschen, zu finden und zu verwenden (vgl. Willke 1997: 24ff.).

Willke betont – wie schon Drucker und Bell – im ökonomischen Bereich den Strukturwandel zur modernen Wissensarbeit. Damit verbunden sind für ihn aber auch Prozesse der Ausbildung von lernenden Organisationen sowie die Bedeutungszunahme sogenannter intelligenter Produkte. Gegenüber Produkten mit hohen Wertanteilen an Arbeit und Material wird der Wert vieler Produkte und Dienstleistungen der Wissensgesellschaft nämlich an ihrer Expertise bemessen (vgl. ebd.: 13f.). Nicht mehr die Produktionskosten bilden also weiterhin den Maßstab für Zahlungsbereitschaft, sondern der Mehrwert des eingeschlossenen Wissens, was nach Ansicht von Willke eine fundamentale Veränderung der Ökonomie herbeiführen kann (vgl. ebd.: 36f.).

Was für die Ökonomie gilt, trifft so oder in ähnlicher Form aber auch auf alle anderen Teilsysteme der Gesellschaft zu. Gerade dies sei nach Willke nämlich das »prägende Merkmal« einer Wissensgesellschaft, »dass gerade nicht nur die Ökonomie ihren Operationsmodus und die Qualität ihrer elementaren Operationen durch Wissensbasierung und die Umstellung auf ›knowledge-value‹ als zentrales Kriterium der Bewertung von Gütern und Dienstleistungen verändert« (ebd.: 37).

Von einer Wissensgesellschaft oder einer wissensbasierten Gesellschaft lässt sich also genau dann sprechen,

»wenn die Strukturen und Prozesse der materiellen und symbolischen Reproduktion einer Gesellschaft so von wissensabhängigen Operationen durchdrungen sind, dass Informationsverarbeitung, symbolische Analyse und Expertensysteme gegenüber anderen Faktoren der Reproduktion vorrangig werden« (ebd.: 12f.).

Die Wissensgesellschaft ist für Willke damit eine differenzierte, allerdings keineswegs eine hierarchisch gegliederte Gesellschaft. Indem alle Funktionssysteme der Gesellschaft spezialisiert und autonom ihre eigenen Wissensbestände erzeugen, beurteilen und verwalten, sind sie gleichberechtigt aufeinander angewiesen (vgl. ebd.: 32).

2.2 Merkmale der Wissensgesellschaft

Nicht zuletzt aufgrund der eben umrissenen sowie weiterer theoretischer Ansätze ist das Konzept der Wissensgesellschaft seit einigen Jahren insbesondere im sozialwissenschaftlichen Diskurs geradezu allgegenwärtig. Scheinbar unablässig wird in aktuellen Publikationen auf dieses Kontext stiftende Schlagwort rekurriert (vgl. u.a. Hubig 2000; Stehr 2001; Heinrich-Böll-Stiftung 2002; Höhne 2003; Bittlingmayer 2005; Kübler 2005; Bittlingmayer/Bauer 2006b). Die Wissensgesellschaft ist gewissermaßen zur Denkkategorie geworden, die unsere Weltwahrnehmung lenkt und leitet. Sie hat sich als »zeitdiagnostischer Hintergrundkonsens« (Bittlingmayer/Bauer 2006a: 11) etabliert, auch wenn dieser zeitweilig durchaus unterschiedlichen Zwecken dient.

Aus dem Blickwinkel einer analytischen Auseinandersetzung mit der Wissensgesellschaft lassen sich vor allem vier zentrale Merkmale identifizieren: (1) die Ökonomisierung des Wissens als zentrale Ressource industrieller Produktions- und Wertschöpfungsprozesse und unhintergehbarer Wettbewerbsfaktor, (2) die Zunahme, Dezentralisierung und Entgrenzung der Wissensproduktion sowie der Wissenschaft als soziale Praxis, damit verbunden (3) die Pluralisierung (Vervielfachung und Vervielfältigung) und Dynamisierung der gesellschaftlichen Wissensbestände sowie (4) die allgemeine Verwissenschaftlichung der Gesellschaft. Die Intensität all dieser

Prozesse resultiert dabei, wie noch zu zeigen sein wird, wiederum aus der Reflexivität des Wissens, das in der Wissensgesellschaft besonders auf sich selbst angewandt wird.

2.2.1 Ökonomisierung des Wissens

Wie vor allem die frühen Theorien der 1960er und 1970er Jahre (Drucker, Bell, Touraine) bemerken, kommt dem Wissen in der Wissensgesellschaft zu allererst in ökonomischer Hinsicht eine immense Bedeutung zu. Neben Arbeit, Boden und Kapital ist es zum vierten und entscheidenden Produktionsfaktor avanciert. Wissen ist ein zentrales Element unternehmerischer Wertschöpfung und ein nicht zu vernachlässigender Aspekt im Kampf um Wettbewerbsvorteile. Der monetäre Wert eines Produkts bemisst sich heute längst nicht mehr hauptsächlich an der zur Herstellung notwendigen Arbeit, noch an dem dazu verwendeten Material; er liegt vielmehr in der eingeschlossenen Expertise, d.h. dem exklusiv dafür entwickelten und im Produktionsprozess eingesetzten Know-how. Entsprechend ist – wie ebenfalls bereits die frühen Theorien der Wissensgesellschaft feststellten – auch eine immer stärkere Bedeutungszunahme der Wissens- und Kopfarbeit zu verzeichnen. Mit anderen Worten: Die wertschöpfende Tätigkeit hat sich heute endgültig von der Hand- zur Kopfarbeit verlagert (vgl. Staudt 2002: 117). Arbeit in der Wissensgesellschaft bedeutet immer seltener die Manipulation von Dingen und immer häufiger die Manipulation von Sinn (vgl. Stehr 1998: 17). Die Produktivität der Wissens- und Kopfarbeit wird dabei zusehends durch die fortschreitende Digitalisierung der Arbeitsabläufe intensiviert.

Wissen und Wissensarbeit sind demnach also ernstzunehmende strategische Faktoren im internationalen Wettbewerb um Absatzmärkte und Gewinnchancen. Der Wettbewerb ist dabei vor allem ein Wettbewerb um spezialisiertes Wissen. Es gilt daher stets der Grundsatz:

»[A]dvanced industrial nations can only maintain their competitive advantage by using resources and skills which cannot be imitated.« (Gibbons u.a.. 1994: 111)

Wissen muss, um die von ihm gewünschte strategische Funktion im unternehmerischen Wertschöpfungsprozess auch angemessen erfüllen zu können, also entsprechend gemanagt, d.h. verwaltet, kommuniziert, aktualisiert und gegebenenfalls auch neu generiert werden. Das gilt für kollektive Akteure wie Wirtschaftsunternehmen ebenso wie für einzelne Individuen. Dabei ist als Besonderheit des Produktionsfaktors Wissen zu beachten, dass es sich um eine Humanressource handelt.

a) Wissen als Humanressource
Aus unternehmerischer Sicht ist Wissen Kapital. Es wird nicht nur immer wichtiger für die Produktion von Gütern und Dienstleistungen, sondern ist auch Voraussetzung für die Erzeugung neuen Wissens und folglich Motor

für Innovation und Entwicklung (vgl. Stehr 1994: 210). So ist es nicht verwunderlich, wenn Reinmann-Rothmeier/Mandl (2000b: 271) betonen, der »Anteil von Wissen an der Gesamtwertschöpfung eines Unternehmens [...] liege] heute bereits bei mindestens 60 Prozent – Tendenz steigend«.[7] Der Prozess des Erzeugens, Speicherns, Anwendens und Weitergebens von Wissen wird damit also zum Kernprozess unternehmerischer Wertschöpfung (vgl. Müller 2000: 263).

Auch dieses für wirtschaftliche Zwecke nutzbar gemachte Wissen ist und bleibt aber – und hier wird der Unterschied zum Begriff der Information ganz deutlich – stets eine personengebundene Ressource, welche sich ausschließlich in den Köpfen von Individuen befindet. Wissen stellt in ökonomischen Zusammenhängen somit eine sogenannte Humanressource dar, die Individuen werden zu Trägern eines lebendigen Humankapitals (vgl. Mohr 1997: 13). Dessen Besonderheit ist es nun, dass es zu einem großen Teil in Form von implizitem Erfahrungswissen vorliegt. Jeglicher Versuch, dieses personenunabhängig, im Sinne eines objektiv vorhandenen Wissenskapitals zu explizieren, reduziert es unweigerlich zu bloßer Information und muss daher streng genommen scheitern. Humankapital als solches ist eben nicht direkt 1:1 übertragbar. Gerade das macht aber seine strategische Bedeutung aus (vgl. Vollmar 2004: 55).

b) Wissensmanagement
Wissen ist ökonomisch heute also von zentralerer Bedeutung als je zuvor. Um Nutzen und Mehrwert für Unternehmen oder Individuen entwickeln zu können, muss es jedoch vorerst einmal verfügbar sein. Wissen, von dem man nicht weiß oder das einem objektiv oder subjektiv nicht zugänglich ist, ist verlorenes Wissen. Unternehmen haben diesen Zusammenhang längst für sich erkannt. *Wissensmanagement* ist zu einem wirtschaftswissenschaftlichen Schlagwort geworden. Unternehmen aller Branchen bemühen sich derzeit um dessen erfolgsversprechende Umsetzung. Fachzeitschriften widmen sich diesem Thema, Software-Hersteller entwickeln Wissensmanagement-Systeme zur technischen Unterstützung, Personalentwickler bemühen sich, den Mitarbeitern die notwendige Grundeinstellung zu entlocken. Der richtige Umgang mit Wissen wird spätestens im 21. Jahrhundert also »zu einer der großen Herausforderungen, auf die Menschen und Organisationen, die Gesellschaft als Ganzes sowie die Technik sich einstellen müssen« (Reinmann-Rothmeier/Mandl 2000b: 271).

Wie im vorangegangenen Abschnitt beschrieben, sind es dabei die personell gebundenen, zumeist impliziten Wissensbestände, d.h. die in den kognitiven Systemen von Individuen vorhandenen individuellen Repräsenta-

---

7   In einigen Branchen ist dieses Verhältnis noch extremer. Chicagoer Ökonomen sollen sogar berechnet haben, dass der Wert von Computertechnologie nur zu etwa 1 Prozent aus Materialien und zu 5 Prozent aus fertigender Arbeit besteht (vgl. Willke 1997: 19).

tionen von Informationen und Handlungserfahrungen, welche den zentralen Wirtschafts- und Wettbewerbsfaktor moderner Unternehmen darstellen. Dieses Wissen muss identifiziert und entsprechend organisiert werden, um zugriffsbereit zu sein und gewinnbringend eingesetzt werden zu können (vgl. ebd.: 278). Der Weg dieser Transparentmachung des personengebundenen Wissens lautet: Wissensmanagement.

Unternehmerisches Wissensmanagement basiert dabei stets auf der Interaktion der drei Komponenten Technik – Organisation – Mensch. Mit anderen Worten:

»Zum Wissensmanagement gehören auf der technischen Seite die optimale Unterstützung des Speicherns, Zugreifens und Austauschens von Wissen, auf der organisationalen Ebene die Entwicklung flexibler Netzwerkstrukturen, die als Kompetenzzentren fungieren, sowie auf der Ebene des Individuums die Förderung der Fähigkeit, Wissen zu erwerben, zu kommunizieren und anzuwenden.« (Ebd.: 271)

Darüber hinaus umfasst der Ansatz des Wissensmanagements die vier Kernprozesse Wissensrepräsentation, Wissenskommunikation, Wissensgenerierung und Wissensnutzung (Abb. 7): Die Wissensrepräsentation bezeichnet dabei die umgangserleichternde Darstellung des unternehmensrelevanten Wissens, die Wissenskommunikation Tätigkeiten des Verteilens und Vermittelns, die Wissensgenerierung beinhaltet Aktivitäten der externen und internen Wissensbeschaffung bzw. -entwicklung, mit Wissensnutzung sind schließlich Prozesse der Umsetzung von Wissen in Handlungen bzw. der Transformation von Wissen in Güter und Dienstleistungen gemeint (vgl. ebd.: 273ff.). Zudem spielen auch immer Prozesse der Zielsetzung und Evaluation eine begleitende Rolle.

Abbildung 7: Prozesskategorien des Wissensmanagements

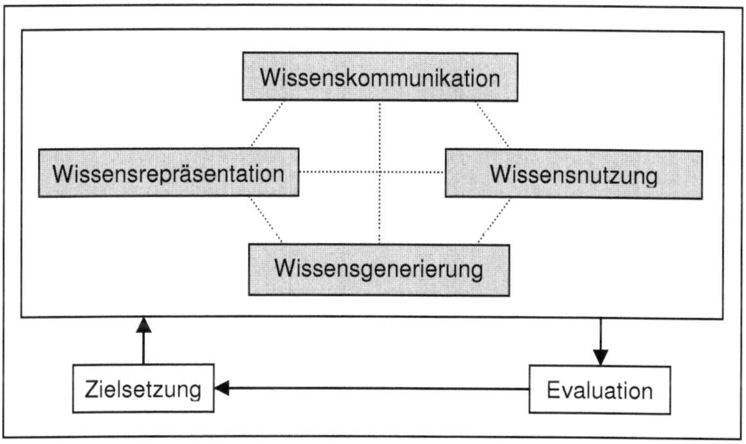

Quelle: Reinmann-Rothmeier/Mandl 2000b: 275

Dass die Praktikabilität dieser zugegeben reizvollen Möglichkeit der Wissensorganisation an einigen Stellen jedoch berechtigte Zweifel offen lässt, sei an dieser Stelle nicht weiter ausgeführt. Festgehalten werden soll lediglich, dass das soeben beschriebene Konzept des unternehmerischen bzw. organisationalen Wissensmanagements in wesentlichen Teilen eigentlich kein Wissens-, sondern vielmehr ein Informationsmanagement darstellt. Wirkliches Wissensmanagement – so die hier vertretene Ansicht – kann nur auf der Ebene der Individuen selbst erfolgen. Denn so sinnvoll und wertvoll Wissensmanagement-Prozesse für moderne Unternehmen auch sein mögen, liegt die alltägliche Verantwortung der Nutzung, Generierung, Repräsentation und Kommunikation des persönlichen Wissens dennoch bei jedem Menschen selbst. Vom Individuum aus betrachtet nimmt Wissensmanagement folglich eine individuelle Qualität an. Wissensmanagement meint hier »die Entwicklung von Kompetenzen auf der Metaebene von Wissensprozessen und de[n] Einsatz individueller Strategien im Umgang mit Informationen und Wissen« (Reinmann-Rothmeier/Mandl 2000a: 17).

Das Konzept des individuellen Wissensmanagements orientiert sich dabei direkt an dem des organisationalen. Hinzu kommt lediglich ein gewisses Stress- und Fehlermanagement, so dass sich für den individuellen Wissensmanagement-Regelkreis insgesamt sieben Prozesskategorien ergeben (vgl. ebd.: 25ff.): Dazu gehören (1) eine eigenverantwortliche Zielsetzung (Wissensplanung), welche sich aus den Komponenten Ziel-, Zeit- und Situationsanalyse zusammensetzt sowie (2) eine eigenverantwortliche Evaluation (Wissensbewertung), bestehend aus formativer (prozessbegleitender) und summativer (abschließender) Selbstevaluation. Weitere Kategorien sind darüber hinaus (3) eine individuelle Wissensrepräsentation (Wissensdiagnose) mit Vorwissens- und Bedarfsanalyse, Informationssuche und Informationsanalyse, (4) eine individuelle Wissensgenerierung (Informationsverarbeitung und Wissenskonstruktion), (5) Wissenskommunikation (Informations- und Wissensaustausch), welche insbesondere auch die Entwicklung von Teamfähigkeit und kooperativer Zusammenarbeit einschließt, sowie (6) eine individuelle Wissensnutzung (Anwendung und Umsetzung von Wissen), was einer Transfersicherung gleichkommt. Die siebte Prozesskategorie bildet schließlich das bereits erwähnte Stress- und Fehlermanagement. Dieses beinhaltet neben Aufmerksamkeitskontrolle und einer positiven Fehlereinstellung auch kognitive und motivational-emotionale Strategien zur Bewältigung der Informationsflut.

2.2.2 Dezentralisierung und Entgrenzung der Wissensproduktion

Die Notwendigkeit eines funktionierenden (unternehmerischen wie individuellen) Wissensmanagements schließt immer auch die Aktualisierung bzw. Anpassung des vorhandenen Wissens, d.h. also die Produktion bzw. den Erwerb neuen Wissens ein. Gerade für Wirtschaftsunternehmen stellt das eine große Herausforderung dar. Aufgrund des wachsenden Bedarfs an immer neuen Wissensinhalten ist seit einigen Jahren der Trend zu beobachten, dass Forschungsprozesse zunehmend aus den Unternehmen ausgelagert werden und strategische Allianzen zwischen Unternehmen und Forschungseinrichtung gebildet werden (vgl. Gibbons u.a. 1994: 112).[8] So entstanden und entstehen etwa immer mehr sogenannter ›Think Tanks‹ (Denkfabriken), also Firmen, Unternehmen, Forschungsinstitute oder Stiftungen, die Wissensproduktion als spezielle Dienstleistung anbieten (vgl. u.a. Bittlingmayer 2005: 174f.). Auf diese Weise erweitert sich das Feld der gesellschaftlichen Wissensproduzenten beständig. Neben den klassischen Anstalten der Forschung, den akademischen Forschungsinstituten, entwickelt sich ein breites Spektrum ökonomisch und/oder politisch motivierter Einrichtungen (vgl. Neidhardt u.a. 2008: 19).

Diese *Dezentralisierung* der Wissensproduktion in der Wissensgesellschaft bleibt freilich nicht ohne Folgen für die gesellschaftliche Wissensordnung. Angesichts der erhöhten Nachfrage nach neuem und aktuellem Wissen aus dem Bereich von Wirtschaft und Unternehmen sowie auch – worauf später noch ausführlicher eingegangen werden soll – aus der Politik, diffundiert die Wissenschaft als soziale Praxis zunehmend in andere Bereiche der Gesellschaft. Anders ausgedrückt: In der Wissensgesellschaft verlässt die Forschung das »institutionelle Gehäuse der Wissenschaft und durchdringt viele Bereiche der Gesellschaft« (Krohn 2003: 111). Universitäten und Akademien sind damit nicht länger die einzigen Orte, an denen Wissenschaft betrieben wird. Sie wandert nun auch in außeruniversitäre Bereiche ab (vgl. Walger 2000: 1). Weingart (2005: 334f.) fasst die Wissensgesellschaft daher als Gesellschaft, in der die »funktionsspezifischen Operationsweisen der Wissenschaft« generalisiert sind, d.h.

»dass das *Prinzip* der Wissenschaft, nämlich die erfahrungsgesteuerte Produktion *und* Revision von Wissen, an andere Wissensformen und die sie produzierenden Organisationen ausgedehnt [... und] hypothetisches Denken und experimentelles Handeln aus dem isolierten Schutzraum des Labors heraus in die Gesellschaft diffundiert und an vielfältigen Orten praktiziert wird, an denen Handeln auf Wissen gegründet wird« (Herv. i.O.).

---

8   Die Bildung derartiger strategischer Allianzen im Hinblick auf ein erfolgreiches Wissensmanagement lässt sich – vermutlich in Reaktion auf die Flüchtigkeit und Veränderbarkeit der Märkte – immer häufiger auch zwischen zwei eigentlich konkurrierenden Unternehmen beobachten, so dass eine dynamische Form des Wettbewerbs zwischen Konkurrenz und Kollaboration entsteht: »The future shape of knowledge production has to be seen in the context of the changing nature of the global economy and of ever new configurations of knowledge. [...] Knowledge resources are held in different organisations and can be shifted between environments which are at one moment competitive and at another collaborative.« (Gibbons u.a. 1994: 48)

2.2.3 Pluralisierung und Dynamisierung der gesellschaftlichen Wissensbestände

Die Dezentralisierung der Wissensproduktion und die damit verbundene Zunahme an Wissensproduzenten schlechthin führen weiterhin unweigerlich zu einer Pluralisierung der gesellschaftlichen Wissensbestände im Sinne einer faktischen Vervie*lfachung* des vorhandenen Wissens. Die Kehrseite dieses permanenten Wissenszuwachses ist ein gleichzeitig ebenso permanent stattfindender Wissensverfall. Mit anderen Worten: Die Erzeugung neuen Wissens ist stets auch an die Revision bestehenden Wissens geknüpft. Je rapider sich demnach die Vermehrung der Wissensbestände vollzieht, desto rascher veralten sie auch wieder. Die gesellschaftlichen Wissensbestände geraten also in Bewegung und erfahren eine nie dagewesene Dynamisierung. Darüber hinaus sorgen die Differenzierung der Wissensproduzenten und die Entgrenzung der wissenschaftlichen Praxis aber auch für eine Pluralisierung der gesellschaftlichen Wissensbestände im Sinne einer Vervie*lfältigung*. Ausgehend vom jeweiligen Kontext kann es so im Bereich ein und derselben Thematik zur Herstellung durchaus unterschiedlicher und bisweilen sogar divergenter Wissensangebote kommen (vgl. Böhle 2003).

2.2.4 Verwissenschaftlichung des Alltags

Trotz oder gerade wegen der Diffusion der sozialen Praxis Wissenschaft aus dem Funktionssystem der Wissenschaften in andere Bereiche der Gesellschaft und der damit verbundenen Pluralisierung (Vervielfachung wie Vervielfältigung) der gesellschaftlichen Wissensbestände nimmt das wissenschaftliche Wissen in der Wissensgesellschaft eine besondere Stellung ein. Hier zeigt sich erneut der lange Atem der Aufklärung: Seit dem 17. Jahrhundert investieren die modernen Gesellschaften einen Großteil ihrer Ressourcen in die Wissenschaften. Sie sind daher auch das vermutlich am schnellsten wachsende Teilsystem (vgl. Weingart 2005: 87). Schon die frühen theoretischen Arbeiten zur Wissensgesellschaft (allen voran die Studie von Daniel Bell) stellten die besondere Bedeutung des wissenschaftlichen Wissens für die ökonomische Entwicklung der Nachkriegsgesellschaften in den Mittelpunkt ihrer Argumentationen. So ist die Diskussion um die Wissensgesellschaft (ganz im Gegensatz zu jener um die Informationsgesellschaft, bei der es um die Technologien als Basis von Kommunikation und Informationsaustausch, weniger jedoch die Wahrnehmungs- und Denkprozesse von Individuen und/oder Gesellschaften geht) im Kern häufig eine Diskussion um die These einer *Verwissenschaftlichung* der Gesellschaft.

Diese These wird in ihrer ›schwachen‹ Variante lediglich auf eine enger werdende Kopplung zwischen Wissenschaft und Wirtschaft (bisweilen auch zwischen Wissenschaft und Politik) bezogen (vgl. Bittlingmayer 2005: 120ff.), wie sie schon im Kontext der Ökonomisierung des Wissens in der Wissensgesellschaft erläutert wurde. Eine allein auf Wirtschaft und Politik bezogene Verwissenschaftlichung greift als Erklärungsmuster besonders im Hinblick auf den gegenwärtigen Zustand der Wissensgesellschaft jedoch deutlich zu kurz. So besteht das zentrale Charakteristikum der modernen Wissensgesellschaften ja gerade im Vordringen der Wissenschaft in sämtliche Funktionsbereiche der Gesellschaft (vgl. Stehr 1994: 33). Die ›starke‹ Variante der Verwissenschaftlichungsthese geht daher – wieder in Anlehnung an Stehr – davon aus, dass die Wissensbasierung sich über unmittelbare Anwendungskontexte in Wirtschaft und Politik hinaus auch bis hinein in die konkrete Lebenswelt der sozialen Akteure ausweitet und dort systematische Veränderungen bewirkt (vgl. ebd.: 117 sowie 129ff.). Ursache dieser Verwissenschaftlichung der Gesamtgesellschaft ist ein rasanter Anstieg des Bildungsniveaus in den Industrieländern insbesondere seit dem Zweiten Weltkrieg. Dieser Prozess legte den Grundstein für die flächendeckende Ausbreitung technischen und wissenschaftlichen Wissens in Form von bildungsrelevanten Fakten einerseits und Produkten (z.B. technische Haushaltsgeräte) andererseits (vgl. Gibbons u.a. 1994: 70). Die Massenmedien tun diesbezüglich ihr Übriges (siehe Abschn. 3.2.2 in diesem Kap.). Immer mehr Menschen sind daher heute mit der Wissenschaft und der Relevanz wissenschaftlichen Wissens für ihr Alltagsleben vertraut, sie besitzen ein immer größeres Verständnis für die Arbeitsweise der Wissenschaft, verfügen über eine zunehmende Kritikfähigkeit und sind entsprechend an wissenschaftlichen Erkenntnissen interessiert. Gepaart mit der zunehmend hohen Nachfrage nach spezialisiertem Anwendungswissen aus dem Bereich von Wirtschaft und Politik entsteht ein neuartig determinierter Wissensmarkt als Basis eines veränderten Modus der Wissensproduktion (vgl. ebd.: 11ff.).

3 VERHÄLTNISWANDEL ZWISCHEN WISSENSCHAFT(EN) UND ÖFFENTLICHKEIT: »MODUS 2«

Will man der Frage nach dem Verhältnis zwischen Wissenschaft(en) und Öffentlichkeit sowie dessen Wandel nachgehen, so muss man zunächst einmal konstatieren, dass es nicht *die* eine Öffentlichkeit (schon gar nicht der Wissenschaft) gibt, sondern deren viele. Es gilt darum genau zu klären, was mit dem Begriff der Öffentlichkeit hier eigentlich gemeint ist. Gemeint ist hier in erster Linie nämlich nicht – was bei der fachlichen Ausrichtung der Arbeit womöglich nahe liegen könnte – eine Öffentlichkeit im engeren publizistischen Sinne, also eine massenmedial basierte Öffentlichkeit gesellschaftspolitischer Ausrichtung, wie sie im historischen Rückblick ganz klassisch von der bürgerlichen Gesellschaft des 18. Jahrhunderts vertreten wurde. Auch wenn der hier gemeinte Öffentlichkeitsbegriff Aspekte informationeller Aufklärung (durch die Massenmedien) und kritischer Diskussion tangieren wird, so steht zunächst eine ganz simple Begriffsfassung im Mittelpunkt. Mit der Öffentlichkeit der Wissenschaft(en) ist hier abgrenzungstheoretisch einfach das Umfeld der Wissenschaft(en) gemeint, d.h. jene gesellschaftlichen Bereiche, die mit der sozialen Praxis Wissenschaft und ihren Produkten in Kontakt kommen und in Wechselwirkung treten, selbst aber nicht dem Funktionssystem der Wissenschaften zuzurechnen sind. Denn wie im Kontext der Ausführungen zu den Theorien der Wissensgesellschaft schon deutlich geworden ist, besteht deren Besonderheit ja gerade darin, dass die Wissensdurchdringung alle Bereiche der Gesellschaft erfasst. Folglich kann die hier gemeinte Öffentlichkeit auch mit der Gesellschaft als Ganzer gleichgesetzt werden.

Die Abgrenzung wird damit zugegebenermaßen unscharf. Diese Unschärfe wird jedoch gern in Kauf genommen, da eine exakte analytische Abgrenzung im Hinblick auf das Anliegen dieses Absatzes und Kapitels sowie des gesamten Bandes zum einen nicht derart zentral erscheint und sich zum anderen gerade in der Unnötigkeit einer exakten Abgrenzung wiederum die genuine Besonderheit der Wissensgesellschaft verdeutlicht. Die Wissenschaft ist Teil der Gesellschaft und damit ganz allgemein eigentlich nicht exakt von dieser abzugrenzen.

Abzugrenzen ist sie bei näherem Hinsehen andererseits natürlich schon – allein schon deshalb, weil die Wissenschaften, wie in der historischen Aufarbeitung des zweiten Kapitels bereits deutlich wurde, sich als Institution und soziale Gemeinschaft mit eigenen Prinzipien und Handlungskonventionen ausdrücklich von der übrigen Gesellschaft absetzen. Insofern lässt sich überhaupt von einem Verhältnis zwischen Wissenschaft(en) und Öffentlichkeit sprechen.

Nun wurde ebenfalls bereits festgestellt, dass die Gesellschaft – sprich die Öffentlichkeit – im Kontext der Wissensgesellschaft immer mehr von den Produkten der Wissenschaft(en) durchdrungen und von diesen anhängig ist. Diese Tatsache hat schwerwiegende Auswirkungen auf das Verhältnis von Wissenschaft(en) und Öffentlichkeit. Um diese Veränderungen zu beschreiben, wird in der wissenssoziologischen Debatte seit einiger Zeit der Begriff des *Modus 2* benutzt.

3.1 Modus 2-Wissensproduktion:
Kontextualisierung und Anwendungsorientierung

Der Begriff *Modus 2* steht in enger geistiger Verbindung zu den Grundannahmen der Wissensgesellschaft, baut gewissermaßen auf diesen auf , stellt aber nicht so stark die Bedeutung des Wissens für die Gesellschaft in den Mittelpunkt, sondern zeigt die Folgen der wissensgesellschaftlichen Veränderungsprozesse mit Blick auf die Wissensproduktion auf. Insofern tut der Ansatz im Grunde nichts anderes, als beobachtbare Trends in modernen Gesellschaften zusammenzufassen und zusammenfassend zu erklären. Sein Ausgangspunkt ist die Beobachtung einer zunehmend verteilten – also diffusen und differenzierten – Wissensproduktion. Das wurde im Zusammenhang mit den zentralen Charakteristika der Wissensgesellschaft bereits beschrieben. Aufgrund einer gestiegenen Nachfrage nach Wissen sind immer mehr Akteure an der Produktion von Wissen beteiligt. Diese Akteure kommen nicht nur aus unterschiedlichen Disziplinen und verfügen daher über unterschiedliche Hintergründe, sie folgen zudem auch ihren je spezifischen Maximen. Der bis dato vergleichsweise enge institutionelle ›Rahmen‹ der wissenschaftlichen resp. akademischen Praxis als Basis der Wissensproduktion wird damit an vielen Stellen ausgeweitet bzw. aufgelöst (vgl. Gibbons u.a. 1994: 17). Einen zentralen Hintergrund dieser Entwicklung stellt freilich die bereits eingehend thematisierte Ökonomisierung des Wissens in der Wissensgesellschaft dar. Wissen hat sich während der letzten Dekaden immer mehr zu einem – wenn nicht *dem* – entscheidenden Wirtschaftsfaktor entwickelt. Die permanente Erzeugung kreativer und wettbewerbsfähiger neuer Ideen bzw. Produkte stellt insbesondere für international tätige Unternehmen heute die dringlichste Aufgabe im Sinne der Wertschöpfung dar. Die Wissensproduktion wird also zunehmend zu einem ökonomisch relevanten Prozess. Darüber hinaus hat sich aber auch der Blick der Öffentlichkeit auf die soziale Praxis Wissenschaft nachhaltig verändert. Im Zuge der Verwissenschaftlichung des Alltags hat die Gesellschaft, wie Helga Nowotny, Peter Scott und Michael Gibbons in ihrem 2004 erschienen Band »Wissenschaft neu denken. Wissen und Öffentlichkeit in einem Zeitalter der Ungewißheit«[9] schreiben, »[i]m vergangenen Halbjahrhundert […] ihrerseits begonnen, mit gleicher Intensität und Überzeugungskraft zur Wissenschaft zu sprechen« (Nowotny/Scott/Gibbons 2005: 9). Entscheidend ist hier der Begriff des Kontextes: Während sich die Wissenschaft in der traditionellen Gesellschaft gewissermaßen ›außerhalb‹ von dieser befand – auch und gerade weil sie sich in ihren Denk- und Handlungsweisen von dieser absetzte, wird die Wissenschaft heute gemeinhin als integraler Bestandteil der Gesellschaft betrachtet. Die Gesellschaft fungiert gewissermaßen als Kontext der Wissenschaft – ein Kontext aber, der die Wissenschaft nicht nur formal-räumlich rahmt, sondern mehr und mehr auch den inhaltlichen Rahmen der Wissenschaft vorgibt. Will sagen: Die Wissensgesellschaft, die hier auch als ›Modus 2-Gesellschaft‹ bezeichnet wird, zeichnet sich vor allem dadurch aus, dass die (nicht-wissenschaftliche) Öffentlichkeit, d.h. also die Gesellschaft (das können Unternehmen ebenso sein wie politische Parteien oder Privatpersonen) im Bild des Kontextes der Wissenschaft ›antwortet‹ (vgl. ebd.: 69ff.). Mit anderen Worten nimmt die Öffentlichkeit gegenüber der Wissenschaft also mehr und mehr eine aktive Position ein. Sie ist nicht länger passiver Empfänger, sondern wirkt mit ihren Fragen, Bedürfnissen, Kritiken, vor allem aber mit ihren eigenen Maßstäben und Qualitätskriterien auf die Wissenschaft zurück. Die Wissenschaft ist demnach also zunehmend gezwungen, sich diesem, ihrem Kontext gegenüber sensibel zu zeigen. Diese Sensibilisierung oder *Kontextualisierung* der sozialen Praxis Wissenschaft erfolgt dabei durch den Übergang von einem Modell der ›Segregation‹ zu einem der ›Integration‹ (vgl. ebd.: 126ff.). Damit erweitert sich das Spektrum externer Faktoren, denen im Wissensproduktionsprozess Rech-

---

9 Die 2001 erschienene englischsprachige Originalausgabe trägt den Titel »Re-Thinking Science. Knowledge and the Public in an Age of Uncertainty«.

nung getragen werden muss, erheblich (vgl. Nowotny/Scott/Gibbons 2005). Michael Gibbons u.a. betonen daher bereits in ihrem Grundlagenwerk zur Diskussion um Modus 2: »The New Production of Knowledge. The dynamics of science and research in contemporary societies« von 1994 neben der bereits genannten Transdisziplinarität und der damit verbundenen Heterogenität und Diversität der eingebrachten Aspekte ganz besonders auch die Anwendungsorientierung sowie die soziale Verantwortlichkeit und Reflexivität als zentrale Merkmale der Wissensproduktion im Sinne von Modus 2 (vgl. dies. 1994: 3ff.).

Kurz: Wo Wissen zum entscheidenden Element wirtschaftlicher Wertschöpfung sowie zu einer zentralen Größe des gesamten gesellschaftlichen Lebens gleichermaßen wird, gewinnt nicht nur die Produktion neuen Wissens schlechthin an Bedeutung, sie gelangt auch in eine nähere Beziehung zu ihrer Umgebung und deren Anforderungen. Faktisch haben sich die »Erwartungen [der Öffentlichkeit]«, wie Buss/Wittke (2001: 123) betonen,

»an die Leistungsfähigkeit des Wissenschaftssystems als Ort gesellschaftlicher Wissensproduktion in den letzten Jahren [und Jahrzehnten] deutlich erhöht, die gesellschaftliche Relevanz von Wissenschaft wird unter neuen Vorzeichen verstärkt eingeklagt. Die Wissenschaft gerät zunehmend unter ›Lieferdruck‹.«

Helmut Willke spricht hier ebenfalls vom »gegenwärtige[n] Umbau der Universitäten zu Zulieferern der Wissensökonomie«, die er als »Begleiterscheinung im Kontext einer breiten gesellschaftsgeschichtlichen Transformation von der Industriegesellschaft zur Wissensgesellschaft (Willke 2002: 10) betrachtet. Die Ökonomisierung des Wissens und die Verwissenschaftlichung der Gesellschaft bedeuten so gesehen im Umkehrschluss auch eine Ökonomisierung der Wissensproduktion[10] und – wenn man so will – eine Vergesellschaftung der Wissenschaft. Auch und gerade die wissenschaftliche Wissensproduktion stellt so nicht länger eine geschlossene Tätigkeit dar, sondern erfolgt, aufgrund ihrer Herausnahme aus dem rein disziplinären, akademisch geprägten Zusammenhang, nun immer schon vor dem Hintergrund eines konkreten Anwendungskontextes (vgl. Bender 2001a: 11f.). Die Konsequenz dieser Entwicklung hin zu einer Modus 2-Wissensproduktion ist folglich eine stärkere Verschränkung klassisch-akademischer und industriell bzw. ökonomisch motivierter, d.h. anwendungsorientierter Forschung (vgl. Bittlingmayer 2005: 186f.), wobei damit keinesfalls der Übergang zu einer rein angewandten Forschung bzw. Wissenschaft gemeint ist (vgl. Bender 2001a: 12). Vielmehr kommt es seit der Mitte des 20. Jahrhunderts zu einer allmählichen Aufhebung der Grenze zwischen Grundlagenforschung und angewandter Wissenschaft (vgl. Weingart 2005: 25f.). Dennoch: die verstärkte Ausrichtung wissenschaftlicher Forschung auf konkrete resp.

---

10 Die ›Verwissenschaftlichung der Ökonomie‹ wäre demgegenüber weniger ein neues Phänomen (vgl. Bittlingmayer 2005: 121).

praktische Problemlösungskontexte und die bereits selbstverständlich gewordene Tendenz der Öffentlichkeit, die Wissenschaft(en) – nicht zuletzt auch mit finanziellen Mitteln – für eben ihre je spezifischen und kurzfristigen Zwecke zu instrumentalisieren (siehe Abschn. 3.2.2 in diesem Kap.), scheint, wie Peter Weingart (1999: 65) sehr richtig feststellt, »einer Aufkündigung des ›Gesellschaftsvertrages‹ für die Wissenschaft gleichzukommen«. Die Wissenschaft um ihrer selbst Willen wird unter den Bedingungen von Modus 2 hingegen mehr und mehr zur Randerscheinung.

3.2 Wissenschaft unter den Bedingungen von Modus 2

Was nun bedeutet das konkret für die Wissenschaft als historisch gewachsener sozialer Praxis? Und: Welchen Einfluss hat der Verhältniswandel zwischen Wissenschaft und Öffentlichkeit unter dem Diktum von Modus 2 auf die Wissenschaften als institutionelle Träger dieser Praxis?

Die Wissenschaft, das fand nun schon mehrfach Erwähnung – besitzt innerhalb der Wissensgesellschaft eine besondere Wichtigkeit, ist in dieser gleichzeitig aber auch mit neuen Herausforderungen konfrontiert. Die besondere Situation der Wissenschaft besteht dabei heute zum einen in der an sie gerichteten Erwartung, anwendungsorientiertes, d.h. problembezogenes und konkret nutzungsrelevantes, Wissens her- und zur Verfügung zu stellen. So gilt (wissenschaftliches) Wissen heute in der Wissensgesellschaft als wichtige Produktivkraft und Handlungsressource, gewinnt aber auch im Hinblick auf die Legitimation politischer Entscheidungen wachsende Bedeutung (siehe Abschn. 3.2.2 in diesem Kap.). Folglich werden, wie Bittlingmayer (2005: 181) zutreffend schlussfolgert, ganz im Gegensatz zur bislang üblichen Praxis »durch den Verweis auf die *Zeitdiagnose ›Wissensgesellschaft‹* die institutionellen Träger der Wissenschaft *auf die Produktion wissenschaftlicher Wissensformen und Wissenserzeugnisse festgelegt, die kompatibel sind mit marktförmigen Verwertungskriterien*« (Herv. i.O.).

Zum anderen ist die wissenschaftliche Wissensproduktion heute per se stärker denn je in den Kontext gesellschaftlicher Öffentlichkeit eingebunden und diesem gegenüber verantwortlich. Das Resultat ist eine kontextualisierte Wissenschaft unter vollkommen veränderten Rahmenbedingungen der Produktion (wissenschaftlichen) Wissens, die ihre einstige gesellschaftliche Autonomie verloren hat. Ein weiterer Aspekt sei daher angesprochen: Vor allem ist hier eine wachsende Relevanz und Aufwertung alternativer, d.h. nicht-wissenschaftlicher Wissensformen zu beobachten:[11] War bis in die 1960er und 1970er Jahre hinein ein eher kognitivistisches Wissensverständnis vorherrschend und daher allein theoretisches, d.h. wissenschaftlich fundiertes Wissen (siehe die frühen Theoriebildungen zur Wissensgesellschaft)

---

11 Dazu beigetragen haben nicht zuletzt auch die handlungstheoretischen Arbeiten von Alfred Schütz, Jürgen Habermas, Pierre Bourdieu oder Anthony Giddens (vgl. Hack 2001: 25ff.).

als anerkannte Ressource der Wissensgesellschaft denkbar (auch der Ansatz von Drucker stellt hier keine Ausnahme dar, da er zwar auf angewandtes Wissen abhebt, dieses letztlich aber doch grundlegend auf theoretischem Wissen basiert), setzt sich seit Ende der 1970er Jahre mehr und mehr das Bewusstsein für den konstruktivistischen Charakter der Wissens durch. So rücken in Zeiten von Wissensmanagement und Anwendungsorientierung Alltagswissen, Erfahrungswissen und implizites Handlungswissen zu ebenfalls wichtigen, wenn nicht gar gleichberechtigten Wissensarten neben dem wissenschaftlichen Wissen auf. Das Gegenteil wissenschaftlichen Wissens ist nicht länger Irrationalität (vgl. Hack 2001: 25ff.). Die aus der Epoche der Aufklärung stammende Annahme, Erfahrungswissen könne und müsse durch wissenschaftliches Wissen (verstandesmäßige Erkenntnis und Reflexion) ersetzt und verbessert werden, welche die einstige Überlegenheit des wissenschaftlichen Wissens gegenüber dem Erfahrungswissen stützte, lässt sich an vielen Stellen nicht mehr plausibilisieren. Unter den Bedingungen von Modus 2 kann erfahrungs- und alltagsbezogenes Wissen stärker denn je in die Wissensproduktion einfließen.

Vor diesem Hintergrund stellt sich freilich auch die Frage, inwieweit die in modernen Gesellschaften etablierte Überlegenheit der Wissenschaft und des wissenschaftlichen bzw. wissenschaftlich begründeten Wissens gegenüber anderen Wissensformen (wie etwa Alltagswissen oder technisch-instrumentelles Erfahrungswissen) gewahrt bleiben kann, wenn sich die Wissenschaft der Wissensgesellschaft zunehmend, wie Böhle (2003: 143) schreibt, »sowohl auf ›Wahrheitsfindung‹ als auch auf ›praktische Nützlichkeit‹« richtet. Zur Beantwortung dieser Frage muss man sich ins Gedächtnis rufen, dass die gesellschaftliche Überlegenheit der Wissenschaft bzw. der (bisherige) Geltungsanspruch wissenschaftlichen Wissens in der Moderne nicht durch den Nachweis objektiv ›besseren Wissens‹ begründet war, sondern »vielmehr maßgeblich kulturell durch eine Um- und Neudefinition menschlichen Erkenntnisvermögens abgestützt und legitimiert« wurde und noch bis heute wird: die »Emanzipation der verstandesmäßigen Erkenntnis und Reflexion« und die zugleich »weit reichende Ausgrenzung sinnlich-körperlicher Wahrnehmung und subjektiven Empfindens« (vgl. ebd.: 149; siehe dazu ausführlicher auch Kap. II, Abschn. 3.2). Der daraus resultierende Prozess der Verwissenschaftlichung des praktischen Handelns (vgl. ebd.: 153ff.) scheint nun jedoch einen Punkt erreicht zu haben, an dem er sich, ganz im Sinne der Theorie der reflexiven Modernisierung, selbst überholt und reflexiv auf sich zurückwirkt: die von wissenschaftlichem Wissen durchdrungene Praxis stellt eigene Erwartungen an das wissenschaftliche Wissen und versucht dieses für sich zu instrumentalisieren. Das bedeutet nun natürlich keinesfalls, dass im Zuge der damit einhergehenden neuen Thematisierung praktischen oder anwendungsbezogenen Wissens die bis dato geltende Überlegenheitsposition des wissenschaftlichen Wissens sukzessive durch praktisches Erfahrungswissen ersetzt wird (vgl. ebd.: 148). Ebenso wenig kann das jedoch heißen, dass das Erfahrungswissen weiterhin systematisch gegenüber dem wissenschaftlichen Wissen abgewertet und in eine Randposition gedrängt wird. Stattdessen muss nach neuen Wegen gesucht werden, auch andere, praxisnähere Wissensformen »bei oder trotz Verwissenschaftlichung neu zu berücksichtigen« (ebd.: 160) und das schon allein deswegen, weil wissenschaftliches Wissen – so kontextsensibel es auch sein mag – erst im praktischen Handeln seinen eigentlichen Anwendungsbezug entfaltet. Wissenschaftliches Wissen kann mit anderen Worten also nie so einfach in die Praxis übernommen werden (vgl. ebd.: 161). Böhle plädiert daher für eine Wissenschaftspraxis im Sinne eines »›Sowohl-als-auch‹, bei dem objektivierendes mit subjektivierendem Handeln verbunden und situations- und anforderungsbezogen entwickelt und genutzt wird« (ebd.: 169). Das wäre in der Tat eine Verwissenschaftlichung auf neuem Niveau.

Noch, so könnte man sagen, kann von einer nachhaltigen Änderung der Epistemologie nicht die Rede sein (vgl. Weingart 2005: 352), noch ist die Wissenschaft nach wie vor die Instanz, die bei Bedarf und im Zweifelsfall, gewissermaßen als Bezugssystem der Stabilisierung, über den Wahrheitsgehalt[12] der Wissensansprüche anderer gesellschaftlicher Akteure befindet (vgl. ebd.: 341) – zumindest solange es allein um das geht, was der Begriff des Modus 2 impliziert, daran hegt auch Fritz Böhle mit seinen Überlegungen keinen Zweifel. Noch stößt beispielsweise auch das Abweichen von wissenschaftlichen Publikationsstandards, etwa die offene und digitale Zirkulation von Wissen und Erkenntnissen (Stichwort E-Publishing und Open Access), wissenschaftsintern auf große Widerstände (vgl. Bernhofer 2001: 28; Thomas 2005: 314). »Es fehlt an Motivation, an Anreizen und an Übung. Es fehlt an Verständnis für das Medium und an akademischer Reputation. Es fehlt an Zeit und an Risikobereitschaft«, stellt hier beispielsweise Bernhofer (2001: 28) fest.

Und trotzdem: Die einstige Autonomie der wissenschaftlichen Praxis hat Risse bekommen und wird – so paradox es auch erscheinen mag – gerade im Zuge der zunehmenden gesellschaftlichen Verwissenschaftlichung, durch Anwendungsorientierung und Kontextualisierung, als hohes Gut zunehmend in Frage gestellt (vgl. Böschen 2003: 21). Die Wissenschaft kann sich nicht länger strukturell von der Gesellschaft separieren, sondern geht mehr und mehr in dieser auf – mit durchschlagenden Folgen für das Wissen

---

12 »Aufgabenbezogene Forschung«, so Weingart (2005: 341) in Anlehnung an Stokes 1997, »kann so lange selbstgenügsam bleiben, wie das produzierte Wissen instrumentell erfolgreich und kommunikativ unumstritten ist [...]. Jeder Misserfolg ebenso wie jede Anfechtung erzwingen ›Wahrheitsbeweise‹. Die gibt es in modernen und selbst in postmodernen Gesellschaften nur durch die Wissenschaft. Die Vorstellung einer sozial distribuierten und deshalb institutionell enthierarchisierten Wissensproduktion ist aus systematischen Gründen unhaltbar, weil sie die inhärente Dynamik von Wahrheitskommunikationen außer acht lässt.«

und die Wissenskultur, wie später noch zu zeigen sein wird, aber auch mit durchschlagenden Folgen für die Wissenschaft(en) selbst. Der Verlust der für die westliche Moderne bislang gültigen Autonomie der Wissenschaft, die »Erosion der traditionell herausgehobenen gesellschaftlichen Position« (Buss/Wittke 2001: 124), kommt dabei genau genommen eigentlich deren doppeltem Autoritätsverlust gleich.

3.2.1 Doppelter Autoritätsverlust der Wissenschaft(en)

Zunächst einmal ist diesbezüglich mit Peter Weingart (2005: 336f.) festzustellen, dass die Wissenschaft »ihre Sonderstellung in der Gesellschaft als die Instanz, die letztendlich gesichertes Wissen autoritativ verkünden kann«, verliert. Die »Wissenschaft«, so beschreibt es auch Natascha Thomas (2005: 314) und mit ihr viele weitere Autorinnen und Autoren, »verliert zunehmend ihren absoluten Status« – und das nicht nur dort, wo die Wissensproduktion eine vollkommen neuartige Dezentralisierung und Entgrenzung erfährt und zahlreiche neue Wissensproduzenten in direkter Nähe und Konkurrenz zu den akademischen Forschungseinrichtungen entstehen (vgl. u.a. Buss/Wittke 2001: 133), sondern auch da, wo die Wissenschaft in den Dialog, in die Verhandlung mit der sie umgebenden Öffentlichkeit eintreten muss (vgl. u.a. Nowotny/Scott/Gibbons 2005). Diese Feststellung steht erst einmal nicht in direktem Widerspruch zur zuvor gemachten Feststellung einer anhaltenden Gültigkeit wahrheitsbezogener Epistemologie. Gleichwohl: Indem die Wissenschaft als soziale Praxis sich mehr und mehr aus ihrer sozialen Isolation löst, ihren autonomen Sonderstatus hinter sich lässt und in andere Bereiche der Gesellschaft diffundiert, verliert sie nicht nur ihre institutionelle Identität (vgl. Weingart 2005: 14f.), sie büßt auch ihr Monopol der Belieferung von Gesellschaften mit Deutungs- und Sinnangeboten ein (vgl. Bittlingmayer 2005: 175). »Die Königin Wissenschaft ist grau geworden, und die alten Wissensordnungen wanken« konstatiert Stefan Böschen (2003: 21) daher nicht ohne einen leichten Unterton theatralisch anmutender Melancholie. Die »Ausdehnung von Deutungsmusterproduzenten« (Bittlingmayer 2005: 174) führt nämlich unweigerlich auch zu einer Veränderung der Rolle der Wissenschaft in öffentlichen Diskursen: Wenn der Einfluss alternativer Deutungs- und Orientierungsmuster die Pluralität, Inhomogenität und Fragilität wissenschaftlichen Wissens immer stärker sichtbar macht und zudem noch verstärkt, wird auch die Wissenschaft zu einer Perspektive unter anderen und muss sich mehr und mehr auf eine moderierende und strukturierende Rolle einlassen und ihre bisherige Herrschaftsfunktion als ›Wahrheitsproduzentin‹ hinter sich lassen (vgl. Böschen 2003: 22ff.). Stattdessen kommt es auf die Bereitschaft zur Vermittlung und Integration an. Untrüglichstes Zeichen eines Autoritätsverlusts vor allem auch der institutionalisierten Wissenschaft in Gestalt der Wissenschaften ist daher der dringliche »Ruf nach der Demokratisierung der Expertise«, wie Peter Weingart (2003a: 58) schreibt. So wächst mit der Menge und Komplexität des gesellschaftlich erzeugten Wissens auch die Zahl und Bedeutung der Experten, während in gleichem Maße aber auch die Zahl der Laien zunimmt. Wiederum ganz im Sinne der Theorie der reflexiven Modernisierung überholt sich dieser Prozess der Vervielfachung und Vervielfältigung der Expertise damit also irgendwann selbst, denn der »notwendig selektive Wissenserwerb« macht schließlich »alle zu Experten für einen bestimmten Wissensbereich und zu Laien im Hinblick auf den ganzen großen Rest« (ebd.: 59). Es gilt also, das Wissen der Laien, d.h. der außerhalb des institutionalisierten Wissenschaftssystems Stehenden, ernst zu nehmen, denn »[i]n der Wissensgesellschaft«, so Weingart (ebd.), »sind, extrapoliert man diese Entwicklung, alle Experten und Laien zugleich«. Stefan Böschen (2003) entwickelt daher für die Wissenschaft unter den Bedingungen von Modus 2 das Bild der konstitutionellen Monarchie. Nur so könne es seiner Meinung nach gelingen, die Autonomie und Autorität der Wissenschaft innerhalb der Gesellschaft weiterhin zu wahren, auch wenn das natürlich eine institutionelle Um- und Neuordnung des Wissenschaftssystems bedeuten würde. Die »Wissenschaft«, behauptet er also, »kann die Königin der Wissensproduzenten bleiben, wenn sie den Schritt von der absoluten zur konstitutionellen Monarchie einschlägt« (Böschen 2003: 25). Ob ein solcher Schritt allein allerdings ausreicht, um die beschriebenen Demokratisierungstendenzen aufzufangen und inwieweit es überhaupt sinnvoll ist, auch weiterhin an der Idee einer starken Wissenschaft als Wissensproduzentin ersten Ranges festzuhalten, darf vor dem Hintergrund des eben Reflektierten durchaus bezweifelt werden.

Zum anderen, d.h. über die soeben beschriebene dialogische Öffnung der Wissenschaft respektive der Wissenschaften hinaus, wird die durch die Dezentralisierung und Kontextualisierung der Wissensproduktion diffundierte soziale Praxis Wissenschaft nun nämlich auch von anderen Praxen bzw. Konzepten der Wissensproduktion überlagert. Soll heißen: Die neuen, wissenschaftsexternen Akteure verfügen auch über vollkommen andere Handlungsmuster, Normen und Anreizsysteme,[13] die jenen des traditionellen

---

13 Das folgende Zitat aus dem wissenssoziologischen Grundlagenwerk zu Modus 2 der fasst diesen Gedankengang noch einmal zusammen. Dort wird einleitend festgestellt, » that a new form of knowledge production is emerging alongside the traditional, familiar one. A new mode of knowledge production affects not only what knowledge is produced but also how it is produced; the context in which it is pursued, the way it is organised, the reward systems it utilises and the mechanisms that control the quality of that which is produced. [...] It is transdisciplinary rather than mono- or multidisciplinary. It is carried out in non-hierarchical, heterogeneously organised forms which are essentially transient. It is not being institutionalised primarily within university structures. Mode 2 involves the close interaction of many actors throughout the process of knowledge production and this means that knowledge production is becoming more socially accountable. One consequence of these changes is that Mode 2 makes use of a wider range of criteria in judging quality control. Overall, the process of knowledge

Wissenschaftssystems jedoch bisweilen diametral entgegenstehen (vgl. Buss/Wittke 2001: 133ff.). Infolgedessen geraten »mit dem Übergang zur polyzentrischen Wissensproduktion auch die Grundprinzipien und Legitimationsgrundlagen von Wissenschaft unter Druck« (Lau/Böschen 2003: 226). Ihnen werden alternative Geltungs- und Gütekriterien gegenübergestellt, die nicht mehr von der Wissenschaft selbst definiert werden und über die die Wissenschaft somit auch keine Kontrolle mehr besitzt (vgl. ebd.; Weingart 2005: 15). Lau/Böschen (2003: 226) prognostizieren daher:

»Die künftige Wissensgesellschaft, so ist zu erwarten, wird keine Wissenschaftsgesellschaft sein. Die wissenschaftlichen Normen intellektueller Uneigennützigkeit, des methodischen Kritizismus und des Universalismus können in einer Welt pluraler Wissensproduktion kaum mehr Leitnormen des Umgangs mit Wissen sein.«

Das heißt also ganz konkret, neu ist, wie weiter oben bereits kurz angedeutet wurde, nicht (nur) die Entgrenzung wissenschaftlicher Wissensformen und Rationalitäten in andere Bereiche. Dieser Aspekt der enger werdenden Kopplung zwischen Wissenschaft(en) und Öffentlichkeit (Aspekt der Verwissenschaftlichung der Gesellschaft) ist keineswegs ein neues Phänomen, sondern spätestens seit den Anfängen der Theoriebildung zur Wissensgesellschaft auch systematisch erfasst. Realgeschichtlich bestand schon zu Beginn des 20. Jahrhunderts, im Zeitalter des sogenannten Taylorismus (auch ›Scientific Management‹ genannt) und Fordismus, eine enge Kopplung zwischen Wissenschaftssystem und Wirtschaftssystem, eine ›Verwissenschaftlichung der Ökonomie‹ also (vgl. erneut Bittlingmayer 2005: 120ff.).

Entscheidend ist aber vielmehr der gegenläufige Prozess: nämlich die Abbildung systemfremder Wissensformen und Rationalitäten innerhalb der Wissenschaft(en) – etwa durch die zunehmend notwendige Fokussierung auf und Verwendung von vordergründig ökonomisch bestimmte(n) Kriterien und Maßstäbe(n) bei der Beurteilung des wissenschaftlichen Erfolgs (siehe dazu ausführlicher auch den folgenden Abschn. 3.2.2). Bittlingmayer (2005: 196) spricht hier daher auch von einer »Kolonialisierung der universitären Institutionen durch betriebswirtschaftliche Wissensformen«. Das bedeutet im Klartext, dass die Anerkennung wissenschaftlicher Leistungen im Sinne des Erwerbs von Reputation sich von der Wertschätzung der reinen und ethisch einwandfreien Forschung hin zum ökonomisch messbaren Erfolg verschiebt (vgl. ebd.: 185ff.). Die Vergesellschaftung bzw. Ökonomisierung der Wissenschaft gilt demnach also nicht nur im Hinblick auf die externe Betrachtung und Bewertung der Wissenschaft und des wissenschaftlichen Wissens von außen (Stichwort: »Externalisierung der Leistungsbewertung« (Weingart 2005: 310ff.)) auch wissenschaftsintern rücken die Standards der Scientific Community immer stärker in den Hintergrund und

---

production is becoming more reflexive and affects at the deepest levels what shall count as ›good science‹.« (Gibbons u.a. 1994: vii)

neue materielle Anreize treten neben die bisherigen Formen akademischer Anerkennung. Galt bislang das Bestreben, etwas als erste/r in die Fachöffentlichkeit zu kommunizieren als oberster Motivationsanreiz (spezifischer Modus der Konkurrenz), womit unweigerlich auch die Bereitschaft zur schnellen Freigabe des produzierten Wissens verbunden war, (die dieser Schritt »auf der Grundlage eines normativ verankerten Eigentumsäquivalentes« in Reputation umgewandelt werden konnte), dominieren nun zunehmend persönliche und kommerzielle Kalküle, die aus der verstärkten Notwendigkeit der Orientierung des wissenschaftlichen Handelns an außerwissenschaftlichen Verwertungsstrategien resultieren und sich bisweilen in Formen strategischer Wissenszurückhaltung niederschlagen können (vgl. Buss/Wittke 2001: 134-139). Das Peer Review-System als »Mechanismus der Selbststeuerung der Wissenschaft und [...] Grundlage der Ausdifferenzierung zu einem eigenständigen Funktionssystem« (Weingart 2005: 285) wird damit systematisch unterminiert, die akademische Wissensordnung gerät ins Wanken.

Es stellt sich also durchaus berechtigterweise die Frage, inwieweit das einstige Wissenschaftsethos unter den heutigen Bedingungen der (wissenschaftlichen) Wissensproduktion überhaupt noch eine bindende Wirkung besitzt oder ob die genannten Abweichungen nicht vielmehr systematische Ursachen haben und folglich – angesichts einer veränderten postmodernen Realität – auf die Überwindung bislang gültiger moralischer und ethischer Grundsätze im Forschungskontext verweisen (vgl. Weingart 1998: 13).

3.2.2 Politisierung und Medialisierung der Wissenschaft(en)

Eine weitere Konsequenz des eben beschriebenen doppelten Autoritätsverlusts bzw. Autonomieverlusts der Wissenschaft als sozialer (gesellschaftlicher) Praxis sowie der sie, wenn man so will, gewissermaßen ›verwaltenden‹ weil praktizierenden Wissenschaften, ist aus struktureller Perspektive damit sicher auch die Tatsache, dass diese (die Wissenschaft) zunehmend von gesellschaftlicher Anerkennung im Sinne von Integration abhängig wird. Hierin liegt auch die inhaltliche Differenz der beiden ›Standardwerke‹ zu Modus 2, auf die im Zusammenhang der bisherigen Darstellungen letztlich immer wieder rekurriert wurde, zwischen deren Originalausgaben jedoch ganze sieben Jahre (1994-2001) liegen: So muss die bis dato vorwiegend ökonomische Lesart des reinen Anwendungsbezugs, wie sie in »The New Production of Knowledge« (Gibbons u.a. 1994) noch ganz prominent vertreten wurde, in »Re-Thinking Science« (Nowotny/Scott/Gibbons 2001[14]) einer deutlich erweiterten Sichtweise weichen, die auch mittelbare gesellschaftliche Folgen berücksichtigt. In dieser veränderten Lesart steht demnach nicht länger allein die Betonung anwendungs- und problemorientierter Forschung im Mittelpunkt (auch wenn diese damit natürlich keinesfalls an Relevanz verliert), vielmehr wird diese Zentralität nun durch die Be-

---

14 Die hier verwendete deutschsprachige Ausgabe erschien 2004.

tonung des Umstands ersetzt, dass Wissenschaft und Gesellschaft in den letzten Jahren und Jahrzehnten eine immer stärkere Verschränkung erfahren haben, die Wissenschaft also ganz im Sinne der These der Verwissenschaftlichung immer mehr zu einem Teil der Gesellschaft geworden ist und sich in Koevolution mit dieser (weiter-)entwickelt (vgl. Maranta/Pohl 2001: 102ff.). Dieser Aspekt wurde in den vorangegangenen Darstellungen dieser Arbeit freilich stets mitgedacht, so dass er dem Leser an dieser Stelle womöglich mehr als Selbstverständlichkeit denn als Neuigkeit erscheint. Gleichwohl erklärt sich nur vor diesem Hintergrund, weshalb Wissenschaft unter den Bedingungen von Modus 2 eben nicht nur Wissenschaft unter anwendungsbezogenen Maximen und als ökonomische Größe bedeutet, weshalb auf eine gesonderte Erwähnung dieser Nuanceverschiebung hier trotz allem nicht verzichtet werden soll.

Neben einer enger werdenden Kopplung zwischen Wissenschaftssystem und Wirtschaftssystem, intensiviert sich in der postmodernen Wissensgesellschaft auch die Kopplung zwischen Wissenschaft und Politik und verändert sich dabei zugleich (vgl. dazu u.a. Weingart 2005: 127ff.). Man könnte auch sagen, die Wissenschaft wird im Zuge ihrer Ökonomisierung auch zu einem politischen Faktum. Gesehen wird die Bindung zwischen Wissenschaft und Politik dabei meist aus der Perspektive der wissenschaftlichen Fundierung politischer Aussagen und Haltungen. Peter Weingart (2003b: 89) betont hier etwa, dass die Demokratien des 20. Jahrhunderts (und wohl auch die des 21. Jahrhunderts) über das Prinzip der durch freie und gleiche Wahl legitimierten Repräsentanten hinaus noch auf einer zweiten Grundlage der Legitimation öffentlicher Entscheidungen operieren: jener der Rationalität im Lichte vorhandener wissenschaftlicher Erkenntnisse.[15] »Dem wissenschaftlich begründeten und untermauerten Argument wird«, wie Krause/Möller (2008: 11) es formulieren, »dabei eine besondere Wertigkeit zugebilligt«. Auch das politische Handeln wird also, wie alles gesellschaftliche Handeln überhaupt, mehr denn je wissensabhängig und wissenschaftliche Experten gewinnen auch auf politischem Terrain an Einfluss. Allerdings muss man bedenken, dass Wissenschaft und Politik unterschiedlichen Systemrationalitäten folgen. Während die Objektivität und Universalität des wissenschaftlichen Wissens in der Politik eher weniger gefragt sind und Interpretationsspielräume gern für Kompromisslösungen genutzt werden, stellt die Politik zugleich dennoch hohe Sicherheitserwartungen an das jeweilige wissenschaftliche Wissen – insbesondere dann, wenn es um Präventionsentscheidungen geht (vgl. Weingart 2003b: 91). Je komplexer und spezifischer nun aber die Sachverhalte werden, für die die Politik gesichertes wissen-

---

15 Es ließe sich an dieser Stelle ergänzend behaupten, dass diese Legitimationsbasis – auch dies wieder ein Paradox der Wissensgesellschaft bzw. ein Phänomen der reflexiven Modernisierung – mit der wachsenden Pluralität, Dynamik und Fragilität des (wissenschaftlichen) Wissens nur noch weiter an Bedeutung gewinnt.

schaftliches Wissen in Anspruch nimmt bzw. in Anspruch zu nehmen verlangt, umso weniger kann die Wissenschaft dieses auch gewährleisten. Das damit beschriebene »Legitimationsdilemma« (ebd.) zwischen Wissenschaft und Politik wächst sich damit rasch zu einem »*Expertendilemma*« (ebd.: 97; Herv. i.O.) aus, denn einerseits steigt durch die zunehmende Institutionalisierung der wissenschaftlichen Politikberatung zwar das öffentliche Vertrauen in und die Legitimität der Experten, andererseits können diese in vielen Fällen aber nur riskante, d.h. unsichere und potentiell falsche Ratschläge geben. Verzichten die Experten jedoch darauf, Ratschläge zu geben, droht der Legitimitätsverlust; gleiches gilt im Falle eines retrospektiv falschen Ratschlags (vgl. ebd.). Das Resultat: eine Demokratisierung der Expertise auf der Basis einer verstärkten situativen Berücksichtung und Einbeziehung von ›Laien‹ in den Beratungsprozess (vgl. ebd.: 98f.).

Die Kehrseite dieser Entwicklung der Wissenschaften als ›Zulieferer der Politik‹ ebenso wie der Wirtschaft ist nun gewissermaßen die Gefahr einer politisch motivierten Forschungsförderung (vgl. Weingart 2005: 291) zur gezielten Erzeugung einer bestimmten Interessengebundenheit des Wissens. Ohne hier näher auf die Problematik eingehen zu wollen, so wird insgesamt doch deutlich (und kann an zahlreichen Beispielen aus dem aktuellen Forschungsalltag nachvollzogen werden), dass Wissenschaftler im Zuge der enger werdenden Kopplung zwischen Wissenschaft und Politik mehr und mehr zu politischen Akteuren werden: einerseits natürlich im Sinne der Verbreitung ihrer Inhalte; andererseits aber auch – und das scheint das Entscheidendere zu sein – im Kampf um Forschungsgelder und in diesem Sinne im Kampf um den Aufbau einer entsprechenden ›Förder-Lobby‹.

Das politische Moment der ›Werbung in eigener Sache‹ verweist dabei aber auch auf eine dritte systemische Kopplung, der sich die Wissenschaft gegenüber sieht: Fakt ist angesichts von Wissensgesellschaft und Modus 2, dass sich die Wissenschaft eine Einstellung, in der sie die Öffentlichkeit vollkommen ignoriert, definitiv nicht (mehr) leisten kann. Die Feststellung Claus Kochs (1999: 55), die Wissenschaft hätte kein Publikum, keine »Öffentlichkeit von Nicht-Experten, die ihre Ziele begreifen, ihre Leistungen beurteilen und sie kritisieren« könne, mag aus Sicht der wissenschaftlichen Experten zwar nicht gänzlich von der Hand zu weisen sein, doch ist der Rückzug in den von ihm beschriebenen »goldenen Käfig wissenschaftlicher Zweckvernunft« (ebd.: 56) heute aus strategischen Gründen mit Sicherheit der falsche Weg: zum einen lässt es sich aus einer gegenüber der Gesellschaft bzw. Öffentlichkeit entrückten Position nur schwer mit dieser in Dialog treten. Zum anderen verliert das wissenschaftliche Tun damit auch jegliche Transparenz – ein in Zeiten von gesellschaftlicher Verwissenschaftlichung und erwarteter Kontextsensibilität, von Auftragsforschung und wirtschaftlicher Forschungsförderung heute kaum mehr vorstellbarer Zustand. Die Öffentlichkeit stellt so gesehen mehr denn je sowohl im ökonomischen als auch im wissenschaftspolitischen Sinne (was letztendlich immer zusammenhängt) etwas Elementares für die Wissenschaft(en) dar. Dies führt zurück zur altbekannten Forderung einer ›new production of knowledge‹:

»Es geht um nichts weniger als einen gründlichen Wandel innerhalb der Wissenschaften und auch innerhalb der Öffentlichkeit und der institutionellen Politik. Die Isolation, in der Wissenschaft sich in vieler Hinsicht, unter anderem auch durch ihr eigenes Tun befindet, muss gemildert oder womöglich aufgehoben werden; die Wissenschaften in die Gesellschaft, und zwar in die ganze Gesellschaft, re-integriert werden.« (Albrecht 1998: 51)

Eine der zentralen Voraussetzungen dafür, dass so ein Wandel gelingen kann, und, wie in den folgenden Kapiteln noch zu zeigen sein wird, gegenwärtig mit noch viel weiter reichenden Auswirkungen auch bereits erfolgt, ist hier zweifellos das System der Massenmedien. Die Massenmedien spielen auch für das System der Wissenschaft(en) daher eine zunehmend entscheidende Rolle. Die dazugehörige These der *Medialisierung der Wissenschaft* wird dabei ganz prominent wiederum von Peter Weingart (2005: 244ff.) vertreten. Erst in den Medien und durch die Medien, so könnte man sagen, wird die Wissenschaft, werden wissenschaftliche Erkenntnisse überhaupt zu einer »öffentlichen Angelegenheit« (Neidhardt 2002 in Weingart 2006: 11) weil sie eben »Gegenstand medialer Beobachtung und Berichterstattung« (ebd.) sind. Die These der Medialisierung der Wissenschaft bzw. Wissenschaften meint aber vor allem auch, dass die Wissenschaften die (Massen-)Medien in vollkommen neuartiger Form und Intensität für ihre Zwecke instrumentalisieren – etwa um verstärkt öffentliche Aufmerksamkeit zu erlangen (vgl. Weingart 2005: 252 sowie ders. 2006: 20). Typische Beispiele für derartige Prozesse der Medialisierung sind die gezielte Kommunikation respektive Veröffentlichung wissenschaftlicher Ergebnisse über die Medien oder der inszenierte Auftritt von Wissenschaftlern in Fernsehsendungen und deren Aufstieg zu Medienstars (vgl. ders. 2005: 253). Das neue Verhältnis zwischen Wissenschaft(en) und Medien führt aber nicht nur einseitig zu einer vermehrten Präsenz wissenschaftlicher Inhalte in den Massenmedien – ein Phänomen das wir schon im Kontext von Reklamebeiträgen tagtäglich beobachten können, auch die Wissenschaft richtet sich mehr und mehr an den Logiken der (Massen-)Medien aus. Vor allem letzteres bedeutet auch und gerade Medialisierung: die »Zunahme der Orientierung der Wissenschaft an den Medien« mit dem Ziel der »Schaffung von Legitimität«, der »Beeinflussung von [forschungs]politischen Entscheidungen« sowie der »Mobilisierung öffentlicher Unterstützung zur Behauptung in innerwissenschaftlichen Konflikten« (Peters u.a. 2008: 270). Diese Feststellung unterstreicht jedoch zugleich einmal mehr den Autoritätsverlust der Wissenschaft als Instanz letztgültiger Wahrheit. Je mehr die Wissenschaft ihre Interna medial offen legt, desto stärker erfährt sie selbst als soziale Praxis eine Entmystifizierung und wird angreifbar. Demnach trägt auch das

Aufmerksamkeitsmonopol der Medien zur Aufhebung des Wahrheitsmonopols der Wissenschaft bei (vgl. Weingart 2006: 29ff.).

Kurz gesagt bringt die enger werdende Kopplung zwischen Wissenschaftssystem und Mediensystem also zwei voneinander abhängige und wechselseitig aufeinander bezogene Entwicklungen mit sich: (a) Zunächst einmal wird die Wissenschaft verstärkt zu einer öffentlichen Angelegenheit, insofern sie Gegenstand medialer Dauerbeobachtung ist. Die Wissenschaft wird mit anderen Worten von der Öffentlichkeit imaginiert, wobei der Wissenschaftsjournalismus als vermittelnde Instanz fungiert. Diese Entwicklung nennt Peter Weingart die *Öffentlichkeit der Wissenschaft*. (b) Weiterhin verändert sich die unter medialer Beobachtung stehende Wissenschaft im Zuge dessen aber auch selbst, indem sie sich den öffentlichen Reaktionen und den an sie gestellten Erwartungen anpasst, sich also gewissermaßen ›medialisiert‹. Die Öffentlichkeit der Wissenschaft wirkt auf diese zurück. Diese Entwicklung wird von Weingart als *Wissenschaft der Öffentlichkeit* bezeichnet. (Vgl. Weingart 2006: 28)[16]

3.3 Wissen(schaft)spopularisierung unter den Bedingungen von Modus 2

Nachdem die zurückliegenden Abschnitte sich in erster Linie dem Aspekt veränderter und sich auch weiterhin verändernder Bedingungen und Prinzipien der Wissensproduktion gewidmet haben, soll an dieser Stelle nun diskutiert werden, welche Implikationen bzw. Folgen sich daraus für die Wissenskommunikation resp. die Wissen(schaft)spopularisierung unter den Bedingungen von Modus 2 ergeben. Perspektivisch soll es vor allem um die Frage gehen, wie neu und relevant der Verhältniswandel zwischen Wissenschaft(en) und Öffentlichkeit, der hier unter dem Begriff Modus 2 zusam-

---

16 Im Rahmen eines Projekts mit dem Titel »Integration wissenschaftlicher Expertise in medienvermittelte öffentliche Diskurse« (INWEDIS) wurde das Phänomen der Medialisierung der Wissenschaft ebenfalls entlang dieser zwei Effekte – (a) Erhöhung der öffentlichen Präsenz sowie (b)Verwendung außerwissenschaftlicher Referenzrahmen in der Selbstdarstellung, was auch Rückwirkungen auf die Forschungsinhalte hat – untersucht (vgl. Peters u.a. 2008: 282f.). Dabei wurde u.a. festgestellt, dass »[d]er Relevanzvorteil des medial vermittelten wissenschaftlichen Wissens [...] darin [besteht], dass es aufgrund der medialen Logik bereits politisch-gesellschaftlich rekontextualisiert ist« (ebd.: 288). Die Medienpräsenz der Wissenschaft zeigt also tatsächlich deutliche politische Resultate, die vor allem auf Relevanzunterstellungen, der Herstellung kommunikativer Anschlussfähigkeit sowie der Bereitstellung von Argumenten beruhen (vgl. ebd.: 289). Der kritische Faktor ist demnach nicht Vertrauen, sondern politisch-gesellschaftliche Relevanz im Sinne von Sichtbarkeit. Die Wissenschafts-PR hat laut Forschungsergebnis jedoch hingegen kaum Effekte auf den Kern der Wissensproduktion (vgl. ebd.: 290).

mengefasst wird, im Hinblick auf strukturelle Veränderungen der Wissenskultur moderner Gesellschaften tatsächlich ist. Dabei sollen die bisher beschriebenen Phänomene und Entwicklungen keineswegs grundsätzlich angezweifelt oder gar revidiert werden, wohl aber sollen sie kritisch auf ihr strukturrevolutionäres Potential hin untersucht werden.

Für die Sinnhaftigkeit einer diesbezüglich skeptischen Haltung gibt es zwei Anhaltspunkte: Der erste bezieht sich auf die Veränderungen im – wenn man so will – ›Inneren‹ des dezentral produzierten und spezifischen Anwendungskontexten unterworfenen Wissens. Wie bereits erwähnt, gilt Wissen und speziell auch wissenschaftliches Wissen in der Wissensgesellschaft als wichtige Produktivkraft im industriellen Wertschöpfungsprozess sowie zentrale Handlungsressource und Orientierungsgröße im Alltag und besitzt zudem auch eine zunehmende Bedeutsamkeit für die Legitimation politischer Entscheidungen. Weiterhin geht der Ansatz der Modus 2-Wissensproduktion davon aus, dass sich aufgrund der Pluralisierung der Wissensproduzenten und der Auslagerung der Wissenschaft als sozialer Praxis aus dem institutionellen Gebäude der Wissenschaften nicht nur die Wissenschaft selbst einen massiven Autonomieverlust erlebt, sondern sich auch die Prinzipien und Gültigkeitskriterien des wissenschaftlichen Wissens selbst verändern und von außerwissenschaftlichen Maximen überlagert oder gar abgelöst werden – dass also »die Disziplinenstruktur der Wissenschaft durch neuere Entwicklungen zunehmend von interdisziplinären Forschungsverbünden überformt würde und dass die bislang akademische Wissensorganisation durch damit einhergehende Rekombinationen und Kontextuierungen des Wissens verflüssigt würde« (Neidhardt u.a. 2008: 20).

Hier konstituiert sich also offenbar ein Spannungsfeld, das es näher zu untersuchen gilt. Aus diesem Grund hat das Bundesministerium für Bildung und Forschung (BMBF) im Jahr 2001 eine Förderinitiative mit dem Titel »Politik, Wissenschaft und Gesellschaft – Initiierung, Moderation, Begleitforschung und Fallkonkretisierung eines Programms zur Schwerpunktbildung in der Wissenschaftsforschung« ins Leben gerufen, welche sich dem Problem der Funktion der Wissenschaft für die Entscheidungsprozesse in Wirtschaft, Politik und Gesellschaft nähern sollte. An diese erste Initiative schloss sich zwischen 2003 und 2007 ein ebenfalls vom BMBF gefördertes Programm »Wissen für Entscheidungsprozesse – Forschung zum Verhältnis von Wissenschaft, Politik und Gesellschaft« an. Im Rahmen dieses Programms, das verschiedene Forschungsprojekte in vier Themenclustern umfasste (vgl. dazu ausführlicher Krause/Möller 2008), wurde auch grundlegend gefragt, inwieweit die neuen Institutionen und Einrichtungen der Wissensproduktion noch dem Wissenschaftssystem in engerem Sinne zuzuordnen sind, d.h. inwieweit sie auch weiterhin den Prinzipien und Konventionen der sozialen Praxis Wissenschaft folgen. Im Ergebnis wurde festgestellt, dass »der Nimbus von Wissenschaft immer noch reicht, um den Wissensmärkten als maßstabsetzende Instanz zu gelten« (Neidhardt u.a. 2008: 19). Insofern ist zumindest anzuzweifeln, dass die Verlagerung hin zur durch

Modus 2 proklamierten ›postacademic science‹ praktisch tatsächlich in einem derart relevanten Maße stattfindet, wie dies theoretisch gern behauptet wird (vgl. ebd.: 20), obgleich die zunehmende Marktorientierung und Ökonomisierung der wissenschaftlichen Forschung damit freilich nichts von ihrer Brisanz verlieren.

Der zweite Anhaltpunkt bezieht sich auf die Struktur der Interaktionsprozesse, die sich unter den Bedingungen von Modus 2 nun scheinbar in vorher nie dagewesener Weise verschieben. So hebt der Modus 2-Ansatz im Hinblick auf die Wissenskommunikation vor allem einen Aspekt hervor: die gestiegene Reflexivität bzw. Rückkopplungsbereitschaft des Kontextes – sprich: die Herausbildung einer proaktiven sowie reaktiven (ökonomischen, politischen, medialen) Öffentlichkeit. Sie gilt denn auch als Ursache für die Notwendigkeit einer zunehmenden Anwendungsorientierung und sozialen Robustheit des Wissens. Bei derartigen Argumentationen darf allerdings nicht vergessen werden, dass diese und weitere unter dem Begriff Modus 2 zusammengefasste Aspekte (nicht zuletzt auch die Dezentralisierung der Wissensproduktion) gerade in Bezug auf Industrie und Wirtschaft in den westlichen Gesellschaften bereits seit Jahrzehnten gelten. Hier weist die Kritik am Modus 2-Ansatz zu recht darauf hin, dass sich vielfältige Formen der Rückkopplung zwischen wissenschaftlicher Forschung und unternehmerischen Anwendungszusammenhängen zum Teil bis in die Anfänge industrieller Fertigung zurückverfolgen lassen. Ab der zweiten Hälfte des 20. Jahrhunderts traten sie offen zu Tage und wurden auch theoretisch reflektiert (siehe Abschn. 2.1.1 in diesem Kap.). So waren transdisziplinäre Arbeitsformen zur Lösung komplexer Probleme sowie die Berücksichtigung komplexer Anwendungskontexte spätestens zu Beginn der 1980er Jahre bereits gesellschaftliche Realität (vgl. Hack 2001: 38). In dieser Hinsicht hat(te) der Ansatz von Gibbons u.a., der erst Mitte der 1990er Jahre in die wissenssoziologische Diskussion Einzug hielt, nicht viel Neues zu bieten.

Weiterhin ist aber auch das vom Modus 2-Ansatz gezeichnete Bild einer neuartig aktiven und reaktiven Öffentlichkeit und einer kontextsensitiven, auf diese Öffentlichkeit bezogenen Wissenschaft (historisch) differenziert zu betrachten. Zweifelsohne befanden sich die institutionalisierten Wissenschaften wie auch die wissenschaftliche Praxis (und befinden sich noch heute) in einer gewissen Distanz zur restlichen Gesellschaft, die, wie die retrospektive Darstellung der Wissenschaftsentwicklung in Kapitel II hoffentlich deutlich machen konnte, systematischer Art ist. Andererseits wurde die Produktion von Wissen zu allen Zeiten, insbesondere aber während der Anfangsjahre der modernen akademischen Wissenschaft, stark durch einflussreiche gesellschaftliche Größen geprägt – man denke beispielsweise an die Lenkung, welche die Wissenschaft durch die Entscheidungen bestimmter Könige oder Landesfürsten erfahren hat. Wissenschaft und Öffentlichkeit haben sich also schon immer in gegenseitiger Abhängigkeit voneinander entwickelt (vgl. Nikolow/Schirrmacher 2007a: 11). In diesem Sinne hat auf Seiten der Wissenschaft(en) auch schon immer ein Legitimationsdiskurs stattgefunden, der sich speziell an die Öffentlichkeit richtete. Auch diesbezüglich beinhalten die Überlegungen zu Modus 2 also wenig Neues. Dies stellt auch Peter Weingart in seinem Sammelband »Die Wissenschaft der Öffentlichkeit« fest, fügt dann aber hinzu:

»Nur die Art und Weise, in der dies [gemeint ist die Sicherung der Legitimität der Wissenschaft gegenüber der Öffentlichkeit] geschieht, wandelt sich mit dem Grad der Ausdifferenzierung der Wissenschaft, mit der politischen Verfassung einer Gesellschaft und mit der in ihr jeweils relevanten Öffentlichkeit.« (Weingart 2006: 11)

Der Charakter und die Bedeutung der Öffentlichkeit aus Sicht der Wissenschaft(en) scheinen demnach also die entscheidenden Kriterien zu sein. Und tatsächlich zeigt sich hier eine wechselhafte Geschichte. So verlor das in Kapitel II ausführlich erläuterte, in den Idealen der Aufklärung (genauer der Volksaufklärung) begründete und das Verhältnis zwischen Wissenschaft(en) und Öffentlichkeit während des 18. sowie 19. Jahrhunderts weitgehend prägende Bemühen um die Popularisierung wissenschaftlichen Wissens zu Beginn des 20. Jahrhunderts seitens der Wissenschaften seinen anerkannten Status. Dieser Verlust wird oft (und sicher zu recht) mit dem Aufkommen der modernen Physik (Relativitätstheorie und Quantenmechanik) sowie mit der Entstehung der massendemokratischen Öffentlichkeit nach dem ersten Weltkrieg (gegenüber der bürgerlichen Öffentlichkeit des 19. Jahrhunderts) in Verbindung gebracht. Die Wissenschaft stellte sich die Öffentlichkeit mehr und mehr als unwissend und ungebildet vor, während die Öffentlichkeit ihrerseits im Zuge der Verdrängung des Bürgertums durch die Arbeiterschaft die Rolle eines an Wissenschaft interessierten Publikums ablegte oder wenigstens vernachlässigte (vgl. ebd.: 17ff.). Nicht einsichtig erscheint demgegenüber jedoch die Argumentation, dass darin tatsächlich ein fundamentaler Bruch zum Ausdruck käme. Diese Interpretation setzt nämlich die Annahme voraus, dass die Wissenschaft bis in das frühe 20. Jahrhundert hinein schon einmal ein interessiertes und für verständig gehaltenes Massenpublikum besessen hätte (vgl. ders. 2004: 16). Nun zeigt bereits ein Blick zurück in die Analysen des zweiten Kapitels, dass eine derartige Annahme nur durch eine historisch nicht gerechtfertigte Engführung des Blicks möglich wird. Womöglich mag die Öffentlichkeit, auf welche die Popularisierungsbemühungen der Wissenschaft(en) sich während des 18. und 19. Jahrhunderts richteten, eine weitaus interessiertere und verständigere gewesen sein als jene des frühen 20. Jahrhunderts. Es war aber gleichwohl noch keine derart massenmedial beeinflusste, wie sie sich im Zuge der Ausdifferenzierung des Mediensystems im Laufe des 20. Jahrhunderts (insbesondere Rundfunk und Fernsehen) etablierte. Weiterhin gilt es zu bedenken, dass es sich bei der aufgeklärten, wissensbegeisterten und wissenshungrigen Öffentlichkeit des 18. und vor allem des 19. Jahrhunderts nahezu ausschließlich um Angehörige und elitäre Kreise des Bürgertums handelte, eine bürgerliche Öffentlichkeit, nicht aber um das Gros der Bevölkerung. Die fokussierte

Öffentlichkeit ist somit eine vollkommen andere. Folglich lässt sich guten Gewissens behaupten, dass (a) das Verhältnis zwischen Wissenschaft(en) und Öffentlichkeit noch nie zuvor auf eine zahlenmäßig derart große Öffentlichkeit bezogen war wie gegenwärtig und dass (b) das Verhältnis der Wissenschaft(en) zur Öffentlichkeit bis dato stets ein paternalistisches gewesen ist. Insofern stellt die oft zitierte Zäsur im Verhältnis zwischen Wissenschaft(en) und Öffentlichkeit zu Beginn des 20. Jahrhunderts keinen wirklich ernst zu nehmenden Einschnitt dar.

Anders verhält es sich demgegenüber mit eben jenen Entwicklungen, die mit dem Prozess der Demokratisierung innerhalb der westlichen Gesellschaften in Verbindung stehen. Seit etwa den 1970er Jahren lässt sich im Zuge eines neuen bürgerschaftlichen Engagements für ökologische und gesellschaftspolitische Fragen (Bürgerbewegungen, Umweltorganisationen etc.) auch ein erneutes breites Interesse der Bevölkerung an wissenschaftlichen Fragestellungen und Erkenntnissen beobachten. Die Öffentlichkeit – und damit sind jetzt nicht mehr nur die Wirtschaftsunternehmen oder Politiker gemeint – entwickelt gewissermaßen einen neuen Anspruch auf die Teilhabe an sowie die Kontrolle von Wissenschaft (vgl. Weingart 2006: 21f.). Als Reaktion auf derartige Demokratisierungsbestrebungen der Öffentlichkeit wurde schließlich das angelsächsische Konzept des »*Public Understanding of Science*« (PUS) entwickelt. Dieses war ein erster Schritt in Richtung einer erneut entfachten Kommunikation zwischen Wissenschaft(en) und Öffentlichkeit im Sinne von Wissen(schaft)spopularisierung und muss sicherlich auch im Zusammenhang mit den theoretischen Überlegungen zur postindustriellen Gesellschaft (siehe Abschn. 2 in diesem Kap.) gesehen werden. Allerdings basierte es letztlich auf dem altbekannten Bild einer nun zwar als grundsätzlich interessiert verstandenen, gleichzeitig aber immernoch unwissenden und daher passiven Öffentlichkeit (vgl. ebd.: 23). Es galt auch weiterhin der Grundsatz, die Öffentlichkeit könne lediglich über die Arbeit der Wissenschaft(en) informiert werden, dabei jedoch keinesfalls selbst etwas beitragen. Erst die Rücknahme dieser Formel im Konzept des »*Public Engagement with Science and Technology*« (PEST) bewirkte hier eine zumindest in Ansätzen egalitäre Öffnung (vgl. ebd.). Auch die Diskussionen zu Modus 2 sind wohl im weitesten Sinne in diesen Zusammenhang einer Egalisierung bzw. Demokratisierung im Verhältnis zwischen der Wissenschaft(en) und der Öffentlichkeit einzuordnen. Das diffusionistische Modell der Wissenskommunikation hat damit (scheinbar) endgültig ausgedient und macht einem eher interaktionistischen Platz (vgl. dazu erneute Kap. II, Abschn. 2.2.3). Die alten Selbstverständlichkeiten der Wissenskommunikation sind keine mehr. Ash (2007: 350f.) beschreibt diese Veränderung im Verhältnis zwischen Wissenschaft(en) und Öffentlichkeit beispielsweise durch ein Modell gegenseitiger Austauschbeziehungen. Auch das deckt sich mit den Überlegungen zu Modus 2. Nikolow/Schirrmacher greifen diesen Gedanken auf und entwickeln »Wissenschaft und Öffentlichkeit als Ressourcen füreinander« (2007b). Dabei stellen sie fest:

»Die Zurschaustellung und Kommunikation von Wissenschaft in der Öffentlichkeit lassen sich somit als Erweiterungen des Prozesses der wissenschaftlichen Erzeugung von Tatsachen auffassen, denn sie spielen eine entscheidende Rolle für das, was am Ende eines längeren und komplizierten Kommunikations- und Aushandlungsvorgangs in der Öffentlichkeit als wissenschaftliches Wissen bezeichnet und angenommen wird.« (Ebd.: 25)

Bleibt zu fragen, inwieweit sich darin auch ein wirklich *verändertes Strukturmodell der Wissenspopularisierung* verbirgt. Hier nun fällt auf, dass in sämtlichen Ausführungen zu Modus 2 im konkreten Fall ausschließlich auf die kollektiven (›elitären‹) Akteure aus Wirtschaft, Politik und Massenmedien abgehoben wird. Einzelpersonen erscheinen hingegen weniger als Akteure im interaktiven Dialog zwischen Wissenschaft und Öffentlichkeit. Sie sind zwar ein fester Bestandteil der die Wissenschaft(en) umgebenden Öffentlichkeit und gelten als solcher auch weiterhin als direkte Adressaten der Wissensvermittlung, bleiben in dieser Rolle als Einzelne (das entspricht der Logik repräsentativer Demokratien) jedoch passiv.

Auch im Falle des Zusammenschlusses zu größeren Kollektiven (z.B. Vereinen) werden private Einzelakteure nach der Logik der Austauschbeziehungen auch nur dann als egalitäre Dialogpartner angesehen, wenn sie tatsächlich über ein angemessenes Tauschgut verfügen. Sich in eine derartige Position zu bringen, gelingt jedoch nur wenigen. Ergo bleibt der Prozess der Wissenspopularisierung für einen Großteil der gesellschaftlichen Öffentlichkeit auch unter den Bedingungen von Modus 2 faktisch dem traditionell-hierarchischen (diffusionistischen) Strukturmodell verhaftet. Das interaktive Verhältnis zwischen der Wissenschaft und der gesellschaftlichen Öffentlichkeit als Ganzer ist daher bislang nicht mehr als eine Idee, selbst wenn es hier und da eine dialogische Öffnung erfährt. Doch auch dort, wo diese dialogische Öffnung in Form von Austauschbeziehungen tatsächlich greift, ändert sich im Kern nur wenig am klassischen Strukturmodell der Wissen(schaft)skommunikation. So bleiben die Rollen zwischen Wissensproduzenten und Wissensrezipienten auch weiterhin klar verteilt. Die Kontextsensitivität der Modus 2-Wissensproduktion sowie -kommunikation erschöpft sich daher vermutlich vielmehr in etwas, was man an anderer Stelle lediglich eine verstärkte Adressatenorientierung nennen würde. Gleichwohl haben die unter Modus 2 zusammengefassten Phänomene den Grundstein dafür gelegt, in Zukunft weiterführende Entwicklungen in Gang zu setzen.

4 DIE WISSENSGESELLSCHAFT ALS AUFGABE: PARADOXA UND HERAUSFORDERUNGEN

Dass gesellschaftsdiagnostische Überlegungen nicht nur der analytischen Erfassung der Realität, sondern vor allem der Ermittlung und dem Aufzeigen notwendiger Handlungsaktivitäten dienen, wird besonders dann deutlich, wenn man nach den Aufgaben fragt, welche die Diagnose Wissensgesellschaft mit sich bringt. Bei genauerer Betrachtung der soeben ausführlicher beschriebenen Phänomene, welche die westlichen Gesellschaften am Beginn des 21. Jahrhunderts als Wissensgesellschaften kennzeichnen, scheinen nun zunächst drei zentrale Paradoxa auf. Diese sollen zunächst erläutert werden, bevor daran anschließend die Herausforderungen, die sich daraus für den Einzelnen in der Wissensgesellschaft ergeben, herausgearbeitet werden.

4.1 Paradoxa der Wissensgesellschaft

Die zunehmende strategische Relevanz theoretischen respektive wissenschaftlichen Wissens im Kontext industrieller Produktion und unternehmerischer Wertschöpfung aber auch der Legitimation politischer Entscheidungen führt zu einer verstärkten Nachfrage spezialisierten bzw. anwendungsbezogenen Wissens. Zur Befriedigung dieser Nachfrage auf dem ›Wissensmarkt‹ erfolgt eine Intensivierung der (wissenschaftlichen) Wissensproduktion, wobei diese mehr und mehr in spezielle Institutionen der Wissensdienstleistung (Think Tanks) ausgelagert wird und damit immer neue Akteure an der Genese des gesellschaftlichen Wissens beteiligt sind. Diese Dezentralisierung der Wissensproduktion bewirkt zunächst einmal eine erneut gesteigerte Diffusion der Wissenschaft in alle relevanten gesellschaftlichen Funktionsbereiche hinein, da die wissenschaftliche Methode nun auch dort (und nicht mehr allein im geschlossenen Kreis der institutionalisierten Wissenschaften) zur bestimmenden Praxis wird. In diesem Sinne sind die modernen Wissensgesellschaften sogar als Wissen*schafts*gesellschaften zu betrachten. Darüber hinaus erfährt gerade die so intensivierte und gesellschaftlich diffundierte wissenschaftliche Praxis eine nie dagewesene Konfrontation mit den Maximen eben jener Funktionsbereiche, die sich ihrer bedienen. Mit anderen Worten: Im Prozess ihrer gesellschaftlichen Diffusion unterliegt die Wissenschaft selbst folgenschweren Wandlungen. Die klassischen Gütekriterien der institutionalisierten wissenschaftlichen Praxis werden unterwandert. Wissenschaftliches Wissen muss sich zunehmend auch an außerwissenschaftlichen Kriterien der Effizienz und Effektivität messen lassen. Diese Tendenz wirkt schließlich auch zurück in die Universitäten und Akademien als klassische Institutionen der Wissenschaft. Im Zuge ihrer Umstrukturierung zu ›Zulieferern der Wissensökonomie‹ werden auch sie zu einem neuartigen Umgang mit Wissenschaft gedrängt. Obgleich also die ökonomische wie politische Bedeutung und Nachfrage wissenschaftlichen Wissens steigen und damit die gesellschaftliche Durchdringung mit Wissenschaft in der Wissensgesellschaft zweifellos zunimmt, verlieren die dazugehörigen klassischen Prinzipien und Konventionen der Herstellung und Legitimation wissenschaftlichen Wissens zugleich massiv an Durchschlagkraft. Das, was heute als wissenschaftliches Wissen gesellschaftliche Anerkennung findet, folgt von seiner Beschaffenheit her immer weniger genuin wissenschaftlichen als vielmehr außerwissenschaftlichen und zudem situativ veränderlichen Prämissen. Diese Krise der Wissenschaft respektive der wissenschaftlichen Praxis innerhalb einer Gesellschaft, deren zentrale Ressource zugleich wissenschaftliches Wissen darstellt, erscheint nicht zuletzt jedoch hausgemacht und kann daher als *erstes Paradox* der Wissensgesellschaft gelten.

Die Intensivierung und Dezentralisierung der gesellschaftlichen Wissensproduktion in der Wissensgesellschaft führen folglich aber nicht nur zu einem generellen Anstieg des gesellschaftlichen Wissensbestandes (Vervielfachung), ihre zunehmende Kontextabhängigkeit und die damit verbundene Verschiebung im Bereich der Legitimations- und Geltungskriterien der klassischen wissenschaftlichen Praxis sorgen zudem auch für eine größere Vielfalt. Hinzu kommt, dass die permanente Wissensproduktion auf verschiedenen Ebenen nicht nur zu einer Pluralisierung des gesellschaftlichen Wissens im Sinne von Vervielfachung und Vervielfältigung führt, sondern damit gerade auch zu einer beschleunigten Revision von Wissensbeständen beiträgt. So entsteht ein dynamischer Kreislauf aus Wissenswachstum, Wissensdifferenzierung und Wissensverfall. Mit Blick auf das Zusammenspiel dieser Trias wird ein *zweites Paradox* der Wissensgesellschaft sichtbar: Während die Menge des potentiell verfügbaren gesellschaftlichen Wissensangebots unaufhörlich ansteigt, erweist sich die Teilhabe an eben diesem als immer voraussetzungsreicher. Zum einen ist bereits die Möglichkeit einer tatsächlichen Verfügung über das vorhandene Weltwissen – relational betrachtet – zunehmend stärker begrenzt. Zum anderen verhindern die Pluralität und Dynamik des beständig wachsenden gesellschaftlichen Wissensvorrats den Aufbau fester gemeinsamer Deutungs- und Orientierungsmuster. Weder lässt sich angesichts der wissensgesellschaftlichen Wissensflut also überhaupt alles vorhandene Wissen erfassen, noch erlauben die Vielfältigkeit und Vielgestaltigkeit sowie die permanente Veränderbarkeit des Wissens den systematischen Aufbau eines stabilen Wissensbestandes. Einmal erworben, kann Wissen schon bald wieder seine Gültigkeit verlieren und muss neu angepasst bzw. revidiert werden, wobei eine Vielzahl verschiedener Bewertungskriterien offen steht. Die damit erzeugte ›Opazität‹ des Wissens (vgl. Antos 2001: 4) hinterlässt trotz, genau genommen aber aufgrund des Wissensflut der Wissensgesellschaft ein permanentes Gefühl des Nicht-Bescheid-Wissens (vgl. Eid 2002: 129).

Die generelle Bedeutungszunahme des wissenschaftlichen Wissens sowie dessen gesellschaftliche Allgegenwart sind aber auch Ausgangspunkt für ein *drittes Paradox* der Wissensgesellschaft: So ist zwar eine verstärkte Präsenz wissenschaftlichen Wissens respektive wissenschaftlicher Erkenntnisse innerhalb der Gesellschaft zu beobachten. Hier kann nicht nur erneut auf die strategische Funktion wissenschaftlichen Wissens für ökonomische Wertschöpfung- oder politische Entscheidungsprozesse verwiesen werden. Auch unsere Alltagswelt ist inzwischen nahezu gänzlich von Wissenschaft durchzogen. Die Bewältigung alltäglicher Aufgaben in Beruf und Haushalt wäre ohne den Einsatz von Erkenntnissen aus der modernen Wissenschaft kaum mehr denkbar. Ebenso erfreuen sich die Wissenschaftsjournale der Zeitschriftenverlage sowie die Wissenschaftsmagazine im Unterhaltungsangebot des Fernsehens seit einigen Jahren großer Beliebtheit. Immer mehr Menschen verfügen dank eines gestiegenen gesellschaftlichen Bildungsniveaus über ein hohes Interesse an und Verständnis für Wissenschaft. Trotz dieser immensen Verwissenschaftlichung des Alltags (die zu einem Großteil wohl auch auf die starke Medialisierung der Wissenschaft zurückzuführen ist), geht das Vertrauen in Wissenschaft dennoch stetig zurück. Als Ursache hierfür ist paradoxerweise die gesellschaftliche Verwissenschaftlichung selbst zu sehen. Wie sich gezeigt hat, fördert ein verstärkter Einblick in die Wissenschaft nicht nur deren Verständnis, sondern bringt auch die Einsicht in die unhintergehbare Fragilität des wissenschaftlichen Wissens mit sich. Obwohl also gerade die Wissensgesellschaft das wissenschaftliche Wissen zu ihrer zentralen Größe erhoben hat und auf diesem aufbaut, wird dessen Evidenz immer stärker angezweifelt.

4.2 Herausforderungen der Wissensgesellschaft

Insofern man diese Paradoxa nun aber als das, was sie sind, begreift – nämlich als ein Teil der wissensgesellschaftlichen Realität – ergeben sich für den Umgang mit diesen klare Herausforderungen, denen sich der Einzelne erfolgreich stellen muss, will er sich innerhalb der Gesellschaft behaupten:

Wissen gewinnt in der Wissensgesellschaft eine zunehmend größere wirtschaftliche, wie auch gesellschaftskonstitutionelle Bedeutung. Die Schaffung und Bereitstellung immer neuen und aktuellen Wissens stellt einen entscheidenden Wettbewerbsfaktor für Unternehmen wie auch Einzelpersonen dar. Folglich wächst auch die Notwendigkeit eines kompetenten sowie erfolgreichen persönlichen Umgangs mit Wissen, will man an einer Gesellschaft, deren zentrales Prinzip nun einmal das Wissen ist, angemessen partizipieren können. Gleichwohl haben wir es mit immer umfangreicheren und vielfältiger werdenden, ebenso aber auch schneller verfallenden, pluralen und dynamisch veränderlichen gesellschaftlichen Wissensbeständen zu tun. Diese Komplexität reduziert die Existenz verlässlicher gemeinsamer Orientierungen in Bezug auf das Wissen und schafft Unsicherheiten. So wird die individuelle Auseinandersetzung mit den sich stetig verändernden gesellschaftlichen Wissensbeständen in der Wissensgesellschaft für den Einzelnen einerseits also immer wichtiger, sie wird andererseits aber auch deutlich voraussetzungsreicher.[17] Der Einzelne befindet sich gegenüber den Wissensmengen der Wissensgesellschaft demnach in einer »schroffen Endlichkeitssituation« (Schmidtchen 2002: 242). Die fortschreitende Entgrenzung des faktisch vorhandenen Wissensangebots und die natürliche Be-

---

17 Die für den Einzelnen in der Wissensgesellschaft notwendigen Kompetenzen finden sich ausführlicher in Pscheida 2007: 30ff.

grenztheit der Aufnahmefähigkeit seines kognitiven Systems zwingen ihn immer wieder, eine Auswahl zu treffen. Dabei kann er sich allerdings nicht länger auf allgemeinverbindliche Standards verlassen, sondern muss eine individuelle Wichtung vornehmen. Es gilt also stets zu prüfen, inwiefern das vorhandene Wissensangebot den jeweiligen subjektiven sowie situativen Ansprüchen und Erwartungen genügt. Aufgrund der Dynamik einer permanent möglichen Revision und situativen Veränderbarkeit des jeweils für gültig erachteten gesellschaftlichen Wissens, muss der Prozess der individuell-subjektiven Wissensaneignung zudem immer wieder aufs Neue und parallel zum normalen Alltags- und Arbeitsleben erfolgen. Das Konzept einer einmal erworbenen Allgemein- bzw. Berufsbildung trägt in der Wissensgesellschaft nicht mehr, sondern muss beständig ausgebaut, ergänzt und modifiziert werden.

Dies entspricht der Idee eines *lebenslangen, selbstgesteuerten Lernens*, welches angesichts der soeben beschriebenen Merkmale und Paradoxa der Wissensgesellschaft zu deren wohl größten Herausforderungen zählt. Der Ansatz des selbstgesteuerten Lernens rückt den Menschen als Initiator, Organisator und Regulator seines eigenen Lernprozesses in den Mittelpunkt (vgl. Deitering 1995: 11). Ihm obliegt damit nicht nur die Verantwortung für Zeiten und Methoden sowie die Kontrolle über Lernmotivation und Lernerfolg, er muss vor allem auch die jeweiligen Inhalte auswählen. Diese, für die plurale und dynamische Wissensrealität der Wissensgesellschaft zunehmend typische, weil notwendige Form der Wissensaneignung setzt folglich einen permanent freien und flexiblen Zugang zu den gesellschaftlichen Wissensbeständen grundlegend voraus.

IV Das Internet als Leitmedium der Wissensgesellschaft

Dem koevolutionären Ansatz des im ersten Kapitel dieses Buches entworfenen Analysemodells folgend, kann sich die Diagnose eines möglichen Wandels der Wissenskultur nicht in der Feststellung sozialer, ökonomischer sowie kultureller Transformationsprozesse erschöpfen – das gilt auch dann, wenn diese bereits explizit den Bereich des Wissens selbst betreffen. Derartige Entwicklungen sind freilich die notwendige Voraussetzung und grundlegende Basis weiterführender wissenskultureller Veränderungen, da sie aus Sicht der Mitglieder der Gesellschaft neuartige Herausforderungen mit sich bringen, die wiederum zu neuartigen gesellschaftlichen resp. soziokulturellen Bedürfnislagen emergieren. Dennoch müssen auf anderer Ebene erst die kognitiv-theoretischen sowie handlungspraktischen Möglichkeiten geschaffen werden, welche ein angemessenes Aufgreifen und erfolgreiches Bearbeiten dieser soziokulturellen Bedürfnislagen überhaupt erlauben. Ausgehend von der Annahme einer nicht hintergehbaren Medienabhängigkeit des Wahrnehmens und Denkens in entwickelten Gesellschaften wird folglich der mediale Möglichkeitsraum zu einem weiteren entscheidenden Faktor im Kontext der Überlegungen zu einem wissenskulturellen Wandel.

Gegenstand des vorangegangenen dritten Kapitels waren zentrale zeitgeschichtlich bedingte Veränderungstendenzen, welche die modernen Gesellschaften am Beginn des 21. Jahrhunderts kennzeichnen. Neben einer zunehmenden Prägung und Beeinflussung der gesellschaftlichen Lebensrealität durch Prozesse der Globalisierung, Individualisierung und Demokratisierung ist hier vor allem die Dominanz wissensbezogener Phänomene zu beobachten. So nehmen die modernen westlichen Gesellschaften immer stärker den Charakter von Wissensgesellschaften an. Damit ist eine verstärkte Wissenszentrierung des gesamten gesellschaftlichen Lebens gemeint. Vor allem dem wissenschaftlichen Wissen, d.h. den systematisch-empirisch ermittelten Erkenntnissen über die Welt, kommt eine besondere strategische Funktion in Wirtschaft, Politik, aber auch im Alltag zu. Dieser Bedeutungsanstieg des wissenschaftlichen Wissens in der Wissensgesellschaft führt zugleich aber auch zu einem modifizierten Verhältnis zwischen den Wissenschaften und der sie umgebenden und an ihren Erkenntnissen interessierten Öffentlichkeit, in dessen Zuge sich folgenschwere Rückwirkungen auf das Innere des Wissens resp. die Wissenschaft als historisch gewachsene soziale Praxis ausmachen lassen. Die Besonderheit dieser Rückwirkungen liegt in ihrer Reflexivität (Selbstbezogenheit), wodurch geradezu paradox erscheinende Konstellationen entstehen. Kurz gesagt: Die wissensbezogenen Phänomene der Wissensgesellschaft – Ökonomisierung, Politisierung, Medialisierung, Pluralisierung und Dynamisierung des Wissens sowie die allgemeine Verwissenschaftlichung des Alltags – wirken auf sich selbst zurück und lösen auf diese Weise nicht selten eine gegenläufige Tendenz aus. Um die mit diesen Paradoxa der Wissensgesellschaft verbundenen Unsicherheiten und Dynamiken erfolgreich zu bewältigen, sind die Bereitschaft und Kompetenz zur permanenten eigenverantwortlichen Erweiterung, Anpassung und Revision des jeweils relevanten Wissens daher für kollektive Akteure (z.B. Unternehmen) und Einzelpersonen gleichermaßen unerlässlich. Lebenslanges selbstgesteuertes Lernen sowie aktives Wissensmanagement stellen damit die zentralen Herausforderungen der Wissensgesellschaft dar.

Anliegen dieses vierten Kapitels ist es nun, den leitmedialen Charakter des Mediums Internet (genauer eigentlich des World Wide Web, kurz WWW oder Web [1]) in Hinblick auf eine dergestalt umrissene Wissensgesellschaft herauszuarbeiten. So greift das Internet in seiner doppelten Eigenschaft als Informations- und Wissensaneignungsmedium sowie als Kommunikations- und Verbreitungs- und in diesem Kontext neuerdings auch Beteiligungsmedium die spezifischen Bedürfnislagen der Wissensgesellschaft in einzigartiger Weise auf, befördert und verstärkt sie und erweist sich dadurch zweifellos als deren Leitmedium. Was das für die Wissenskultur eben jener Wissensgesellschaft‹ bedeutet, soll erst im sechsten Kapitel konkreter ausgelotet werden. Hier geht es zunächst um eine knappe Darstellung der Entstehung und Verbreitung des Internet sowie dessen Entwicklung vom hypertextuellen Rezeptions- zum kollaborativen Aktionsmedium. Dem bislang letzten Schritt dieser Entwicklung, der neuen Generation der interaktiven und partizipativen Internetnutzung unter dem Label Web 2.0, soll dabei besondere Aufmerksamkeit gewidmet werden, denn hier erst entfaltet sich die Ur-Idee bzw. Ideologie des Internet auf massenmedialer Ebene. Weiterhin wird aber auch zu fragen sein, inwiefern die dadurch ausgelösten Prozesse der Wissensdemokratisierung im Internet das Potential in sich tragen, einen revolutionär veränderten Umgang mit Wissen in Gang zu setzen.

---

1 Siehe dazu die Erläuterungen in der Einleitung (Fußnote 1).

1 Entstehung, Entwicklung und Verbreitung des Internet – vom hypertextuellen Rezeptions- zum kollaborativen Partizipationsmedium

Abhandlungen über die ›Geschichte‹ des Internet bzw. des Web gibt es inzwischen zahlreiche (vgl. hierzu u.a. Hafner/Lyon 2000[2]; Gillies/Cailliau 2002; Bunz 2008). Fast immer sind sie mit Mythen und kleinen Anekdoten gespickt. Wie bei jeder großen technischen ›Erfindung‹ haftet ihrem Entstehungszusammenhang in der retrospektiven Darstellung etwas Besonderes, etwas Einmaliges – ja, gar etwas Einzigartiges an. Doch liegt diese Einzigartigkeit im Falle des Internet weniger in den Bedingungen bzw. im Kontext seiner Entstehung selbst begründet, als vielmehr im Wechselspiel aus medialer Entwicklung und gesellschaftlicher Nutzung. Wie bei keinem anderen Medium ändert sich der Charakter des Internet geradezu zyklisch mit dem Kreis seiner Nutzer und seinem Einsatzspektrum. Das mag vor allem auf die dezentral und heterarchisch angelegte Netzwerkstruktur zurückzuführen sein. So wandelte sich das Internet schrittweise von einem lokalen Computer- und Kommunikationsnetzwerk ausgewählter Spezialisten zu einem heute global verfügbaren und partizipativ nutzbaren Massenmedium.

1.1 Eine kurze Geschichte des Internet und der Internetnutzung

Betrachtet man die Entstehungsgeschichte des Internet detaillierter, fällt vor allem die Komplexität und Vielschichtigkeit der diesbezüglich relevanten Parameter auf. Zum einen darf das, was wir heute als ›Internet‹ bezeichnen, nicht nur als Technologie gesehen werden, sondern basiert zu einem nicht unerheblichen Teil auch auf einer historisch gewachsenen Internetkultur, die sich, wie noch zu zeigen sein wird, wiederum aus verschiedenen Quellen speist. So hatten gerade die Ideen und Visionen der frühen ›Macher‹ (Entwickler und Nutzer fallen in der Anfangszeit des Internet interessanterweise zusammen) nicht nur unmittelbar Einfluss auf die Richtung der Entwicklung der Internettechnik, sie prägten unterschwellig auch die Erwartungen an das Medium und wirkten damit zudem auf die Herausbildung von Maßstäben und Konventionen des Umgang ein. Zum anderen ist aber auch die Internetnutzung selbst – sowohl in ihrer geschichtlichen Entwicklung als auch in ihrer aktuellen Beschaffenheit – unter Berücksichtigung verschiedenster Aspekte differenziert zu betrachten. Neben der Feststellung beständig wach-

---

2 Titel: »ARPA Kadabra. Die Geschichte des Internet«. Die englische Originalausgabe erschien bereits 1996 unter dem Titel »Where Wizards Stay Up Late. The Origins of the Internet«. 2008 erschien eine dritte Ausgabe in deutscher Sprache, die jetzt den Titel »ARPA Kadabra oder die Anfänge des Internet« trägt.

sender Nutzerzahlen ist beispielsweise auch nach Spezifika der Internetnutzung einzelner Nutzergruppen oder aber dem vielfach vernachlässigten Phänomen der ›Nonliner‹ (Nicht-Nutzer) zu fragen.

1.1.1 Zur Entstehung des Internet

Die Entstehung des Internets in seiner heutigen Form lässt sich aus drei sehr unterschiedlichen Perspektiven beschreiben, die jeweils andere Facetten in den Mittelpunkt rücken. Sie sollen im Folgenden vorgestellt werden.

a) Das Internet als Technologie
Eine erste Perspektive und zugleich diejenige, die sich (erklärtermaßen) am häufigsten findet, wenn es um die Darstellung der Entstehung des Internet geht, ist dabei die der Entwicklung der dazugehörigen Basistechnologien samt der damit verbundenen Institutionen und Hintergründe. Hier können wiederum drei Entwicklungsphasen unterschieden werden:

(1) Grundlagenentwicklung im Rahmen politisch-militärischer sowie wissenschaftlicher Interessen: Technisch betrachtet ist das Internet nichts anderes als ein dezentral organisiertes, komplexes Computernetzwerk. Der grundlegende Schritt auf dem Weg zu dieser Netzwerktechnologie des Internet steht – so jedenfalls die landläufige Behauptung – im Zusammenhang mit politischen und militärischen Interessen der USA im Kontext des Kalten Krieges. Als Auslöser wird gemeinhin die Entsendung eines ersten Weltraumsatelliten durch die damalige UdSSR (Union der Sozialistischen Sowjetrepubliken) im Jahre 1957 und der damit ausgelöste ›Sputnik-Schock‹ genannt (vgl. u.a. Weber 2002: 167). Die unerwartete Demonstration sowjetischer Macht gegenüber den USA leitete eine neue Welle der Aufrüstung und militärischer Forschungen ein. Gewissermaßen als ›Antwort‹ auf den Sputnik-Erfolg der Sowjetunion gründete das US-Verteidigungsministerium 1958 die Advanced Research Projects Agency (ARPA) – eine Institution, deren hauptsächliche Aufgabe darin bestand, universitäre Forschungskapazitäten zu bündeln und gezielt für die (Wieder-)Herstellung der technischen Überlegenheit der Vereinigten Staaten einzusetzen. Dass die bald einsetzenden Bestrebungen der ARPA in Richtung der Entwicklung eines dezentral organisierten Computernetzwerks zur Datenübertragung allerdings tatsächlich in diesem unmittelbaren Kontext militärischer Interessen und der Angst vor einem atomaren Angriff stattfanden, gilt inzwischen als weitgehend widerlegt. James Gillies und Robert Cailliau etwa beschreiben zu Beginn ihres Buches »Die Wiege des Web« (2002), dass die ARPA als Institution innerhalb des US-Verteidigungsministeriums zwar zunächst mit klarer Zuständigkeit für die zentrale Planung und Kontrolle der Erforschung der Raketenabwehr- und Satellitentechnologie entstand, ihr diese exklusive Aufgabe aber schon bald nach ihrer Gründung wieder entzogen wurde, indem der damalige Präsident Dwight D. Eisenhower das ›zivile Weltraumprogramm‹ der ebenfalls neu geschaffenen NASA (National Aeronautics and Space Administration) übertrug. So erhielt die ARPA jedoch die Chance, »eine

Behörde für wirklich fortschrittliche Grundlagenforschung mit einer gewissen Ausrichtung auf militärische Anwendungen [zu] werden« (Gillies/Cailliau 2002: 12). Im Zuge dessen richtete sich die ARPA immer stärker wissenschaftlich aus und teilte sich in verschiedene Forschungsbereiche auf. Während einige Bereiche sich weiterhin vornehmlich der Raketenabwehr und der Erkundung von Kernwaffentests widmeten, gab es bald auch eine Abteilung mit der Bezeichnung Information Processing Techniques Office (IPTO), die sich speziell der forschenden Weiterentwicklung der modernen Computertechnik verschrieben hatte und ihre Aktivitäten zunehmend von den ursprünglich militärischen Interessen weg verlagerte (vgl. ebd.: 12ff. sowie auch Hafner/Lyon 2000: 9ff.).[3] Vor allem unterhielt die IPTO intensive Beziehungen zu universitären Einrichtungen, beispielsweise zum Massachusetts Institute of Technology (MIT). In diesem Umfeld entwickelte Donald W. Davies mit der sogenannten ›Paketvermittlung‹ 1965 denn auch eine revolutionäre Telekommunikations-Übertragungstechnologie:

»Whatever the vantage point, from above or from below, it was of crucial importance both immediately and in the long run that the ›architecture of the system‹ (the term often employed) differed from that of the telephone network. There was mutual pride in this. Any computer could tap into the Net anywhere, with the information being exchanged ›sliced‹ at once into ›packets‹. The sending system broke information into encoded pieces: the receiving system put them together again after they had travelled to their destination. This was the first packet data system in history.« (Briggs/Burke 2002: 308)

Auf der Basis dieses Grundprinzips der Internetkommunikation (Paketvermittlung mit zugehöriger Netzwerktopographie) wurde im Herbst 1969 schließlich das ARPANET errichtet – wohlgemerkt: nachdem die Idee zu Beginn der 1960er Jahre zunächst vom Pentagon abgelehnt worden war. Es verband zunächst das Stanford Research Institute, die University of Utah, die University of California in Los Angeles sowie die University of California in Santa Barbara. Das Besondere dieses ersten funktionierenden Computernetzes war die Fähigkeit, auch unterschiedliche Rechnertypen, die zudem mit unterschiedlichen Betriebssystemen arbeiteten, problemlos miteinander zu verbinden. Gewährleistet wurde dies mit Hilfe von Mikrocomputern, sogenannten IMPs (Interface Message Processors), die lediglich an den jeweiligen Rechner angeschlossen wurden und dort als Interfaces fungierten (vgl. u.a. ebd.). In der Folgezeit gewann das ARPANET immer mehr Anhänger. So entstanden auch eine Reihe weiterer Netzwerke, die dem ARPANET entsprechend funktionierten. Rasch kam daher die Idee auf, weiterführend

---

3 Diese inhaltliche Neuorientierung hatte insbesondere J.C.R Licklider herbeigeführt, der die ARPA jedoch bereits 1964 wieder verließ und von Ivan Sutherland abgelöst wurde, dem 1966 wiederum Bob Taylor folgte (vgl. Gillies/Cailliau 2002: 16).

eine Verbindung zwischen diesen Netzwerken und dem ARPANET zu ermöglichen. Dazu waren neben den IMPs auch standardisierte Kommunikationsprotokolle notwendig. Die Lösung bestand schließlich in der Entwicklung des »transmission control protocol« (TCP) im Rahmen eines 1973 stattfindenden Stanford-Seminars. Wenige Jahre später (1978) wurde dieses noch einmal durch das »inter-network protocol« (IP) ergänzt. Das so entstandene TCP/IP-Protokoll bildet noch heute den Standard der Internetkommunikation (vgl. Castells 2005: 21).

(2) Zivilgesellschaftliche Ausdehnung: Eine nächste Entwicklungsphase in der Verbreitung und Weiterentwicklung der Internettechnologie lässt sich auf den Anfang der 1980er Jahre datieren. 1983 beschloss das US-Verteidigungsministerium aus Sorge um eventuelle Sicherheitslücken die Schaffung eines eigenen Netzwerks. Das sogenannte MILNET (Military Network) für militärische Zwecke entstand, während das übrig gebliebene ARPA-INTERNET ausschließlich der Forschung dienen sollte. Ein Jahr später etablierte die National Science Foundation (NSF) mit dem NSFNET (National Science Foundation Network) zusätzlich zu letzterem jedoch ebenfalls ein eigenes Forschungsnetz speziell für Wissenschaftler und nutzte das ARPA-INTERNET lediglich peripher (vgl. ebd.). Die damit bewirkte Emanzipation der Netzwerkentwicklung, d.h. die Aufspaltung des ARPANET in einen militärischen und einen eigenständigen akademischen Teil, stellt gewissermaßen die eigentliche Geburtsstunde des Internet dar, da sich die Technologie nun verstärkt auch offiziell in andere Bereiche hinein ausbreitete (vgl. Döring 1997: 306). Zwar wurde das ARPANET auch bereits zuvor intensiv von Wissenschaftlern genutzt (schon die ersten ›Knoten‹ des frühen ARPANET bildeten ja die Großrechner großer amerikanischer Universitäten und Forschungsinstitute), doch bestand stets eine enge Koexistenz zwischen Militärstrategen und akademischen Forschern. 1990 übergab die US-Regierung das inzwischen technisch überholte ARPANET gänzlich in die Hände der NSF, die damit beauftragt wurde, dieses weiter zu betreiben. Dieser Zustand hielt jedoch nicht lange an. Unter dem Eindruck der fortschreitenden Deregulierung im Telekommunikationsbereich wurde das NSFNET eingestellt und die Internet-Technologie für den privaten (und damit letztlich auch kommerziellen) Betrieb freigegeben (vgl. Castells 2005: 22). Florian Rötzer (2001: 17) nennt diesen Prozess daher auch den Übergang zum »zivilisierten Netz«. Es soll hier gleichwohl nicht unerwähnt bleiben, dass die Entwicklungen rund um die Aufspaltung des ARPANET nicht einziger Ursprung des Internet und dessen ziviler Nutzung gewesen sind. Einen wichtigen Beitrag dazu leisteten auch zahlreiche kleine Initiativen, die in der Basistradition der Computervernetzung standen. So entwickelte eine Gruppe von UNIX-Anwendern[4] Ende der 1970er Jahre ein Programm zur

---

4 Bei UNIX handelt es sich um ein Betriebssystem, das 1974 von den Bell Laboratories entwickelt und speziell Universitäten inklusive des Quellcodes und mit der ausdrücklichen Erlaubnis übergeben wurde, diesen zu ändern (vgl. Castells 2005:

Kommunikation zwischen UNIX-Rechnern. Im Sommer 1980 gelang es sogar, das sogenannte Usenet an das ARPANET anzuschließen (vgl. Castells 2005: 23f.).

(3) Massemediale Ausbreitung und Kommerzialisierung: Die aus heutiger Sicht entscheidendste Phase der technischen Entwicklung des Internet zum weltumspannenden Massenmedium steht schließlich in enger Verbindung zur Entwicklung des World Wide Web (WWW), also jenes benutzerfreundlichen Dokumentennetzwerks (vgl. Alby 2008), das auf der Oberfläche des globalen Computernetzwerkes Internet läuft. Zwischen 1989 und 1991 entwarf eine Arbeitsgruppe um den englischen Programmierer Tim Berners-Lee am Genfer Kernforschungszentrum CERN (Centre Européen de la Recherche Nucléaire) die technische Basis dafür. Sie bestand in einer Software zur Verallgemeinerung von Informationen und umfasste drei Konzepte: zum einen ein Identifikationsschema – URI (Uniform Resource Identifier), später URL (Uniform Resource Locator) genannt, mit dem jedwede Informationsressource im Netz eindeutig identifizierbar wurde und das zudem erweiterbar und als lesbare Zeichenkette darstellbar sein sollte; zum zweiten einer Beschreibungssprache – HTML (Hypertext Markup Language), mit der die im Netz befindlichen Informationsressourcen spezifiziert werden konnte, sowie zum dritten ein dazugehöriges, international kompatibles Datenübertragungs- bzw. Anwendungsprotokoll – http (Hypertext Transfer Protocol), welches die identifizierten Ressourcen über das Internet zu transportieren vermochte (vgl. u.a. Weber 2002: 169ff.). Weiterhin baute Berners-Lee gemeinsam mit Robert Cailliau auf der Grundlage dieses Standards auch ein Browser- und Editor-Programm auf. Dieses Hypertext-System war das World Wide Web (vgl. Castells 2005: 25). Am 30.04.1993 gab das Europäische Labor für Teilchenphysik den WWW-Standard zur kostenlosen Nutzung frei. Die dazugehörige Software wurde zunächst im Usenet veröffentlicht. Der eigentliche massenmediale Durchbruch ließ aber noch ein wenig auf sich warten, denn noch fehlten kommerzielle Browser-Angebote, welche die Navigation im WWW entscheidend erleichtern würden. Zwar hatte das CERN auch die zugehörige Browser-Software bereits im August 1991 ins Netz gegeben, doch konnten nur eine Reihe versierter Hacker diese für sich nutzbar machen. Im Oktober 1994 bot das Unternehmen Netscape Communications mit dem sogenannten ›Netscape Navigator‹ dann den ersten kommerziellen Browser im Netz an. Nur ein Jahr später führte auch Microsoft einen eigenen Browser, den ›Internet Explorer‹, ein (vgl. Castells 2005: 25f.).[5] Damit war der Weg frei für die wahre Revolution

---

23). UNIX avancierte daher rasch zum Standard an Universitäten und wird bis heute weiterentwickelt.

5 Zum ersten Browser-Krieg zwischen Netscape und Microsoft, zum Siegeszug des ›Internet Explorers‹ sowie zum gegenwärtig sich anbahnenden zweiten Browser-Krieg durch die zunehmende Nutzung alternativer Browser siehe ausführlicher: Alby 2008: 106ff.

des Internet – den Übergang zum »bunten Netz« (Rötzer 2001: 17), d.h. seine einfache und intuitive Nutzung durch jedermann.

b) Das Internet als kulturelle Gemeinschaft
Wie die Rekonstruktion der Internetentwicklung aus der technischen Perspektive bereits deutlich gemacht hat, vollzog sich diese Entwicklung zwar hauptsächlich im Umfeld großer Universitäten und wissenschaftlicher Forschungseinrichtungen, damit jedoch zudem stets unter dem direkten Einfluss staatlicher Institutionen. Die oftmals auf die Lösung konkreter und nicht minder dringlicher Probleme zugeschnittene Auftragsforschung verhinderte dabei gleichwohl nicht weiterführendes Denken und innovative Entwicklungen abseits der offiziellen Anforderungen (vgl. Castells 2005: 30ff.). Dies hatte zur Folge, dass sich – zunächst an den Universitäten und Forschungseinrichtungen selbst, später auch außerhalb von diesen – rasch unabhängige Netzwerke kompetenter und interessierter Tüftler, sogenannter ›Hacker‹, bildeten, welche die Entwicklung der Computer- und Internettechnologie entscheidend vorantrieben. Diese Netzwerke zeichneten sich durch zwei Prinzipien aus. Zum einen war dies das Prinzip der Produktion bzw. Selbst-Evolution durch Nutzung. So waren die Produzenten der Technologie immer zugleich auch die Nutzer derselben. Das wiederum bedeutete, dass sie über ihre Nutzung auch auf den Prozess der Produktion zurückwirkten (vgl. ebd.: 38). Damit dieses Prinzip der Produktion durch Nutzung aber überhaupt gelingen konnte, war ein zweites Prinzip notwendig – das Prinzip der Offenheit und Kooperation. Dieses Prinzip hat die Entstehung des Internet mindestens so stark beeinflusst, wie die technischen Innovationen selbst. Sicherlich muss das idealtypische Bild der freien, allzeit konsensorientierten und egalitär strukturierten Internet-Gemeinschaft dort kräftig relativiert werden, wo Tendenzen der Lobby-Arbeit oder Einflussnahmen namhafter Geldgeber spürbar werden (vgl. ebd.: 43). Eine explizit ökonomische Ausrichtung setzte im Falle des Internet jedoch erst im Zuge seiner massenmedialen Verbreitung ab Mitte der 1990er Jahre ein. Der grundlegende Charakter des Internet, seine *Ideologie der Freiheit*, blieb davon bis heute nur wenig beeinflusst.

In dieser Ideologie der Freiheit, welche gewissermaßen beide Prinzipien der Internet-Kultur (das Prinzip der Produktion durch Nutzung wie auch das Prinzip der Offenheit und Kooperation) umfasst, laufen letztendlich Einflüsse dreier Einzelkulturen zusammen. Es handelt sich dabei (1) um die technomeritokratische Kultur der wissenschaftlichen Eliten. Sie ist – wie auch die frühen Schöpfer des Internet es waren – fest im Wissenschaftsbetrieb verankert und steht daher in direkter Tradition von Aufklärung und Moderne. Folglich ist sie vom »Glauben an das Gute geprägt, das wissenschaftlicher und technologischer Entwicklung als dem entscheidenden Bestandteil menschlichen Forschens innewohnt« (ebd.: 49). Im Kontext einer Gemeinschaft gleichgesinnter und gleichrangiger, weil gleichermaßen kompetenter Mitglieder liegt der Verdienst eines jeden daher in seinem individuellen Beitrag zum kollektiven Projekt. Als angemessener Lohn dieser Leistung gilt die Anerkennung der Gemeinschaft als Urheber der jeweiligen Entdeckung (vgl. ebd. 50f.). Eine weitere entscheidende Einflussgröße stellt (2) die Hacker-Kultur dar. Sie basiert einerseits auf der eben beschriebenen technomeritokratischen Kultur, insofern sie ihr gesamtes Streben auf Innovationen und eine unaufhaltsame technologische Weiterentwicklung ausrichtet. Andererseits geht sie, indem sie sowohl auf formale Hierarchie als auch auf jegliche Eigentumsrechte verzichtet, aber auch deutlich über diese hinaus.

»Ganz selbstverständlich sind Geld, formelle Eigentumsrechte und institutionelle Macht als Quellen von Autorität und Ansehen ausgeschlossen. Autorität beruht auf technologischer Exzellenz oder darauf, frühzeitig zum Code beigetragen zu haben, und sie wird nur unter der Voraussetzung respektiert, dass sie nicht als vorwiegend eigennützig erscheint. [...] Zwar wird der höchste Grad der Anerkennung gewöhnlich mit der Identifikation unter dem wirklichen Namen in Verbindung gebracht, aber allgemein sind Informalität und Virtualität Schlüsselmerkmale der Hacker-Kultur – und diese Merkmale grenzen diese Kultur entschieden von der Wissenschaftskultur und anderen Ausdrucksformen der meritokratischen Kultur ab.« (Ebd.: 60)

Die eigenen Erkenntnisse und Entwicklungen werden der Gemeinschaft und jeder interessierten Person selbstverständlich frei zur Verfügung gestellt. Als alleinige Gegenleistung wird eine reziproke Verhaltensweise erwartet. Den letzten Baustein bildet (3) die kommunitäre Kultur der verschiedenen virtuellen Gemeinschaften. Diese Kultur ist keine künstlich geschaffene Kultur informationstechnischer Experten. Vielmehr spiegeln sich hier die Normen, Konventionen und Wertvorstellungen einer durch Anwendung gewachsenen virtuellen sozialen Welt (vgl. ebd.: 63ff.).

Insgesamt verkörpert die Internet-Kultur damit also eine Mischung aus Fortschrittsglauben, Gabenökonomie[6] und Kommunitarismus. In diesem Sinne ist denn auch Castells Einschätzung zu verstehen, das Internet sei »an der unwahrscheinlichen Schnittstelle zwischen *Big Science*, militärischer Forschung und einer libertären Kultur« (ebd.: 27; Herv. i.O.) entstanden.

c) Das Internet als enzyklopädische Utopie
Ein dritter Strang der Internetentwicklung, der hier Erwähnung finden soll, liegt schließlich im immerwährenden Wunsch des Menschen nach Sammlung, Speicherung und Organisation möglichst großer Mengen an Wissen begründet. Dieses Bedürfnis nach Archivierung und Ordnung des jeweils verfügbaren Weltwissens mit dem Ziel seiner Bewahrung einerseits und Zugänglichmachung andererseits – darauf wurde schon im Rahmen des Exkurses zur Enzyklopädiegeschichte in Kapitel II eingegangen – ist vermutlich annähernd so alt wie die menschlichen Gesellschaften selbst. Wenigstens

---

6 Die Gabenökonomie basiert nicht auf der Erwirtschaftung von geldwertem Gewinn, sondern auf sozialer Anerkennung und Tausch.

aber steht es in enger Verbindung zur Entstehung der Schriftlichkeit. Die ersten enzyklopädischen Projekte sind schon für das Altertum nachweisbar. Und noch heute wird in metaphorischen Umschreibungen immer wieder auf die Realisierung des alten Traums der Bibliothek von Alexandria rekurriert. Mit der Ausweitung der Kenntnisse über die Welt durch moderne wissenschaftliche Forschung, aber auch durch Forschungsreisen und die beginnende Kolonialisierung (siehe ebenfalls Kap. II) kam wohl spätestens in der Frühen Neuzeit zusätzlich auch der Wunsch auf, die größer werdende Wissens- bzw. Informationsflut zu systematisieren und auf diese Weise zu beherrschen. Als einer der ersten in dieser Zeit entwickelte der Universalgelehrte Konrad Gessner zwischen 1545 und 1549 das Programm einer »Bibliotheca Universalis«. Auf der Basis einer umfassenden Erschließung des gesamten damaligen Buchbestandes sollte diese allein aus bibliographischen Nachweisen und Verweisen bestehende ›Musterbibliothek‹ eine umfassende Orientierung ermöglichen (vgl. Stickfort 2002: 277f.). Derartige enzyklopädische Überlegungen erinnern schon stark an das heutige Prinzip der Internet-Suchmaschinen. Noch weiter aber reichen die Ideen und Visionen zur Vernetzung verschiedenster Wissensbestände, die ab dem Beginn des 20. Jahrhunderts entstanden.

So begann beispielsweise Paul Otlet 1893 in Brüssel damit, ein internationales Dokumentationszentrum bestehend aus nichtlinear angeordneten multimedialen Einzelinformationen (Schaubilder, Statistiken etc.) aufzubauen. Der traditionelle Informationsspeicher Buch wurde dabei ersetzt durch eine Mischung aus genormten Karteikarten und einer systematisch geordneten monographischen Dossiersammlung (vgl. ebd.: 279f.). Geprägt von der Arbeit Otlets griff auch der deutsche Naturwissenschaftler und Philosoph Wilhelm Ostwald die Idee eines nichtlinearen Wissensspeichers auf und entwarf in seiner Schrift »Das Gehirn der Welt« (1912) das Konzept einer auf Karteikarten und Loseblattsammlungen basierenden ›Weltregistratur des Wissens‹ (vgl. ebd.: 280). Unter dem Eindruck der aufkommenden Mikrofilmtechnik beschrieb schließlich auch der Schriftsteller H. G. Wells 1937 die Vision eines »World Brain«, worunter er eine permanente Welt-Enzyklopädie als System der Wissenskonservierung verstand:

»The whole human memory can be, and probably in a short time will be, made accessible to every individual. And [...] in this uncertain world where destruction becomes continually more frequent and unpredictable, is this, that photography affords now every facility for multiplying duplicates [...]. It need not to be concentrated in any one single place. [...] It can be reproduced exactly and fully, in Peru, China, Iceland, ...« (Wells in Weber 2002: 164)

Anfang der 1940er Jahre begann mit der Fertigstellung des ersten digitalen Computers durch Konrad Zuse eine neue Phase. Die bis dato mehrheitlich utopisch anmutenden Ideen vernetzter Wissenssammlungen wurden nun – dank der Perspektive neuartiger technischer Möglichkeiten – deutlich konkreter. Im Juli 1945 veröffentlichte Vannevar Bush in der Zeitschrift »Atlantic Monthly« ein wissenschaftliches Informationssystem mit dem Namen »Memory Expander« (kurz: Memex). Der Memex-Arbeitsplatz sollte im Sinne einer externen Erweiterung des menschlichen Gedächtnisses einen assoziativen Zugriff auf heterogene Sammlungen von Texten, Fotos, Zeichnungen und persönlichen Notizen darstellen, wobei zudem die Möglichkeit zur Dokumentation und Weitergabe einmal durch den Nutzer erschlossener Wissenspfade bestehen sollte (vgl. Stickfort 2002: 284ff.). Hier zeigte sich bereits das Grundkonzept eines Hypermediasystems (siehe Abschn. 2.1.1 in diesem Kap.). Zwar blieb das Gerät mangels technischer Möglichkeiten im Entwurfstadium stecken, dennoch gilt Bush damit bis heute als Begründer des World Wide Web (vgl. Weber 2002: 164). Einen weiteren Schritt in dieser Richtung unternahm 1963 Douglas Englebart mit der Beschreibung eines »On-Line Systems« (NLS). Auch ihm diente die Hypertext-Idee als Grundlage seiner Überlegungen. Im Gegensatz zu Bush zwanzig Jahre zuvor konnten Computer diese Ideen nun jedoch wenigstens theoretisch umsetzen (vgl. Weber 2002: 165). Weiterhin griff auch Ted H. Nelson die Memex-Idee von Bush auf und adaptierte sie für die Anwendung auf Computer. Sein Projekt mit dem Namen »Xanadu« basierte auf durch Links elektronisch miteinander verbundenen Texten, die Nelson selbst als Hypertexte bezeichnete (vgl. Stickfort 2002: 287).

1.1.2 Entwicklung und Kerncharakteristika der Internetnutzung

Unter dem Eindruck all jener soeben beschriebenen historischen Wechselwirkungen und Einflüsse hat sich das Internet schrittweise zu einem weltweit verfügbaren, vielgestaltigen Informations- und Kommunikations-, aber auch Unterhaltungs- und Transaktionsmedium entwickelt. Tageszeitungen können heute über das Netz abonniert und gelesen, Glückwunschkarten verschickt werden, Hochschulseminare lassen sich ebenso durchführen wie Kaufverträge abwickeln oder Bahnreservierungen vornehmen. Kurz gesagt: Es gibt fast nichts, was das Internet heute nicht ermöglicht.

Das Internet hat dabei ein in der Geschichte der Medien beispielloses Wachstum vollzogen. Von anfangs 500 Webseiten (1993) ist die Zahl der registrierten Domains 2007 auf 45 Millionen gestiegen. Die Zahl der verfügbaren Webseiten lag 2007 sogar zwischen sechs und acht Milliarden (vgl. u.a. Projektgruppe ARD/ZDF-Multimedia 2007: 2). Was seine gesellschaftliche Ausbreitung betrifft, so steht das Internet dem Siegeszug des Fernsehens in nichts nach. Schon seit Beginn der öffentlichen Ausbreitung des Internet findet eine stete empirische Beobachtung der Entwicklung der Internetnutzung statt. Für den deutschen bzw. deutschsprachigen Bereich haben sich vor allem die seit 1997 jährlich durchgeführte *ARD/ZDF-Onlinestudie*[7], die ebenfalls seit 1997 jährlich vorgenommene *Computer-*

---

7 http://www.ard-zdf-onlinestudie.de

und Technik-Analyse des Allensbacher Instituts für Demoskopie (ACTA)[8], der seit 2001 von der Initiative D21 und TNS Infratest erarbeitete und jährlich herausgegebene *(N)Onliner-Atlas*[9] sowie die seit Herbst 1995 halbjährlich erhobene *W3B-Umfrage* von Fittkau & Maaß[10] etabliert.

Alle Studien belegen dabei übereinstimmend eine kontinuierliche Zunahme der Internetnutzung allgemein. 1997, im ersten Jahr der ARD/ZDF-Onlinestudie, waren im bundesdeutschen Raum lediglich 6,5 Prozent aller Personen ab 14 Jahren im Netz. Das entsprach einer Zahl von 4,11 Millionen Menschen. Der durchschnittliche Internetnutzer war dabei zwischen 20 und 39 Jahren alt, berufstätig und formal hoch gebildet. Von dieser Klientel ging auch noch bis 2001 das größte Wachstumspotential aus (ebd.). Jährliche Zuwachsraten von über 60 Prozent (der Höchststand wurde 1999 mit 68 Prozent Wachstum gegenüber dem Vorjahr erreicht) waren dabei anfangs keine Seltenheit. Zu Beginn des neuen Jahrtausends lagen die Zahlen noch bei durchschnittlich 20 Prozent jährlichem Wachstum (vgl. van Eimeren/ Frees 2008: 331). Danach ließ der frühe Boom merklich nach. Nach 2003 fielen die Zuwachsraten geradezu sprunghaft unter die 10 Prozent-Marke. So lag das Wachstum 2004 plötzlich nur noch bei 4 Prozent, während es noch im Vorjahr gut 22 Prozent umfasst hatte. Das tat weiteren Rekorden gleichwohl keinen Abbruch. 2003 stieg der Anteil der Internetnutzer in Deutschland erstmals auf über 50 Prozent. 2006 konnten fast 40 Millionen deutsche Nutzer verzeichnet werden. Das entsprach einem Nutzungsanteil von knapp 60 Prozent (vgl. u.a. ebd.).

Inzwischen liegt die Zahl der bundesdeutschen Onliner (Personen ab 14 Jahren) laut ARD/ZDF-Onlinestudie 2008 bei 65,8 Prozent. Das sind in absoluten Zahlen ca. 42,7 Millionen Menschen. Gegenüber 2007 bedeutet das einen Anstieg von 2 Millionen Personen bzw. einen Zuwachs von etwa 5 Prozent. Vergleichbare Ergebnisse liefert auch der (N)Onliner-Atlas mit 65,1 Prozent, der als Grundgesamtheit ebenfalls die deutschsprachige Wohnbevölkerung ab 14 Jahren – allerdings mit der Maßgabe eines Festnetz-Telefonanschlusses im Haushalt – erfasst. Die ACTA-Studie geht demgegenüber mit satten 76 Prozent deutschen Onlinern von einer deutlich höheren Zahl aus (Abb. 8), wobei benannter Unterschied sicherlich durch das Fehlen älterer Personengruppen in der Grundgesamtheit entsteht. Die ACTA-Studie beschränkt sich auf die bundesdeutschen Erwachsenen im Alter zwischen 14 und 64 Jahren (vgl. Köcher 2008).

---

8 http://www.acta-online.de
9 http://www.initiatived21.de/category/nonliner-atlas
10 http://www.w3b.de

Abbildung 8: Wachstum der Internetnutzung in der BRD

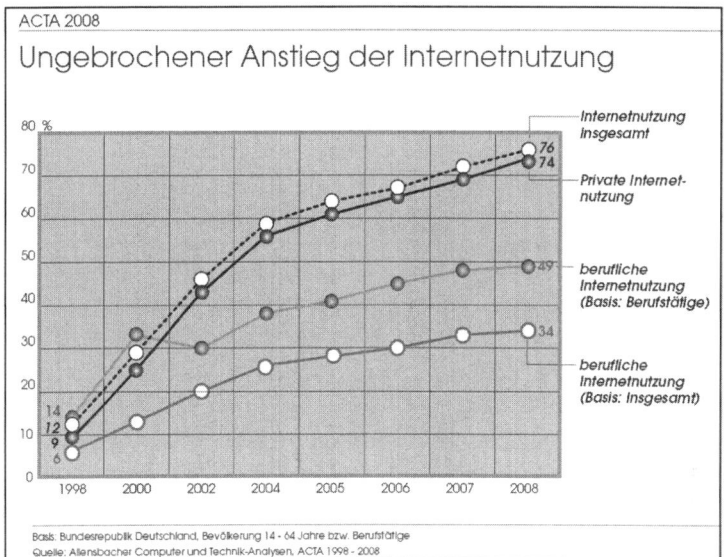

Quelle: Köcher 2008; Datenbasis: ACTA 1998-2008

Aber nicht nur die absoluten Nutzerzahlen haben sich vervielfacht. Darüber hinaus sind auch eine Steigerung der Nutzungsfrequenz sowie eine Verlängerung der Nutzungsdauer zu beobachten. Das Internet wird also im Tages- und Wochenverlauf immer häufiger genutzt. Zudem dehnt sich die (tägliche) Verweildauer immer stärker aus. 45 Prozent der bundesdeutschen Bevölkerung (zwischen 14 und 64 Jahren) nutzen das Internet mittlerweile täglich oder mehrmals täglich, dabei bleiben über 50 Prozent der Nutzer ein bis zwei oder sogar mehr als zwei Stunden täglich im Netz (vgl. ebd.). Konkret heißt das, im Durchschnitt nutzen die Deutschen das Internet an etwa 5 von 7 Tagen, die tägliche Verweildauer beträgt dabei im Schnitt 120 Minuten (vgl. van Eimeren/Frees 2008: 340).

Die Entwicklung der Internetnutzung ist selbstverständlich stets in enger Verbindung zu den Innovationen auf dem Hardware-Markt zu sehen. So hängen die grundsätzliche Bereitschaft zur Nutzung wie auch die Art und Weise der Nutzung zunächst ganz entscheidend von der verfügbaren Verbindungstechnik und der technischen Ausstattung der Anwender selbst ab. Seit Mitte der 1990er Jahre nun sanken nicht nur die Preise für entsprechend gut ausgestattete PCs deutlich, durch die Verbreitung von ISDN und Breitbandanschlüssen (DSL/Digital Subscriber Line oder Kabelmodem), welche das klassische Modem bis heute nahezu gänzlich verdrängt haben, und das Angebot kostengünstiger Flatrates (siehe hierzu auch Abschn. 1.2.3 in diesem Kap.) sind technische Nutzungsbarrieren allmählich immer weiter abgebaut worden (vgl. Projektgruppe ARD/ZDF-Multimedia 2007: 6ff.). 65,4 Prozent der deutschen Internetnutzer verfügen laut (N)Onliner-Atlas 2008 inzwischen über einen Breitbandanschluss, noch 2006 waren es nur 47,6 Prozent. Der breitbandige Internetzugang erfolgt in Privathaushalten dabei überwiegend über DSL. Bei 61,8 Prozent der Nutzer ist diese Technologie angekommen. Die ARD/ZDF-Onlinestudie 2008 liefert hier sogar noch höhere Zahlen. Ihren Erhebungen zufolge surfen 70 Prozent aller befragten Personen, die das Internet zu Hause nutzen, mit DSL (vgl. Fisch/Gscheidle 2008b: 346). Das Resultat sind in jedem Fall stark gestiegene Übertragungsgeschwindigkeiten (auch hierzu siehe ausführlicher Abschn. 1.2.3. in diesem Kap.). Weiterhin genutzte Zugangsformen sind ISDN (14,0%) und Modem (10,4%) – allerdings mit deutlich abnehmenden Zahlen gegenüber den Vorjahren (vgl. Initiative D21 2008: 62.). Beim Abrechnungsmodell setzt sich, wie schon angedeutet, nahezu konkurrenzlos die Flatrate durch. Hier sind es 86 Prozent der deutschen Onliner ab 14 Jahren, die sich im Hinblick auf ihren privaten Zugang für dieses Modell entschieden haben. Über die Hälfte der Onlinenutzer in Deutschland surfen 2008 zudem kabellos über Wireless LAN-Verbindungen (WLAN) im Internet (vgl. Fisch/ Gscheidle 2008b: 347).

Neben den zahlreichen Hardware-Innovationen hat sich innerhalb der letzten Jahre aber auch die Handhabung der Software spürbar vereinfacht. Insbesondere die Entwicklung unkompliziert und intuitiv zu bedienender Desktop- bzw. Webapplikationen hat hier einen wichtigen Beitrag geleistet. So lässt sich bezüglich der Entwicklung der Internetnutzung erst einmal ganz allgemein bilanzieren:

»Vielfältige Angebote, vereinfachte Technologie und schnellere Übertragungsraten machten das Netz für immer mehr Nutzer attraktiv […].« (Projektgruppe ARD/ZDF-Multimedia 2007: 3)

Betrachtet man den gegenwärtigen Stand der Entwicklung der Internetnutzung jedoch genauer, zeigt sich ein differenzierteres Bild: Die Ausbreitung und Akzeptanz des Internet wird durch die technische und technologische Weiterentwicklung zwar begünstigt, doch besteht immer noch ein direkter Zusammenhang zwischen dem Grad der Internetnutzung und bestimmten soziodemographischen Parametern. Zu diesen Parametern zählen in erster Linie Alter und Geschlecht, aber auch formaler Bildungsstand, Berufstätigkeit, Nettoeinkommen sowie die Wohngegend.

Auf den ersten Blick kann das Internet immernoch als ein Medium beschrieben werden, das besonders junge Menschen anzieht. Dieser Eindruck entsteht zumindest beim Betrachten der Werte der Internetnutzung entlang der Altersverteilung. Tatsächlich ist der Grad der Internetdurchdringung bei den 14- bis19-Jährigen anhaltend am höchsten. 97,2 Prozent sind hier 2008 wenigstens gelegentlich online. Damit nutzt in dieser Altersgruppe heute gewissermaßen jeder das Internet. Bei den Über-60-Jährigen sind es hingegen nur 26,4 Prozent (vgl. van Eimeren/Frees 2008: 332). Differenziert man bezüglich dieser Angabe ein wenig stärker, wird das *Altersgefälle* noch offensichtlicher. So stehen laut (N)Onliner-Atlas 2008 immerhin 41,6 Prozent Nutzer in der Gruppe der 60- bis 69-Jährigen, nur 16,3 Prozent in der Gruppe der Über-70-Jährigen gegenüber (vgl. Initiative D21 2008: 14).

Dennoch, und das mag zunächst verwundern, wird die Nutzergemeinde des Internet zunehmend von den älteren Altersgruppen dominiert. Das wird deutlich, wenn man auf die absoluten Zahlen schaut, die sich hinter den prozentualen Angaben verbergen. Hier liegt die Altersgruppe der Ab-60-Jährigen mit 5,1 Millionen Nutzern inzwischen gleichauf mit jener der 14- bis 19-Jährigen. Noch 2003 lag das Verhältnis zwischen beiden Gruppen bei 1:2. Das zahlenmäßig größte Segment an Nutzern befindet sich derzeit jedoch in der Gruppe der 40- bis 49-Jährigen. Insgesamt 9,4 Millionen Menschen dieser Kohorte nutzen das Internet wenigstens gelegentlich. Das zweitgrößte Segment nehmen kurz danach die 8,9 Millionen Nutzer zwischen 30 und 39 Jahren ein (vgl. van Eimeren/Frees 2008: 333).

In den kommenden Jahren wird das Internet also – nicht zuletzt aufgrund des demographischen und generationalen Wandels (die heute 45-Jährigen sind die Senioren von morgen) – voraussichtlich stärker denn je von Erwachsenen und Senioren bestimmt sein. Insbesondere die sogenannten ›Silver Surfer‹ stellen ein neuartiges Nutzersegment dar, das soeben erst erschlossen wird. Die Senioren sind dabei nicht nur interessiert, sie sind auch mit sehr guter Technik ausgestattet (vgl. Projektgruppe ARD/ZDF-Multimedia 2007: 5). Die zunehmende Präsenz älterer Menschen im Internet lässt sich damit, wie in Bezug auf den Anstieg der Internetnutzung generell, zum einen auf den Abbau finanzieller und technischer Barrieren und die Einführung immer bedienungsfreundlicherer Applikationen zurückführen. Andererseits verfügen Ältere aber auch über immer mehr Technikkompetenz, die sie aus dem Berufsleben mitbringen oder über spezielle Kurse erwerben. Zudem verändert sich ihre Einstellung zum Internet (vgl. van Eimeren/Frees 2008: 332).

Trotz der zunehmenden Bereitschaft älterer Menschen zur Internetnutzung unterscheiden sich die Nutzungsmuster älterer Onliner weiterhin erheblich von denen jüngerer Personen. Während die Bis-30-Jährigen das Internet längst als ihren »täglichen Begleiter für alle möglichen Fragen und Themen« sehen, beschreiben die Ab-60-Jährigen dieses mehrheitlich als »Instrument, das ich nur ab und zu für die eine oder andere Information bzw. Auskunft brauche« (ebd.: 334). Gerade Ältere stehen zudem vor allem solchen Anwendungen im Internet skeptisch gegenüber, die einen aktiven Umgang erfordern. So richtet sich das Interesse der Über-30-Jährigen beispielsweise hauptsächlich auf den Abruf von Nutzwertinformationen (Produkte und Dienstleistung), Multimedia-Funktionen und User Generated Content bleiben auch weiterhin (noch) mehrheitlich der Altersgruppe der Bis-30-Jährigen vorbehalten (vgl. Köcher 2008).

»Aufgewachsen mit dem Internet, zählen vor allem die heute 14- bis 19-Jährigen zur ersten Generation, die das Internet als ›Allround-Medium‹ erschlossen hat. Ihr Umgang mit dem Netz ist wie bei den Erwachsenen zweckorientiert, aber ebenso unterhaltungs- und erlebnisorientiert. Gerade der Erlebniswert des Internet ist für die Jugendlichen besonders hoch, da es mit interaktiven Optionen aufwartet, die weder Hörfunk noch Fernsehen bieten. [...] Insgesamt nutzen Jugendliche das Internet in vielen Bereichen intensiver als alle anderen Onliner: Kommunikation und Austausch mit anderen, Computerspiele, Nutzung von Audio- und Videofiles ebenso wie Radio- und TV-Sendungen im Livestream.« (Projektgruppe ARD/ZDF-Multimedia 2007: 11)

Folglich sind auch die interaktiven und partizipativen Angebote des sogenannten Web 2.0 (dazu ausführlicher Abschn. 1.2 in diesem Kap.) noch weithin eine Domäne der jungen bzw. jüngeren Onliner. Die allgemein beliebten Videoportale (in erster Linie YouTube[11]) finden in durchschnittlich 84 Prozent der Unter-30-Jährigen zumindest gelegentliche Nutzer. Bei den Über-30-Jährigen sind es hingegen nur noch durchschnittlich 32 Prozent, bei den Ab-60-Jährigen sogar nur noch 9 Prozent. Besonders deutlich wird die Differenz allerdings bei privaten Netzwerken und Communities (wie Facebook[12], MySpace[13] oder StudiVZ[14]). Diese Angebote des Web 2.0 nutzen 68 Prozent der 14- bis 19-Jährigen und 57 Prozent der 20- bis 29-Jährigen zumindest selten, demgegenüber aber nur 7 Prozent der 40- bis 49 Jährigen. Bei den Ab-50-Jährigen findet sich ein verschwindend geringer Wert von tatsächlich nur einem Prozent. Einzig die Wikipedia kann in allen Altersgruppen höhere Nutzerzahlen verzeichnen, auch wenn natürlich auch hier noch ein deutliches Altersgefälle zu erkennen ist. Während 91 Prozent der 14- bis 29-Jährigen angeben, die Wikipedia gelegentlich (zumindest selten) zu nutzen, tun das in der Altersgruppe der 50- bis 59 Jährigen nur noch 45 Prozent, bei den Ab-60-Jährigen sogar nur noch 31 Prozent (vgl. Fisch/ Gscheidle 2008a: 359 sowie auch Kap. V und VII). An dieser Stelle sei jedoch bereits vermerkt, dass ›Nutzung‹ im Hinblick auf Web 2.0-Angebote nicht unbedingt ›aktive Nutzung‹ bedeutet. Bei den angegebenen Werten handelt es sich vorerst um mehrheitlich rezeptive Formen der Nutzung (siehe auch Abschn. 2.1.2 in diesem Kap.).

Insgesamt lässt sich mit van Eimeren/Frees (2008: 333) also schlussfolgern, dass gerade die ältere Generation den multimedialen, interaktiven und partizipativen Entwicklungen der Internetnutzung noch deutlich skeptisch und zurückhaltend begegnet, sich allerdings prinzipiell auch bei ihnen die Erkenntnis durchsetzt, »dass bestimmte Inhalte in keinem Medium schneller, komfortabler und vor allem umfassender zu beschaffen sind, als über

---

11 http://www.youtube.com/
12 http://www.facebook.com/
13 http://www.myspace.com/
14 http://www.studivz.net/

das Internet«. Wenn nun aber immer mehr ältere Menschen das Internet für sich entdecken, werden sich auf absehbare Zeit auch mehr und mehr Angebote herauskristallisieren müssen, die speziell auf die generationsspezifischen Bedürfnisse und Erwartungen dieser Altersgruppe(n) zugeschnitten sind. Ansätze dazu sowie zu deren Erforschung sind bereits vorhanden (vgl. hierzu Fittkau & Maaß 2009; Viehoff u.a. 2007).

Ganz ähnlich wie in Bezug auf die Altersstruktur verhält es sich auch mit der unterschiedlichen Nutzung des Internet durch beide *Geschlechter*. Frauen nutzen das Internet insgesamt weniger und zurückhaltender als Männer, wobei auch hier eine Verschärfung der ›Gender Gap‹ mit fortschreitendem Lebensalter zu beobachten ist. So ist in der Gruppe der 14- bis 29-Jährigen noch kaum eine Differenz festzustellen. Dort sind 94,5 Prozent der Frauen und 96,9 Prozent der Männer online. Bei den Ab-50-Jährigen sind es nur noch 33 Prozent der Frauen, gleichzeitig aber noch 45,6 Prozent der Männer. Auf die Gesamtheit der Bevölkerung gerechnet liegt das Verhältnis bei 59,6 Prozent bei den Frauen zu 72,4 Prozent bei den Männern. Auch die Intensität der Nutzung unterscheidet sich entsprechend: Frauen sind durchschnittlich an 4,8 von 7 Tagen im Internet, Männer hingegen an 5,4. Die durchschnittliche Verweildauer der Frauen liegt bei 101 Minuten pro Tag, die der Männer jedoch bei 137 Minuten. Folglich werden auch die verschiedenen Onlineanwendungen deutlich stärker von Männern genutzt. Vor allem der Bereich der Onlinespiele bleibt nach wie vor eine männliche Domäne. Allerdings bestimmen im Bereich des ›sozialen Internet‹ der Online-Communities und Kontaktbörsen mehr und mehr Frauen den Markt (van Eimeren/Frees 2008: 335f.). Weiterhin ist auch zu konstatieren, dass inzwischen über die Hälfte der deutschen Frauen online ist. Zuwachsraten gehen dabei insbesondere von den berufstätigen Frauen aus. Die Unter-50-Jährigen berufstätigen Frauen haben die Unter-50-Jährigen Männer in der Internetnutzung dabei sogar überholt – der Grund dafür: Frauen sind häufiger im Büro und am Schreibtisch tätig und damit an Arbeitsplätzen, die heute meist standardmäßig mit PC und Internetanschluss ausgestattet sind (vgl. Projektgruppe ARD/ZDF 2007: 5).

Überhaupt verändert sich das Bild der ungleichen geschlechtsspezifischen Internetnutzung deutlich, wenn man nicht nur bedenkt, dass der prozentuale Anteil der Frauen im Internet permanent steigt, sondern ebenso die absoluten Zahlenwerte berücksichtigt. So stehen 2008 rund 20 Millionen Frauen im Netz 22,7 Millionen Männern gegenüber. 2005 war diese Differenz noch doppelt so groß (vgl. van Eimeren/Frees 2008: 333). Des Weiteren liegt laut Aussage des (N)Onliner-Atlas 2008 auch der Anteil der Nutzungsplaner bei den Frauen deutlich höher als bei den Männern (vgl. Initiative D21 2008: 15).

Bezüglich der Parameter Bildungsstand, Nettoeinkommen und Berufstätigkeit lässt sich sagen, dass eine höhere Schulbildung, ein höheres Haushaltsnettoeinkommen und Berufstätigkeit die Internetnutzung generell begünstigen. Allerdings sind die Korrelationen hier – ebenso für Alter und Geschlecht – immer mehr rückläufig. Gut 95 Prozent der deutschen Schüler sind heute online (vgl. ebd.: 16). Sie werden ihre Mediennutzungsgewohnheiten auch unabhängig ihres beruflichen Werdegangs – so jedenfalls ist anzunehmen – auch weiterhin beibehalten. Gleiches wird zu einem Großteil wohl auch für die Berufstätigen gelten, die ins Rentenalter eintreten.

Wie im Zuge dieser kurzen Ausführungen zu den alters- bzw. geschlechtsbezogenen Nutzungsunterschieden an einigen Stellen nun bereits angeklungen ist, entwickeln bestimmte *Nutzergruppen* – neben, wenn auch nicht unabhängig ihrer generellen Bereitschaft zur Internetnutzung – zudem je eigene Spezifika im Umgang mit dem Internet. Das betrifft zum einen die Intensität der Nutzung, zum anderen aber auch und vor allem die inhaltlichen Nutzungspräferenzen. Im Hinblick auf das Alter wurde bereits darauf hingewiesen, dass die jüngeren Nutzer ein größeres Interesse an interaktiven und partizipativen Anwendungen entwickeln und das Netz zudem auch stärker in ihren Alltag einbauen, wohingegen ältere Nutzer eher Wert auf klassische Anwendungen der Information und Kommunikation (Suchmaschinen, E-Mail) legen (vgl. van Eimeren/Frees 2008: 334). Man könnte folglich auch sagen: Insbesondere für jüngere Nutzer wird das Internet mehr und mehr zu einem Medium der Unterhaltung (vgl. ebd.: 338). Information und Kommunikation stellen zwar auch weiterhin die zentralen Funktionen des Internet dar, denn hier liegen die Anwendungspräferenzen der meisten Onliner, dennoch hat sich die Art und Weise der Nutzung über die Jahre stark ausdifferenziert – und das längst nicht nur entlang des Alters. Schon 2002 wurde auf der Basis der ARD/ZDF-Onlinestudie eine erste Typologisierung erarbeitet, die 2004 noch einmal spezifiziert wurde. Die damit entstandene OnlineNutzer-Typologie (ONT) orientiert sich an folgenden Parametern: Einbindung und Bedeutung des Internet im Alltag, Gewohnheiten der Onlinenutzung, Praxis des Umgangs mit Applikationen und Nutzungsmöglichkeiten, Nutzungsinteressen, Nutzungsdauer. Sie unterscheidet sechs Gruppen (Tab. 2), die sich wie folgt charakterisieren lassen (vgl. im Folgenden Projektgruppe ARD/ZDF-Multimedia 2007: 12f.):

(1) Junge Flaneure: Die Mitglieder dieser anteilsmäßig kleinsten Gruppe der Onliner (der Anteil ist 2007 gegenüber 2006 deutlich gesunken) nutzen alle Angebote des Internet überdurchschnittlich stark. Sie neigen zum Flanieren in der virtuellen Lebenswelt und ziehen freizeitbezogene Informationen vor. Sie zeigen mit 2,5 täglichen Onlinestunden eine vergleichsweise hohe Nutzungsintensität und besitzen dabei vor allem eine hohe Neigung, das Internet als ihren täglichen Begleiter zu betrachten. Interessanterweise handelt es sich bei den ›jungen Flaneuren‹ um den ersten und bislang einzigen Nutzertypus, bei dem das Geschlechterverhältnis den neuesten verfügbaren Zahlen zufolge inzwischen ausgeglichen ist – 2006 lag der Männeranteil noch bei 58 Prozent.

(2) E-Consumer: Eine anteilsmäßig ebenfalls kleine Gruppe unter den Onlinern, allerdings mit deutlich höherem Durchschnittsalter als bei den ›jungen Flaneuren‹, verkörpern die sogenannten ›E-Consumer‹. Auch sie

weisen eine relativ hohe Nutzungsintensität von täglich zwei Onlinestunden auf. Die ›E-Consumer‹ verstehen das Internet als riesigen Marktplatz. Produktsuche, Wareninformationen und Transaktionen gehören zu ihren präferierten Aktivitäten bzw. Inhalten.

(3) Junge Hyperaktive: Die ›jungen Hyperaktiven‹ sind die Gruppe mit dem höchsten Männeranteil, gleichzeitig aber auch die mit dem geringsten Durchschnittsalter. Des Weiteren handelt es sich aber auch um den Nutzertypus mit der höchsten Nutzungsintensität: die Mitglieder verweilen mehr als vier Stunden am Tag im Internet. Folglich nutzen sie die Angebote und Anwendungen des Internet auch intensiver und umfassender als alle anderen Gruppen. Sie schätzen das Internet als Informations- und Kommunikationsmedium, interessieren sich aber auch für dessen multimediale und medien-integrierende Funktionen.

(4) Routinierte Infonutzer: Wenn auch längst nicht die anteilsgrößte, so doch aber die Gruppe mit dem höchsten Zuwachs, ist jene der ›routinierten Infonutzer‹. 21,2 Prozent der Onliner (hochgerechnet 8,6 Millionen Menschen) ließen sich 2007 diesem Typus zuordnen. 2006 waren es lediglich 14,2 Prozent. Wie ihr Name schon sagt, suchen die ›Infonutzer‹ im Web vor allem nach Informationen für den beruflichen oder privaten Bereich. Insbesondere Wirtschaft, Wissenschaft, Kultur und aktuelles Zeitgeschehen gehören dabei zu ihren bevorzugten Themen. Interessant ist dieser Typus insbesondere, da er das Internet trotz hoher Affinität und Nutzungsintensität (durchschnittlich 2,25 Stunden am Tag) auf die Funktion als Informationsmedium beschränkt. Kommunikative, interaktive oder multimediale Angebote werden kaum genutzt.

Während die bisher genannten Typen sich dem Basishabitus »aktiv-dynamisch« zuordnen lassen, weisen die folgenden beiden Gruppen eher »selektiv-zurückhaltende« Nutzungsmuster auf. Sie sind auch die einzigen beiden Gruppen, in denen der Frauenanteil deutlich über dem der Männer liegt.

(5) Selektivnutzer: Bei den ›Selektivnutzern‹ handelt es sich um einen Nutzertyp, der das Internet noch nicht in seinen Alltag integriert hat. Ihre durchschnittliche Internetnutzungsdauer beträgt täglich lediglich knapp eine Stunde. Meist beschränken sie sich dabei auf das Abrufen von E-Mails. Multimediale Anwendungen werden geradezu ignoriert.

(6) Randnutzer: Die größte unter den Nutzergruppen ist schließlich die der sogenannten ›Randnutzer‹. Gleichzeitig handelt es sich auch um die Gruppe mit dem höchsten Altersdurchschnitt (43 Jahre). Die ›Randnutzer‹ besitzen, wie der Name schon andeutet, ein distanziertes Verhältnis zum Internet und verfügen über wenig Souveränität im Umgang mit dessen Möglichkeiten. Sie beschränken sich daher auf bewährte Anwendungen wie E-Mails, Homebanking und ausgewählte Informationsseiten. Analog zu den Selektivnutzern ist das Internet noch nicht Bestandteil ihres Alltags geworden. Ihre durchschnittliche Nutzungsdauer beträgt gerade einmal eine halbe Stunde am Tag.

Tabelle 2: Onliner-Typen

	in Mio	Ø-Alter (2006)	Anteil Männer (in %)	Anteil Frauen (in %)
Junge Flaneure	2,7	28	50	50
E-Consumer	3,7	39	62	38
Junge Hyperaktive	5,3	27	72	28
Routinierte Infonutzer	8,6	41	58	42
Selektivnutzer	8,5	41	46	54
Randnutzer	12	43	43	57

Quelle: Oehmichen/Schröter 2007: 408; ARD/ZDF-Onlinestudie 2006

Betrachtet man die Veränderungen in den Gruppenverteilungen über die letzten Jahre, ist ein kontinuierlicher Wachstumstrend vor allem bei der Gruppe der ›jungen Hyperaktiven‹ sowie bei jener der ›routinierten Infonutzer‹ auszumachen. Alle anderen OnlineNutzer-Typen verzeichnen 2007 gegenüber den Werten von 2004 eher eine Abnahme der Anteilszahlen. Dieser Trend steht vermutlich in enger Verbindung zur technologischen (multimedialen) Weiterentwicklung des Internet einerseits und zu den beschriebenen Veränderungen in der Altersstruktur der Internetnutzung andererseits. Insgesamt wird deutlich, dass die Nutzerstruktur der deutschen Onliner sich in ständigem Fluss befindet, Schwerpunkte, Präferenzen und Trends sich somit immer wieder dynamisch wandeln (vgl. Oehmichen/Schröter 2007: 407).

Ein angesichts der positiven Wachstumszahlen oftmals vernachlässigtes Phänomen der Internetnutzung ist schließlich die anhaltend hohe Zahl an Offlinern. So bleibt insgesamt immernoch ein Drittel der Deutschen dem Internet fern. Hier ist zum einen zu bemerken, dass sich (in Analogie zu den Werten bei den Onlinern) unter den Offlinern überdurchschnittlich viele Frauen befinden. Bei insgesamt 43,2 Prozent Nichtnutzern gehören ganze 40,4 Prozent der deutschen Frauen (ab 14 Jahren) aber nur 27,6 Prozent der deutschen Männer (ab 14 Jahren) dieser Gruppe an. Damit sind 60,9 Prozent der deutschen Offliner Frauen (vgl. Gerhards/Mende 2008: 366). Zum anderen zeigt sich aber auch eine deutlich ungleichmäßige Internetdiffusion in den einzelnen Alters- sowie Bevölkerungsschichten. Vor allem geringer Gebildete, Nicht-Berufstätige sowie Personen über 60 Jahre machen einen großen Teil der Offliner aus. Aktuell sind 73,6 Prozent der Über-60-Jährigen, 66,4 Prozent der Nicht-Berufstätigen/Rentner und 53,3 Prozent der formal geringer Gebildeten (Volksschule/Hauptschule) nicht im Netz – wobei sich diese Gruppen selbstverständlich teilweise überschneiden (vgl. ebd.: 365f.).

Im Hintergrund dieser soziodemographischen Faktoren stehen verschiedenste Gründe, die zu einer anhaltenden »Internet-Abstinenz« (Projektgruppe ARD/ZDF-Multimedia 2007: 23) beitragen können. 95 Prozent der Offliner geben 2008 an, die Info- und Unterhaltungsangebote der klassischen Massenmedien Presse, Radio und Fernsehen reichten ihnen aus. 90 Prozent der Offliner sehen in der Internetnutzung weder eine private noch eine berufliche Notwendigkeit. Eine ebenfalls große Gruppe von 81 Prozent bemerkt zudem, sie hätten weder Zeit noch Lust sich mit dem Internet zu beschäftigen (vgl. Gerhards/Mende 2008: 370). Weitere entscheidende Hürden stellen für einen Großteil der Offliner die anfallenden Anschaffungs- und Betriebskosten sowie eine mangelnde Erfahrung im Umgang mit der Technik, aber auch prinzipielle Ängste und Vorbehalte gegenüber dem Internet dar. Insbesondere die Angst vor Datenmissbrauch spielt hier eine gewichtige Rolle (vgl. hierzu Projektgruppe ARD/ZDF-Multimedia 2007: 24).

Die Projektgruppe ARD/ZDF-Multimedia hat dazu 2004 eine eigene Typologie der Offliner erarbeitet, welche nach eigener Auskunft »einen differenzierteren Blick auf ihre Motive« erlauben soll. Fünf Gruppen werden dabei unterschieden: (1) die Ablehnenden, (2) die Distanzierten, (3) die Desinteressierten, (4) die Nutzungsplaner sowie (5) die Erfahrenen. Die Typologie (Tab. 3) macht deutlich, dass (die Gruppe der absolut Distanzierten einmal ausgenommen) die Mehrheit der Offliner in Deutschland über eine sehr genaue Vorstellung vom Internet und dessen Möglichkeiten verfügt, sich aber gleichwohl aus unterschiedlichen Gründen gegen eine Nutzung entscheidet (vgl. ebd.: 25). Die Hauptmotive – alternative mediale Angebote, fehlender Bedarf, geringes Interesse, hoher Zeitaufwand, hohe Anschaffungs- und Betriebskosten, mangelnde Erfahrung im Umgang mit der Technik – wurden bereits erwähnt.

Tabelle 3: Offliner-Typen

	in Mio	Ø Alter	Anteil Männer (in %)	Anteil Frauen (in %)
Ablehnende	6,49	64	32	68
Distanzierte	5,37	61	33	67
Desinteressierte	5,01	70	48	52
Nutzungsplaner	2,67	55	47	53
Erfahrene	2,62	57	44	56

Quelle: Gerhards/Mende 2008: 369, ARD/ZDF-Onlinestudie 2008

Problematisch wird die Nichtnutzung jedoch vor allem dann, wenn der Zugang zum Internet nicht aus Überzeugung oder mangels Bedarf unterlassen wird, sondern aus finanziellen oder strukturellen Gründen systematisch verweigert bleibt. Der (N)Onliner-Atlas verweist beispielsweise jährlich auf den ›digitalen Graben‹, der u.a. auch entlang von regionalen Grenzen bzw. zwischen städtischen und ländlichen Wohngegenden verläuft. Von besonderer Relevanz ist hier die regional unterschiedliche Dichte von Breitbandanschlüssen, die sich inzwischen aber immer stärker angleicht (vgl. Initiative D21 2008: 58). Die Projektgruppe ARD/ZDF-Multimedia vermerkt überdies, dass etwa ein Viertel der Offliner schlicht und einfach über niemanden verfügt, der ihnen beim Einstieg ins Internet behilflich sein könnte. Es wären also dringend finanzielle, technische und aktive Einstiegshilfen notwendig (vgl. Projektgruppe ARD/ZDF-Multimedia 2007: 25).

Bei genauerer Betrachtung zeichnen sich demnach fünf *Kerncharakteristika* der Entwicklung der Internetnutzung ab:

(1) Habitualisierung: Zunächst ist festzustellen, dass das Internet eine immer stärkere Integration in unseren Alltag erfährt. Es nutzen nicht nur immer mehr Menschen das Internet – immer mehr Menschen sind zudem auch immer häufiger und immer länger online. Das Sichten aktueller Nachrichten im Netz, die Recherche wichtiger Informationen, der Abruf und der Versand von E-Mails, die Recherche von Informationen über Google, die Teilnahme an Foren oder Chats oder die Selbstpräsentation in sozialen Netzwerken werden mehr und mehr zu einem festen Bestandteil des allgemeinen Mediennutzungsverhaltens und – wie zuvor schon Radio und Fernsehen – zu einem alltäglichen Begleiter (vgl. Projektgruppe ARD/ZDF-Multimedia 2007: 10). Dieser Prozess der Habitualisierung der Internetnutzung wird zusätzlich durch die Entwicklung und zunehmende Verbreitung neuer mobiler und damit noch flexibler handhabbarer Endgeräte (wie Netbooks, PDAs, Smartphones) unterstützt. Für den Aspekt der Habitualisierung der Internetnutzung spricht weiterhin aber auch der steigende Anteil der passiven Hintergrundnutzung an der Gesamtnutzung – befördert durch die Zunahme von Flatrate-Verbindungstarifen. Dies gilt insbesondere für die berufliche Internetnutzung vom Arbeitsplatz aus. Inzwischen liegt dieser Anteil für Wochentage bei 27 Prozent. Konkret heißt das: bei 132 Minuten täglicher Gesamtnutzung findet in 96 Minuten eine tatsächliche Nutzungsaktivität statt. In den restlichen 36 Minuten werden zwar keine Internetinhalte abgerufen, eine Verbindung zum Internet ist aber dennoch hergestellt (van Eimeren/Frees 2008: 341).

Was die Verteilung der Internetnutzung im Tagesverlauf betrifft, so ist neuerdings eine allmähliche Verschiebung der Hauptnutzungszeit auf die Abendstunden festzustellen. Während noch vor wenigen Jahren die meisten Zugriffe am Vor- und Nachmittag erfolgten, war schon für 2005 keine eindeutige ›Primetime‹ mehr auszumachen (Abb. 10). Derzeit liegt die primäre Nutzungszeit nach einer ersten intensiven Phase am Vormittag zwischen 20 und 22 Uhr (vgl. van Eimeren/Frees 2008: 339f.)

Abbildung 9: Internetnutzung im Tagesverlauf 2005 und 2008

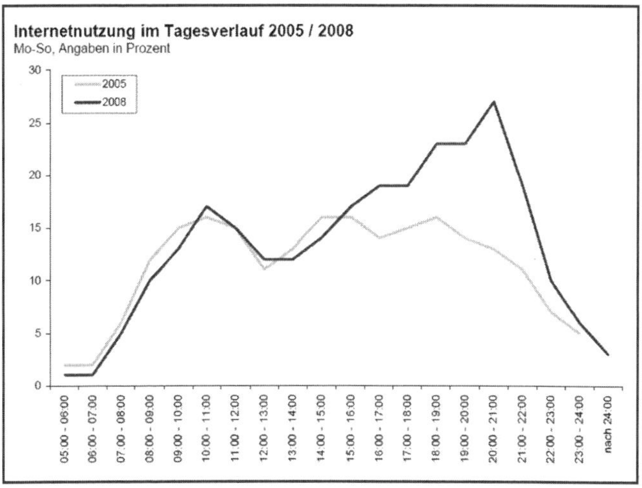

[Diagramm: Internetnutzung im Tagesverlauf 2005 / 2008, Mo-So, Angaben in Prozent]

Quelle: ARD/ZDF-Onlinestudie 2008

(2) Multimedialisierung: Die Angebotspalette der im Internet verfügbaren Inhalte und Anwendungen wächst rapide. Längst ist das Netz dem Stadium eines vornehmlich textbasierten Mediums entwachsen. Via Internet können heute problemlos auch Zeitungen gelesen, Fernsehsendungen und Radioprogramme empfangen und Telefongespräche geführt werden – und das, dank der zunehmenden Verbreitung von Wireless LAN-Verbindungen bzw. öffentlichen, kabellos nutzbaren Internetzugriffspunkten (sogenannten Hot Spots) sowie der oben bereits erwähnten mobilen Empfangsgeräte, verbunden mit all den Vorteilen und Annehmlichkeiten eines zeitlich wie räumlich flexibel zugänglichen, weil gewissermaßen ›allgegenwärtigen‹ Riesenspeichers. Das Internet entwickelt sich damit heute mehr und mehr zu dem, was die Visionäre und Theoretiker der digitalen Vernetzung (siehe hierzu Kap. I, Abschn. 2.1) bereits in den frühen Jahren des massenmedialen Internet als dessen herausragendes Merkmal hervorhoben: Es wird zu einer multifunktionalen bzw. multimedialen Plattform, über die verschiedenste andere Medien zentral abrufbar sind.[15]

Bisher schöpfen noch vergleichsweise wenige Menschen die damit verbundenen Potentiale aus. Laut ACTA-Studie hörten in Deutschland 2008

---

15 Hier wird erneut der besondere mediale Charakter des Internet deutlich. Konrad Scherfer (2008: 25) stellt hierzu etwa fest, es sei »angebracht, das Web weder als Einzelmedium noch als Hybrid- oder Meta-Medium im Sinne einer Addition der Einzelmedien zu begreifen, sondern als Medium zweiter Ordnung (Rainer Leschke)«.

insgesamt 30 Prozent der Onliner Radio über das Internet.[16] Lediglich 6 Prozent davon taten dies jedoch häufiger. Etwa die Hälfte (14%) nutzten diese Möglichkeit nur ab und zu. Ähnliches gilt für die Rezeption von TV via Internet: Insgesamt nur 22 Prozent der vernetzten Gesamtbevölkerung (Onliner zwischen 14 und 64 Jahren) nutzten 2008 diese Funktion überhaupt. Nur 2 Prozent sahen dabei allerdings häufiger und nur 7 Prozent ab und zu über das Internet fern. Die restlichen 13 Prozent gaben diesbezüglich ein eher sporadisches Nutzungsverhalten an (vgl. Köcher 2008). Schließt man in die eben genannten Kategorien (Radionutzung bzw. TV via Internet) auch Musikdateien allgemein und andere Audiodateien sowie Videoportale ein, dann ergeben sich deutlich höhere Zahlen für die Gesamtnutzung. So riefen 2008 insgesamt 43 Prozent der deutschen Internetnutzer Audiodateien und sogar 55 Prozent Videodateien im Internet ab (vgl. van Eimeren/Frees 2008: 339).

Im Großen und Ganzen wird das Internet also zunehmend als multimediales Medium genutzt, obgleich hier freilich noch ein großer potentieller Entwicklungsspielraum besteht. Die ACTA-Studie 2008 verzeichnet für das bereits genannte TV via Internet beispielsweise einen deutlichen Anstieg um insgesamt 8 Prozentpunkte gegenüber 2007. Das stimmt zuversichtlich, auch wenn dieser Anstieg dabei in erster Linie aus einer gewachsenen Anzahl von Nutzern resultiert, die das Internet eher unregelmäßig (ab und zu oder nur ganz selten) nutzen (vgl. Köcher 2008).

Verbindungstechnisch sowie von ihrer PC-Ausstattung her ist ein Großteil der Onliner aber schon heute für das multimediale Zeitalter gerüstet. Insgesamt verfügen aktuell 70 Prozent der deutschen Internetnutzer auch im heimischen Haushalt über einen schnellen, breitbandigen Internetanschluss. 56 Prozent der deutschen Onliner ab 14 Jahren verfügen zudem über eine WLAN-Verbindung, 30 Prozent über eine TV-Karte bzw. USB TV-Karte und 27 Prozent über eine Webcam. Es ist anzunehmenderweise also lediglich ein Mangel an Bedarf und/oder Interesse, der von der stärkeren Verbreitung multimedialer Angebote abhält. Angebote zur Gerätekonvergenz wie Triple Play[17] oder der sogenannte ›Wohnzimmer-PC‹ (ein Computer zum Abspielen von DVDs, Video- und Audiodateien sowie zum Aufzeichnen von Fernsehsendungen) können sich nur einer anhaltend geringen Nachfrage erfreuen und sind eher eine Randerscheinung. Bislang nutzen nur 2 bis 5 Prozent der Onliner derartige Optionen (vgl. Fisch/Gscheidle 2008b: 346ff.).

(3) Ausdifferenzierung von Nutzungsmustern und inhaltlichen Nutzungsclustern: Ein weiteres Kerncharakteristikum der Entwicklung der In-

---

16 Die ARD/ZDF-Onlinestudie 2008 gibt hier sogar nur einen Wert von 23 Prozent an. Das entspricht 9,9 Millionen Menschen in Deutschland (vgl. van Eimeren/ Frees 2008: 339).

17 Internet, Telefon und Fernsehen kommen aus der Hand eines Anbieters und werden über ein einziges Kabel empfangen. Fernsehen und Internet können so über ein gemeinsames Endgerät rezipiert werden.

ternetnutzung ist das der fortschreitenden und zunehmenden Differenzierung, d.h. der teilweise deutlich differierenden Nutzungsmuster unterschiedlicher Personengruppen (Jüngere/Ältere, Männer/Frauen, formal höher/formal geringer Gebildete etc.) – wie die Darstellung der OnlineNutzer-Typologie gezeigt hat. Das Internet hat sich zu einem multimedialen Allround-Medium entwickelt und kann daher für die verschiedensten Bedürfnisse eingesetzt werden. Es kann ebenso als reines Kommunikationswerkzeug fungieren wie als aktuelles und flexibles Informationsmedium mit einem weiten Spektrum auch alternativer Informationskanäle. Darüber hinaus sehen einige Nutzer im Netz inzwischen aber auch eine Plattform ihrer kreativen Selbstverwirklichung, ein Medium der Massenkommunikation, an dem sie durch ihre eigenen Beiträge erstmals wirklich aktiv partizipieren können. Die Möglichkeiten sind hier schier unbegrenzt. In diesem Sinne ist das Internet in seiner heutigen Gestalt geradezu darauf ausgelegt, dass sich seine Nutzung – stärker als bei allen anderen Medien zuvor – immer weiter ausdifferenziert.

Die ACTA-Studie 2008 hat hierzu die inhaltlichen Nutzungscluster im Internet näher erfasst (vgl. Abb. 11). Neben den Kernfunktionen ›E-Mails‹ und ›Beschaffung von Informationen via Suchmaschinen‹ nennt die Grafik u.a. auch die Nutzung von Nachschlagewerken, den Abruf von Veranstaltungshinweisen, Fahr- und Flugplänen oder das Vornehmen von Preisvergleichen, den Besuch von Stellen-, Kontakt- und Immobilienmärkten, den Abruf von Nachrichten aus Politik und Wirtschaft sowie die Nutzung von Blogs, Podcasts (siehe Abschn. 1.2.2 in diesem Kap.) oder das Herunterladen von Musik.

Abbildung 10: Inhaltliche Nutzungscluster im Internet

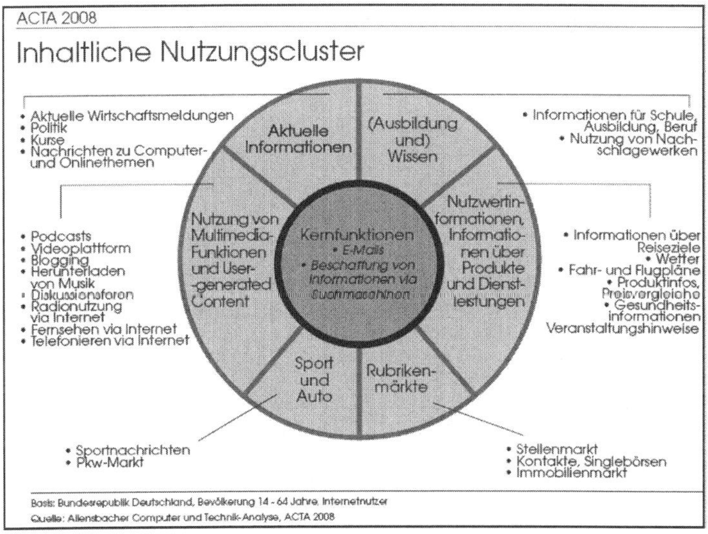

Quelle: Köcher 2008; Datenbasis: ACTA 2008

Wie zu erwarten war, zeigen sich auch hier ausgeprägte generationsspezifische Nutzungspräferenzen: Während die ›Nutzwertinformationen über Produkte und Dienstleistungen‹ vor allem bei den Ab-30-Jährigen gefragt sind, dominieren bei Nutzung von Multimediafunktionen und User Generated Content hingegen überdurchschnittlich die Unter-30-Jährigen (vgl. Köcher 2008).

Weitaus interessanter ist jedoch die Beobachtung, dass innerhalb der einzelnen Nutzungscluster ein starker Einfluss einzelner Nutzergruppen wirkt. So ist mit dem deutlichen Anstieg von Frauen im Netz seit 2005 etwa ein starker Anstieg typischer ›Frauenthemen‹ (Kleider, Mode, Schuhe, Kosmetik, Haushaltswaren) im Cluster der ›Produktinformationen‹ zu verzeichnen, wohingegen die Werte für Computersoftware deutlich zurückgingen (vgl. ebd.). Sie verweist denn auch auf ein viertes charakteristisches Merkmal der gegenwärtigen und vor allem zukünftigen Entwicklung der Internetnutzung: deren dynamische Um- und Neustrukturierung.

(4) Dynamische Um- und Neustrukturierung: Wie weiter oben bereits thematisiert wurde, wird sich die Nutzerstruktur des Internet in den kommenden Jahren aufgrund des demographischen und generationalen Wandels voraussichtlich zunehmend verschieben. Das Internet wird mehr denn je auch von erwachsenen und vor allem älteren Nutzern dominiert sein. Die Präsenz immer mehr älterer Personen im Internet (und hier ist erklärtermaßen nicht allein die häufig referierte Tatsache gemeint, dass der größte Spielraum im Bereich der Entwicklung der Internetnutzung im Sinne von Wachstumspotential bei den bisherigen Rand- und Schwellengruppen – den Älteren und den Frauen – liegt) könnte dieses grundlegend umgestalten. So werden diese Gruppen zum einen altersspezifische Nutzungsinteressen und -präferenzen etablieren. Zum anderen muss man aber auch bedenken, dass gerade die beobachtbaren Nutzungsdifferenzen zwischen Jüngeren und Älteren nicht in erster Linie oder gar allein lebensaltergebunden sind. Zwar stehen bestimmte Elemente des Nutzungsverhaltens in deutlicher Relation zu bestimmten Lebensphasen. Vor allem ein direkter Bezug zwischen Internetnutzung und Berufstätigkeit kann immer wieder gezeigt werden. Allerdings werden sich die typischen Ausprägungen konkreter Nutzungsmuster und Nutzungspräferenzen insgesamt wohl eher als generationenspezifisch[18] erweisen. Die jetzige, gegenwärtig noch im Erwerbsprozess stehende Erwachsenengeneration wird ihre Nutzungsmuster – davon zumindest geht der generationenbezogene Ansatz der Mediennutzung aus – höchstwahrscheinlich mit hinüber in das Rentenalter nehmen. Dort werden sie sich mit Informations-, Kommunikations- und Unterhaltungsbedürfnissen dieser Lebensphase vermischen.

Gleiches gilt für die heutige Generation der jugendlichen Computerspieler, Chatter, Blogger und Netzwerker. Auch sie werden ihre heute noch im

---

18 Zur Bedeutung von Mediengenerationen im Kontext der Internetnutzung siehe ausführlicher Kapitel II in Pscheida 2007.

Stadium eines ›kreativen Freizeitspaßes‹ befindlichen Umgangsweisen mit dem Netz und seinen neuartigen Anwendungen früher oder später in die Arbeitswelt transferieren, dort entsprechend modifizieren und auf diese Weise etablieren. Nicht zuletzt drängen aber auch am – demographisch betrachtet – ›unteren Ende‹ beständig neue, d.h. nachwachsende Generationen von Nutzern ins Internet, die wiederum ganz eigene Nutzungsweisen entwickeln werden.

Das Internet ist so gesehen also in einer ständigen dynamischen Bewegung der Um- und Neustrukturierung, die nicht nur durch technische Weiterentwicklungen, d.h. neue Tools und neue Angebotsformen gesteuert wird, auch wenn diese zukünftig natürlich mit dazu beitragen werden, dass das multimediale und interaktive Internet sich auch über die Generationen hinweg mehr und mehr als Massenphänomen behauptet.

(5) Problematisierung der Nichtnutzung: Das angesichts der im vorangegangenen Kapitel beschriebenen Wissensgesellschaft wohl signifikanteste Kerncharakteristikum der Entwicklung der Internetnutzung ist jedoch gerade der zunehmend problematischer werdende Umstand der Nichtnutzung. Immernoch, das zeigen ARD/ZDF-Onlinestudie 2008 und (N)Onliner-Atlas 2008 gleichermaßen, sind gut ein Drittel der Deutschen weiter offline. Hier gilt es nun jedoch zu betonen, dass mit der steigenden Relevanz des Internet in allen Bereichen des gesellschaftlichen aber eben auch des kulturellen Lebens unweigerlich auch die Erwartung an den Einzelnen steigt, sich dieser medialen Ressource – in welcher Form auch immer – zu bedienen. Die Nichtnutzung bedeutet entsprechend das Nicht-Wahrnehmen(können) und den Ausschluss aus einem bestimmten Bereich des gesellschaftlichen Lebens. Oder anders ausgedrückt: ein bestimmtes und tendenziell relevanter werdendes Spektrum der sozialen Lebenswirklichkeit in einer modernen und globalisierten Gesellschaft bleibt für die Nichtnutzer unsichtbar. Das wird insbesondere dann zum Problem, wenn die Nichtnutzung unbewusst oder ungewollt erfolgt. Wie bereits an anderer Stelle bemerkt wurde, existiert gegenwärtig in Deutschland immernoch ein starkes Stadt-Land-Gefälle, was etwa die Verbreitung von Breitbandanschlüssen als Voraussetzung einer komfortablen Nutzung der heute gemeinhin grafisch sehr aufwändig gestalteten Angebote und Anwendungen im Netz betrifft (vgl. Initiative D21 2008: 58). Weiterhin wird der Zugang zum Internet nicht selten aber auch aufgrund sozialer Aspekte (Einfluss von Bildungsniveau, Einkommen etc.) erschwert (vgl. Gerhards/Mende 2008: 365f.). Einen weiteren zentralen Faktor für die Nichtnutzung stellt vor allem bei älteren Menschen ein mangelndes Vertrauen in die Technik sowie die eigenen Fähigkeiten dar (vgl. Projektgruppe ARD/ZDF-Multimedia 2007: 24). Nicht zuletzt herrscht in der Bevölkerung allgemein wohl auch eine vergleichsweise große Unwissenheit über die Möglichkeiten und Potentiale der Internetnutzung, die nicht selten zu falschen Schlüssen, Ansichten und Entscheidungen in Bezug auf diese führt.

Auch wenn laut den Ergebnissen der ARD/ZDF-Onlinestudie der typische Offliner in Deutschland auch weiterhin der ›bewusst Ablehnende‹ ist, der weder Interesse noch ein Bedürfnis nach Nutzung verspürt und stattdessen lieber auf die Angebote der klassischen Massenmedien Presse, Radio und Fernsehen zurückgreift (vgl. Gerhards/Mende 2008), so ändert das doch nichts daran, dass angesichts der im vorangegangenen dritten Kapitel gemachten Ausführungen zu den Implikationen der Wissensgesellschaft entlang des (sprichwörtlichen) ›digitalen Grabens‹ zunehmend auch die Gefahr einer ›digitalen Wissenskluft‹[19] sowie im Gegenzug die Herausbildung einer ›Info-Elite‹ (vgl. Leggewie 2002: 67f.) droht. Mit Blick auf das Internet und die Internetnutzung zeichnen sich also deutliche »Konturen einer medialen Klassengesellschaft« (Winterhoff-Spurk 1997: 188) ab, deren radikalste Ausprägung wohl die bildliche Diskrepanz zwischen »User« und »Loser« (Opaschowski 1999: 52) darstellt – doch das wäre eine andere Diskussion.

1.1.3 Generationen der Internetnutzung

Trotz der zuletzt genannten Schwierigkeiten, die im Kontext der Betrachtungen zu den zentralen Charakteristika der Internetnutzung keinesfalls vernachlässigt werden dürfen, stellt die Entwicklung der Internetnutzung im privat-kommerziellen Bereich insgesamt doch eine unvergleichliche Erfolgsgeschichte dar. In Anlehnung an Alby (2007: 163f.) lassen sich abstrahierend drei bisherige Generationen der Internetnutzung benennen: Die erste Generation umfasst die Jahre 1991 bis 1995, also den Zeitraum, in dem die Grundlagen des Internet, wie wir es heute kennen, zwar bereits geschaffen waren, die Masse der Bevölkerung mangels entsprechender Kenntnisse jedoch noch keinen Zugang zur Netzwelt hatte. Dies bezeichnet Alby als die Zeit der ›Early Adopter‹. Diese frühen Internetnutzer (meist technikaffine Studenten) experimentierten mit den neuen Möglichkeiten des Hypertextes

---

19 Der Begriff der ›digitalen Wissenskluft‹ schließt an die erstmals im Jahre 1970 von P. J. Tichenor, G. A. Donohue und C. N. Olien an der University of Minnesota entwickelte medienwissenschaftliche Hypothese von der »Increasing Knowledge Gap« an (vgl. Bonfadelli 1999). Selbstverständlich stellt aber auch eine rege Nutzung des Internet zu Informationszwecken stellt nicht a priori eine erfolgreiche Wissensaneignung sicher. So hält das Internet nicht nur immense Mengen an Daten und Informationen bereit, sondern weist aufgrund seiner Struktur auch zahlreiche medienspezifische Besonderheiten auf, die sich nachhaltig auf die Bedingungen der Informationssuche, -selektion und -verarbeitung durch den Einzelnen auswirken. Notwendig ist hier vor allem die Entwicklung einer internetspezifischen Medienkompetenz, worauf an dieser Stelle jedoch nicht näher eingegangen werden soll (vgl. zu den Besonderheiten von Informationssuche und Wissensaneignung im Internet u.a. Döring 1997; Wirth/Brecht 1999; Wirth/Schweiger 1999; Hölscher 2000; Sacher 2000; Unz 2000; Jukl 2001; Münch 2002; Tergan 2002 sowie zur Medienkompetenz im Web 2.0 Gehrke/Gräßer 2007).

und kreierten erste statische HTML-Seiten. An diese – wenn man so will – Testphase der Internetnutzung schließt sich zwischen 1995 und 2001 eine zweite Generation der Internetnutzung an, die von der sprunghaften Verbreitung des Internet und dessen Entwicklung hin zum Massenmedium gekennzeichnet war. Die ›Early Majority‹ zog ins Netz ein, die das Internet rasch nicht mehr nur als Informations- und Kommunikationsmedium, sondern ebenso auch als riesigen Marktplatz betrachtete. Dank schrittweise verbesserter Möglichkeiten im Seitendesign legten sich in dieser Phase auch immer mehr Privatpersonen, vor allem aber öffentliche Einrichtungen und Unternehmen, eine virtuelle Präsenz zu. Diese zweite Generation umfasst daher zugleich auch den Aufstieg und Fall der New Economy. Nach dem Platzen der berühmt-berüchtigten ›Dotcom-Blase‹ entwickelt sich ab 2001 schließlich eine dritte Generation der Internetnutzung, die laut Alby bis in die Gegenwart hinein anhält. In dieser drängt, nicht zuletzt angesichts kostengünstigerer und vereinfachter Zugänge, auch die ›Late Majority‹ ins Netz.

Es darf nun sicherlich bezweifelt werden, inwieweit vor der Freigabe des WWW-Standards durch das CERN 1993 überhaupt bereits von einer ersten Generation der Internetnutzung – und wenn auch nur in Form der versierten ›Early Adopter‹ – gesprochen werden kann. Diese Gruppe der technikaffinen Tüftler hatte sich auch vor der Entwicklung des WWW mit dem Internet beschäftigt. In diesem Sinne soll hier dafür plädiert werden, die von Alby vorgeschlagenen drei Generationen der massenmedialen Internetnutzung auf zwei zu beschränken: einer ersten Generation eines eher *statischen Internet* zwischen 1993 und 2000 sowie einer zweiten Generation eines eher *dynamischen Internet* ab etwa 2001. Alby selbst unterscheidet in einem jüngeren Aufsatz zwischen dem »Dokument-basierten Web« und dem »Applikation-basierten Web«, wobei letzteres auf ersterem aufbaut, wie auch das Web auf der Infrastruktur des Internet aufbaut (vgl. Alby 2008: 111).

Die Entwicklung und Besonderheiten der Internetnutzung selbst sind soeben ausführlich benannt und diskutiert worden. Beachtung verdient aber vielmehr die Tatsache, dass der Charakter des Netzes sich nun zunehmend zu verändern scheint. Aus dem passiv rezipierten Distributionsmedium wird zunehmend ein aktiv gestaltbares, multimediales Interaktions- und Partizipationsmedium. Dabei spielen mehrere Entwicklungen zusammen. Der Einfluss von Breitbandanschlüssen und Flatrates ist ebenso zu berücksichtigen wie das Aufkommen von Wikis, Blogs, Social Networks oder freien Lizenzen.

1.2 Web 2.0 als neue Generation der (wissensgesellschaftlichen) Internetnutzung

Der Logik einer generationalen Entwicklung der Internetnutzung folgend (siehe dazu auch den Band von Meckel/Stanoevska-Slabeva 2008), sehen wir uns derzeit also einer neuen Generation der Internetnutzung gegenüber, die sich durch die fortschreitende gesellschaftliche Verbreitung und Etablierung des Internet im Alltag einerseits und einen zunehmend aktiven Umgang mit diesem andererseits auszeichnet. Unter der Maßgabe einer massenmedialen Entfaltung der Internetnutzung handelt es sich dabei jedoch genau genommen erst um eine zweite Generation, wobei der Zusammenbruch der New Economy um die Jahrtausendwende als Zäsur zwischen erster und zweiter zu werten ist. In diesem Sinne könnte auch der Begriff *Web 2.0* interpretiert und verstanden werden, von dem seit einiger Zeit immer dann die Rede ist, wenn es um die Erfassung und Beschreibung eben jener aktuellen Phänomene der Internetnutzung geht, die oben schon einmal kurz angerissen wurden. Gern wird der Begriff des Web 2.0 dabei als eine Art integratives Schlagwort oder gar Label für den gegenwärtigen Zustand des Internet allgemein gebraucht, ohne gleichwohl genauer zu hinterfragen, was sich im Einzelnen konkret dahinter verbirgt. So weist der Begriff trotz seiner gegenwärtigen Popularität doch eine deutliche Unschärfe auf.

1.2.1 Zum Begriff des Web 2.0

Die grundlegende Schwierigkeit am Begriff Web 2.0 ist vermutlich dessen Dehnbarkeit, welche die Anwendung auf verschiedenste Aspekte und Sachverhalte erlaubt. Matthias Spielkamp (2006: 32) bezeichnet ihn daher zutreffend auch als »Catch-All-Phrase« versehen mit einem gewissen »Techno-Optimismus«. Freilich lägen allein mit Blick auf den Begriff selbst und die darin enthaltene Adaption einer Versionsnummer zunächst Assoziationen in Richtung der Kennzeichnung eines Software-Elements zu einem bestimmten Zeitpunkt nahe. Der Begriff Web 2.0 könnte dann zum einen darauf verweisen, dass die Version 1.0 des Web einige Mängel aufgewiesen hat, welche die Entwicklung einer neuen Version 2.0 notwendig machten. Zum anderen würde dies aber auch implizieren, dass die Version 1.0 wenigstens so erfolgreich gewesen ist, dass eine weitere Arbeit daran für sinnvoll erachtet wurde. Vor allem aber legte die Interpretation des Begriffs Web 2.0 im Sinne einer Versionsnummer den Schluss nahe, dass sich gegenüber der ersten Version etwas gravierend verändert hat und sich das neue Web 2.0 also diesbezüglich vom alten unterscheidet (vgl. Alby 2007: 17f.). Was genau dieses etwas ist, bleibt damit jedoch weiterhin deutungsoffen und hängt vom Fokus der Betrachtung ab. Wie schon im Zusammenhang mit der Entwicklungsgeschichte des Internet, lassen sich auch hier drei verschiedene Ansätze bzw. Sichtweisen finden (vgl. insgesamt Gehrke/Gräßer 2007: 11f.):

a) technisch-ökonomische Sicht
Ein erster Ansatz geht von der technologischen Basis aus, auf der das Web 2.0 aufbaut und stellt diese bzw. die damit realisierten Anwendungen in den Mittelpunkt. Dieses Vorgehen entspricht auch der ursprünglichen Herangehensweise der beiden ›Väter‹ des Begriffs Tim O'Reilly und Dale Dougher-

ty im Kontext seiner Entstehung im Jahre 2004.[20] Der Legende nach ging es dabei zunächst um die Suche nach einer Überschrift für eine Konferenz, die sich neuen technischen Entwicklungen und Geschäftsmodellen im Internet widmen sollte (vgl. Spielkamp 2006: 32). Man bemühte sich also, Prinzipien und Strukturmerkmale zu identifizieren, welche all jene Firmen teilten, die den Zusammenbruch der New Economy überlebt hatten und auch weiterhin erfolgreich waren (vgl. Alby 2007: 15). Den Hintergrund dieser Überlegungen bildet, wie O'Reilly selbst in einem späteren Internetpapier (»What is Web 2.0? Design patterns and business models for the next generation of software«) anführt, die Überzeugung, das Platzen der ›Dotcom-Blase‹ nicht als Niederlage des Webs, sondern als Reinigungsprozess zu sehen, der zur Enthüllung seines wahren Charakters beitrug.

»The bursting of the dotcom bubble in the fall of 2001 marked a turning point for the web. Many people concluded that the web was overhyped, when in fact bubbles and consequent shakeouts appear to be a common feature of all technological revolutions. Shakeouts typically mark the point at which an ascendant technology is ready to take its place at center stage. The pretenders are given the bum's rush, the real success stories show their strength, and there begins to be an understanding of what separates one from the other.« (O'Reilly 2005)

Im selben Papier veröffentlichte O'Reilly auch eben jene Kernprinzipien erfolgreicher Internet-Unternehmen, welche aus seiner Sicht zudem die Strukturmerkmale des Web 2.0 darstellen (vgl. ebd.): Erfolgreiche Internet-Unternehmen nutzen demnach (1) das Netz konsequent als Plattform. Sie bieten Services statt Paketlösungen an. Die Nutzer suchen sich selbst die für sie passende Variante. Bei der Konzeption ihrer Angebote setzen sie zudem (2) auf das Prinzip der kollektiven Intelligenz. Diese sind so konzipiert, dass sie sich über die Aktivitäten ihrer Nutzer definieren und folglich mit der steigenden Zahl von aktiven Nutzern – gewissermaßen automatisch – immer weiter verbessert werden (virale Effekte). Selbiges gilt (3) auch für das Datenmanagement.

»The Web 2.0 lesson: leverage customer-self service and algorithmic data management to reach out to the entire web, to the edges and not just the center, to the long tail and not just the head.« (Ebd.)

Gemäß dem Grundsatz, dass Web 2.0-Unternehmen keine fertigen Produkte, sondern Services anbieten, befindet sich (4) auch die von den Unternehmen genutzte oder angebotene Software in einem permanenten Prozess der Weiterentwicklung. Auch hier werden die Nutzer dieser zu Mitproduzenten.

---

20 Interessanterweise entstand der Begriff des Web 2.0 wieder im Kontext des Verlagshauses O'Reilly Media, das 1992 auch das erste populäre Buch über das Internet, »The Whole Internet User's Guide & Catalogue«, veröffentlicht hatte.

Das entscheidende Stichwort ist hier ›the perpetual beta‹, also die Software, die sich immerwährend im Beta-Stadium befindet. Die angebotenen Software-Lösungen stellen aber nicht nur keine Paket-Lösungen dar, sie sind (5) auch so ›leichtgewichtig‹ programmiert, dass sie ohne größeren Aufwand schnell verändert werden können und dadurch (6) nicht auf einem Anwendungslevel verbleiben, sondern unterschiedlichen subjektiven Anforderungen situativ angepasst werden können. Auf diese Weise profitieren Web 2.0-Unternehmen respektive -Angebote (7) insgesamt also von den Erfahrungen ihrer Kunden/Nutzer (siehe dazu auch Abschn. 2.2.3 in diesem Kap.) und beziehen daraus ihr Erfolgspotential.

»The competitive opportunity for new entrants is to fully embrace the potential of Web 2.0. Companies that succeed will create applications that learn from their users, using an architecture of participation to build a commanding advantage not just in the software interface, but in the richness of the shared data.« (Ebd.)

b) sozialpsychologische Sicht
Ein zweiter Ansatz zum Begriff des Web 2.0 fokussiert hingegen stärker auf den Menschen als Nutzer des Internet und verfolgt eine sozialpsychologische Argumentation. Dieser Ansatz, der im Übrigen auch in den folgenden Überlegungen dieser Arbeit im Mittelpunkt stehen soll, sieht im Begriff Web 2.0 zuallererst eine veränderte Sicht auf sowie einen veränderten Umgang mit dem Internet (wobei dieser natürlich stets auf technologischen Neuerungen beruht). Mit anderen Worten ist das Internet diesem Ansatz folgend also stets das, was die Menschen aus bzw. mit ihm machen. Wurde das Internet bisher mit den Augen traditioneller Medien betrachtet und in diesem Sinne mehrheitlich als Informationen lieferndes Printmedium genutzt, zeichnet sich nun eine neue Wahrnehmung und Nutzung des Internet bzw. des WWW ab (vgl. Kerres/Nattland 2007: 37f.). Diese These einer lediglich veränderten Sicht auf das Internet wird meist anhand von drei Verschiebungen verdeutlicht: Demnach verschwimmt im Internet nun mehr und mehr (1) die klare Grenze zwischen Rezipient und Autor, (2) die zwischen Nähe (lokal) und Entfernung (global) sowie schließlich (3) auch jene Grenze zwischen Privatheit und Öffentlichkeit (vgl. ebd.: 40ff.). Im Resultat werden also Konsumenten zu Produzenten, Empfänger zu Sendern, die persönliche Gedanken und intime Details einer weltweit verstreuten Gemeinschaft öffentlich anvertrauen.

c) negierende Sicht
Ein dritter Ansatz schließlich verleugnet den Status des Web 2.0 als Neuentwicklung. Zu den Vertretern dieser Perspektive der Negation gehört unter anderem auch der Begründer des WWW-Standards, Tim Berners-Lee. So wird beispielsweise argumentiert, die unter dem Begriff Web 2.0 zusammengefassten Anwendungen stellten weniger technologische Innovationen dar (hier ähnelt die Argumentationsstruktur zunächst der sozial-psycholo-

gischen Sicht), vielmehr handelt es sich um die »konsequente Anwendung bestehender Internet-Technologien«. Bisher »konventionell auf PC laufende Anwendungen« würden nun lediglich »ins Netz verlagert und dabei spezifische Potentiale des Internet ausgeschöpft« (ebd.: 39). Womöglich erscheint, wie Matthias Spielkamp zu bedenken gibt, das Web 2.0 vielen also auch gerade deswegen nicht als etwas Neues, weil das Internet eigentlich schon immer als Werkzeug der Zusammenarbeit, als partizipatives Netz, gedacht war und es daher aus dieser Sicht fast schon ein schlechtes Zeichen ist, dass dafür überhaupt ein eigener Begriff eingeführt wird (vgl. Spielkamp 2006: 33f.).

1.2.2 Web 2.0-Anwendungen

In Ergänzung der bisher eher abstrakten Ausführungen zum Begriff Web 2.0 sollen an dieser Stelle nun beispielhaft ein paar konkrete Anwendungen näher beschrieben werden.[21]

a) Blogs/Weblogs
Der Begriff Blog oder Weblog steht für eine regelmäßig aktualisierte Webseite mit chronologisch geordneten Beiträgen, die meist von einer Person oder einer bestimmten Gruppe von Personen verantwortet wird und von anderen Nutzern mit Kommentaren versehen werden kann. Wenn man so will sind Blogs also nichts anderes, als im Internet geführte, öffentliche Tagebücher – aber längst eben nicht mehr nur. In diesem Sinne können sie als Weiterentwicklung privater Homepages betrachtet werden. Schon die Ursprungsidee des Internet beinhaltete nicht nur die Tendenz zum Erstellen und Verändern von Dokumenten, sondern ebenso zur Präsentation der eigenen Person bzw. der eigenen Lebenswelt. Das Konzept der privaten Homepage schien – womöglich aufgrund seiner mangelnden Dynamik – jedoch vor allem dann weniger geeignet, wenn es um das Mitteilen spontaner Gedanken zu aktuellen Ereignissen ging. Gerade diesbezüglich besteht aber offenbar ein großes Bedürfnis innerhalb der Gesellschaft (vgl. Alby 2007: 21ff.). Bö Lohmöller (2005: 221) distanziert sich daher bewusst von der in seinen Augen »volkstümlichen« Beschreibung als Online-Tagebücher. Stattdessen wären Blogs als »eine Klammer für unterschiedlichste Online-Publikationen« zu sehen. Die zunächst möglicherweise unspektakulär erscheinenden Eigenschaften und Funktionen (Trackbacks[22], Permalinks[23], Feeds[24])

---

21 Für einen ausführlicheren Überblick zu den neuen Anwendungen des sogenannten Web 2.0 vgl. Alby 2007 sowie den Band von Ebersbach/Glaser/Heigl 2008.
22 Auf einen Eintrag des Blogs wird in einem andern Blog Bezug genommen. Dadurch entsteht ein Netz aus gegenseitigen Bezügen, Kommentaren und Verweisen.
23 Bei einem ›Permalink‹ handelt es sich um einen Link zu einem einzelnen Eintrag in einem anderen Blog, der auch dann existent bleibt, wenn der betreffende Eintrag gelöscht oder archiviert wurde.

hätten zu einer vollkommen neuen Textform geführt, die irgendwo zwischen Publikation und Kommunikation liegt.

»An sich sind sie [die Blogs] schrecklich langweilig – aber so unglaublich nützlich wie Tesafilm. Alles, wodurch Blogs erwähnenswert werden, sind die vielen Aktivitäten um sie herum: Blogger texten einen Beitrag, setzen ein paar Links in fremde Netztiefen und dreiste Kommentare von Lesern ergänzen den Beitrag. Themen und Ideen verbreiten sich rasend schnell und neue Gesprächspartner finden sich ebenso rasant – Bewegung, Input, Output, Feedback und all sowas eben.« (Ebd.: 222)

Blogs leben also einerseits von den Kommentaren und Verlinkungen, die ihre »vitale Funktion« (Alby 2007: 22) darstellen, andererseits ist der Stil eines Blogs aber auch sehr stark von der Persönlichkeit des jeweiligen Bloggers geprägt. Entsprechend existiert eine breite Palette verschiedener Arten von Blogs, die unterschiedliche Anliegen verfolgen. Neben den bereits erwähnten privaten Blogs finden sich auch sogenannte Watchblogs, welche sich der kritischen Beobachtung klassischer Informationsmedien wie Tageszeitungen (z.B. BILDblog[25]) oder von Unternehmen verschrieben haben, sowie weiterhin Scienceblogs (Wissenschaft), Politblogs (Politik) oder die vor allem im Kontext des Irak-Krieges bekannt gewordenen War- oder Milblogs (Kriegsberichterstattung). Eine Frage, die im Zusammenhang mit der Blogosphäre daher immer wieder kontrovers diskutiert wird, ist jene nach der Verlässlichkeit und der Qualität der in ihnen enthaltenen Informationen und Aussagen. Geklärt werden soll damit vor allem, inwieweit Blogs unter den gegebenen Umständen als eine gültige Alternative zum klassischen Journalismus gesehen werden können (vgl. u.a. Spielkamp 2006: 35ff.).

b) Podcasts/Vodcasts
Podcasts stellen eine Art Radiosendung dar, die in den meisten Fällen kostenlos im Internet veröffentlicht und als Audio-Datei zum Download angeboten wird. Dies können einerseits Sendungen sein, die bereits im regulären Programm eines Senders gelaufen sind oder dort noch laufen werden. Häufig handelt es sich aber um eigens für das Netz produzierte Angebote. Das Reizvolle an Podcasts besteht in der Möglichkeit ihrer zeitunabhängigen Rezeption. So können Nutzer individuell ihr eigenes Programm zusammenstellen. Die Nutzung von Podcasts steht daher für Unabhängigkeit und Indi-

---

24 ›Feeds‹ (genauer RSS-Feeds) stellen Abonnements von neuen Einträgen auf bestimmten, vorher ausgewählten Webseiten dar. Notwendig dafür ist eine spezielle Software, ein sogenannter Feedreader. Feeds ersparen es also den Nutzern, mühsam verschiedenste für sie interessante Webseiten im Netz einzeln aufzurufen und nach interessanten Beiträgen zu durchsuchen. Sie liefern diese stattdessen bequem ›frei Haus‹.
25 http://www.bildblog.de/

vidualität (vgl. u.a. Alby 2007: 73ff.). Vodcasts oder auch Video-Casts bilden das Pendant der Podcasts im audio-visuellen Bereich. Der in Deutschland wohl bekannteste Vodcast ist die Sendung »Ehrensenf«[26] – ein Anagramm des Wortes Fernsehen. Sowohl Vodcasts als auch Podcasts werden über einen Feed publiziert.

c) Social Software

Ebenso wie der Begriff Web 2.0 selbst ist auch der Begriff der Social Software nicht genau definiert. In der Regel werden darunter Systeme verstanden, mit deren Hilfe Menschen im Internet kommunizieren oder auf eine andere Art miteinander interagieren und in Kontakt treten können. Mit anderen Worten fördern bzw. unterstützen derartige Systeme bzw. Programme also den Aufbau einer (virtuellen) Gemeinschaft mit Netzwerkcharakter. Freilich ist gerade dieses Phänomen der Herausbildung sozialer Gemeinschaften im Internet nicht neu. Webforen und Chats waren bereits Mitte der 1990er Jahre und damit also bereits zu Zeiten des ›Web 1.0‹ verfügbar (vgl. Alby 2007: 87ff.). Stand und steht bei diesen frühen Formen der Social Software jedoch vor allem die Kommunikation im Vordergrund – aktuell erfreuen sich hier beispielsweise Angebote des Instant Messaging (z.B. ICQ[27]) sowie die sogenannte Voice-over-IP-Telefonie (z.B. Skype[28]) großer Beliebtheit, geht es bei den neueren Formen verstärkt um den Community-Gedanken. Das mag in erster Linie daran liegen, dass den Nutzern nun ein größeres Spektrum der Selbstdarstellung bzw. Präsentation der eigenen Lebenswelt geboten wird, das die Möglichkeiten verbaler Kommunikation bei Weitem übersteigt. Inzwischen haben sich hier eine Reihe unterschiedlicher Angebotskategorien entwickelt.[29] Neben Fotogalerien (z.B. flickr[30]) und Videoportalen (z.B. YouTube) gewinnen auch die sozialen Netzwerke (z.B. MySpace, Facebook) immer mehr Anhänger. Erstere dienen dabei hauptsächlich der Präsentation und dem Austausch selbstgemachter Fotos und Videos im Sinne der Philosophie des ›Geben und Nehmen‹, während es bei letzterem eher um das Anlegen von persönlichen Profilen und das Knüpfen von Freundschaften (z.B. StudiVZ) respektive Kontakten (z.B. `Xing[31]) geht. Die Vorteile solcher sozialer Kontaktnetzwerke insbesondere für den beruflichen Bereich liegen auf der Hand. Die entscheidende Währung ist allerdings in jedem Fall

---

26 http://www.ehrensenf.de/

27 http://www.icq.de/

28 http://www.skype.com/

29 Ein weiteres, hier nicht gesondert genanntes Angebot bilden überdies die Lesezeichensammlungen (Social Bookmarking-Dienste). Diese beruhen darauf, dass Nutzer ihre persönlichen Favoriten (häufig bzw. meistbesuchte Seiten) der Netzgemeinde zur Verfügung stellen und dabei mit Tags versehen, d.h. mit Schlagworten indexieren. Auf diese Weise entstehen sogenannte ›tag clouds‹.

30 http://www.flickr.com/

31 http://www.xing.com/

die Aufmerksamkeit, die bei der Nutzung derartiger Angebote im Netz vergleichsweise leicht erlangt werden kann. Alby (2007: 109) resümiert hier zutreffend:

»Anerkennung und Aufmerksamkeit sind in der realen wie auch in der Online-Welt knappe Güter, doch durch die Mechanismen der Online-Welt sind hier die Chancen größer, Aufmerksamkeit und Anerkennung zu bekommen, auch als gesellschaftlicher Außenseiter in der realen Welt.«

d) Wikis
Auch Wikis gehören zum großen Bereich der Social Software. Das weltweit wohl bekannteste Wiki – die Wikipedia[32] – gilt geradezu als Vorzeigeprojekt für das, was Social Software leisten kann. Wikis verkörpern eine besondere Form von Websites. Sie verbinden Elemente eines datenbankgestützten Content-Management-Systems (CMS) mit einem kollektiven Schreibwerkzeug (vgl. Schlieker/Lehmann 2005: 253). So wird es zum einen möglich, den Text einer Seite ohne programmiertechnische Vorkenntnisse direkt im Browser zu bearbeiten, zum anderen lässt sich zu jedem Zeitpunkt auch die Geschichte der jeweiligen Seite zurückverfolgen, da alle vorgenommenen Änderungen in der Page-History gespeichert werden. Mit Hilfe der Diff-Funktion können so auch zwei Seitenversionen miteinander verglichen werden (vgl. Möller 2006: 170ff.).

1.2.3 Das Phänomen Web 2.0 im Kontext der Geschichte des Internet und der Entwicklung der Internetnutzung

Blickt man zurück auf die Umstände seiner historischen Entstehung, dann war das Internet in seiner Anfangszeit zunächst einmal eine »weitgehend kostenlose interaktive Kommunikationsplattform« (Gehrke/Gräßer 2007: 13), die hauptsächlich von Wissenschaftlern und Militärstrategen entwickelt, betrieben und genutzt wurde. Parallel zu dieser ›offiziellen‹ Internet-Nutzergemeinde bildete sich rasch auch eine Gemeinschaft interessierter Forscher und Studenten heraus, welche nicht nur die Entwicklung der Internettechnologie vorantrieben, sondern die mit dem Internet auch eine Kultur der kollaborativen Produktion und des offenen Austauschs (Ideologie der Freiheit) verbanden. Jeder sollte in gleicher Weise an diesem Netzwerk partizipieren können und so mit seinen Ideen zu dessen Weiterentwicklung beitragen. Mit der massenmedialen Ausbreitung des Internet und der Ausweitung der Internetnutzung ab Mitte der 1990er Jahre wurde dieser ursprüngliche Charakter des Internet jedoch weitgehend verschüttet. Das Internet etablierte sich als Distributionsmedium ähnlich den Rundfunkmedien Radio und Fernsehen. Nun stand besonders das Webseitendesign im Mittelpunkt, wobei vor allem HTML-Seiten vorherrschend waren. Da aber nur wenige die dafür notwendigen Programmier-Standards beherrschten, war mit der

---

32 http://wikipedia.org/

Kommerzialisierung des Internet zugleich auch die Etablierung eines klassischen Sender-Empfänger-Verhältnisses verbunden. Kommerzielle Anbieter publizierten Seiten, deren Inhalt private Nutzer rezipierten (vgl. ebd.: 14). Erst mit der Einführung der eben genannten, intuitiv, d.h. ohne weitere Vorkenntnisse bedienbaren und zudem grundsätzlich interaktiv konzipierten Web 2.0-Anwendungen (Weblogs, Foto-/Video-Communities, Social Networks, Wikis) wurde dieses Prinzip der Ein-Wege-Kommunikation für die Masse der Internetnutzer – wenigstens optional – wieder aufgebrochen. Zwar beinhaltete auch das frühe massenmediale Internet Möglichkeiten der Zwei-Wege-Kommunikation (man denke beispielsweise an Chats und Foren – auch private Homepages können unter diesem Blickwinkel betrachtet werden), doch lässt sich das Spektrum dieser Möglichkeiten in keiner Weise mit dem heutigen Angebot vergleichen. Alexander Felsenberg (2007: 91) formuliert das folgendermaßen:

»Die beschriebenen Funktionen des Web 2.0 sind nicht alle neu, auch das Web 1.0 kannte Foren, Gästelisten, ASP-Software-Modelle und Empfehlungsmarketing. Aber zumeist war die Handhabung umständlicher und das Erscheinungsbild technisch.«

Trotz dieser Einsicht in die Wurzeln und Vorläufer des Web 2.0 handelt es sich bei den genannten Anwendungen also doch um etwas Neuartiges. Die Ursachen dieser Neuartigkeit sind dabei auf verschiedenen Ebenen zu suchen. Zusammenfassend sollen im Folgenden all jene Aspekte benannt werden, die zur Herausbildung jener neuen Form der Internetnutzung beitrugen, die heute mit dem Begriff des Web 2.0 bezeichnet wird.

a) Technische Aspekte
Technisch gesehen basiert das Web 2.0 auf drei entscheidenden Weiterentwicklungen (vgl. im Folgenden auch Gehrke/Gräßer 2007: 15f. sowie Felsenburg 2007: 92). Zunächst wurde (1) mit der Entscheidung des Browser-Kriegs zwischen Microsoft und Netscape zugunsten des ›Internet-Explorers‹, dieser als Standard etabliert. Das hatte zur Folge, dass alle zu schreibenden Codes nur noch auf diesen einen Browser zugeschnitten und mit diesem kompatibel sein mussten. Dadurch wurden nicht nur die Entwicklungs- und Qualitätssicherungskosten abgesenkt, es ermöglichte auch die Entwicklung vereinfachter Anwendungen (vgl. Alby 2007: 2 sowie 13f.). Im Bereich der Software gelang der Durchbruch (2) mit der Einführung von AJAX (Asynchronous Java-Script and XML). Die auf diesem Konzept basierenden Technologien ermöglichten eine vollkommen neuartige Webseiten-Architektur. Es entstanden sogenannte ›Rich User Interfaces‹ (Benutzerschnittstellen), d.h. Desktop-Applikationen, die einzelne Bearbeitungen auf einer Seite erlauben (z.B. Scroll-Down-Menüs, Entry-Boxes), ohne dass diese Seite dabei jedes Mal neu aufgebaut werden muss (vgl. ebd.: 135ff). Letztendlich basiert damit auch die Wiki-Technologie auf dem Konzept von AJAX. Eine weitere entscheidende technische Weiterentwicklung besteht

(3) schließlich in der flächendeckenden Einführung von Breitbandanschlüssen durch die Massentauglichkeit von DSL. Dieser Schritt brachte eine massive Verbesserung der Datenübertragungsraten mit sich, ohne die die technische Nutzung der verschiedenen Web 2.0-Anwendungen nicht denkbar wäre. Vergleicht man die Dauer des Downloads einer (verhältnismäßig kleinen) 50KB Datei mit Hilfe eines (heute bereits veralteten) DSL 2000-Anschlusses mit jener, die ein 28kbit/s-Modem im Jahre 1994 (und in vielen Haushalten wohl noch Jahre später) lieferte, so stehen diese im Verhältnis 1:14 Sekunden (vgl. ebd.: 3ff.).

b) Ökonomische Aspekte
Die Weiterentwicklungen auf der technologischen Ebene wirken sich unmittelbar aber auch auf die ökonomische Ebene aus. Mit der Steigerung der Zugangsgeschwindigkeiten durch schnellere Anschlüsse bei gleichzeitiger Einführung datenreduzierter Darstellungsformate wurden nicht nur die Übertragungszeiten dramatisch gesenkt, auch die Verbindungskosten minimierten sich. Das war ein wichtiger Faktor für die zunehmende Attraktivität des Internet. Beliefen sich die monatlichen Kosten für eine tägliche Online-Stunde unter analogen Bedingungen 1996 noch auf umgerechnet ca. 180 Euro, so lagen sie 2006 nur noch bei etwa 30 Euro (vgl. ebd.: 6ff.). Flatrates als zeit- und volumenunabhängiges Pauschalangebot machen das Internet heute finanziell zu einer kalkulierbaren Größe.

c) Nutzerseitige Aspekte
Nicht zu vernachlässigen ist aber auch die Tatsache, dass die Nutzer selbst inzwischen über deutlich mehr Erfahrung mit dem Internet verfügen (im Durchschnitt sind das heute drei Jahre und mehr). Das heißt zum einen, sie sind vertraut mit der Benutzung der verschiedenen Angebote und Anwendungen. Zum anderen bedeutet das aber auch, dass sie dadurch Vertrauen in das Medium und ihre eigene Fähigkeit zum Umgang damit gewonnen haben. Des Weiteren – und das mag im Kontext der Diskussion zu Web 2.0 ebenfalls nicht unerheblich sein – haben die Nutzer mit der Zeit wohl auch Erfahrungen bezüglich der Standards und Konventionen für die Gestaltung und den Aufbau von Seiten sowie der Regeln für Kommunikation und Informationsaustausch sammeln können (vgl. Alby 2007: 2 sowie 10ff.). Vor allem aber hat sich parallel zum Spektrum der Möglichkeiten und Anwendungen auch das Interesse der User an einer interaktiven Nutzung des Internet erweitert. Hier werden die Auswirkungen der postmodernen respektive wissensgesellschaftlichen Transformationsprozesse (Demokratisierung, Individualisierung, Verwissenschaftlichung) wohl am deutlichsten spürbar.

Das Phänomen Web 2.0 ist also weder ein »grafisches Redesign« (Alby 2007: 1) bereits bestehender Technologien, noch handelt es sich um eine vollkommen neuartige technologische Revolution. Vielmehr hat sich vor allem auch der Blick der Nutzer auf das Internet und die mit ihm verbundenen Nutzungsmöglichkeiten verändert. Technologie und Umfeld haben sich gewissermaßen zugleich und in Wechselwirkung miteinander weiterentwickelt.

2 Das revolutionäre Potential des Internet im Kontext aktueller gesellschaftlicher Bedürfnisse und Veränderungen

Die Entstehung des Internet als weltumspannendes, dezentral organisiertes Computernetzwerk, insbesondere aber die Entwicklung des für die massentaugliche Nutzung entscheidenden WWW-Standards sind fraglos als bahnbrechende Neuerungen im Kontext der Mediengeschichte zu betrachten. Ausgehend von den Überlegungen zu den historischen Hintergründen seiner sowohl technologischen als auch ideellen Entwicklung und den Charakteristika einer sich innerhalb der letzten 15 Jahre rasant ausbreitenden Internetnutzung, gilt es nun, den leitmedialen Charakter des Mediums Internet konkreter zu bestimmen und das darin enthaltene (kultur-)revolutionäre Potential zu eruieren. So ist es mit Sicherheit kein Zufall, dass das neuerliche Aufgreifen wissensgesellschaftlicher Theorieansätze und deren konsequente Weiterentwicklung in Richtung einer gesamtgesellschaftlichen Wissensbasierung (siehe Kap. III, Abschn. 2.1.2 sowie 2.2) mit der massenmedialen Expansion des Internet in den westlichen Industrienationen parallel laufen.

Das Internet dringt immer stärker in den Alltag der Menschen vor und etabliert dort vollkommen neue Möglichkeiten des Zugangs zu Informationen und Unterhaltung, aber auch der Kommunikation und des interaktiven Austauschs. Wie diese Möglichkeiten praktisch gefüllt werden, hängt dabei nicht nur von den technischen und ökonomischen Randbedingungen, sondern mindesten ebenso stark (womöglich sogar in erster Linie) auch von den Interessen und Bedürfnissen der jeweiligen Nutzer ab. Lange Zeit sah es zunächst so aus, als schicke das Internet sich an, sich zu einer Art ›raumzeitlich flexibler Alternativvariante‹ zu den klassisch-publizistischen Massenmedien Zeitung und Zeitschrift einerseits und den Rundfunkmedien Radio und Fernsehen anderseits zu entwickeln. Vor allem in den letzten Jahren zeichnet sich zudem aber die Tendenz ab, die ursprüngliche Offenheit und Interaktivität des frühen Internet auch auf der massenmedialen Ebene zu reaktivieren und breitenwirksam durchzusetzen. Das Internet – so könnte man sagen – (wieder-)entdeckt seinen libertären und kommunitären Charakter. Es wird zum Schauplatz einer zunehmend demokratischen Kultur des Umgangs mit Wissen.

2.1 Das Internet als Leitmedium der Wissensgesellschaft

Im Rückgriff auf die Überlegungen des ersten Kapitels sei zunächst noch einmal darauf verwiesen, dass hier ein etwas anderer Leitmedienbegriff vertreten wird, als dies etwa in der Publizistik und Kommunikationswissenschaft üblich ist. Als Leitmedium gilt nicht das in einer Gesellschaft vorherrschende, meinungsbildende wie meinungsprägende Informationsmedium, welches alle anderen Medien dominiert oder zumindest entscheidend beeinflusst (auch unter diesem Fokus könnte das Internet hier freilich diskutiert werden). Nicht um dessen Inhalte und Botschaften geht es also oder die Form derselben, sondern als Leitmedium wird im Anschluss an die Überlegungen des ersten Kapitels vielmehr ein Medium verstanden, dem es gelingt, auf die spezifischen, zeitgeschichtlich bedingten, soziokulturellen Bedürfnislagen einer Gesellschaft in einer nur ihm eigenen Weise zu reagieren bzw. zu antworten und in diesem Prozess vorherrschende kulturelle Entwicklungs- und Umbruchstendenzen aufzugreifen, anzuschieben und zu befördern.

Das Internet stellt, so die hier vertretene These, unter den gegenwärtigen wissensgesellschaftlichen Bedingungen ein solches Leitmedium dar – und das aufgrund zweier zentraler Funktionen: Zum einen verkörpert das Internet eine Art riesigen Wissensspeicher, der sich flexibel und situationsbezogen zur individuellen Informationsbeschaffung und Wissensaneignung nutzen lässt. Es ist demnach ein nahezu ideales Instrument des lebenslangen und selbstgesteuerten Lernens (siehe dazu erneut Kap. III, Abschn. 4.2). Zum anderen fungiert das Internet aber auch zunehmend als partizipatives Beteiligungsmedium, in welchem sich auch die eigenen (persönlichen und subjektiven) Inhalte der Nutzer in Form von Texten, Kommentaren, Diskussionsbeiträgen etc. mühelos platzieren lassen und alternative Medienangebote auf diese Weise interaktiv und kollaborativ erstellt werden können. Beide Funktionen gemeinsam sind einerseits Reaktionen auf die Individualisierung, Pluralisierung und Dynamisierung der Wissensbedürfnisse in der Wissensgesellschaft, andererseits tragen sie aber gleichwohl auch zu eben deren Steigerung bei.

2.1.1 Das Internet als Informations- und Wissensaneignungsmedium

Im Zuge seiner massenmedialen Ausbreitung hat sich das Internet für viele Menschen zu einem wichtigen Informationsmedium entwickelt, dessen Bedeutung immer noch zunimmt. 46 Prozent der deutschen Internetnutzer zwischen 14 und 64 Jahren geben aktuell an, Computer und Internet seien für ihre tägliche Information unverzichtbar. 36 Prozent der deutschen Internetnutzer benennen das Internet sogar als ihre wichtigste tagesaktuelle Informationsquelle (vgl. Köcher 2008). Längst hat sich das Internet also neben Zeitungen, Radio und Fernsehen als viertes tagesaktuelles Informationsmedium etabliert. Trotz dieses kontinuierlichen Bedeutungsgewinns stellen allerdings auch für regelmäßige Onliner weiterhin Fernsehen (74%) und Zeitungen (51%) die wichtigste Quelle zur Information über das aktuelle Geschehen dar. Auch das Radio spielt hier mit 38 Prozent noch eine zentrale Rolle. Dies wird besonders dann deutlich, wenn man die empirische Aussagekraft der gemachten Angaben untersucht. Fragt man nämlich danach, welche der Rezipienten, die das jeweilige Medium als ihre bevorzugte bzw. wichtigste Informationsquelle einstufen, sich auch gestern dort informiert haben, dann bestätigen dies im Falle der Zeitungen ganze 72 Prozent, im Falle des Fernsehens 71 Prozent, im Falle des Radios immerhin noch 59 Prozent – in Bezug auf das Internet allerdings lediglich 41 Prozent. Die ACTA-Studie 2008 legt daher den Schluss nahe, dass das Internet zwar ein immer wichtiger werdendes, jedoch weniger regelmäßig genutztes Informationsmedium sei (vgl. ebd.).

Zu ähnlichen Ergebnissen kommt auch die ARD/ZDF-Onlinestudie 2008. 54 Prozent der Deutschen Onliner ab 14 Jahren geben hier inzwischen an, mindestens wöchentlich »zielgerichtet bestimmte Angebote« im Internet zu suchen. Das ist nach »Suchmaschinen nutzen« und »Versenden/empfangen von E-Mails« seit Jahren die dritthäufigste Kategorie der im Rahmen der Studien abgefragten Onlineanwendungen (vgl. van Eimeren/Frees 2008: 336). 52 Prozent der Onliner riefen dabei häufig oder gelegentlich aktuelle Nachrichten bezüglich des Geschehens im In- und Ausland ab (vgl. ebd.: 338). Dennoch nutzen nach eigener Einschätzung die Mehrzahl der Onliner täglich oder sogar mehrmals täglich Fernsehen (74%), Radio (71%) und Tageszeitung (53%) – wenn auch nicht ausschließlich zu Informationszwecken (vgl. ebd.: 342). So lässt sich festhalten: Das Internet ist zwar in jedem Fall ein wichtiges Medium der Information, hat die anderen Medien in dieser Funktion aber noch längst nicht verdrängt. Vergleichbar häufig bzw. regelmäßig wie über Zeitungen, Radio und Fernsehen informieren sich bisher nur wenige Nutzer im Internet.

Interessant ist in diesem Zusammenhang nun allerdings die Beobachtung einer qualitativen Veränderung des Informationsverhaltens, die sich anhand der eben genannten Ergebnisse bereits andeutet. So ist mit Blick auf die Gesamtbevölkerung generell, aber vor allem speziell bei der jungen Generation unter 30 Jahren, ein sinkendes Bedürfnis nach kontinuierlicher Information auszumachen. Legten darauf 2003 noch 61 Prozent bzw. 45 Prozent (gerechnet auf die Unter-30-Jährigen) wert, sind es 2008 nur noch 56 Prozent der Gesamtbevölkerung bzw. 37 Prozent der Unter-30-Jährigen (vgl. Köcher 2008). Das Informationsverhalten erscheint demnach immer stärker anlass- und ereignisgetrieben. Immer seltener erfolge nach Aussage der ACTA-Studie eine habituelle Information. Stattdessen konstatieren die Forscher eine »stärkere Ausrichtung auf Nutzwertinformationen, die man unmittelbar umsetzen kann – zur Optimierung von Entscheidungen, Beruf, Privatleben, Hobbys« (ebd.).

Hier kommt die immense Aktualität und Flexibilität des Informationsmediums Internet zum Tragen. Die große Stärke des Internet liegt nämlich gerade nicht allein in seiner hohen Aktualität. Daneben machen vor allem die Fülle und Vielfalt der zudem zeitlich wie räumlich unbegrenzt abrufbaren Inhalte das Internet zu einem idealen Medium der Informationssuche und Wissensaneignung in der Wissensgesellschaft. Spontane Informationsbedürfnisse können über das Internet meist schnell und flexibel und unter

Berücksichtigung individueller Präferenzen befriedigt werden. Das entspricht den Anforderungen einer pluralistischen und dynamischen wissensgesellschaftlichen Lebenswelt. Ob im Kontext von Arbeit und Beruf oder im Privatbereich – das Internet fungiert heute gewissermaßen als ein jederzeit verfügbares, stets aktuelles und individuell zugeschnittenes Portal zum globalen Weltwissen.

2.1.2 Das Internet als Beteiligungsmedium

Neben seiner Eigenschaft als aktuelles, schnelles und vor allem flexibles Informationsmedium war das Internet von jeher immer auch eine Plattform der Kommunikation und Interaktion – und also nicht nur Gegenstand der passiven Rezeption. Bis heute ist das Versenden und Empfangen von E-Mails bei Jung und Alt einer der beliebtesten Dienste im Internet. 94 Prozent der 20- bis 29-Jährigen, aber auch 75 Prozent der 50- bis 59-Jährigen und sogar ganze 81 Prozent der Ab-60-Jährigen Onliner nutzen das Internet mindestens einmal wöchentlich auf diese Weise. Durchschnittlich sind es 82 Prozent aller Onliner (vgl. Fisch/Gscheidle 2008a: 357). Weiterhin erfreuen sich gerade bei jungen Nutzern auch Instant-Messaging sowie Gesprächsforen, Newsgroups und Chats großer Beliebtheit. 85 Prozent (Instant-Messaging) bzw. 72 Prozent (Gesprächsforen/Newsgroups/Chats) der 14- bis 19-Jährigen nutzen diese Anwendungen zur Kommunikation im und über das Internet. In der Gruppe der Bis-30-Jährigen gewinnen zudem auch Online-Communities eine immer größere Bedeutung (vgl. van Eimeren/Frees 2008: 334 und 337). Ebenfalls auf dem Vormarsch befindet sich derzeit der Bereich der Internettelefonie (Voice over IP/VoIP). Insgesamt 25 Prozent der deutschen Internetnutzer ab 14 Jahren geben 2008 an, schon einmal über das Internet telefoniert zu haben. 9 Prozent tun dies sogar regelmäßig, d.h. mindestens wöchentlich. Freilich gibt es auch hier ein deutliches Altersgefälle – die ›magische‹ Grenze scheint etwa um das 30. Lebensjahr herum zu liegen. Während inzwischen 30 Prozent der Teenager und 40 Prozent der Twens über Erfahrungen im Umgang mit VoIP verfügen, fallen die Werte für die Über-30-Jährigen merklich ab (vgl. Fisch/Gscheidle 2008b: 348f.).

So gesehen stellt das Internet also in seiner Funktion als Kommunikationsmedium für den überwiegenden Teil der Internetnutzer (die Gruppe der Über-30-Jährigen umfasst derzeit immerhin rund 30 Millionen Menschen im Vergleich zu etwa 13 Millionen bei den Unter-30-Jährigen) noch immer lediglich ein Mittel zum asynchronen und vergleichsweise beteiligungsschwachen[33] Informationsaustausch dar. Die neuen Möglichkeiten der synchronen

---

33 Der Begriff ›beteiligungsschwach‹ bezieht sich hier auf die Aktivität, die vom jeweiligen Nutzer ausgeht und auf dessen persönlicher Präsenz im Prozess der Kommunikation. Die klassische E-Mail-Kommunikation erfordert eher ein geringes Maß an Aktivität und persönlicher Präsenz, wohingegen die Teilnahme an

und eher beteiligungsstarken Interaktion finden hingegen eher verhalten und, wie bereits erwähnt, insbesondere bei den jungen Altersgruppen Anwendung. Dafür spricht auch, dass das Internet allgemein von insgesamt 62 Prozent der Onliner (und damit von einer Mehrheit) auch 2008 noch vornehmlich dazu genutzt wird, Informationen zu erhalten. Nur 18 Prozent geben an, das Internet auch zu Unterhaltungszwecken zu nutzen (vgl. van Eimeren/ Frees 2008: 338).

Mit der Weiterentwicklung der Internet- und Verbreitungstechnologien in den letzten Jahren stieg aber sowohl die Bereitschaft zur Nutzung synchroner Formen der Kommunikation und Interaktion (vgl. u.a. Fisch/ Gscheidle 2008b: 349) als auch die Unterhaltungsorientierung der Nutzer. Besonders hoch sind die Werte hier wiederum bei den Unter-30-Jährigen. Bei den 14- bis 19-Jährigen hat inzwischen sogar eine Verkehrung der Präferenzen stattgefunden. Die Mehrheit (58%) in diesem Alterssegment nutzt das Internet sogar überwiegend zur Unterhaltung (vgl. van Eimeren/Frees 2008: 338). Es steht zu vermuten, dass dieser Trend zur Unterhaltung in einem engen Zusammenhang mit den neuen partizipativen und kollaborativen Angeboten des Web 2.0 steht. Beteiligung und Partizipation erschöpfen sich hier nicht in asynchroner oder synchroner Kommunikation. Schon gar nicht bleibt es wie im Falle der Nutzung des Internet als reines Informationsmedium allein beim passiven Konsum, d.h. bei der passiven Rezeption von Informationen, es wird auch zunehmend selbst produziert.

Das Internet schließt damit an einen Trend an, der gewissermaßen bereits mit dem Aufkommen der ersten (tragbaren) Kleinbild- und Schmalfilmkameras für den Hausgebrauch begann und sich über die Verbreitung von Kopiergeräten und Home-Office-Druckern fortsetzte. Ganz gewöhnliche Privatpersonen wurden nun mit Hilfe der Technik plötzlich zu Fotografen, Kameraleuten, Druckern und Verlegern – kurz: zu Dokumentatoren ihres eigenen privaten Daseins. Doch blieb die Zirkulation dieser medialen Erzeugnisse lange Zeit auf eben diesen Raum der Privatheit bzw. das unmittelbare soziale Umfeld beschränkt. Die allgemeine ›Sichtbarkeit‹ bzw. ›Öffentlichkeit‹ privater Urlaubsfotografien endete bei der abendlichen Diashow im heimischen Wohnzimmer. Das Internet schafft nun jedoch für derartige private Medienerzeugnisse eine Plattform (potentiell) tatsächlicher Öffentlichkeit. Auf Seiten wie Flickr oder YouTube können Privatpersonen etwa ihre jeweiligen privaten Bilder und Filme einstellen und – falls beabsichtigt – einer weltweiten Nutzergemeinde präsentieren. Gleichzeitig haben sie natürlich auch Gelegenheit, die Erzeugnisse anderer Nutzer zu betrachten und zu kommentieren. Doch damit nicht genug. Das Internet ist nicht nur eine Plattform zur öffentlichen Darstellung von und Kommunikation über bereits vorhandene private Medienerzeugnisse, es ist auch eine Plattform zur gemeinschaftlichen Herstellung neuer und/oder Modifikation bzw.

Chats oder Online-Communities eine deutlich höhere Beteiligungsintensität fordert.

Weiterentwicklung bestehender Medienprodukte. Ins Internet fließt auf diese Weise immer mehr sogenannter *User Generated Content* ein, der von immer mehr Nutzern als unterhaltsames Medienangebot konsumiert wird. In diesem Sinne wirkt der Beteiligungscharakter des Internet letztlich auch auf den Informationscharakter zurück.

Im ersten Kapitel dieser Arbeit wurden bereits einige theoretische Überlegungen vorgestellt und diskutiert, die sich mit dieser neuen ›Beteiligungskultur der Amateure‹ im Internet auseinandersetzen. Noch befindet sich die Zahl der aktiven Beiträger zwar noch auf einem vergleichsweise geringen Niveau, doch lässt sich zweifellos ein deutlicher Anstieg der Akzeptanz derartiger Angebote wie auch der Bereitschaft ausmachen, entsprechende Inhalte selbst zu erstellen. 21 Prozent der deutschen Onliner ab 14 Jahren nutzen regelmäßig Videoportale (z.B. YouTube), 18 Prozent statten den zahlreichen privaten Netzwerken und Communities (z.b. MySpace, Facebook, StudiVZ) mindestens wöchentlich einen Besuch ab. Gelegentlich schauen sich sogar 51 Prozent der deutschen Internetnutzer auf Videoportalen um, 25 Prozent vergnügen sich in privaten Netzwerken, 23 Prozent tummeln sich auf den Seiten sogenannter Foto-Communities. Die höchste Nachfrage im Spektrum der Web 2.0-Angebotsformen kann jedoch die Wikipedia verbuchen. Insgesamt haben sich bereits 60 Prozent der deutschen Internetnutzer dort informiert. 25 Prozent, das heißt gut ein Viertel aller Onliner, nutzen dieses Nachschlagewerk regelmäßig (vgl. Fisch/Gscheidle 2008a: 358).

Ganz anders gestalten sich die Angaben im Hinblick auf das aktive Verfassen von Beiträgen. Daran waren 2008 lediglich 13 Prozent der deutschen Internetnutzer sehr und 22 Prozent etwas interessiert (vgl. ebd.: 357). Konkret bedeutet das, dass auch die beliebtesten Web 2.0-Anwendungen zwar intensiv rezipiert, aber auf breiter Front nicht wirklich aktiv mitgestaltet werden. Von 60 Prozent Wikipedia-Nutzern insgesamt tragen beispielsweise nur 3 Prozent auch aktiv etwas bei. Die einzige Ausnahme stellen die sozialen Netzwerke dar. Dort ist die Differenz aufgrund der strukturellen Anlage dieser Anwendungen (von jedem Teilnehmer muss ein persönliches Profil ähnlich einem Steckbrief angelegt werden) nahezu nicht vorhanden. Von 25 Prozent gelegentlichen Nutzern engagieren sich folglich auch 21 Prozent aktiv (vgl. ebd.: 361).

Ein wenig optimistischer fallen diesbezüglich hingegen die Ergebnisse der ACTA-Studie 2008 aus. Sie konstatiert nicht nur ein allgemeines Wachstum des Produzentenkreises des sogenannten User Generated Content, sie verzeichnet auch insgesamt höhere Beteiligungszahlen – und das vermutlich vor allem deswegen, weil sie statt nach Angebotsformen, nach konkreten Handlungen fragt.[34] So stellen den Angaben der ACTA-Studie zufolge 26 Prozent der deutschen Internetnutzer zwischen 14 und 64 Jahren

---

34 Weiterhin von Bedeutung ist hier auch der bereits erwähnte Umstand, dass die ACTA-Studie die älteren Bevölkerungsschichten über 64 Jahren systematisch ausblendet.

beispielsweise eigene Fotos ins Netz, 11 Prozent veröffentlichen eigene Videos, 25 Prozent verfassen Beiträge in Diskussionsforen, 20 Prozent Bewertungen und Testberichte. 18 Prozent der Onliner verfügen weiterhin über eine eigene Homepage, 11 Prozent sogar über ein eigenes Weblog, 19 Prozent posten wenigstens Kommentare in Blogs anderer Nutzer (vgl. Köcher 2008).

Im Anschluss an die ARD/ZDF-Onlinestudie 2008 lässt sich zusammenfassend dennoch sagen, dass der »Mitmachgedanke des Web 2.0« bislang nur für eine kleine Gruppe von Onlinern überhaupt attraktiv ist. Für die Mehrheit der Internetnutzer zählt allein »ein schlichtes Unterhaltungs- und Informationsbedürfnis, welches durch user-generierte Inhalte einer Minderheit befriedigt wird« (ebd. Fisch/Gscheidle 2008a: 363). Gerade diese Tatsache eines zunehmenden Interesses an den durch andere Nutzer bereitgestellten Online-Inhalten kann jedoch als ein wichtiger Indikator für die gesellschaftliche Relevanz des Internet als Beteiligungsmedium betrachtet werden. Die ACTA-Studie 2008 weist zudem nach, dass die gegenwärtigen Web-Aktivisten (damit sind solche Internetnutzer gemeint, die mindestens vier verschiedenen Formen des Content-Beitrags praktizieren) ein überdurchschnittliches Vertrauen in netzbasierte Nutzerbeiträge und Online-Informationen allgemein setzen (vgl. Köcher 2008).

Der immer präsenter werdende Beteiligungscharakter des Internet wird in den letzten Jahren daher auch immer häufiger im Kontext der Frage nach einer etwaigen Wissensdemokratisierung im Internet, deren gesellschaftlichen Auswirkungen, Begleitumstände und Wertigkeit diskutiert. Bevor im folgenden Abschnitt versucht werden soll, einer möglichen Klärung dieser Frage mit Hilfe systematischer Überlegungen zum Demokratiebegriff selbst sowie zum Wechselverhältnis zwischen Demokratie und Medien ein wenig näher zu rücken, sollen an dieser Stelle zunächst noch einmal kurz jene Aspekte zusammengefasst werden, die das Internet als Leitmedium der Wissensgesellschaft kennzeichnen.

2.1.3 Zusammenfassende Diskussion zum Internet als Leitmedium der Wissensgesellschaft

Wie schon mehrfach angeklungen ist, antwortet das Internet samt seiner medialen Möglichkeiten und strukturellen Besonderheiten nun also geradezu passgenau auf die in Kapitel III beschriebenen spezifischen Herausforderungen bzw. Bedürfnislagen der Wissensgesellschaft. In seiner Eigenschaft als stets verfügbares, zeitlich und räumlich flexibel zugängliches, unentwegt ergänztes und aktualisiertes *Informationsmedium* von schier unerschöpflicher Fülle fungiert es inzwischen fast schon als kulturelles Gedächtnis der westlichen Gesellschaften. Die Informationsstruktur ist dabei gleichwohl mit einigen Besonderheiten resp. Schwierigkeiten verbunden – doch das ist Teil einer anderweitig zu führenden Diskussion. Unter der Annahme eines hinreichend medienkompetenten Umgangs mit den abrufbaren Inhalten, wird das Internet damit zum idealen Medium der Informationsbeschaffung und Wissensaneignung und damit eines lebenslangen und selbstgesteuerten Lernens. Gern wird das Internet daher auch mit einer Enzyklopädie bisher ungeahnten Ausmaßes, einer riesigen Sammlung des gegenwärtigen Weltwissens, verglichen (vgl. Haber 2000; Stickfort 2002), deren man sich nur entsprechend der persönlichen und aktuellen Wissensbedürfnisse bedienen muss. Das Problem der Suche, Auswahl und kritischen Wichtung der Inhalte ist damit zwar nicht vom Tisch, soll hier jedoch nicht eingehender betrachtet werden.

Seit einiger Zeit präsentiert sich das Internet neben seiner Eigenschaft als Informations- und Wissensspeichermedium und in Ergänzung zu seiner Funktion als Kommunikationsmedium zudem aber auch als ein *Beteiligungsmedium*, das jedermann – Profis wie Amateure, Experten wie Laien – zum Mitmachen einlädt. Unter dem plakativen Label Web 2.0 zusammengefasst, verkörpern Blogs, Podcasts, Wikis und soziale Netzwerke eine neue Generation der interaktiven und partizipativen Internetnutzung. Dieser Beteiligungscharakter war theoretisch zwar schon zu Beginn in der Idee und Technologie des Internets angelegt, jedoch verhinderten lange Übertragungszeiten, hohe Verbindungskosten und die Notwendigkeit umfangreicher programmiertechnischer Vorkenntnisse lange Zeit dessen praktische Umsetzung. Dank der Entwicklung einfach zu bedienender Benutzeroberflächen (sogenannter Rich User Interfaces) und aufgrund der zunehmenden Verbreitung von DSL-Breitbandanschlüssen sowie kostengünstiger Flatrates konnten dererlei Hindernisse in den vergangenen Jahren allerdings weitgehend überwunden werden. Zahlreiche Webseiten sind inzwischen ohne Kenntnis von Programmiersprachen direkt im Browser zu bearbeiten; Radio- und Fernsehbeiträge lassen sich jederzeit unkompliziert und schnell vom heimischen PC aus herunterladen. Die Nutzer des Internet werden so potentiell von passiven Rezipienten zu aktiven Produzenten ihrer ganz eigenen Medienangebote, deren Inhalte sie selbst bestimmen bzw. erzeugen.

Auch wenn diese zweite Dimension der partizipativen Internetnutzung und der Herstellung individuell zugeschnittener Medienangebote gegenüber jener des Informations- und Wissensspeichermediums bei den Nutzern eine bislang noch eher verhaltene Annahme findet, liegt hierin doch die Tendenz zur weiteren Steigerung der wissensgesellschaftlichen Komplexität. So führt die unbegrenzte Möglichkeit zur Inhaltsgenerierung durch jedermann unweigerlich zu einem Anwachsen von Pluralität und Heterogenität bis hin zur Beliebigkeit. So gesehen steht der Charakter des Beteiligungsmediums Internet auf den ersten Blick auch in einem gewissen Widerspruch zur Funktion des Informations- und Wissensspeichermediums – verstärkt es doch selbst eben jene wissensgesellschaftlichen Bedürfnislagen, die es an anderer Stelle aufgreift und zu deren Bearbeitung und erfolgreichen Bewältigung es beiträgt. Aus einem nicht-normativen Blickwinkel erscheint gerade diese funktionale Besonderheit des Internet jedoch weniger als Widerspruch, sondern kann vielmehr als ein Hinweis auf dessen leitmediales Potential betrachtet werden, im Kontext der Wissensgesellschaft kulturprägende bzw.

kulturverändernde Prozesse in Gang zu setzen. Mit anderen Worten: Das doppelte und scheinbar gegenläufige Verhältnis des Internet zu den Herausforderungen der Wissensgesellschaft weist dieses erst vollends als deren Leitmedium aus. Das Internet reagiert auf die spezifischen Bedürfnislagen der Wissensgesellschaft, eröffnet in Wechselwirkung mit diesen aber auch Entwicklungsmöglichkeiten, die langfristig zu Wandlungen der wissenskulturellen Verfasstheit führen können. In der Zusammenführung und gegenseitigen Verstärkung von medialen und soziokulturellen Entwicklungen erreicht die Wissensgesellschaft dabei derzeit eine neue Ebene und wird zu einer Art *digitaler Wissensgesellschaft*.

2.2 Wissensdemokratisierung im Web 2.0

Nicht zuletzt vor dem Hintergrund der fortschreitenden Entwicklung hin zum Beteiligungsmedium ist im Kontext des Internet im Allgemeinen und des Web 2.0 im Speziellen daher häufig von einer digitalen »Demokratisierung des Wissens«[35] die Rede. Gerade das in den vorangegangenen Abschnitten dieses Kapitels immer wieder beschriebene Phänomen der aktiven Partizipation von Amateuren bzw. Laien an der Produktion medialer Inhalte hat in den vergangenen Jahren teilweise zu heftigen und kontroversen Debatten dahingehend geführt, wie dessen gesellschaftliche Bedeutung einzuschätzen sei (siehe dazu auch die Einleitung zu diesem Band). Dabei wird nicht nur auf den freien und oftmals kostenlosen Zugriff auf aktuelle oder auch klassische Wissensinhalte über das Internet und die damit verbundenen Schwierigkeiten dieser »digitalen Gratiskultur« (Urheberrechtsschutz, Langzeitarchivierung, Qualitätssicherung etc.) verwiesen, sondern vereinzelt auch die Frage gestellt, inwieweit durch die neuen Angebote der medialen Partizipation und vernetzten Kollaboration das Wissen selbst zu einem demokratischen Produkt wird und welche Potentiale sich damit verbinden. Im Hinblick auf die These der Wissensdemokratisierung geht es mit anderen Worten also neben der Demokratisierung des *Zugangs zu* Wissen, ebenso um die Demokratisierung der *Mitwirkung an* Wissen.

2.2.1 Zum Begriff der Wissensdemokratisierung

Wendet man sich der These der Wissensdemokratisierung differenzierter zu, so ist zunächst zu konstatieren, dass schon der Begriff der Wissensdemokratisierung selbst einen breiten Interpretationsspielraum offen lässt. Weder ›Wissen‹, noch ›Demokratie‹ sind wirklich eindeutig definiert. Vielmehr können sie je nach Anliegen und theoretischem Hintergrund durchaus unterschiedliche Bedeutungen und Konnotationen annehmen. Im Kontext welcher Parameter ist die Frage nach der Wissensdemokratisierung im Web 2.0

---

35 Etwa: »Digitale Demokratisierung des Wissens. Kostenlose Internetinhalte verändern Lernen und Geschäftsmodelle« (O.A. 2007).

also zu beurteilen und auf welches Konzept von Demokratie wird dabei abgehoben?

Ohne hier eine umfassende Klärung vornehmen zu wollen oder zu können, sollen vor dem Hintergrund der Logik der Gesamtargumentation dieses Bandes im Folgenden zunächst ein paar grundlegend relevante Aspekte zum Demokratiebegriff herausgehoben werden, bevor diese dann anschließend zum Begriff des Wissens in Beziehung gesetzt werden.

Der Begriff der Demokratisierung war als Phänomen der Postmoderne bereits Gegenstand des dritten Kapitels. Aus staatstheoretischer (bzw. politologischer) Sicht wird damit der Prozess der schrittweisen Einführung demokratischer Prinzipien und Strukturen bezeichnet. In der Soziologie steht er hingegen allgemein für den Abbau von (hierarchischer) Herrschaft. Derartige Aussagen sind allerdings stark unpräzise, da die Feinheiten des dahinter liegenden Demokratiebegriffs nicht deutlich werden. Aus diesem Grund sei an dieser Stelle ein kurzer Exkurs zur historischen Entwicklung unseres modernen Demokratiebegriffs eingefügt.

Exkurs:
Entstehung und Entwicklung des Demokratiebegriffs
Der Begriff der Demokratie hat seinen eigentlichen Ursprung in den griechischen Stadtstaaten der Antike. Er bedeutet wörtlich: Herrschaft des Volkes. Unter das Volk fielen zu dieser Zeit jedoch lediglich die Mitglieder der Polis. Das waren alle freien Bürger männlichen Geschlechts, sobald sie ein bestimmtes Alter erreicht hatten. Frauen, Sklaven und Fremde, die im Stadtgebiet lebten (Metöken genannt), waren ganz selbstverständlich ausgenommen. Die Größe der Polis blieb damit stets überschaubar. Sie traf sich als Volksversammlung regelmäßig auf der Agora und entschied in direkter Abstimmung (z.B. Scherbengericht) über das Volk betreffende Angelegenheiten. Die antike Demokratie stellte daher auch eine direkt ausgeübte Demokratie dar.

Mit dem Untergang der griechischen Stadtstaaten geriet auch die Idee der Demokratie über das gesamte Mittelalter hinweg in Vergessenheit. Erst die Staatstheoretiker des 17. und 18. Jahrhunderts (z.B. Hobbes, Locke, Montesquieu, Rousseau) griffen die antiken Ansätze wieder auf und entwickelten sie weiter. Nicht alle von ihnen waren dabei freilich unbedingt Freunde der Demokratie, ebenso wie man sich keinesfalls dessen einig war, wie der Begriff der Demokratie inhaltlich zu füllen sei. Thomas *Hobbes* (1588-1679) beispielsweise war der strikten Auffassung, die Demokratie führe unmittelbar zu Anarchie. Um den »Krieg eines jeden gegen jeden«, wie er in seinem »Leviathan« von 1651 schreibt, zu beenden, schließen sich die Menschen per Vertrag zu einer Gemeinschaft, zu einem Staat zusammen. Zur dauerhaften Beständigkeit dieses Zusammenschlusses ist allerdings die Einsetzung einer allgemeinen zentralen Gewalt notwendig. Dieser Leviathan (Hobbes nennt ihn auch ›sterblichen Gott‹) wacht nicht nur über die Einhaltung des Friedens im Sinne des Gemeinwohl, er ist auch die Institution, deren Autorität der Einzelne »den eigenen Willen und das eigene Urteil [...] unterwirft«. Die daraus resultierende Selbstentmündigung hebt jede Chance zur demokratischen Selbstbestimmung auf (vgl. Speth 2003c: 98), wobei Hobbes den Menschen diese Kompetenz ohnehin rigoros abspricht. So wird die Herrschaft bei Hobbes zwar erstmals demokratisch zustimmungspflichtig, nimmt dann aber staatsabsolutistische Züge an. Der Vertrag dient lediglich der Herrschaftsbegründung, nicht aber der Herrschaftsbegrenzung (vgl. ebd.). Dieser Gedanke taucht erst bei John *Locke* (1632-1704) auf. Locke begründet die Notwendigkeit zum gesellschaftlichen Zusammenschluss der im Naturzustand eigentlich freien Menschen vor allem mit dem Schutz des Eigentums. Auch er setzt eine unabhängige staatliche Gewalt ein, welche zur Begrenzung der Selbstjustiz (Locke spricht hier vom ›persönlichen Strafgericht der einzelnen Mitglieder‹), gewissermaßen in Vertretung des Einzelnen und zugunsten der Gemeinschaft, allgemeine Gesetze verhängt, das Strafmaß festsetzt und entsprechend urteilt. In »Zwei Abhandlungen über die Regierung« (1690) schreibt er in § 87 der zweiten Abhandlung:

»Der Mensch wird, wie nachgewiesen worden ist, mit einem Rechtsanspruch auf vollkommene Freiheit und uneingeschränkten Genuß aller Rechte und Privilegien des natürlichen Gesetzes in Gleichheit mit jedem anderen Menschen oder jeder Anzahl von Menschen auf dieser Welt geboren. Daher hat er von Natur aus nicht nur die Macht, sein Eigentum, d.h. sein Leben, seine Freiheit und seinen Besitz gegen die Schädigungen und Angriffe anderer Menschen zu schützen, sondern auch jede Verletzung dieses Gesetzes seitens anderer zu verurteilen und sie so zu bestrafen, wie es nach seiner Überzeugung das Vergehen verdient, sogar mit dem Tode, wenn es sich um Verbrechen handelt, deren Abscheulichkeit nach seiner Meinung die Todesstrafe erfordert. Da aber keine *politische Gesellschaft* bestehen kann, ohne dass es in ihr eine Gewalt gibt, das Eigentum zu schützen und zu diesem Zweck die Übertretungen aller, die dieser Gesellschaft angehören, zu bestrafen, so gibt es nur dort eine *politische Gesellschaft*, wo jedes einzelne ihrer Mitglieder seine natürliche Gewalt aufgegeben und zugunsten der Gemeinschaft in all denjenigen Fällen auf sie verzichtet hat, die ihn nicht davon ausschließen, das von ihr geschaffene Gesetz zu ihrem Schutz anzurufen. Auf diese Weise wird das persönliche Strafgericht der einzelnen Mitglieder beseitigt, und die Gemeinschaft wird nach festen, stehenden Regeln zum unparteiischen und einzigen Schiedsrichter für alle. Durch Männer, denen von der Gemeinschaft die Autorität verliehen wurde, jene Regeln zu vollziehen, entscheidet sie alle Rechtsfragen, die unter den Mitgliedern dieser Gesellschaft auftreten können, und bestraft jene Vergehen, die von irgendeinem Mitglied gegen die Gesellschaft begangen werden, mit den vom Gesetz vorgesehenen Strafen.« (Locke 1977 [1690]: 253; Herv. i.O.)

Anders als bei Hobbes basiert die Autorität dieser staatlichen Instanz jedoch lediglich auf Vertrauen. Die von der bürgerlichen Gesellschaft übertragenen Kompetenzen können durch Revolution auch jederzeit wieder entzogen werden. In diesem Sinne stellen Lockes theoretische Überlegungen die Basis eines *liberal-repräsentativen Demokratiebegriffs* dar (vgl. Speth 2003b: 104). Ebenfalls klingt bei Locke auch die Idee der Gewaltenteilung an, die, obschon sie keine notwendige Bedingung der Demokratie darstellt, doch zu einem zentralen Elemente moderner demokratischer Staaten geworden ist. Wirklich wirksam formuliert hat diese Idee aber vor allem Charles de *Montesquieu* (1689-1755). In seiner Schrift »Vom Geist der Gesetze« begründet er ausführlich die Notwendigkeit der Trennung von gesetzgebender (legislativer), vollziehender (exekutiver) und richterlicher (judikativer) Gewalt im Sinne der Sicherung der politischen Freiheit des Bürgers. Nur auf diese Weise könnten die Gewalten sich gegenseitig kontrollieren und Willkür vermieden werden. Interessant ist bei Montesquieu nun, wie er seine Theorie mit den von ihm erlebten gesellschaftlichen Strukturen verbindet. Die »vollziehende Gewalt«, so schreibt er 1748, »muss in den Händen eines Monarchen liegen. Denn dieser Teil der Regierung, der fast immer der augenblicklichen Handlung bedarf, ist besser durch einen als durch mehrere verwaltet, während das, was von der gesetzgebenden Gewalt abhängt, häufig besser durch mehrere als durch einen einzelnen angeordnet wird.« (Montesquieu nach Pesch 2003: 110)

Auch der Adel bekommt eine zentrale Position als Gegengewicht zum restlichen gemeinen Volk, dem nun gemeinsam mit dem Adel die gesetzgebende Gewalt obliegt. Diese Aufspaltung der Legislative soll gemeinsam mit der Wahl von Repräsentanten, der Bindung der Exekutive an die Gesetze, der zeitlich begrenzten Wahl der Richter aus dem Volk und der eigenen Gerichtsbarkeit des Adels vor Willkür und Despotismus schützen, dient aber gleichfalls dazu, »Leute, die durch Geburt, Reichtum oder Ehrenstellungen ausgezeichnet sind« gegenüber dem übrigen Volk zu besondern, denn »[w]ürden sie mit der Masse des Volkes vermischt und hätten sie nur eine Stimme wie alle übrigen, so würde die Freiheit ihnen Sklaverei bedeuten« (ebd.). Die Mitgestaltungsmöglichkeiten des Volkes sind in dieser von Montesquieu vorgeschlagenen ›Mischverfassung‹ (konstitutionelle Monarchie) demnach also stark eingeschränkt und letztlich auf die Wahl von Repräsentanten beschränkt. So ist das Volk zwar prinzipiell Souverän, plebiszitäre Elemente hingegen jedoch undenkbar (vgl. Pesch 2003: 115).

Als gänzlich konträr zu den bisherigen Theorien ist schließlich das von Jean-Jacques *Rousseau* (1712-1778) entwickelte Demokratiemodell zu betrachten. Rousseau greift Lockes Gedanken eines Gesellschaftsvertrages auf. In seiner gleichnamigen Schrift »Vom Gesellschaftsvertrag oder Grundsätze des Staatsrechts«, die 1762 erschien, definiert er diesen wie folgt:

»Gemeinsam stellen wir alle, jeder von uns seine Person und seine Kraft unter die oberste Richtschnur des Gemeinwillens; und wir nehmen, als Körper, jedes Glied als untrennbaren Teil des Ganzen auf.« (Rousseau nach Speth 2003a: 119)

Gegenüber Locke, aber auch gegenüber Hobbes, geht Rousseau jedoch von vollkommen anderen Prämissen im Vorfeld des Vertrages aus. In Rousseaus Konzeption wird dieser nämlich nicht freiwillig geschlossen, sondern aus der Tatsache heraus, dass sich durch das Zusammentreffen von Menschen unweigerlich zivilisatorische Strukturen herausbilden (insbesondere Abhängigkeits- und Ungleichheitsverhältnisse durch Eigentum und Arbeitsteilung), welche den idyllischen Naturzustand und die mit diesem verbundene natürliche Freiheit des Menschen unwiederbringlich zerstören. Um diese Freiheit auf einer höheren, einer gesellschaftlichen Stufe wiederherzustellen, wird ein ›Contrat Social‹ geschlossen. Die Souveränität wird im Zuge dieses Schrittes der Gesellschaftsentstehung jedoch nicht, wie beispielsweise bei Hobbes, veräußert, d.h. an eine nicht am Vertrag beteiligte Person oder Institution übertragen, sondern verbleibt in den Händen des Volkes. Rousseaus Demokratiemodell entspricht damit einer radikalen Volkssouveränität. Eine Möglichkeit zur Repräsentation des Gemeinwillens besteht nicht (vgl. Speth 2003a: 122f.).

Auch wenn Rousseaus Forderung einer unabdingbaren Volkssouveränität in dieser Radikalität in der Praxis nie realisiert werden konnte, fand sie im Zuge der großen Revolutionen der Neuzeit (Amerika, Frankreich und schließlich Deutschland) und gemeinsam mit dem Prinzip der Gewaltenteilung letztlich doch Einzug in die Verfassungen der sich allmählich herausbildenden modernen Nationalstaaten bzw. Republiken Europas und Nordamerikas, d.h. der westlichen Welt. Der Grundsatz, dass alle Macht vom Volk (dem Demos) ausgehe, ist dort bis auf den heutigen Tag fest verankert. Gleichwohl unterscheidet sich unser modernes Demokratieverständnis erheblich vom ursprünglich antiken. So ist in den meisten modernen Verfassungsstaaten eine repräsentative Demokratie, d.h. eine Demokratie der legitimierten Vertreter, vorherrschend. Diese wird häufig auch als liberale Demokratie bezeichnet, da das freiheitliche Recht des Einzelnen, an der politischen Willensbildung teilzunehmen und auf diese beispielsweise auch als Mitglied einer Minderheit einzuwirken, grundgesetzlich zu- und institutionell abgesichert wird – allerdings (nahezu) ausschließlich über den Akt der Wahl entsprechender Repräsentanten der eigenen Interessen. Der damit verbundene Vertretungsanspruch tut dem Grundsatz der Volkssouveränität zwar prinzipiell keinen Abbruch, doch sind die Möglichkeiten zur demokratischen Willensbekundung in dieser Art der indirekten Demokratieausübung stark limitiert. Die demokratische Willensbekundung des Volkes beschränkt sich auf wenige zentral organisierte Ereignisse. Der Prozess selbst ist dabei stark formalisiert. Konkret heißt das für die meisten westlichen Gesellschaften: Die Volksgemeinschaft bestimmt in freier und geheimer Abstimmung (Wahl) Repräsentanten ihrer Interessen, denen für die Dauer der darauf folgenden, zeitlich klar determinierten Amtsperiode die Legitimation obliegt, politische Entscheidungen im Namen des Volkes zu treffen. Eine direkte Einflussnahme der Repräsentierten ist während dieser Zeit nicht mehr möglich, dennoch wird das Handeln der politischen Eliten permanent durch eine starke öffentliche Meinung kontrolliert und an die Grundprinzipien des Verfassungsstaates einerseits sowie den Auftrag der Wahlbürger andererseits zurückgebunden und kann im Zweifelsfall auch wieder entzogen werden (vgl. u.a. Shell 2000, Vorländer 2003 sowie Kost 2008: 26).

Die Tatsache, dass in den modernen Verfassungsstaaten Europas und Nordamerikas gerade die repräsentative Demokratie Fuß fasste, war dabei kein Zufall. Ebenso wenig aber handelte es sich um eine bewusste Entscheidung. Vielmehr war, wie Hans Vorländer in seinem Basiswerk »Demokratie. Geschichte – Formen – Theorien« betont, »eigentlich von der Demokratie nicht die Rede [...], als es darum ging, die moderne Demokratie zu etablieren« (Vorländer 2003: 49). Stattdessen stand in Frankreich wie auch schon in den Vereinigten Staaten und später in Deutschland die Einführung der Republik im Vordergrund – als Gegenbegriff zur hierarchisch strukturierten Ständegesellschaft und absolutistisch-feudalen Herrschaftsordnung. Dieser Begriff der Republik bildete dann gewissermaßen den »Orientierungsrahmen, in dem sich die Diskussionen um die unterschiedlichen Formen der Demokratie abspielten« (ebd.: 50). Dass man sich dabei schon über den Wert der Demokratie keinesfalls einig war, wurde bereits bemerkt. Vor allem bezweifelte man, ob das Volk sich selbst in stabiler Ordnung gut und gerecht regieren konnte. Das Modell der attischen Polisdemokratie scheiterte schließlich an der Unvereinbarkeit mit dem neuzeitlichen Republikanismus. Drei Gesichtspunkte waren dabei ausschlaggebend (vgl. ebd. 51ff.): Erstens die Einsicht, dass sich die Demokratie antiken Vorbilds nur auf dem Territorium räumlich wie sozial und also personell gut überschaubarer Stadtstaaten entwickeln konnte. In den neu entstandenen Republiken der frühen Moderne musste die Demokratie hingegen in einem großen Flächenstaat eingerichtet werden. Die Menschen in diesen Staaten kannten sich längst nicht mehr untereinander. Zudem war es im Sinne der demokratischen Gleichberechtigung nicht mehr für alle Bürger gleichermaßen möglich, zu jeder Zeit persönlich an einem zentralen Ort zu erscheinen und sich an Diskussionen und Abstimmungen zu beteiligen. Die Strukturen der Willens- und Entscheidungsbildung mussten folglich verändert werden. Die Demokratie moderner Territorialstaaten konnte keine Versammlungsdemokratie mehr sein; neue Institutionen der Beteiligung wurden notwendig. Ungeachtet dieses räumlichen Aspekts stand die moderne Demokratie zweitens aber auch vor dem Problem sozialer und kultureller Unterschiede zwischen den Bürgern der neu gegründeten Republiken. Diese hatten innerhalb der antiken Stadtstaaten zwar auch bestanden, jedoch nicht in einer derartigen, die Stabilität der Polisdemokratie gefährdenden Massivität. Vor allem trugen religiöse Überzeugungen, ein intensives öffentliches Gemeinschaftsleben sowie die Pflege von Kulten und Mythen sowohl in der griechischen wie auch der römischen Antike zur Schaffung und Aufrechterhaltung gemeinsam geteilter Weltbilder und Wertvorstellungen bei. Gleiches galt auch noch bis hinein ins Mittelalter. Der Erkenntnisdrang der Frühen Neuzeit stellte die Sinnhaftigkeit solcher kollektiver Orientierungsmuster jedoch zunehmend in Frage und die individuelle Freiheit des Einzelnen in den Mittelpunkt. Reformation und Glaubenskriege sowie die parallele Entstehung eines kommerziell-industriellen Wirtschaftsdenkens taten ihr Übriges. Die ehemals ständisch gegliederte Gesellschaft differenzierte sich mehr und mehr aus. Damit einher ging eine nie dagewesene Pluralität von Interessen, die es systematisch zu bündeln galt (vgl. ebd.: 52ff. sowie Kap. II, Abschn. 1.1). Drittens schließlich kollidierte die republikanische Tradition schlichtweg mit dem Gedanken der Souveränität. Resultierend aus den Erfahrungen der Bürger- und Religionskriege des 16. und 17. Jahrhunderts war eine Souveränitätsauffassung entstanden, derentsprechend die souveräne Herrschaftsausübung grundsätzlich von allen Beschränkungen und Zustimmungserfordernissen abgekoppelt war. Auch die Ablösung des absoluten Monarchen durch den Demos vermochte dieses Problem in den Augen der Republikaner nicht zu beheben. Vielmehr bedurfte die Souveränität in jedem Falle einer rigorosen Beschränkung durch die oben bereits erläuterten Mittel der Repräsentation und Gewaltenteilung (vgl. ebd.: 52).

Die Einführung einer direkten Demokratie nach dem Vorbild der Polisdemokratie scheiterte in den jungen frühneuzeitlichen Republiken demnach aus ganz unterschiedlichen Gründen. Nicht zu übersehen ist allerdings die enge Verflochtenheit der Formen und Praxen der Demokratieausübung mit bestimmten räumlich-strukturellen Voraussetzungen. Oder anders formuliert: Demokratie basiert stets auf *Öffentlichkeit* als demokratischem Prinzip. In den Stadtstaaten der Antike war eine solche (diskursive) Öffentlichkeit aufgrund der territorialen Begrenztheit per se gegeben. Unter den Bedingungen ausgedehnter Flächenstaaten, wie sie die modernen Verfassungsstaaten Europas und Nordamerikas damals wie heute verkörpern, musste eine entsprechende gemeinsam geteilte Öffentlichkeit hingegen erst medial geschaffen werden. Als medienhistorisch betrachtet entscheidendes Ereignis erweist sich in diesem Kontext einmal mehr die Einführung und Verbreitung des Buchdrucks sowie die damit verbundenen Möglichkeiten, textlich gefasste und andere Inhalte massenhaft zu reproduzieren und an ein immer größer werdendes Publikum zu kommunizieren. So etablierte sich etwa zeitgleich zu den weiter oben beschriebenen staatstheoretischen Überlegungen zum Demokratiebegriff eine Reihe neuer (typographischer) Medien – zunächst Zeitungen[36], später auch Zeitschriften, Almanache, Wörterbücher und Enzyklopädien, deren Kernanliegen es war, Informationen breit zu streuen, d.h. unter dem Diktum von informationeller Transparenz und uneingeschränkter Zugänglichkeit eine allgemeine Publizität zu erzeugen (vgl. u.a. Pöttker 2006).

Der Begriff der Öffentlichkeit als Voraussetzung der Demokratie besitzt also einen engen Bezug zu Medien, insbesondere zu den Massenmedien. Ohne das Vorhandensein einer solchen (massen-)medialen Öffentlichkeit

---

36 Die erste Zeitung erschien unter dem Titel »Relation« (vermutlich) 1605 in Straßburg.

wäre eine Demokratie im modernen Sinne auch heute nicht denkbar. Allerdings handelt es sich bei dieser Form der Öffentlichkeit stets auch um eine medial vermittelte und keine unmittelbare Öffentlichkeit. Folglich beeinflussen die jeweiligen Medien mittelbar (über die von ihnen erzeugte Öffentlichkeit) die Form der Demokratie. Jürgen Habermas etwa beschreibt in seinem bekannten Werk »Strukturwandel der Öffentlichkeit« diesbezüglich den Idealtypus einer ›bürgerlichen Öffentlichkeit‹, wie sie sich im 18. Jahrhundert in den Salons und Kaffeehäusern herausbildete, und die ›repräsentative Öffentlichkeit‹ des Adels und der Geistlichkeit ablöste. Im Kreise dieser bürgerlichen Öffentlichkeit entwickelte sich allmählich eine öffentliche Meinung, die als Vermittler zwischen Staat und Gesellschaft bzw. als Korrektiv zur Staatsgewalt fungierte. Spätestens mit der Kommerzialisierung der Presse im 19. Jahrhundert ging dieser emanzipatorische Gehalt der öffentlichen Meinung nach Ansicht von Jürgen Habermas jedoch unwiederbringlich verloren. Die bürgerliche Öffentlichkeit zerfiel. Die Massenmedien gerieten immer stärker in den Dienst der gezielten Meinungslenkung. Die bürgerliche Öffentlichkeit war demgegenüber eine deliberative Demokratie gewesen, in der alle Bürger aktiv am öffentlichen Diskurs partizipieren konnten (vgl. Habermas 1990 [1962]).

Gleicht man diese Überlegungen zum Zusammenhang von Öffentlichkeit, Demokratie und Medien mit der These einer (digitalen) Wissensdemokratisierung ab, so wird deutlich, dass auch diese in wesentlichen Teilen eine Frage der medialen Dispositionen ist. In Kapitel I dieses Buches wurde bereits ausführlich diskutiert, wie stark die Wissenskultur einer Gesellschaft von den dieser Gesellschaft zur Verfügung stehenden Medien beeinflusst wird. Diese prägen nämlich nicht nur die Formen und Wege der Kommunikation, sie bestimmen auch, unter welchen Bedingungen die gesellschaftliche Wissenskommunikation stattfindet und wer an dieser teilhat. Letztendlich obliegt den Medien damit zu einem Großteil auch, wenn man so will, die Definition des Wissensbegriffs selbst. Kapitel II dieses Buches hat sich ausführlich der Darstellung der Bedeutung des Buchdrucks für die Entstehung und Herausbildung eines vollkommen neuartigen Verständnisses von und Umgangs mit Wissen im frühneuzeitlichen Europa gewidmet – ein Verständnis, das in seinen Grundfesten bis heute Gültigkeit beansprucht. Die Beschaffenheit der Wissenskultur einer Gesellschaft ist also maßgeblich medial beeinflusst und grundlegend medienabhängig, ergo ist auch die Frage nach der Wissensdemokratisierung unweigerlich eine, die stark an das Mediensystem gebunden ist.

2.2.2 (Wissens-)Demokratisierung und Medien

Innerhalb der begriffshistorischen Ausführungen des vorangegangenen Abschnitts ist bereits angeklungen, dass die Herausbildung unseres modernen Verständnisses von Demokratie – ebenso wie unser modernes Wissens- und Wissen*schaft*sverständnis – tief in der Frühen Neuzeit verwurzelt ist. Auch Neil Postman verweist in seinem 1999 erstmals aufgelegten Buch »Die zweite Aufklärung. Vom 18. ins 21. Jahrhundert« im Zusammenhang mit dem Stichwort ›Demokratie‹ darauf, dass der Ursprung des Demokratiebegriffs selbst zwar in den antiken griechischen Stadtstaaten liegt, unser heutiger moderner Begriff jedoch maßgeblich erst im Kontext der (europäischen) Staatstheoretiker des 17. und 18. Jahrhunderts entstanden sei. Dabei gab es, wie wir gesehen haben, durchaus unterschiedliche Ansichten, was den Stellenwert der Demokratie sowie die Rahmenbedingungen ihrer Entstehung und Aufrechterhaltung betrifft. Vor allem die Frage nach der Quelle legitimer Macht und Autorität wurde während der gesamten Epoche der Aufklärung heftig diskutiert (vgl. Postman 2007: 171ff.).

Dass sich die demokratischen Theorien in den westlichen Gesellschaften resp. Nationalstaaten schließlich aber auf so breiter Front durchsetzen konnten – spätestens seit dem Fall der kommunistisch-diktatorischen Regime Ende der 1980er/Anfang der 1990er Jahre in Europa gilt die Demokratie wohl als die favorisierte Gesellschaftsform der westlichen Welt (siehe dazu erneut Kap. III, Abschn. 1.4) – und die demokratischen Prinzipien und Elemente dabei heute stärker denn je überaus positiv konnotiert sind, lässt sich, so die These Postmans, letztendlich auch auf entsprechende mediale Einflüsse zurückführen. Schon bei Aristoteles – der die Demokratie im Übrigen als ›Abart‹ der sogenannten ›Politeía‹ begriff, aber bereits weniger harsch mit ihr ins Gericht zog, als dies noch Platon tat – findet sich der Gedanke, dass stets ein Zusammenhang zwischen der jeweiligen (wünschenswerten) Regierungsform und den zur Verfügung stehenden Kommunikationsmitteln bestehe. Die Demokratie beispielsweise setze voraus, dass ein Sprecher von allen Bürgern gehört werden könne (vgl. ebd.: 176). Postman verweist hier aber insbesondere auf Alexis de *Tocqueville* (1805-1859) und dessen Untersuchung der amerikanischen Demokratie (»Über die Demokratie in Amerika«, 1835/1840). Tocqueville betone, so Postman, mehr als jeder Demokratietheoretiker vor ihm (und womöglich auch nach ihm), die Rolle der Medien im Kontext der amerikanischen Demokratie. Dabei fiel ihm besonders das gedruckte Wort auf, das es vermochte, Ideen in Form von Zeitungen, Broschüren und Flugschriften relativ rasch über weite Strecken zu verbreiten. Dabei war nicht nur die Menge oder die Qualität des Gedruckten entscheidend, sondern vor allem auch die Tatsache, dass dieses Medium aufgrund seiner Monopolstellung in dieser Zeit den öffentlichen Diskurs des jungen Amerikas ganz und gar dominierte. Dies galt nicht nur für Amerika, sondern traf natürlich auch auf Europa zu. Postman geht daher davon aus, dass »der moderne Begriff der Demokratie unauflösbar mit dem gedruckten Wort verknüpft war« (ebd.: 181).

Wenn dem so war bzw. ist, dann stellt sich natürlich unweigerlich auch die Frage nach dem Einfluss des sich spätestens seit dem 20. Jahrhundert immer weiter ausdifferenzierenden Systems (elektronischer) Massenmedien (insbesondere Radio, Film, Fernsehen) auf die Demokratie bzw. das Demokratieverständnis und die Demokratiepraxis der westlichen Gesellschaften – gerade auch im Hinblick auf den hier zu diskutierenden Aspekt einer neuartigen (Wissens-)Demokratisierung im Zuge der Verbreitung und Etablierung neuer interaktiver und partizipativer Formen der Internetnutzung. Schaut man auf die gängige Praxis der gesellschaftlichen Mediennutzung, dann erscheinen die meisten Massenmedien – wie etwa das Buch oder die Zeitung, aber auch und gerade Radio, Film und Fernsehen sowie in weiten Teilen nicht zuletzt auch Computer und Internet – bis heute als reine Distributionsmedien. Dieser Umstand ist nicht in allen Fällen ein unbedingt naturwüchsiger. Von verschiedener Seite wurden und werden daher immer wieder (und nicht erst seit der massenmedialen Verbreitung des Internet) Forderungen nach einem veränderten Umgang mit den verfügbaren Massenmedien laut. Im Kern dieser Forderungen steht vor allem ein emanzipatorischer Mediengebrauch, wie ihn ganz besonders explizit Hans Magnus Enzensberger (1970) thematisiert hat. Bereits in der ersten Hälfte des 20. Jahrhunderts, lange vor Digitalisierung und Computerisierung, beklagte zunächst aber vor allem Bertold Brecht in seinem Text »Der Rundfunk als Kommunikationsapparat. Rede über die Funktion des Rundfunks« (1932), dass der Rundfunk bis dato nicht mehr als ein reiner Distributionsapparat sei.

a) Der Rundfunk als Kommunikationsapparat (Bertolt Brecht)
In dieser ersten Phase seiner Existenz, so Brecht (2004 [1932]: 259), fungiere der Rundfunk lediglich als »Stellvertreter des Theaters, der Oper, des Konzerts, der Vorträge, der Kaffeemusik, des lokalen Teils der Presse usw.«, er hätte also von Anfang an alle bestehenden Institutionen in dieser Richtung imitiert, ohne jedoch seine wahre Bestimmung gefunden zu haben (vgl. ebd.). Der Rundfunk solle das öffentliche bzw. gesellschaftliche Leben aber nicht nur verschönern, er müsse, wenn man so will, auch den gegenseitigen Austausch anregen. Seine Hauptaufgabe bestehe also vielmehr darin, »dass das Publikum nicht nur belehrt *werden*, sondern auch belehren muss« (ebd.: 261; Herv. i.O.). Brecht macht daher einen Vorschlag zur Umfunktionierung des Rundfunks, der zum tragenden Bestandteil seiner sogenannten ›Radiotheorie‹ wurde:

»Der Rundfunk ist von einem Distributionsapparat in einen Kommunikationsapparat zu verwandeln. Der Rundfunk wäre der denkbar großartigste Kommunikationsapparat des öffentlichen Lebens, ein ungeheures Kanalsystem, das heißt, er wäre es, wenn er es verstünde, nicht nur auszusenden, sondern auch zu empfangen, also den Zuhörer nicht nur zu hören, sondern auch sprechen zu machen und ihn nicht zu isolieren, sondern ihn in Beziehung zu setzen. Der Rundfunk müßte demnach aus dem Lieferantentum herausgehen und den Hörer als Lieferanten organisieren. [...] Er hat über dies hinaus die Einforderung von Berichten zu organisieren, das heißt, die Berichte der Regierten in Antworten auf die Fragen der Regierten zu verwandeln. [...] Er allein kann die großen Gespräche der Branchen und Konsumenten über die Normung der Gebrauchsgegenstände veranstalten, die Debatten über Erhöhungen der Brotpreise, die Dispute der Kommunen.« (Ebd.: 260f.)

b) Emanzipatorischer Mediengebrauch (Hans Magnus Enzensberger)
Knapp 40 Jahre später entwickelte Hans Magnus Enzensberger ganz ähnliche Überlegungen in Bezug auf die elektronischen Medien. Enzensberger griff dabei Brechts Gedankengang auf und entwickelte diesen weiter. In seiner Schrift »Baukasten zu einer Theorie der Medien« (1970) konstatierte auch er die Einseitigkeit des Informationsflusses im Kontext der gängigen Massenmedien (insbesondere bei Radio, Film und Fernsehen). So seien die Feedback-Möglichkeiten seitens der Rezipienten dort auf ein Minimum reduziert, eine wirkliche Kommunikation, ein wechselseitiger Austausch zwischen Sender und Empfänger finde nicht statt (vgl. Enzensberger 1997 [1970]: 99). Dieser Umstand stelle nun aber keineswegs eine technische Notwendigkeit dar. Vielmehr ist beispielsweise jedes Radio von seiner grundlegenden Funktionalität her nicht nur ein Empfänger, sondern immer auch selbst ein Sender. Aus einer marxistisch geprägten Gesellschafts- und Medientheorie heraus behauptet Enzensberger daher, die »Entwicklung vom bloßen Distributions- zum Kommunikationsmedium« werde »bewusst verhindert, aus guten schlechten politischen Gründen« (ebd.). Die strikte Trennung zwischen aktiven Medienproduzenten und passiven Rezipienten verkörpere damit den »Grundwiderspruch zwischen herrschenden und beherrschten Klassen« (vgl. ebd.).

Medienhistorisch betrachtet steht diese strukturelle Diskrepanz natürlich wiederum in der Tradition der Buchkultur. Wie auch in Kapitel II dieser Arbeit schon ausführlicher beschrieben wurde, führte der Buchdruck zu einer Isolation von Autor (Produzent) und Leser (Rezipient), indem er ihnen klare hierarchische Rollenmuster zuwies. Das ist nicht nur auf das Schreiben selbst als stark normierte und spezialisierte Technik zurückzuführen, sondern vor allem auch auf die sich im Umfeld der drucktechnischen Revolution entwickelnden Prinzipien und Konventionen der (akademischen) Wissensproduktion und -kommunikation. All das machte den Buchdruck im Hinblick auf den Umgang mit Informationen bzw. Wissen zu einem kontemplativen und monologischen Medium (vgl. ebd.: 125ff.). Die neuen elektronischen Medien sind demgegenüber laut Enzensberger mit ganz anderen Eigenschaften ausgestattet. Anders als das elitäre Buch sind sie ihrer Struktur nach nämlich grundlegend egalitär (vgl. ebd.: 107). Ihre Programme sind immateriell und lassen sich – auch darauf wurde bereits hingewiesen – beliebig oft reproduzieren. Prinzipiell kann folglich jeder an ihnen teilnehmen. Sie sind aktions- und augenblicksorientiert und besitzen somit fraglos die Tendenz, das »kulturelle Monopol der bürgerlichen Intelligenz« (ebd.) aufzuheben:

»Zum ersten Mal in der Geschichte machen die Medien die massenhafte Teilnahme an einem gesellschaftlichen und vergesellschafteten produktiven Prozess möglich, dessen praktische Mittel sich in der Hand der Massen selbst befinden. Ein solcher Gebrauch brächte die Kommunikationsmedien, die diesen Namen bisher zu Unrecht tragen, zu sich selbst.« (Ebd.: 99)

Um die Jahrhunderte währende mediale Vorherrschaft des Buches im Allgemeinen sowie der dazugehörigen buchkulturellen Konventionen im Speziellen nun jedoch tatsächlich abzulösen, müssen sich die neuen elektronischen Medien so weit als möglich von den ererbten elitären, autoritär-hierarchischen und monologischen Produktions- und Kommunikationsweisen befreien (vgl. ebd.: 127f.). Enzensberger ist sich allerdings auch dessen bewusst, dass zur Umkehrung der Verhältnisse in diesem Bereich vor allem auch entsprechende gesellschaftspolitische bzw. soziokulturelle Voraussetzungen notwendig sind.

»Wer sich Emanzipation von einem wie auch immer strukturierten technologischen Gerät oder Gerätesystem verspricht, verfällt einem obskuren Fortschrittsglauben; wer sich einbildet, Medienfreiheit werde sich von selbst einstellen, wenn nur jeder einzelne fleißig sende und empfange, geht einem Liberalismus auf den Leim, der unter zeitgenössischer Schminke mit der verwelkten Vorstellung von einer prästabilierten Harmonie der gesellschaftlichen Interessen hausieren geht.« (Ebd.: 111)

Dass die zweite, die aktive bzw. ›folgenreiche‹ Seite der Rundfunknutzung nicht sofort (und wenn man es genau nimmt eigentlich nie so richtig) zum Tragen kam, führte schon Brecht etwa darauf zurück, dass das Medium des Rundfunks, wie er schreibt, zu einer Zeit entstand, »wo die Gesellschaft noch nicht soweit war, ihn aufzunehmen« (Brecht 2004 [1932]: 259). Auch Enzensberger bemerkt hierzu, dass die Charakteristika der neuen Medien, wie er es ausdrückt, dem »Zeitverhältnis […] der bürgerlichen Kultur« (Enzensberger 1997 [1970]: 108) grundsätzlich zuwider liefen. Seiner Ansicht nach ist es daher nur innerhalb einer freien sozialistischen Gesellschaft überhaupt möglich, die Potentiale der neuen Medien produktiv zu machen. Die bereits in den 1970er Jahren in der BRD allgegenwärtige Praxis der privaten Medienproduktion unter dem Einsatz von Kleinbild- und Schmalfilmkameras bleibt für Enzensberger folglich nichts anderes als »konzessionierte Heimarbeit« (ebd.: 110) – und das selbst im Falle ihrer Veröffentlichung. Nur wenn alle Beteiligten gemeinsam bestrebt sind, ihre Isolation aufzuheben und wenn es gelingt, netzartige Kommunikationsmodelle nach dem Prinzip der Wechselwirkung zu implementieren, entsteht die Basis für den richtigen, man könnte auch sagen: einen wirklich demokratischen Gebrauch der (Massen-)Medien, bei dem jeder Empfänger auch zu einem potentiellen Sender wird und die kollektive Produktion jene durch Spezialisten ablöst. Dieser von Enzensberger auch als ›emanzipatorisch‹ bezeichnete Mediengebrauch setzt aber neben einem hohen Maß an Organisation (Selbstorganisation und kollektive Kontrolle eingeschlossen) auch eine intensive und nachhaltige Mobilisierung der Massen voraus (vgl. ebd.: 111ff.). Ein derartig emanzipatorischer Mediengebrauch richtet sich letztendlich aber auch gegen den Irrglauben, dass es in politischen und gesellschaftlichen Fragen eine reine, eine unmanipulierte Wahrheit gäbe. Enzensberger verweist zu Recht darauf, dass jeder Gebrauch der Medien stets auch Manipulation bedeute. Ein wirklich revolutionärer Entwurf besteht demnach nicht darin, die Manipulateure zu beseitigen – was ohnehin unmöglich wäre, sondern »im Gegenteil einen jeden zum Manipulateur zu machen« (ebd.: 106).

Seit den frühen 1990er Jahren leben wir – medial betrachtet – nun zudem unter dem Einfluss eines Mediums, das auf der Basis der Digitalisierung nicht nur in der Lage ist, alle anderen Medien in sich zu vereinen, sondern zudem auch den Zustand einer weltweiten Vernetzung ermöglicht. Das Internet ist mehr noch als alle anderen Massenmedien vor ihm ein Medium, das geradezu zur Interaktion herausfordert. Lawrence Grossman vertritt in seinem 1995 erschienenen Buch »The Electronic Republic: Reshaping American Democracy in the Information Age« daher die Auffassung, die neuen interaktiven Medien schafften die Grundlage für eine partizipatorische Demokratie im Stile der attischen Polis (direkte Demokratie) und machten dafür im Gegenzug die bislang verbreiteten repräsentativen Formen obsolet. Da die Bürger heutzutage direkt und schnell mit einer Vielzahl visueller und akustischer Informationen versorgt würden, seien sie problemlos zur ebenso direkten und schnellen Urteilsbildung befähigt (vgl. Postman 2007: 183). Neil Postman beschäftigt sich in seinem weiter oben bereits genannten Werk »Die zweite Aufklärung« daraufhin mit den Wesensmerkmalen unseres neuzeitlichen Demokratiebegriffs und fragt davon ausgehend nach den medialen Möglichkeitsbedingungen einer solchen nicht nur von Grossman prophezeiten plebiszitären Demokratie im digitalen Zeitalter. Er zweifelt dabei insbesondere an der Übertragbarkeit der antiken Verhältnisse auf unsere heutigen massenmedial beeinflussten und globalisierten Gesellschaften, wenn er schreibt:

»Aber können fünftausend gebildete, in vieler Hinsicht ähnlich denkende Männer in Athen ein Vorbild für zweihundertfünfzig Millionen multikultureller und am Bildschirm orientierter Bürger sein? Ist eine Ansprache im Stadtzentrum von Athen oder auch Philadelphia dasselbe wie die Ansprache der Bürger durch das Fernsehen? Machen wir die Demokratie zum Gespött, wenn wir eine ›elektronische Stadtversammlung‹ herstellen? Tut das Internet dasselbe, was Tocqueville den Erzeugnissen der Druckerpresse attestierte, nämlich Menschen aller Schichten dieselben geistigen Ressourcen zu eröffnen und Wissen gleichermaßen an die Türen der Hütten wie zu den Toren der Paläste zu bringen?« (Ebd.: 185)

Postman führt nun verschiedene Aspekte an, die diese Zweifel stützen. Zum einen müsse man bedenken, dass die Strenge des sich im Zuge der Frühen Neuzeit verbreitenden Buchdrucks die Entstehung eines rationalen und analytischen Denkens förderte, das der Antike in dieser Form gänzlich unbekannt gewesen war. Dieses Denken ist, wie bereits gezeigt wurde, jedoch aufs Engste mit der Herausbildung des modernen Demokratieverständnisses verbunden. Eine mediale Überwindung der typographischen Prinzipien bricht vermutlich auch mit der dazugehörigen rationalen Logik. Es stellt sich daher die Frage, inwieweit eine Demokratie (auch eine partizipatorische) dann in unserer heutigen Zeit noch voll funktionsfähig sein kann und ob »mit dem Dominanzverlust des gedruckten Wortes [womöglich sogar] die Fundamente eines demokratischen Gemeinwesens zerbrechen« (ebd.: 189). Zum anderen hegt Postman aber auch den Verdacht, dass die neuen digitalen Medien den Individualismus der Buchkultur intensivieren und schließlich in einen dem Gemeinschaftsempfinden enthobenen Egoismus verwandeln könnten (vgl. ebd.: 189ff.). Gerade das Internet verleite zur Privatisierung und zum Aufbau virtueller Gemeinschaften, die genau genommen nichts als eine bloße Simulation der Realität darstellten. Ein funktionierendes Gemeinwesen brauche jedoch »die Nuancen und die Unmittelbarkeit der menschlichen Stimme, die Konfrontation von Angesicht zu Angesicht und die Verständigung [...] wie auch die Möglichkeit zum sofortigen Handeln« (ebd.: 192). So gesehen gefährden die neuen elektronischen Medien in den Augen Postmans zunächst erst einmal die Grundlagen der Demokratie, statt diese auf eine neue, eine plebiszitäre Stufe zu heben.

Ohne diese Bedenken gänzlich vom Tisch zu wischen, sei an dieser Stelle jedoch erneut daran erinnert, dass das Internet – mehr noch als alle anderen Massenmedien – die Voraussetzungen für die Implementierung demokratischer Strukturen schafft. Und diese bleiben anders als bei Brecht oder Enzensberger nicht mehr nur formale Möglichkeiten, sondern finden in der Wissensgesellschaft digitaler Prägung auch bereits ihre praktische Anwendung – und zwar konkret im Web 2.0.

2.2.3 Offener Zugang, Partizipation, Netzwerkeffekte: Demokratisierungserscheinungen im Web 2.0

Zu Beginn dieses Abschnitts, genauer im Kontext der Auseinandersetzung mit dem Begriff der (Wissens-)Demokratie, wurde bereits bemerkt, dass eben dieser einen zentralen Aspekt der Wissenskultur allgemein verkörpert und dass folglich gerade die Frage nach dem Grad bzw. den Möglichkeiten der Wissensdemokratisierung letztendlich auch eine nach der Beschaffenheit der Wissenskultur (schlechthin) darstellt. Die dispositive Struktur der jeweiligen Wissenskultur, die sich im Wissensdiskurs äußert, ist dabei grundsätzlich stark medial beeinflusst. So gesehen verwundert es nicht, dass die Medien – wenn auch eher indirekt, d.h. mittelbar über die Ebene der Öffentlichmachung – auch auf die Möglichkeiten und Formen, kurz: die Beschaffenheit der Wissensdemokratie zurückwirken, indem sie etwa relevante Inhalte (öffentlich) zugänglich machen und damit einen (öffentlichen) Raum des (öffentlichen) Diskurses schaffen. Im Hinblick auf die Modifikation der Wissenskultur, auch das wurde im Kontext der Erläuterungen zum Leitmedienbegriff bereits bemerkt, sind jedoch nicht nur die jeweiligen Dispositionen eines Mediums allein ausschlaggebend, sondern auch je spezifische soziokulturelle Voraussetzungen notwendig. So vermochten die bisherigen elektronischen Massenmedien (Radio, Film, Fernsehen) die buchkulturellen Strukturen der Wissensgenese und -kommunikation nicht aufzubrechen. Wie beispielhaft schon Brecht und später Enzensberger monierten, erweisen sie sich diesbezüglich vielmehr als weitgehend hierarchisch und autoritär und folglich nicht-demokratisch organisiert, obgleich sie medial betrachtet durchaus über das Potential dazu verfügten.

Mit Blick auf die derzeitige Entwicklung der Internetnutzung und die damit verbundenen bzw. dahinter liegenden Veränderungen, werden nun jedoch Tendenzen beobachtbar, die auf eine demokratische Öffnung der bisherigen wissenskulturellen Strukturen schließen lassen. Eine solche Beobachtung stützt auch die These eines leitmedialen Potentials des Internet im Allgemeinen sowie des Web 2.0 im Speziellen – zumindest insofern man den Grad der Wissensdemokratie als Teil der Wissenskultur allgemein begreift, deren wirklich revolutionäre Transformation sich stets nur im Wechselspiel von medialen Voraussetzungen und den entsprechenden zeitgeschichtlichen Begleitumständen ereignet.

So ist das Internet ein Medium, das sowohl von seiner technischen Infrastruktur (Netzwerktechnologie) als auch von seiner medialen Kultur (Ideologie der Freiheit) her von Anfang an auf die Ausbildung demokratischer Kommunikations-, Interaktions- und Kollaborationsstrukturen hin angelegt gewesen ist. Entworfen als dezentral organisiertes und damit störungsunanfälliges Datentransferinstrument sollten alle an das Netzwerk angeschlossenen Teilnehmer gleichermaßen Daten anderer empfangen und bearbeiten und eigene Daten versenden können. Das (vielbeschworene) demokratische Potential des Internet resultiert also nicht nur aus dessen Netzwerkcharakter, sondern auch aus dem damit verbundenen Gedanken der freien Zirkulation von Inhalten.

Schaut man jedoch zurück auf die Geschichte des Internet, dann stellt man fest, dass sich dieser Gedanke beim Übergang zu dessen massenmedialer Nutzung zunächst nicht durchsetzen konnte. Verschiedentlich wird darauf verwiesen, dass neue Technologien zu Beginn oft missverstanden werden. So war es auch beim Internet (vgl. u.a. Spielkamp 2006; Alby 2007). Mit dessen öffentlichen Verbreitung zu Beginn der 1990er Jahre trat die Idee bzw. ›Kultur der Offenheit und Freiheit‹ zunächst in den Hintergrund. Nur wenige ›Eingeweihte‹ (gemeint sind hauptsächlich Personen mit der Kompetenz zum Schreiben von HTML-Quellcode) hielten weiter daran fest, sich aktiv an der Produktion von entsprechendem Content zu beteiligen. Hauptsächlich aber hielten weitgehend massenmediale Produktionsbedingungen Einzug in das Internet. Der Großteil der User beschränkte sich auf die Rolle des passiven Rezipienten.

Seit einigen Jahren nun aber beginnt sich der massenmediale Charakter des Internet allmählich zu wandeln. In Gestalt des sogenannten Web 2.0 setzt sich, wie es scheint, die Ursprungsidee der freien Kommunikation und kollaborativen Partizipation im und über das Internet allmählich wieder durch. Die neue Generation der Internetnutzung nimmt, insbesondere was den Umgang mit Wissen betrifft, also offensichtlich (erneut) grundsätzlich demokratische Züge an – und das gleich in zweierlei Hinsicht: Zum einen (a) unterstützt das Internet die Demokratisierung des Zugangs zu und der Nutzbarkeit von Information im Sinne einer demokratischen *Teilhabe an Wissen.* Zum anderen bieten neue, benutzerfreundliche Technologien auch die Möglichkeit einer offenen und demokratischen Beteiligung an der Produktion und Weitergabe von Informationen im Sinne einer demokratischen *Teilnahme am Wissensproduktions- und -weitergabeprozess.*

a) Open Access: Aufhebung restriktiver Zugangsstrukturen
Das demokratische Potential des Internet, seine ›Ideologie der Freiheit‹ wird im Hinblick auf Wissen zunächst besonders dort deutlich, wo es um die Frage des Zugangs zu Wissen geht. Die massenmediale Etablierung des Internet hat die Verbreitungswege und Verbreitungsgeschwindigkeiten von Inhalten (geradezu schlagartig) erweitert und intensiviert. Die Informationsflut der Wissensgesellschaft erhält hier ganz neue Impulse. Das Internet eignet sich aufgrund seiner vernetzten Infrastruktur beispielsweise auch hervorragend, aktuelle Erkenntnisse aus Wissenschaft und Forschung einer großen Masse von Menschen zeitnah zur Verfügung zu stellen. Die wachsende Akzeptanz und Beliebtheit des Internet als Informations- und Wissensaneignungsmedium (siehe Abschn. 2.1.1 in diesem Kap.) bestätigt dies.

Zwar ist die freie Zirkulation des Wissens nach innen sowie unter dem Signum der Popularisierung auch nach außen seit der Aufklärung das Ideal der akademischen Wissenschaft(en) gewesen, doch drückten die Dispositionen des Mediums Buchdruck diesem Ideal bis dato ihren deutlichen, strukturprägenden Stempel auf. Neben verfestigten Standards und Konventionen der akademischen Wissensproduktion und -kommunikation, deren Gewährleistung und Bewahrung die institutionalisierte Reproduktion klarer Rollenmuster und Hierarchien notwendig machte, war lange Zeit auch eine strukturelle Eingrenzung des Rezipientenradius zu beobachten, die aus einer mangelnden Lesekompetenz einerseits und einer für die voraussetzungsreiche Lektüre spezieller Verlautbarungsorgane (Fachzeitschriften) unzureichenden Fachkompetenz andererseits resultierte. Die Hürde der Lesefähigkeit ist inzwischen auf breiter Front abgeschafft – zumindest in den westlichen Gesellschaften. Die zweite Hürde der Exklusivität des wissenschaftlichen Wissens – sowohl was dessen Rezeption als auch was dessen Publikation betrifft – wird aufgrund der restriktiven Strukturen eines elitär organisierten Verlagswesens auch weiterhin aufrechterhalten. Schon der Zugang zu aktuellen wissenschaftlichen Informationen gestaltet sich im Segment der klassischen typographischen Publikationen bis heute schwierig. Nicht nur verstreicht oftmals eine vergleichsweise lange Zeit, bis aktuelle Forschungsergebnisse über den klassischen Weg der Typographie verfügbar gemacht werden, der Erwerb der fertigen Publikationen ist zudem nicht selten auch mit einem hohen finanziellen Aufwand verbunden. Aus dem Blickwinkel einer dynamisch-kontextualisierten Wissenschaft im Sinne von Wissensgesellschaft und Modus 2 (siehe Kap. III) erscheint ein derartiger Zustand mehr als veraltet. So bemerkt Oliver Passek sehr zu recht, dass die gegenwärtige

Marktstruktur im Verlagswesen, dem Charakter der Wissenschaft als öffentlichem Gut längst nicht mehr gerecht werde (vgl. Passek 2005: 338f.).
Die Digitalisierung beginnt nun allerdings diese verkrusteten Strukturen aufzubrechen. Die entsprechende Gegenbewegung nennt sich *Open Access*; der Grundstein dafür wurde im Dezember 2001 im Rahmen eines internationalen Treffens von Wissenschaftlern gelegt, die mit überholten Nutzungs- und Zugangsbeschränkungen im Wissenschaftsbetrieb aufräumen wollten (ebd.: 339). Daraus entstanden ist die sogenannte »Budapest Open Access Initiative« – erstmals unterzeichnet Januar 2002, die sich speziell auf einen veränderten Umgang mit wissenschaftlicher Literatur richtet. Ihre zentrale Forderung besteht darin, dass, wie es in der dazugehörigen Erklärung[37] heißt,

»diese Literatur kostenfrei und öffentlich im Internet zugänglich sein sollte, so dass Interessierte die Volltexte lesen, herunterladen, kopieren, verteilen, drucken, in ihnen suchen, auf sie verweisen und sie auch sonst auf jede denkbare legale Weise benutzen können, ohne finanzielle, gesetzliche oder technische Barrieren jenseits von denen, die mit dem Internet-Zugang selbst verbunden sind. In allen Fragen des Wiederabdrucks und der Verteilung und in allen Fragen des Copyright überhaupt sollte die einzige Einschränkung darin bestehen, den jeweiligen Autorinnen und Autoren Kontrolle über ihre Arbeit zu belassen und deren Recht zu sichern, dass ihre Arbeit angemessen anerkannt und zitiert wird«.

Auch in Deutschland existiert seit dem Jahre 2003 eine entsprechende Initiative. Hier trafen sich im Anschluss an eine Tagung der Max-Planck-Gesellschaft Vertreter zahlreicher namhafter nationaler und internationaler Forschungsorganisationen – beispielhaft genannt seien etwa die deutsche Hochschulrektorenkonferenz, der Wissenschaftsrat, die Deutsche Forschungsgemeinschaft, die Max-Planck-Gesellschaft, die Fraunhofer-Gesellschaft sowie der Deutsche Bibliotheksverband – zur Unterzeichnung der »Berlin Declaration«[38]. Diese schließt, wie in der Vorbemerkung deutlich wird, unmittelbar an Forderungen der »Budapester Erklärung« an. So heißt es dort:

»Unsere Aufgabe Wissen weiterzugeben ist nur halb erfüllt, wenn diese Informationen für die Gesellschaft nicht in umfassender Weise und einfach zugänglich sind. Neben den konventionellen Methoden müssen zunehmend auch die neuen Möglich-

---

37 http://www.soros.org/openaccess/g/read.shtml, Abruf am 23.01.2009.
38 Die »Berliner Erklärung über offenen Zugang zu wissenschaftlichem Wissen« wurde im Oktober 2003 von zahlreichen Vertretern nationaler wie internationaler Forschungsorganisationen, Kulturinstitute sowie wissenschaftlicher Akademien unterzeichnet. So orientiert sich an den Festlegungen und Übereinkünften der vorangegangenen Budapester Initiative (Budapest Open Access Initiative), der ECHO-Charta sowie der Bethesda-Erklärung (Bethesda Statement on Open Access Publishing). Die Erklärung ist online zugänglich unter: http://www.mpg.de/pdf/openaccess/BerlinDeclaration_dt.pdf, Abruf am 17.04.2009.

keiten der Wissensverbreitung über das Internet nach dem Prinzip des offenen Zugangs (Open Access-Paradigma) gefördert werden. Wir definieren den offenen Zugang oder den ›Open Access‹ als eine umfassende Quelle menschlichen Wissens und kulturellen Erbes, die von der Wissenschaftsgemeinschaft bestätigt wurden.«

Jenseits solcher idealistischer Forderungen stellt das ›Open Access-Paradigma‹ jedoch gerade die Wissenschaftsgemeinschaft vor die Herausforderung massiver struktureller Transformationen. Das räumen auch die an der Initiative beteiligten Organisationen ein, wenn es gegen Ende der Erklärung weiter heißt:

»Wir sind uns der Tatsache bewusst, dass der Prozess des Übergangs zu einer Kultur des offenen Zugangs rechtliche und finanzielle Auswirkungen auf die Wissensverbreitung hat.«

Die im Zitat angesprochenen rechtlichen Auswirkungen werden im Zusammenhang mit Fragen der freien Lizensierung (Stichwort: Urheberrechte) im folgenden Abschnitt noch ausführlicher diskutiert. Was die Frage der Finanzierung von Open Access angeht, so sind derzeit diesbezüglich verschiedene Geschäftsmodelle im Gespräch bzw. werden auch bereits praktiziert. Passek erwähnt hier beispielsweise das sogenannte »Autor-zahlt«-Modell: Die Kosten tragen bei diesem Modell nicht die Leser bzw. Rezipienten einer bestimmten Publikation, sondern deren Autoren bzw. wiederum deren Auftrag- oder Geldgeber (vgl. Passek 2005: 341). Praktisch ist das bei einem Gutteil der speziellen Open Access-Zeitschriften der Fall – wobei auch hier zahlreiche Gegenbeispiele existieren. Alternativ zu diesem ›goldenen Weg‹ der Open Access-Publikation hat sich an vielen Stellen aber auch der ›grüne Weg‹ des sogenannten ›Self-Archiving‹ durchgesetzt. Dabei werden entsprechende Dokumente über einen institutionellen oder disziplinären Dokumentenserver zugänglich gemacht. Dieser Weg eignet sich besonders für Pre- oder Postprints, also für solche Texte, die bereits regulär publiziert wurden oder für eine reguläre Publikation vorgesehen sind. Eine dritte Variante der Open Access-Publikation stellt der sogenannte ›graue Weg‹ dar. Gemeint ist die Bereitstellung von ›grauer Literatur‹ im Sinne des Open Access. Im Unterschied zu den beiden zuvor genannten Strategien umgehen diese Schriften die herkömmlichen Vertriebswege Verlag und Buchhandel vollständig.[39]

Abgesehen von derartigen formalen Fragen der Realisierung des ›Open Access-Paradigmas‹ in der Praxis darf aber auch nicht vergessen werden, dass damit zudem Konsequenzen verbunden sind, welche die bisher gültigen

---

39 Vgl. die Informationen zu den verschiedenen Open Access-Strategien unter: http://open-access.net/de/wissenswertes_fuer/autoren/finanzierung_von_oapublik ationen/ sowie http://open-access.net/de/allgemeines/was_bedeutet_open_access /openaccessstrategien/#c400, Abruf jeweils am 03.03.2009.

Strukturen der Wissensgenese und -kommunikation im Kern erschüttern und die daher keinesfalls als selbstverständlich zu betrachten sind. Während die restriktiven Mechanismen der typographischen Kultur den Kreis derer, denen es zustand, ihre Erkenntnisse öffentlich zu verbreiten und allgemein zugänglich zu machen, systematisch beschränkt bzw. kontrolliert, kann über das Internet heute jeder rasch zum Autor bzw. zur Autorin werden.[40] Die redaktionelle Vorauswahl und Kontrolle – im Bereich der Wissenschaftskommunikation auch Peer Review genannt – entfällt dabei häufig zunächst. Stattdessen folgt man dem Grundsatz: »Erst veröffentlichen, dann bewerten.« (vgl. Passek 2005: 342). Ein entsprechendes alternatives Modell zum klassischen Peer Review wurde bereits 2001 durch Eberhard R. Hilf und Hans-Joachim Wätjen von der Universität Oldenburg vorgelegt. Dieses Modell kürzt den zeitaufwändigen und daher oftmals ineffektiven Prozess des klassischen Peer Review an entscheidenden Stellen ab und beschleunigt ihn, da es einerseits das Verfahren der Begutachtung von jenem der Veröffentlichung entkoppelt und andererseits gleichzeitig auf verschiedenen Stufen arbeitet (›Multi-Level Peer Review‹). So bürgt ein Autor für alle von ihm ins Internet gestellten Dokumente und Texte auf der ersten Stufe zunächst einmal allein mit seinem guten Ruf. Auf der zweiten Stufe steht das jeweilige Institut bzw. der Fachbereich mitsamt allen offiziell dort veröffentlichten Arbeiten, die bereits einer internen sowie auch externen Prüfung unterzogen wurden. Auf der dritten Stufe erfolgt schließlich eine Begutachtung durch internationale Experten, die besonders interessante und gelungene Arbeiten aufgreifen und referieren. Der gewünschte Bewertungs- bzw. Begutachtungslevel des jeweiligen Dokuments kann dann vom Nutzer mit Hilfe spezieller Suchmaschinen gezielt gefiltert werden (vgl. Sietmann 2002).

b) Open Source: Folksonomy und die ›Weisheit der Massen‹
Ergänzend zur eben thematisierten Forderung eines freien Zugangs zu Informationen, deren praktische Realisierung ganz klar an die Möglichkeiten der digitalen Vernetzung gekoppelt ist, gibt es im Hinblick auf die Thematik der Demokratisierungserscheinungen im Web 2.0 aber noch einen zweiten Aspekt, der sogar tiefer in der Geschichte des Mediums Internet verankert ist, dessen massenmediale Relevanz und Wirksamkeit sich jedoch erst aus dem Potential der jüngsten Entwicklungen im Kontext des Internet heraus ableiten. Wie in Abschnitt 1.1.1 dieses Kapitels zur Entstehungsgeschichte des Internet bereits beschrieben, praktizierten die Entwickler und frühen Nutzer des Internet von Anfang an ein einfaches Prinzip – das nämlich der kooperativen Produktion und offenen Weitergabe von Inhalten. Dahinter verbirgt sich nichts anderes als der Grundsatz, dass die an einem Standort vorge-

---

40 Dank der neuen Digitaldruckverfahren werden sogar typographische Publikationen für jedermann möglich, da die restriktiven Strukturen der Verlage umgangen werden. Das Zauberwort heißt hier: ›Books on Demand‹ (vgl. u.a. Kolbow 2008).

nommenen Veränderungen und hilfreichen Weiterentwicklungen im Bereich der Technologie offen kommuniziert und allen Mitgliedern der Entwicklergemeinschaft zur Verfügung gestellt wurden. Auf diese Weise arbeitete man nicht separat an entsprechenden Innovationen, sondern nutzte gezielt das Know-how einer großen Gruppe Interessierter. Ein derartiges Vorgehen basierte natürlich auf Vertrauen und das, was man gemeinhin Gabenökonomie nennt.

Freie Lizensierung: GNU GPL/FDL und Creative Commons
Die kommunitäre Kultur des freien Wissensaustauschs existierte so gesehen also bereits seit den frühen Zeiten des Internet. Vor allem im Kontext der sogenannten ›Hackerkultur‹ konnte sich auf diese Weise allmählich ein Prinzip entfalten, das heute unter dem Begriff des *Open Source* bekannt ist (vgl. Grassmuck 2004: 218). Bereits Ende der 1970er/Anfang der 1980er Jahre war jedoch vielerorts ein Verfall der Hackerkultur und der dazugehörigen Ethik zu beobachten, wie sie noch zu Beginn des Jahrzehnts üblich gewesen waren. In der nachwachsenden Generation von Programmierern setzte sich mehr und mehr der Gedanke durch, dass Software eine Art geistiges Eigentum sei, dessen Preisgabe zu schützen bzw. entsprechend zu entlohnen sei (vgl. ebd.: 218ff.). Mit zunehmender Privatisierung und Kommerzialisierung der Softwareentwicklung sahen einige Vertreter der Hackerkultur – allen voran der Programmierer Richard Stallman vom MIT – daher die Notwendigkeit, dieser Entwicklung eine Gegenbewegung entgegenzusetzen. Aus diesem Geist heraus startete Stallman 1984 das sogenannte »GNU-Projekt«[41] zur Schaffung eines Betriebssystems, das äquivalent zum Unix-Betriebssystem funktionierte, das jedoch nicht auf dessen geschütztem Quellecode basierte und daher in freier Kooperation weiterentwickelt werden konnte (vgl. ebd.: 220ff.). Dies war der Ausgangspunkt der Bewegung für *Freie Software*.[42]

Richard Stallman selbst erklärt die dahinter liegende Philosophie – wie hier im Zitat aus seiner Rede auf der ersten Konferenz »Wizards of OS«[43] 1999 – wie folgt:

»Jedes Mal, wenn man die Kopie eines Programms weitergibt, ist dies nicht nur ein nützlicher Akt, sondern es hilft die Bande des guten Willens zu verstärken, die die Grundlage der Gesellschaft bilden und diese von der Wildnis unterscheiden. Dieser gute Wille, die Bereitschaft unserem Nächsten zu helfen, wann immer es im Bereich des Möglichen liegt, ist genau das, was die Gesellschaft zusammenhält und was sie lebenswert macht. Jede Politik oder jedes Rechtssystem, das diese Art der Kooperati-

---

41 Die Abkürzung GNU steht für ›GNU is not Unix‹. So wird auch im Namen selbst die Absetzung gegenüber der proprietären Softwarekultur deutlich.
42 Ausführlicher zur Freie Software-Bewegung bzw. zum Begriff des ›Open Source‹ bei Grassmuck 2004: 230-258.
43 http://www.wizards-of-os.org/

on verurteilt oder verbietet, verseucht die wichtigste Ressource der Gesellschaft.« (Grassmuck 2004: 224)[44]

Aus dem GNU-Projekt entstand 1989 schließlich die sogenannte »GNU General Public License« (GPL) als rechtliche Basis und, wie Grassmuck betont, »zur Absicherung dieses expandierenden Universums der freien Software« (ebd.: 225).[45] Diese umfasst: (a) den freien Zugang zum Quellcode, (b) die Freiheit, die Software zu kopieren und weiterzugeben, (c) die Freiheit, das Programm zu ändern, sowie (d) die Freiheit, das veränderte Programm – unter denselben Bedingungen – zu verbreiten (vgl. ebd.).[46] Vor allem letzterer Aspekt markiert in besonderer Weise die Idee des ebenfalls auf Stallman zurückgehenden Begriffs des ›Copyleft‹. Als Invertierung des klassischen Begriffs des ›Copyrights‹ verweist er nicht nur darauf, dass der jeweilige Quellcode zur Einsicht und eventuellen Modifikation offen gelegt wird, sondern verlangt zudem, dass auch die modifizierte Softwareversion wiederum offen gelegt und so der Gemeinschaft zur Verfügung gestellt wird (vgl. ebd.: 282). Um all das zu gewährleisten, darf aber nicht nur die Software selbst unter freier Lizenz stehen. Auch deren Dokumentation muss frei verbreitet und verändert werden können. Die sogenannte »GNU Free Document License« (GNU FDL bzw. GFDL) wurde speziell darauf zugeschnitten (vgl. ebd.: 398). Ursprünglich ausschließlich für den Einsatz im Rahmen freier Software-Dokumentationen gedacht, wird sie inzwischen aber auch für andere freie Inhalte verwendet. Das wohl bekannteste Beispiel für die übertragene Anwendung der GFDL sind dabei die Inhalte der im folgenden Kapitel noch ausführlicher diskutierten und analysierten Online-Enzyklopädie Wikipedia. Während der Quellcode der Wiki-Software (MediaWiki-Software), auf der die Wikipedia basiert, der General Public License (GPL) unterliegt (siehe Kap. V, Abschn. 2.1.1), stehen ihre (textlichen) Inhalte unter Free Document License (FDL). Die ›normalen‹ Verwertungsbedingungen (Urheberrechte), wie sie sonst für enzyklopädische Texte gelten, sind damit in der Wikipedia weitgehend außer Kraft gesetzt (vgl. Schuler 2007: 185-190).

Seit 2001 gibt es äquivalent zur freien Lizensierung im Softwarebereich zudem auch die Möglichkeit für Autoren anderer Werke (also etwa von Texten, Bildern, Musikstücken etc.) diese zur freien Nutzung bereitzustellen. Die Grundlage dafür ist das Konzept der »Creative Commons« (eng-

---

44 Originalbeitrag auch in: WOS1, 7/1999.

45 »GNU ist das erste ›bewusst‹ freie Softwareprojekt. Die Freiheiten, die in der vorangegangenen Hackerkultur unausgesprochene Selbstverständlichkeiten waren, wurden nun explizit und in einem Vertrag zwischen Autoren und Nutzern (der GPL) rechtsverbindlich festgeschrieben.« (Grassmuck 2004: 226)

46 Zu einer ausführlicheren Darstellung der GNU General Public License: Grassmuck 2004: 281-293 sowie unter: http://www.gnu.org/licenses/gpl.html, Abruf am 04.03.2009.

lisch für ›schöpferisches Gemeingut‹ oder ›Allmende‹), einer Non-Profit-Organisation, die alternative Standard-Lizenzverträge für die Veröffentlichung und Verbreitung digitaler Medieninhalte entwickelt und im Internet anbietet. Die Idee dazu stammt maßgeblich von Lawrence Lessing, einem US-amerikanischen Rechtsprofessor. Kurz gesagt ist Creative Commons (CC) damit ein Verfahren, mit dem Produzenten bzw. Urheber von Inhalten für diese selbstbestimmt Lizenzen erteilen können, wobei ihnen verschiedene ›Grade‹ der Veröffentlichung und Verwendbarmachung zur Verfügung stehen, die irgendwo zwischen einem liberalen »some rights reserved« und einem kommunitären »no rights reserved« oder »all rights reversed« liegt. Die folgende Tabelle listet die sechs aktuellen Lizenzen im Bereich der CC:

Tabelle 4: Lizenzen im Bereich der Creative Commons[47]

Icon	Kurzform	Bedeutung	Beschreibung
	by	Namensnennung	Es ist gestattet, das Werk zu vervielfältigen, zu verbreiten, öffentlich zugänglich zu machen sowie den Inhalt zu bearbeiten und abzuwandeln – insofern der Name des Rechteinhabers in der von ihm festgelegten Weise genannt wird.
	by-sa	Namensnennung, Weitergabe unter gleichen Bedingungen	Es ist gestattet, das Werk zu vervielfältigen, zu verbreiten, öffentlich zugänglich zu machen sowie den Inhalt zu bearbeiten und abzuwandeln – insofern der Name des Rechteinhabers in der von ihm festgelegten Weise genannt wird. Der neu entstandene Inhalt muss zudem unter Verwendung von Lizenzbedingungen weitergegeben werden, die mit denen dieses Lizenzvertrages identisch oder vergleichbar sind.
	by-nd	Namensnennung, keine Bearbeitung	Es ist gestattet, das Werk zu vervielfältigen, zu verbreiten, öffentlich zugänglich zu machen – insofern der Name des Rechteinhabers in der von ihm festgelegten Weise genannt wird. Das Werk darf jedoch nicht bearbeitet oder in irgendeiner Weise verändert werden.

---

47 http://de.creativecommons.org/was-ist-cc/, Abruf am 04.03.2009 sowie Artikel »Creative Commons«: http://de.wikipedia.org/wiki/Creative_Commons, Abruf am 04.03.2009.

	by-nc	Namens-nennung, nicht kommerziell	Es ist gestattet, das Werk zu vervielfältigen, zu verbreiten, öffentlich zugänglich zu machen sowie den Inhalt zu bearbeiten und abzuwandeln – insofern der Name des Rechteinhabers in der von ihm festgelegten Weise genannt wird und das Werk dabei nicht für kommerzielle Zwecke genutzt wird.
	by-nc-sa	Namens-nennung, nicht kommerziell, Weitergabe unter gleichen Bedingungen	Es ist gestattet, das Werk zu vervielfältigen, zu verbreiten, öffentlich zugänglich zu machen sowie den Inhalt zu bearbeiten und abzuwandeln – insofern der Name des Rechteinhabers in der von ihm festgelegten Weise genannt wird und das Werk dabei nicht für kommerzielle Zwecke genutzt wird. Der neu entstandene Inhalt muss zudem unter Verwendung von Lizenzbedingungen weitergegeben werden, die mit denen dieses Lizenzvertrages identisch oder vergleichbar sind.
	by-nc-nd	Namens-nennung, nicht kommerziell, keine Bearbeitung	Es ist gestattet, das Werk zu vervielfältigen, zu verbreiten, öffentlich zugänglich zu machen – insofern der Name des Rechteinhabers in der von ihm festgelegten Weise genannt wird und das Werk dabei nicht für kommerzielle Zwecke genutzt wird. Das Werk darf jedoch nicht bearbeitet oder in irgendeiner Weise verändert werden.

Folksonomy
Im Kontext einer zunehmend interaktiven und partizipativen Internetnutzung, um deren genauere theoretische Ergründung es ja hier geht, ist der Grundgedanke des Open Source, der Freien Software und der Creative Commons längst zu einem Gemeinplatz geworden. Fast scheint es, als setzten sich die Ideen und Ideale der ›Gründungszeit‹ – gewissermaßen nach einem Umweg über die kapitalistische Verkennung der Potentiale des Mediums Internet – jetzt endlich auch in dessen allgemeiner massenmedialer Nutzungspraxis durch. Anwendung finden die eben beschriebenen Konzepte und Prinzipien jedenfalls überall dort, wo es um Formen der kollektiven und kollaborativen Produktion von Inhalten geht. Die bereits kurz angesprochene Online-Enzyklopädie Wikipedia ist folglich ein gutes Beispiel dafür. Die dortigen Artikeltexte, Grafiken und Abbildungen werden von den Nutzern nicht nur selbst verfasst bzw. erzeugt und der Gemeinschaft frei zur Verfü-

gung gestellt, sie können von dieser daraufhin auch frei weiterentwickelt und verändert werden (siehe dazu ausführlicher Kap. V). Die neuen Anwendungen des Web 2.0 bauen dabei grundlegend auf das Vertrauen in die Selbstregulierungsfähigkeit der Gruppe und die ›Weisheit der Masse‹. Praktisch erlebbar wird gerade diese Kraft der kollektiven Intelligenz aber auch mit Blick auf das Phänomen der sogenannten *Folksonomy*, wie dies bereits schon Tim O'Reilly in seinem ›Grundlagentext‹ zum Web 2.0 (»What is Web 2.0. Design Patterns and Business Models for the Next Generation of Software« 2005) betonte. Der Begriff Folksonomy setzt sich zusammen aus den Wörtern ›Folks‹ (engl. für Leute, Menschen) und ›Taxonomy‹. Es handelt sich hier also um eine Art System zur Ordnung bzw. Kategorisierung von Objekten. Im Gegensatz zu herkömmlichen Taxonomien werden die jeweiligen Kategorien jedoch nicht vorgegeben, sondern von den Benutzern selbst erzeugt. Das gelingt mit Hilfe von sogenannten ›Tags‹ – Stich- oder Schlagwörtern, welche sie bestimmten Objekten zuweisen bzw. mit denen sie bestimmte Objekte versehen. Die Nutzer ordnen das Weltwissen damit individuell nach ihren persönlichen Gesichtspunkten. Auf diese Weise entsteht keine Hierarchie, wie sie etwa ein Kategorienbaum darstellen würde. Vielmehr stehen die einzelnen Tags zunächst gleichberechtigt nebeneinander. Ein Objekt kann zudem auch mit mehreren Tags versehen werden und folglich verschiedenen Kategorien angehören (vgl. Alby 2007: 117).

Der Clou besteht jedoch darin, die individuellen Tags verschiedener Nutzer zu bündeln und unter dem Aspekt ihrer Häufigkeit zu wichten. Sogenannte ›Tag Clouds‹ stellen solche gewichteten Ansichten von Tags dar. Die Größe des jeweiligen Tags gibt dabei Auskunft über dessen Popularität und damit Relevanz im Kontext der (Internet-)Community (vgl. ebd.: 117f.). Eben diese »kollektiven Empfehlungs- und Indexierungsprozesse« (Meckel 2008: 23) sind es denn auch, welche das Phänomen der Folksonomy zum genuinen Bestandteil des Web 2.0 machen. Strukturen werden nicht mehr vorgegeben, sondern sie entwickeln sich vielmehr direkt aus dem Zusammenspiel der Gemeinschaft selbst. Durch Netzwerkeffekte entsteht hier ein nicht zu unterschätzender Mehrwert.

Kollektive Intelligenz
Wird die ›Weisheit der Masse‹ beim Tagging nur im Hinblick auf Wichtung und Relevanzvergabe genutzt, bieten kollektive Schreibprojekte – insbesondere Wikis – noch stärker die Möglichkeit, das Potential der vielen Hände bzw. vielen Köpfe für die Produktion von Inhalten einzusetzen. Das wohl prominenteste Beispiel in diesem Zusammenhang ist selbstverständlich die nun bereits mehrfach erwähnte Wikipedia. Tausende von Freizeitschreibern und Laienredakteuren, von Hobbyprogrammierern und Amateurlektoren (Fotografen, Autoren etc.) arbeiten gemeinsam an einem Projekt, das auf die Erstellung einer kostenlos abrufbaren, jederzeit und für jeden gleichermaßen zugänglichen Sammlung des relevanten Weltwissens im Internet zielt. Allein die Tatsache, dass so ein Projekt in der Praxis überhaupt gelingen kann,

erscheint aus der traditionellen Perspektive erstaunlich. Nichtsdestotrotz haben Unternehmungen wie die Wikipedia auch mit spezifischen Eigenheiten zu kämpfen. Eine große Schwäche der Wikipedia besteht beispielsweise in der Gefahr fehlerhafter oder einseitiger Darstellungen der Inhalte oder aber einer unklaren Quellenlage. Das absichtliche Einfügen falscher oder diffamierender Inhalte oder aber die unbegründete bzw. mutwillige Löschung bereits vorhandener Artikelteile wird in der Wikipedia als ›Vandalismus‹ bezeichnet (vgl. Wikipedia:Vandalismus[48]). Um derartige Vandalismus-Fälle möglichst einzudämmen, werden in der Wikipedia jedoch Vorkehrungen verschiedenster Art getroffen.[49]

Unter anderem aufgrund des nicht nur in der Wikipedia verbreiteten Phänomens des Vandalismus (dieses findet sich vielmehr in allen Bereichen der Social Software), wird der Aspekt der ›Weisheit der Masse‹, d.h. der kollektiven Intelligenz oftmals sehr kontrovers diskutiert. Das Hauptargument gegen die Existenz einer kollektiven Intelligenz richtet sich dabei vor allem gegen die Annahme, das Kollektiv verfüge über eine Art universalistische Weisheit, die es nur zu bündeln und zu lenken gelte. Tatsächliche Intelligenz käme jedoch ausschließlich dem Individuum zu. Die Technologie des Internet rege hingegen zu einem gefährlichen Verlust der Identität (und damit der Intelligenz) an.

Ende Mai 2006 veröffentlichte der Computerwissenschaftler Jaron Lanier diese und weitere Gedanken in einem Essay mit dem Titel »Digital Maoism: The Hazards of the New Online Collectivism«[50], der für einige Schlagzeilen sorgte – nicht zuletzt, weil Lanier selbst bis dato, wie es in einem entsprechenden Artikel in der »Süddeutschen Zeitung«[51] heißt, zu den »Visionären einer digitalen Kultur« gehörte. So betont Lanier:

»What we are witnessing today is the alarming rise of the fallacy of the infallible collective. Numerous elite organizations have been swept off their feet by the idea. They are inspired by the rise of the Wikipedia, by the wealth of Google, and by the rush of entrepreneurs to be the most Meta. Government agencies, top corporate planning departments, and major universities have all gotten the bug. «

Das unumstößliche Vertrauen in die Unfehlbarkeit des Kollektivs resultiert Lanier zufolge aus der Angst vor individueller Verantwortlichkeit. Der Beitrag des Einzelnen geht im Kollektiven auf und wird durch den Einfluss des

---

48 http://de.wikipedia.org/wiki/Wikipedia:Vandalismus, Abruf am 16.03.2009.
49 Zu den Mechanismen der Qualitätssicherung in der Wikipedia sowie zu weiteren Handlungsfeldern siehe die Analyse in Kapitel V.
50 http://www.edge.org/3rd_culture/lanier06/lanier06_index.html, Abruf am 23.01.2009.
51 Die deutsche Version des oben genannten Essays ist unter dem Titel »Digitaler Maoismus: Kollektivismus im Internet, Weisheit der Massen, Fortschritt der Communities? Alles Trugschlüsse« unter anderem in der »Süddeutschen Zeitung« veröffentlicht worden.

Kollektivs ausgeglichen und wenn nötig begradigt. Genau dieser Verlust der Individualität ist jedoch dem Finden wirklich kreativer Ideen bzw. Lösungen abträglich. Es führt zu einer Art ›Schwarmgeist‹ oder »Hive Mind« (Kevin Kelly), einem auch aus dem Tierreich (z.B. Bienen- oder Ameisenvölker) bekannten Phänomen der kollektiven Verhaltenssynchronisierung, die jedoch nichts mit wirklicher (rationaler) Intelligenz zu tun hat und die zudem das genaue Gegenteil von Demokratie und Meritokratie darstelle.

In einem diesbezüglichen Interview erklärt Lanier seine Vermutung folgendermaßen:

»Das Internet läuft Gefahr, eine Monokultur zu unterstützen. Es kann so weit kommen, dass Leute in eine bestimmte Denkschiene rutschen, so dass sie nichts anderes mehr wahrnehmen und daher leicht manipulierbar werden.« (Lanier in Holtel/Buck 2006)

Vor allem in der anonymen Masse neige der Mensch dazu, »unzivilisiert und böse« zu handeln. Das beweisen beispielsweise die zahlreichen anonymen Beiträge in Blogs oder Foren, welche die Grenzen von Höflichkeit und Anstand nicht selten überschreiten. Man müsse demnach also differenzieren zwischen den Möglichkeiten des Mediums und den Fähigkeiten sowie der Bereitschaft der Menschen, diese Möglichkeiten auch angemessen zu nutzen. Lanier zieht daher ein vergleichsweise düsteres Fazit:

»Das Internet basiert auf einer Technologie. [...] die dahinter steckende Idee suggeriert, es müssten nur möglichst viele Leute das Gleiche tun, und schon käme etwas Tolles raus. In Wahrheit sind es immer Individuen oder kleine Gruppen, die Kreatives hervorbringen. Das einzig Positive am Internet in diesem Zusammenhang besteht darin, dass es möglichst viele kreative Individuen schnell und unkompliziert zusammenbringen kann. Aber dann müssen die Leute außerdem noch eine gute Idee haben und anschließend hart arbeiten, um die Idee zu einem marktfähigen Produkt oder gar zu einer für den Menschen tatsächlich hilfreichen Organisation aufzubauen. Und genau das passiert viel zu selten. Stattdessen verlieren sich die Jugendlichen hauptsächlich in belanglosen Kollektiven. Die ›Weisheit der Masse‹ könnte nur dann funktionieren, wenn das Internet dazu genutzt würde, die in der Masse durchaus existierenden wenigen Weisen zu lokalisieren, sie zur Kooperation zu bewegen – und ein gutes Geschäft zu machen.« (Ebd.)

Während für Lanier die ›Weisheit der Masse‹, vor allem daran scheitert, dass das an sich intelligente Individuum sich in der Anonymität des Kollektivs verliert und zu unzivilisiertem oder belanglosem Verhalten hinreißen lässt, wird an anderer Stelle – ebenso kritisch, aber argumentativ letztlich konträr – behauptet, dass das partizipative Internet gerade von souveränen Egomanen dominiert werde. Diese »wollen sich feiern, sich zeigen, individuell sein« (Hamann 2006). Den meisten Internetnutzern ginge es darum, ihren Spaß zu haben und ihren Bedürfnissen nachzugehen. Wirkliche Botschaften wollten nur die Wenigsten vermitteln. Gerade Gemeinschaftsprojekte wie die Wikipedia seien das Werk einer winzigen Minderheit. Sie gelte daher »zu Unrecht als Symbol des Netzlebens« (ebd.). Diese Beobachtung stellt sich nicht nur gegen die Überlegungen von Lanier (auch wenn sie sie auf seltsame Weise zugleich unterstreicht), sie konterkariert auch die These von der ›virtuellen Gemeinschaft‹, die Howard Rheingold Mitte der 1990er Jahre entwarf.

Eine klärende und damit, wenn man so will, vermittelnde Position in dieser Debatte nehmen hier die Darstellungen James Surowieckis ein. Der Untertitel seines Buches »Die Weisheit der Vielen«[52]: »Warum Gruppen klüger sind als Einzelne und wie wir das kollektive Wissen für unser wirtschaftliches, soziales und politisches Handeln nutzen können« verweist bereits auf die Richtung seiner Argumentation. Surowiecki plädiert darin für das Vertrauen in die Intelligenz der Masse. Mit Hilfe verschiedener (historischer aber auch aktueller) Beispiele aus Wirtschaft, Politik und Sport zeigt er auf, zu welcher erstaunlichen und bisweilen auch erschreckenden Präzision ein Kollektiv von Individuen bei der Problemlösung gelangen kann, dass also diese ›durchschnittlichen‹ Gruppenlösungen oftmals klüger und besser sind als jene, die ein Einzelner zu erbringen in der Lage ist.

»Für gewöhnlich bedeutet Durchschnitt Mittelmaß, bei Entscheidungsfindungen dagegen oft Leistungen von herausragender Qualität. Allem Anschein nach sind wir Menschen also programmiert, kollektiv klug und weise zu sein.« (Surowiecki 2005: 33)

Sein Kernargument richtet sich folglich gegen den ›Expertenkult‹ unserer westlichen Gesellschaften. Surowiecki vertritt demgegenüber die These, dass die kollektive Intelligenz der Masse ohne Weiteres in der Lage ist, das Expertenurteil zu ersetzen, wenn nicht gar zu überbieten. Einleitend bemängelt er daher:

»Die meisten von uns – ob als Wähler, Investoren, Konsumenten oder Manager – sind der Auffassung, dass wertvolles Wissen in nur sehr wenigen Händen (oder besser gesagt in nur sehr wenigen Köpfen) konzentriert ist. Wir gehen davon aus, der Schlüssel zur Lösung von Problemen oder zur richtigen Entscheidungsfindung liege darin, die eine richtige Person zu finden, die im Besitz der Antwort wäre. [...] In den folgenden Kapiteln soll die These vertreten werden, dass eine solche Hatz auf Experten ein Fehler ist, und ein kostspieliger Fehler obendrein. Wir sollten aufhören, hinter Experten herzuhecheln, und stattdessen die Menge befragen (der selbstverständlich wir alle anderen auch die Genies angehören). Die Chancen stehen einigermaßen gut, dass sie über das nötige Wissen verfügt.« (Ebd.: 11f.)

---

52 Das englische Original erschien bereits 2004 unter dem Titel »The Wisdom of Crowds. Why the Many Are Smarter than the Few and How Collective Wisdom Shapes Business, Economies, Societies and Nations«.

Damit die ›Masse‹ resp. eine Gruppe diese Weisheit allerdings tatsächlich entwickeln kann, müssen bestimmte Voraussetzungen gegeben sein:
(1) Diversität: Zunächst einmal sollte die Gruppe aus möglichst vielen verschiedenen Personen bestehen. Dies sichert zum einen ein breites Spektrum unterschiedlicher Sichtweisen bzw. Perspektiven auf ein Problem, was in homogenen Gruppen so nicht der Fall wäre. Je größer und unterschiedlicher die Gruppe, umso wahrscheinlicher werden neue, spekulative, ungewöhnliche oder gar radikale Ideen eingebracht. Homogene Gruppen sind hingegen nicht so gut in der Lage, in Alternativen zu denken (vgl. ebd.: 53ff.). Zum anderen werden durch eine möglichst große Diversität der Gruppenmitglieder auch negative Eigenschaften von Gruppen ausgeschalten bzw. wenigstens abgemildert. Beim Phänomen des Gruppendenkens etwa geht es darum, dass homogene Gruppen nicht nur dazu neigen, vergleichbare Ideen zu entwickeln, sondern auch dazu, der Illusion zu verfallen, ihre Lösung sei die einzig richtige, weil einzig mögliche. Eventuelle Gegenargumente kommen folglich erst gar nicht auf bzw. werden, wenn doch, nicht ernst genug genommen (vgl. ebd.: 65f.). Homogenen Gruppen erscheint es daher geradezu absurd, an der Richtigkeit der eigenen Lösung zu zweifeln:

»Selbst wenn zunächst kein Konsens, sondern nur der Anschein eines Konsenses besteht, wirkt sich der Zusammenhalt der Gruppe dahingehend aus, den Anschein zur Realität werden zu lassen und in diesem Prozess alles zu zerstreuen, was Mitglieder der Gruppe an Zweifeln hegen mögen.« (Ebd.: 66)

Ähnlich wirkt auch das Phänomen des Drucks zur Konformität, dem Mitglieder von homogenen Gruppen oft ausgesetzt sind. Im Unterschied zum Gruppendenken sind die einzelnen Personen hier jedoch weniger von der gemeinsamen Lösung überzeugt, als vielmehr von einem inneren Zwang (ausgelöst durch Angst oder Unsicherheit) getrieben, die eigene Meinung jener der Gruppe unterzuordnen (vgl. ebd.: 67f.).
(2) Unabhängigkeit: Weiterhin sollten die unterschiedlichen Mitglieder einer Gruppe ihr jeweiliges Urteil auch relativ frei von der Beeinflussung durch andere Gruppenmitglieder treffen können – d.h. es muss also die Möglichkeit vorhanden sein, eine jeweils eigene Meinung zu entwickeln. Das schließt insbesondere an das eben beschriebene Phänomen des Gruppendrucks an. So wird verhindert, dass individuelle Fehler im Denken zu kollektiven werden. Zudem kann sich nur auf der Basis von Unabhängigkeit auch wirkliche Diversität durchsetzen (vgl. ebd.: 70f.). Echte Unabhängigkeit ist letztlich aber gar nicht so leicht zu bewerkstelligen, da Menschen kulturell und/oder gesellschaftlich stets irgendwie aufeinander bezogen sind. Wenn viele Menschen nun jedoch Gleiches denken oder tun, entsteht dadurch so etwas wie eine ›soziale Evidenz‹, der zu folgen im Einzelfall gar nicht so unsinnig ist. Umso mehr Menschen einer Gruppe jedoch nach dieser Maxime handeln, desto weniger vernünftig wird die Entscheidung. Der

Effekt ist wiederum jener des Gruppendenkens (vgl. ebd.: 73). In der Ökonomie existiert dafür auch der Begriff der ›Informationskaskade‹ – diese entsteht meist durch ein (nachahmendes) ›Anschlussverhalten‹ von Personen die annehmen, das Verhalten anderer, von ihnen beobachteter Personen hätte Informationswert und es ließe sich daraus etwas lernen. (Wenn sich so viele Leute so verhalten, muss etwas Wahres dran sein.) Das Kernproblem dabei ist, dass Menschen damit nicht mehr ihrem eigenen Urteil trauen, sondern einfach nur dem Beispiel anderer folgen. Insofern die Ursprungsentscheidung jedoch eine falsche war, setzt sich diese dadurch auf breiter Front durch. James Surowiecki vermutet sogar, dass auch das bereits sprichwörtlich gewordene Platzen der ›Dotcom-Blase‹ Resultat einer solchen folgenschweren Kaskade war (vgl. ebd.: 84ff.). Am Ende von Kapitel drei seines Buches resümiert er daher, dass »[e]in Schlüssel zu erfolgreichen Gruppenentscheidungen [...] darin [liege], die Menschen zu bewegen, weniger auf das zu hören, was die anderen sagen« (ebd.: 99).

(3) Dezentralisierung: Eine dritte Voraussetzung wirklicher kollektiver Intelligenz ist das Fehlen einer zentralen Instanz der Planung und Koordination. Sowohl Diversität als auch Unabhängigkeit sind grundlegend davon abhängig, denn nur so ist eine freie Spezialisierung Einzelner überhaupt möglich. Diese wiederum ist notwendig für die Entwicklung passgenauer und zugleich kreativer Lösungen. Auch wichtige Entscheidungen können dann auf der Basis eines entsprechenden lokalen und spezifischen Wissens getroffen werden – worin die große Stärke der Dezentralisierung liegt (vgl. ebd.: 104ff.). Ihre große Schwäche besteht hingegen in der Gefahr eines mangelnden Austauschs zwischen den verschiedenen lokalen Ebenen. Es gilt daher, stets eine Balance zwischen Lokalem und Globalem zu gewährleisten (vgl. ebd.: 109).

(4) Aggregation/Bündelung: Um der Gefahr der Desorganisation entgegenzuwirken, müssen die lokalen Informationen also gesammelt und gezielt koordiniert werden. Dazu braucht es irgendeinen Mechanismus, welcher die individuellen Urteile zu einer kollektiven Entscheidung bündelt (vgl. ebd.: 32) ohne dabei freilich die Bedingungen der Diversität, Unabhängigkeit und Dezentralisierung zu gefährden. Undenkbar sind daher Mechanismen der Zentralisierung wie etwa die Anwendung von Autorität und Zwang. Vielmehr müssen Wege der Koordination zur Anwendung kommen, die sich von der Basis her entwickeln (vgl. ebd.: 122). Hilfreich ist hier – anders als im Kontext der Bedingung der Unabhängigkeit – in jedem Falle eine gewisse kulturelle ›Programmierung‹, da sich vor deren Hintergrund Erwartungen und Denken anderer Gruppenmitglieder besser antizipieren lassen und die verschiedenen Lösungen so trotz ihrer Unterschiedlichkeit prinzipiell anschlussfähig sind (vgl. ebd.: 129f.). Darüber hinaus wirken häufig auch bestimmte allgemeine Verhaltensnormen und Konventionen koordinierend. Sie sorgen für Ordnung und Stabilität im sozialen Handeln und werden von den beteiligten Individuen meist freiwillig eingehalten. Aus dem Bereich des sozialen Alltagslebens existieren zahlreiche Beispiele solcher Mechanismen erfolgrei-

cher Koordinationen. Das einfachste ist dabei das Prinzip der Warteschlange (vgl. ebd.: 131ff.).

Derart determiniert – und eben gerade das wird im Kontext von Überlegungen zum Begriff der kollektiven Intelligenz bzw. der ›Weisheit der Massen‹ oftmals übersehen oder missverstanden – ist dieser also keineswegs mit jenem der ›Schwarmintelligenz‹ gleichzusetzen, wie sie beispielsweise bei bestimmten Tierarten (Ameisen, Bienen, Zugvögel) beobachtet werden kann. Die dortigen Verhaltensmuster basieren weder auf vernünftigen Einzelentscheidungen (sie sind vielmehr genetisch programmiert), noch agieren die verschiedenen ›Mitglieder‹ der Gruppe unabhängig voneinander.

Kollaboration und Wissenschaft

Praktisch nutzt auch das System der akademischen Wissenschaft(en) das Potential der Gruppenintelligenz – beispielsweise immer dort, wo sich Forscher anschicken, gezielt und verstärkt zu kooperieren. Surowiecki führt hier ganz prominent etwa das Beispiel der Anfang 2003 bekannt gewordenen Krankheit SARS an (vgl. ebd.: 213- 215). Zur Vermeidung einer weiteren Ausbreitung der Seuche arbeiteten verschiedene Laboratorien weltweit parallel an denselben Gewebeproben; regelmäßig wurden Virenproben ausgetauscht, so dass nach rekordverdächtig kurzer Zeit (binnen weniger Tage) eine große Menge an Erregern als Auslöser der Krankheit ausgeklammert werden konnte. Zunächst wurde dann an der Universität Hongkong ein Virus isoliert, bei dem es sich aller Wahrscheinlichkeit um den tatsächlichen Erreger von SARS handelte. Zur selben Zeit isolierten aber auch Forscher in den USA einen Virus-Typ, der bislang jedoch nicht dafür bekannt war, beim Menschen derart schwerwiegende Erkrankungen hervorzurufen. Labors in Deutschland, den Niederlanden sowie in Hongkong begannen daraufhin, entsprechende Serientests durchzuführen, wobei mit dem neuentdeckten Virus infizierte Affen bald die typischen SARS-Symptome zeigten. Die Identifizierung des SARS-Erregers ist damit nicht nur ein gutes Beispiel für moderne Arbeitsweisen in den Wissenschaften, sondern unterstreicht auch die Wirksamkeit kooperativen bzw. kollaborativen Arbeitens. So seien »[k]ooperierende Forscher [...] produktiver und produzier[t]en häufig ›bessere‹ Wissenschaft als Einzelgänger«, wie die Ökonomin Paula Stephan betont (Stephan in ebd.: 218). Zumindest in den naturwissenschaftlichen Fächern ist das Verständnis dieser Tatsache bereits angekommen. Dort findet sich häufig eine intensive Kooperation zwischen den Forschern, was auch anhand der Autorenkollektive bei Fachaufsätzen deutlich wird. In den Geisteswissenschaften dominiert hingegen noch die Einzelverfasserschaft (vgl. ebd.: 217).

Dabei hat das Prinzip des offenen Austauschs von Informationen und des kooperativen Anschließens an bereits vorhandene Erkenntnisse im System der akademischen Wissenschaft(en) unter dem Signum des ›Wissenskommunismus‹ (siehe Kap. II, Abschn. 2.1.2) eigentlich bereits eine lange Tradition: Schon im antiken Griechenland war es üblich gewesen, dass das in der Universität erzeugte Wissen frei zirkuliert. Die ›Gelehrtenrepublik‹ des 18. und 19. Jahrhunderts schrieb dieses Prinzip schließlich als zentrales Prinzip des wissenschaftlichen Ethos fest. Maßgebend dafür war die sogenannte ›klassische Wissensordnung humboldtscher Prägung‹, wie sie neben Max Weber, Karl Popper und Robert Merton zuletzt Helmut Spinner beschrieben hat, und die mit dieser verbundenen vier großen Abkopplungen: (a) die Trennung von Wissenschaft und Staat, (b) die Trennung von Theorie und Praxis, (c) die Trennung von Ideen und Interessen sowie schließlich (d) die Trennung von Erkenntnis und Eigentum, wobei die letzten beiden aus der Sicht des Wissenskommunismus bzw. der kollektiven Intelligenz mit Sicherheit die entscheidenden darstellen (vgl. Spinner 1994: 15f. sowie Grassmuck 2004: 177f.). Wissen wird auf diese Weise zu einer Art ›Gemeingut‹ des Wissenschaftssystems, das kollektiv weiterentwickelt werden und so als Basis neuen Wissens dienen kann.

Nichtsdestotrotz hat aller Wissenskommunismus spätestens dort ein Ende, wo es um Aspekte finanzieller Zuwendung (in Form von Forschungsgeldern) oder die Sicherung von Anerkennung bzw. Reputation und fachlich-methodischen Pfründen geht. In diesem Sinne verkörpert die Wissenschaft, wie Surowiecki (2005: 222) richtig beobachtet, »das Paradox eines Sektors, der zugleich extrem durch Wettbewerb *und* durch Kooperation geprägt wird« (Herv. i.O.). Zwar setzt eine innovative Wissenschaft heute vermehrt auf Kooperation und Vernetzung, auch werden Ergebnisse von jeher in der Peer-Gemeinschaft der jeweiligen Disziplin diskutiert und bewertet, gleichwohl stellen die Wissenschaften wie auch die in diesen betriebene Wissenschaft damit kein demokratisches System per se dar – und das weder personell, noch im Hinblick auf die geltenden Standards. Vielmehr gelten auch hier strukturell begründete Vorrechte und Hierarchien. Schließlich trifft das bisher Gesagte auch lediglich auf das interne System der Wissenschaft(en) zu, nicht jedoch für dessen Verhältnis zur Umwelt. Der im Wissenschaftsethos verankerte demokratische Umgang mit Erkenntnissen und Wissen wird also – sofern er als solcher überhaupt (noch) existiert – bislang weitgehend nur untereinander, d.h. ausschließlich unter Maßgabe der Systemzugehörigkeit praktiziert.

Anders beim Internet bzw. beim Web 2.0. Strukturell betrachtet bestehen hier – ganz im Gegensatz zur professionellen Expertenkultur des Wissenschaftssystems – für jeden die gleichen Möglichkeiten zur Partizipation am kollektiven Wissensproduktions- sowie -kommunikationsprozess. Allerdings stellt die Gemeinschaft des Internet dabei und gerade deswegen auch kein überschaubares Kollektiv dar, das einem gemeinsamen Ethos verpflichtet ist und gemeinsame Ziele verfolgt. Vielmehr handelt es sich um ein eine weithin inhomogene Masse mit durchaus divergierenden Interessen und Fähigkeiten. Im folgenden Abschnitt sollen daher – ganz im Sinne der übergeordneten Thematik – noch einmal kurz die Merkmale sowie Bedeutung der Amateurkultur des Internet im Kontext der Frage nach der Wissensdemokratisierung expliziert werden.

c) Merkmale und Bedeutung der Amateurkultur im neuen Internet

Die bisherigen Betrachtungen zu den verschiedenen Forderungen, Konzepten und Phänomenen des Open Access resp. des Open Source im Kontext der neuen Generation des Internet haben deutlich gemacht, dass diese im Hinblick auf die Frage nach der Wissensdemokratisierung nur schwer eindeutig zu verorten sind. Auf der einen Seite erscheinen sie als eine Art real gewordene Einlösung basisdemokratischer Ideale, wie sie dereinst etwa von Brecht oder Enzensberger in ihren gesellschaftskritischen und oftmals noch utopisch erscheinenden Entwürfen zur massenmedialen Kommunikation des Rundfunks (Radio und Fernsehen) entwickelt worden waren. Auf der anderen Seite finden sich immer wieder Äußerungen harscher Kritik an der Qualität der Leistungen eines personell offenen, heterogenen und dynamisch veränderlichen Kollektivs.

Diese der Thematik wohl inhärente Diskrepanz erkennt und benennt auch Ramón Reichert, wenn er in seinem im Herbst 2008 erschienenen Buch, das den Titel »Amateure im Netz. Selbstmanagement und Wissenstechnik im Web 2.0« trägt, darauf verweist, dass der Web 2.0-Diskurs offenbar zwischen zwei Argumentationslinien oszilliert (vgl. Reichert 2008: 9f.): einem emanzipatorischen Befreiungsdiskurs einerseits sowie einer kulturkritischen Haltung bezüglich der neuen digitalen Vernetzungsstrukturen andererseits. Während erstere, wie der Autor selbst schreibt, eher einem »medienkulturelle[n] Populismus« gleichkommt, der die Handlungsfähigkeit der Konsumenten »unkritisch überhöht« und die neuen Möglichkeiten der sogenannten Social Software (siehe Abschn. 1.2.2) im Anschluss an die Empowerment-These eines Tim O'Reilly als »›die‹ Ermöglichung eines ›ungehinderten‹ Austausches von Informationen, einer ›schrankenlosen‹ Partizipation und einer ›hierarchiefreien‹ Kollaboration nach dem Prinzip des *peer-to-peer*« (ebd.: 8; Herv. i.O.) betrachtet, votiert letztere gegen eine »›Trivialisierung‹ öffentlicher Kommunikation durch die Ausweitung ›minderwertiger‹ Amateurkultur« und für eine auch weiterhin »dominant-hegemoniale Position des Professionalisten« (ebd.: 10).[53] Bedeutender Vertreter dieses traditionell-konservativen Elitismus, der nach Meinung Reicherts ebenso wenig haltbar ist wie jener technikbasierte Sozialutopismus, ist der Internet-Kritiker Andrew Keen. In seinem Buch »The Cult of the Amateur« (2007)[54] polemisiert er massiv gegen die Demokratisierung der digitalen Kommunikationskultur durch kollaborative Webangebote (vgl. ebd.).

---

53 Schon der Begriff des ›Amateurs‹ selbst ist, wie Reichert betont, kulturgeschichtlich pejorativ belegt. Er ähnelt dem des ›Laien‹, der ohne entsprechende Spezial- oder Fachkenntnisse tätig wird. Durch die Abwertung des Amateurs gegenüber dem Experten erfolgt im Umkehrschluss aber auch eine Aufwertung des professionellen Produzenten (vgl. Reichert 2008: 66).

54 In der deutschen Übersetzung 2008 unter dem Titel »Die Stunde der Stümper: wie wir im Internet unsere Kultur zerstören« erschienen.

Beide Positionen – die emanzipatorische Überschätzung wie auch die kulturkritische Verachtung des Amateurs – versäumen es letztlich jedoch, auch darauf verweist Reichert, die soziale Alltagspraxis der Amateure (ausreichend) in ihre Argumentation mit einzubeziehen und verbleiben stattdessen auf der Ebene rein theoretischer Überlegungen, abstrakter Verallgemeinerungen und pauschaler Vereinfachungen (vgl. ebd.: 11). Reichert fängt dieses Versäumnis nun ansatzweise auf, indem er Weblogs, Community-Seiten, Wikis, Pod- und Videocasts als ein »Phänomen alltagskultureller Kommunikation« (ebd.: 7) versteht und unter dem Fokus von Selbstmanagement (Selbstaufmerksamkeit, Selbstbeobachtung) und postdisziplinären Wissenstechniken betrachtet. Dabei stellt er fest, dass es sich bei dieser neuen Amateurkultur im Internet um eine ganz eigene Form der Wissensproduktion handelt,[55] ausgelöst durch einen »Paradigmenwechsel von der Rezeption zur Produktion« (ebd.: 12). Das bedeutet zum einen, dass aufgrund der diffusen vernetzten Struktur im Internet ganz andere Mechanismen greifen. Weder die verfügbaren Ressourcen (Personal, Kapital) noch die Gesetze des freien Marktes (Angebot und Nachfrage) koordinieren länger das Geschehen, der entscheidende Tauschwert heißt hier vielmehr Aufmerksamkeit.[56] Das System organisiert sich in diesem Sinne also selbst und aus sich heraus, da sich der Wert eines jeden Guts unmittelbar aus der ihm entgegengebrachten Beachtung und Anerkennung bemisst (vgl. Meckel 2008: 18).

»Im Web 2.0 wird das relevant, was durch andere, zur eigenen Community gehörige oder aus anderen Gründen wichtige Personen im Netzwerk empfohlen und weiterverbreitet wird. Im Web ist daher der ›share-button‹, mit dem man Freunden oder der Peer Group Informationen weiterleiten kann, ein wichtiges Instrument, das über Verbreitungs- und Kommunikationserfolg wesentlich mit entscheidet.« (Ebd.: 23)

Zentrales Merkmal der Amateurkultur im Internet ist nach Reichert folglich eine Art virtuelle »Bewerbungskultur«[57] ähnlich jener, die wir aus der realen

---

55 »Im Unterschied zu geläufigen Abwertungen der populären Amateurkultur macht die in dieser Arbeit favorisierte Analyse des Populären deutlich, dass Popularisierung weder als hierarchischer Wissenstransfer noch als Trivialisierung wissenschaftlichen Wissens, sondern als Form der Wissensproduktion aufgefasst wird. Die populäre Amateurkultur wird als eine Wissensproduktion untersucht, die sich in Konkurrenz und in Abgrenzung zu anderen Produktionsweisen, diskursiven Techniken, Mediensystemen und Lebensstilen entwickelt. Im Mittelpunkt steht dabei die Erkenntnis, dass sich unterschiedliche Akteursrollen dynamisch aus den jeweiligen kommunikativen Prozessen heraus entwickeln.« (Reichert 2008: 91)
56 Siehe hierzu auch Georg Franck: »Ökonomie der Aufmerksamkeit« (1998).
57 Reichert (2008: 113) bringt diese »Bewerbungskultur«, die sich allmählich in die Alltagskultur ausgeweitet hat und im Kontext des Netzes ihren momentanen Höhepunkt erlebt, sogar in Verbindung mit der allgemeinen sozialen »Dequalifizierung des Wissens« durch die zunehmende »Verkürzung erworbener Wissensqua-

Arbeitswelt kennen. Der Imperativ kontinuierlicher Selbstpräsentation lässt sich dabei sehr schön anhand der Idee der persönlichen ›Portfolios‹ fassen, wie diese bereits im Zeitalter der Renaissance von Künstlern zusammengestellt wurden – einerseits als Nachweis ihres Könnens, andererseits als Dokumentation ihrer künstlerischen und professionellen Entwicklung – und wie sie zunächst Einzug in die Ökonomie, seit einiger Zeit nun aber auch in den Bildungsbereich und von dort aus auch ins Internet gehalten haben. Man zeigt gezielt, wer man ist, wofür man sich interessiert und vor allem: was man kann und hofft, dafür die entsprechende Aufmerksamkeit und Anerkennung der restlichen Netzwelt zu erlangen (vgl. Reichert 2008: 111ff.). In dieser internetbasierten »spezifische[n] Medienkultur der Selbstpraktiken« (ebd.: 7) werden biografische respektive private/intime Informationen nicht nur zum festen Bestandteil der digitalen Wissensallmende, sie werden auch mehr und mehr zum Gegenstand des öffentlichen Interesses (vgl. ebd.: 11) – doch das ist ein anderes Thema.[58] Hier ist im Hinblick auf den Aspekt der Wissensdemokratisierung allein der Fakt entscheidend, dass eben jener Prozess der Selbstthematisierung und Selbstdarstellung im Internet ein grundlegend demokratisches Moment darstellt. So argumentiert Reichert, dass gerade die diesem Prozess zugrunde liegende Kreativität als solche gewissermaßen eine alltägliche wäre und daher jedem Menschen gleichermaßen zukäme:

»Im Unterschied zur Genialität, die nur wenige besitzen, wurzelt die hier veranschlagte Kreativität in einem demokratischen Grundkonzept. Im Portfolio verallgemeinert sich der kreative Imperativ, der für jeden gleichermaßen zu gelten hat. Während sich der ›geniale Schöpfer‹ in einer Sphäre jenseits der Norm bewegt, verhält sich der ›kreative Alltagsmensch‹ normal. In unterschiedlichen Abstufungen ist seine Kreativität in die banalen Tätigkeiten des Alltags eingebettet und streut sich in den Gaußschen Normalverteilungen.« (Ebd.: 122)

Gleichwohl entstehen auch im Kontext einer so verstandenen demokratischen Netzöffentlichkeit unmittelbar neue Abhängigkeiten und Ungleichheiten. So setzt die Einlösung dieser Form der Gleichberechtigung bzw. Demokratie letztlich überhaupt erst einmal ein aktives Engagement seitens des Einzelnen voraus. Zwar besteht für jeden prinzipiell die Möglichkeit, gleichberechtigt und demokratisch zu partizipieren, doch ist eben gerade diese Partizipation praktisch auch konstitutiv. Wer nicht partizipiert, kann

---

lifikationen« und »prekäre Arbeitsverhältnisse« sowie »projektorientierte Arbeitsabläufe« und »flache Hierarchien«. Vor diesem Hintergrund würden »individuelle Bildungsbiografien« zum entscheidenden »Standortfaktor der Wissens- und Informationsgesellschaft« und diese setzen Selbstführung, Autonomie und Kontrolle voraus.

58 Zum Phänomen einer zunehmenden Veröffentlichung von Privatheit in und über das Internet siehe auch Pscheida/Trültzsch 2009 sowie 2010.

auch nicht wahrgenommen werden. Inhalte, die nicht eingefügt werden, können keine Aufmerksamkeit auf sich ziehen. Das erinnert stark an die Diskussionen zur ›Demokratiemüdigkeit‹ oder ›Politikverdrossenheit‹, wie sie alljährlich wieder angesichts einer oftmals erschreckend geringen Wahlbeteiligung vor und nach den entscheidenden Wahlsonntagen in Deutschland angestrengt werden. Im Unterschied zum demokratischen Wahlrecht, dessen Wahrnehmung sich auf den einmaligen Akt der Legitimation eines rechtmäßigen Vertreters der eigenen Interessen beschränkt (repräsentative Demokratie), erfordert die Repräsentation der eigenen Person im Internet ein permanentes Engagement (direkte Demokratie). Dazu gehört nicht nur die regelmäßige Aktualisierung und Ergänzung des eigenen ›E-Portfolios‹ (vgl. ebd.: 116ff.), wer eine entsprechend große Aufmerksamkeit erzielen will, muss sich auch intensiv mit anderen Nutzern vernetzen und gezielte Netzwerkpflege betreiben – denn, »[w]er sich nicht freiwillig *innerhalb* der Communities vernetzt, dem droht durch eine ungleich verteilte Handlungsfähigkeit die soziale Inexistenz« (ebd.: 13; Herv. i.O.).

Doch damit noch nicht genug. Jedes Engagement kann nur dort greifen, wo die entsprechenden medialen Formen in richtiger Weise angewandt und beherrscht werden. Reichert spricht hier ganz allgemein von ›Wissenstechniken‹, worunter er beispielsweise die Erfassung biografischer Informationen durch E-Formulare versteht, wie sie etwa bei internetbasierten sozialen Kontaktnetzwerken (Social Networks) üblich sind. Nur wer weiß, wie er dieses Werkzeug optimal für sich nutzen kann und auch dazu bereit ist, kann ein Maximum an Aufmerksamkeit und Akzeptanz erzielen. So gesehen verkörpern Wissenstechniken in Reicherts Vorstellung so etwas wie »eine basale Strategie für die Prozessierung kulturellen Sinns« (ebd.: 87 sowie ausführlicher 87-168). Zusammenfassend könnte man mit Reichert also sagen:

»Das mit dem Web 2.0 demokratisierte Internet wird primär als ein sozialer Raum wahrgenommen und ist heute ein Sammelbecken unzähliger Identitätsprojekte […].Wer sich im hypermedialen Imagedesign gut darzustellen und in den diskursiven Konflikten um Deutungsmacht zu behaupten vermag, steigert seine Chancen, auf den Aufmerksamkeitsmärkten wahrgenommen zu werden. Die Regulation der Aufmerksamkeit im Netz basiert im Wesentlichen auf Wissenstechniken, die einen entscheidenden Einfluss auf die Subjektkonstitution im Netz ausüben« (Ebd: 85).

Die Beteiligungsdemokratie des Internet erzeugt somit ein neues Konzept des ›Aktivbürgers‹, dessen demokratischer Einfluss jedoch nicht länger an Herkunft, Stand und Besitz gebunden ist und dem Betreffenden als vorgegebenes Privileg quasi automatisch zukommt, sondern durch angemessene und intensive Aktivität erworben und im Kampf um Aufmerksamkeit stetig erneuert werden muss (vgl. ebd.: 213). Axel Bruns spricht in seinem im ersten Kapitel bereits erwähnten Buch »Blogs, Wikipedia, Second Life, and Beyond. From Production to Produsage« hier von ›Fluid Heterarchy‹ bzw. ›Ad Hoc Meritocracy‹, worunter er eines der Schlüsselprinzipien des neuen (internetbasierten) Phänomens der – auch personellen – Gleichzeitigkeit bzw. Identität von Produktion (engl. ›production‹, ›producer‹) und Rezeption (engl. ›usage‹, ›user‹) versteht. Die vernetzte, kollaborative Interaktion im Internet zeichnet sich demnach vor allem durch *flache und demokratische Strukturen* aus. Dennoch entstehen zwischenzeitlich durchaus Hegemonien und Machtverhältnisse, die jedoch immer nur situativ gelten und sich dynamisch verändern. Auch Leitungs- und Führungspositionen sind dann – idealtypisch – weniger feststehende, als vielmehr flexible und zeitlich beschränkte Phänomene (vgl. ebd.: 25f.).

Folglich ist die Amateurkultur des Internet auch nicht nur durch Selbstdarstellungs- und Aufmerksamkeitsprozesse geprägt. Wer das Angebot der Partizipation annimmt, eigene Inhalte einbringt und der Gemeinschaft offen zur Verfügung stellt, trägt damit letztlich auch zum Wachstum und zur Bereicherung des gesamten Systems bei. Ein weiteres Merkmal der Amateurkultur des Internet ist daher das, was der amerikanische Jura-Professor Yochai Benkler (»The Wealth of Networks«, siehe Kap. I) mit dem Stichwort ›*Peer Production and Sharing*‹ umschreibt (vgl. Benkler 2006: 59-90). So werden die Inhalte des partizipativen Internet nicht nur zunehmend von den Nutzern selbst erstellt (User Generated Content), die Nutzer arbeiten auch gemeinsam an diesen Inhalten, verändern und ergänzen sie also kollaborativ. Hier sei erneut auf das Beispiel der Wikipedia verwiesen. Freilich sind derartige kollaborative Schreibprojekte nicht erst seit den Zeiten des kommerziell genutzten Internet bekannt. Die Möglichkeiten der Digitalisierung und der dezentralen Vernetzung vereinfachen die Organisation und Koordination eines solchen Prozesses jedoch erheblich und geben ihm zudem eine ganz neue Dynamik. Notwendig für das Gelingen der kollaborativen Artikelarbeit in der Wikipedia wie auch aller anderen Prozesse der Peer Production überhaupt ist jedoch eine ausreichende Transparenz, d.h. der gesamte Prozess der Herstellung und Bereitstellung von Inhalten muss einsichtig und damit nachvollziehbar sein. Nur so können die einzelnen Beiträge von anderen Nutzern überprüft, diskutiert, bestätigt, in Frage gestellt, korrigiert oder verworfen werden (vgl. Meckel 2008: 19).

Damit ist zugleich aber noch ein weiterer Teilaspekt der Peer Production genannt, jener nämlich der gegenseitigen *Evaluation*. Reichert sieht darin ein weiteres demokratisches Moment der Amateurkultur, da jedes Mitglied der Gemeinschaft gleichermaßen die Aktivitäten anderer bewerten kann und in seiner eigenen Aktivität selbst wieder von anderen bewertet wird. Es handelt sich hier also, um mit den Worten Reicherts zu sprechen, um eine »demokratische Kontrolltechnologie, welche Subjekte unter eine wechselseitige und permanente Dauerbeobachtung und Dauerbewertung stellt« (vgl. Reichert 2008: 108). Auch Axel Bruns bemerkt eben jenes Phänomen der ›Communal Evaluation‹, das er gemeinsam mit der ›Open Participation‹ zu einem weiteren Schlüsselprinzip seines Konzepts von ›Produsage‹ fast (vgl. Bruns 2008: 24f.). Bruns hebt in diesem Kontext neben dem Gesichtspunkt der wechselseitigen Kontrolle und Evaluation zudem jenen der gemeinschaftlichen Problemlösung durch granulare bzw. modulare Bearbeitungen hervor:

»[...I]t has become very clear that produsage does not emerge out of thin air: it develops not ›from scratch‹, but indeed from ›scratching the itch‹ felt by an individual participant or group of participants who begin to develop a first, basic, and incomplete solution to their problem. [...P]rodusage projects must be seeded with a small kernel of ideas which are sufficiently interesting to attract a larger community of participants and kickstart their wider process of innovation. [...] Such granularity and modularity also enables the equipotentiality of produsage, as it makes it more likely that any one contributor will be able to find at least one specific aspect of the project to which they can make however small a contribution; thereby granularity also sets in the train the probabilistic approach to problemsolving which relies on the diversity of a multitude of eyeballs developing and considering potential solutions to the granular problems presented by the project.« (Ebd.: 388)

Die potentielle Vielzahl an Beteiligten am Produktions- und Evaluationsprozess sowie die Möglichkeit permanenter Revision bringen es aber auch mit sich, dass die Legitimation webbasierter Inhalte – Reichert spricht hier von der Erzeugung von »Rationalitätsmythen« durch die Verwendung webtypischer Werkzeuge bzw. Strategien wie etwa ›Scoring‹, ‹Rating›, ›Voting‹, ›Listing‹, ›Ranking‹, ›Polling‹, ›Monitoring‹ (vgl. Reichert 2008: 109) – immer nur (noch) eine temporäre sein kann. In diesem Sinne haben die spezifischen Merkmale der Amateurkultur im Internet schließlich auch Auswirkungen auf bzw. Konsequenzen für das Wissen selbst sowie die Strukturen der Wissensproduktion, -kommunikation und -rezeption. Reichert verweist beispielsweise darauf, dass das Netzdispositiv

»in dieser Hinsicht nicht als ein feststehender Rahmen [fungiert], da es selbst historisch bedingt ist und sich in einem permanenten Transformationsprozess befindet. Insofern ist die Kontextualität von Wissen im Netz ein konstitutiv unvollendetes Projekt und das Netzdispositiv kann demzufolge als eine Ermöglichungsanordnung begriffen werden« (Ebd.: 14).

Jeder eingestellte Inhalt verkörpert dann so etwas wie ein flexibles Angebot, das akzeptiert aber auch immer wieder neu in Frage gestellt und überarbeitet werden kann. Auf diese Weise sind auch Wissensinhalte – wie im Falle der Wikipedia – kein feststehendes Faktum mehr, sondern es lassen sich je nach Belieben, Situation und Blickwinkel die verschiedensten Bedeutungen generieren. Axel Bruns erblickt darin ein drittes Schlüsselprinzip der ›Produsage‹, das er ›Unfinished Artefacts‹ bzw. ›Continuing Process‹ nennt:

»As content development embraces a probabilistic model, as participant involvement becomes equipotential and fluid, as projects are deconstructed to form granular, modular tasks inviting and harnessing even small contributions from casual members of the produsage community, and as the collaboratively prodused content is shared in an openly accessible information commons, the process of produsage must necessarily remain continually unfinished, and infinitely continuing.« (Ebd.: 27)

2.3 Wissensdemokratisierung und wissenskultureller Wandel – zum revolutionären Potential des wissensgesellschaftlichen Leitmediums Internet

Fasst man die Überlegungen zur (digitalen) Wissensdemokratisierung im Web 2.0 grob zusammen, so sind entsprechende Tendenzen diesbezüglich gegenwärtig unübersehbar. Noch nie zuvor hat ein Medium der breiten Masse der Bevölkerung strukturell die Möglichkeit eröffnet, einen derartig umfangreichen und uneingeschränkten, d.h. potentiell gleichberechtigten Zugang zu Informationen und Wissen zu erhalten und eigene (Wissens-)Inhalte ebenso potentiell gleichberechtigt öffentlichkeitswirksam zu verbreiten. Nie gab es weitreichendere Entwicklungen, den klassischen Massenmedien (Presse, Radio, Fernsehen) attraktive und konkurrenzfähige Angebote entgegenzusetzen und eine Kultur der ›Prosumer‹ (Toffler 1980; Tapscott/ Williams 2006) bzw. ›Produser‹ (Bruns 2008) zu errichten, in der die Grenzen zwischen medialen Produzenten und Rezipienten mehr und mehr nivelliert werden – und das eben ganz ohne die ›Hürde‹ der redaktionellen Lenkung und Selektion.[59]

Kann das heutige Internet damit also als ein basisdemokratisches Medium an sich gelten? Und mehr noch: Trägt das wissensdemokratische Potential des Web 2.0 allmählich zu einem wissenskulturellen Wandel bei?

Dem koevolutionären Ansatz dieses Buches folgend, entscheiden die Dispositionen des Mediums und die gesellschaftlichen Umstände gemein-

---

59 Walter Benjamin etwa beschrieb bereits im Jahre 1936 im Rahmen seiner Ausführungen zum »Kunstwerk im Zeitalter seiner technischen Reproduzierbarkeit« das Verschwimmen der Grenzen zwischen Autor und Rezipient am Beispiel der Presse – und das ebenso visionär wie voreilig, bedenkt er doch nicht den Einfluss der redaktionellen Lenkung und Vor-Selektion, welcher die Rede von der strukturellen Auflösung des hierarchischen Kommunikationsmusters genau genommen (noch) nicht zulässt. So schreibt Benjamin (1936: 29): »Mit der wachsenden Ausdehnung der Presse, die immer neue politische, religiöse, wissenschaftliche, berufliche, lokale Organe der Leserschaft zur Verfügung stellte, gerieten immer größere Teile der Leserschaft – zunächst fallweise – unter die Schreibenden. Es begann damit, dass die Tagespresse ihnen ihren ›Briefkasten‹ eröffnete, und es liegt heute so, dass es kaum einen im Arbeitsprozess stehenden Europäer gibt, der nicht grundsätzlich irgendwo Gelegenheit zur Publikation einer Arbeitserfahrung, einer Beschwerde, einer Reportage oder dergleichen finden könnte. Damit ist die Unterscheidung zwischen Autor und Publikum im Begriff, ihren grundsätzlichen Charakter zu verlieren. […] Der Lesende ist jederzeit bereit, ein Schreibender zu werden.«

sam darüber, inwieweit aus der Wechselwirkung zwischen beiden letztlich entsprechende Voraussetzungen wissenskultureller Wandlungserscheinungen emergieren. Im Falle des leitmedialen Bezugs des Internet auf die soziokulturellen Bedürfnislagen der Wissensgesellschaft stehen die Chancen dazu freilich gut. Die Wissensgesellschaft ist allgemein durch eine starke Durchdringung aller gesellschaftlichen Funktionsbereiche mit Wissen gekennzeichnet, daraus resultiert, wie im vorangegangenen dritten Kapitel gezeigt wurde, schließlich auch ein vollkommen neuartiges Verhältnis zwischen Wissenschaft(en) und Öffentlichkeit. Ein zentrales Merkmal dieses neuen Verhältnisses ist auch hier – wenn man so will – die Forderung nach einer gewissen ›Demokratisierung‹ der Wissenschaft in Bezug auf die Gesellschaft. Damit ist zum einen die Demokratisierung der Expertise im Sinne eines offenen, d.h. uneingeschränkten Zugangs zu Expertenwissen gemeint. Sie findet ihren Ausdruck im Konzept des Open Access, das wiederum in enger Verbindung zum Internet als zentralem Medium der Ermöglichung eines solchen steht. Zum anderen ist damit aber auch die Demokratisierung der Wissenschaft schlechthin, d.h. der Wissensproduktion und -kommunikation gemeint (vgl. Weingart/Carrier/Krohn 2007: 305). Auch diese Forderung einer aktiven Teilnahme am Prozess der Herstellung und Weitergabe von Wissen – hier freilich immer im Sinne der diskursiven Erzeugung gesellschaftlich relevanten Wissens gedacht – steht dem Einzelnen heute, nicht zuletzt auch dank der partizipativen Möglichkeiten des Internet, mehr denn je offen, auch wenn bislang nur eine Minderheit diese Chance wirklich nutzt. Blogs, Wikis und soziale Netzwerke erlauben es heute prinzipiell jedem, direkt am gesellschaftlichen Wissensdiskurs zu partizipieren. Dort also, wo die Prinzipien von Open Access, Open Source und Peer Production tatsächlich angenommen und umgesetzt werden, hat sich im Rahmen der Amateurkultur des Internet längst ein eigenes, grundlegend demokratisches System der Wissensproduktion und -kommunikation entwickelt.

Das bedeutet freilich nicht, dass das Internet resp. das Web 2.0, um das es hier ja konkreter geht, daher entsprechend auch ein grundsätzlich (basis-)demokratisches Medium darstellt. Seine dezentral vernetzte Struktur, die Entwicklung benutzerfreundlicher, intuitiver Anwendungen und die libertäre Ideologie seiner einstigen Schöpfer schaffen zwar die grundsätzlichen Voraussetzungen für einen weitgehend demokratischen Umgang mit den medialen Inhalten (ihrer Erzeugung bzw. Eingabe, Weiterverarbeitung, Weitergabe und Zirkulation sowie auch ihrer Nutzung) und verkörpern damit gewissermaßen die eine Seite des revolutionären Potentials des wissensgesellschaftlichen Leitmediums Internet. Ganz entscheidend für die tatsächliche Realisierung eines Zustands inhalts- bzw. wissensbezogener Demokratisierung, d.h. für das Ausschöpfen des gegebenen demokratischen Spielraums, sind jedoch zudem die jeweils vorherrschenden und im Zuge des konkreten Handelns angelegten kulturellen Denk- und Deutungsmuster. Wie ausschlaggebend diese etwa im Kontext der gesellschaftlichen Legitimation und Anerkennung der Amateurkultur sind, wird eindrucksvoll anhand der zahlreichen Vorbehalte und kritischen Äußerungen gegenüber den Inhalten der sogenannten Online-Enzyklopädie Wikipedia deutlich, die Zeit ihres Bestehens von außen an diese herangetragen werden und diese zur Einschränkung ihrer demokratischen Offenheit drängen (siehe dazu ausführlicher die Analyse in Kap. V).

Langfristig betrachtet stehen die Chancen eines wissenskulturellen Wandels aber auch aus dieser Perspektive der Transformation gesellschaftlicher Denk- und Deutungsmuster damit grundsätzlich nicht schlecht. So bewirken die wissensgesellschaftlichen Veränderungstendenzen primär nicht nur einen Verhältniswandel zwischen Wissenschaft(en) und Öffentlichkeit, vielmehr verbinden sich mit ihnen zunächst gewisse Paradoxa und konkrete Herausforderungen, denen es zu begegnen und die es zu bewältigen gilt. Die Realität der Wissensgesellschaft ist maßgeblich von Differenzierung und Individualisierung bestimmt. Gleichzeitig werden alle Lebensbereiche immer stärker von Wissensprozessen durchzogen. Die ökonomische, politische und soziale Bedeutung des Wissens ist gegenwärtig höher denn je. In dieser Konstellation rücken Fragen der Schaffung und Zirkulation anwendungsbezogenen und kontextsensiblen Wissens mehr und mehr in den Mittelpunkt (siehe Kap. III). Der gesteigerte Bedarf an aktuellem und zugleich individuell zugeschnittenem Wissen ruft eine Vielzahl neuer Wissensproduzenten auf den Plan, die in Konkurrenz zum klassischen System der Wissenschaft(en) treten und sich mehrheitlich an eigenen Maßstäben orientieren. Dies führt nicht zu einer zunehmenden Pluralisierung und Dynamisierung der gesellschaftlichen Wissensbestände, auch die Geltungskriterien der sozialen Praxis Wissenschaft (Objektivität, Universalität, Stabilität) erfahren eine Aufweichung. Die Autorität der Wissenschaft, ihre Deutungshoheit im gesellschaftlichen Gefüge sinkt. An ihre Stelle rücken neue, wandelbare Maximen. Die Sicherung einer Teilhabe an den pluralen, dynamischen und darüber hinaus mehr und mehr fragil erscheinenden Wissensbeständen der Wissensgesellschaft macht für den Einzelnen unter diesen Umständen folglich die lebenslange Anpassung des individuellen Wissens durch selbstgesteuerte Lernprozesse notwendig, wobei sich zunehmend ein individuell geprägter, subjektiver und situationsbezogener Umgang mit Wissen etabliert. Mit anderen Worten: Vor dem Hintergrund der Paradoxa und Herausforderungen der Wissensgesellschaft zeichnet sich auch eine allmähliche Transformation bislang gültiger Handlungs- und Umgangsweisen in Bezug auf Wissen ab. Dies ist die zweite Seite des gegenwärtig vorhandenen revolutionären Potentials. Das Internet trägt nun freilich auch hier kräftig dazu bei, diese Verschiebungstendenzen systematisch zu befördern, indem es das Bedürfnis einer stetigen und umfassenden Zugänglichkeit zum gesellschaftlich vorhandenen Wissen als jederzeit verfügbares, flexibel nutzbares Informationsmedium einerseits passgenau aufgreift und zu dessen Befriedigung beiträgt, dessen Ursachen dabei andererseits aber auch erneut verstärkt.

V Das Beispiel Wikipedia – eine Analyse

Im Laufe der vorangegangenen Kapitel wurde bereits mehrfach darauf verwiesen, dass sich die Wissenskultur einer Gesellschaft anhand ihres Umgangs mit Wissen, d.h. in den Prinzipien, Konventionen und Rollenmustern – kurz: den Strukturen der Wissensgenese und -kommunikation dokumentiert. Ein zentrales Produkt der gesellschaftlichen Wissenskultur stellen dabei von jeher die Enzyklopädien dar. Im historischen Rückblick (siehe einleitender Exkurs Kap. II) konnte gezeigt werden, dass der Wunsch nach Sammlung, Ordnung und Verwaltung des gesellschaftlich verfügbaren Wissens, die – wenn man so will – enzyklopädische Idee, zwar bereits seit dem Altertum vorhanden gewesen ist, dass sich deren konkrete Umsetzung im zeitgeschichtlichen Verlauf jedoch immer wieder deutlich gewandelt hat. Wie die Wissenskultur allgemein entwickelt sich auch die Idee des Enzyklopädischen im Spannungsfeld gesellschaftlicher Glaubens- und Denksysteme einerseits und den jeweils verfügbaren Medien sowie deren medialen Dispositionen andererseits. So wurde unser heutiges Enzyklopädieverständnis etwa maßgeblich geprägt von den Einflüssen des sich verbreitenden und gesellschaftlich etablierenden Buchdrucks im Kontext einer zunehmend säkularisierten und rationalen Kultur der frühneuzeitlichen Aufklärung. In diesem Sinne kann die neuzeitliche Geschichte des Enzyklopädiebegriffs auch als symptomatisch für die Entwicklung der modernen Wissenskultur betrachtet werden. Oder anders ausgedrückt: Die mit dem Enzyklopädiebegriff verbundenen gattungsspezifischen Erwartungen verweisen gewissermaßen auf die dahinter liegende typographische Wissenskultur.[1]

Vor dem Hintergrund der in Kapitel III und IV vorgenommenen Überlegungen zu den Implikationen einer digitalen Wissensgesellschaft gerät gegenwärtig nun besonders die sogenannte Online-Enzyklopädie Wikipedia in

---

1 Ebenfalls im Sinne eines so verstandenen Zusammenhangs zwischen Enzyklopädien und gesellschaftlicher Wissensordnung wurde zwischen 2002 und 2006 an der Universität Zürich unter der Leitung von Prof. Dr. Madeleine Herren und Prof. Dr. Paul Michel ein Forschungsprojekt mit dem Titel »Allgemeinwissen und Gesellschaft. Enzyklopädien als Indikatoren für die Veränderung der gesellschaftlichen Bedeutung von Wissen, Bildung und Information« durchgeführt. Siehe http://www.enzyklopaedie.ch/.

den Fokus der Aufmerksamkeit, wenn es um Fragen wissenskultureller Wandlungen geht – und das aus drei Gründen:
Zunächst einmal verkörpert die Wikipedia ein typisches Phänomen des Web 2.0. Ihre Inhalte werden im Sinne eines riesigen Mitmach-Projektes kollaborativ von freiwilligen Autoren verfasst und allen Interessierten kostenlos und uneingeschränkt zur Verfügung gestellt. Die Wikipedia ist damit einerseits für jedermann passiv nutzbar, kann aber auch selbst aktiv mitgestaltet werden. Insofern stellt die Wikipedia nicht nur einen neuen – digitalen – Weg der Wissensverbreitung dar, sie steht auch für einen neuen Weg der gemeinschaftlichen und vernetzten Herstellung eines Wissensprodukts. Konsumenten werden dabei zu potentiellen Produzenten. Autoren und Rezipienten verschmelzen in der Person des ›Users‹ (Benutzers). Möglich wird dies durch die bereits beschriebene Wiki-Technologie (siehe Kap. IV, Abschn. 1.2.2), die eine direkte Bearbeitung der Seiten im Browser ohne programmiertechnische Vorkenntnisse erlaubt. Voraussetzung ist lediglich ein internetfähiger PC.

Daneben ist die Wikipedia zugleich aber auch als geradezu naturwüchsiger Spross der ebenfalls bereits ausführlich beschriebenen Wissensgesellschaft zu betrachten. So machen die Weiterentwicklungen im Bereich der Internettechnologie derartige Anwendungen wie die Wikipedia zwar überhaupt erst denkbar, doch braucht es im Gegenzug auch ein entsprechendes Klima resp. Bedürfnis der Gesellschaft. Dieses Bedürfnis nach Information und permanenter Wissensaneignung kennzeichnet die Wissensgesellschaft wie keine Gesellschaft vor ihr. So gesehen fungiert die Wikipedia in gewisser Weise als Projektionsfläche spezifischer, zeitgeschichtlich bedingter Bedürfnislagen der Wissensgesellschaft. Nicht zuletzt aus diesem Grund kann die Wikipedia wohl inzwischen auf eine einzigartige Erfolgsgeschichte zurückblicken. Seit ihrer Gründung im Jahre 2001 – die deutschsprachige Ausgabe der Wikipedia wurde am 15. Mai 2001 ins Leben gerufen, nachdem bereits im Januar die englischsprachige Wikipedia als erste ihren Dienst aufgenommen hatte – steigen die Artikelzahlen unaufhörlich an. So verfügt die deutschsprachige Wikipedia im Juli 2009 über mehr als 900.000 Artikel[2] – einen Umfang also, hinter dem selbst Enzyklopädie-Giganten wie der »Brockhaus« längst weit abgeschlagen zurückbleiben.[3] Darüber hinaus sind die Inhalte der Wikipedia aufgrund der starken Frequentierung des Angebots und seines hohen Verlinkungsgrads aber auch überdurchschnittlich im Netz präsent. Vor allem bei Google-Suchanfragen ist die Wikipedia daher häufig unter den ersten Treffern zu finden. Weltweit stellt sie neben der Video-Plattform YouTube und den sozialen Netzwerken Facebook und MySpace daher auch eines der beliebtesten Angebote des neuen interaktiven und partizipativen Internet dar. Laut Online-Ranking-Dienst »Alexa« (http://

---

2 Siehe http://de.wikipedia.org, Abruf am 02.07.2009.
3 Die aktuelle Ausgabe (21. Auflage) des »Brockhaus« in 30 Bänden von 2006 umfasst etwa 300.000 Stichwörter.

www.alexa.com) gehört die Wikipedia seit geraumer Zeit zu den Top Ten der am häufigsten frequentierten Webseiten weltweit.[4] In Deutschland steht sie 2009 sogar an Platz fünf der meistbesuchten Webseiten.[5]

Schließlich sei aber auch darauf verwiesen, dass ein solchermaßen intensiviertes reflexives Interesse an Wissen und den Selbstverständlichkeiten des Umgangs mit diesem, wie es die digitale Wissensgesellschaft gegenwärtig erfährt, für sich genommen bereits als ein deutlicher Hinweis auf diesbezüglich sich ankündigende oder gar beginnende Wandlungserscheinungen im Bereich der Wissenskultur zu deuten ist. Stammen/Werber (2004: 9) schreiben hierzu:

»Sich über das Ausmaß – die Spannweite, die Gesamtheit – und die innere Ordnung des jeweils Gewussten zu vergewissern, ist offenbar ein grundlegendes Bedürfnis jeder komplexen Gesellschaft. Dieses strukturelle Bedürfnis scheint jedoch regelmäßig aktuell ergänzt und überlagert zu werden, wenn neu hinzukommendes Wissen bzw. innerlich oder äußerlich verursachte Unsicherheiten der Wissensordnung Unübersichtlichkeit oder Widersprüchlichkeit erzeugen. Schließlich entstehen Bestrebungen nach neuer Verzeichnung und Klassifizierung des Wissens offenkundig bevorzugt in Phasen veränderten Zeitempfindens, insbesondere bei subjektiv und objektiv erfahrener Beschleunigung relevanter historisch-kultureller Prozesse sowie im Umbruch des Verhältnisses zur Zukunft, also vor allem anlässlich der Installierung von Fortschrittsideen.«

Die Existenz und der Erfolg der Wikipedia als neuer Form der enzyklopädischen Wissenssammlung, -ordnung und -präsentation sprechen also in vielerlei Hinsicht für ein verändertes gesellschaftliches Verhältnis zum Wissen. Ziel dieses fünften Kapitels ist es daher, die der Wikipedia zugrunde liegenden Strukturmuster, sprich die dem dortigen Umgang mit Wissen eigenen Selbstverständlichkeiten, exemplarisch näher zu ergründen. Dazu wird wiederum auf das im ersten Kapitel erläuterte Mehrebenen-Analysemodell zurückgegriffen (Abb. 6). Mit Wissensgesellschaft und Internetentwicklung wurden die zeitgeschichtlichen und medialen Kontextbedingungen bereits umfassend herausgearbeitet und das Potential eines möglichen wissenskulturellen Wandels skizziert. Nun gilt es, schrittweise tiefer in den ›Mikrokosmos‹ des Phänomens Wikipedia vorzudringen. Den Mittelpunkt der Analyse bildet dabei die Auseinandersetzung mit den verborgenen Mechanismen und Ansprüchen, die in der Wikipedia wirken und aus denen heraus die Community agiert. Dahinter steht die Annahme, dass die Aufdeckung der Charakteristika dieser latent wirkenden und folglich nur implizit zugänglichen Strukturmuster unmittelbar Rückschlüsse auf die Charakteristika der damit praktizierten Wissenskultur zulässt.

---

4   Siehe http://www.alexa.com/topsites, Abruf am 02.07.2009.
5   Siehe http://www.alexa.com/topsites/countries/DE, Abruf am 02.07.2009.

1 BISHERIGE FORSCHUNG[6] ZUR WIKIPEDIA

Die analytische Auseinandersetzung mit dem Phänomen der Wikipedia kommt nicht vorbei an der Beschäftigung mit einem weiteren, auf sie bezogenen Phänomen – der empirischen Erforschung der Wikipedia, zu der auch diese Arbeit, wenn auch lediglich in exemplarischer Form, einen Beitrag leisten soll. Vermutlich aufgrund seines raschen und unerwarteten Erfolgs zog das Projekt schon bald nach seiner Entstehung auch das wissenschaftliche Interesse auf sich. Die ersten fundierten Analysen, die speziell die Wikipedia zum Thema hatten, erschienen etwa ab 2003. Heute, mehr als acht Jahre nach ihrer Gründung, ist die Wikipedia ein beliebtes und vielfältig ›beackertes‹ Forschungsfeld. Gleichwohl steht der Prozess der Erkenntnisgewinnung in vielen Bereichen noch weit am Anfang. Eine zentrale Schwierigkeit besteht vor allem in der Wahl des relevanten Analysefokus und des entsprechenden methodischen Ansatzes. So eröffnet die neuartige Spezifik der Wikipedia die verschiedensten Möglichkeiten zu ihrer Erforschung.

Im Folgenden soll ein Überblick über den bisherigen Forschungsstand zur Wikipedia gegeben werden (Stand: September 2008). Dabei sollen jedoch nicht die Ergebnisse im Einzelnen, sondern vielmehr die Systematik der Forschungen im Vordergrund stehen. Eine ergänzende, ausführliche Übersicht zu den im Einzelnen erwähnten und zitierten Studien inklusive einer kurzen inhaltlichen Beschreibung kann über die Autorin angefordert werden. Ähnliche Übersichten zu Forschungsarbeiten und Forschungsthemen finden sich aber auch in der Wikipedia selbst. Auf der Seite »Wikipedia:Wikipedistik«[7] beispielsweise werden laufende oder bereits abgeschlossene Forschungsprojekte, Dissertations-, Diplom-, Magister- oder Masterarbeiten gelistet. Auch zahlreiche ›Wikiforscher‹ aus dem deutschsprachigen Raum sind dort verzeichnet. Darüber hinaus finden sich auch Links zu internen Erhebungen und Statistiken sowie theoretischen Reflexionen. Schließlich betreibt die Wikimedia Foundation (siehe dazu Abschn. 2.1.2) im Rahmen ihres Meta-Wikis auch eine eigene Wiki Research Bibliography[8], die regelmäßig aktualisiert wird.

---

6 Der Begriff der Forschung soll hier in dem sehr weit gefassten Sinne einer systematischen Betrachtung und Untersuchung eines Phänomens oder einzelner Aspekte des Phänomens verstanden werden. So handelt es sich bei den genannten ›Studien‹ nur zum Teil um klassische Forschungsprojekte und in sich geschlossene wissenschaftliche Arbeiten. In vielen Fällen sind einzelne, aus einem größeren Forschungszusammenhang ausgekoppelte Aufsätze, Vorträge oder Qualifikationsarbeiten die Basis. Vereinzelt bleibt es auch bei exemplarischen Analysen.
7 Siehe http://de.wikipedia.org/wiki/Wikipedia:Wikipedistik
8 Siehe http://meta.wikimedia.org/wiki/Wiki_Research_Bibliography

1.1 Studien zur Qualität, Beschaffenheit und Struktur der Inhalte

Eine erste Gruppe von Forschungen zur Wikipedia betrachtet diese zunächst im Sinne eines ›Produkts‹. Nicht ihr partizipativer und kollaborativer Charakter steht hier also im Vordergrund. Untersucht werden vielmehr die Beschaffenheit und Struktur der Inhalte. Betrachtungen dieser Art stehen häufig im Kontext der Frage nach der Qualität und Zuverlässigkeit der Wikipedia als neuer Form der Enzyklopädie. Die Ergebnisse dieser Gruppe von Forschungsansätzen lassen sich daher auch am ehesten öffentlichkeitswirksam aufbereiten und finden am häufigsten Eingang in die massenmediale Berichterstattung – allen voran die Feuilletons der aktuellen Tages- und Wochenpresse.

Fokussiert wird dabei aber nicht nur auf die formale Richtigkeit und Glaubwürdigkeit der in der Wikipedia enthaltenen Informationen, auch die Anordnung und Präsentation der Inhalte und weitere, die Informationsqualität beeinflussende Faktoren finden Berücksichtigung. Das Spektrum reicht von einfachen Vergleichen mit traditionell-kommerziellen Enzyklopädien in Buchform resp. deren digitalen Ausgaben bis hin zu meist sprachwissenschaftlich motivierten Genreanalysen, schließt aber auch die Entwicklung von Metriken zur Qualitätsmessung sowie die automatische Ermittlung von Wachstumsdaten allgemein – sogenannte infometrische Untersuchungen – ein.

1.1.1 Vergleichsstudien

Einen sehr beliebten und daher vielfach angewandten Ansatz zur Ermittlung vor allem der enzyklopädischen Qualität der Wikipedia stellen die Vergleichsstudien dar. Diese sind stets so konzipiert, dass sie verschiedene Aspekte der Wikipedia in unmittelbarer Gegenüberstellung zu anderen, traditionell etablierten, weil professionell erstellten und kommerziell vertriebenen Enzyklopädien betrachten. Besonders gern werden dabei beispielsweise Artikelanzahl und -umfang, das Vorhandensein von Illustrationen und multimedialen Elementen, aber auch die formale Korrektheit, Vollständigkeit und Verständlichkeit der präsentierten Inhalte selbst als Vergleichsmaßstäbe herangezogen. Für besondere Aufmerksamkeit in diesem Zusammenhang sorgte im Dezember 2005 eine Studie des Wissenschaftsmagazins »Nature«. Diese unterzog jeweils 42 Einträge aus der englischsprachigen Wikipedia sowie der »Encyclopaedia Britannica« einem ausführlichen (wissenschaftlichen) Expertenreview. Der Review erfolgte blind, die beauftragten Experten waren nicht über die Quelle der enzyklopädischen Beiträge informiert. Ihr Auftrag bestand lediglich darin, die Artikel auf drei verschiedene Kategorien von Fehlern (sachliche Fehler, kritische Auslassungen, missverständliche Aussagen) zu sichten. Als erstaunliches Ergebnis konnte festgestellt werden, dass ein faktischer Unterschied in der Fehlerhaftigkeit der Beiträge beider Enzyklopädien kaum mehr auszumachen und die Wikipedia damit auf dem besten Weg sei, sich der Qualität kommerzieller Enzyklopädien anzunähern. Im Bericht der »Nature«, der freilich schon unmittelbar nach Erscheinen heftige Kritik insbesondere von Seiten der »Britannica« erfuhr, hieß es dazu:

»The exercise revealed numerous errors in both encyclopaedias, but among 42 entries tested, the difference in accuracy was not particularly great: the average science entry in Wikipedia contained around four inaccuracies; Britannica, about three.« (Giles 2005: 900)

Zu ähnlichen Ergebnissen war bereits ein Jahr zuvor auch ein Test der deutschen Computerzeitschrift »c't« gekommen (vgl. Kurzidim 2004), der gleichwohl nicht dieselbe internationale Aufmerksamkeit wie die Studie der »Nature« erhielt. Der Test wurde 2007 in erweiterter Form wiederholt. Nachgeschlagen wurden insgesamt 150 Begriffe in der deutschsprachigen Wikipedia sowie in den digitalen Ausgaben der »Bertelsmann Enzyklopädie«, des »Brockhaus« und der »Encarta«, von denen 56 näher analysiert wurden. Als Vergleichsaspekte dienten neben der Bandbreite multimedialer und interaktiver Anwendungen und der Benutzerfreundlichkeit schlechthin vor allem die Ausführlichkeit und Aktualität der Inhalte, die Neutralität und Verständlichkeit der Sprache sowie natürlich die Richtigkeit der enthaltenen Informationen. Das dortige Fazit:

»Der Wikipedia wird gelegentlich vorgeworfen, sie enthalte zu viele Fehler. Wir haben in den Texten der freien Enzyklopädie nicht mehr Fehler gefunden als in denen der kommerziellen Konkurrenz, jedoch etliche Artikel, die trotz ihrer Länge nicht vollständig waren [...].« (Wiegand 2007: 144)

Trotz dieser überwiegend positiven Resultate sehen sich gerade die Vergleichsstudien bisweilen doch heftiger Kritik bezüglich ihres Vorgehens ausgesetzt. Und tatsächlich muss hier eingeräumt werden, dass sowohl die Auswahl der Vergleichsaspekte als auch die diesbezüglichen Einschätzungen nicht selten subjektiven Maßstäben unterliegen.

1.1.2 Studien zur Informationsqualität

Einen anderen Weg der Auseinandersetzung mit der Qualität der Wikipedia im Speziellen beschreiten demgegenüber solche Studien, die sich mit der Informationsqualität (IQ) der Wikipedia schlechthin beschäftigen sowie mit diesbezüglichen Einflussfaktoren. Im Kontext dieser Studien werden vor allem Metriken zur Ermittlung der Informationsqualität entwickelt. Dabei wird diese mal ganz simpel an der Länge des Artikels festgemacht (vgl. Blumenstock 2008), während andere Studien von der Anzahl der vorgenommenen Bearbeitungen (Edits) in Relation zur Anzahl der Autoren (vgl. Lih 2004) oder aber der Aktivität und Anerkennung des Autors innerhalb des Systems ausgehen (vgl. Anthony/Smith/Williamson 2005). Wieder andere Studien untersuchen hingegen die Verlässlichkeit von intersprachlichen

Verlinkungen oder die Funktionalität des Kategoriensystems als Aspekt von Qualität (vgl. Hammerwöhner 2007a sowie 2007c).

Nicht zuletzt wird die Qualität der Wikipedia aber nicht nur extern begutachtet, sondern auch danach gefragt, wie in einem anarchisch erscheinenden Zusammenhang wie der Wikipedia überhaupt Qualität entstehen kann, wie sie definiert, diskutiert und verbessert wird. Eine derartige Analyse alltäglicher Qualitätsdiskussionen innerhalb der Wikipedia stellt beispielsweise die Studie von Stvilia u.a. (2005) dar, welche 30 zufällig ausgewählte Diskussionsseiten inhaltsanalytisch betrachtet und dabei Typen von IQ-Problemen sowie gängige Muster der Aushandlung und des Umgangs mit diesen herausarbeitet. Ingesamt stellt sie fest, dass die Wikipedia-Community Qualitätsfragen sehr ernst nimmt und die meisten Artikel einem sorgfältigen Review-Prozess unterzogen werden (vgl. Stvilia u.a. 2005: 17), wenngleich auch diesbezüglich kein statisch feststehendes Qualitätskonzept mehr auszumachen ist.

»It changes, however, a traditional positivist approach of encyclopedia construction, which assumes that there is always one truth and a certain predictable level of quality, to a constructivist, ›grounded‹ approach, which assumes that there are always multiple truth and quality, and they change over time.« (Ebd.: 15)

1.1.3 Genreanalysen/Analysen der semantischen Struktur

In der Verbindung der beiden ersten Blickwinkel (Vergleichsstudien und strukturelle Analysen der Informationsqualität) finden sich weiterhin auch Studien, die die Wikipedia wie auch andere Online-Enzyklopädien als ein eigenes und neuartiges Genre untersuchen. Die meist sprachwissenschaftlich motivierten Ansätze nutzen u.a. faktorenanalytische und korpuslinguistische Verfahren, um festzustellen, wie Sprachstil und Sprachduktus (Wortmenge und -länge, Formalität und Informalität der Sprache) der enzyklopädischen Texte beschaffen sind. So legten William Emigh und Susan C. Herring 2005 etwa eine entsprechende Untersuchung der englischsprachigen Wikipedia sowie einer zweiten, ebenfalls netzbasierten Schreibumgebung namens »Everything2« vor. Beide Angebote verstehen sich als eine Art ›Online-Enzyklopädie‹, sind also auf Sammlung und Darstellung von Wissensinhalten hin ausgerichtet und dabei zugleich der öffentlichen Bearbeitung durch kollaborativ arbeitende Autoren zugänglich. Analysiert wurden je 15 Einträge aus unterschiedlichen Themengebieten sowie die dazugehörigen Diskussionsseiten der Wikipedia. Als Kontrollgröße dienten zusätzlich die Artikel einer ebenso online verfügbaren, allerdings traditionell verfassten Enzyklopädie – der »Columbia Encyclopedia«. Die Analyse erkennt einerseits einen fortschreitenden Prozess der Annäherung an klassische Genremerkmale, der einem festen Muster folgt:

»First, Wikipedia users appropriate norms and expectations about what an ›encyclopedia‹ should be, including norms of formality, neutrality, and consistency, from the larger culture [...]. Second, those norms are enforced through the agency of dedicated, socially-approved members of the Wikipedia community.« (Emigh/Herring 2005: 9)

So sei statistisch kaum ein Unterschied zwischen der Wikipedia und der traditionell druckschriftlich produzierten Enzyklopädie auszumachen (vgl. ebd.). Andererseits lassen sich in der qualitativen Analyse aber deutliche Unterschiede zwischen enzyklopädischen Einträgen und Einträgen auf Diskussionsseiten beobachten:

»In addition to the use of formal language features and the avoidance of informal and colloquial features, Wikipedia entries are stylistically homogenous, typically describe only a single, core sense of an item, and are often presented in a standard format that includes labeled section headings and a table of contents. [...] At the opposite end of the continuum, the Wikipedia Discussions are consistently informal, making use of emoticons and colloquial expressions such as ›ok‹.« (Ebd.: 7).

Gleiches stellt auch Elia 2006 fest. Auch in ihrer vergleichend-linguistischen Studie zur Wikipedia und »Encyclopaedia Britannica« online beschreibt sie die Sprache der Artikel als stark formalisiert und nahe an denen traditioneller Enzyklopädien, während innerhalb der Community-Kommunikationen eher eine informelle Netzsprache üblich ist.

»It is the point of view of this study that Wikipedia can be taken as an example of the evolution of an extant traditional genre (encyclopedias) which has been officially preserved in the articles' superficial form, but not in the writing and reading processes (social editing, intertextuality, high informativeness and browsing mechanisms).« (Elia 2006: 5)

Einen zweiten Bereich genreanalytischer Betrachtungen stellen überdies Untersuchungen der semantischen Struktur der Wikipedia dar (vgl. Hammerwöhner 2007b; Zesch/Gurevych/Mühlhäuser 2007). Vor allem wird hier das Kategoriensystem der Wikipedia untersucht und mit jenen konventioneller Wörterbücher, Lexika und Enzyklopädien abgeglichen.

1.1.4 Infometrische Untersuchungen

Auseinandersetzungen mit der Wikipedia, deren Hauptaugenmerk nicht in erster Linie auf der Analyse qualitativen Beschaffenheit oder der strukturellen Anordnung der Inhalte liegt, sondern die vielmehr die Frage nach der quantitativen Entwicklung der Wikipedia als solcher stellen, lassen sich in Anlehnung an Voß 2005 unter der Bezeichnung infometrische Untersuchungen zusammenfassen. Untersuchungen dieser Art geht es speziell um die Entwicklung von Verfahren, um verschiedene Aspekte der Wikipedia (Artikelwachstum, Artikellänge und Wortumfang, Größe der Namensräume, Anzahl von Autoren, Häufigkeit von Artikelbearbeitungen durch einen einzelnen Autor, Anzahl von Verlinkungen) quantitativ, d.h. messend zu erfassen. Ihre Einordnung in diese Übersicht ist in diesem Sinne auch nicht ganz unproblematisch, da sie ja die Grundlage für verschiedenste weitere Analysen bilden können.

Nichtsdestotrotz hat aber auch das reine Messen quantitativer Veränderungen in Bezug auf die Wikipedia seine analytische Berechtigung. So entwickelten auch zahlreiche Autoren selbst mit der Zeit verschiedene Werkzeuge bzw. Programme zur kontinuierlichen Erhebung statistischer Daten über die Wikipedia. Einen ersten Zugang dazu vermittelt die Seite »Wikipedia:Statistik«[9].

1.2 Studien zur Wikipedia als soziales System

Das analytische Interesse einer zweiten Gruppe von Forschungsansätzen richtet sich auf die Wikipedia in ihrer Eigenschaft als soziales System. Untersucht werden also gerade nicht die Beschaffenheit und Struktur, auch nicht das Ausmaß und die Qualität der vorzufindenden Inhalte, stattdessen stehen die innerhalb der Community stattfindenden Interaktionen und dynamischen Prozesse, durch welche die gemeinsame Arbeit an der Erstellung der Wikipedia gekennzeichnet ist, im Mittelpunkt der Analyse. Untersucht werden dabei sowohl Muster der Kooperation und Kollaboration als auch Formen von Konflikten und Konfliktlösungen sowie schließlich die Entstehung und das Auftreten von Autorität, Hierarchie und Macht.

1.2.1 Studien zu Kooperation und Konfliktlösung

Den größten Komplex dieser Gruppe von Forschungsansätzen, die sich der Wikipedia als soziales System widmen, stellen zunächst die Studien zur kollaborativen Wissensproduktion dar. Diese fokussieren einerseits auf die Logiken der Erstellung und Weiterentwicklung von Beiträgen (Wilkinson/Huberman 2007) sowie die Prozesse der Kooperation und Aushandlung (u.a. Viégas/Wattenberg/Dave 2004). Andererseits beschäftigen sie sich aber auch mit Ursachen und Arten von Konflikten und betrachten den Umgang der Gemeinschaft mit diesen (u.a. Matei/Dobrescu 2006).

Ein häufig eingesetztes Werkzeug zur Erforschung all dieser Aspekte ist der sogenannte ›History Flow‹. Dieser visualisiert die dynamische Entwicklung von Wikipedia-Artikeln, indem er die Aktivitäten einzelner Nutzer im Verhältnis zu den Artikelinhalten abbildet. Viégas/Wattenberg/Dave 2004 arbeiten mit Hilfe derartiger ›History Flow‹-Analysen beispielsweise typische Kollaborationsmuster von Autoren heraus und diskutieren deren Bedeutung für das Design und die Organisation von sozialen Plattformen allgemein. Besonderes Augenmerk legen sie dabei auf den Aspekt sozialer Kontrolle:

---

9   Siehe http://de.wikipedia.org/wiki/Wikipedia:Statistik

»The patterns described above show that Wikipedia has enjoyed significant success as a community in which people with disparate perspectives can collaborate to create a single document. [...] Wikipedia encourages community introspection: that is, it is strongly designed so that members watch each other, talk about each other's contributions, and directly address the fact that they must reach consensus.« (Viégas/Wattenberg/Dave 2004: 581)

In einer späteren, an diese erste anschließenden Studie, betrachten Viégas u.a. zudem die dynamische Entwicklung von Diskussionsseiten in der Wikipedia und unterstreichen damit deren strategische Funktion in diesem Kontext:

»Talk pages constitute a key place of editing coordination. With the creation of a Talk space for every namespace in Wikipedia, the community has ensured that there can be behind-the-scenes coordination in every aspect of the site. [...] Furthermore, we found that conversation on Talk pages is in some respects formalized and policy-driven. Special etiquette has evolved for the Talk pages, and explicit references to written guidelines are frequently invoked. Overall, the kind of process and policy enforcement that happens in Talk pages seems to play a crucial role in fostering civil behaviour and community ties.« (Viégas u.a. 2007: 9f.)

Diese Erkenntnis passt auch zum Tenor anderer Studien in diesem Bereich. So wird angenommen, dass sich in der Wikipedia mit wachsender Größe und Bekanntheit sowohl interne Konflikte verstärken (Kittur u.a. 2007) als auch die Wahrscheinlichkeit des Auftretens von Artikelbeschädigungen erhöht (Priedhorsky u.a. 2007). Umso notwendiger erscheinen aus Sicht der Forscher koordinierende Maßnahmen – wobei wiederum insbesondere Diskussionsseiten eine entscheidende Rolle spielen, sowie die Entwicklung von Metriken und Programmen zur Vorhersage und Erkennung von Konflikten und Vandalismus.

1.2.2 Ansätze zur automatischen Erkennung von Bearbeitungskonflikten und Vandalismus

Einen Spezialfall der Untersuchungen von Kooperation und Konfliktlösung innerhalb der Wikipedia verkörpern daher Ansätze, die sich mit der Konzeption automatischer bzw. maschineller Verfahren zur Identifikation von Bearbeitungskonflikten und Vandalismus beschäftigen (Potthast/Stein/Gerling 2008; Smets/Goethals/Verdonk 2008). Die größte Herausforderung in diesem Zusammenhang stellt dabei die Erarbeitung von Metriken dar, die eine sichere Unterscheidung zwischen konstruktiven Diskussionen bzw. legitimen Beiträgen und kritischen Situationen bzw. Beschädigungen erlauben.

1.2.3 Studien zu Autorität und Hierarchie

Im Kontext der Erforschung der Wikipedia als soziales System finden sich schließlich auch solche Studien, die sich Fragen der Entstehung und Bedeutung von Autorität und Hierarchie widmen. Untersucht wird hier zum einen der Prozess des Erwerbs von Reputation (Adler/Alfaro 2007). So wird die Reputation eines einzelnen Autors etwa an der Stabilität der von ihm erzeugten Artikel festgemacht. Weiterhin wird aber auch versucht zu rekonstruieren, wie sich verschiedene Akteursrollen dynamisch aus dem Arbeitsprozess heraus entwickeln und wie generell mit Hierarchien und Führungsansprüchen umgegangen wird (Reagle 2005). Diesbezüglich besonders spannend ist das Auftreten derartiger ›Besonderungen‹ in einem eigentlich idealtypisch egalitären System. Schmalz (2007: 18) merkt hier kritisch an:

»Heterarchie ist das zentrale Konzept zum Verständnis der Struktur von Wikis sowie der Merkmale kooperativer und kollaborativer Wissensproduktion und sollte als theoretische Ausgangsbasis für die weitergehende empirische Erforschung der Thematik dienen […]. Wie viel Hierarchisierung ist möglich, ohne in das klassische, zentralistische Modell mit Redaktion und ausgewählten Autoren zurückzufallen? Gerade in Bezug auf Wikipedia stellt sich die Frage, ob eine Lösung gefunden wird für den Konflikt zwischen Qualitätsanspruch und dem Ideal freier Partizipation. […] angesichts einer sowohl auf Beitrags- als auch auf Teilnehmerebene zu beobachtenden Entwicklung von Zentrum-Peripherie-Strukturen kann das basisdemokratische Wiki-Ideal der freien Partizipation langfristig kaum erfüllt werden.«

Eine Untersuchung von Reagle 2005 stellt in der Verbindung von ethnografischen und Archivdaten jedoch fest, dass Führung in der Wikipedia kein garantierter formaler Status ist. Zwar geben die Führer die Entwicklungsrichtung der Gemeinschaftskultur vor, wenn Autoritäten jedoch das ihnen gewährte Vertrauen überschreiten, bekommen sie es mit der Community zu tun. Am besten haben es daher die Führer, die weiterhin umsichtig vorgehen und wichtige Ergänzungen vornehmen.

1.2.4 Studien zur diskursiven Struktur der Wikipedia

Wiederum ein Spezialfall der eben beschriebenen Studien zu Autorität und Hierarchie sind, wenn man so will, Analysen, welche die Wikipedia als diskursives Feld bzw. diskursiven Raum betrachten. Ihr Anliegen ist die Anwendung der auf Michel Foucault zurückgehenden Diskursanalyse auf die Wikipedia (Pentzold/Seidenglanz 2006). Christian Pentzold weist in seiner Masterarbeit 2007 beispielsweise nach, dass die Kollaboration innerhalb der Wikipedia nicht chaotisch ist, sondern dass Produktion, Regulation, Distribution und Zirkulation von Aussagen spezifischen Ordnungsmustern folgen, die sich mit Hilfe der zentralen Begrifflichkeiten der Foucault'schen Diskursanalyse fruchtbar aufzeigen lassen. Pentzold entwickelt dazu einen Analyserahmen zum reflexiven Verständnis der Artikelproduktions- und Wissensaushandlungsprozesse, mit dessen Hilfe er u.a. auch diskursive Macht/Wissens-Regime in der Wikipedia identifiziert.

»Dabei wird deutlich, dass in den Wissenskonstitutionsprozessen eines Wikipedia-Artikels diskursive Regime wirksam sind, mittels derer zum einen Aussagen auf ihre Plausibilität und Akzeptabilität hin überprüft, angenommen oder verworfen und zum anderen die äußernden Subjekte bestätigt, diszipliniert und gegebenenfalls ausgeschlossen werden. [...] Wie von Foucault postuliert, ist auch in Wikipedia Macht kein massives Phänomen, sondern netzförmig organisiert und in den periphersten Verzweigungen der Redigaturen aktiv. Die Aushandlungsprozesse sind in diesem Sinne ein ›Kampf um den Status der Wahrheit‹ (Foucault 1978c: 53). Denn nur der Beitrag kann durchgesetzt werden, welcher im Rahmen entsprechender ›Wahrheitsregime‹ (ebd.: 51) als legitim ratifiziert wird.« (Pentzold 2007: 1 sowie 19)

1.3 Studien zu Motivation und Partizipation

Eine dritte Gruppe von Forschungen zur Wikipedia legt den Fokus vor allem auf die Motivation der Autoren, d.h. die Beweggründe für und Einflussgrößen auf die aktive Partizipation an der Wikipedia. Es geht dieser Gruppe von Ansätzen also vor allem darum zu ergründen, warum Menschen freiwillig an der Wikipedia mitarbeiten, wer diese Menschen sind und unter welchen Bedingungen sie sich wie beteiligen. Eine Annäherung an derartige Forschungsfragen findet dabei sowohl auf der Ebene theoretischer Überlegungen (Ciffolilli 2003; Frost 2006) als auch quantitativer Analysen (Hassel 2007; Kittur u.a. 2007; Ortega/Gonzalez-Barahona 2007; Ortega/Gonzalez-Barahona/Robles 2008) und qualitativer Interviews zum persönlichen Erleben und den subjektiven Theorien von Wikipedianern bezüglich ihres Engagements (Bryant/Forte/Bruckman 2005; Forte/Bruckman 2005; Hassel 2007; Möllenkamp 2007) statt. Auf diese Weise werden nicht nur bestimmte Muster der Beteiligung deutlich – beispielsweise das vieldiskutierte Phänomen weniger extrem engagierter und vieler peripherer Beiträger (siehe hierzu insbesondere Ortega/Gonzalez-Barahona/Robles 2008), es werden auch Erklärungen für die Aktivität aus Sicht der Beteiligten selbst geliefert.

Andreas Möllenkamp widmet sich im Rahmen seiner Magisterarbeit beispielsweise den individuellen Erfahrungen der aktivsten Autoren der Wikipedia. Auf der Basis biografisch-narrativer sowie themenzentrierter (Online-)Interviews rekonstruiert er verschiedene Aneignungs-, Identifikations- und Imaginationsprozesse und versucht den komplexen Zusammenhang zwischen der Biografie und der Art und Weise auszuloten, wie die Wikipedia in der Vorstellungs- und Lebenswelt der jeweiligen Person verankert ist (vgl. Möllenkamp 2007). Im Ergebnis nennt Möllenkamp zahlreiche grundlegende Gemeinsamkeiten, streicht aber auch signifikante Unterschiede in den subjektiven Theorien der einzelnen Akteure heraus. So weist die Beteiligung an der Wikipedia bei fast allen Autoren einen gewissen Suchtfaktor auf. Ebenso schildern alle Interviewten einheitlich die Wichtigkeit und persönliche Relevanz des kollektiven und kommunikativen Charakters der Wikipedia. Dennoch folgen die befragten Wikipedianer bei ihrem Tun nicht einer gemeinsamen, sondern je individuellen und damit unterschiedlichen Logiken (vgl. ebd.: 70).

Im deutschsprachigen Raum besondere Aufmerksamkeit erhielt im Jahr 2007 darüber hinaus vor allem die Studie von Joachim Schroer und Guido Hertel. Diese basiert auf einer Online-Umfrage unter 106 Autoren der deutsch- sowie 354 Autoren der englischsprachigen Wikipedia zu deren Motiven der Beteiligung an der Community. Das Besondere daran: Die Studie lieferte zugleich auch erstmals fundierte Daten bezüglich Alter, Geschlecht, Beschäftigungsstatus und Familienstand der Autoren, welche einen aufschlussreichen Einblick in die demographische Struktur der Wikipedia erlaubten. Darüber hinaus verkörpert sie vermutlich aber auch die erste repräsentative Studie zu den komplexen motivationalen Prozessen innerhalb der Wikipedia. Schroer/Hertel (2007: 33f) formulieren dazu selbst:

»This study provides perhaps the very first empirical view into the motivational processes within the largest Open Content project, trying to explain why so many persons with different educational and occupational backgrounds are working for free in a collaborative writing project, and to extract general insights on motivation in Internet-based cooperation that might be applied to other projects.«

Allerdings ist der von ihnen gewählte theoretische Ansatz der Untersuchung von Motivation vor dem Hintergrund von Kosten/Nutzen-Abwägungen (hier wird ein Wechselspiel aus intrinsischer Motivation, sozialer Anerkennung und Identifikation mit dem Projekt angenommen) nicht unumstritten. Dem entgegengesetzt finden sich daher auch Ansätze, welche Motivation und Beteiligungsaktivität mit Hilfe der Netzwerkanalyse aus dem Kontext der sozialen Beziehungen innerhalb des Systems der Wikipedia heraus erklären und untersuchen (Stegbauer 2008).

1.4 Studien zur Wikipedia als Lernplattform und lernende Gemeinschaft

Ein vierter Weg der Betrachtung der Wikipedia ist schließlich jener des Anlegens eines lerntheoretischen Fokus. Zum einen wird die Wikipedia hier wiederum als enzyklopädisches ›Produkt‹ im Sinne eines Bildungsguts verstanden und etwa auf ihren Bildungswert hin untersucht (Jaschniok 2007). Zum anderen wird das soziale System Wikipedia aber auch als lernende Gemeinschaft bzw. Gemeinschaft kollektiv Lernender analysiert (Lawler 2005). Dem weitaus größten Teil der Überlegungen aus lerntheoretischer Sicht geht es allerdings weniger um die Wikipedia im Speziellen, als vielmehr um die Anwendung des Wiki-Prinzips im Kontext von Lehr-Lern-Prozessen. So finden sich vor allem eine Reihe von Erfahrungsberichten zum Einsatz von Wikis im Bereich der Hochschullehre (Büffel/Pfeil/Schmalz 2007; Wolf 2005). Wikis werden dabei u.a. als Teil eines Paradigmenwechsels im Bildungssystem gesehen, wobei das literale Bildungsparadigma durch Wikis durch Prinzipien der Oralität ergänzt wird. Büffel/Pfeil/ Schmalz (2007: 20) schreiben hierzu:

»Das Neue und die Chancen des Wiki-Einsatzes in Hochschulkontext liegen darin begründet, dass es hier nicht mehr rein um die Reproduktion von Literaturwissen geht, sondern um selbst gesteuertes, gemeinschaftliches und vernetztes Problem lösendes Lehren und Lernen. Das Experimentieren und Ausloten dieser Potentiale von Social Software in Forschung und Lehre können dazu beitragen, Hochschulabsolventen besser auf die sich rasant wandelnden gesellschaftlichen Rahmenbedingungen, die sich eben auch im Berufsalltag abbilden, vorzubereiten.«

Wohl mehr im Bereich der Grundlagen- als der Anwendungsforschung zu verorten sind hingegen Studien, die sich mit dem Phänomen des Wissensaufbaus unter den Bedingungen kollaborativer Schreibumgebungen wie der Wikipedia auseinandersetzen (Cress/Kimmerle 2007; Moskaliuk/Kimmerle/ Cress 2008). Interessant ist diesbezüglich vor allem die Frage nach dem Verhältnis zwischen dem persönlichen Wissen des Einzelnen und den im Wiki verfügbaren Informationen sowie dem Einfluss dieses Verhältnisses auf das individuelle Lernen.

1.5 Fazit und Begründung des eigenen Vorgehens

Dieser etwas ausführlicher gehaltene Einblick in die aktuell vorliegende Forschung zur Wikipedia hat hoffentlich die Bandbreite der an das Phänomen Wikipedia gerichteten Fragestellungen deutlich gemacht. Die jeweils betrachteten Aspekte liefern zweifellos jeweils aufschlussreiche Erkenntnisse und tragen folglich dazu bei, das Phänomen Wikipedia besser zu verstehen und einschätzen zu können. Darüber hinaus gibt die Zusammenschau der vorfindlichen Forschungslandschaft im Sinne einer Meta-Analyse aber auch Aufschluss über den gegenwärtigen Blick der Gesellschaft[10] auf die Wikipedia. Henrik Grotjahn hat kürzlich eine solche Meta-Analyse allein für den Bereich der Qualitätsmessungen vorgelegt (»Qualitätsmessungen an der Wikipedia. Konstruktion von Qualität – eine Metaanalyse«, 2007). In dieser vergleicht und interpretiert er 17 Untersuchungen der deutsch- sowie englischsprachigen Wikipedia im Hinblick auf Ansatz, Methode und die gelieferten Ergebnisse. Weiterhin berücksichtigt er auch den Entstehungszusammenhang jeder einzelnen Untersuchung sowie den Bezug der Untersuchungen untereinander (vgl. Grotjahn 2007: 68ff.). Dabei stellt er unter an-

---

10 Es wird hier bewusst der Begriff der Gesellschaft gewählt, da es sich bei den genannten ›Studien‹ nicht ausschließlich um solche aus dem akademischen Umfeld handelt. Weiterhin handelt es sich bei der Wikipedia um ein Forschungsfeld, dessen Fragestellungen und Erkenntnisse sehr rege auch in den Feuilletons der Massenmedien präsentiert und reflektiert werden. Dies trifft insbesondere auf die Bereiche ›Qualität‹ und ›Motivation der Mitarbeit‹ zu.

derem fest, dass die von ihm betrachteten Beispiele sich kaum aufeinander beziehen und bereits erarbeitete Kenntnisse nicht nutzbar machen. Vielmehr entsteht bei ihm der Eindruck, jeder Ansatz würde »mehr oder weniger ›bei Null‹ beginnen« (ebd.: 102). Diese Beobachtung mag – zumal es sich hier um den Qualitätsaspekt handelt – der exemplarischen Ausrichtung vieler Untersuchungen geschuldet sein. Nicht zu vernachlässigen ist auch die Tatsache, dass es sich bei der Wikipedia im Speziellen und der kollaborativen Wissensproduktion im Allgemeinen um ein relativ neuartiges Forschungsfeld handelt, in welchem theoretische Ansätze und geeignete methodische Zugänge sich erst noch endgültig ausdifferenzieren müssen und in dem die konkrete Forschungsarbeit daher noch häufig auf der Ebene des Explorativen verbleibt.

Relevanter als derartige Reflexionen, die sich ohne Weiteres noch fortsetzen und genauso auch auf das Spektrum der soeben angeführten Studien übertragen ließen, erscheint vor dem Hintergrund der vorliegenden Arbeit jedoch der Befund Grotjahns, die Frage nach der Qualität der Wikipedia sei genau deshalb obsolet, weil die Kategorie der Qualität als solche nicht mehr einheitlich definiert und mit Hilfe einer ›passenden‹ Untersuchungsanlage stattdessen ein entsprechendes Ergebnis provoziert würde (vgl. ebd.: 103). Die Kategorie Qualität verkomme auf diese Weise also zu einem beliebig formbaren Konstrukt. Es sei daher, wie Grotjahn in Anlehnung an Siegfried Weischenberg resümiert, ratsam, die Perspektive ein wenig zu verlagern und den Fokus weg vom inhaltlichen Qualitätsaspekt auf die Erwartungen der Rezipienten zu richten:

»Die entscheidende Frage müsste dann lauten: Was erwarten die Rezipienten von Wikipedia?« (Ebd.: 105)

Dies ließe sich über Befragungen theoretisch vergleichsweise leicht ermitteln. Praktisch stünde man dann jedoch vermutlich auch hier wiederum vor dem Problem, mit zahlreichen unterschiedlichen Erwartungen konfrontiert zu sein, welche die Wikipedia mal mehr, mal weniger gut zu erfüllen vermag. Eine weiterführende Erkenntnis wäre damit *so* gleichwohl noch nicht gewonnen. Dieses kleine, aber mit Bedacht gesetzte ›so‹ wird im weiteren Verlauf des Kapitels noch von Bedeutung sein, denn es soll keineswegs der Eindruck entstehen, die Ermittlung der nutzerseitigen[11] Erwartungshaltung in Bezug auf die Wikipedia besitze keinen sonderlichen Erkenntniswert. Und es ist hierin wohl auch kaum der Grund dafür zu sehen, dass derartige Befragungen von Wikipedia-Nutzern bisher weitgehend fehlen.[12] Allerdings

---

11 Im Falle der Wikipedia erscheint es sinnvoller, von Nutzern denn von Rezipienten zu sprechen.
12 Eine der wenigen Ausnahmen stellt hier die Studie von Meike Jaschniok (2007) dar, die sich dem »Bildungswert der Wikipedia« widmet. Die Autorin befragt darin 55 Nutzer mit Hilfe eines Online-Fragebogens hinsichtlich ihres Umgangs

bleibt zu betonen, dass eine abschließende und gewinnbringende Einschätzung der auf diese Weise ermittelten Erkenntnisse nicht ohne die Berücksichtigung jener Anspruchshaltung möglich wäre, mit der die Wikipedia selbst auf und ihren Nutzern entgegentritt.

Weiterhin besteht die Besonderheit der Wikipedia ja gerade darin, dass Autoren und Rezipienten – zumindest theoretisch bzw. potentiell – in eins fallen. Eine analytische Trennung von ›Nutzern‹ und ›Machern‹ ist folglich auch nicht immer sinnvoll möglich. Zugleich gilt es jedoch zu bedenken, dass praktisch betrachtet immernoch ein überdeutliches Missverhältnis zwischen aktiven und passiven Nutzerzahlen besteht, wie die ARD/ZDF-Onlinestudie 2008 erneut gezeigt hat (vgl. Fisch/Gscheidle 2008a).

Der hier gewählte analytische Zugang versteht sich deshalb als alternativ, weil er zum einen versucht, die eben geschilderten Unklarheiten zu umgehen, d.h. den theoretischen Besonderheiten der Wikipedia ebenso Rechnung zu tragen, wie jenen ihrer praktischen Nutzung; und weil er zum anderen bemüht ist, die ›Schwachstellen‹ der bisherigen Forschung zur Wikipedia durch eine Neufokussierung des analytischen Blicks auszugleichen.

Keine der zahlreichen Studien zur Informationsqualität, zur Wikipedia als soziales System, zur Motivation der Benutzer oder zur praktischen Anwendung der Wiki-Technologie im Bereich der Wissensvermittlung und -aneignung ist bis dato auch auf die wissenskulturellen Hintergründe der Wikipedia ausreichend eingegangen. Diese sind jedoch entscheidend für die analytische Erforschung eines eventuellen wissenskulturellen Wandels im Kontext des Internet im Allgemeinen und der Wikipedia im Speziellen. So geht es im Folgenden vor allem darum, die wissenskulturellen Prämissen zu ergründen, in denen sich die Wikipedia bewegt und aus denen heraus sie sich entwickelt bzw. ihrer Akteure agieren. Dabei wirken – das steht angesichts der Ausführungen der vorangegangenen Kapitel zu vermuten – gattungsspezifische Implikationen und Konventionen des Enzyklopädiebegriffs einerseits sowie die medialen Dispositionen des Internet und die Konventionen der Internetkultur andererseits. Gerade der Begriff der Mediengattung, wie er am Ende des zweiten Kapitels eingeführt worden ist, besitzt insofern eine

---

mit Wikipedia und ihrer Erwartungen an eine Enzyklopädie. Eine weitere explorative Studie zu dieser Thematik wurde zudem im Rahmen des Seminars »Wikipedia und Co. – Wissensdemokratisierung im Internet?!«, das im Sommersemester 2007 am Department Medien- und Kommunikationswissenschaften der Martin-Luther-Universität Halle-Wittenberg unter der Leitung von Dr. Claus-Dieter Edlich und Daniela Pscheida stattfand, durch eine studentische Arbeitsgruppe durchgeführt. Befragt wurden insgesamt 239 Wikipedia-Nutzer (hauptsächlich Studierende) über die Lernplattform StudIP und ausgelegte Papierfragebögen sowie 65 Wikipedia-Autoren per Online-Befragung. Erfragt wurden jeweils Grund und Zweck der Wikipedia-Nutzung resp. der Mitarbeit sowie die Einschätzung der Qualität der in der Wikipedia zu findenden Wissensinhalte (vgl. Hubl/Peters/Rolle 2008).

verbindende Ausrichtung, weil er die Erwartungen von Produzenten und Rezipienten gewissermaßen integriert.

Konkret folgt die Analyse dem im ersten Kapitel dieses Buches entwickelten Mehrebenen-Analysemodell. Dieses sieht ein dreischrittiges Verfahren zur systematischen Erschließung der den dispositiven Strukturen des Wissensdiskurses innerhalb der Wikipedia zugrunde liegenden Prinzipien und Konventionen des Umgangs mit Wissen, kurz: der Wissenskultur, vor: (1) Der erste Schritt stellt dabei zunächst eine deskriptive Erfassung der Wikipedia als solcher, ihrer rechtlichen, technischen und inhaltlichen Organisationsstruktur, der relevanten Akteursgruppen und Rollenmuster sowie der allgemeinen Regeln und Konventionen des Handelns dar. (2) In einem zweiten Schritt werden auf der Basis der analytischen Betrachtung typischer Handlungen und Handlungsfelder zentrale Handlungspraxen der Wikipedia abstrahiert. (3) In einem dritten Schritt erfolgt schließlich eine interpretative Rekonstruktion der grundlegenden Denk- und Orientierungsmuster, d.h. der latenten Sinnstrukturen bzw. Tiefenstrukturen der Wikipedia.

2 Deskription: Organisationsstruktur, Rollenmuster und Konventionen des Handelns

Den im ersten Kapitel aufgezeigten theoretischen und methodologischen Grundlagen entsprechend tritt uns die Wissenskultur einer Gesellschaft also, wie wir gesehen haben, auf verschiedenen Ebenen entgegen. Abgesehen von den konkreten Wissensinhalten, d.h. dem Wissen selbst, das freilich stets das Resultat und damit den Kern einer jeden Wissenskultur darstellt, interessieren im Kontext der hier vorgenommenen Überlegungen zunächst vor allem die Prinzipien und Konventionen des Handelns, durch das dieses Wissen entsteht und sich verbreitet und damit also gesellschaftlich betrachtet erst zu einem solchen wird. Die Prinzipien und Konventionen des wissensbezogenen Handelns oder anders ausgedrückt: die Regeln des Umgangs mit Wissen existieren jedoch nicht im luftleeren Raum. Sie sind zum einen eng verbunden mit bestimmten Rollenmustern und den diese verkörpernden Akteuren. Zum anderen sind sie meist in spezifischen institutionellen Strukturen verankert bzw. ergeben sich aus diesen. So ist die Konvention der Wissensweitergabe durch ›Unterricht‹ im modernen Verständnis einerseits fest mit den Rollenmustern ›Lehrer‹ und ›Schüler‹ und andererseits mit den organisationalen Strukturen der Institution ›Schule‹, d.h. ihrer Organisationsstruktur verbunden. Anders als die Handlungen selbst, die ihrer Natur nach einen eher flüchtigen und veränderlichen Charakter aufweisen, verkörpern die Organisationsstruktur, die Rollenmuster und Konventionen des Handelns vergleichsweise stabile Phänomene, in denen sich die Wissenskultur einer Gesellschaft gewissermaßen in verfestigter Form sichtbar manifestiert.

Sie sind daher unmittelbar zugänglich und folglich direkt als solche beschreibbar.

Dies gilt so selbstverständlich auch für die Wikipedia – insofern man sie, was hier jedoch vorausgesetzt wird, als relevanten Bestandteil des gegenwärtigen Wissensdiskurses begreift. Wer auf der Suche nach einem bestimmten Begriff die Startseite der deutschsprachigen Ausgabe der Wikipedia aufruft, ahnt im Allgemeinen vermutlich wenig von der dahinter liegenden komplexen institutionellen Struktur. Wikipedia ist aber zweifellos weit mehr als einzelne Artikel – ob sie nun mehrheitlich korrekte oder doch fehlerhafte Einträge enthalten. Hinter der ›Fassade‹ des Online-Nachschlagewerks hat sich ein differenziertes System aus technischen, rechtlichen und sogar inhaltlichen Strukturen, Benutzergruppen und Rollenmustern sowie Regeln und Konventionen des Handelns herauskristallisiert. Sie alle sind innerhalb der Wikipedia selbst dokumentiert und geben dem interessierten Betrachter rasch Auskunft. In sogenannten Tutorials[13] sind die wichtigsten dieser Informationen sogar knapp zusammengefasst. Der folgende erste Schritt der Analyse dient dazu, eben jene Aspekte der in der Wikipedia praktizierten respektive vorfindlichen Wissenskultur knapp und überblicksartig zu explizieren, die als verfestigte Phänomene unmittelbar zugänglich sind.

2.1 Technische, rechtliche und inhaltliche Organisationsstruktur

Die Geschichte der Wikipedia beginnt am 15. Januar 2001 mit dem Start einer eigenen Homepage – zunächst unter der Adresse http://www.wikipedia.com (seit August 2002: http://www.wikipedia.org). Diesem Schritt vorausgegangen war wenige Tage zuvor die Freischaltung eines Wikis im Rahmen des bereits seit Januar 2000 bestehenden und ebenfalls von den beiden Wikipedia-Gründern Jimmy Wales und Larry Sanger verantworteten internetbasierten Enzyklopädieprojekts »Nupedia«. Die Idee eines Wikis stieß in den Reihen der Nupedia-Teilnehmer jedoch auf heftige Kritik, so dass es schließlich als ein gesondertes Projekt ausgelagert wurde und den Namen Wikipedia erhielt (vgl. Wikipedia:Geschichte_der_Wikipedia[14]).

Schon die Nupedia war von Anfang an darauf ausgerichtet gewesen, eine riesige Enzyklopädie im Internet zu schaffen, die problemlos mit den bestehenden buchbasierten wie elektronischen Enzyklopädien (»Britannica«, »Encarta«) zu konkurrieren vermochte und dennoch frei und kostenlos zugänglich wäre. Im Gegensatz zur Wikipedia handelte es sich bei der Nupedia allerdings um ein insgesamt eher konservatives Unternehmen. Die einzelnen Artikel wurden nicht von interessierten Laien, sondern von einem

---

13 Siehe http://de.wikipedia.org/wiki/Hilfe:Tutorial
14 Siehe http://de.wikipedia.org/wiki/Wikipedia:Geschichte_der_Wikipedia, Abruf am 02.02.2009.

kleinen Kreis freiwilliger aber auch qualifizierter Experten erstellt und unterlagen vor der Veröffentlichung einer rigorosen Qualitätskontrolle, d.h. einem komplizierten Prozess des Prüfens und Lektorierens (vgl. Möller 2006: 173f.). Auf der Basis dieses intensiven und professionellen Redaktionssystems[15] entstanden zwar hochwertige Artikel, doch hemmte das hohe Maß an Bürokratie zusehends den Arbeitsfortschritt.

Zu Beginn des Jahres 2001 erhielt Larry Sanger von seinem Freund Ben Kovitz, einem Programmierer, den Hinweis auf die Möglichkeiten der sogenannten Wiki-Software. Sowohl Sanger als auch Wales waren rasch davon überzeugt, dass sich ihr Projekt einer offenen, internetbasierten Enzyklopädie damit auf interessante Weise erweitern ließe (vgl. Fiebig 2005: 22f.). Ursprünglich lediglich als eine Art ›Entwicklungsplattform‹ für Nupedia-Artikel gedacht, entwickelte die Wikipedia binnen kürzester Zeit eine immense Eigendynamik und zog deutlich mehr Aufmerksamkeit auf sich, als das die Nupedia auf Basis ihres traditionellen Konzepts je vermocht hatte. Schon wenige Wochen nach ihrer Gründung verfügte die Wikipedia so über ein Vielfaches der Artikel der Nupedia. Trotz dieses Erfolgs der Wikipedia wurde die Parallelexistenz der beiden Projekte noch bis in den September 2003 fortgeführt. Während Jimmy Wales sich dabei immer begeisterter von der Wiki-Idee zeigte, kam Larry Sanger mit der offenen Struktur der Wikipedia, vermutlich aber auch mit dem relationalen Misserfolg des Nupedia-Konzepts weniger gut zurecht. Anfang des Jahres 2002 stellte die von Jimmy Wales gegründete Internet-Firma Bomis, der auch Larry Sanger angehörte, die Finanzierung sowohl der Nupedia als auch der Wikipedia ein. Kurz darauf, im März 2002, erklärt Sanger seinen Ausstieg[16] aus beiden Projekten (vgl. Wikipedia:Geschichte der Wikipedia), wirkte gleichwohl aber noch bis zum Jahr 2006 sporadisch noch als freiwilliger Mitarbeiter an der Wikipedia mit.

Die Nupedia war aber nicht das einzige Projekt, das dem einmaligen Erfolg der Wikipedia zum Opfer fiel. Etwa zeitgleich zur Nupedia hatte auch Richard Stallman, der Vater der freien Software-Bewegung (siehe Kap. IV, Abschn. 2.2.3) die Idee einer Enzyklopädie bestehend aus kostenlos zugänglichen und im Wesentlichen urheberrechtsfreien Inhalten entwickelt. Das Projekt mit dem Namen »GNUPedia« (später: GNEPedia) startete, wie die Wikipedia, im Januar 2001. Dank des gelungenen Taktierens von Jimmy Wales, konnte das Engagement des GNUPedia-Projekts jedoch schnell und effektiv auf die Wikipedia umgeleitet werden (vgl. Artikel:GNUPedia[17]).

---

15 Finanziert wurde dieses aufwändige Redaktionssystem der Nupedia mit Hilfe von Einnahmen der 1996 von Jimmy Wales und Tim Shell gegründeten Internet-Firma Bomis (http://www.bomis.com/).
16 Larry Sangers damaliges Kündigungsschreiben ist noch heute einsehbar unter: http://meta.wikimedia.org/w/index.php?title=My_resignation--Larry_Sanger, Abruf am 02.02.2009.
17 Siehe http://de.wikipedia.org/wiki/GNUPedia, Abruf am 02.02.2009.

Nicht zuletzt aus diesem Grund konnte die Wikipedia von Anfang an ein ungewöhnlich rasches Wachstum verzeichnen. Im März 2001, nur gut zwei Monate nach ihrer Gründung, überschritt die englischsprachige Ausgabe die Marke von 2.000 Artikeln. Ebenfalls im März 2001 äußerte Jimmy Wales innerhalb einer Mail der zentralen Mailingliste »Wikipedia-L«[18] erstmals den Gedanken, das Spektrum der Wikipedia um alternative Sprachversionen zu erweitern. Noch im selben Monat entstanden eine katalanische, eine französische sowie eine japanische Wikipedia-Ausgabe. Im Mai 2001 kamen darüber hinaus eine schwedische, eine spanische und schließlich auch die deutschsprachige Ausgabe hinzu (vgl. Wikipedia:Geschichte_der_Wikipedia).

Mit Ende des Jahres 2001 und der Einführung eines neuen Logos, das ab sofort den Schriftzug »WIKIPEDIA The Free Encyclopedia« (deutsch: »WIKIPEDIA Die freie Enzyklopädie«) trug, endete die zunächst erste Phase der ›Gründung‹ der Wikipedia. Die zweite Phase der Entwicklung der Wikipedia, die Schuler auf die Jahre 2002/2003 legt, stand dann vor allem im Zeichen des ›Wachstums‹ und der ersten personellen wie organisatorischen Konsolidierung (vgl. Schuler 2007: 45ff.). Dieser Phase folgte zwischen 2004 und 2006 eine weitere des exponentiellen Artikel-Wachstums und der erstmals auch massiven öffentlichen (massenmedialen) Präsenz, die im Wesentlichen bis heute anhält (Abb. 11).

Abbildung 11: Grafische Darstellung des Artikelwachstums in der deutschsprachigen Wikipedia zwischen Juli 2002 und Juni 2009

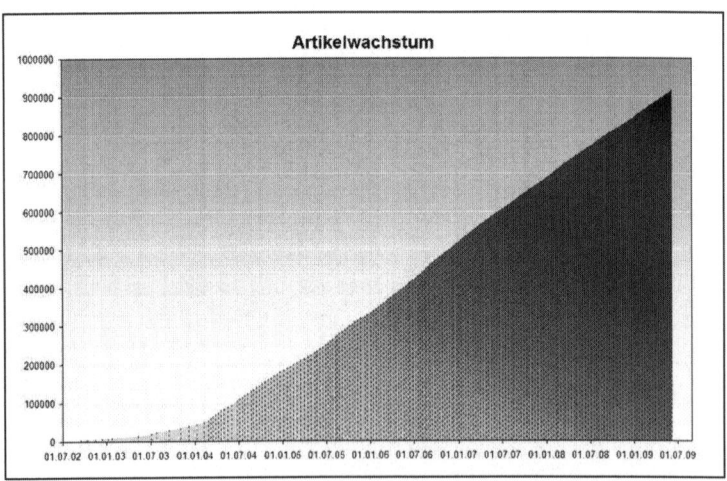

Quelle: deutschsprachige Wikipedia[19]; Autor: Maximilian Dörrbecker (›Chumwa‹) 2009, Originalautor: Markus Schweiss (›Markus_Schweiß‹) 2006

---

18 Siehe http://de.wikipedia.org/wiki/Wikipedia:Mailinglisten
19 Siehe http://de.wikipedia.org/wiki/Datei:Meilensteine.png, Abruf am 03.07.2009; Bearbeitungsstand: 19.06.2009, 13:44 Uhr.

Nur haben sich die Vorzeichen der Wahrnehmung und Diskussion der Wikipedia in der medialen Öffentlichkeit inzwischen spürbar verändert. In das anhaltende Erstaunen über die schier unaufhörlich anwachsende Menge von Artikeln mischten sich – ausgelöst durch zwei prominente Ereignisse Ende des Jahres 2005[20] – immer häufiger auch kritische Stimmen. Besonders das Jahr 2006 war von entsprechenden gesellschaftskritischen Diskussionen geprägt (vgl. ebd.: 56f.).

2.1.1 Wiki-Technologie und MediaWiki-Software

Technisch betrachtet stellt die Wikipedia ein typisches Wiki dar, d.h. also eine Anwendung, deren Seiten sich über entsprechende Eingabefenster ohne Kenntnis von HTML oder anderer Programmiersprachen direkt im Browser bzw. am Bildschirm bearbeiten lassen. Voraussetzung sind lediglich grundlegende Erfahrungen im Umgang mit computerbasierten Textverarbeitungsprogrammen. Leicht erlernbare Zeichenkombinationen (Wiki-Syntax) weisen dem in sie eingeschlossenen Text dabei jeweils eine bestimmte Formatvorlage zu. So entstehen durch einfache Befehle schnell Absätze, Listen, Tabellen, Überschriften, Variablen, mathematische Formeln oder andere Textbausteine (siehe dazu auch Kap. IV, Abschn. 1.2.2). Der Begriff *Wiki* stammt aus dem Hawaiianischen. Das Verb *wikiwiki* bedeutet dort soviel wie ›sich beeilen‹ oder ›schnell machen‹. Bereits 1994 entwickelte Ward Cunningham die Idee einer »simplest online database that could possibly work« (Wikipedia:Geschichte_der_Wikipedia[21]), die er durch Kombination mit Hypertext-Elementen zu einem sogenannten WikiWeb bzw. WikiWikiWeb ausbaute, einem Hypertext-System, dessen Inhalte von seinen Nutzern nicht nur gelesen, sondern auch online verändert werden konnten und dessen Basis ein spezielles Content Management System bildete. Im März 1995 wurde es via Internet der allgemeinen Öffentlichkeit zugänglich gemacht. In der Folgezeit verbreiteten sich Wikis immer mehr und wurden insbesondere im Umfeld der Freien Software-Szene zu einem beliebten Werkzeug bzw. Instrument des Wissensmanagements und der Wissensverwaltung (vgl. u.a. Artikel:Wiki[22]).

Grundlage des Wikipedia-Wikis ist die sogenannte *MediaWiki-Software*, ein Computerprogramm zum Betrieb eines Wikis, das speziell für die Bedürfnisse der Wikipedia entwickelt wurde (vgl. Artikel:MediaWiki sowie Wikipedia:MediaWiki[23]). Wie auch die Artikel selbst, ist diese Software unter der sogenannten General Public License (GPL) frei im Internet erhält-

---

20 Gemeint sind hier der »Fall Seigenthaler« und die »Tron-Affäre« (vgl. dazu u.a. Schuler 2007: 51ff.).
21 Siehe http://de.wikipedia.org/wiki/Wikipedia:Geschichte_der_Wikipedia, Abruf am 02.02.2009; Bearbeitungsstand: 20.01.2009, 16:42 Uhr.
22 Siehe http://de.wikipedia.org/wiki/Wiki, Abruf am 13.02.2009.
23 Siehe http://de.wikipedia.org/wiki/MediaWiki und http://de.wikipedia.org/wiki/Wikipedia:MediaWiki, Abruf jeweils am 13.02.2009.

lich. Entsprechend nutzen heute auch zahlreiche andere Projekte die Media-Wiki-Software. Die Skriptsprache ist PHP, eine serverseitig interpretierbare Skriptsprache mit einer C bzw. C++ angelehnten Syntax, die hauptsächlich zur Erstellung von dynamischen Webseiten oder Webanwendungen verwendet wird. Zur Speicherung der Inhalte wird eine relationale Datenbank (MySQL) genutzt (vgl. ebd.).

2.1.2 Wikimedia Foundation, Wikimedia Chapter und Schwesterprojekte

Mit Blick auf die formal-rechtliche Organisationsstruktur ist die Wikipedia Teil einer Dach- und Betreiberorganisation mit Namen *Wikimedia*, einer internationalen Non-Profit-Organisation, die sich nach eigenen Angaben bzw. nach Angabe des betreffenden Wikipedia-Artikels der »Förderung freien Wissens« verschrieben hat (vgl. Artikel:Wikimedia[24]). Die *Wikimedia Foundation*[25] wurde im Juni 2003 von Jimmy Wales gegründet und stellt eine Stiftung nach dem Recht des US-Bundesstaates Florida dar. Mit ihrer Gründung traten Jimmy Wales und dessen Firma Bomis alle Rechte an bestehenden Namen und Domains sowie vorhandenen Servern ab. Oberstes Gremium ist seither ein fünf- aktuell sogar siebenköpfiges Kuratorium (Board of Trustees). Der Sitz der Geschäftsstelle befindet sich seit Ende 2007 in San Francisco (zuvor Saint Petersburg), von wo aus auch die insgesamt 23 bezahlten Mitarbeiter der Wikimedia Foundation agieren. Die Finanzierung erfolgt dabei fast ausschließlich aus Geld- und Sachspenden von Privatpersonen als auch anderen Stiftungen und Firmen (vgl. ebd.).

Auf Landesebene besitzt die Wikimedia Foundation zudem verschiedene nationale Organisationen (siehe Abb. 12). Diese sogenannten Wikimedia Chapter[26] (lokale Vereine) arbeiten jedoch vollkommen eigenständig und sind weder finanziell noch rechtlich von der Wikimedia Foundation abhängig. Ihre Aufgabe ist die Koordination und Unterstützung der verschiedenen Wikimedia-Projekte (Schwesterprojekte) vor Ort in den jeweiligen Ländern. Des Weiteren fungieren sie als Ansprechpartner für Firmen und Organisationen, kümmern sich aber auch um Pressearbeit und organisieren lokale Veranstaltungen. Schließlich ist jedes Chapter für die eigene Spendensammlung zuständig (vgl. ebd.). Als erste dieser Sektionen wurde im Juni 2004 der Verein Wikimedia Deutschland (Wikimedia Deutschland e.V. – Gesellschaft zur Förderung Freien Wissens)27 gegründet. Daneben entstanden in rascher Folge 20 weitere Wikimedia Chapter auf nationaler Ebene, darunter etwa Wikimédia France (Oktober 2004), Wikimedia Italia (Juni 2005), Wikimedia Serbia (Dezember 2005), Wikimedia CH (Mai 2006).

---

24 Siehe http://de.wikipedia.org/wiki/Wikimedia, Abruf am 13.02.2009; Bearbeitungsstand: 08.02.2009, 14:01 Uhr.
25 Siehe http://wikimediafoundation.org/wiki/Home
26 Für eine Übersicht: http://meta.wikimedia.org/wiki/Wikimedia_chapters
27 Siehe http://wikimedia.de/

Abbildung 12: Wikimedia Organigramm 2008

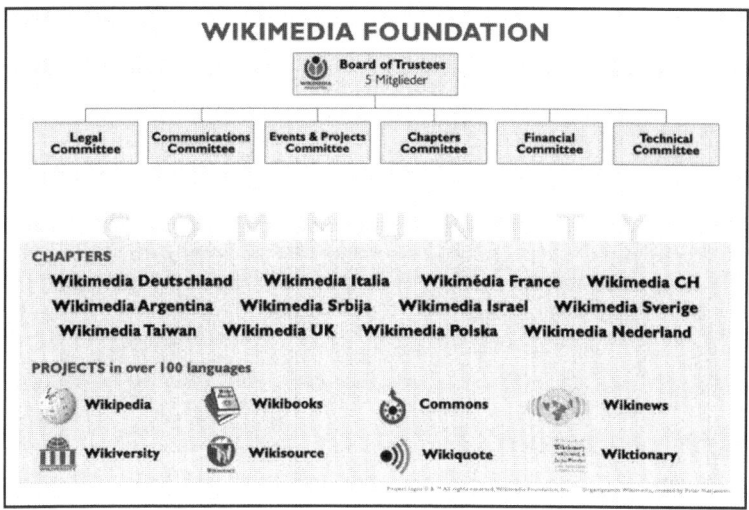

Quelle: deutschsprachige Wikipedia[28]; Urheber: ›Petar Marjanovic‹ 2008, Layout von ›Sansculotte‹

Parallel zur Wikipedia haben sich unter dem Dach der Wikimedia Foundation mit der Zeit zudem zahlreiche Schwesterprojekte[29] entwickelt, welche ebenfalls auf der MediaWiki-Software basieren und die sich genau wie die Wikipedia der Förderung der urheberrechtsbefreiten Zirkulation und Nutzbarkeit des Wissens verschrieben haben. Folglich stehen auch die dort kommunizierten Inhalte grundsätzlich unter der GNU-Lizenz für freie Dokumentation, d.h. sie dürfen (nur unter der Bedingung der Nennung der Quelle) kostenlos genutzt, kopiert und weiterbreitet werden und dabei sogar Änderungen erfahren. In Kapitel IV, Abschnitt 2.2.3 wurde bereits ausführlich auf die Hintergründe und Besonderheiten dieser Form der Lizensierung eingegangen.

Das nach der Wikipedia selbst in den allermeisten Sprachversionen vorhandene Projekt trägt den Namen *Wiktionary*[30] (deutschsprachige Version seit Mai 2004). Dabei handelt es sich, wie der Name schon sagt, um ein mit Hilfe des Wiki-Konzepts erstelltes, frei verfügbares Wörterbuch. Ein ebenfalls in zahlreichen Sprachen beliebtes Projekt ist *Wikibooks*[31] (deutschsprachige Version seit Juli 2004), eine langsam wachsende Bibliothek aus Lehr-,

---

28 Siehe http://de.wikipedia.org/w/index.php?title=Datei:Wikimedia-Organigramm-2008.png&filetimestamp=20080629140933, Abruf am 13.02.2009; Bearbeitungsstand: 29.06.2008, 16:19 Uhr.
29 Für eine Übersicht: http://de.wikipedia.org/wiki/Wikipedia:Schwesterprojekte
30 Siehe http://de.wiktionary.org/wiki/Wiktionary:Hauptseite
31 Siehe http://de.wikibooks.org/wiki/Hauptseite

Sach- und Fachbüchern, die in Kollaboration durch die Nutzer selbst erstellt werden. Ein drittes Projekt nennt sich *Wikiquote*[32] (deutschsprachige Version ebenfalls seit Juli 2004) und stellt eine freie Zitatsammlung dar. Ziel ist es, ein umfangreiches und mehrsprachiges Kompendium von Zitaten zu den verschiedensten Stichwörtern aufzubauen.

In bislang deutlich weniger Sprachen verbreitet sind hingegen die Projekte *Wikisource*[33] (deutschsprachige Version seit August 2005), eine Sammlung von Quelltexten, die entweder urheberrechtsfrei (gemeinfrei) sind oder ohnehin unter GNU-FDL Lizensierung stehen, *Wikinews*[34] (deutschsprachige Ausgabe seit Dezember 2004), ein Projekt zur gemeinschaftlichen Erstellung einer aktuellen und neutralen Nachrichtenquelle nach der Idee des ›Bürgerjournalismus‹ sowie *Wikiversity*[35] (deutschsprachige Ausgabe seit August 2006), eine Plattform zum gemeinschaftlichen Lehren und Lernen, zum fachwissenschaftlichen Gedankenaustausch, aber auch zur kollaborativen Bearbeitung wissenschaftlicher Projekte. Überdies können dort auch freie Kurs- und Lernmaterialen gemeinschaftlich erstellt werden.[36]

In erster Linie intern beliebt ist schließlich *Wikimedia Commons*[37], eine internationale Datenbank für Bilder, Videos, Musik, geschriebene sowie gesprochene Texte. Sie gewährleistet seit September 2004 die zentrale Verwaltung und Aufbewahrung von Multimedia-Dateien für alle Wikimedia-Projekte. Zur zentralen Koordination all dieser Wikimedia-Projekte dient last but not least das sogenannte *Meta Wiki*[38]. Hier finden projektübergreifende Wahlen und Abstimmungen statt und hier können auch Wikis in neuen Sprachen und neue Projekte beantragt werden. Um letztere zu testen und zu evaluieren bietet sich der *Wikimedia Incubator*[39] als eine Art ›Spielwiese‹ an.

2.1.3 Wikipedia-Namensräume

Ein zentrales Element der inhaltlichen Organisationsstruktur der Wikipedia stellen die sogenannten *Namensräume* dar. Der Namensraum ist ein wiki-

---

32 Sieh http://de.wikiquote.org/wiki/Hauptseite
33 Siehe http://de.wikisource.org/wiki/Hauptseite
34 Siehe http://de.wikinews.org/wiki/Hauptseite
35 Siehe http://de.wikiversity.org/wiki/Hauptseite
36 Ursprüngliche Vision: »Wikiversity kann viel mehr werden als ›noch eine Universität‹; sie soll vielmehr dazu anregen, die Art der Bildung und Wissensvermittlung an sich zu überdenken und neu zu gestalten. Zumindest bietet Wikiversity eine Plattform, um das Modell des gemeinsam erarbeiteten Wissens – Wikipedia – um die Komponente der gemeinsam entwickelten Wissensvermittlung oder einfach Bildung zu erweitern.« (vgl. http://meta.wikimedia.org/wiki/Wikiversity/de, Abruf am 16.02.2009; Bearbeitungsstand: 03.12.2006, 18:12 Uhr.
37 Siehe http://commons.wikimedia.org/wiki/Hauptseite
38 Siehe http://meta.wikimedia.org/wiki/Hauptseite
39 Sieh http://incubator.wikimedia.org/wiki/Main_Page

typisches Konzept bzw. System zur Gruppierung von Seiten. Angezeigt wird der jeweilige Namensraum über ein entsprechendes Präfix, das mit einem Doppelpunkt vor dem eigentlichen Seitentitel steht (vgl. Fiebig 2005: 253). Grob unterscheiden lassen sich für die Wikipedia einerseits solche Namensräume, die eher der inhaltlichen Produktion, Interaktion und Strukturierung dienen, und andererseits solche, die mehr auf die projektinterne Information, Dokumentation, Organisation und Koordination sowie die technische Weiterentwicklung zielen. Auch wenn für den unerfahrenen Benutzer vermutlich nicht in jedem Falle sofort zu erkennen ist, in welchem der vielen Namensräume der Wikipedia er sich gerade befindet, so stellt jeder Namensraum doch stets eine kleine Welt für sich dar, die einer jeweils eigenen Logik folgt. Soll heißen: für jeden Namensraum gibt es gemeinsame Regeln, die sich von den Regeln anderer Namensräume unterscheiden (vgl. Hilfe:Namensräume[40]).

Der für die hohe Anzahl lediglich oder vornehmlich rezipierender Nutzer relevanteste Bereich innerhalb der Wikipedia-Struktur ist der *Artikel-Namensraum*, womit in der deutschsprachigen Ausgabe der normale Enzyklopädiebereich bezeichnet wird. Er besitzt im Gegensatz zu allen anderen Namensräumen kein Präfix (vgl. ebd.). Zu jedem Artikel, wie auch zu jeder anderen Wikipedia-Seite existiert eine Diskussionsseite, auf der zum Inhalt der jeweiligen Seite diskutiert werden kann und deren Zweck, wie Henriette Fiebig in ihrem Wikipedia-Buch betont, immer die Verbesserung des Inhalts dieser Seite ist (vgl. Fiebig 2005: 60). All diese Diskussionsseiten gehören dem sogenannten *Diskussions-Namensraum* an, der mit dem Präfix »Diskussion:« gekennzeichnet wird. Insofern es sich jedoch nicht um eine Diskussionsseite zu einem bestehenden Artikel handelt, wird der Seitenbezug zusätzlich durch einen Vermerk deutlich gemacht, der die Vorsilbe ergänzt.

Sind Artikel- und Diskussions-Namensraum per definitionem darauf angelegt, zu wachsen, d.h. also an Inhalt und Umfang zuzunehmen (insbesondere für die Artikel gilt das), sollte das für den *Wikipedia-Namensraum*[41] möglichst nicht gelten. Dieser verkörpert, wenn man so will, den Meta-Bereich der Wikipedia und trägt das Präfix »Wikipedia:«. Er enthält zahlreiche erläuternde Informationen zur Wikipedia selbst, wie etwa Anmerkungen zu inhaltlichen Richtlinien (z.B. Wikipedia:Was Wikipedia nicht ist[42]) oder Erklärungen zu Abläufen und Prozessen innerhalb der Wikipedia (z.B. Wikipedia: Löschprüfung[43]), aber auch Antworten auf häufig gestellte Fragen (z.B. Wikipedia:Fragen zur Wikipedia[44]). Ähnliches trifft auf all jene Seiten zu, die mit dem Präfix »Hilfe:« gekennzeichnet sind. Diese dienen der Erläuterung technischer Aspekte der MediaWiki-Software und geben Hin-

---

40 Siehe http://de.wikipedia.org/wiki/Hilfe:Namensraum
41 Siehe http://de.wikipedia.org/wiki/Hilfe:Wikipedia-Namensraum
42 Siehe http://de.wikipedia.org/wiki/Wikipedia:Was_Wikipedia_nicht_ist
43 Siehe http://de.wikipedia.org/wiki/Wikipedia:Löschprüfung
44 Siehe http://de.wikipedia.org/wiki/Wikipedia:Fragen_zur_Wikipedia

weise zu deren praktischer Benutzung. Insofern sind die Seiten des *Hilfe-Namensraums* vornehmlich für Autoren und Administratoren interessant und relevant (vgl. Hilfe:Namensraum).

Ebenfalls nur für Administratoren interessant, weil nur von diesen zu bearbeiten, sind die Seiten im sogenannten *MediaWiki-Namensraum*, der mit dem Präfix »MediaWiki:« gekennzeichnet wird (vgl. Hilfe:MediaWiki-Namensraum[45]). Hinweise, Verbesserungsvorschläge und Korrekturen können von ›normalen‹ Benutzern nur über die dazugehörigen Diskussionsseiten lanciert werden. Die Seiten dieses Namensraumes enthalten die Texte der MediaWiki-Software, mit ihrer Hilfe kann daher auch die Benutzeroberfläche der Wikipedia individuell angepasst werden. Einen weiteren Namensraum, dessen Seiten durch seine Benutzer ebenfalls nicht unmittelbar bearbeitet oder verändert werden können, stellt der Namensraum der *Spezialseiten* dar, die von der MediaWiki-Software automatisch generiert werden (vgl. Hilfe:Spezialseiten sowie Spezial:Spezialseiten[46]).

Schaut man noch einmal intensiver auf die tatsächlichen enzyklopädischen Inhalte besitzt die Wikipedia noch zwei weitere Namenräume, die als interne Ordnungssysteme bzw. Leitsysteme zur Artikelstrukturierung fungieren. Gemeint sind Kategorien und Themenportale, zu denen einzelne Artikel zusammengefasst bzw. denen diese zugeordnet werden. Dabei entsteht eine Art Verlinkungsstruktur. Eingeführt im Frühjahr 2004 orientieren diese sich damit nun, wie Schuler (2007: 82) bemerkt, im Gegensatz zur langjährigen eindimensionalen Ordnungsstruktur der Listen (die freilich auch weiterhin geblieben ist) »beide im Groben an Gliederungsstrukturen etablierter Enzyklopädien«. Besonders der *Portal-Namensraum*[47] erinnert an die heute weniger häufig anzutreffende Form der systematischen Enzyklopädie (siehe dazu den Exkurs in Kap. II). Portale sind bestimmte Themenkomplexe, die von Wikipedianern redaktionell gepflegt und gezielt ausgebaut und weiterentwickelt werden. Mit ihrer Hilfe können die Inhalte der Wikipedia – anders als über die Stichwortsuche – als thematisches Insgesamt erschlossen werden. Die Seite »Portal:Wikipedia_nach_Themen«[48] listet acht Hauptportale (Geografie, Geschichte, Gesellschaft, Kunst, Religion, Sport, Technik, Wissenschaft), zu denen derzeit etwa 450 Unterportale gehören. Der *Kategorie-Namensraum*[49] folgt hingegen dem klassischen Prinzip der Katalogisierung des Artikelbestandes. Dieses stellt ein multihierarchisches Verfahren dar, bei dem ein Artikel – bildlich gesprochen – gewissermaßen verschiedenen ›Schubladen‹ zugeordnet werden kann (vgl. Fiebig 2005: 164). Der Ar-

---

45 Siehe http://de.wikipedia.org/wiki/Hilfe:MediaWiki-Namensraum
46 Siehe http://de.wikipedia.org/wiki/Hilfe:Spezialseiten sowie http://de.wikipedia.org/wiki/Spezial:Spezialseiten
47 Siehe http://de.wikipedia.org/wiki/Wikipedia:Portal-Namensraum
48 Siehe http://de.wikipedia.org/wiki/Portal:Wikipedia_nach_Themen
49 Siehe http://de.wikipedia.org/wiki/Wikipedia:Kategorien

tikel »Dresden«[50] beispielsweise gehört u.a. sowohl zur Kategorie ›Deutsche Landeshauptstadt‹ als auch zur Kategorie ›Gemeinde in Sachsen‹. Die Kategorisierung erfolgt zudem nach drei unterschiedlichen Prinzipien. Wenn möglich, wird das Lemma zunächst einer Hauptkategorie (»gehört zum Fachgebiet«) zugewiesen, daraufhin wird der Artikeltyp bestimmt (»ist ein«) und schließlich findet eine örtliche und/oder zeitliche Fixierung statt (vgl. ebd.: 165). Der Artikel zu »Tom Hanks«[51] gehört so etwa den Kategorien ›Schauspieler‹, ›Oscarpreisträger‹ und ›Geboren 1956‹ an.

2.2 Akteure: Nutzergruppen und Rollenmuster

Das wichtigste, weil zentralste Element der ›Organisation‹ Wikipedia sind ihre Akteure. Sie stellen nicht nur das Bindeglied zwischen der technischen, rechtlichen und inhaltlichen Organisationsstruktur und den im folgenden Abschnitt noch zu beschreibenden tatsächlich stattfindenden Handlungen und Prozessen dar, ohne ihr freiwilliges Engagement wäre die Wikipedia nichts als eine theoretische Idee, die auch weiterhin auf ihre praktische Einlösung wartet.

Die statistischen Angaben bezüglich der tatsächlichen bzw. aktuellen Anzahl der aktiven Wikipedia-Nutzer differieren stark und es ist davon auszugehen, dass häufig ein geschöntes Bild antizipiert und vermittelt wird. Wie schon in Kapitel IV thematisiert wurde, besteht wie bei allen Angeboten des sogenannten Web 2.0 auch bei der Wikipedia eine massive Diskrepanz zwischen dem rezeptiven Interesse und der Bereitschaft, selbst aktiv Inhalte beizutragen. So nutzten 2008 insgesamt 60 Prozent aller deutschen Internetnutzer ab 14 Jahren die Wikipedia wenigstens gelegentlich, 25 Prozent sogar wöchentlich. Demgegenüber gaben jedoch lediglich knapp 3 Prozent an, dabei auch selbst Inhalte einzustellen (vgl. Fisch/Gscheidle 2008a: 358 sowie 361). Zu vergleichbaren Ergebnissen kommen auch US-amerikanische Studien (vgl. etwa Auchard 2007). So gesehen hat sich der partizipative Gedanke des Web 2.0 – auch und gerade was das allgemein beliebte Angebot der Wikipedia betrifft – bislang nur bei einer kleinen Minderheit der deutschen Onliner durchsetzen können. Zudem kann angesichts des hohen Anteils von Gelegenheitsnutzern noch längst nicht von einer breiten Habitualisierung der Nutzung gesprochen werden, auch wenn gleichwohl zu fragen bleibt, inwieweit speziell im Falle der Wikipedia überhaupt sinnvoll von einer wirklichen Habitualisierung gesprochen werden kann (siehe dazu ausführlicher Kap. VI).

Schaut man auf die Zahlen der intern generierten Statistiken, sind im Februar 2009 knapp 700.000 angemeldete Benutzer in der deutschsprachigen Wikipedia zu verzeichnen. Nur knapp 26.000 davon nahmen jedoch in den vergangenen 30 Tagen auch tatsächlich Bearbeitungen an der Wikipedia

---

50 Siehe http://de.wikipedia.org/wiki/Dresden, Abruf am 24.02.2009.
51 Siehe http://de.wikipedia.org/wiki/Tom_Hanks, Abruf am 24.02.2009.

vor (vgl. Spezial:Statistik52). Das sind nicht einmal 8 Prozent. Die Vermutung Schulers, die phänomenalen Nutzerzahlen resultierten zu einem Großteil aus »Ein-Mal-Editoren« und inaktiven bzw. gesperrten »Karteileichen« (vgl. Schuler 2007: 106), mag also zweifellos auch weiterhin zutreffen. Noch frappierender erweist sich die Diskrepanz im Hinblick auf die Beitragshäufigkeit. So gab es in der deutschsprachigen Wikipedia im April 2009 genau 78.009 Benutzer mit insgesamt mehr als 10 Beiträgen. Mindestens 5 Beiträge während des letzten Monats lieferten davon nur 6.775, mindestens 100 Beiträge sogar nur 1.086. Demnach fußt die Wikipedia augenscheinlich auf dem Engagement von durchschnittlich zwischen 1.000 und 7.000 sehr aktiven bis aktiven Wikipedianern (vgl. Wikipedia-Statistik[53]). Doch auch hier ist kritisch einzuwenden, dass ›Beiträge‹ = ›Edits‹ bedeuten, und diese können sowohl quantitativ als auch qualitativ von sehr unterschiedlicher Beschaffenheit sein. Darüber hinaus muss auch bemerkt werden, dass derzeit monatlich ca. 600 aktive Wikipedianer in der deutschsprachigen Wikipedia hinzukommen (vgl. Wikipedia-Statistik[54]). Gleichzeitig beenden bisher aktive Wikipedianer ihre Mitarbeit oder legen für eine gewisse Zeit eine Pause ein.[55] Die Gemeinde der Wikipedia befindet sich aufgrund der differierenden Arbeitsintensität und einer hohen Fluktuation also in permanenter Bewegung – nicht zuletzt auch, wenn man bedenkt, dass zahlreiche Bearbeitungen/Edits von anonymen IP-Adressen vorgenommen werden.

2.2.1 Wikipedianer nach Benutzergruppen

Nicht gänzlich unabhängig von den soeben kurz skizzierten Daten zur Aktivitätsstatistik haben sich innerhalb der Organisationsstruktur der Wikipedia mit der Zeit verschiedene *Benutzergruppen* herauskristallisiert. Diese sind, wie die Wikipedia auf der entsprechenden Seite selbst deutlich macht, mit »abgestufte[n] Rechte[n] und Möglichkeiten« (Wikipedia:Benutzer[56]) ausgestattet. In diesem Sinne drücken die verschiedenen Benutzergruppen auch Statusunterschiede und Hierarchien zwischen den einzelnen Nutzern aus. Sie sollen daher im Folgenden in ihren Grundzügen ein wenig genauer erläutert werden.[57]

---

52 Siehe http://de.wikipedia.org/wiki/Spezial:Statistik, Abruf am 03.02.2009.
53 Siehe http://stats.wikimedia.org/DE/TablesRecentTrends.htm, Abruf am 03.07.2009; Bearbeitungsstand: 31.05.2009.
54 Siehe http://stats.wikimedia.org/DE/TablesRecentTrends.htm, Abruf am 03.07.2009; Bearbeitungsstand: 31.05.2009.
55 Siehe hierzu: http://de.wikipedia.org/wiki/Wikipedia:Vermisste_Wikipedianer
56 Siehe http://de.wikipedia.org/wiki/Wikipedia:Benutzer, Abruf am 03.02.2009; Bearbeitungsstand: 20.01.2009, 22:10 Uhr.
57 Quellen im Folgenden: Seite »Wikipedia:Benutzer«, http://de.wikipedia.org/wiki/Wikipedia:Benutzer sowie Seite »Spezial:Benutzergruppen-Rechte«, http://de.wikipedia.org/wiki/Spezial:Gruppenrechte, Abruf jeweils am 03.02.2009.

Nicht-angemeldete Benutzer
Die, wenn man so will, ›basalste‹ Benutzergruppe stellen die Nutzer dar, die ohne vorherige Anmeldung in der Wikipedia editieren. Dem Prinzip der offenen Partizipation folgend, ist es in der Wikipedia für jedermann jederzeit problemlos möglich, Seiten zu lesen und zu bewerten, Seiten neu zu erstellen oder auch bestehende Seiten zu bearbeiten. Die verfassten Beiträge und vorgenommenen Änderungen erscheinen in der Versionsgeschichte unter der IP-Adresse, die dem Rechner, von dem aus agiert wird, bei der Einwahl ins Internet zugewiesen wurde. So können die Bearbeitungen ein und desselben Benutzers, sofern er als nicht-angemeldeter Benutzer auftritt, mit immer wechselnden IP-Adressen versehen sein; ebenso, wie sich hinter ein- und derselben IP-Adresse verschiedenste Nutzer verbergen können. Aufgrund der damit verbundenen Anonymität ist es nicht-angemeldeten Benutzern nur eingeschränkt möglich, an Abstimmungen und Meinungsbildern teilzunehmen. Auch werden ihre Beiträge von anderen Nutzern oft kritischer betrachtet und hinterfragt. Seit Mai 2008 bedürfen diese zudem einer offiziellen Freigabe durch einen sogenannten Sichter (siehe entspr. Abschn.).

Angemeldete Benutzer
Wer intensiver am Schreibprozess der Wikipedia mitwirken will, für den empfiehlt es sich mit Hilfe eines Logins als Benutzer zu registrieren. Im Falle vorgenommener Bearbeitungen erscheint dann in der Versionsgeschichte des Artikels statt der IP-Adresse der Benutzername. Dieser kann frei gewählt werden und muss mit dem bürgerlichen Namen des jeweiligen Nutzers nicht übereinstimmen. Es besteht also keine Notwendigkeit, sich unter Klarnamen zu registrieren – auch wenn dies einige Wikipedianer dennoch tun. Lediglich irreführende oder beleidigende Benutzernamen können bei Beschwerde durch andere Nutzer von den sogenannten Entwicklern (siehe entspr. Abschn.) zentral geändert werden. In diesem Sinne bleibt auch der angemeldete Benutzer weitgehend anonym (es sei denn, er meldet sich mit seinem bürgerlichen Namen an), kann aber gegenüber dem nicht-angemeldeten Benutzer nun eindeutig als Autor von Beiträgen identifiziert werden.

Der Vorteil einer Registrierung als angemeldeter Benutzer besteht vor allem darin, dass das Erscheinungsbild und die Funktionalität der Wikipedia auf der Seite »Spezial:Einstellungen«[58] den eigenen Bedürfnissen angepasst werden können. Darüber hinaus können einzelne Artikel auf eine persönliche ›Beobachtungsliste‹ gesetzt und daran vorgenommene Änderungen so dezidiert verfolgt werden. Zu jedem Benutzeraccount wird zudem automatisch eine persönliche Benutzerseite generiert. Diese kann zum Zweck der Selbstdarstellung bzw. zur Dokumentation der eigenen Arbeit innerhalb der Wikipedia individuell ausgestaltet werden (Abb. 13). Darüber hinaus lassen sich zu dieser Seite auch eigene Unterseiten anlegen. Allerdings machen nur

---

58 Siehe http://de.wikipedia.org/wiki/Spezial:Einstellungen

die wenigsten angemeldeten Benutzer auch von diesen Möglichkeiten Gebrauch. Gekennzeichnet mit dem Präfix »Benutzer:« bilden alle diese Benutzerseiten gemeinsam einen weiteren der oben bereits ausführlicher beschriebenen Namensräume der Wikipedia. Wie oben bereits angedeutet, gibt es inzwischen aber auch zahlreiche verwaiste Benutzerkonten, da diese nach Erstellung aus technischen Gründen nicht (so einfach) wieder gelöscht werden können.

Abbildung 13: Ausführlich gestaltete Wikipedia-Benutzerseite (Screenshot). Typische Elemente:(a) persönliche Informationen, (b) Liste bearbeiteter bzw. angelegter Artikel, (c) Babel-Box

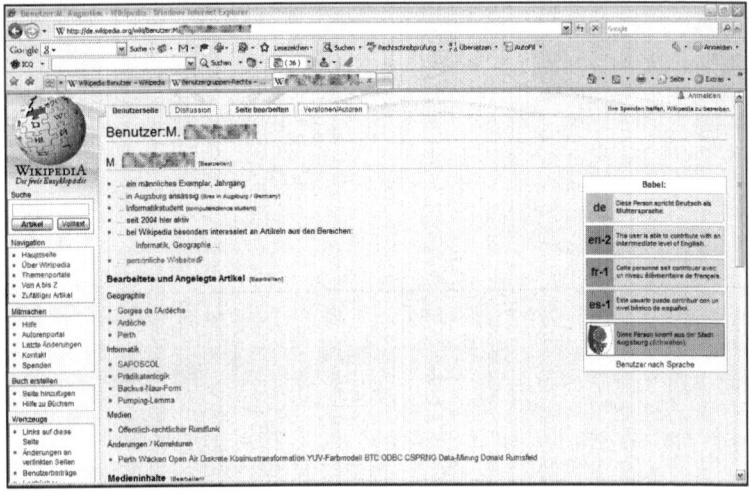

Quelle: deutschsprachige Wikipedia

a) bestätigte Benutzer
Bereits vier Tage nach ihrer Registrierung erhalten angemeldete Benutzer automatisch den Status eines bestätigten Benutzers. Sie können nun zusätzlich angelegte Seiten verschieben, Bilder hochladen und halbgesperrte Seiten (siehe ausführlicher Abschn. ›Seitensperrung‹) bearbeiten, was für nicht angemeldete oder (noch) nicht bestätigte Benutzer nicht möglich ist. Bestätigte Benutzer sind im Hinblick auf den Schreibprozess also als vollwertige Mitglieder der Wikipedia-Gemeinde zu betrachten.

b) Stimmberechtigung
Eine weitere Stufe, die es als angemeldeter Benutzer erst zu erwerben gilt, ist die der Stimmberechtigung. Sie stellt die Voraussetzung dar, um an bestimmten Verfahren der Abstimmung, auf die später noch ein wenig ausführlicher eingegangen werden wird, teilzunehmen. Für verschiedene Abstimmungsverfahren gelten dabei unterschiedliche Grade der Stimmberechtigung. Weiterhin existieren in der Wikipedia freilich auch Verfahren der

Meinungsäußerung, die keine explizite Stimmberechtigung erfordern. Die sogenannte ›allgemeine Stimmberechtigung‹, die u.a. zur Teilnahme an Meinungsbildern, bei Wahlen von Administratoren, Bürokraten und CheckUsern (siehe dazu die entspr. Abschn.) sowie bei Benutzersperrverfahren notwendig ist, ist an eine zeitliche Aktivität von mindestens zwei Monaten sowie mindestens 200 vorgenommene Bearbeitungen (Edits) im Artikel-Namensraum gebunden (vgl. Wikipedia:Stimmberechtigung[59]).

c) Sichter (Editor)
Verfügt man als Nutzer über diese allgemeine Stimmberechtigung, kann man den Status eines Sichters (engl.: Editor) beantragen, der dann zunächst von einem Administrator (siehe entspr. Abschn.) anerkannt werden muss. Administratoren können sich diesen Status direkt selbst verleihen. Die Voraussetzungen für die Stimmberechtigung (60 Tage angemeldete Aktivität, 200 Artikel-Edits) werden dabei jedoch mehr als Richtlinie verwendet. Abweichungen sind – wie häufig in der Wikipedia – durchaus möglich.

Sichter sind berechtigt, aktuelle Versionen von Artikeln als ›gesichtet‹ zu markieren. Die sogenannten *gesichteten Versionen* stellen ein neues Feature in der deutschsprachigen Wikipedia dar, das erst im Mai 2008 eingeführt wurde. Kurz gesagt besteht die dahinter liegende Regelung darin, dass Versionsänderungen, die durch nicht angemeldete oder (noch) unerfahrene Nutzer vorgenommen werden, erst dann allgemein sichtbar werden, wenn sie von einer Person mit Sichterstatus durchgesehen und die Änderungen als vandalismusfrei deklariert wurden. Dazu haben die Editoren Zugriff auf entsprechende Spezialseiten und können – wie die Administratoren – direkt per Mausklick revertieren, d.h. Änderungen eines anderen Benutzers widerrufen und den Artikel auf die vorhergehende Version zurücksetzen. Bearbeitungen, die von Sichtern (inklusive Administratoren) vorgenommen werden, erscheinen hingegen automatisch als gesichtet, sofern sie auf einer bereits gesichteten Version aufbauen (vgl. Wikipedia:Gesichtete Versionen[60]).

Administratoren
Administratoren, kurz auch *Admins* genannt, sind Benutzer, denen im Vergleich zu nicht angemeldeten aber auch durchschnittlichen angemeldeten Benutzern sowie Sichtern weitergehende Möglichkeiten im administrativen Bereich der Wikipedia eingeräumt werden. Die Rechte eines Administrators betreffen im übertragenen Sinne Personalentscheidungen ebenso wie inhaltliche. Im Hinblick auf den personellen Bereich verfügen Administratoren nicht nur über die Fähigkeit, ›normale‹ Benutzer zu Sichtern (Editoren) zu ernennen, sie haben auch das Recht, bestimmte IPs oder Benutzeraccounts

---

59 Siehe http://de.wikipedia.org/wiki/Wikipedia:Stimmberechtigung, Abruf am 24.03.2009.
60 Siehe http://de.wikipedia.org/wiki/Wikipedia:Gesichtete_Versionen, Abruf am 24.03.2009.

zu sperren und diese Sperrungen wieder aufzuheben. Ebenso obliegt es ihnen, im inhaltlichen Bereich einzelne Seiten (zeitweise) für die Bearbeitung zu sperren (wobei sie selbst diese Seiten auch weiterhin bearbeiten können; siehe dazu auch Wikipedia:Geschützte_Seiten[61]) oder Seiten sogar gänzlich zu löschen. Darüber treten sie häufig als entscheidende Instanz bei Löschdiskussionen oder Vandalismusmeldungen auf. Generell wird innerhalb der Wikipedia vorausgesetzt, dass die Administratoren die ihnen anvertrauten erweiterten Rechte weder zum eigenen Vorteil einsetzen, noch diese missbrauchen. Verärgerte und enttäuschte Nutzer werfen ihnen jedoch häufig das Gegenteil vor. Solche Anschuldigungen – und seien es nur unbegründete Verdachtsmomente – schädigen das Arbeitsklima der Wikipedia dennoch nachhaltig, da die Administratoren gewissermaßen als ›Aushängeschilder‹ nach außen und ›Vorbilder‹ nach innen fungieren.

Zum Administrator gewählt werden kann jeder, der über eine mindestens sechsmonatige Mitarbeit in der Wikipedia und nachweisbar umfangreiche Erfahrungen in den verschiedenen Tätigkeitsfeldern verfügt. Darüber hinaus sollte man eine mindestens vierstellige Anzahl an Edits aufweisen. Dabei wird auch auf die Anzahl der Edits in den jeweiligen Namensräumen geachtet. Nicht zuletzt sollten die interessierten Anwärter auch eine angemessene Einstellung zu ihrer oftmals nervenaufreibenden Tätigkeit mitbringen und sich den Wikipedia-Grundsätzen (siehe Abschn. 2.3) verpflichtet fühlen. Kandidaten zur Wahl vorschlagen kann wiederum jeder allgemein stimmberechtigte Benutzer (vgl. Wikipedia:Administratoren[62]).

Derzeit sind laut interner Statistik knapp über 300 Administratoren in der deutschsprachigen Wikipedia tätig (Stand: Februar 2009). Bei etwa 700.000 registrierten, d.h. angemeldeten Benutzern ist das lediglich ein Anteil von 0,04 Prozent. Aber auch in Relation zu ca. 26.000 aktiven Nutzern (hier Benutzer mit Bearbeitungen in den letzten 30 Tagen) ergibt sich lediglich ein Anteil von 1,15 Prozent. Sichter gibt es hingegen inzwischen insgesamt gut 6.000 (vgl. Spezial:Statistik[63]).

Die sonstigen Benutzergruppen innerhalb der Wikipedia sind für die deutschsprachige Ausgabe kaum relevant. Sie sollen, der Vollständigkeit halber, hier zwar kurz genannt, aber nicht ausführlicher erläutert werden (Abb. 14).

Bürokraten
Bürokraten sind Benutzer, die zusätzlich zu ihrer Tätigkeit als Administrator ein paar spezielle Verwaltungsaufgaben übernehmen. Sie können innerhalb eines (nationalen) Projekts andere Benutzer zu Administratoren und Bürokraten ernennen, ihnen diesen Status jedoch nicht wieder entziehen. Weiterhin verfügen sie über die Möglichkeit, in bestimmten Fällen Benutzernamen

---

61 Siehe http://de.wikipedia.org/wiki/Wikipedia:Geschützte_Seiten, Abruf am 24.02.2009.
62 Siehe http://de.wikipedia.org/wiki/Wikipedia:Administratoren, Abruf am 03.07.2009.
63 Siehe http://de.wikipedia.org/wiki/Spezial:Statistik, Abruf am 17.02.2009.

abzuändern. Schließlich ist es ihnen, ebenso wie den Stewards (siehe folgender Abschn.), erlaubt, einem Benutzer den Status ›Bot‹ zuzuweisen, der bewirkt, dass dessen Änderungen in der Liste der ›letzten Änderungen‹ ausgeblendet werden. Dies ist beispielsweise dann günstig, wenn Skripte getestet werden sollen (vgl. u.a. Wikipedia:Bürokraten[64]).

Abbildung 14: Benutzergruppen in der deutschsprachigen Wikipedia

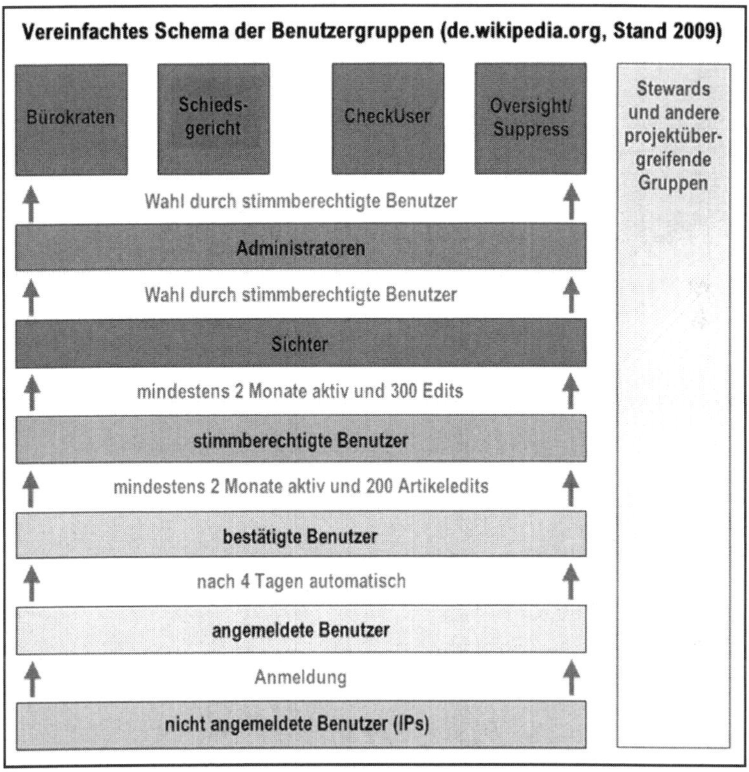

Vereinfachtes Schema der Benutzergruppen (de.wikipedia.org, Stand 2009)

- Bürokraten | Schiedsgericht | CheckUser | Oversight/Suppress — Stewards und andere projektübergreifende Gruppen
- Wahl durch stimmberechtigte Benutzer
- **Administratoren**
- Wahl durch stimmberechtigte Benutzer
- **Sichter**
- mindestens 2 Monate aktiv und 300 Edits
- **stimmberechtigte Benutzer**
- mindestens 2 Monate aktiv und 200 Artikeledits
- **bestätigte Benutzer**
- nach 4 Tagen automatisch
- **angemeldete Benutzer**
- Anmeldung
- **nicht angemeldete Benutzer (IPs)**

Quelle: deutschsprachige Wikipedia; Urheber: Benutzer ›bdk‹ 2009[65]

Stewards
Stewards[66] können – anders als die Bürokraten – Benutzer auch projektübergreifend zu Administratoren oder Bürokraten machen und ihnen diesen Status auch wieder entziehen.

---

64 Siehe http://de.wikipedia.org/wiki/Wikipedia:Bürokraten, Abruf am 03.02.2009.
65 Siehe http://de.wikipedia.org/wiki/Datei:Vereinfachtes_Benutzergruppenschema_dewiki.png, Abruf am 09.05.2009; Bearbeitungsstand: 09.04.2009, 23:56 Uhr.
66 Siehe http://meta.wikimedia.org/wiki/Stewards, Abruf am 03.02.2009.

CheckUser
CheckUser[67] sind dafür zuständig, sogenannte Sockenpuppen-Prüfungen durchzuführen, das heißt nachzuforschen, ob ein Benutzer unter verschiedenen Accounts aktiv ist und auf diese Weise sein Unwesen in der Wikipedia treibt.

Oversighter
Der Oversight-Status[68] ermöglicht es, dass dem entsprechenden Status-Inhaber einzelne Artikelversionen permanent aus der jeweiligen Artikel-History entfernen können, die auch nicht mehr von Administratoren zurückgeholt werden können. Auch das Protokoll der Oversight-Funktion ist nur Personen mit diesem Status zugänglich.

Entwickler
Eine letzte Benutzergruppe ist die der Entwickler (Developer), die über einen speziellen Zugang zu den Wikimedia-Servern verfügen. Ihre Aufgabe ist es, neue Funktionen zu entwickeln und Fehler in der MediaWiki-Software zu beheben. Dazu haben sie einen direkten Zugriff auf die Datenbank und die Logfiles und können in diesem Sinne auch als übergreifende ›Systemadministratoren‹[69] bezeichnet werden.

2.2.2 Wikipedianer nach Aktivitäten und Interessen

Parallel zu den eben genannten und erläuterten Benutzergruppen, die man im Sinne der Organisationslogik auch als formale ›Positionen‹ betrachten kann, existieren in der Wikipedia auch alternative Schemata der Unterscheidung und Kategorisierung. Diese schauen weniger auf die mit der jeweiligen Position verbundenen Statusrechte (auch wenn das Agieren innerhalb der Wikipedia selbstverständlich niemals frei von diesen gedacht werden kann), sondern resultieren stattdessen aus den tatsächlichen Handlungen der jeweiligen Benutzer. Sie stellen daher mehr so etwas wie ›Funktionen‹ oder Rollenmuster dar.

Auf der Seite »Wikipedia:Wikipedianer«[70], die im Folgenden weitgehend als Quelle dient, findet sich eine solche Auflistung von Wikipedianer-Typen, wobei hier, anders als bei den abgestuften Statusrechten, eine einzelne Person durchaus mehrere Typen verkörpern bzw. Rollenmuster ausfüllen kann.

Die Autoren
Der Prototyp eines aktiven Wikipedianers schlechthin ist selbstverständlich der des Autors bzw. der Autorin. Als Autoren werden alle diejenigen Perso-

---

67 Siehe http://de.wikipedia.org/wiki/Wikipedia:Checkuser, Abruf am 03.02.2009.
68 Siehe http://de.wikipedia.org/wiki/Wikipedia:Oversight, Abruf am 03.02.2009.
69 Siehe http://meta.wikimedia.org/wiki/System_administrators, Abruf am 03.07.2009.
70 Siehe http://de.wikipedia.org/wiki/Wikipedia:Wikipedianer, Abruf am 03.02.2009.

nen bezeichnet, die ihre Aktivität innerhalb der Wikipedia – ob nun sporadisch oder regelmäßig – dem Anlegen und Verfassen neuer bzw. der Erweiterung und Veränderung vorhandener Artikel widmen. Den Autoren kommt damit im Rahmen der Gesamtorganisation gewissermaßen eine Kernfunktion zu.

Einige Autoren haben mit der Zeit eine derartige Kompetenz entwickelt, dass die von ihnen verfassten oder überarbeiteten Artikel stets den höchsten qualitativen Ansprüchen genügen. Sie werden daher intern auch ›*Exzellentschreiber*‹ genannt.

Die Visualisierer
Eine weitere zentrale Aufgabe neben dem textlichen Verfassen von Artikeln stellt deren Illustration dar. Auf diese Weise erhöht sich nicht nur die Anschaulichkeit der Artikel, sondern auch deren Verständlichkeit. Aufgrund des Grundsatzes der Veröffentlichung aller Inhalte unter GNU FDL besteht folglich in nahezu allen Fällen die Notwendigkeit, entsprechende Fotografien, Karten oder Grafiken eigenhändig anzufertigen. Einige Wikipedianer haben gerade darin ihren Weg gefunden, die Wikipedia inhaltlich zu bereichern.

Die Putztruppe
Zahlreiche Wikipedianer richten ihr hauptsächliches Augenmerk und ihre Aktivität innerhalb der Wikipedia weniger auf das Verfassen und Gestalten einzelner Artikel. Sie haben stattdessen vielmehr die Enzyklopädie als Ganze im Blick und tragen dafür Sorge, dass die Inhalte der Wikipedia stets gewissen Ansprüchen an eine Enzyklopädie genügen. So sehen manche Wikipedianer etwa ihre Aufgabe darin, jeweils die neuen Artikel in einem bestimmten Fachbereich durchzusehen und unbrauchbare Neuerungen zur Löschung vorzuschlagen. Andere haben sich gerade der Rettung solcher ›Löschkandidaten‹ verschrieben. Sie nehmen meist kleinere Anpassungen im Sinne der allgemeinen Artikelstandards (siehe dazu auch Abschn. 2.3.2) vor und recherchieren fehlende Angaben und Informationen, ohne dabei jedoch eine umfangreichere Editierung vorzunehmen. Auch sprachliche oder stilistische Unzulänglichkeiten und nicht zuletzt Tippfehler werden häufig auf diese Weise ausgebessert. Einige Wikipedianer fokussieren diese Art der Tätigkeit auch speziell auf solche Artikel, die als ›lesenswert‹ oder ›exzellent‹ ausgezeichnet werden sollen (ausführlicher dazu im dritten Teil dieses Kap.) und also zu den sogenannten ›Spitzenartikeln‹ gehören. Wieder andere widmen sich insbesondere dem Kategorisieren und Verlinken von bestehenden Artikeln und tragen so dazu bei, die enzyklopädische Struktur der Wikipedia zu erweitern. Wenn man so will, übernimmt dieser Typ von Wikipedianern im weitesten Sinne die Funktion von ›*Lektoren*‹, wie es sie beispielsweise auch bei klassischen Enzyklopädieprojekten gibt.

Die Vandalenjäger
Im Gegensatz zu solchen klassischen Projekten des Verfassens und Zusammenstellens einer Enzyklopädie steht die Wikipedia jedoch jeglicher Form der Bearbeitung offen. Diese Offenheit bringt es mit sich, dass vor allem auch die inhaltlichen Grenzen der Wikipedia immer wieder aufs Neue ausgetestet werden. Das typische Ergebnis sind mutwillige Löschungen, absichtliche Falschdarstellungen oder einfache Einfügungen von Schimpfwörtern (siehe dazu auch den Abschn. ›Vandalismus‹). So muss ein Teil der Wikipedianer immer wieder hauptsächlich als eine Art ›*Wachschutz*‹ tätig werden und ist damit beschäftigt, derartige Verfälschungen und Zerstörungen an Artikeln zu entdecken und zu beheben sowie die Übeltäter diesbezüglich zu verwarnen und – wenn nötig – auch zu bestrafen.

Die Vermittler
Die zweite Besonderheit der Wikipedia gegenüber einer klassischen Enzyklopädie ist, dass sie auf kollaborativer Arbeit basiert. Die notwendigen Interaktionen bringen nicht selten Uneinigkeiten und Missverständnisse mit sich, die in einigen Fällen auch zu handfesten Streitigkeiten führen können. In derartigen Situationen, in denen sich die beteiligten Parteien nicht selbständig und untereinander einigen können, braucht es neutrale Personen, die hier vermittelnd tätig werden und die betroffenen Parteien dabei unterstützen, ein produktives Arbeitsklima wiederherzustellen. Einige Wikipedianer sehen gerade darin ihre Stärke und engagieren sich als Mediatoren beispielsweise im sogenannten *Vermittlungsausschuss* (vgl. dazu auch den Abschn. ›Vermittlungsausschuss und Schiedsgericht‹).

Die Helfer
Ganz besonders für Neulinge in der Wikipedia ist es wichtig, ergänzend zu den zahlreichen erläuternden Hilfe-Seiten und Tutorien auch direkte Ansprechpartner zu haben, die spezielle Fragen beantworten und Hilfestellung bei den ersten Schritten in der Wikipedia geben. Die Wikipedia verfügt zu diesem Zweck sogar über ein eigenes ›*Mentoren*programm‹ (vgl. Wikipedia:Mentorenprogramm[71]).

Das Backoffice
Ebenfalls weniger mit dem Schreiben von Artikeln als mit der Koordination und Verwaltung des gesamten Projekts beschäftigen sich die Wikipedianer, die dem Typ des Backoffice-Arbeiters zuzuordnen sind. Ihre Aufmerksamkeit und Aktivität richtet sich jedoch nicht auf das Innere des Projekts, sondern nach außen. Je nach Kompetenz beantworten sie E-Mail-Anfragen, kontaktieren Presse und Rundfunk, präsentieren die Wikipedia (inklusive ihrer Schwesterprojekte) auf Messen und Konferenzen und werben auf diese Weise nicht selten auch die dringend benötigten Spendengelder ein. So han-

---

71 Siehe http://de.wikipedia.org/wiki/Wikipedia:Mentorenprogramm

delt es sich hier mit anderen Worten also um die ›*PR-Abteilung*‹ der Wikipedia. Darüber hinaus werden Wikipedia-intern aber auch Serveradministratoren und Softwareentwickler zu diesem Typ des Backoffice-Arbeiters gezählt, die mit ihrem Engagement dafür Sorge tragen, dass die tägliche Routine ungestört ablaufen kann und dennoch auftretende Probleme rasch behoben werden.

Die Liste ließe sich vermutlich problemlos auch noch weiter differenzieren. Schon jetzt wird aber deutlich, dass das vielfältige Handlungsspektrum der Wikipedia Einsatzmöglichkeiten für die unterschiedlichsten Fähigkeiten und Persönlichkeiten bereithält. Gebraucht werden klassische Autoren, Illustratoren und Lektoren ebenso wie Mentoren, Mediatoren, Werber und ›Hobbyfahnder‹. Der introvertierte Denker findet hier ebenso einen speziell auf seine Bedürfnisse und Präferenzen zugeschnitten Aufgabenbereich wie der kreative Fotograf, der ordnungsliebende Verwalter genauso wie der philanthrope Pädagoge.

Ähnliches gilt auch für den thematischen Bereich. Das inhaltliche Spektrum der Wikipedia spiegelt nicht nur das breit gestreute fachliche Interesse der Wikipedianer, es bietet auch eine weitere Möglichkeit ihrer Kategorisierung. Neben den klassischen lexikalischen Wissensgebieten können auch Speziellkenntnisse etwa aus der Fan- bzw. Popkultur eingebracht werden.[72]

2.3 Regeln und Konventionen des Handelns

Als komplexe Organisation besitzt die Wikipedia nicht nur einen bestimmten formalen Aufbau inklusive Rollenmustern und Hierarchien (Aufbauorganisation), auch ihre Abläufe unterliegen formalen Regelungen (Ablauforganisation) in Form von konkreten Vorgaben oder Prinzipien. Diese Regelungen bzw. Regeln des Handelns sind daher ein weiteres wichtiges Element der deskriptiv zugänglichen Phänomenologie des Wissensdiskurses, d.h. des verfestigten Bereichs der jeweiligen Wissenskultur. Im Falle der Wikipedia kommt nun die Besonderheit hinzu, dass diese Regelungen häufig in der Gestalt von Konventionen auftreten, die nicht von außen gesetzt wurden, sondern die im alltäglichen Handeln allmählich entstanden sind und sich auf diesem Wege auch unaufhörlich dynamisch weiterentwickeln, d.h. also verändern. Eine Deskription dieser Konventionen kann daher immer nur eine Momentaufnahme sein.

2.3.1 Grundprinzipien

Eine Ausnahme stellen lediglich die vier Grundprinzipien der Wikipedia dar. Sie wurden vom Wikipedia-Gründer Jimmy Wales zu Beginn des Projekts aufgestellt und durch ihn für bindend erklärt. Im Unterschied zu allen anderen Regelungen und Vorgaben funktionieren sie nicht auf der Ebene

---

72 Ausführlicher hierzu der Abschnitt »Wikipedianer nach Interessen« unter: http://de.wikipedia.org/wiki/Wikipedia:Wikipedianer

konsensueller Konventionen, sondern gelten als unveränderliche Grundsätze (vgl. Wikipedia:Grundprinzipien[73]):

Der erste Grundsatz – *Wikipedia ist eine Enzyklopädie* – richtet sich dabei zunächst einmal auf die Beschaffenheit der Wikipedia an sich. Er weist diese unverrückbar als Enzyklopädie und damit als eine medienhistorisch mehr oder weniger eindeutig festgelegte Gattung aus.

Der zweite Grundsatz der *Neutralität* bzw. *des neutralen Standpunktes* regelt die Art und Weise der Darstellung. Es wird verlangt, dass die jeweiligen Inhalte stets frei von persönlichen Meinungen und Gewichtungen präsentiert werden, so dass die Beschreibung von Gegnern wie Befürwortern gleichermaßen toleriert werden kann.

Der dritte Grundsatz der *freien Inhalte* schreibt die Freigabe aller Inhalte zur uneingeschränkten und vor allem kostenlosen Weiternutzung und -verbreitung unter gleichen Bedingungen (Copyleft) vor. Dieses Prinzip setzt damit aber gleichzeitig voraus, dass auch die in den Artikeln verwendeten Inhalte externer Autoren das Urheberrecht nicht verletzen dürfen.

Der vierte Grundsatz – *keine persönlichen Angriffe* – bezieht sich schließlich auf die Interaktionskultur in der Wikipedia. Bei allen Diskrepanzen und Uneinigkeiten, die während der gemeinsamen enzyklopädischen Arbeit auftreten können, sollte ein grundlegendes Maß an Höflichkeit dennoch immer gewahrt bleiben.

2.3.2 Inhaltliche Konventionen

Ein weiterer Unterschied dieser Grundprinzipien zu allen sonstigen Regelungen und Konventionen besteht zudem darin, dass letztere nicht nur grundsätzlich veränderbar sind und sich weiterentwickeln, sondern generell eher als Empfehlungen verstanden werden können. Man sollte sich zwar daran halten, muss es aber nicht.[74] Vielmehr besteht ein tiefes Vertrauen in die Selbstregulierungsfähigkeit des gesamten Systems Wikipedia, das unerwünschte Grenzüberschreitungen umgehend anmahnen und deren Notwendigkeit diskutieren wird.

Dennoch: viele dieser ›empfehlenden Richtlinien‹, die auf den ersten Blick mehr als ›Anregungen‹ denn als ›Vorschriften‹ erscheinen mögen, leiten sich letztlich unmittelbar aus den eben genannten vier Grundprinzipien ab und gewinnen allein dadurch unweigerlich eine gewisse Geltungskraft. So ergeben sich aus dem Grundsatz der enzyklopädischen Beschaffenheit der Wikipedia etwa ganz klare Ansprüche bezüglich des Inhalts aber auch der Form der Darstellung dieses Inhalts in den einzelnen Artikeln. Zwar ist theoretisch keine Thematik von vornherein ausgeschlossen, doch regelt die Wikipedia durchaus sehr detailliert und sehr rigide, welche Kriterien eine

---

73 Siehe http://de.wikipedia.org/wiki/Wikipedia:Grundprinzipien, Abruf am 03.02.2009.

74 Ausführlicher hierzu: http://de.wikipedia.org/wiki/Wikipedia:Grundprinzipien sowie http://de.wikipedia.org/wiki/Wikipedia:Ignoriere_alle_Regeln, Abruf jeweils am 03.02.2009.

Thematik bzw. ein Artikelgegenstand erfüllen muss, um als enzyklopädisch relevant im Sinne der Wikipedia zu gelten (vgl. Wikipedia:Relevanzkriterien[75]). Darüber hinaus ist ebenfalls klar festgelegt, welche Darstellungsformen (z.b. Werbung, Ratgeber, Veranstaltungskalender) bzw. Nutzungsweisen (z.b. Datensammlung, Theorieentwicklung, Fan-Forum) dem Charakter einer Enzyklopädie keinesfalls entsprechen und daher unzulässig sind (vgl. Wikipedia:Was_Wikipedia_nicht_ist[76]).

Auch was die Qualität der inhaltlichen Darstellung betrifft, besitzt die Wikipedia klare Konventionen, welche sich aus dem Anspruch der enzyklopädischen Beschaffenheit ableiten. Die Seite »Wikipedia:Artikel«[77] gibt insbesondere Neulingen einen Überblick über die Mindestanforderungen, die an Artikel in der Wikipedia gestellt werden. Des Weiteren finden sich aber auch detaillierte Anleitungen für das Verfassen ›guter Artikel‹. Diese nehmen den Aufbau der Artikel ebenso in den Blick, wie dessen sprachlichen Stil. Auch zum Umgang mit Literatur und Quellennachweisen sowie zur Illustration gibt es entsprechende Hinweise (vgl. u.a. Wikipedia:Wie_schreibe_ich_gute_Artikel[78]). Nicht zuletzt hält die Wikipedia auch zahlreiche Konventionen für das Anlegen, Formatieren und Verlinken von Artikeln bereit.[79]

2.3.3 Konventionen der Interaktionskultur

Abgesehen von derartigen weitgehend inhaltsbezogenen Konventionen gibt es in der Wikipedia aber auch solche, welche den Umgang der Wikipedianer untereinander betreffen. Diese, wenn man so will, Konventionen der Interaktionskultur generieren sich letztlich aus dem einen Grundsatz der Vermeidung persönlicher Angriffe und laufen in diesem zusammen. Sie stellen jedoch keine originäre Erfindung der Wikipedia dar, sondern orientieren sich an den Idealen und Umgangsformen der Internetkultur allgemein – der sogenannten Netiquette (oder: Netikette). Der Begriff der *Wikiquette* ist abgeleitet von der Bezeichnung der ursprünglich für das Usenet entwickelten Verhaltensempfehlungen. Mittlerweile kennzeichnet die Netiquette das gute Benehmen, die ›Etikette‹, in der virtuellen Kommunikation insgesamt. Wie bei der Netiquette, so gilt auch bei der Wikiquette die Maxime, dass, auch wenn gerade die anonyme Situation der virtuellen Kommunikation oftmals einen anderen Eindruck vermittelt, hinter jeder virtuellen Bearbeitung und

---

75 Siehe http://de.wikipedia.org/wiki/Wikipedia:Relevanzkriterien, Abruf am 25.02.2009.
76 Siehe http://de.wikipedia.org/wiki/Wikipedia:Was_Wikipedia_nicht_ist, Abruf am 25.02.2009.
77 Siehe http://de.wikipedia.org/wiki/Wikipedia:Artikel, Abruf am 25.02.2009.
78 Siehe http://de.wikipedia.org/wiki/Wikipedia:Wie_schreibe_ich_gute_Artikel, Abruf am 25.02.2009.
79 Eine umfangreiche Übersicht zu Namenskonventionen bis hin zu Konventionen für das Schreiben von Zahlen und Daten findet sich bei Henriette Fiebig 2005: 125ff.

jedem digitalen Beitrag doch ein realer Mensch steht, dem mit Respekt, Höflichkeit und Freundlichkeit begegnet werden sollte. Dazu gehört zum einen, eventuelle Kritik möglichst sachlich und schonend zu formulieren; zum anderen aber auch die Fähigkeit sowie die Bereitschaft, keine allzu engen emotionalen Bindungen zu den eigenen Beiträgen/Texten aufzubauen und geäußerte Kritik auch konstruktiv annehmen zu können. Das schließt auch die Toleranz ein, andersartige bzw. unkonventionelle Ansichten zu akzeptieren. Sollte es doch mal zu einer Meinungsverschiedenheit kommen, sollte stets der direkte Kontakt mit dem Gegenüber gesucht und auch in heftigeren Diskussionen vom guten Willen der jeweils anderen Partei ausgegangen werden, denn nicht selten erreicht man mit gezielter Hilfe mehr als mit strengen Zurechtweisungen (vgl. Wikipedia:Wikiquette[80]). Diese Einstellung der Offenheit, Toleranz, Gemeinsamkeit und Kollegialität wird auch als ›Wikiliebe‹ bezeichnet (vgl. Wikipedia:Wikiliebe[81]).

3 ABSTRAKTION: HANDLUNGSEREIGNISSE, HANDLUNGSFELDER UND PRAKTIKEN INNERHALB DER WIKIPEDIA

Neben den soeben beschriebenen Aspekten, welche die Wikipedia als Organisation kennzeichnen und die in der Logik des hier verwendeten Analysemodells gewissermaßen zu den aggregierten, d.h. verfestigten Elementen zu rechnen sind, stellen auch die in der Wikipedia ablaufenden Handlungen bzw. die auf die Wikipedia bezogenen Aktivitäten sichtbare Elemente der dortigen Wissenskultur dar. So gesehen verkörpert die Organisation Wikipedia also auch ein komplexes Handlungssystem, in welchem die einzelnen Akteure entsprechend ihrer jeweiligen Position bzw. Funktion und entlang der grundlegenden Handlungskonventionen agieren. Diese Handlungen können als solche deskriptiv erfasst werden. Im folgenden Abschnitt soll es jedoch nicht um eine detaillierte (und theoretisch fundierte) Analyse tatsächlich stattfindender Handlungsereignisse gehen, vielmehr wird der Versuch unternommen, Einzelhandlungen zu Handlungsfeldern zu gruppieren und daraus Praktiken zu abstrahieren. Zunächst aber gilt es, diese Einzelhandlungen (allerdings ohne Anspruch auf Vollständigkeit) entlang der Beschreibung typischer Handlungsereignisse in der Wikipedia zu identifizieren.

---

80 Siehe http://de.wikipedia.org/wiki/Wikipedia:Wikiquette, Abruf am 25.02.2009.
81 Siehe http://de.wikipedia.org/wiki/Wikipedia:Wikiliebe, Abruf am 25.02.2009.

3.1 Handlungsereignisse: Typische Aktivitäten, Prozesse und Verfahren

Anlegen und Bearbeiten von Artikeln
Ein wesentlicher Teil der auf die Wikipedia bezogenen Handlungen steht selbstverständlich im Kontext der Entstehung der enzyklopädischen Artikel; wie sonst hätte während der vergangenen Jahre eine derartige Masse an Artikeltexten erzeugt werden können. Gegenwärtig (Stand: März 2009) werden in der deutschsprachigen Wikipedia täglich durchschnittlich etwa 400 Artikel neu angelegt[82] von denen freilich nicht alle auch als eigenständiges Lemma erhalten bleiben. Mancher neu angelegte Artikel wird beispielsweise aus Relevanzgründen rasch wieder gelöscht. Manchmal wird der Inhalt eines Artikels aber auch in den Artikeltext eines bestehenden Lemmas integriert. Der weitaus größere Teil der aktiven Partizipation an der Wikipedia besteht daher nicht im Anlegen neuer Artikel, sondern vielmehr im Bearbeiten – Verändern wie Erweitern – bereits vorhandener. Gerade die einzelnen vorgenommenen Bearbeitungen können dabei jedoch einen deutlich unterschiedlichen Umfang einnehmen und von einzelnen Kommasetzungen bis hin zum Einfügen längerer Textpassagen reichen.

Ersten empirischen Erkenntnissen[83] zufolge erweist sich der Entstehungsprozess eines Artikeltextes allgemein oftmals als heterogen, unstrukturiert und lang. Auch lassen sich makroperspektivisch keine prägnanten bzw. signifikanten Phasen oder Schema der Entwicklung ausmachen, wie dies etwa beim individuellen oder kollaborativen Schreiben offline der Fall ist. Allerdings folgt der Schreibprozess oft dem Prinzip, dass zunächst die Sammlung inhaltlicher Aspekte im Vordergrund steht und sich erst später strukturelle Änderungen anschließen. Weiterhin ist festzustellen, dass erste Einträge zu einem Artikel grundsätzlich definitorischen Charakter besitzen (vgl. Kallass 2008: 3ff.). Aus anderer Perspektive sind aber gleichwohl typische diskursive Muster der Hervorbringung von Aussagen zu erkennen, die darauf verweisen, dass das Schreiben in der Wikipedia mehr als ein hierarchisches denn als ein dialogisches zu verstehen ist. Christian Petzold hat im Rahmen seiner Masterarbeit etwa die einzelnen Editierschritte im Prozess der Entstehung eines Artikeltextes genauer untersucht und anhand des auf Michel Foucaults diskursanalytisches Verfahren (»Archäologie des Wissens«) zurückgehenden Begriffsinventars analytisch nachgezeichnet. Dabei identifizierte er Formen der Abfolge (z.B. Muster der Spezifizierung und Generalisierung) ebenso wie Prozeduren der Intervention (z.B. Techniken der Neu-

---

82 Siehe http://stats.wikimedia.org/DE/TablesWikipediaDE.htm, Abruf am 16.03.2009.
83 Die Autorin der Arbeit bezieht sich hier auf die Erkenntnisse eines an den Universitäten Konstanz und Trier angesiedelten Projekts mit dem Titel »Netzwerkkommunikation im Internet«. Die Homepage des Projekts lautet: http://www.netzwerke-im-internet.de/home/index.html

schreibung oder Formen der Abgrenzung bzw. Systematisierung und Neuverteilung) (vgl. Pentzold 2007: 120-175 sowie 248-251).

Strukturierungen (Verlinken und Kategorisieren von Seiten)
Angesichts der ständig wachsenden Menge von Artikeln nicht nur innerhalb der deutschsprachigen Wikipedia wird der Aspekt der Strukturierung immer relevanter. Eine weitere relevante Tätigkeit innerhalb der Wikipedia besteht also darin, den zunehmenden Artikelbestand sinnvoll zu ordnen und zu systematisieren. Dazu gehört neben der Zuordnung einzelner Artikel zu Kategorien, Portalen und Listen auch das Verlinken entsprechender Stichworte. Einen ordnenden Effekt haben zudem das Zusammenlegen und Umbenennen von Artikeln. Nur auf der Basis derartiger Mechanismen der Wissensstrukturierung können die Inhalte der Wikipedia effektiv genutzt und ihr Potential voll ausgeschöpft werden.

Vandalismus
Der Begriff *Vandalismus* steht für das absichtliche Einfügen von Falschinformationen, das Einstellen themenfremder Kommentare bzw. das Einfügen von Schimpfwörtern, das unbegründete Entfernen vorhandener Textteile oder aber die Komplettleerung von Seiten (vgl. dazu Wikipedia:Vandalismus[84]). Es handelt sich mit anderen Worten also um Versuche der gezielten Manipulation bis hin zur Zerstörung der Wikipedia. Vandalismus stellt damit gewissermaßen den destruktiven Gegenpart konstruktiver Artikelarbeit dar.

Um derartige Akte von Vandalismus zu vermeiden oder wenigstens einzudämmen, hat das Handlungssystem Wikipedia verschiedene Kontrollmechanismen entwickelt:

Beobachtung
Ein erster grundlegender Mechanismus der Kontrolle ist die Beobachtung. Wie im Zuge der Deskription der Rollenmuster bereits angeklungen ist, haben sich einige Wikipedianer darauf spezialisiert, die jeweils vorgenommenen Änderungen an bestimmten Artikeln akribisch mitzuverfolgen. Intern wurden zu diesem Zweck inzwischen zahlreiche Werkzeuge (Tools) entwickelt, die den Prozess der Beobachtung unterstützen und so zugleich intensivieren und erleichtern. Auf diese Weise wird, wie etwa Günter Schuler in seinem Buch »Wikipedia inside« betont, »[j]ede Eingabe – vollkommen gleich, ob in einem Artikel, auf einer User-, einer Diskussions- oder einer Projektseite – […] von der Wiki-Software penibel registriert« (ders. 2007: 166).

a) Versionsgeschichte
Über den Reiter ›Versionen/Autoren‹ (neu: ›Versionsgeschichte‹), den jede bearbeitbare Seite – die Ausnahme stellen hier Spezialseiten dar – enthält,

---

84 http://de.wikipedia.org/wiki/Wikipedia:Vandalismus, Abruf am 16.03.2009.

kann in der Regel die gesamte Versionsgeschichte einer Seite betrachtet werden, d.h. man kann zurückverfolgen, wie die Seite entstanden ist und welcher Benutzer sie wie bearbeitet hat (vgl. Hilfe:Versionen[85]).[86]

b) Beobachtungsliste
Jeder angemeldeter Benutzer der Wikipedia kann sich zudem eine persönliche Beobachtungsliste anzeigen lassen. Diese bietet einen Überblick über die während der letzten 30 Tage vorgenommenen Änderungen an bestimmten vorher ausgewählten Seiten (vgl. dazu ausführlicher Hilfe:Beobachtungsliste[87]).

c) IP Patrol
Das Tool ›IP-Patrol‹ erzeugt, wie der Name schon sagt, bei Aufruf eine Liste aller zuletzt von anonymen Benutzer, sprich von Nutzern mit IP-Adresse, vorgenommenen Änderungen. Bereits zurückgesetzte oder als vandalismusfrei gesichtete Bearbeitungen werden automatisch aus der Liste gelöscht (vgl. Benutzer:APPER/IP-Patrol[88]).

d) Spezialseiten
Darüber hinaus existieren verschiedene Spezialseiten, die stets in zeitlich rückwärts laufender Ordnung wahlweise die jeweils neu erstellen Seiten der letzten 30 Tage (vgl. Spezial:Neue_Seiten[89]) oder die zuletzt vorgenommenen Änderungen allgemein (vgl. Spezial:Letzte_Änderungen[90]) anzeigen. Mit Hilfe der Spezialfunktion der ›Logbücher‹[91] kann man weiterhin bestimmte Vorgänge detailliert nachverfolgen.

Sichten
Ein weiterer Mechanismus, um Vandalismus in der Wikipedia vorzubeugen oder diesen einzudämmen, ist das sogenannte *Sichten*. Gesichtete Versionen sind ein relativ neues Feature in der deutschsprachigen Wikipedia. Die ersten Diskussionen dazu stammen bereits aus dem Jahr 2006. Damals berichteten die Feuilletons der Tagespresse verstärkt von (angeblichen) Plänen der

---

85 Siehe http://de.wikipedia.org/wiki/Hilfe:Versionen, Abruf am 16.03.2009.
86 Am 10. Juni 2010 hat die deutschsprachige Wikipedia ihre Benutzeroberfläche umgestellt. Damit verbunden war nicht nur eine Neugestaltung des Layouts, es nun stehen zudem auch neue Features zur Verfügung – etwa vereinfachte Bearbeitungsfunktionen und eine übersichtlicher gestaltete Navigation.
87 Siehe http://de.wikipedia.org/wiki/Hilfe:Beobachtungsliste, Abruf am 16.03.2009.
88 Siehe http://de.wikipedia.org/wiki/Benutzer:APPER/IP-Patrol, Abruf am 16.03.2009.
89 Siehe http://de.wikipedia.org/wiki/Spezial:Neue_Seiten, Abruf am 16.03.2009.
90 Siehe http://de.wikipedia.org/wiki/Spezial:Letzte_Änderungen, Abruf am 16.03.2009.
91 ‹http://de.wikipedia.org/wiki/Hilfe:Logbücher, Abruf am 16.03.2009).

Wikipedia, stabile Artikelversionen herzustellen.[92] Tatsächlich wurde wohl seit den ›Skandalen‹ vom Ende des Vorjahres 2005 (z.b. »Fall Seigenthaler«) ernsthafter darüber nachgedacht, wie man bei den Artikeln der Wikipedia wenigstens eine Grundqualität sicherstellen könne. Die praktische Umsetzung dieser ersten Idee der geprüften Versionen erwies sich jedoch als deutlich kompliziert. So wurde die Einführung stabiler Artikelversionen in Wikipedia Deutschland im September 2006 erst einmal per Meinungsbild abgelehnt (vgl. Schuler 2007: 100). Diskussionen diesbezüglich hielten dennoch an. Im Mai 2008 startete schließlich zunächst ein Probelauf gesichteter Artikel-Versionen, die sich inzwischen als Standard etabliert haben. Der Online-Informationsdienst »Heise« bezeichnete diesen Schritt unmittelbar nach Bekanntwerden kritisch als »wesentliche Veränderung des Autorenkonzepts der Wikipedia«, da Änderungen von anonymen Autoren nicht mehr sofort angezeigt würden (Kleinz 2008b).

Eine gesichtete Version beschreibt eine Version, die von einem regelmäßigen Autor – Sichter oder Administrator (siehe Abschn. 2.2.1) – durchgesehen und als »frei von offensichtlichem Vandalismus« (Wikipedia:Gesichtete_Versionen[93]) markiert wurde. Die Bearbeitungen von Sichtern, Administratoren und allen Benutzern, die bereits länger als ein Jahr in der Wikipedia angemeldet sind und die insgesamt mehr als 3.000 Edits aufweisen können, werden automatisch als ›gesichtet‹ markiert, insofern sie auf einer bereits gesichteten Version aufbauen. Im Falle des Vorhandenseins einer gesichteten Version wird unangemeldeten Benutzern zunächst immer diese Version angezeigt, auch wenn eine aktuellere (aber nicht gesichtete) Version des jeweiligen Artikels besteht. Letztere kann jedoch gezielt aufgerufen werden. Angemeldete Benutzer bekommen hingegen zu allererst die aktuellste Version angezeigt (vgl. ebd.).

Qualitätssicherung
Während sich das Sichten von Artikeln in einer formalen Prüfung auf eventuelle Vandalismus-Schäden beschränkt, reicht das Verfahren der sogenannten *Qualitätssicherung* deutlich darüber hinaus. Hier geht es um die Überarbeitung solcher Artikel oder Artikelabschnitte, die nicht den formalen Anforderungen der Wikipedia an gute Artikel entsprechen (siehe Abschn. 2.3). Meist handelt es sich dabei um Artikel, die von neuen, noch unerfahrenen Benutzern angelegt wurden. Gemeldet bzw. eingetragen werden können aber

---

92 Hierzu etwa: »Nach Vandalismus. Wikipedia friert Artikel ein«, SPIEGEL Online vom 18. Juni 2006 (vgl. O.A. 2006c) sowie »Stabile Artikel. Wikipedia plant Zwei-Klassen-Gesellschaft«, SPIEGEL Online vom 07. Juli 2006 (vgl. Dambeck 2006). Die Einführung geprüfter Artikel-Versionen steht unterdessen gegenwärtig erneut zur Diskussion (vgl. http://de.wikipedia.org/wiki/Wikipedia:Geprüfte_Versionen, Abruf am 16.03.2009).

93 Siehe http://de.wikipedia.org/wiki/Wikipedia:Gesichtete_Versionen, Abruf am 24.03.2009; Bearbeitungsstand: 18.03.2009, 01.03 Uhr.

auch bereits länger bestehende Artikel. Dabei gilt stets der Grundsatz, dass der Antrag zur Qualitätssicherung gut begründet und, sofern möglich, in Absprache mit den beteiligten Autoren gestellt werden sollte. Ziel ist es, einmal angelegte Artikel zu erhalten – auch wenn diese Mängel aufweisen. Die Qualitätssicherung ist folglich darum bemüht, den jeweiligen Artikel, wie es auf der entsprechenden Seite heißt, »den Gepflogenheiten der Wikipedia« anzupassen, d.h. also diesen je nach Notwendigkeit neutral zu formulieren, stilistisch zu verbessern, mit internen Links oder Quellenangaben zu versehen, an die Formatvorlagen anzupassen, in Kategorien einzusortieren oder einfach nur zu einem ›Stub‹[94] auszubauen (vgl. Wikipedia:Qualitätssicherung[95]). Zu diesem Zweck existieren auch zahlreiche fachspezifische Qualitätssicherungsprojekte (vgl. Wikipedia:Fachspezifische_Qualitätssicherung[96]).

Review
Ähnlich wie dieses allgemeine Verfahren der Qualitätssicherung funktioniert auch der sogenannte *Wikipedia-Review*. Allerdings nimmt dieser vor allem solche Artikel in den Blick, die sich inhaltlich wie formal bereits auf einem höheren Niveau befinden und von dort aus gezielt verbessert werden sollen. Der Review dient dabei als eine Art Plattform über die der jeweilige Artikel in besonderer Weise in das Zentrum der Aufmerksamkeit rückt. So steigt die Wahrscheinlichkeit, dass von einer größeren Gruppe von Nutzern zusätzliche Meinungen bezüglich Fehlern und Unvollständigkeiten abgegeben, Bearbeitungsvorschläge gemacht oder sogar selbst Veränderungen vorgenommen werden. Dies setzt freilich eine gewisse Kritikfähigkeit seitens der ›ursprünglichen‹ Autoren des Artikels[97] sowie deren Bereitschaft voraus, die gegebenen Hinweise, Anregungen und Kommentare auch wirklich anzunehmen und umzusetzen. Es besteht daher der Konsens, Artikel nur in Absprache mit den beteiligten Autoren in den Review einzustellen. Nicht selten übernehmen das auch die beteiligten Autoren selbst, wenn sie sich nicht mehr in der Lage sehen, den Artikel allein zu verbessern (vgl. Wikipedia:Review[98]).

---

94 Als ›Stub‹ (engl. für ›Stummel‹ oder ›Stumpf‹) wird in der Wikipedia ein besonders kurzer Artikel bezeichnet, der lediglich die wichtigsten Informationen zu einem Lemma enthält und dabei dennoch aussagekräftig genug ist, um als eigenständiger Artikel zu bestehen (vgl. Wikipedia:Artikel).
95 Siehe http://de.wikipedia.org/wiki/Wikipedia:Qualitätssicherung, Abruf am 23.02.2009; Bearbeitungsstand: 19.02.2009, 23:23 Uhr.
96 Siehe http://de.wikipedia.org/wiki/Wikipedia:Fachspezifische_Qualitätssicherung, Abruf am 23.02.2009.
97 Sofern diese auszumachen sind. Meist aber fühlen sich bestimmte Personen besonders verantwortlich.
98 Siehe http://de.wikipedia.org/wiki/Wikipedia:Review, Abruf am 24.02.2009.

In der Regel sollte das Review-Verfahren nach etwa sechs bis acht Wochen abgeschlossen sein. Hat ein Artikel diese »Besserungsanstalt« (Schuler 2007: 91) erfolgreich durchlaufen, besteht je nach erreichter Qualität die Möglichkeit zur Kandidatur für die Aufnahme in eine der Gruppen ausgezeichneter Prädikats-Artikel (siehe dazu ausführlicher den Abschn. ›lesenswerte und ausgezeichnete Artikel‹). Artikel werden aus dem Review entfernt, sobald eine solche Kandidatur erfolgt oder aber, wenn ca. 14 Tage nach dem letzten Diskussionsbeitrag nachweislich nicht mehr an dem Artikel gearbeitet wurde. Beendet wird der Review aber auch dann, wenn, wie oben bereits erwähnt, die Anmeldung zum Review ohne Zustimmung der beteiligten Autoren erfolgte bzw. auf Seiten der beteiligten Autoren keine Bereitschaft zur Berücksichtigung entsprechender Vorschläge besteht (vgl. ebd.).

Auszeichnung: lesenswerte und exzellente Artikel
Dem Interesse der Wikipedia, nicht nur besonders viele Artikel zu erzeugen, sondern deren Qualität auch auf einem gewissen Niveau zu halten, folgen neben den genannten Mechanismen der Beobachtung und Kontrolle sowie den soeben beschriebenen Qualitätssicherungs- und Review-Verfahren drittens auch die verschiedenen Möglichkeiten der Prämierung. Die Diskussion um eine Kennzeichnung überdurchschnittlich gut geratener Artikel geht bereits auf das Jahr 2003 zurück. Im Frühjahr 2005 wurde schließlich die Auszeichnungskategorie *lesenswerte Artikel* eingeführt. Das Prädikat ›lesenswert‹ erhalten Artikel dann, wenn sie, wie es auf der entsprechenden Seite heißt, »fachlich korrekt, belegt, ausführlich und informativ« sind (Wikipedia:Lesenswerte_Artikel[99]). Auch die Form sollte ansprechend sein. Zudem sollte der Artikel eine Einleitung besitzen, welche die wichtigsten Informationen zum Thema kurz zusammenfasst und den Artikel dabei in seinem jeweiligen Fachgebiet verortet. Das Fehlen von Teilaspekten und Bildern sowie kleine sprachliche Ungenauigkeiten werden dabei toleriert (vgl. Wikipedia:Kriterien_für_lesenswerte_Artikel[100]). Damit weisen diese Artikel hier und da zwar noch ein paar Schwächen auf, doch gelten sie im Großen und Ganzen als »hervorragende Beispiele für gute Artikel«[101]. Erfüllt ein Artikel alle Kriterien für das Prädikat ›lesenswert‹, kann er auf der Seite »Wikipedia:Kandidaten_für_lesenswerte_Artikel«[102] nominiert werden. Der Wahl läuft dabei über sieben Tage. Während dieser Zeit können alle Benutzer (einschließlich IPs) ihre Stimme für oder gegen den Artikel abgeben.

---

99 Siehe http://de.wikipedia.org/wiki/Wikipedia:Lesenswerte_Artikel, Abruf am 24.02.2009; Bearbeitungsstand: 23.01.2009, 23:27 Uhr.
100 Siehe http://de.wikipedia.org/wiki/Wikipedia:Kriterien_für_lesenswerte_Artikel, Abruf am 24.02.2009.
101 Siehe http://de.wikipedia.org/wiki/Wikipedia:Lesenswerte_Artikel, Abruf am 24.02.2009; Bearbeitungsstand: 23.01.2009, 23:27 Uhr.
102 Siehe http://de.wikipedia.org/wiki/Wikipedia:Kandidaten_für_lesenswerte_Artikel

Stimmberechtigt sind auch die jeweiligen Autoren des Artikels, ihre Beteiligung wird jedoch nicht so gern gesehen. Die Abstimmung ist dann erfolgreich, wenn ein Artikel bis zum Ende der Kandidatur mindestens drei Pro-Stimmen mehr als Contra-Stimmen erhält. Die Kandidatur scheitert hingegen, wenn bereits 24 Stunden nach Beginn der Wahl fünf Contra-Stimmen mehr als Pro-Stimmen abgegeben wurden. Auf demselben Weg ist auch eine Abwahl bereits prämierter Artikel möglich. Sie erfolgt, wenn innerhalb einer Woche mindestens drei Abwähl-Stimmen mehr abgegeben wurden als solche, die für das Behalten des Artikels stimmen, oder wenn schon noch 24 Stunden ein eindeutiges Votum (Überhang von fünf Stimmen) vorliegt (vgl. Wikipedia:Kandidaten_für_lesenswerte_Artikel).

Artikel, die durch eine Qualität auffallen, die jene der lesenswerten Artikel noch übersteigt, die also »sowohl vom Inhalt, als auch von Sprache, Form, Verlinkung und Bebilderung her überzeugend« (Wikipedia:Bewertungen[103]) sind, können überdies mit dem Prädikat ›exzellent‹ ausgezeichnet werden. Wie auch das Prädikat ›lesenswert‹ dient dieses dazu, »qualitativ hochwertiges Schreiben zu belohnen« (vgl. Wikipedia:Kandidaten_für_exzellente_Artikel). Der Wahlzeitraum beträgt hier ganze 20 Tage. Nominierte Artikel benötigen mindestens drei Pro-Stimmen und mindestens doppelt so viele Pro- wie Contra-Stimmen. Die Abstimmung gleicht dabei jedoch mehr einem Meinungsbild (siehe Abschn. ›Meinungsbilder‹), die abgegebenen Stimmen werden also nicht ausschließlich numerisch ausgezählt. Äußert auch nur eine der abgegebenen Contra-Stimmen eine tiefgreifende Kritik, sind alle Pro-Stimmen hinfällig (vgl. ebd.).

Löschungen

Schließlich ist auch die Löschung von Artikeln ein notwendiger Bestandteil der Qualitätskontrolle innerhalb der Wikipedia – insbesondere dann, wenn die formalen und inhaltlichen Mängel derart gravierend sind, dass sie auch durch ein intensives Verfahren der Qualitätssicherung nicht zu beheben sind. Ob des rigiden Eingriffs, den eine solche Löschung darstellt, sollte diese allerdings stets als ›letztes Mittel‹ betrachtet werden.[104] Ein Löschantrag, d.h. der Vorschlag zur Löschung, sollte daher gut begründet sein und bestimmten Grundsätzen folgen (vgl. im Folgenden Wikipedia:Löschregeln[105]): So sollte einem neu erstellten Artikel wenigstens eine Viertelstunde

---

103 Siehe http://de.wikipedia.org/wiki/Wikipedia:Bewertungen, Abruf am 24.02.2009; Bearbeitungsstand: 08.02.2009; 11:53 Uhr.
104 Diesbezüglich gibt es bei den Wikipedianern allerdings divergierende Positionen: Während die sogenannten ›Inklusionisten‹ auf eine maßvolles Löschverhalten drängen und vor allem darauf aus sind, einmal Vorhandenes zu erhalten, tendieren die sogenannten ›Exklusionisten‹ zu einer verschärften Lösch-politik. Daseinsberechtigung besitzt in ihren Augen in der Wikipedia nur, was gewissen Standards entspricht (siehe dazu auch Schuler 2007: 146).
105 Siehe http://de.wikipedia.org/wiki/Wikipedia:Löschregeln, Abruf am 25.02.2009.

Zeit gegeben werden – schließlich kann es sein, dass der Autor noch weiterhin daran arbeitet, dabei jedoch nicht die Vorschau-Funktion benutzt. Zudem sollte man zuvor Kontakt zum betreffenden Autor aufnehmen und ihm die Gründe für den Löschantrag darlegen. Weiterhin kann auch ein Blick auf die Diskussionsseite oder in die Versionsgeschichte hilfreich sein. Schließlich sollte stets nach Möglichkeiten der Überarbeitung und Verbesserung gesucht werden. Nicht akzeptierte Löschbegründungen sind überdies: Kritik an der allgemeinen Wikipedia-Politik, pauschale Kritik am Thema, der Vorwurf der Trivialität, unzureichende Formatierung oder eine fehlerhafte Benennung.

Prinzipiell kann ein Artikel von jedem Nutzer zur Löschung nominiert werden. Der Antrag wird durch einen Baustein im Artikel selbst deutlich gemacht. Darüber hinaus wird der Artikel auf der Unterseite »Wikipedia:Löschkandidaten«[106] gelistet. Dort wird in der Regel sieben Tage lang über den Artikel diskutiert – wobei alle Wikipedianer, auch die an dem betreffenden Artikel beteiligten Autoren, Argumente für bzw. gegen die Löschung vorbringen können. Die damit abgegebenen Pro- und Contra-Voten stellen jedoch keine Abstimmung dar und sind daher auch nicht bindend. Am Ende des Diskussionsprozesses obliegt es einem Administrator, unter Berücksichtigung der abgegebenen Argumente eine endgültige Entscheidung zu treffen und entweder den Artikel oder aber lediglich den Löschantrag zu entfernen (vgl. Wikipedia:Was_bedeutet_ein_Löschantrag[107]).

In eindeutigen Fällen können Administratoren vorgeschlagene Artikel auch ohne vorherige siebentägige Löschdiskussion entfernen. Es handelt sich dann um eine sogenannte ›Schnelllöschung‹. Administratoren besitzen dafür einen speziellen ›Rollback-Button‹ mit dem der Artikel auf die vorhergehende Version zurückgesetzt werden kann. Zulässig ist dieser Schritt allerdings nur, wenn der Artikel ein unzureichender Stub bzw. nach den Grundsätzen der Wikipedia gar kein Artikel ist, wenn es sich um rechtswidrige bzw. jugendgefährdende Inhalte, um offensichtliche Werbung, um einen Scherzeintrag oder aber um ein Lemma von zweifelsfreier Irrelevanz handelt. Eine Schnelllöschung kann aber auch dann erfolgen, wenn der Inhalt bereits vollständig in einem anderen Artikel enthalten ist (vgl. unter Wikipedia:Schnelllöschantrag[108]).

Diskussionen
Wie der bisherige Überblick über typische Handlungen und Ereignisse innerhalb der Wikipedia bereits deutlich macht, bringt das Moment der aktiven Partizipation irgendwann unweigerlich auch die Notwendigkeit zur in-

---

106 Siehe http://de.wikipedia.org/wiki/Wikipedia:Löschkandidaten
107 Siehe http://de.wikipedia.org/wiki/Wikipedia:Was_bedeutet_ein_Löschantrag, Abruf am 25.02.2009.
108 Siehe http://de.wikipedia.org/wiki/Wikipedia:Schnelllöschantrag, Abruf am 25.02.2009.

teraktiven Auseinandersetzung, des Austauschs, kurz: der Kommunikation mit anderen Nutzern mit sich. Die Wikipedia bietet hier verschiedene Wege bzw. Möglichkeiten an. Spätestens dann, wenn auf der Diskussionsseite eines selbst angelegten oder zuletzt wesentlich bearbeiteten Artikels Kommentare abgegeben oder gar Fragen gestellt werden, wird man sich wohl oder übel genötigt fühlen, in den Dialog einzusteigen. Dabei stellt die Diskussionsseite jedoch kein Diskussionsforum im eigentlichen Sinne dar – es geht also nicht um eine Auseinandersetzung über das Thema an sich, sondern es dient zunächst einmal dazu, den Artikelinhalt zu diskutieren.

Christian Pentzold hat in seiner bereits erwähnten Masterarbeit u.a. die thematische Struktur der Diskussionsseiten und Diskussionsstränge in der Wikipedia sowie die darin enthaltenen Argumentationsstrukturen untersucht. Als zentrale Themen identifiziert er (1) den Artikel selbst, dessen generelle Relevanz, inhaltliche Ausrichtung, Struktur, Layout und Umfang; (2) die Referenzquellen, d.h. allgemeine Hinweise auf Literatur und Quellenverweise im Sinne von Belegen; (3) das Verhalten anderer Autoren bei der Arbeit am Artikel oder in der Diskussion, das explizit lobend oder tadelnd hervorgehoben wird; (4) der Verweis auf Wikipedia-Regeln; (5) die inhaltliche Neutralität und Ausgewogenheit des Artikels allgemein sowie die ausgewogene Darstellung spezifischer Sachverhalte; (6) die sprachliche Gestaltung und Verständlichkeit des Artikels bzw. einzelner Abschnitte inklusive der Adäquatheit und Verständlichkeit einzelner Ausdrücke und Termini sowie (7) die Richtigkeit der Informationen (vgl. Pentzold 2007: 175ff.).

Meinungsbilder
Auch zahlreiche andere Verfahren in der Wikipedia setzen Formen der Kommunikation und Diskussion ergänzt um die Abgabe von Statements bzw. Voten voraus. Meinungsbilder etwa sind ein sehr beliebtes Mittel in der Wikipedia, wenn es um die Klärung allgemeiner, die Wikipedia als Ganze betreffende Fragen geht. Ziel ist es, im jeweiligen Fall zu einer Lösung bzw. Regelung zu kommen, in die die Ansichten, Wünsche und Bedürfnisse möglichst vieler Wikipedianer eingeflossen sind und die sich daher als weitgehend zufrieden stellend und praktikabel zugleich erweist. Ein Meinungsbild sollte erst dann einberufen werden, wenn auch langwierige Diskussionen zu keinem Konsens führen, dennoch aber eine klare Entscheidung notwendig scheint (vgl. Wikipedia:Meinungsbilder[109]). Die Teilnahme am Meinungsbild verlangt die allgemeine Stimmberechtigung. Andererseits aber ist kein stimmberechtigter Wikipedianer verpflichtet, an einem Meinungsbild teilzunehmen. Entsprechend unterschiedlich gestaltet sich die Gültigkeit bzw. Verbindlichkeit und Akzeptanz der Ergebnisse derartiger Meinungsbilder bei den Wikipedianern.[110]

---

109 Siehe http://de.wikipedia.org/wiki/Wikipedia:Meinungsbilder, Abruf am 24.01.2009.
110 Eine Übersicht aller laufender und in Vorbereitung befindlicher Meinungsbilder findet sich unter: http://de.wikipedia.org/wiki/Wikipedia:Meinungsbilder

Meinungsbilder kommen auch da zum Einsatz, wo es im eigentlichen Sinne um Wahlen und also um Abstimmungen geht. Ein erstes Beispiel dafür ist die bereits erwähnte Auszeichnung lesenswerter und exzellenter Artikel. Ein weiteres stellt etwa die Wahl neuer Administratoren dar. Alle stimmberechtigten Benutzer können binnen zwei Wochen nach Beginn des Meinungsbildes jeweils eine Pro- oder Contra-Stimme inklusive kurzer Kommentare (persönliche Signatur gilt als Nachweis) zum nominierten Kandidaten abgeben. Auch Enthaltungen sind möglich, werden jedoch bei der Auswertung nicht mit berücksichtigt. Ein Kandidat kann dann zum Administrator ernannt werden, wenn er innerhalb der Abstimmungsfrist mindestens 15 Pro-Stimmen erhalten hat und die abgegebenen Pro-Stimmen zudem mindestens zwei Drittel der Stimmen insgesamt ausmachen. Im Unterschied zu tatsächlichen Wahlen obliegt die Ermittlung des endgültigen Ergebnisses der besonderen Benutzergruppe der Bürokraten (siehe entspr. Abschn.). Dabei besitzen diese durchaus einen gewissen Interpretationsspielraum – beispielsweise was die Feststellung der Erfüllung der Voraussetzungen bei Kandidaten wie Abstimmenden betrifft (vgl. Wikipedia:Kanndidaturen[111]).

Freilich werden diese Verfahren auch innerhalb der Wikipedia keineswegs unkritisch gesehen. So gehörten Meinungsbilder bzw. Abstimmungen nicht schon immer zum Konzept der Wikipedia. »In der Anfangszeit wurde«, wie etwa Fiebig (2005: 89) bemerkt, »in der Regel diskutiert […].« Erst als sich mit dem Wachstum der Community auch das Spektrum der unterschiedlichen Meinungen verbreitete, kamen standardisierte Formen der Entscheidungsfindung auf. Diese nehmen der Wikipedia nach Meinung Fiebigs jedoch viel von ihrer ursprünglichen Flexibilität, da einmal auf diese Weise getroffene Entscheidungen nicht mehr so leicht argumentativ modifiziert werden können (vgl. ebd.: 89f.).

Konflikte: Edit Wars
Die Vielzahl an Personen, die an der Wikipedia mitwirken, bringt auch eine Vielzahl unterschiedlicher Erwartungen, Ansprüche, Denk- und Sichtweisen bezüglich der Art und Qualität der Inhalte mit sich. Folglich bleiben Meinungsverschiedenheiten, Auseinandersetzungen und Konflikte nicht aus. Gelingt die Kommunikation nicht, findet also keine konstruktive Diskussion statt, und versuchen die streitenden Parteien stattdessen nur noch stur, ihre jeweilige Wunschversion des Textes bzw. eine bestimmte Formulierung eines Passage durchzudrücken, spricht man von einem *Edit War* (zu Deutsch: Bearbeitungskrieg). Die durch den jeweils anderen Benutzer vorgenommenen Änderungen werden dann abwechselnd immer wieder rückgängig gemacht. Schädlich ist ein solches ›Kräftemessen‹ vor allem deswegen, weil es den Artikel letztlich inhaltlich nicht voran bringt. Vorschläge von Dritten fallen meist ganz unter den Tisch bzw. Verschwinden beim Wiederherstellen alter Versionen. Auch die Versionsgeschichte des Artikels wird unnötig

---

111 Siehe http://de.wikipedia.org/wiki/Wikipedia:Kandidaturen, Abruf am 24.01.2009.

aufgebläht, was zusätzliche Speicherkosten einerseits und eine allgemeine Unübersichtlichkeit andererseits hervorruft. Vor allem aber auf Seiten der streitenden Parteien selbst wird ein unnötiger Stress erzeugt. Eine verschärfte Variante des Edit War auf der Ebene der Administratoren ist der sogenannte *Deletion War* (zu Deutsch: Löschkrieg). Entsprechend der erweiterten Handlungsrechte der Administratoren liegt dieser dann vor, wenn zwei oder mehr Admins abwechselnd einen Artikel löschen und wiederherstellen (vgl. Wikipedia:Edit_War[112]).

Vermittlungsausschuss und Schiedsgericht
Im Allgemeinen wird im Falle derartiger Konflikte zwischen einzelnen Wikipedianern empfohlen, bewusst miteinander zu kommunizieren und nach Begründungen für das jeweilige Verhalten des anderen zu fragen. Manche Benutzer ziehen sich auch zurück und nehmen eine kurze Auszeit vom Projekt. Greifen solche Konfliktlösungs- bzw. Konfliktvermeidungsstrategien nicht mehr, müssen häufig dritte Personen als unbeteiligte Vermittler eingreifen. Auch zu diesem Zweck haben sich innerhalb der Wikipedia im Laufe entsprechende ›Einrichtungen‹ entwickelt.

Eine erste dieser Einrichtungen zur Konfliktlösung ist der sogenannte *Vermittlungsausschuss*. Er stellt jedoch kein festes Gremium mit ständigen Mitgliedern dar. Vielmehr ist jeder Wikipedianer dazu aufgerufen, sich hier entsprechend zu engagieren. Auf der Seite »Wikipedia:Vermittlungsausschuss«[113] findet sich dazu eine Liste freiwilliger Vermittler bzw. Mediatoren. Die Vermittlung selbst erfolgt dann auf einer durch die Parteien selbst angelegten, speziellen Diskussionsseite, wobei der gewählte Mediator die Diskussion moderiert.

Erst seit dem Frühjahr 2007 existiert mit dem *Schiedsgericht* neben dem Vermittlungsausschuss auch noch eine zweite Einrichtung zur Konfliktlösung in der Wikipedia. Das Schiedsgericht gilt gemeinhin als die letzte Instanz im Konfliktlösungsprozess, denn seine Entscheidungen sind – einmal gefällt – bindend. Es steht den streitenden Parteien jedoch frei zu entscheiden, ob sie ihre Angelegenheit vor das Schiedsgericht bringen wollen oder nicht. Im Gegensatz zum Vermittlungsausschuss gehören dem Schiedsgericht zehn feste Mitglieder an, die, wie auch die ehemaligen Mitglieder, auf der Seite »Wikipedia:Schiedsgericht«[114] gelistet sind. Bei Entscheidungen müssen sich mindestens fünf dieser zehn Mitglieder beteiligen (vgl. Wikipedia:Schiedsgericht/FAQ[115]).

Jenseits dieser eher formellen Wege gibt es jedoch auch die Möglichkeit, auf eher informellem Wege eine sogenannte ›dritte Meinung‹ einzuholen.

---

112 Siehe http://de.wikipedia.org/wiki/Wikipedia:Edit_War, Abruf am 16.03.2009.
113 Siehe http://de.wikipedia.org/wiki/Wikipedia:Vermittlungsausschuss
114 Siehe http://de.wikipedia.org/wiki/Wikipedia:Schiedsgericht
115 Siehe http://de.wikipedia.org/wiki/Wikipedia:Schiedsgericht/FAQ, Abruf am 16.03.2009.

Auf einer speziell dafür eingerichteten Seite können Betroffene unverbindlich beispielsweise auf aktuelle Konflikte in Artikeldiskussionen aufmerksam machen und andere Wikipedianer um eine dritte Meinung dazu bitten (vgl. Wikipedia:Dritte_Meinung[116]).

Sperrungen/ Sperrverfahren
Lassen sich Konflikte nicht vermittelnd lösen oder werden durch bestimmte Handlungen und Ereignisse die Grundsätze der Wikipedia bzw. deren enzyklopädische Inhalte massiv gefährdet, können einzelne Seiten oder aber die Benutzer selbst temporär oder auch dauerhaft gesperrt werden.

a) Seitensperrung
Gerade wenn eine Seite aufgrund ihres streitbaren Inhalts oder aber aufgrund ihrer aktuellen Prominenz innerhalb des Projekts besonders häufig von Vandalismus betroffen ist, bietet es sich an, diese vor weiteren Angriffen zu schützen. Gleiches gilt auch für Seiten, deren Inhalte als besonders zentral gelten (z.B. die »Hauptseite«[117]). Ein weiterer Grund für eine Seitensperrung können auch Edit Wars sein.

Unterschieden wird zwischen einer *Halbsperrung* und einer *Vollsperrung*. Während im Falle einer Halbsperrung die Seitenbearbeitung nur nichtangemeldeten Benutzer und solchen verwehrt bleibt, die noch keine vier Tage im System angemeldet und also noch nicht bestätigt sind, können vollgesperrte Seiten nur noch von Administratoren bearbeitet werden. Darüber hinaus können Seiten auch vor Verschiebung und Umbenennung geschützt oder aber das Anlegen eines Artikels zu einem bestimmten Lemma verhindert werden (vgl. Wikipedia:Geschützte_Seiten[118]).

b) Benutzersperrung
Missachten einzelne Benutzer die Grundprinzipien der Wikipedia, können ihnen temporär oder aber auf unbeschränkte Zeit die Schreib- und Stimmrechte entzogen werden. Die Entscheidung diesbezüglich liegt meist bei einem Administrator, wie auch die Sperrung selbst durch diese vorgenommen wird. Gewöhnlich geht jeder Sperrung ein Sperrantrag voraus, dem sich ein Benutzersperrverfahren mit Abstimmung durch die Gemeinschaft anschließt. In Ausnahmefällen, kann die Sperrung eines bestimmten Benutzeraccounts oder auch einer bestimmten Benutzer-IP aber auch direkt und ohne vorherigen Sperrverfahren vorgenommen werden – beispielsweise dann, wenn ein Benutzer Artikel nachweislich mutwillig zerstört oder aber mit Hilfe von Mehrfachkonten[119] gezielt Manipulationen vornimmt. In kompli-

---

116 Siehe http://de.wikipedia.org/wiki/Wikipedia:Dritte_Meinung, Abruf am 16.03.2009.
117 Siehe http://de.wikipedia.org/wiki/Wikipedia:Hauptseite
118 Siehe http://de.wikipedia.org/wiki/Wikipedia:Geschützte_Seiten, Abruf am 24.02.2009.
119 Diese missbräuchlich genutzten Mehrfachaccounts heißen in der Sprache des Internets ›Sockenpuppen‹.

zierten Fällen kann die Entscheidung zur Sperrung auch von einem Schiedsgericht getroffen werden (vgl. Wikipedia:Benutzersperrung[120]).

3.2 Handlungsfelder

Die bisher noch weithin deskriptiv gehaltene Darstellung typischer Aktivitäten, Prozesse und Verfahren hat eine Reihe von Einzelhandlungen sichtbar werden lassen, die nicht selten in verschiedenen Kontexten anzutreffen sind, sich also wiederholen. Sie können nun in einem weiteren Schritt extrahiert und zu Handlungsfeldern geclustert werden. Auf diese Weise erfährt die Komplexität der beobachtbaren Abläufe eine weitere Reduktion und gibt den Blick frei auf die allgemeine Funktionslogik der Wikipedia.

Wie die dazugehörige Grafik (Abb. 15) zeigt, sind die Grenzen zwischen den einzelnen Handlungsfeldern allerdings fließend. Bestimmte Handlungsereignisse bzw. Vorgänge decken gleichzeitig zwei oder sogar drei Handlungsfelder ab. Insgesamt lassen sich sechs zentrale Handlungsfelder der Wikipedia identifizieren:

(1) Ein erstes zentrales Handlungsfeld ist das der eigentlichen *Artikelarbeit* (Inhaltsgenerierung und -strukturierung). Es integriert alle Handlungen, die sich auf die inhaltliche Entstehung und Weiterentwicklung der Artikeltexte sowie deren Formatierung, Strukturierung und Systematisierung beziehen. Dazu gehört das Anlegen neuer Artikel ebenso wie die Ergänzung und Erweiterung bestehender, das Verschieben bzw. Umbenennen von Seiten ebenso wie das Einfügen von Literaturverweisen und Links oder das Betreuen von Portalen. Teil des Handlungsfeldes Artikelarbeit sind aber auch inhaltliche Veränderungen, die in schlechter Absicht getätigt werden und gemeinhin als Vandalismus gelten, sowie Bearbeitungen, die im Zusammenhang mit dem Review-Verfahren oder den jährlich zweimal stattfindenden Schreibwettbewerben (vgl. Wikipedia:Schreibwettbewerb[121]) ablaufen.

---

120 Siehe http://de.wikipedia.org/wiki/Wikipedia:Benutzersperrung, Abruf am 24.02.2009.
121 Schreibwettbewerbe finden in der deutschsprachigen Wikipedia seit 2004 statt und dienen dazu, auf eine spielerische Art und Weise gezielt gute und sehr gute Artikel im Sinne der Wikipedia zu erzeugen. Dazu können über einen Zeitraum von etwa einem Monat Artikel zu einem selbst gewählten Lemma entweder ganz neu geschrieben oder – falls der Artikel bereits vorhanden ist – ausgebaut werden. Ein bestehendes Lemma darf zum Zeitpunkt des Beginns des Wettbewerbs jedoch nicht länger als 8.000 Zeichen sein. Die Artikel können dann über eine Spezialseite ›nominiert‹, d.h. zur Teilnahme am Wettbewerb angemeldet werden, worauf sie eine vorher jeweils neu gewählte Jury prüft und bewertet und schließlich die entsprechenden Sieger kürt. Nominiert werden können Artikel in vier Sektionen: (I) ›Exakte‹ Wissenschaften, (II) Kultur, (III) Gesellschaftswissenschaften, (IV) Geschichte (vgl. http://de.wikipedia.org/wiki/Wikipedia:Schreibwettbewerb, Abruf am 16.03.2009).

Abbildung 15: Handlungsfelder in der Wikipedia

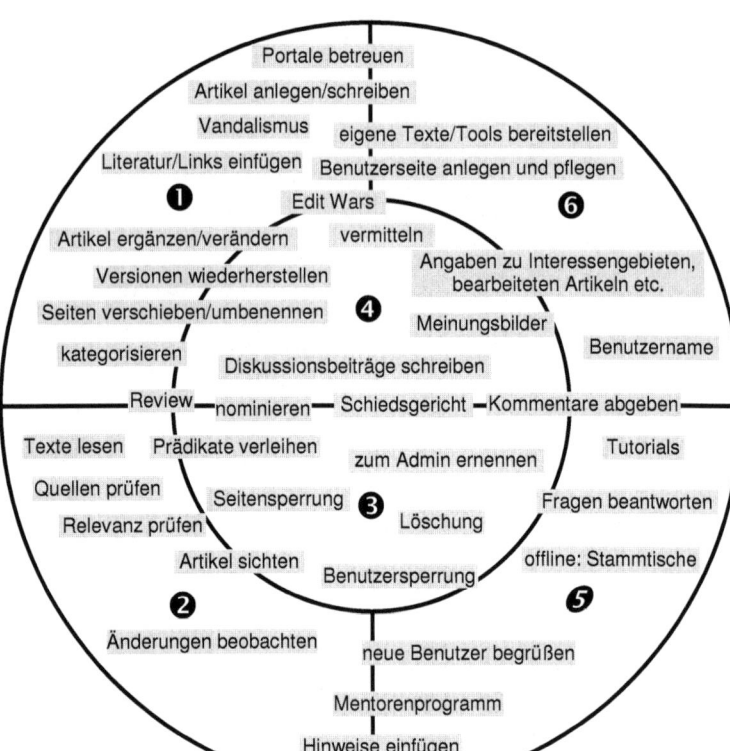

(2) Ein zweites Handlungsfeld bündelt die verschiedenen Aktivitäten gegenseitiger Beobachtung, Begutachtung und Kontrolle. Dies beginnt beim zufälligen Lesen der Beiträge anderer Nutzer und deren Prüfung auf Verständlichkeit sowie formale Angemessenheit vor dem Hintergrund geltender Konventionen der Darstellung und reicht bis hin zum minutiösen Verfolgen jeglicher an ausgewählten Artikeln vorgenommener Änderung mit Hilfe spezieller Werkzeuge.

(3) Verhaltensweisen anderer Nutzer sowie von diesen vorgenommene Bearbeitungen, abgegebene Kommentare und Hinweise werden aber nicht nur beobachtet, begutachtet und kontrolliert, sondern im Zuge dessen auch beurteilt und bewertet und mit Konsequenzen belegt. Im positiven Falle erhalten einzelne Artikel daraufhin eine Auszeichnung als lesenswerter oder exzellenter Artikel bzw. werden zum Sieger eines Schreibwettbewerbs gekürt. Manchmal werden auch einzelne Wikipedianer gelobt oder aufgrund ihrer besonderen Leistungen und Verdienste für ein bestimmtes Amt nominiert (z.B. Aufstieg zum Administrator). Im negativen Fall – beispielsweise bei Edit Wars oder Vandalismus – erfolgt hingegen häufig eine Sperrung einzelner Seiten oder Benutzer. Unter bestimmten Bedingungen können Ar-

tikel auch ganz gelöscht werden. Ein drittes Handlungsfeld der Wikipedia ist daher das der *Auszeichnung und Sanktionierung.*

(4) Wohlwollend betrachtet stellen Edit Wars letztlich nichts anderes als falsch kanalisierte Versuche der Aushandlung dar. Die Wikipedia fordert diese sogar an verschiedenen Stellen ein. So wird beispielsweise verlangt, dass jegliche Handlung im Bereich der Artikelarbeit, d.h. jegliche Veränderung kurz begründet wird. Bei Uneinigkeiten werden diese idealtypisch auf der Diskussionsseite des jeweiligen Artikels diskutiert. Ebenso verhält es sich beim Review-Verfahren oder im Falle der Einberufung eines Vermittlungsausschusses. Entscheidungen bezüglich Auszeichnung und Sanktionierung setzen zudem Prozesse der Abstimmung voraus. *Aushandlung und Abstimmung* (kurz: Meinungsäußerung) kann folglich als ein viertes zentrales Handlungsfeld der Wikipedia betrachtet werden. Wer wirklich aktiv an der Wikipedia partizipieren will, ist geradezu permanent aufgefordert, die eigenen Bearbeitungen bzw. Änderungen zu erläutern, Kommentare abzugeben, Diskussionsbeiträge zu schreiben und – sofern die Stimmberechtigung vorliegt – an Abstimmungen und Meinungsbildern teilzunehmen.

(5) Ein fünftes Handlungsfeld umfasst schließlich solche Aktivitäten, die sich auf die Begrüßung, Orientierung und Unterstützung neuer oder (noch) unerfahrener Benutzer richten und/oder der Förderung des Gruppen- bzw. Gemeinschaftsgefühls dienen. Es trägt daher die Bezeichnung *Initiation und Socializing.* Gemeint sind hier neben der Erstellung und Pflege sogenannter ›Tutorials‹ (vgl. Wikipedia:Tutorial[122]) und weiterer Seiten im Hilfe-Namensraum sowie dem Angebot eines persönlichen Mentorenprogramms im weitesten Sinne auch die Weiterentwicklung und Pflege von Artikeln im Wikipedia-Namensraum, die nicht nur der Darstellung der Wikipedia sowie der Kommunikation ihrer Richtlinien und Konventionen nach außen, sondern damit maßgeblich auch der Selbstvergewisserung nach innen dienen. Hinzu kommen die regelmäßig ›offline‹ stattfindenden ›Wikipedia-Stammtische‹, die ein reales Zusammentreffen von Wikipedianern ermöglichen.

(6) Ein sechstes und damit letztes Handlungsfeld der Wikipedia ist das der Selbstdarstellung. Es nimmt im Vergleich zu den zuvor genannten insgesamt wohl den geringsten Raum ein, ist im Hinblick auf das Gesamtsystem Wikipedia jedoch nicht minder relevant. Dreh- und Angelpunkt aller Handlungen im Sinne der Selbstdarstellung sind in der Wikipedia – eine Anmeldung vorausgesetzt – der jeweilige Benutzername sowie die dazugehörige Benutzerseite. Beide können nach individuellen Vorstellungen gewählt bzw. gestaltet werden. Sie sind gewissermaßen das ›Aushängeschild‹ des jeweiligen Akteurs. Es nimmt daher nicht wunder, dass zahlreiche aktive Wikipedianer ihre Benutzerseite vor allem auch dazu nutzen, ihr bisheriges Artikel-Portfolio herauszustellen oder persönliche Gedanken zu kommunizieren. Aber auch wenn die eigentliche Benutzerseite wie in vielen Fällen leer bleibt, so verkörpert doch letztlich jede erfolgte Bearbeitung, jeder

---

122 Siehe http://de.wikipedia.org/wiki/Hilfe:Tutorial

abgegebene Kommentar, jeglicher Diskussionsbeitrag einen Akt der Selbstdarstellung.

3.3 Praktiken

Abstrahiert man nun ein weiteres Mal und betrachtet die soeben erläuterten Handlungsfelder sowie die dazugehörigen Einzelhandlungen bzw. Handlungsereignisse im Hinblick auf ihre Funktionslogik, wird deutlich, dass diese zwei verschiedenen Maximen folgen, wobei mal mehr die eine, mal mehr die andere im Vordergrund steht. So fokussieren die Aktivitäten in den ersten beiden Handlungsfeldern (1) Artikelarbeit sowie (2) Beobachtung, Begutachtung und Kontrolle nahezu ausschließlich auf die *Qualität des zu erzeugenden Produkts Enzyklopädie*. Die Aktivitäten in den Handlungsfeldern (5) Initiation und Socializing sowie (6) Selbstdarstellung sind demgegenüber hauptsächlich auf den Aufbau und die Entwicklung sowie die Pflege der *›Funktionalität‹ der Gemeinschaft* gerichtet. Bei den beiden mittleren Handlungsfeldern findet hingegen eine weitgehende Vermischung beider Maximen – wenn auch zu unterschiedlichen Anteilen – statt. Während im Falle der Aktivitäten des Handlungsfeldes (3) Auszeichnung und Sanktionierung diese zwar konkrete Auswirkungen auf die Struktur der Gemeinschaft haben können, dienen sie doch vordergründig der Förderung bzw. dem Schutz der inhaltlichen Qualität. Im Falle der Aktivitäten des Handlungsfeldes (4) Aushandlung und Abstimmung verhält es sich genau anders herum. Im Kontext von Aushandlungen und Abstimmungen werden zwar nicht selten inhaltlich-qualitative Aspekte thematisiert, sie selbst sind aber den demokratischen Idealen der gemeinschaftlichen Zusammenarbeit geschuldet. Die schematische Darstellung der Handlungsfelder (Abb. 14) lässt, darauf wurde bereits eingegangen, zudem erkennen, dass zahlreiche Einzelhandlungen resp. Handlungsereignisse an der Grenze zwischen zwei oder gar drei Handlungsfeldern anzusiedeln sind und es damit auch auf dieser Ebene noch einmal zu einer weiteren Vermischung der geltenden Maximen kommt.

Insgesamt, so kann man daher schlussfolgern, zeichnet sich hier also ein vielschichtiges Neben- und Miteinander inhalts- und qualitätsbezogener Handlungen einerseits sowie gemeinschaftsbezogener Handlungen andererseits ab. Oder anderes ausgedrückt: Maximen des traditionellen Schreibens, wie sie aus der typographisch geprägten Wissen(schaft)skultur hinlänglich bekannt sind, interagieren und vermischen sich mit Maximen des sozialvernetzten und libertären Internetkultur. In den Einzelhandlungen bzw. Handlungsereignissen dokumentieren sich demnach Praktiken des Enzyklopädischen ebenso wie Praktiken des Kollaborativen.

4 Interpretation: Selbstverständnis und symbolische Ordnung – zu den wissenskulturellen Tiefenstrukturen der Wikipedia

Angesichts der soeben aufgezeigten Dichotomie gattungsspezifischer Einflüsse des Enzyklopädischen sowie medienkultureller Implikationen der kollaborativen Vernetzung (Social Communities), die sich über Deskription und Abstraktion bis auf die Ebene der Praktiken abbilden lässt, stellt sich nun natürlich noch einmal eindringlicher und vehementer die Frage nach den Strukturen der Wissenskultur, auf der die Wikipedia basiert bzw. von denen sie aus agiert. Welches Wissensverständnis also dokumentiert sich auf der Ebene der symbolischen Ordnung? Welche latenten Sinnstrukturen lassen sich ausmachen? Hier schließt sich letztlich auch erneut die Frage an, als wie demokratisch sich der Wissensdiskurs innerhalb der Wikipedia damit eigentlich erweist.

Vor dem Hintergrund der zu Beginn des Kapitels vorgenommenen Einordnung der Wikipedia in den Kontext von postmoderner Wissensgesellschaft, libertärer Internetkultur und spätaufklärerischen Popularisierungsbestrebungen (in Bezug auf Wissen) erscheint diese auf den ersten Blick geradezu als Paradebeispiel einer digitalen Wissensdemokratisierung im Internet – und wird daher auch häufig als solches angeführt. Kaum ein Feuilleton-Artikel zu den innovativen Möglichkeiten der Online-Partizipation und der Bedeutung benutzergenerierter Inhalte, der nicht auf die Wikipedia verweist.[123] Die Wikipedia bietet – einen internetfähigen PC oder ein anderes Endgerät vorausgesetzt – nicht nur einen für jedermann offenen und kostenlos verfügbaren Zugang zu einem riesigen Sammelsurium an Wissensinhalten, die eingestellten Inhalte sind (dank GNU-FDL und CC) in der Regel auch für jedermann frei gestaltbar, veränderbar und weiterverwendbar. Auch neue Inhalte lassen sich problemlos einfügen. Darüber hinaus besteht aufgrund der Wiki-Technologie zudem die Möglichkeit der Interaktion und Diskussion – und damit zur Bildung einer virtuellen Gemeinschaft. Gleichzeitig existieren jedoch auch und gerade in der Wikipedia, wie die deskriptive Analyse auf der Ebene der aggregierten Phänomene gezeigt hat, Rollenmuster sowie Regeln und Konventionen des Handelns, die von einer deutlichen personellen Ausdifferenzierung und inhaltlichen Normierung künden; von Formen der Hierarchisierung also, welche der Idee der Demokratisierung strukturell eher zuwider laufen.

Der nun folgende dritte Teil der exemplarischen Analyse der Wikipedia stellt eine interpretative Annäherung an deren grundlegende Orientierungsmuster auf der Ebene der Tiefenstrukturen dar. Es handelt sich dabei um die

---

123 Vgl. dazu noch einmal die in der Einleitung dieser Arbeit ausführlicher geschilderte »ZEIT«-Debatte von Mai/Juni 2009 (vgl. Jessen 2009; Soboczynski 2009; von Randow 2009).

basalste Ebene der Wissenskultur. Die dort vorfindlichen Strukturen der Wissensgenese und -kommunikation bedingen die typischen Handlungspraktiken, die sich wiederum in Form von Einzelhandlungen (Aktivitäten) bzw. komplexeren Handlungsereignissen (Prozesse, Verfahren) dokumentieren und sich schließlich als organisationale Strukturen, Rollenmuster sowie als Regeln und Konventionen institutionell verfestigt manifestieren. Ebenso wie die Ebene der Praktiken ist auch diese Ebene der Tiefenstrukturen einem bewusst wahrnehmenden Zugang entzogen. Auch die betroffenen Akteure selbst handeln – so die Annahme – in der Regel ohne unmittelbare Kenntnis und ohne die Möglichkeit zur direkten Reflexion dieser Ordnung des Symbolischen. Nichtsdestotrotz sind ihre Handlungen resp. Äußerungen von den Grundmustern dieser Ordnung geprägt und durchzogen und in diesem Sinne also latent beeinflusst. So kommen die tiefenstrukturellen Grundmuster beispielsweise besonders dann zum Ausdruck, wenn Akteure Auskunft über sich selbst geben.

Die Grundlage des interpretativen Zugangs, der dem sequenzanalytischen Vorgehen der *Objektiven Hermeneutik* nach Ulrich Oevermann[124] folgt, bilden daher gezielt ausgewählte Metatexte des Wikipedia-Namensraums. Genuin enzyklopädische Texte wurden hingegen bis auf eine Ausnahme (der Artikel zur Wikipedia selbst) nicht berücksichtigt. Hauptfokus war es vielmehr, über die systematische Betrachtung der Kommunikation

---

124 Die von Ulrich Oevermann während der 1970er Jahre entwickelte Objektive Hermeneutik stellt ein Verfahren zur Textinterpretation dar, das in der Tradition einer aus der Texthermeneutik entwickelten sozialwissenschaftlichen Hermeneutik steht. Im Unterschied zu anderen Konzeptionen der sozialwissenschaftlich-hermeneutischen Forschung fragt sie jedoch nicht nach dem intendierten Sinn einer Handlung oder Aussage, sondern sucht nach deren latenten Sinnstrukturen. Die Methodologie der Objektiven Hermeneutik geht dabei davon aus, dass die soziale Wirklichkeit grundsätzlich sinnhaft strukturiert und soziales Handeln stets regelgeleitet ist. Die soziale Wirklichkeit selbst protokolliert sich im Text und wird über diesen zugänglich. Unter Kenntnis der universalen Regelkomplexe einer kulturellen Gemeinschaft können Handlungen bzw. Aussagen Bedeutungen beigemessen werden, wobei jede vollzogene Handlung bzw. getätigte Aussage jeweils ein Spektrum sinnlogisch möglicher Anschlusshandlungen bzw. Folgeaussagen eröffnet. Die sequenzielle Betrachtung der tatsächlich realisierten Optionen verweist schließlich auf die Charakteristika des rekonstruierten ›Falls‹, d.h. die dem Text zugrunde liegenden latenten Strukturmuster. Kurz gesagt geht es der Objektiven Hermeneutik also darum, die der textlich gefassten Wirklichkeit zugrunde liegenden und handlungsgenerierenden latenten Sinnstrukturen hermeneutisch auszulegen (vgl. u.a. Oevermann 1996; Reichertz 2007: 514-524; Wernet 2000: 11-20 sowie Soeffner 1999: 39-49). Zur Kritik an der Objektiven Hermeneutik allgemein siehe auch Reichertz 1994: 125-152. Ausführlicher zum Problem der Anwendbarkeit de Objektiven Hermeneutik im Kontext aktueller medienkultureller Entwicklungen siehe auch Böhme 2006b.

ihrer Ziele, Ansprüche und zentralen Funktionen nach innen wie außen den Blick der Wikipedia auf sich selbst zu erschließen. Interpretiert wurden dazu meist die Eingangssequenzen der betreffenden Selbstverständnis- bzw. Selbstreflexionstexte. Einige der dabei entstandenen objektiv-hermeneutischen Rekonstruktionen sollen im Folgenden jeweils in gekürzter Form vorgestellt werden.[125] Ergänzend zu den sequenzanalytischen Rekonstruktionen wird einleitend zu jeder Sequenz zudem auf die wichtigsten Schritte ihrer Entstehung eingegangen.[126] Dies soll einen Eindruck von der projektinternen Verbindlichkeit der jeweiligen textlichen Aussage vermitteln – denn: je schneller sich die Formulierung der betreffenden Sequenz durchgesetzt hat und je länger sie als solche stabil erhalten bleibt, desto stärker ist wohl auch ihre identitätsbezogene Wirkkraft nach innen wie außen einzuschätzen. Bedacht wird, wo es geht, ebenfalls die Verlinkungsstruktur der jeweiligen Sequenz, d.h. die Kernaussagen jener Lemmata, die unmittelbar mit der jeweiligen analysierten Sequenz verlinkt sind.

Das zentrale Eingangstor in die deutschsprachige Wikipedia bildet die sogenannte »Hauptseite«. Sie informiert unter anderem über aktuelle Ereignisse innerhalb der Wikipedia, listet eine Auswahl wichtiger Nachrichten aus Politik, Sport und Kultur sowie historischer Geschehnisse im Kontext des jeweiligen Tages. Darüber hinaus wird täglich wechselnd auf einen für exzellent befundenen Artikel und weitere wissenswerte Aspekte verwiesen. So zeigte die Hauptseite vom 11. März 2009 beispielsweise folgendes Bild (Abb. 16):[127]

---

125 Die ausführlichen Interpretationsprotokolle dieser und weiterer Sequenzen können bei Bedarf und Interesse über den Verlag bei der Autorin angefordert werden.
126 Eine ausführliche Übersicht kann bei Bedarf und Interesse über den Verlag bei der Autorin angefordert werden.
127 Seit dem 10.06.2010 besitzt die Benutzeroberfläche der Wikipedia ein leicht verändertes Design. Auch das Erscheinungsbild der Hauptseite hat sich damit leicht verändert, wobei die wesentlichen Bestandteile erhalten geblieben sind.

Abbildung 16: Hauptseite der deutschsprachigen Wikipedia (Screenshot)[128]

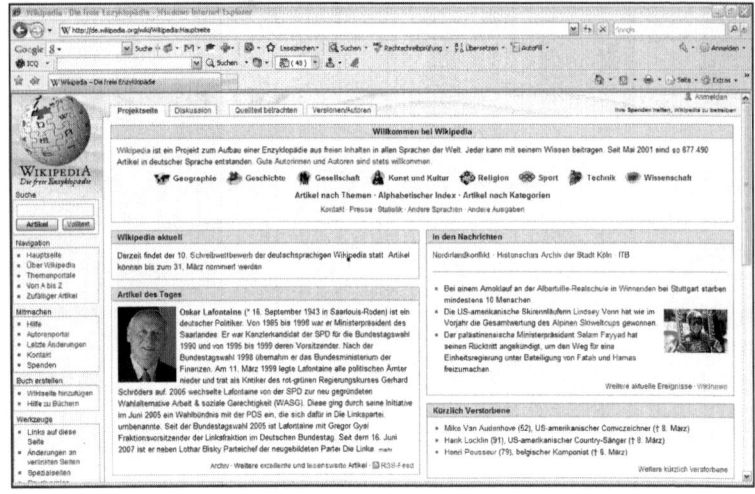

Vor allem aber dient die Hauptseite der einführenden Vorstellung und Präsentation der Wikipedia nach innen wie außen. In diesem Sinne erlauben die wenigen Sätze der Eingangssequenz, um deren Rekonstruktion es im Folgenden zunächst geht, einen ersten unmittelbaren Zugang zum Selbstkonzept der Wikipedia und ihrer Akteure. Allerdings verrät ein Blick in die Versionsgeschichte der deutschsprachigen Wikipedia-Hauptseite, dass deren Bearbeitung aus Angst vor Vandalismus schon sehr früh für normale Benutzer gesperrt und allein Administratoren vorbehalten war. Am 28.08.2002 um 13:52 Uhr stellt ein unbekannter Nutzer unter der IP ›165.79.123.78‹ eine erste Version der Seite[129] ein, die nach einer kurzen Begrüßungsformel mit den Sätzen beginnt:

»Hier entsteht eine frei verfügbare Enzyklopädie, deren Beiträge gemeinsam erarbeitet und genutzt werden können. Sie ist der deutschsprachige Bereich der internationalen Wikipedia.«

---

128 Siehe http://de.wikipedia.org/wiki/Hauptseite, Abruf am 11.03.2009, 14:10 Uhr; Bearbeitungsstand: 03.03.2009, 19:41 Uhr.

129 Aus Gründen der Übersichtlichkeit werden hier ausschließlich die Veränderungen in den ersten beiden Sequenzsätzen dokumentiert. Festgehalten wird mit anderen Worten: wann, in welcher Form und durch wen die entscheidenden Aspekte der finalen Version (Stichtag: 01.08.2007, 00:00 Uhr) in den Beginn der Sequenz eingefügt werden. Insgesamt lässt sich festhalten, dass fast alle entscheidenden Aspekte bereits in der Eingangssequenz der Ursprungsversion enthalten sind, allerdings erst im Laufe der Zeit ihre ›exponierte‹ Position und konkrete Formulierung erhalten.

Bereits wenige Tage später, am 06.09.2002, äußert Benutzer ›Chd‹ nach mehrmaligem Auftreten von IP-Vandalismus den Wunsch: »*bitte sperrt doch die hauptseite*«. Seither befindet sich die Seite mit kleinen Unterbrechungen unter Vollsperrung. Die gleichwohl erfolgten bisher insgesamt 1.708 Edits (Stand: 11.03.2009)[130] sind demnach also nahezu ausschließlich Benutzern mit Admin-Status zuzuschreiben. Betrachtet man speziell die Entwicklung der heutigen Eingangssequenz, ist die Anzahl der relevanten Edits jedoch vergleichsweise gering. Bereits die Urversion enthält bei genauerem Hinsehen zentrale Elemente des gegenwärtigen Textes. Sie ist zudem in weiten Teilen identisch mit dem Wortlaut der etwa zwei Monate zuvor entstandenen Seite »Wikipedia:Über_Wikipedia«[131] und wurde daher höchstwahrscheinlich von dieser übernommen. Am 11.11.2003 um 22:10 Uhr verleiht ›Elian‹ der Eingangssequenz der deutschsprachigen Hauptseite mit der Formulierung »*Wikipedia ist*« einen stärker definitorischen Anstrich. Wenige Stunden zuvor war durch Benutzer ›Zenon‹ die Formulierung »*sein Wissen beizutragen*« hinzugekommen. Die ersten beiden Sätze der Eingangssequenz lauten jetzt:

»Wikipedia ist eine allgemeine und frei verfügbare Enzyklopädie. Das Besondere an ihr ist die Wikiform: Jeder ist willkommen – mit oder ohne Anmeldung – sein Wissen beizutragen, Enzyklopädie-Artikel zu schreiben und zu verbessern.«

Anfang Mai 2004 hält durch Benutzer ›Eloquence‹ der Aspekt der ›Inhalte‹ Einzug in den Beginn der Sequenz, der im November allerdings vorerst wieder verschwindet. Gleichzeitig ersetzt Benutzer ›Eloquence‹ die Internationalität durch den bis dato als solchen nicht enthaltenen Aspekt der ›Mehrsprachigkeit‹. Der Gedanke wird am 23.08.2004 um 16:59 Uhr durch ›Fristu‹ aufgegriffen und erstmals in eine konkrete Sprachenangabe umgewandelt, welche sich letztendlich durchsetzt und kontinuierlich erweitert wird:

»Wikipedia ist eine Enzyklopädie in mehr als 50 Sprachen, die von Freiwilligen auf der ganzen Welt aufgebaut wird. Ihre Inhalte dürfen dauerhaft frei kopiert und verarbeitet werden.«

Im Juli und August 2005 kommt es zu Uneinigkeiten bezüglich der im November 2004 von ›Elian‹ eingeführten, erstmals aber schon im November 2003 aufgetauchten und wenige Minuten zuvor von Benutzer ›Triebtäter‹

---

130 Zu jeder Seite der Wikipedia kann mit Hilfe eines speziellen Tools (»Wikipedia Page History Statistics« eine jeweils aktuelle Statistik ihrer Entstehungs- bzw. Änderungsgeschichte erstellt werden. Das Tool wurde von Benutzer ›aka‹ entwickelt. Zu finden ist es unter: http://vs.aka-online.de/cgi-bin/wppagehiststat.pl, Abruf am 11.03.2009.
131 Siehe http://de.wikipedia.org/wiki/Wikipedia:Über_Wikipedia, Abruf am 11.03.2009.

wieder neu aufgegriffenen, allgemeinen Aussage »*Jeder kann mit seinem Wissen beitragen*« und der konkreteren Adressierung »*Wir suchen immer fähige Mitarbeiter*«, die auf den Benutzer ›P.Birken‹ zurückgeht. Schließlich findet sich ein Kompromiss zwischen beiden Formulierungen. So bleibt die allgemeine Aussage erst in Form eines Nebensatzes (»*zu der jeder mit seinem Wissen beitragen kann*«) erhalten und wird später sogar wieder zum eigenständigen Satz. Die konkrete Suche nach »*fähige[n] Mitarbeiter[n]*« rutscht in der Variante »*Gute Autoren sind immer willkommen*« lediglich weiter nach hinten. Am 13.11.2005 um 01:39 Uhr lautet der Beginn des Eingangstextes in der Version von ›Elian‹ dann:

»Die Wikipedia ist eine freie Enzyklopädie in mehr als 100 Sprachen. Jeder kann mit seinem Wissen beitragen und die Artikel direkt im Browser bearbeiten.«

Anfang Januar 2006 wird in Reaktion auf entsprechende Diskussionen aus der definitorischen Beschreibung der Wikipedia als ›*Enzyklopädie*‹ schließlich endgültig die eines »*Projekts zum Aufbau einer [...] Enzyklopädie*«. Die entscheidende Anpassung nimmt der Benutzer ›Markus Mueller‹ vor, wobei der Aspekt des ›Projekts‹ auch schon zuvor verschiedentlich Bestandteil des Sequenzbeginns gewesen ist (beispielsweise bereits im Juli 2003 eingeführt durch Benutzer ›Kurt Jansson‹ in Form der Formulierung »*Wikipedia-Projekts*«). Die Hauptseite der deutschsprachigen Wikipedia beginnt fortan mit den Worten:

»Die Wikipedia ist ein Projekt zum Aufbau einer freien Enzyklopädie in mehr als 100 Sprachen. Jeder kann mit seinem Wissen beitragen und die Artikel direkt im Browser bearbeiten.«

In den darauffolgenden Monaten zwischen März und November 2006 steigt die in der Eingangssequenz genannte Zahl der Sprachen von 100 auf 250 an. Am 26.11.06 um 17:38 Uhr ändert Benutzer ›Mathias Schindler‹ die zahlenmäßige Sprachenangabe in die Aussage »*in allen Sprachen der Welt*«. Er begründet diesen Schritt mit dem Kommentar: »*es sind nur derzeit knapp (noch nicht mal genau 250). Der Anspruch ist: ALLE.*«.

Nur wenige Wochen später, Mitte Dezember 2006, wird das »*Projekt zum Aufbau einer freien Enzyklopädie*« durch Benutzer ›Gardini‹ zum »*Projekt zum Aufbau einer Enzyklopädie mit freien Inhalten*«. Dieser Aspekt der ›Inhalte‹ war eigentlich schon in der ursprünglichen Version der Eingangssequenz enthalten und zwischen Mai 2004 und November 2004, initiiert durch Benutzer ›Eloquence‹, sogar Bestandteil des ersten Satzes gewesen, rückte dann aber für etwa zwei Jahre wieder weiter nach hinten und verschwand zwischenzeitlich sogar ganz aus der Eingangssequenz. Am 01.03.07 um 22.34 Uhr beseitigt ›Gardini‹ selbst die letzten grammatikalischen Unreinheiten und schafft so die der sequenzanalytischen Rekonstruktion zugrunde liegende Version, die, wie der obige Screenshot zeigt, bis heute unverändert geblieben ist:

»Wikipedia ist ein Projekt zum Aufbau einer Enzyklopädie aus freien Inhalten in allen Sprachen der Welt. Jeder kann mit seinem Wissen beitragen.«[132]

Tatsächlich enthält diese bereits alle relevanten Informationen, die zu einem grundlegenden Verständnis der Wikipedia bzw. zu einer ersten Orientierung notwendig sind. Es handelt sich hier offensichtlich um ein Projekt, das auf die Schaffung einer Enzyklopädie zielt, die sich (a) durch freie Inhalte in allen Sprachen der Welt sowie (b) die uneingeschränkte Möglichkeit zur Partizipation auszeichnet. Auch ohne eingehende Interpretation werden anhand dieser Sequenz folglich zwei zentrale Aspekte der Wikipedia im Hinblick auf die Frage nach der Wissensdemokratisierung resp. der dort gewissermaßen exemplarisch praktizierten Wissenskultur deutlich: eine Liberalisierung und Ausweitung der Inhalte einerseits und eine Demokratisierung der Beteiligungsstruktur andererseits. Erst eine nähere (rekonstruktive) Betrachtung dieser und weiterer Sequenzen kann jedoch zeigen, was derartige, definitorisch erscheinende Ansprüche konkret für die Wissenskultur der Wikipedia bedeuten.

4.1 Liberalisierung der Inhalte – zur Unvereinbarkeit inhaltlicher und formaler Ansprüche

Das *ist* der Eingangssequenz der Hauptseite erklärt die Wikipedia, die hier obgleich keinen Artikel besitzt und also mehr als allgemeines Phänomen denn als bestimmtes Faktum erscheint, grundsätzlich zu etwas Seiendem. Dessen Besonderheit liegt allerdings nicht in der Tatsache des Seins an sich, sondern in der näheren Bestimmung der Form begründet: Das mit dem Namen Wikipedia versehene Phänomen, so könnte man sagen, existiert in der Form eines Projekts. Die Bezeichnung *Projekt* steht dabei gemeinhin für ein nicht alltägliches, da inhaltlich umfangreicheres Vorhaben von zeitlich größerer, wenn auch begrenzter Dauer, welches auf die Erreichung eines bestimmten Ziels durch planvolles und strategisches Handeln hin ausgerichtet ist. Anders ausgedrückt verkörpert ein Projekt also ein komplexes Problemlösungsmuster, das – freilich immer angesichts der Gefahr des Scheiterns und zudem häufig nur unter Aufbietung einer kollektiven Anstrengung – letztlich eine Art Gestaltschließung (die Realisierung des jeweiligen Projektziels) beabsichtigt. Das Ziel des hier vorgestellten Projekts mit dem Namen Wikipedia ist nun konkret der Aufbau einer Enzyklopädie, d.h. also, wie die Verlinkung des Begriffs *Enzyklopädie* zum betreffenden Wikipedia-

---

[132] Grundlage der Rekonstruktion war die Version vom 01.08.2007, 00:00 Uhr; Bearbeitungsstand: 23.07.2007, 08:23 Uhr. Siehe http://de.wikipedia.org/wiki/Wikipedia:Hauptseite

Artikel verrät, eines »Nachschlagewerk[s], das alle Gebiete menschlichen Wissens strukturiert und umfassend darstellt«[133]. Ein derartiges Werk herzustellen, ist, so möchte man meinen, vor allem ein inhaltlich höchst anspruchsvolles und zeitaufwändiges Unterfangen. So gilt es zunächst einmal, Wissensbestände nahezu unvorstellbaren Umfangs zusammenzutragen, auszuwählen und – da es sich bei der Enzyklopädie um ein vornehmlich schriftbasiertes Medium handelt – in einen Text zu fassen. Weiterhin bedeutet das Erstellen einer Enzyklopädie, wie das Zitat deutlich macht, aber auch die Erzeugung einer geordneten und logisch aufeinander bezogenen Darstellung dieser Wissensinhalte, wobei dies freilich das vorherige Vorhandensein der Inhalte voraussetzt. Die gewählte Formulierung des *Aufbaus* einer Enzyklopädie fokussiert hauptsächlich eben jenen zweiten Aspekt der Herstellung. Versteht man Aufbau nämlich als das sukzessive und systematische Zusammensetzen eines Ganzen aus verschiedenen Einzelteilen anhand von Plänen oder Ideen bis ein gewünschtes (fertiges) Resultat erreicht ist (z.B. der Aufbau eines Regals oder eines Zeltes, aber auch der Aufbau einer beruflichen Existenz), handelt es sich bei diesem einerseits sowohl um einen chronologisch-strukturierten als auch selbst wiederum strukturierenden Prozess. Andererseits prägt die durch den Vorgang des Aufbaus geschaffene Struktur aber auch das fertige Produkt – nämlich dann, wenn etwas einen bestimmten Aufbau besitzt (z.B. der Aufbau eines Buches oder eines Leitfadens). So gesehen ist der Aufbau stets Struktur gebendes Verfahren und strukturiertes Ergebnis (Prozess und Produkt) zugleich. Er erscheint folglich als dialektischer Begriff. Mit dieser Feststellung sind letztlich auch bereits zwei zentrale Charakteristika des Projekts Wikipedia benannt: die Identität von Produkt und Prozess sowie, damit verbunden, der offensichtliche Vorrang Struktur schaffender und stabilisierender Aspekte vor inhaltsgenerierenden Aktivitäten.

Trotz dieses Primats des Strukturellen (der mit Blick auf die Geschichte des Enzyklopädiebegriffs überdies nicht ganz abwegig erscheint) bestehen bezüglich der Inhalte der aufzubauenden Enzyklopädie gleichwohl klare formale Ansprüche, welche die Komplexität des Projektcharakters theoretisch durchaus rechtfertigen. Abgesehen davon liegt die Wahrscheinlichkeit ihrer praktischen Realisierung jedoch eher im Bereich des Ideellen respektive Utopischen. Zwar erfährt das ansonsten breite Deutungsspektrum *freier Inhalte* durch die Verlinkung zum entsprechenden Wikipedia-Artikel eine deutliche Konkretion, indem darauf verwiesen wird, dass es sich dabei um Inhalte handelt, »die in Formaten publiziert werden, die deren Weiterverbreitung explizit erlauben«[134] und damit im Sinne der französischen

---

133 Artikel »Enzyklopädie«: http://de.wikipedia.org/wiki/Enzyklopädie, Abruf am 23.07.2007; Bearbeitungsstand: 18. 07. 2007, 14:31 Uhr.

134 »Freie Inhalte, oft auch mit der englischen Bezeichnung Open Content tituliert, sind Texte, Bild- und Tonwerke, die in Formaten publiziert werden, die deren Weiterverbreitung explizit erlauben. Oft wird dabei auch eingeschlossen, dass

Dopplung des ›libre et graduit‹ sowohl als frei in ihrer Zugänglichkeit wie auch in ihrer Verwendbarkeit gelten, doch gestaltet sich gerade dieses Faktum angesichts der unhintergehbaren Identität von Produkt und Prozess fraglich. Während eine so verstandene Freiheit vermutlich selbst erstellter Inhalte im Hinblick auf das Produkt Enzyklopädie zweifellos plausibel erscheint (Enzyklopädie aus freien Inhalten), birgt die Verwendung freier Inhalte im Prozess des Aufbaus (Aufbau aus freien Inhalten) insofern eine Schwierigkeit, als dass diese nur unter der Bedingung als tatsächlich gegeben betrachtet werden kann, dass der Vorgang des eigentlichen Verfassens nicht mehr nur von jenem des Aufbaus entkoppelt, sondern als solcher gänzlich ausgeblendet wird. Der strukturelle Zusammenhang zwischen freiem (Wissens-)Inhalt und dessen keineswegs urheberrechtsfreier Herkunft (zumal die Wikipedia ja betont, dass sie ausschließlich ›bekanntes Wissen‹ zusammenstellt) wird damit systematisch verkannt.

Ungeachtet der inhaltlichen Spezifikation über die eingefügte Verlinkung suggeriert der Begriff der *freien Inhalte* darüber hinaus jedoch zudem zunächst einmal eine Offenheit, die gerade im Kontext des Enzyklopädischen aus zweierlei Gründen problematisch erscheint: Zum Ersten, da Inhalte als solche niemals uneingeschränkt frei sind, sondern sich ihrem Wesen nach vielmehr stets als genuin inhaltlich gefüllt erweisen. Zum zweiten, da die Idee der Enzyklopädie diesen inhaltlich gefüllten Inhalten unweigerlich einen spezifischen Zuschnitt verleiht, so dass sie nicht mehr als freie, sondern stattdessen als enzyklopädische Inhalte erscheinen. Wenn aber die formulierten inhaltsbezogenen Anforderungen der im Rahmen des Projekts Wikipedia aufzubauenden Enzyklopädie nicht oder nur unter der Prämisse naiven Verkennens einzulösen sind, stellt dies nicht nur die Angemessenheit derartiger Ansprüche in Frage, sondern führt über die faktische Unmöglichkeit der Zielerreichung das Projekt selbst ad absurdum.

Ähnliches gilt auch für den Anspruch unbegrenzter *Sprachen*vielfalt. Vergegenwärtigt man sich auch nur kurz die immense Anzahl der weltweit gesprochenen Sprachen, von denen einige noch nicht einmal eine Schriftsprache aufweisen, wird die praktische Unerfüllbarkeit des theoretischen Anspruchs auch hier rasch evident. Dennoch bleibt diese offensichtliche Diskrepanz auf der unmittelbaren Textebene unerwähnt. Lediglich ein Blick in die Versionsgeschichte verrät die idealistische Intention der Aussage, deren utopischer Charakter allerdings auch dort nicht in letzter Konsequenz entfaltet wird. So heißt es in dem schon weiter oben angesprochenen Kom-

---

Veränderungen am Werk erlaubt sind. Freie Inhalte bilden damit eine Gegenposition zu Werken, bei denen der Schutz des geistigen Eigentums, insbesondere das Urheberrecht, der Verbreitung des Werks enge Grenzen auferlegt. Grundsätzlich entstehen freie Inhalte aus dem Gedanken, dass die rigide Einschränkung der Verbreitung den Austausch von Wissen und Ideen behindere.« (vgl. Artikel »Freie Inhalte«: http://de.wikipedia.org/wiki/Freie_Inhalte; Abruf am 23.07.2007; Bearbeitungsstand: 03.07.2007, 14:40 Uhr).

mentar von Benutzer ›Mathias Schindler‹ zu seinem Edit vom 26.11.2006 um 17:38 Uhr lediglich: »*Der Anspruch ist: ALLE.*«. Dieses aus überhöhten und in sich diskrepanten Ansprüchen resultierende latente Gefährdungspotential im Hinblick auf die letztendliche Realisierung des Projekts setzt sich schließlich auch hinsichtlich der ausnahms- und unterschiedslos geltenden Möglichkeit des Beitragens zum Projekt Wikipedia fort. Die Option des Beitragens ist dabei unmittelbar an *Wissen* gebunden. Dieses wird mit dem besitzanzeigenden Fürwort *sein* eingeführt und damit als etwas Personalisiertes ausgewiesen. Beigetragen werden soll also das Wissen der jeweiligen Person. Wenn aber alle Personen mit ihrem Wissen zum Aufbau der Enzyklopädie beitragen können, dann ist aufgrund dieser Tatsache wohl nicht nur mit einer ungewohnt großen Vielfalt und Variationsbreite der Inhalte zu rechnen, es wird darüber hinaus auch die Gefahr der Subjektivität in Kauf genommen. Gerade dieser subjektive bzw. personalisierte Charakter dieses Wissens steht dem eigentlich auf Objektivität und Sachlichkeit bedachten Duktus einer Enzyklopädie wiederum entgegen. Einmal mehr zeigt sich hier also das Strukturmuster der Suggestion einer größtmöglichen, weil unbegrenzten Offenheit bzw. Liberalität, die im Hinblick auf den gesetzten Rahmen entweder selbst als unmöglich erscheint oder aber die Wahrung des Rahmens gefährdet.

Es lässt sich also zusammenfassen: Die Sequenz dokumentiert die Ambivalenz strukturell unvereinbarer Ansprüche, deren gemeinsame Formulierung bereits das deutliche Moment des Scheiterns in sich trägt. Die hier suggerierte inhaltliche Unbestimmtheit, utopische Unbegrenztheit und subjektive Offenheit der aufzubauenden Enzyklopädie reibt sich nicht nur an den Sollbruchstellen der enzyklopädischen Idee, sondern gefährdet auch den Aufbau einer solchen und führt damit letztendlich den auf Geschlossenheit gerichteten Projektbegriff ad absurdum.

Eine derartige Spannung zwischen Offenheit und Geschlossenheit, zwischen Anschließen und Absetzen zeigt sich auch in der folgenden Sequenz, die dem Eingangstext der Seite »Wikipedia:Artikel« entnommen ist. Dort folgte sie zum Zeitpunkt ihrer Rekonstruktion unmittelbar auf die einleitende Aussage:

»Diese Seite erklärt, was ein Artikel in Wikipedia ist und welche Anforderungen an Wikipedia-Artikel gestellt werden.«[135]

Inzwischen ist dieser durch die definitorische Aussage ersetzt:

»Als Artikel werden die Seiten im Artikelnamensraum bezeichnet.«[136]

---

135 »Wikipedia:Artikel«: http://de.wikipedia.org/wiki/Wikipedia:Artikel, Abruf am 01.08.2007; Bearbeitungsstand: 10.07.2007, 02:22 Uhr.
136 »Wikipedia:Artikel«: http://de.wikipedia.org/wiki/Wikipedia:Artikel, Abruf am 16.03.2009; Bearbeitungsstand: 10.03.2009, 12:33 Uhr.

Die Seite selbst existiert seit dem 02.04.2004. Um 20:25 Uhr stellt Benutzer ›Sansculotte‹ eine erste Fassung ein, welche bereits damals – von kleinen Abweichungen einmal abgesehen – im Wesentlichen den noch heute gültigen Sequenztext enthält:

> »Die Wikipedia unterliegt nicht den Beschränkungen in Umfang und Thema, wie dies bei den klassischen Enzyklopädien der Fall ist. Sie soll eine Allgemeinenzyklopädie mit Fachlexika vereinen und auch Themen der Populärwissenschaft und des aktuellen Zeitgeschehens mit abdecken.«

Allerdings findet sich dieser noch nicht im einleitenden Absatz, sondern bildet den ersten von drei Punkten unter der Überschrift *»Grundsätzliche Überlegungen«*. Die entscheidende Änderung dieser Seitenstruktur hin zum aktuellen Stand erfolgt erst über ein Jahr später durch die Initiative von ›Elian‹, die am 16.09.2005 um 16:33 Uhr die Inhalte der inzwischen mit *»Grundsätzliche Überlegungen zur Enzyklopädie«* übertitelten Anmerkungen in den Eingangstext integriert und dabei auch die bereits erwähnte einleitende Aussage formuliert. Wenige Tage zuvor, am 03.09.2005 um 21:26 Uhr, hatte die IP ›217.184.154.236‹ zudem eine sprachlich-stilistische Anpassung der ursprünglichen Formulierung vorgenommen und damit die seither in ihrem Wortlaut unveränderte Passage erzeugt, die so auch Grundlage der sequenzanalytischen Rekonstruktion war:

> »Die Wikipedia unterliegt in Umfang und Themen nicht den Beschränkungen klassischer Enzyklopädien. Sie soll eine Allgemeinenzyklopädie mit Fachlexika vereinen und auch Themen der Populärwissenschaft und des aktuellen Zeitgeschehens mit abdecken.«

Von den insgesamt 465 (Stand: 11.03.2009) Modifikationen der Gesamtseite nehmen also im engeren Sinne nur drei Edits unmittelbar Einfluss auf die hier betrachtete Sequenz.[137] Diese beginnt mit dem Gedanken des Gebundenseins an Beschränkungen räumlicher wie inhaltlicher Art, der hier mit dem weitgehend negativ konnotierten Begriff des *Unterliegens* eingeführt wird. Während derartige be- und einschränkende Restriktionen klassischen Enzyklopädien ganz natürlich eigen sind, definiert sich die Wikipedia also offensichtlich gerade über deren Nicht-Geltung. Die Figur des Absetzens von bzw. der Abgrenzung gegenüber klassischen Enzyklopädien wird hier folglich zum zentralen Bestimmungsmoment dessen, was die Wikipedia ausmacht. Zugleich schafft gerade diese Abgrenzungsfigur trotz der aufgemachten Differenz aber auch eine gewisse Nähe. So betreffen die relevanten Restriktionen bezüglich derer sich Wikipedia und klassische Enzyklopädien

---

137 Grundlage der Rekonstruktion war die Version vom 01.08.2007, 00:00 Uhr; Bearbeitungsstand: 10.07.2007, 03:22 Uhr. Siehe http://de.wikipedia.org/wiki/Wikipedia:Artikel

unterscheiden, wenn man so will, ›lediglich‹ bzw. ›ausschließlich‹ Umfang und Themen. Hinsichtlich sonstiger Merkmale, Beschränkungen oder auch Ansprüche (z.b. Qualität) klassischer Enzyklopädien besteht hingegen – auch das ließe sich formulieren – nicht die Notwendigkeit des expliziten Absetzens. In diesem Sinne ist also durchaus eine weitgehende Kongruenz zwischen der Wikipedia und dem klassischen Gedanken des Enzyklopädischen denkbar. Oder anders ausgedrückt: Indem gerade klassische Enzyklopädien als negativer Gegenhorizont zur Wikipedia angeführt werden, fungieren diese nicht nur als zentraler Bezugspunkt, sondern werden im Zuge dessen auch zum Bestandteil des Selbstkonzepts. Auch Wikipedia ist – wenn vielleicht auch keine klassische – eine Enzyklopädie bzw. will eine solche sein, wie sonst machte die Wahl eben dieses Gegenhorizonts Sinn.

Was die propagierte Unbeschränktheit im Hinblick auf Umfang und Themen betrifft, stellt sich freilich auch hier wieder die Frage, inwieweit eine diesbezügliche Ausweitung mit dem Konzept einer Enzyklopädie überhaupt vereinbar ist. Wie schon im Kontext der vorangegangenen Rekonstruktion der Eingangssequenz der Hauptseite diskutiert, setzt dieses Beschränkungen voraus, denen Umfang und Themen nicht nur aufgrund der medial-strukturellen Rahmenbedingungen der buchkulturellen Kommunikation, sondern auch und vor allem angesichts inhaltlich-qualitativer Ansprüche notwendig unterliegen müssen. Andernfalls besteht – natürlich stets aus der Perspektive eines klassischen Enzyklopädieverständnisses – die Gefahr, das genuin Enzyklopädische zu unterlaufen.

Im Fortgang der Sequenz wird nun einerseits tatsächlich deutlich, dass der Anspruch der Ausweitung des thematischen Spektrums der Wikipedia weit über das hinausgeht, was klassische Enzyklopädien gewöhnlich abdecken. Insbesondere die Forderung des Einbezug von *Themen [...] des aktuellen Zeitgeschehens* sprengt nicht nur die bislang geltenden Mechanismen der Entstehung relevanten Weltwissens, sie macht auch eine permanente Fortschreibung des enzyklopädischen Werks (in diesem Falle: der Wikipedia) notwendig, was erneut auf das Merkmal der Identität von Produkt und Prozess verweist.

Andererseits fällt bezüglich der Reihenfolge sowie der Art und Weise der Benennung der einzelnen Elemente des anvisierten inhaltlichen Spektrums der Wikipedia aber auch eine tendenzielle Gewichtung auf. Demnach erscheint die Synthese von *Allgemeinenzyklopädie* und *Fachlexika* des ersten Halbsatzes im Sinne einer Verknüpfung von enzyklopädischem Allgemein- und Spezialwissen als grundlegender Wesenszug der Wikipedia, während aus *Populärwissenschaft* und *aktuellem Zeitgeschehen* lediglich einzelne Themen *mit abgedeckt* werden sollen. Vernachlässigt man an dieser Stelle die im Hinblick auf das Selbstkonzept der Wikipedia ebenfalls interessante Frage der Relation zwischen enzyklopädischem Wissen und populärwissenschaftlichen Themen, so bestätigt sich letztlich gerade in dieser Auflistung die These eines grundsätzlich affirmativen Anschlusses an die inhaltliche Zielstellung und praktische Funktionalität der Idee des Enzyklopädischen. So gesehen geht es der Wikipedia also nicht um eine radikale Überwindung der inhaltlichen Grenzen klassischer Enzyklopädien. Vielmehr entsteht der Eindruck, als solle ausgehend vom Ansatz der Reproduktion eine schrittweise Ausweitung erfolgen. So gesehen dokumentiert sich hier erneut das Strukturmuster eines innovativen Absetzens durch Ausweitung bei gleichzeitigem konventionellem Anschließen.

Damit lässt sich zusammenfassend formulieren: In dieser Sequenz erfolgt eine Charakterisierung der Wikipedia über die Figur des Absetzens gegenüber restriktiven Strukturmerkmalen klassischer Enzyklopädien, von denen sie selbst frei ist. In der Verwendung als negative Kontrastfolie fungieren diese aber nicht nur als Gegenhorizont, sondern werden zum festen Bestandteil des Selbstkonzepts. Die Wikipedia erscheint daher als ein Unternehmen, welches einerseits geradezu affirmativ an die Zielstellung und Funktionalität klassischer Enzyklopädien anknüpft (z.B. Sammlung, Systematisierung und Zugänglichmachung von Wissen), die dazugehörigen historisch gewachsenen und spezifischen Beschränkungen andererseits jedoch durch Ausweitung zu überwinden bestrebt ist. So gesehen handelt es sich hier im Falle der Selbstdarstellung allerdings um ein doppeltes Verkennen der eigenen Identität: auf der Ebene des Absetzens um ein Verkennen des impliziten Anspruchs der Reproduktion, der bestimmte thematische Beschränkungen eigentlich schlichtweg voraussetzt (eine Enzyklopädie kann nicht alle Themen gleichwertig aufnehmen); auf der Ebene des Anschließens hingegen um ein Verkennen der Andersartigkeit, da ja gerade die absolute thematische Breite dem genuinen Enzyklopädiecharakter zuwiderläuft.

4.2 Demokratisierung der Beteiligungsstruktur – zur strukturellen Uneinlösbarkeit kollektivistischer Ideale

Die beiden bisher vorgestellten Rekonstruktionen verweisen bereits eindringlich auf ein zentrales Strukturmerkmal der Wikipedia: Gemeint ist die konfligierende Gleichzeitigkeit von Tradition und Innovation. So vermitteln die Selbstverständnistexte zwar zunächst den Eindruck, die Liberalisierungsbestrebungen der Wikipedia im Bereich der Inhalte seien mit dem Festhalten am Konzept der Enzyklopädie problemlos kompatibel, bei genauerem Hinsehen zeigt sich jedoch immer wieder das Moment des Verkennens der eigenen Identität. Die strukturelle Unvereinbarkeit traditionell-klassischer und innovativ-libertärer Ansprüche kommt daher vor allem dort zum Ausdruck, wo die Wikipedia nicht explizit als Enzyklopädie benannt werden kann. Entweder geht, wie im ersten Beispiel, das Produkt Enzyklopädie im dynamischen Prozess des aufbauenden Struktur-Schaffens auf, oder aber der negative Gegenhorizont des ›klassisch Beschränkten‹ wird im Akt des Absetzens – gewissermaßen in Stellvertreterfunktion – zur eigentlichen Bestimmungsinstanz des Selbst.

Diskrepanzen dieser Art lassen sich aber auch anhand weiterer Sequenzen rekonstruieren. Neben den soeben beispielhaft betrachteten Tendenzen der Liberalisierung der Inhalte richtet sich der demokratische Impetus ganz im Sinne der Amateurkultur des Web 2.0 natürlich ganz besonders auch auf den Aspekt der gleichberechtigten Teilnahme. Die folgenden beiden Interpretationen nehmen eben diesen Aspekt in den Blick. Die formalanalytische Betrachtung der Wikipedia im Rahmen von Deskription und Abstraktion hat diesbezüglich bereits gezeigt, dass die aktive Partizipation nicht allein über das Verfassen von Artikeln erfolgt, sondern auch und gerade von der intensiven Beteiligung an Diskussionen und Abstimmungen lebt. Weiterhin konnte auf der Ebene der Akteure bereits eine Reihe verschiedener Rollen- und Funktionsmuster herausgearbeitet werden, die ein ambivalentes Bild auf die demokratische Struktur der Online-Community Wikipedia werfen.

Die Seite »Wikipedia:Benutzer«[138] gibt einen Überblick über diese verschiedenen Rollenmuster. Eine Urversion der Seite wird erst vergleichsweise spät, nämlich am 23.06.2004 um 20:53 Uhr, von ›Elian‹ eingestellt. Die der Auflistung der verschiedenen Benutzertypen vorgeschaltete Eingangssequenz weist bereits in dieser Version den Text auf:

»In der MediaWiki-Software gibt es mehrere Benutzertypen, die abgestufte Rechte und Möglichkeiten haben.«

Seither wurden summa summarum lediglich 196 weitere Edits (Stand: 11.03.2009) an der Gesamtseite vorgenommen, obgleich diese lange Zeit keinem Seitenschutz unterlag[139] und umfassende Bearbeitungen somit stets möglich waren. Die Eingangssequenz selbst erfährt schon wenige Minuten nach dem Einstellen der Urversion ihre erste und einzige Modifikation ebenfalls durch ›Elian‹ und lautet fortan:

»In der MediaWiki-Software gibt es mehrere Benutzertypen, die abgestufte Rechte und Möglichkeiten haben – allerdings nur in Bezug auf die Organisationsstruktur, inhaltlich haben alle Benutzer dieselben Rechte.«[140]

Mit dem Begriff der *MediaWiki-Software* wird zu Beginn der Sequenz zunächst ein vermutlich internetbasiertes Programm eingeführt, dessen Besonderheit offensichtlich darin besteht, dass es *mehrere Benutzertypen* kennt. Verstanden im Sinne von Typus handelt es sich dabei also anscheinend um eine Form der Einteilung bzw. Kategorisierung der Anwender dieser Software entlang des Merkmals der Benutzung. Eine derartige Kategorisierung verweist einerseits zwar auf eine gewisse interne Ordnung, Systematik und

---

138 Seit dem 25.05.2009 verschoben zu »Hilfe:Benutzer«.
139 Inzwischen ist die Seite jedoch für das Bearbeiten durch unangemeldete und neue Benutzer gesperrt.
140 Grundlage der Rekonstruktion war die Version vom 01.08.2007, 00:00 Uhr; Bearbeitungsstand: 19.07.2007, 17:14 Uhr. Siehe http://de.wikipedia.org/wiki/Wikipedia:Benutzer

Struktur und also auch Komplexität, kann andererseits aber auch zu Separation und der Herausbildung von Hierarchien und Statusunterschieden führen, zumindest insofern – wie hier, da diese Typologisierung als softwareseitig ausgewiesen wird (*in der MediaWiki-Software*), zu vermuten steht – es sich dabei um Typen im Sinne der softwareseitigen Möglichkeiten, nicht aber der durch die Anwender selbst gezeigten Art und Weise der Benutzung handelt. Tatsächlich sind die hier erwähnten Benutzertypen, dem Begriff der *Abstufung* zufolge, nicht nur mit kategorial unterschiedlichen, sondern mit Rechten und Möglichkeiten hierarchisch-differenter Ausprägung ausgestattet. Den unterschiedlichen Benutzertypen kommen also Rechte und Möglichkeiten auf unterschiedlichen Stufenniveaus zu, was im Kontext der Softwareanwendung vermutlich einem Mehr oder Weniger im Bereich der jeweiligen Handlungsspektren gleichkommt. In diesem Sinne wird hier also der Kontext eines bereits in den Strukturen der Software angelegten, differenzierten Klassensystems aufgemacht, dessen Statusunterschiede für den Umgang mit der Software geradezu konstitutiv erscheinen.

Im zweiten Teil der Sequenz erfahren diese softwarebedingten Statusunterschiede jedoch eine scheinbare Relativierung. So wird betont, dass diese lediglich und ausschließlich die *Organisationsstruktur* betreffen, während der Bereich des *Inhaltlichen* davon ausgenommen bleibt. Die damit proklamierte partielle (inhaltliche) Gleichheit aller *Benutzer* trotz geltender Status- und Rangunterschiede auf der Ebene der Organisationsstruktur erweist sich allerdings insofern als unrealistisch, als dass diese eine funktionale Unabhängigkeit inhaltsbezogener Aktivitäten (so diese überhaupt gemeint sind) von der jeweiligen Ausprägung formaler Rechte und Möglichkeiten der Benutzung voraussetzt. Bereits der Begriff der Organisationsstruktur macht jedoch einmal mehr deutlich, dass es sich um ein komplexes Geflecht aus Rollen und Positionen mit dazugehörigen Handlungsoptionen und Zuständigkeiten handelt. Entsprechend ist davon auszugehen, dass strukturelle Differenzen auf der Ebene der Organisationsstruktur explizit oder implizit auch Auswirkungen auf inhaltliche Aspekte respektive Aktivitäten haben werden. Abgesehen von einer meist nicht zu unterschätzenden psychologischen Wirkung formaler Positionen und Hierarchien, die sich etwa in einem rollenspezifischen Verhalten niederschlägt, sind mit diesen – praktisch gedacht – oft auch Fragen des Zugangs zu Informationen und Ressourcen verbunden. Im Falle der Benutzung einer Anwendungssoftware könnte dies beispielsweise eine ungleichmäßig gestaffelte Verfügbarkeit von speziellen Werkzeugen und Funktionen bedeuten.

Folgerichtig lässt sich der postulierte Gleichheitsanspruch auf der Ebene des Inhaltlichen daher (wohl) auch nicht als gleichwertiges Äquivalent zu den Rechten und Möglichkeiten bezüglich der Organisationsstruktur formulieren, sondern erschöpft sich im Verweis auf identische Rechte (*dieselben Rechte*). Entsprechende Möglichkeiten werden hingegen nicht mehr angesprochen. Geht man von der Lesart eines latenten Einflusses formaler Hierarchien der Organisationsebene auf das inhaltsbezogene Handeln bzw. Agieren aus, dokumentiert sich darin vermutlich eine strukturelle Differenz zwischen prinzipiell vorhandenen Rechten und den dazugehörigen Möglichkeiten ihrer Einlösung. So garantiert die formale Zuerkenntnis eines Rechts (noch) nicht in jedem Falle auch dessen praktische Umsetzung. Vielmehr können bestimmte Kontextfaktoren die Inanspruchnahme systematisch erschweren oder gar verhindern. Theoretisch besteht dann zwar durchaus eine Art Rechtsgleichheit, es fehlen aber die Möglichkeiten zu ihrer auch praktischen Einlösung.[141]

Insgesamt deutet sich demnach das Strukturmuster einer strukturellen Diskrepanz zwischen inhaltlichen Rechten und formalen Möglichkeiten an, das sich kurz folgendermaßen zusammenfassen lässt: Mit der MediaWiki-Software wird ein vermutlich internetbasiertes Programm eingeführt, das eine Anzahl verschiedener Typen von Benutzern aufweist, die sich vor allem dadurch unterscheiden, dass sie hinsichtlich der Organisationsstruktur über Rechte und Möglichkeiten hierarchisch-differenter Ausprägung verfügen. Entsprechend ist davon auszugehen, dass es sich hier um eine Software handelt, welche formal die Ausbildung von Rollen und Positionen, d.h. also eines Klassensystems zulässt oder sogar verlangt. So gesehen ist die Einteilung der Benutzertypen für die Funktionsweise der Software an sich konstitutiv, da sie das jeweilige Handlungsspektrum vorgibt und vermutlich auch Einfluss auf die Interaktionen der Benutzer untereinander zeigt. Die dennoch proklamierte Gleichheit in Bezug auf inhaltliche Aspekte erscheint daher als eine Art uneinlösbares demokratisches Ideal – nicht zuletzt auch weil unklar bleibt, worin die mit der Organisationsstruktur verbundenen Rechte und Möglichkeiten der einzelnen Benutzertypen konkret bestehen und welche Konsequenzen daraus potentiell auch für den Bereich des Inhalts erwachsen könnten. Folgerichtig bricht dieses Ideal schon in seiner Formulierung, indem im Unterschied zur Organisationsstruktur zwar prinzipiell gleiche Rechte, nicht aber auch die Möglichkeiten zur deren Einlösung eingeräumt werden.

Wie stark die Uneinlösbarkeit kollektivistischer bzw. demokratischer Ideale tatsächlich mit der formalen Struktur der Wikipedia verwoben ist, zeigt auch die Rekonstruktion der folgenden Sequenz, welche dem Enzyklopädieartikel »Wikipedia« entnommen ist. Der Artikel selbst besteht seit dem 24.04.2002. Um 09:29 Uhr stellt Benutzer ›Kurt Jansson‹ eine erste Version ein. In dieser ist die betreffende Sequenz allerdings noch nicht enthalten. Erst zwei Jahre später, am 14.06.2004 um 10:52 ergänzt Benutzer ›Nd‹ den Themenbereich »*Projektorganisation*«, der wiederum knapp ein Jahr später, am 03.04.2005 um 21:05, von ›Akl‹ in »*Meinungsbildung und Machtstruk-*

---

141 Dies hat inzwischen wohl auch die Wikipedia selbst eingesehen. Der zweite Teil der Sequenz wurde (nach mehr als 5 Jahren) am 09.12.2009, 16:14 Uhr von Benutzer ›Björn Bornhöft‹ mit der Begründung entfernt: »Dass alle dieselben inhaltlichen Möglichkeiten haben, ist seit Einführung der gesichteten Versionen eindeutig Vergangenheit.«.

tur« umbenannt wird. Am 15.05.2005 schließlich trennt ›Elian‹ die Bereiche *»Organisation«* und *»Machtstruktur«* und fügt unter Rückgriff auf Ideen aus dem Artikel »Wikipedia:Machtstruktur«[142] unter anderem den Satz ein:

»In Entscheidungen über Regeln wird in Wikipedia traditionell versucht, ein Konsens zu finden. Das geschieht in so genannten Meinungsbildern, die zwischen Diskussion und Abstimmung anzusiedeln sind.«

Dieser Passus wird am 16.05.2005 um 00:54 Uhr von ›Southpark‹ um wesentliche Teile ergänzt und unter der neuen Überschrift *»Einfluss innerhalb der Wikipedia«* bereits fast vollständig zur noch heute vorliegenden Form erweitert:

»Bei Entscheidungen über Regeln wird in Wikipedia traditionell versucht, einen Konsens zu finden. Praktisch ist ein echter Konsens bei der Vielzahl der Mitarbeiter kaum möglich. Regeln, die über eine ausreichende Legitimität verfügen sollen, müssen aber meistens von einer großen qualifizierten Mehrheit der Benutzer getragen werden.«

Im Fortgang werden lediglich noch formale Modifikationen vorgenommen. So setzt sich beispielsweise die von ›Elian‹ initiierte Überschrift *»Entscheidungsfindung und Organisationsstruktur«* durch, die damit auch wieder im großen Themenbereich *»Organisation«* Platz findet. Mitte Januar 2006 verhilft Benutzer ›Schaengel89‹ der Wikipedia durch eine letzte kleine Änderung schließlich noch zu einem Artikel. Die Sequenz lautet seither:

»Bei Entscheidungen über Regeln wird in der Wikipedia traditionell versucht, einen Konsens zu finden. Praktisch ist ein echter Konsens bei der Vielzahl der Mitarbeiter kaum möglich. Regeln, die über eine ausreichende Legitimität verfügen sollen, müssen von einer großen qualifizierten Mehrheit der Benutzer getragen werden.«[143]

---

142 Siehe http://de.wikipedia.org/wiki/Wikipedia:Machtstruktur. Dort heißt es in der Version vom 27.01.2005, 21:19 Uhr: »Würde man die Machtstruktur der Wikipedia einer Demokratieform zuordnen wollen, wäre die Konsensdemokratie wohl das passendste Modell. Anstelle der Machtausübung durch eine Mehrheit wird über Diskussionen nach Möglichkeit der Dialog und Konsens zwischen allen angestrebt. Nicht alle Entscheidungen lassen sich durch Konsens erreichen, und in seltenen Fällen bleibt nichts anderes übrig, als um ein Meinungsbild zu bitten. Aber auch das Meinungsbild, da eine Diskussionsform, kann als eine Ausprägung der Konsensdemokratie in der Wikipedia bezeichnet werden.«

143 Grundlage der Rekonstruktion war die Version vom 01.08.2007, 00:00 Uhr; Bearbeitungsstand: 27.07.2007, 13:41 Uhr. Siehe http://de.wikipedia.org/wiki/Wikipedia

Zu Beginn der Sequenz wird zunächst der situative Kontext des Entscheidens *über Regeln* aufgemacht. Notwendig sind Regeln dabei vor allem in kollektiven Zusammenhängen wie beispielsweise in Vereinen, Klassenverbänden oder Familien, denn sie ordnen, strukturieren und koordinieren das soziale Miteinander, indem sie etwa Abläufe bzw. Verfahren festlegen und legitime Verhaltensweisen definieren. Regeln stellen damit die Grundlage eines funktionierenden sozialen Zusammenlebens dar, da die Handlungen anderer Personen bzw. stattfindende Prozesse erwartbar werden. Vorausgesetzt natürlich, die Einzelnen akzeptieren diese Regeln und richten ihr Verhalten auch an ihnen aus. Regeln geben in diesem Sinne also Orientierung, schränken das Individuum und dessen Entfaltungsmöglichkeiten andererseits aber auch ein. Folglich erscheint es grundlegend demokratisch, wenn bezüglich des hier thematisierten sozialen Miteinanders *Wikipedia* behauptet wird, Regeln seien an diesbezügliche *Entscheidungen* gekoppelt. Sie stehen also nicht a priori fest, sondern sind grundlegend zustimmungspflichtig. Oder anders ausgedrückt: Über das, was als kollektive Handlungsmaxime in der Wikipedia gelten soll, muss und kann überhaupt erst entschieden werden. Tendenziell verweist das wohl eher auf informelle Kollektive. In formellen Kontexten, wie beispielsweise dem Berufsleben, ist ein Sprechen über Regeln und diesbezügliche Entscheidungsprozesse hingegen eher unüblich. Häufiger ist dann von Maßnahmen oder Vorschriften die Rede, welche autoritär (top-down) vorgegeben werden (z.B. Sicherheitsvorschriften, Arbeitsschutzmaßnahmen). Gleichwohl ist hier, auch wenn mit der Tatsache, dass Entscheidungen über Regeln überhaupt und – aufgrund des Fehlens einer entsprechenden zeitlichen oder situativen Einschränkung – vermutlich auch prinzipiell möglich sind und stattfinden, zunächst eine gewisse Offenheit suggeriert bzw. eine Perspektive des potentiell Gestaltbaren eröffnet wird, nicht von einem Prozess der offenen Aushandlung oder gar des gemeinschaftlichen Entwickelns auszugehen. Vielmehr erweckt der Begriff der Entscheidungen den Eindruck, als seien die entsprechenden Regeln schon da und man könne sich lediglich für oder gegen sie entscheiden.

Im Hinblick auf die Entscheidungen selbst sind diese nun traditionell vom Versuch bestimmt, *einen Konsens zu finden*. Konsens bedeutet nach Aussage des entsprechenden Wikipedia-Artikels, dessen Lemma hier jedoch nicht verlinkt ist, »Übereinstimmung [...] ohne verdeckten oder offenen Widerspruch«[144]. Ist von einem Konsens die Rede, ist also gemeinhin eine wirkliche Übereinstimmung im Sinne von Einstimmigkeit, eine einheitliche Befürwortung gemeint. In diesem Sinne verkörpert das Ziel einer Konsensentscheidung bzw. einer konsensualen Entscheidung ein genuin (basis-)-demokratisches Prinzip, da nicht nur ausnahmslos jeder beteiligt ist, sondern der Stimme jedes an der Abstimmung Beteiligten auch ein tatsächlich gleiches Gewicht beigemessen wird. Auch Einzelmeinungen und Meinungen

---

144 Artikel »Konsens«: http://de.wikipedia.org/wiki/Konsens, Abruf am 27.07.2007; Bearbeitungsstand: 21.07.2007, 18:08 Uhr.

von Minderheiten können damit nicht vernachlässigt werden. Ein solcher Konsens ist daher jedoch umso voraussetzungsreicher, je größer und heterogener die Gruppe ist. Das Konsensprinzip verkörpert folglich auch einen extrem hohen Anspruch.

Genau dieser, wenn man so will, hehre (basis-)demokratische Anspruch wird nun aber bereits in seiner Formulierung selbst wieder gebrochen, insofern nämlich lediglich davon die Rede ist, es werde *versucht*, diesen *zu finden*, d.h. also einen solchen zu erreichen. *Versuchen* bezeichnet ein ehrliches Bemühen um etwas, das allerdings stets mit der Option des Misslingens behaftet ist. Versuchen muss man also etwas, von dem man nicht weiß, ob man es beherrscht oder dessen Funktionieren aufgrund unbekannter oder aber unberechenbarer Einflussfaktoren unsicher ist. Die hier gewählte Formulierung deutet demnach bereits auf eine gewisse Vagheit des tatsächlichen Gelingens hin. Dieser Eindruck der Vagheit verstärkt sich noch, wenn man zudem bedenkt, dass der Versuch der Konsensfindung eine *Tradition* darstellt. Damit wird einerseits zwar deutlich, dass es sich hier um einen Anspruch handelt, der ungeachtet aller eventuellen Widrigkeiten nicht aufgegeben, sondern vermutlich bereits über Jahre mitgeführt und aufrechterhalten wird. Zugleich stellt sich andererseits jedoch die Frage, warum etwas auch nach mehrmaligem Versuch noch versucht werden muss, warum also nicht etwa ein entsprechender Anpassungs- und/oder Veränderungsprozess einsetzt, der den Versuch allmählich in Beherrschung verwandelte. In diesem Sinne besitzt die Formulierung des traditionellen Versuchs weiterhin auch eine deutlich schwache, weil passiv-resignativ erscheinende Komponente. Der Konsens wird nicht etwa gezielt unterstützt oder erwartet. Das Finden eines Konsenses gilt auch keineswegs als zwingende Voraussetzung für Regelentscheidungen. Zwar wird zunächst ein Konsens versuchend angestrebt, doch können Entscheidungen über Regeln im Zweifelsfall auch ohne einen solchen getroffen werden. So gesehen verliert der hehre (basis-)-demokratische Anspruch schon im ersten Sequenzsatz deutlich an Schlagkraft und Relevanz und tritt hinter den Pragmatismus der Notwendigkeit zur Entscheidungsfindung zurück.

Im Fortgang der Sequenz wird diese bisher lediglich antizipierte Problematik der versuchten Konsensentscheidung dann sogar explizit zur Gewissheit: Was als theoretisches Ideal gepflegt und um dessen Realisierung sich immer wieder aufs Neue bemüht wird, kann in der Praxis nicht nur selten eingelöst werden, es erscheint sogar *kaum möglich* – zumindest dann, wenn ein *echter Konsens* hergestellt werden soll. Als Grund für die weitgehende Unmöglichkeit der Herstellung des gewünschten echten Konsenses wird die *Vielzahl der Mitarbeiter* angegeben. Auch darin bestätigt sich die Vermutung des hohen und nur schwer oder gar nicht einzulösenden Anspruchs. Geht man jedoch davon aus, dass Anzahl und Spektrum der Mitglieder eines Kollektivs (hier: der Wikipedia) stets Teil der institutionellen Struktur, genauer: ihrer Organisationsstruktur, sind, erscheint die Unmöglichkeit der praktischen Umsetzung des Konsensprinzips gewissermaßen hausgemacht. Eine Institution, die von ihrer strukturellen Anlage her eine solche Vielzahl an Mitarbeitern aufnehmen kann bzw. bereit ist aufzunehmen, wird es zwangsläufig schwer haben, zu konsensualen Entscheidungen zu finden. Der hehre Anspruch der Konsensfindung erfährt hier also eine strukturelle, weil im System selbst begründete Uneinlösbarkeit.[145] Er wird mehr und mehr zum bloßen Lippenbekenntnis, zu einem unerreichbaren Idealzustand.

Für die Strukturlogik der Sequenz im Speziellen sowie der Wikipedia im Allgemeinen heißt das zusammengefasst: In der vorliegenden Sequenz wird ein situativer Kontext der kollektiven Entscheidungsfindung bezüglich Regeln aufgemacht, der einerseits zwar eine prinzipielle Gestaltbarkeit dieser Regeln suggeriert, dessen praktische Realisierung andererseits hingegen zugleich weniger als offener Prozess der Aushandlung denn als Akt der Wahl bzw. Abstimmung erscheint. Folgerichtig wird das Bemühen um Findung eines Konsenses im Sinne einer einheitlichen Befürwortung lediglich als mit der Tradition des Versuchens versehener, idealler Anspruch gekennzeichnet, der angesichts der institutionellen Struktur der Wikipedia jedoch als gänzlich unmöglich gilt. In der Konsequenz wird das hehre (basis-)demokratische Konsensideal daher durch die (vermutlich unechte) Konsensvariante der (qualifizierten) Mehrheitsentscheidung ersetzt, die zur Legitimation von Regelentscheidungen ebenfalls ausreicht. Insgesamt dokumentiert sich hier also erneut eine massive Diskrepanz zwischen Anspruch und Realität: Das vom Gedanken absoluter Gleichrangigkeit ausgehende Konsensideal wird bereits in seiner Formulierung als strukturell uneinlösbare Utopie gekennzeichnet und kippt in die suboptimale Alternativvariante der Mehrheitsentscheidung.

4.3 Triangulation: Zwischen Produkt und Prozess, zwischen Hierarchie und Gleichheit, zwischen Enzyklopädie und Gemeinschaft – zur ambivalenten Identität der Wikipedia

Betrachtet man die soeben dargestellten Ergebnisse der objektivhermeneutischen Rekonstruktionen ausgewählter Selbstverständnistexte in Abgleich mit den Befunden auf den anderen Ebenen der Analyse (Deskription und Abstraktion), wird vor allem deutlich, dass sich die Wikipedia ganz offensichtlich in einem Spannungsfeld unterschiedlicher Selbstbilder bewegt, die vordergründig zwar scheinbar friedlich koexistieren und problemlos integriert bzw. verbunden werden können, die strukturell jedoch nur schwer miteinander korrespondieren und sich bisweilen sogar gegenseitig ausschließen.

---

145 Auch die Lesart, dass die Vielzahl der Mitarbeiter eine erst zeitlich gewachsene Größe darstellt, setzt ja voraus, dass die Möglichkeit zu einem derartigen Anwachsen strukturell gegeben ist.

So kennzeichnet der erste Satz der Eingangssequenz der »Hauptseite« der deutschsprachigen Wikipedia-Ausgabe diese nicht etwa explizit als eine Enzyklopädie – wie aufgrund der textlichen Botschaft des offiziellen Logos, das den Slogan »Die freie Enzyklopädie« enthält (vgl. Abb. 17), sicher allgemein zu vermuten wäre – sondern betont, dass es sich hier vielmehr um ein *Projekt zum Aufbau* einer solchen handelt, an dem sich im Sinne des kollaborativen Netzparadigmas jeder jederzeit beteiligen und Ergänzungen bzw. Veränderungen vornehmen kann. So gesehen versteht sich die Wikipedia also einerseits ganz klar als ein offener Prozess fortschreitender Produktion und damit als grundsätzlich unabgeschlossen (work in progress). Diese Idee spiegelt auf der Ebene des Ikonographischen auch der stets unvollendete Puzzleball des Logos wider.

Abbildung 17: Logo der deutschsprachigen Wikipedia

Die rege Benutzung als Nachschlagewerk und flexibler Wissenslieferant, der sich die Wikipedia ja nachgewiesenermaßen zunehmend erfreut (siehe dazu ausführlicher Kap. VII), käme in dieser Lesart dann aber genau genommen ihrer vorschnellen Zweckentfremdung gleich, wäre sie doch auf die Konsultation passiver Rezipienten (noch) überhaupt nicht ausgelegt – es sei denn, es handelte sich um bereits abgeschlossene Teile, die gesondert als solche ausgewiesen und aufgeführt sind.[146] In diese Richtung zumindest ge-

---

146 So ist die Herausgabe einzelner Teile bzw. Bänder einer umfangreichen Enzyklopädie vor ihrer endgültigen Fertigstellung auch und gerade in historischer Perspektive nichts Ungewöhnliches. Schließlich handelt es sich um ein zeitlich, personell wie finanziell derart aufwändiges Vorhaben, so dass es vor allem bei den frühen enzyklopädischen Großprojekten des 18. und 19. Jahrhunderts durchaus üblich war, dass einige Bände bereits erschienen, während an anderen noch geschrieben wurde. Dennoch verwischt dieses Vorgehen freilich nicht die Differenz zwischen dem enzyklopädischen Produkt und dem Prozess seiner Er-

hen die Bestrebungen der (deutschsprachigen) Wikipedia, gesichtete und geprüfte Versionen einzuführen. Die erste Variante der ›gesichteten Versionen‹ wird inzwischen seit Mai 2008 erfolgreich praktiziert (vgl. Kleinz 2008b). Nimmt ein Nutzer ohne Sicherstatus nun Versionsänderungen vor, werden diese dem Leser nicht mehr sofort angezeigt, sondern erst, wenn die Version von einem Sichter freigegeben wurde (vgl. hierzu auch Abschn. 3.1 in diesem Kap.). Hier muss man aber gleichwohl bedenken, dass der Schritt der Sichtung keine inhaltliche Prüfung darstellt, sondern lediglich gewährleistet, dass es sich bei der vorgenommenen Änderung nicht um mutwilligen Vandalismus handelt. Bei Personen mit Sichterstatus entfällt dieser Schritt der Überprüfung zudem ganz, wobei hier wohl in der Regel davon ausgegangen werden kann, dass aktive Mitglieder der Community im Allgemeinen am Erhalt ihres Status interessiert sind und diesen daher nicht vorsätzlich aufs Spiel setzen.

Letztlich macht dieses neu etablierte Vorgehen – mehr noch als alle anderen Mechanismen der Qualitätssicherung (Review, Auszeichnungen) – aber zugleich deutlich, dass in der Metapher des Aufbaus das fertige Resultat des Aufbaus, das enzyklopädische Produkt also, immer schon implizit mitgedacht ist. Aus dieser Perspektive ist die Wikipedia ihrem Selbstbild entsprechend also keineswegs allein Prozess, sondern andererseits immer auch zugleich real existierende ›Enzyklopädie im Netz‹ und also Produkt. Das untermauern auch andere Selbstbeschreibungstexte innerhalb der Wikipedia. So heißt es beispielsweise zu Beginn der offiziellen ›Tour für Leser‹ unter der Rubrik »Allgemeine Informationen über die Wikipedia«:

»Die Wikipedia ist eine Enzyklopädie mit derzeit […] deutschsprachigen Artikeln. Sie wurde 2001 gegründet und hat mittlerweile einen festen Platz in der Bildungslandschaft. Die Wikipedia gibt es in über 250 Sprachversionen. […].«[147]

Auch wenn es sich bei dieser Gleichzeitigkeit bzw. Identität von Produkt und Prozess natürlich ohne Frage um ein typisches Phänomen der neuen, kollaborativen Amateurkultur im Netz, ein Kerncharakteristikum der ›Produsage‹ (vgl. Bruns 2008), handelt, so ergeben sich daraus doch weitreichende Folgen für die Wahrnehmung der Wikipedia nach außen und mehr noch für deren Identität. Wenn zwischen dem Prozess des Aufbaus und dessen Produkt, sprich: zwischen der fertigen Enzyklopädie und deren Entstehung, nicht mehr objektiv differenziert werden kann, dann erscheinen auch deren Inhalte mehr und mehr verschwommen. Die enzyklopädischen Wis-

---

stellung. So geht der Veröffentlichung der klassischen Enzyklopädien und Lexika in Buchform ebenso wie deren modernen Nachfolgern auf CD-Rom bis heute ein redaktioneller Prozess der inhaltlichen Überprüfung und Kontrolle voraus.

147 Siehe http://de.wikipedia.org/wiki/Wikipedia:Tour/1, Abruf am 22.05.2009; Bearbeitungsstand: 31.03.2009, 15:54 Uhr.

sensinhalte werden zum Produkt der Vorläufigkeit und Veränderung, sie sind – je nach Blickwinkel – feststehend und dynamisch-prozesshaft zugleich. Die Verschmelzung dieser, wenn man so will, zwei ›Zustände‹ des Wissens in Bezug auf die Enzyklopädie, beeinflusst damit notwendig auch den Umgang mit Wissen sowie den Wissensbegriff selbst und wirkt vermutlich nicht zuletzt auch wieder auf den Prozess der Wissensproduktion und -kommunikation innerhalb der Wikipedia zurück.

Interessante Überlegungen zu diesem Themenkomplex liefert hier beispielsweise Kerstin Kallass. In einem an der Universität Koblenz angesiedelten Projekt zur Netzwerkkommunikation im Internet untersucht sie die Artikelentstehung in der Wikipedia im Hinblick auf Textkonstitutionsmuster und stattfindende Schreibprozesse, wobei sie der These von Perrin u.a. (2003) folgt, wonach Schreiben immer nur entweder produkt- oder prozessorientiert sein kann. Am Beispiel der Wikipedia stellt sie entsprechend fest, dass deren Artikel »zwar produktorientiert geschrieben werden, das angestrebte Endprodukt allerdings vom Autorenkollektiv nicht eindeutig definiert ist (Wikipedia-Artikel als emergente Phänomene)« (Kallass 2008: 5).

»Während beim kollaborativen Schreiben offline oftmals eine Vorstellung existiert oder sogar explizit vereinbart wird, wie das endgültige Produkt auszusehen hat und welche Inhalte enthalten sein sollen, ist diese Vorstellung/Vereinbarung beim Schreiben online viel vager und nicht explizit ausformuliert. Der Text entsteht, indem er entsteht und nicht, indem auf ein beabsichtigtes Ziel hingearbeitet wird.« (Ebd.: 8)

Diese Problematik der Vagheit in Bezug auf das Produkt des Wissens zeigt sich praktisch etwa dort, wo die teilweise bis ins Utopische abdriftende inhaltliche Offenheit und Liberalität des Enzyklopädieprojekts dessen Beendigung, d.h. die Erreichung des fertigen Aufbaus im Sinne einer Gestaltschließung (auf die der Projektsbegriff ebenso wie jener der Enzyklopädie ja angelegt ist) dauerhaft strukturell verunmöglicht. Der Prozess des Verfassens wird damit gewissermaßen auf Dauer gestellt, was die Idee der Enzyklopädie jedoch eigentlich ad absurdum führt und umgekehrt.

Vergleichbares gilt auch für die Sequenz »Umfang und Themen«: Hier wird der Versuch der Abgrenzung der eigenen Identität gegenüber klassischen Formen von Enzyklopädien unternommen, der konkret in der Hervorhebung des Umstands besteht, dass die Wikipedia nicht deren typischen Beschränkungen in Umfang und Themen ausgesetzt ist (quantitative Dimension). Während nun aber eben gerade diese klassischen Enzyklopädien als Vergleichshorizont herangezogen werden, findet im Gegenzug, d.h. in der Figur des Absetzens gegenüber deren restriktiven Strukturmerkmalen, zugleich unweigerlich auch ein (vermutlich inhaltlicher) Anschluß an diese statt (qualitative Dimension). Die Wikipedia stellt sich damit einerseits implizit in die Tradition klassischer Enzyklopädien, während sie sich andererseits explizit von diesen abzugrenzen versucht. Das Resultat ist ein gleich doppeltes Verkennen der eigenen Identität, wie es in Abschnitt 4.1 dieses Kapitels ausführlicher beschrieben wurde.

Im Hinblick auf die beteiligten Akteure und die Frage nach der (vorgeblich demokratischen) Beteiligungsstruktur ergibt sich gleichfalls ein ähnliches Bild, wobei die Diskrepanzen der unterschiedlichen und widerstreitenden Selbstbilder hier deutlicher hervortreten, so dass man vielmehr von einseitigen ›Wunschbildern‹, denn von ›Selbstbildern‹ sprechen kann: Während sich die Wikipedia einerseits als demokratisches Kollektiv Gleicher präsentiert, an dem jeder Interessierte gleichberechtigt teilhaben kann und bei dem Entscheidungen traditionell im konsensuellen Einvernehmen aller getroffen werden, zeigt sich schon im Durchgang durch die zahlreichen verschiedenen Benutzertypen und die an diese gekoppelten Rollenmuster, dass entgegen aller Gleichheitsideale auch in der Wikipedia durchaus hierarchische Machtverhältnisse existieren, wobei der Erwerb bestimmter Statuspositionen wie auch die praktische Wahrnehmung demokratischer Rechte innerhalb der Wikipedia in erster Linie an Aktivität gebunden sind. Wirklich basisdemokratische Handlungen können damit auch in der Wikipedia per se nicht stattfinden. Entscheidungen trifft allein die ›Statuselite‹ der Aktiven. Damit erfüllt sich auch in der Wikipedia das womöglich ebenso für andere Bereiche der neuen Internet-Amateurkultur geltende Bonmot von der »Diktatur der Zeitreichen über die Zeitlosen« (Schuler 2007: 19). Der Bruch zwischen demokratischem Ideal und der prinzipiell davon abweichenden Realität tritt innerhalb der interpretierten Sequenzen nun insofern zu Tage, als dass das jeweilige demokratische Ideal (gleiche Rechte bzw. Konsensfindung) bereits in seiner jeweiligen Formulierung bricht bzw. – wie im zweiten Fall – durch das Einräumen der Notwendigkeit alternativer Vorgehensweisen zur realitätsenthobenen Utopie stilisiert wird. Interessant ist dabei nun, dass in beiden Fällen die Einlösung der selbst gesetzten Ideale von innen heraus, gewissermaßen strukturell, verhindert wird – und zwar durch den Einfluss anderer, ebenfalls für zentral gehaltener Mechanismen und Prinzipien. So ist es beispielsweise gerade die demokratische Offenheit der Wikipedia, die basisdemokratische Entscheidungen im idealtypischen Sinne systematisch verunmöglicht. Hier zeigt sich ein »strukturelles Demokratie-Defizit«, wie es auch Günter Schuler (2007: 118) in seinen Überlegungen zur Wikipedia bemerkt.

Es lässt sich also festhalten: Die Wikipedia als solche ist durch eine fundamental ambivalente Identität gekennzeichnet. Die geschilderten Spannungsmomente sind nicht zwangsläufig offen sichtbar, sondern äußern sich auf der Ebene der symbolischen Ordnung bzw. der latenten Tiefenstrukturen als konzeptionelle bzw. logische Brüche. Genau genommen deuten sie sich aber auch bereits auf allen anderen Ebenen an – insbesondere auf der Ebene der Praktiken. Dort stehen Praktiken des Enzyklopädischen solchen des Kollaborativen gegenüber und dokumentieren so den Doppelcharakter der Wikipedia als enzyklopädisch orientierte Informations- und Wissensplattform auf der einen Seite und soziale Gemeinschaft auf der anderen.

Teil C
Diskussion und Hypothesenbildung

VI Die Wissenskultur des digitalen Zeitalters

Die Digitalisierung des Wissens hat mit der Entstehung und Verbreitung des Internet als Medium der Kommunikation aber auch und vor allem der Information, d.h. der Zugänglichmachung und Aneignung von Inhalten, offenbar endgültig unseren Alltag erreicht. Die vieldiskutierte Gutenberg-Galaxis Marshall McLuhans wird, darin scheinen sich Medienenthusiasten wie Kulturpessimisten weitgehend einig zu sein, sukzessive von dem abgelöst, was Wolfgang Coy bereits zu Beginn der 1990er Jahre und damit auch zeitgleich zur massenmedialen Verbreitung des Internet mit dem Begriff der Turing-Galaxis bezeichnet hat (siehe Kap. I, Abschn. 2.1). An die Stelle des Buches bzw. der Typographie als gesellschaftlichem Leitmedium rückt zunehmend die vernetzte Welt des Cyberspace mitsamt ihrer spezifischen Organisationsformen und Rezeptionsweisen. Damit verbunden ist – so wird verschiedentlich argumentiert – eine »dissoziative UmOrdnung des Wissens« (Schetsche/Lehmann/Krug 2005: 29), die Ablösung der typographischen Wissenskultur durch eine neue, digital geprägte – auch wenn Leitmedienbegriff wie wissenskultureller Wandel freilich stets als Prozesse der Koevolution zu denken sind und nicht etwa aus dem Einfluss des Mediums schlechthin resultieren.

Noch jedoch sind auch die westlichen Industrienationen – dessen können wir alle uns, zumal im Umfeld der Wissenschaft(en), tagtäglich überzeugen – fest in den Strukturen der typographischen Kultur verhaftet. Bücher (gemeint sind hier natürlich speziell Fach- und Lehrbücher) sind nach wie vor die autorisierten Träger ›wahren‹, weil systematisch und rational ermittelten Weltwissens, welches von ebenso autorisierten, professionellen Experten (Wissenschaftlern, Autoren) unter Berücksichtigung der gewachsenen Konventionen der typographischen Kommunikation (Objektivität, intersubjektive Nachvollziehbarkeit etc.) dort abgebildet und so der Öffentlichkeit zur Verfügung gestellt wird. Noch legen wir alle also vielfach die ›Brille‹ der typographisch geprägten Wissenskultur an. Gleichwohl deuten sich – wiederum besonders im Umfeld der Wissenschaften, die in der Tradition der Buchkultur ja die Basis des gesellschaftlich relevanten Wissens darstellen, und ihrer Öffentlichkeit – auf der phänomenologischen Ebene gegenwärtig bereits Veränderungen an, die auf die Etablierung grundsätzlich anders gelagerter Prinzipien und Konventionen in Bezug auf Wissen und damit schließlich auch auf tiefenstrukturelle Veränderungen des gesamten Wissensmodells verweisen. Insgesamt sind dabei zwei deutliche Parallelitäten zur Entstehung der modernen typographisch geprägten Wissenskultur und dem damit verbundenen Wahrheitsmodell des Wissens im Zuge der Frühen Neuzeit auszumachen: Zum einen, wenn man so will, ein verändertes ›geistiges Klima‹, das sich in neuartigen soziokulturellen Bedürfnislagen, Interessen und Selbstverständlichkeiten äußert und aus zeitgeschichtlich gewachsenen, gesamtgesellschaftlichen Herausforderungen und Notwendigkeiten resultiert. Zum anderen ein Medium, das diese Bedürfnislagen in einer einzigartigen Weise aufgreift und zu ihrer Bearbeitung beiträgt, sie zugleich aber auch verstärkt und befördert und dadurch einen Prozess des Wandels in Gang setzt, der nicht nur zu veränderten Sichtweisen, sondern auch zu einem systematischen Autoritätsverlust der bislang vorherrschenden geistigen Eliten führt.

Dieses sechste Kapitel will daher ausgehend von reflektierenden und theoretisierenden Überlegungen zu den Ausführungen der vorangegangenen drei Kapitel (III-V) die konzeptionellen Umrisse eines neuartigen Wissensmodells entwickeln, das vorerst zwar zugegebenermaßen noch mehr den Charakter des Hypothetischen denn des real Existenten besitzt, dessen Ansätze jedoch gleichwohl bereits allerorten zu spüren sind.

1 Phänomenologie der Digitalisierung

Die seit etwa Mitte des 19. Jahrhunderts bestehenden Industriegesellschaften der westlichen Moderne beginnen sich seit gut einem halben Jahrhundert in Richtung sogenannter Wissensgesellschaften zu wandeln. Damit sind, hier sei noch einmal kurz auf die Ausführungen des dritten Kapitels verwiesen, Gesellschaften gemeint, in denen nicht mehr nur das System der Wissenschaft, sondern nahezu alle gesellschaftlichen Funktionssysteme von wissensbasierten Prozessen durchzogen sind, und in denen die Erzeugung von sowie die Auseinandersetzung mit Wissen daher wie nie zuvor zur Grundlage gesellschaftlicher Selbstvergewisserung und Weiterentwicklung avancieren (vgl. u.a. Willke 1997; Stehr 2001; Staudt 2002). Die größte Herausforderung der Wissensgesellschaft besteht dabei in der schnellen und flexiblen Anpassung an die sich beständig verändernden gesellschaftlichen Wissensbestände. Diese neuartige Bedürfnislage der Gesellschaft wird durch das Internet als universelles Informations-, Kommunikations- sowie neuerdings auch Beteiligungs- und Kollaborationsmedium nicht nur in idealer Weise aufgefangen, sondern durch dieses zugleich auch wieder maßgeblich befördert. Mit wachsender inhaltlicher Wissensfülle des Internet steigt neben dem Informationswert auch das Ausmaß an Unübersichtlichkeit und damit die Notwendigkeit zu erneuter Anpassung. Es gilt also, im zunehmend unüberschaubaren Dickicht hypertextueller Angebote die Orientierung zu behalten und sich eigenverantwortlich Zugang zum jeweils aktuellen Weltwissen zu verschaffen. Das Resultat dieser Entwicklungen ist eine veränderte wissensgesellschaftliche Realität, eine *digitale Wissensgesellschaft* auf neuem Niveau, da Merkmale, Paradoxa und Herausforderungen der Wissensgesellschaft in den Möglichkeiten des Internet zwar eine mediale Entsprechung finden, dadurch aber zugleich wieder reflexiv verstärkt werden.

In dieser ›Wissensgesellschaft neuer Prägung‹ scheint der Nutzen des typographischen Mediums für die soziale Gemeinschaft deutlich abzunehmen und das Buch seine Funktion als »identitätsstiftendes Totem« (Giesecke 2002: 221) sukzessive zu verlieren. Das linear strukturierte, hierarchisch organisierte und statische Buch korrespondiert vermutlich zu wenig mit dem vernetzten, dynamischen und subjektiv-situationsbezogenen Wissensanspruch der Wissensgesellschaft (vgl. Wawra 2001: 23). Eben dieser wurzelt aber nicht zuletzt in den bereits erwähnten Phänomen der wissensgesellschaftlichen Veränderungstendenzen, die hier noch einmal systematisch und pointiert aufgegriffen und in ihrer Bedeutung an das digitale Medium zurückgebunden werden sollen.

1.1 Dezentralisierung der Wissensproduktion und Aufweichung akademischer Standards

In einer Gesellschaft, in der Wissen und Wissensprodukten eine derartige Bedeutung zukommt wie in der unsrigen, kann die Herstellung bzw. Ermittlung neuen Wissens nicht allein auf das System der Wissenschaften beschränkt bleiben. Vielmehr wird diese in den jeweiligen konkreten Anwendungsbereich des Wissens hinein diffundieren. Ein typisches Beispiel dafür sind die zahlreichen Forschungsabteilungen der Wirtschaftsunternehmen, deren Erkenntnistätigkeit optimal auf die dortigen Wissensbedürfnisse abgestimmt ist. Das so produzierte Wissen steht in deutlicher Konkurrenz zu dem der traditionellen akademischen Wissenschaft(en), da es meist praxisnäher ausgerichtet und unmittelbarer zugänglich ist. In Reaktion auf diese Entgrenzung und Vereinnahmung ihres traditionellen Kompetenzbereichs durch andere gesellschaftliche Institutionen sieht sich die Wissenschaft immer stärker gezwungen, ein neues Verhältnis zur sie umgebenden Öffentlichkeit aufzubauen und ihre Tätigkeiten in diesem Sinne insgesamt kontextabhängiger zu gestalten (vgl. dazu Gibbons u.a. 1994; Bender 2001b; Nowotny/Scott/Gibbons 2005; Weingart 2005). War Wissenschaft bisher etwas extern Abgeschlossenes, erfährt sie jetzt eine Öffnung in die Gesellschaft hinein. Wissenschaft und wissenschaftliche Erkenntnis werden zum integrativen Bestandteil derselben.

Der dazu notwendige Dialog[1] der Wissenschaft(en) mit der Öffentlichkeit (siehe Kap. III, Abschn. 3) setzt freilich zunächst eine gut informierte Öffentlichkeit sowie prinzipielle Möglichkeiten der Rückkopplung und

---

1 Zur kritischen Betrachtung des Dialogs zwischen Wissenschaft(en) und Öffentlichkeit siehe auch Gisler u.a. 2004.

Kommunikation für diese voraus. Mehr als das im Rahmen des typographischen Mediums überhaupt denkbar wäre, stellt das Internet hier eine geeignete Plattform für beiderlei Anforderungen dar. Nicht ohne Grund stützt sich die Forderung der in Kapitel IV bereits thematisierten »Berliner Erklärung« nach einem offenen, d.h. freien und kostenlosen Zugang zu wissenschaftlichem Wissen daher auch grundlegend auf das Medium Internet. So heißt es dort etwa:

»Zum ersten Mal ist durch das Internet die Möglichkeit einer umfassenden und interaktiven Repräsentation des menschlichen Wissens unter Einschluss des kulturellen Erbes und mit der Garantie des weltweiten Zugangs gegeben. [...] Zur Verwirklichung der Vision einer umfassenden und zugänglichen Wissenspräsentation muss das künftige Web nachhaltig, interaktiv und transparenter sein, Inhalte und Software müssen dazu frei verfügbar und kompatibel sein.«

Die Unterzeichner der Erklärung sind sich dabei durchaus dessen bewusst, dass »diese Entwicklungen [...] zwangsläufig zu erheblichen Veränderungen im Wesen des wissenschaftlichen Publizierens führen und einen Wandel der bestehenden Systeme wissenschaftlicher Qualitätssicherung einleiten [werden]«.[2]

Daran wird deutlich, wie sehr die Diffusion der Wissensproduktion und -kommunikation über die Grenzen des Wissenschaftssystems hinaus mit einer ähnlich gelagerten Form der Diffusion bzw. Grenzverschiebung verbunden ist, welche sich allerdings innerhalb der Wissenschaft(en) selbst abspielt. Es handelt sich hierbei um *Veränderungen der akademischen Wissensordnung* schlechthin. Sie ist in besonderer Weise von den Implikationen des Internet betroffen. Vor allem kommt es durch die Möglichkeiten der Digitalisierung zu eindeutig veränderten Erwartungen bezüglich der Darstellung und Verbreitung von Forschungsergebnissen. Es setzt sich der Trend durch, wissenschaftliche Erkenntnisse in elektronischer Form (E-Journals, E-Prints, Preprints) und damit nicht nur weitaus schneller als auf dem Weg über das herkömmliche Print-System, sondern auch an einen größeren Kreis von Adressaten – insbesondere Fachkollegen – zu kommunizieren.

Auch wenn die Zahl der Wissenschaftler, die bereit sind, ihre Texte online zu publizieren, beständig zunimmt, bleiben die Qualitätssicherung sowie die damit in Verbindung stehende Finanzierung der Beiträge doch die größten Herausforderungen des Open Access (vgl. Gradmann 2006, 2007a/b; Mosch 2006). Bisher sind diesbezüglich vor allem Modelle zu beobachten, die weithin analog zu den bisherigen Verfahrensweisen erscheinen; allein das vieldiskutierte »Author-Pays-Modell« (Gradmann 2006: 21) mit Gebühren von bis zu 3.000 US-Dollar pro digitalem Artikel markiert hier eine Neuentwicklung. Auf lange Sicht wird sich diese Fortschreibung der

---

2 Siehe http://www.mpg.de/pdf/openaccess/BerlinDeclaration_dt.pdf, Abruf am 17.04.2009.

traditionellen Prinzipien aber genau dann nicht halten lassen, wenn der genuine Wettbewerbsvorteil elektronisch veröffentlichter Texte voll zum Tragen kommen soll – deren Aktualität. Hier kommt es ja, wie im Falle der E-Preprints, gerade darauf an, den oftmals langwierigen Prozess des Peer Review vorab zu umgehen und neue Erkenntnisse so zeitnah wie möglich in der Wissenschaftswelt zu verbreiten, um sie ohne Verzögerung dem weiterführenden Wissen(schaft)sdiskurs zugänglich zu machen. Einige Fachzeitschriften (mehrheitlich im naturwissenschaftlichen Bereich) verzichten bereits auf das klassische reviewing der direkten Qualitätskontrolle durch ausgewiesene Experten und räumen als Alternative – zeitweilig sogar als Ersatz – stattdessen ihren Lesern das Vorrecht auf Kommentare und Stellungnahmen ein (vgl. Kuhlen 2005: 3f.). Eben dieses Abweichen von den üblichen Standards des wissenschaftlichen Publizierens verweist auf *Verschiebungen im traditionellen »Ausleseprozess«* (Thomas 2005: 319), welche als ein erster Aspekt digitaler Strukturveränderungen in Bezug auf die Wissenskommunikation betrachtet werden können.

Hinzu kommt die Tatsache, dass die Wissensproduktion aufgrund der in Abschnitt 3 des dritten Kapitels ausführlich thematisierten Dezentralisierung und Verlagerung von Forschungstätigkeiten in Bereiche außerhalb der akademischen Institutionen auch zunehmend neuen bzw. veränderten Qualitätskriterien unterliegt. Diese werden längst nicht mehr allein von der Wissenschaft bestimmt, sondern orientieren sich maßgeblich an den Erwartungen und Bedürfnissen der Adressaten und Rezipienten des Wissens. Neben die historisch gewachsenen Mechanismen akademischer Anerkennung und Legitimation gültigen Weltwissens treten im Kontext von Modus 2 nun Fragen der situativen Brauchbarkeit, praxisbezogenen Anwendbarkeit und wirtschaftlichen Rentabilität. Die Öffentlichkeit legt damit entsprechend andere, praxisnähere Maßstäbe der Bewertung von Güte und Gültigkeit an (vgl. Weingart 2005: 14f.; Lau/Böschen 2003: 224f.). Will die Wissenschaft ihre Funktion als Produzentin und Vermittlerin von Deutungs- und Sinnangeboten also nicht gänzlich an die außeruniversitäre Konkurrenz verlieren, muss auch hier eine *Verschiebung der traditionellen »Standards der Scientific Community«* (Buss/Wittke 2001: 124) stattfinden und die Forschung sich insgesamt stärker an diesen »außerwissenschaftlichen Rationalitäten« (Thomas 2005: 314) ausrichten.

1.2 Demokratisierung: kollektive und kollaborative Wissensprozesse

Aus der Perspektive der Akteure betrachtet, bedeuten die Dezentralisierung der Wissensproduktion und die damit verbundene Aufweichung akademischer Standards vor allem aber auch, dass immer mehr Personen am Prozess der Wissensherstellung sowie, darüber hinaus, an der Weitergabe und Zirkulation des Wissens beteiligt sind. Zum einen treten wirtschaftliche Forschungsinstitutionen als Agenten der Wissensgenese in Konkurrenz zum klassischen Typ des Wissenschaftlers. Zum anderen werden unter den Bedingungen der digitalen Wissensgesellschaft – und hier unterscheidet sich diese erheblich von jenem in den 1990er Jahren unter dem Signum Modus 2 entwickelten Szenario – die bisherigen Rezipienten eines diffusionistisch gedachten Wissenstransfers potentiell selbst zu maßgeblichen Akteuren. Sie sind nicht (mehr) nur die entscheidende Instanz, von welcher die Kontextualisierung des Wissens oder besser: die Notwendigkeit zur Kontextsensibilität der Wissensproduktion letztendlich ausgeht, da sie je individuelle Anforderungen daran definieren und subjektive Sinnkonstruktionen vornehmen. Dank neuer Technologien im Bereich der Internetnutzung obliegt den ehemals weitgehend zur Passivität gezwungenen Rezipienten nun also die Möglichkeit eines nicht mehr nur reaktiven, sondern wirklich aktiven bzw. direkten Eingriffs – eine Teil*habe* im Sinne partizipativer Teil*nahme* also. Unter den Bedingungen der Digitalität kann heute potentiell jeder zum Produzenten seines eigenen Wissensangebots werden. Prominentestes Beispiel dafür ist gegenwärtig zweifellos die Wikipedia, deren Analyse im dritten Teil dieses Kapitels noch einmal einer gesonderten Betrachtung unterzogen werden soll. Daneben markieren aber auch die Blogs und Tags, Foreneinträge und Community-Profile sowie die zahlreichen privat erstellten YouTube-Videos die Umrisse einer netzbasierten Amateurkultur der ›Convergence‹ und ›Produsage‹ (siehe dazu erneut Kap. I, Abschn. 2.2). Tom Alby (2007: 26) bemerkt dazu etwa:

»Hatte die Druckerpresse es ermöglicht, dass mehr Menschen Zugang zu Informationen bekommen haben, erlaubt das Web nun das Veröffentlichen von Informationen durch jedermann.«

So zeichnet sich vor dem Hintergrund der digitalen Wissensgesellschaft gegenwärtig also bereits ab, dass die fortschreitende Verschiebung der klassisch-akademischen Kriterien zur Beurteilung der Güte und Anerkennung der Gültigkeit von Wissen als im gesellschaftlichen Sinne relevant (d.h. also für die sinnhafte Deutung der Wirklichkeit grundlegend) zugunsten der situativen Bedürfnisse, subjektiven Interessenlagen und praktischen Anforderungen der Öffentlichkeit auch eine *Aufweichung der diskursiven Machtverhältnisse* mit sich bringt, diese im zirkulär-dialektischen Konzept der Koevolution zugleich aber auch selbst bereits grundlegend voraussetzt.

Insgesamt zeigen sich hier Tendenzen der *Demokratisierung* der wissensbezogenen Expertise in zweierlei Hinsicht: Erstens ist es, wie oben schon mehrfach erwähnt, prinzipiell jedem formal möglich, wie auch strukturell gestattet, sich aktiv am Wissensdiskurs zu beteiligen. Die tägliche Kolumne eines arbeitslosen Freizeit-Bloggers kann dabei eine ebenso große (wenn nicht gar größere) öffentliche Resonanz finden, wie die exklusive Reportage eines professionellen Journalisten. Zweitens werden die Wissensinhalte selbst dadurch immer häufiger in kollaborativer Zusammenarbeit erstellt. Auch hier kann erneut die Wikipedia als das Paradebeispiel einer kollektiven Prozessierung des Wissens gelten. Desgleichen setzt man aber auch innerhalb der akademischen Wissenschaft(en) mehr und mehr auf das Prinzip der Kollaboration. Die Besonderheit der doppelten Demokratisierung der Beteiligungsstruktur ist damit nicht nur die Ausweitung des Akteursspektrums, sondern vor allem auch die gezielte Nutzung der Potentiale einer kollektiven Intelligenz. Erik Möller (2006: 52) bringt diesen Gedanken auf den Punkt, wenn er schreibt:

»Realistisch betrachtet können wir als Spezies in einer immer komplexer werdenden Welt nur leben und überleben, wenn wir in einem größeren Maßstab als je zuvor zusammenarbeiten.«

1.3 Dynamisierung: Veränderbarkeit und Gestaltbarkeit von Wissen und Wissensprodukten

Die soeben bereits beschriebenen Phänomene der Digitalisierung – die Verschiebung und Aufweichung bis dato vorherrschender, akademischer Standards aufgrund zunehmender Dezentralisierung und Kontextualisierung der Wissensproduktion einerseits sowie die Pluralisierung des Wissenskommunikationsprozesses und die Ausweitung des relevanten Akteursradius aufgrund (potentiell) demokratischerer Partizipationsstrukturen andererseits verweisen gemeinsam unmittelbar auf ein drittes Phänomen der Digitalisierung. Gemeint ist das gesellschaftliche Verhältnis zum Produkt Wissen selbst, das in einer typographisch dominierten Kultur freilich meist in Textform vorliegt.[3] Unter den Bedingungen der Digitalität tritt gerade dieses

---

3 Der Medienwissenschaftler Hartmut Winkler übt in seinem 1997 erschienenen Buch mit dem Titel »Docuverse« an verschiedenen Stellen eine immanente Kritik an den Theorien zum Ende der Gutenberg-Galaxis. Auch wenn seiner Sichtweise – zumal vor dem Hintergrund der Argumentationslogik des vorliegenden Bandes – schwerlich zuzustimmen ist, so markiert er doch ein bemerkenswertes Phänomen nicht nur des frühen, sondern bisweilen auch des heutigen Internet, wenn er in einem Interview mit Geert Lovink am Ende seines Buches schreibt: »Das WWW explodiert als ein Medium der Texte und der Schrift; und kein Mensch überlegt sich, wieso die Mediengeschichte die technischen Bilder (Fotografie, Film und TV) nach 100 Jahren offensichtlich aufgibt und, wie es scheint, zu Schrift und Sprache zurückkommt. Stattdessen wird – völlig albern – das ›Ende der Gutenberggalaxis‹ verkündet, das, wenn überhaupt, bereits um 1900 eingetreten ist. [...] Insgesamt ist es ein Schriftuniversum, da beißt die Maus keinen Faden ab. Und wenn man fragt, was neu ist an dem Ganzen, so scheint mir dies gerade nicht die bilaterale Kommunikation zweier Partner zu sein (als Neuauflage der Telefon- und Fernschreiberlogik), und eben auch nicht die einzelnen Dokumente, sondern vielmehr deren Anordnung in einem n-dimensionalen Raum, ihre materiale Vernetzung durch Links und die Utopie einer universellen Zugänglichkeit, die mit dieser Anordnung verbunden ist. Der Nelson-Begriff ›Do-

textlich verfestigte Wissen nun nämlich insgesamt wesentlich dynamischer in Erscheinung als dies im typographischen Medium überhaupt denkbar wäre. Digital prozessiertes Wissen ist nicht nur einem zahlenmäßig größeren Personenkreis zugänglich, es verbreitet sich auch in einem räumlich umfangreicheren Radius. Entsprechend steigt die Potentialität der Konfrontation dieses Wissens mit anderen, divergierenden Lehrmeinungen oder Erkenntnissen. Wissensprodukte werden ergo zunehmend angreifbar und unterliegen nicht selten einem beständigen Prozess der Revision und Modifikation. Die Endgültigkeit wird, so könnte man sagen, zur Vorläufigkeit, die Vorläufigkeit nimmt den Charakter von Endgültigkeit an (vgl. Schmidt 2005: 243 sowie dazu auch Lenk 2002). In diesem Sinne wächst zum einen also das Bewusstsein für die Relativität und Wandelbarkeit von Wissensprodukten – wie sich dies wiederum eindrucksvoll am Beispiel der Texte der Wikipedia beobachten lässt (vgl. Schlieker/Lehmann 2005: 257).

Das Bewusstsein einer prinzipiellen bzw. theoretischen *Veränderbarkeit der Wissensprodukte* bedeutet auf der anderen Seite aber auch deren praktische *Gestaltbarkeit durch die Rezipienten*, die damit gewissermaßen gleichzeitig zu Mit-Produzenten des Wissens werden. Der veränderte gesellschaftliche Umgang mit dem ›Produkt‹ Wissen kommt demnach – und hier schließt sich der Kreis wieder zu dem, was hinsichtlich der Demokratisierung der Beteiligungsstruktur sowie der Dezentralisierung der Wissensproduktion im Web 2.0 angemerkt wurde – also zum anderen auch in Formen partizipativer Teilhabe und aktiver Teilnahme der Öffentlichkeit zum Ausdruck. Wenn Wissen im Rahmen der Wissensgesellschaft ohnehin als etwas Veränderbares, sich dynamisch und prozesshaft Entwickelndes und Subjektiv-Kontextabhängiges verstanden und erlebt wird, erscheinen demokratische Formen der Partizipation und Kollaboration nicht länger als etwas Randständiges (man denke beispielsweise an die Funktion von Kommentaren oder Leserbriefen innerhalb des typographischen Systems), sondern werden zum genuinen Bestandteil der zudem ohnehin nicht mehr klar voneinander abgrenzbaren Wissensproduktion und -kommunikation.

Doch lässt sich der Aspekt der Gestaltbarkeit nicht allein auf Tendenzen der Liberalisierung und Demokratisierung zurückführen. Wirksam wird hier zudem und ganz besonders die Immaterialität der Digitalität, die den Text zur »Prozessform« (Assmann/Assmann 1994: 138) dynamisiert. Anders als bei herkömmlichen, gedruckten Texten sind im Falle von digitalen Texten nachträgliche Eingriffe meist ohne Schwierigkeiten möglich. Die netzartige Linkstruktur von Hypertexten beispielsweise hebt die strenge Linearität in

---

cuverse‹ scheint mir dies gut zusammenzufassen und ein genialer Vorgriff; und deshalb habe ich ihn zum Titel gemacht. In der Tat glaube ich, dass es sich eher um ein Wiedererstehen der Gutenberggalaxis als um ihr Ende handelt. Nach 100 Jahren Herrschaft der Bilder gibt es eine Explosion schriftlich verfasster Texte, und in meinem Buch frage ich, warum dies geschieht.« (Winkler 1997a: 357 und 363).

der inhaltlichen Abfolge auf und eröffnet dafür zahlreiche Ansatzpunkte für Veränderungen und Ergänzungen.

2 DAS KONSENSMODELL ALS WISSENSMODELL DER DIGITALEN WISSENSGESELLSCHAFT

Die vorangegangenen Kapitel und Abschnitte haben mehr als einmal und auf verschiedensten Ebenen deutlich gemacht, dass sich unter dem Einfluss des fertilen Zusammenspiels wissensgesellschaftlicher Bedürfnislagen einerseits und der spezifischen Medialität eines digital-vernetzten und daher dynamisch und egalitär organisierten Internet andererseits deutliche Potentiale und Tendenzen eines fundamentalen wissenskulturellen Wandels abzeichnen. Institutionenbezogen findet zunächst, angeregt und unterstützt durch Forderungen einer verstärkten Anwendungsorientierung und Kontextsensibilität des Wissens insgesamt, eine Ausweitung und zeitweilig auch Auslagerung des Prozesses der Wissensgenese vom System der akademischen Wissenschaften in außerwissenschaftliche Forschungszentren und unternehmensinterne Forschungsabteilungen statt. Diese führen unweigerlich auch zu Veränderungen im Inneren des akademischen Systems. Handlungsbezogen ergibt sich daraus auch eine Verschiebung bzw. Liberalisierung der klassischen akademischen Standards. So erfahren die traditionellen Mechanismen der Qualitätssicherung sowie die Geltungskriterien relevanten Wissens in gleichem Maße eine Aufweichung, wie die Prozesse der Wissensproduktion und Wissenskommunikation einer sukzessiven Umstrukturierung unterliegen. Formal lässt sich in vielen Fällen (etwa bei Formen der kollaborativen Zusammenarbeit) ohnehin längst eine Vermischung von Produktions- und Kommunikationsprozessen beobachten. Im Hinblick auf die relevanten Akteure ist eine doppelte Demokratisierung zu konstatieren. Diese ist zum einen freilich den Weiterentwicklungen im Bereich der Verbindungs- und Anwendungstechnik geschuldet, resultiert zum anderen aber auch aus dem eben bereits angesprochenen Trend zur Liberalisierung der bis dato geltenden rigiden akademischen Handlungsmaximen. So wird nicht nur eine egalitäre Partizipation am gesellschaftlichen Wissensdiskurs möglich, sondern ebenso auch dynamische Formen der Interaktion und Kollaboration. Das Produkt Wissen verliert auf diese Weise seinen genuinen Produktcharakter und wird zu einem Objekt offener Gestaltbarkeit und permanenter Veränderbarkeit.

Kurz gesagt sind im Kontext der digitalen Wissensgesellschaft demnach sowohl im Bereich der Wissensgenese als auch in jenem der Wissenskommunikation weitreichende Transformationen im Umgang mit Wissen auszumachen. Versteht man diese nun als Manifestationen einer sich ebenfalls wandelnden Wissenskultur, dann erscheint es in jedem Fall lohnenswert, die grundlegenden Muster des Wahrnehmens und Denkens sowie die dispositive Struktur des Wissensdiskurses genauer zu ergründen, die sich in den soeben beschriebenen wissensbezogenen Phänomenen dokumentieren. Es gilt also – gewissermaßen in Analogie zu Kapitel II – die Eckpunkte respektive Merkmale des dazugehörigen Wissensmodells der digitalen Wissensgesellschaft herauszuarbeiten.

2.1 Welt- bzw. Wirklichkeitsverständnis

Relevant ist zunächst erst einmal die Feststellung, dass die beschriebenen Phänomene der Dezentralisierung, Demokratisierung und Dynamisierung – oder, um es genauer auszudrücken, der Aufweichung, Verschiebung und Umordnung der bisher geltenden, typographisch geprägten und akademisch verbürgten Strukturen der Wissensgenese und -kommunikation letztendlich auch einen Wandel der Prinzipien von Erkenntnis, d.h. der Epistemologie als solcher, bedeuten. Darauf verweist auch Günther Frederichs bereits 2001 in einem Aufsatz zum Verhältnis von »Mode 2 und Erkenntnis«: Frederichs bezieht sich dabei zunächst auf das in Kapitel III bereits referierte Ausgangswerk von Gibbons u.a. (1994) und weist diesem dreierlei Botschaft zu: erstens jene, »dass auch auf diese wenig institutionalisierte Weise wissenschaftliches Wissen entsteht«, zweitens die, »dass diese Weise gegenüber dem etablierten Wissenschaftssystem (*Mode 1*) entscheidende Vorteile hat« und drittens, »dass *Mode 2* schon bestehende neue Trends in der wissenschaftlichen Forschung beschreibt, die auf eine zukünftige Entwicklung der Wissenschaft hinweisen« (Frederichs 2001: 69; Herv. i.O.). Tatsächlich erkennt auch Frederichs sowohl die gesellschaftliche Notwendigkeit als auch entsprechende Trends neuer, wie er schreibt, »Formen der Wissenschaft« (ebd.). Mit Blick auf die »Attribute der Moderne« (ebd.: 70) sieht er in eben diesen jedoch mehr als eine notwendige Hinwendung zu anwendungsbezogener Wissensgenerierung und die Einlösung eines dialogischen Verhältnisses zwischen Wissenschaft(en) und Öffentlichkeit. Stattdessen führe die Kontextualisierung des Wissens angesichts von Komplexität, Pluralität, Individualität, Innovativität, Offenheit und Differenzierung letztlich zu einer »Neuformulierung klassischer Erkenntnis« (ebd.: 74) bzw. – so möchte man hinzufügen – zu neuen Prämissen der Erkenntnis, einem neuartigen Welt- bzw. Wirklichkeitsverständnis also.[4]

Fakt ist, dass die im Kontext der Debatte einer ›new production of knowledge‹ diskutierte Modus 2-Wissensproduktion die potentielle »Polykontexturalität« (ebd.: 73 nach Günther 1979), d.h. also Vielfältigkeit und Vielgestaltigkeit des Wissens mit sich bringt, die als solche jedoch nicht länger als ein gesellschaftliches Problem potentieller Verunsicherung angesehen wird, wie dies im typographisch geprägten Wahrheitsmodell gemein-

---

4   Frederichs (2001: 73) formuliert hier: »In dem vorliegenden Beitrag [gemeint ist sein eigener] wird jedoch behauptet, dass die Ursache der unbestreitbaren Faszination des Buches tiefer liegt, und zwar in seiner erkenntnistheoretischen Relevanz, die von den Autoren selbst gar nicht explizit gemacht worden ist.«

hin zu vermuten wäre, sondern zu einem erwartbaren Faktum des Alltäglichen avanciert. Laut Frederichs lassen sich in diesem Zusammenhang zwei Prinzipien der wissensgesellschaftlichen Grundhaltung ausmachen:

»Das Prinzip des *Nichts ist zwingend* untergräbt Wahrheitsbehauptungen und Autoritätsansprüche, auch die der Wissenschaft, wie umgekehrt das Prinzip des *Alles ist möglich* jeder kontextspezifischen Kommunikation das Recht auf Autorität und Wahrheitsgeltung einräumt.« (Ebd.: 70)

In diesem Sinne bewirkt die Vielfältigkeit und Vielgestaltigkeit des Wissens also unweigerlich eine Auflösung des klassischen Wahrheitsbegriffs des Wissens in zweifacher Hinsicht: Zum einen verliert das Wissen damit seinen universalen Charakter. Auch und gerade wissenschaftliches Wissen kann keine allgemeine Geltung und Gültigkeit mehr beanspruchen. In der Folge kommt es zu einem »Nebeneinander [eigentlich] unverträglicher Wahrheiten« (ebd.: 74), mit dem es sich irgendwie zu arrangieren gilt. Dies hat auch Konsequenzen für die mit dem pluralen Wissen umgehenden individuellen wie kollektiven Akteure (Einzelpersonen aber auch Unternehmen oder ganze Nationalstaaten). Wenn kein »Simultanwissen« (Nassehi 2000: 103) mehr vorausgesetzt werden kann, braucht es auch auf der Anwendungsebene einen induktiven Umgang mit Wissen, der den deduktiven Abruf des klassischen Transfermodells ersetzt (vgl. ebd.: 104).

Zum anderen führt insbesondere das Prinzip des »Nichts ist zwingend« aber auch zu einer Intensivierung der Fragilität des Wissens im Allgemeinen und der wissenschaftlichen Evidenz im Speziellen. Wissen wird – nicht zuletzt angesichts der unhintergehbaren Existenz alternativer respektive widersprüchlicher »Wahrheiten« – grundsätzlich instabil und prinzipiell revidierbar. Hier wäre freilich zu betonen, dass dieses generelle Bewusstsein für die Fragilität und Veränderlichkeit wissenschaftlicher Erkenntnisse von jeher zum Grundverständnis moderner akademischer Wissenschaft gehörte und immer noch gehört. In diesem Sinne darf das Wahrheitsmodell des Wissens auch nicht missverstanden werden. Hier wird nicht die Widersprüchlichkeit wissenschaftlichen Wissens per se in Abrede gestellt. Vielmehr geht es darum zu konstatieren, dass das Grundmotiv wissenschaftlicher Forschung die Suche nach der für prinzipiell erkennbar gehaltenen Wahrheit war. Der Prozess der Wissensproduktion musste daher streng normiert und institutionalisiert und in ein eigenes, nach speziellen Logiken und Prinzipien funktionierendes Funktionssystem Wissenschaft ausgelagert werden. Auch der Prozess der öffentlichen Weitergabe dieses Wissens war von diesen Festlegungen geprägt. Wissen war mit dem Anspruch auf Wahrheit verbunden. Unter den Bedingungen einer weitgehend verwissenschaftlichten Gesellschaft (siehe Kap. III, Abschn. 2.2) und einer gesteigerten Dialogbereitschaft der Wissenschaft(en) bekommt die ›Laienöffentlichkeit‹ (insofern von einer solchen überhaupt noch zu sprechen ist) jedoch nicht nur einen deutlicheren Einblick in die Fragilität der Evidenz wissenschaftlichen Wissens, die Fragilität selbst wird zum Strukturmechanismus, der nicht durch eine erneute Suche nach Wahrheit, sondern grundsätzlich nur situativ aufgehoben werden kann. Der Umgang mit Fragilität ist demnach nicht länger der Versuch, diese durch die Herstellung von Objektivität und Kohärenz zu überwinden. Fragilität wird vielmehr als unhintergehbares Faktum akzeptiert und der Fokus auf Fragen situativer Brauchbarkeit und Funktionalität verlagert. Das entspricht einer vollkommen anderen Logik, als sie im Wahrheitsmodell verkörpert wird und wie wir sie in weiten Teilen unseres Denkens heute noch praktizieren.

Genau genommen ist die Realisierung einer potentiellen Polykontexturalität des Wissens damit also Ausdruck eines Weltbildes, das nicht länger von der Möglichkeit einer wahren Erkenntnis ausgeht. Gendolla/Schäfer (2005: 7f.) bemerken dazu überaus pointiert:

»Das mit Renaissance und früher Neuzeit einsetzende Vertrauen in die rationale Lesbarkeit der Welt, [...] scheint sich zu Beginn des 21. Jahrhunderts wieder aufzulösen. Die Überzeugung, dass sich die Natur der Dinge ihre Ursachen und Wirkungen bei intensivem Studium und mit den angemessenen materiellen wie geistigen Werkzeugen schon erschließen werde, dass das Wissen der Welt schon immer das sei und nur mit exakter Methodik oder komplexer Semiotik an ihr Licht gebracht werden müsse, droht einer geistigen ›Von-der-Hand-in-den-Mund‹-Existenz zu weichen.«

Der Zugang zur Welt geschieht heute mehr und mehr in einem subjektiv-konstruktivistischen Sinne.[5] Auch Günther Frederichs, dessen beachtenswerter Aufsatz weiter oben bereits mehrfach zitiert wurde, spricht in diesem von einer »konstruktivistischen Neuinterpretation« des Begriffs der Wahrheit (Frederichs 2001: 79). Wissen wird mehr und mehr zu einem individuellen Produkt, das unter Berücksichtigung bestimmter Kontextfaktoren situativ erzeugt und zur Anwendung gebracht wird. Modus 2 beschreibt so ge-

---

5 Eigentlich verweisen diese Überlegungen zum Wissensmodell des digitalen Zeitalters – besonders wenn man sie mit jenen zum Wissensmodell der typographischen Ära abgleicht – auf die bekannte Differenz zwischen Kognitivismus und Konstruktivismus. (Wenn man die mittelalterliche Scholastik hinzunimmt, könnte die Trias mit der Lerntheorie des Behaviorismus sogar komplettiert werden!) Es besteht folglich die Gefahr, die beiden Wissensmodelle könnten als Resultate dieser beiden als Analysefolien fungierenden Konzepte verstanden werden und daher in ihrer Erklärungskraft tautologisch erscheinen. Letztlich muss jedoch davon ausgegangen werden, dass diese Parallelität nicht willkürlichen, sondern natürlichen Ursprungs ist – das kognitivistisch erscheinende Wissensmodell der typographischen Ära also aus einer kognitivistischen Weltsicht resultiert, während das konstruktivistische Wissensmodell der digitalen Wissensgesellschaft auch auf einen zunehmend konstruktivistischen Umgang der Gesellschaft mit der Wirklichkeit verweist.

sehen eben tatsächlich nicht nur Tendenzen der Kontextsensibilität und Rückkopplungseffekte zwischen Wissenschaft(en) und Öffentlichkeit.

Mit besonderem Fokus auf das Ende der Buchkultur unter dem Einfluss der Digitalität (siehe auch Kap. I, Abschn. 2) beschreibt ebenso Michael Giesecke entsprechende Beobachtungen, die er auch als »abhängige und gegenabhängige Trends« (Giesecke 2002: 280) bezeichnet: Einen ersten dieser ›Trends‹ sieht Giesecke in der Entwicklung von der typographischen zur digitalen Textspeicherung und Verarbeitung. Diese stellt mehr als eine Technisierung traditioneller Tätigkeiten dar. In diesem Sinne ist folglich auch eine Umorientierung in den Wahrnehmungsgewohnheiten und den Handlungsmustern notwendig, d.h. also Mut zur Demontage der mit den alten Medien verbundenen Sehweisen und sozialen Normen. Hierfür sei zumindest ein allmählicher Beginn auszumachen (vgl. ebd.: 281ff.). Einen zweiten Trend verkörpert der Wandel von der distanzierten Umweltwahrnehmung zur Selbsterfahrung. So werden sich viele Probleme unserer Gegenwart nur dann lösen lassen, wenn wir gerade nicht nur auf die Außenwelt schauen, sondern auch soziale Selbstreflexion betreiben (vgl. ebd.: 284f.). In der Ablösung der Visualität durch die Taktilität liegt, wie Giesecke meint, ein dritter Trend. Er begründet das mit dem Argument, die Arbeit elektronischer Sensoren käme mehr dem Tastsinn als dem Sehsinn gleich (vgl. ebd.: 285ff.). Ein vierter Trend besteht weiterhin im Übergang vom begrifflichen zum metaphorischen Denken und Darstellen. So entwerte die Möglichkeit sprachunabhängiger Kooperation allmählich das logische Denken und das sprachbasierte Bewusstsein. Dies führt auf der anderen Seite zu einem Aufschwung der bisher eher randständig behandelten Konzepte Intuition, Kreativität, Spontaneität und Emotionalität (vgl. ebd.: 287ff.). Daran knüpft sich weiterhin ein fünfter Trend an, und zwar die Entwicklung vom linearen zum neuen spiegelnden Denken. War das bisherige Denken linear und monokausal wie die typographische Technik (die Logik der Hardware entspricht der Logik der Erfinder und Benutzer), wäre ein derartiges Denken in der Logik der Software eine unnötige Simplifizierung. Unter den Bedingungen der Digitalität wird das Denken vielmehr interaktiv (vgl. ebd.: 292ff.). Den sechsten Trend stellt schließlich (gewissermaßen zusammenfassend) der Übergang von den ›wahren Beschreibungen‹ zur ›virtual reality‹ dar. Typisch für die Buchkultur war vor allem das Ziel der Anfertigung objektiver Beschreibungen einer wahren Wirklichkeit, die sich mit Hilfe von Experiment und Beobachtung erschließen ließ. In der Virtualität des Cyberspace sucht man nun nach Alternativen zum Wissenskanon und zum Wirklichkeitskonzept der Buchkultur. Auf diese Weise löst die virtuelle Realität also schrittweise den Realitätsbegriff der Buchkultur ab (vgl. ebd.: 298ff.).

Demnach wäre auch Helmut Willke Recht zu geben, wenn er zu Beginn seines 2002 erschienenen Buches »Dystopia. Studien zur Krisis des Wissens in der modernen Gesellschaft« behauptet, dass »die gängigen Unterscheidungen zwischen theoretischem und praktischem Wissen oder zwischen Modus I und Modus II der Wissensproduktion wenig hilfreich ist, wenn es darum geht, die den Einstieg in die Wissensgesellschaft kennzeichnende Transfiguration des Wissens von einem wahrheitsgetriebenen Erkenntnisprodukt zu einer dominanten Produktivkraft zu verstehen« (Willke 2002: 12) und stattdessen, ausgehend von der Feststellung einer grundlegenderen Paradigmen-Differenz, danach fragt, wie Wissen überhaupt (noch) möglich sei (vgl. ebd.). Die Antwort sieht Willke zunächst einmal in der zwingenden Notwendigkeit zur Kommunikation. So sei Wissen überhaupt sehr voraussetzungsreich und entstehe erst, wenn in einem Prozess der kommunikativen Verständigung und Auseinandersetzung Ordnung bzw. Sinn erzeugt werde (vgl. ebd.: 15ff.). Zudem sind die gegenwärtigen Wissensgesellschaften aber auch aufgerufen, Funktionsmechanismen für den Umgang mit dem sogenannten ›Nichtwissen‹ (vgl. u.a. Wehling 2003) zu entwickeln, das gewissermaßen als ›Kehrseite‹ der eigentlichen Erkenntnis immer mit erzeugt wird – insbesondere angesichts des Wegfalls autoritärer Instanzen der Beglaubigung (vgl. ebd.: 18f. sowie 28 aber auch Böschen 2003, Heidenreich 2003 sowie Krohn 2003).

Führt man Willkes Gedankengang weiter fort, dann ergibt sich daraus neben dem bereits genannten Tatbestand eines *konstruktivistischen Wirklichkeitsmodells* respektive einer subjektivistischen Weltsicht zugleich die situative *Notwendigkeit zur kommunikativen Aushandlung* des jeweils gültigen Wissens. Dahinter verbirgt sich nicht nur ein neues Welt- und Wirklichkeitsverständnis, auch der Wissensbegriff selbst ist dann ein anderer: »In die Wissensgesellschaft übernommen«, so resümiert Willke (2002: 26f.) daher,

»bedeutet der Wissensbegriff der Industriegesellschaft ein Vertrauen auf Evolution und Durchwursteln, das nicht mehr gerechtfertigt ist. [...] Wenn es überhaupt gerechtfertigt ist, von einer Umwälzung des leitenden Gesellschaftsparadigmas von der Industriegesellschaft zu dem der Wissensgesellschaft zu sprechen, dann vor allem, weil sich in relevanten Dimensionen für die Bedingungen der Möglichkeit und für die Folgen von Wissen einschneidende Veränderungen beobachten lassen [...].«

2.2 Wissen im Modus situativer Aushandlung

Konsequent weitergedacht lässt die Einsicht in die grundsätzlich gewandelte Epistemologie der digitalen Wissensgesellschaft, d.h. also die Erkenntnis, dass die beschriebenen Phänomene der Digitalität abstrahierend gefasst letzten Endes der Ausdruck eines veränderten Welt- und Wirklichkeitsverständnisses sind und daher auch einen neuen Begriff bzw. ein neues Konzept des Wissens verlangen, keinen Zweifel mehr daran, dass es im Spannungsfeld zwischen den gesamtgesellschaftlichen Veränderungstendenzen des beginnenden 21. Jahrhunderts und den medialen Implikationen des Internet resp. des Web 2.0 – zumindest theoretisch – auf absehbare Zeit auch zu einer weitreichenden Transformation des diskursiven Strukturmodells des Wissens kommen wird. Verdichtet man die bisherigen Ausführungen der Arbeit in einem weiteren Schritt der Abstraktion auf ihre Kernaspekte, kristallisieren sich die Eckpfeiler eines vorerst freilich noch rein hypothetischen *Wissensmodus des digitalen Zeitalters* heraus. Dieser bildet gewissermaßen die Basis der gesellschaftlichen Existenz von Wissen in der digitalen Wissensgesellschaft, indem er die in allen Funktionsbereichen ablaufenden Prozesse der Wissensgenese, -repräsentation sowie -kommunikation steuert und prägt. Tabelle 5 zeigt einen Überblick über die wichtigsten Merkmale des diskursiven Strukturmodells:

Tabelle 5: Strukturmodell der Wissenskultur der digitalen Wissensgesellschaft (Konsensmodell des Wissens)

Welt- bzw. Wirklichkeitsverständnis	• subjektive Konstruktion von Wirklichkeit; • vielfältige, divergente Deutungsmuster; • Wissen gilt als plural, heterogen und veränderbar
Wissensmodus	• Aushandlung eines situativ gültigen *Konsenses*
Legitimationsprinzipien	• Funktionalität und Plausibilität (Verfügbarkeit und situative Brauchbarkeit) • Engagement und Aktivität (partizipatives und kollektives Laien-Expertentum im Prozess von Wissensproduktion und -kommunikation)

Die gegenwärtigen postmodernen und, wenn man so will, auch postkapitalistischen Industrienationen (vgl. Bittlingmayer 2001) werden nicht nur von einer fortschreitenden Wissenszentrierung und regelrechten Verwissenschaftlichung bestimmt, sondern sind zugleich auch mit der Differenzierung, Pluralisierung und Dynamisierung dieses Wissens konfrontiert. Die Wissensbestände der Gesellschaft befinden sich unaufhörlich in Bewegung und stellen ein zuvor so nicht dagewesenes und vor allem zunehmend unübersichtliches Spektrum an Orientierungsangeboten bereit. Nicht mehr Homogenität und Konformität sind die geltenden Ideale, sondern Individualität und Subjektivität. Dahinter verbirgt sich die libertäre Einsicht in den Mehrwert der Vielgestaltigkeit möglicher Formen der Weltsicht. Die Omnipräsenz der Massenmedien im 20. Jahrhundert hat grundlegend dazu beigetragen, ein Bewusstsein der Konstruktivität der gesellschaftlichen Realität zu etablieren, mit dessen Hilfe die Akzeptanz der Koexistenz divergierender symbolischer Deutungsmuster geradezu selbstverständlich geworden ist. Im Internet beispielsweise treffen heute verschiedenste Kulturen und Sichtweisen zeit- und ortsunabhängig auf globaler Ebene aufeinander. Das Nebeneinander einander zwar ausschließender und dennoch als gleichberechtigt angesehener Perspektiven ist damit längst Normalität (vgl. Frederichs 2001: 71).

So gesehen wird die Annahme einer objektiv wahrnehmbaren Wirklichkeit faktisch obsolet. Die globalisierte Welt der digitalen Wissensgesellschaft erscheint vielmehr inkonsistent, mehrdeutig und diffus. Sie gilt als vielfältig interpretierbar und daher jeweils nur im Kontext subjektiver Konstruktionen zu verstehen. Diese Relativierung des bislang vorherrschenden Anspruchs objektiv-einheitlicher Welterkenntnis zugunsten des neuen Ideals der Pluralität und Heterogenität (vgl. Giesecke 2005: 27f.) äußert sich nicht zuletzt in der weitgehenden Aufweichung der Normativität der traditionellen akademischen Standards. Diese Entwicklung untergräbt nicht nur die bisherige Autorität der Wissenschaft(en), sie bedeutet auch den Abschied vom klassischen Wahrheitsbegriff der typographischen Ära. Wenn nichts mehr zwingend und alles potentiell möglich bzw. denkbar ist, gestalten sich die Prozesse der Wissensgenese und -kommunikation zwar deutlich offener und flexibler, werden dabei aber gleichwohl auch beliebig. Die Erwartung einer Eindeutigkeit der Expertise muss folglich unweigerlich enttäuscht werden, denn Wissen entwickelt sich mehr und mehr zum gestaltungsoffenen Prozess (vgl. Böschen 2003: insb. 24). So viele Köpfe, so viele Meinungen.

Mit dem im vorangegangenen Abschnitt bereits angedeuteten Wegfall des evidenzbasierten Wahrheitsanspruchs im Sinne eines »Regressunterbrechers in Geschichten und Diskursen« (Schmidt 2005: 71) wird die Anerkennung von Wissen als gesellschaftlich relevant nicht länger ausschließlich über institutionalisierte, normierte und formal-systematisierte Verfahren gewährleistet, sondern muss fortwährend neu ausgehandelt werden. Peter Gendolla und Jörgen Schäfer etwa verweisen darauf, dass es im Hinblick auf Wissen, insofern man es in Anschluss an Ulrich Charpa als »wahre und legitime Überzeugung hinsichtlich eines Tatbestandes«[6] (Charpa in Gendolla/Schäfer 2005: 10) versteht, schon von jeher zwei Gründe für dieses Überzeugtsein gab: erstens die »sinnliche [...] Gewissheit der eigenen Wahrnehmung« sowie zweitens die »wechselseitige [...] Verständigung über diese sinnliche Gewissheit, im Dialog, in der Diskussion des Für und Wider, in der Kommunikation der Wahrnehmungen und so der allgemeinen Erzeugung von Kohärenz« (ebd.: 11). Unter den Bedingungen der zunehmenden Digitalisierung und einer weltumspannenden, d.h. globalen Vernetzung der verfügbaren Wissensbestände, nicht zuletzt aber auch angesichts der damit erzeugten Pluralität und Mutabilität des Wissens, wird nun jedoch nicht nur die individuelle, sinnliche Wahrnehmung des Einzelnen theoretisch einerseits exorbitant ausgeweitet und dabei andererseits – so paradox das auch erscheinen mag – praktisch systematisch begrenzt,[7] auch die Möglichkeiten

---

6   So heißt es bei Charpa (2000: 543): »Die Ausgangsvorstellung der erkenntnistheoretischen Erörterung zeichnet W[issen] als etwas aus, das gegenüber beliebigen Überzeugungen den Vorzug besitzt, wahr und zudem gerechtfertigt zu sein. Etwas zu wissen besagt, eine wahre und legitime Überzeugung hinsichtlich eines Tatbestandes zu hegen.«

7   Zum Problem ›authentischen Wissens‹ siehe ausführlicher: Enskat 2005.

der wechselseitigen Verständigung erfahren zwar einerseits eine deutliche mediale Ausweitung, verlieren andererseits (und das nicht nur medial bedingt) aber auch ihre bisherige Eindeutigkeit und Regelhaftigkeit. So fährt auch Ulrich Charpa in seinem bereits erwähnten Artikel zum »Wissen« (Gendolla/Schäfer 2005 weisen ebenfalls darauf hin) mit der Bemerkung fort, »[d]ie Auszeichnung einer einigermaßen reichhaltigen Menge von Überzeugungen als W[issen] lässt sich nicht anders als kollaborativ, d.h. in weitgespannten Vertrauensverhältnissen bewerkstelligen« (Charpa 2000: 544). Während aber – und hier muss man die Überlegungen Charpas wie auch Gendolla/Schäfers im Sinne der vorliegenden Arbeit dringend ausweiten – die Prozesse der wechselseitigen Verständigung und Kollaboration grundsätzlich von den Maximen der akademischen Wissenschaft bestimmt waren und auf diese Weise eine gewisse Kontinuität und Erwartbarkeit zeigten, fallen eben gerade jene Maximen als Faktoren der Stabilität und Stabilisierung immer häufiger weg. Folglich werden auch die Vertrauensverhältnisse zunehmend irritiert und bisweilen sogar gänzlich ausgehebelt (vgl. Gendolla/Schäfer 2005: 11). An die Stelle allgemeingültiger und objektiver, weil über institutionell verbürgte Vertrauensverhältnisse stabilisierter Wahrheit tritt im Zeitalter der Digitalisierung also der Konsens als Resultat der Aushandlung lediglich situativer Gültigkeit. In zeitlicher Hinsicht kommt dies einer Verschiebung von relativer Beständigkeit zu dynamischer Variabilität gleich; in operativer Hinsicht handelt es sich um den gewichtigen Schritt von passiver Reproduktion zu aktiver Partizipation, Diskussion und Gestaltung. Damit wären indirekt auch die zentralen Legitimationsprinzipien des neuen Wissensmodus benannt.

2.2.1 Funktionalität und Plausibilität als neue Maximen der Rationalität

Ohne den Anspruch auf Wahrheit verlieren also insbesondere auch die traditionellen (akademischen) Standards im Bereich der Wissensproduktion und -kommunikation ihre normativ bindende Kraft. Wissen muss nicht länger allgemeingültig und objektiv wahr, wohl aber praktisch anwendbar sein und in diesem Sinne wechselnden situativen und jeweils subjektiv-individuellen Ansprüchen genügen. Darüber hinaus muss es – logistisch betrachtet – auch flexibel und vor allem zeitnah zugänglich sein. So dulden situative Wissensbedürfnisse im Kontext einer auf Dynamik und Schnelligkeit ausgelegten digitalen Wissensgesellschaft nur selten einen Aufschub. Hier liegt ja auch die große Stärke des zeit- und ortunabhängig nutzbaren Datennetzes namens Internet. Verfügbarkeit und Brauchbarkeit stellen demnach die neuen Kriterien dar, an denen sich Gültigkeit und Anerkennung relevanten Wissens zukünftig bemessen lassen werden. Peter Weingart prognostizierte diesbezüglich bereits 1998 entsprechende »Folgen für die Vorstellungen von gesichertem, universalem ›wahren‹ Wissen: An dessen Stelle«, so schrieb er damals, »erhält situativ pragmatisches Wissen den Vorrang, dessen Bewährung aufgabenspezifisch, lokal und zeitlich gebunden erfolgt« (Weingart

1998: 17). Man könnte auch sagen: die (wissenschaftliche) Rationalität des Wissens wird durch Aspekte der *Funktionalität* ersetzt. Diese Funktionalität bewährt sich freilich immer erst in konkreten Handlungskontexten. Nicht mehr die Produzenten, sondern die Rezipienten des Wissens sind daher auch als neuer Souverän der Wissensprozesse in der digitalen Wissensgesellschaft zu betrachten, denn sie entscheiden letztendlich darüber, welches Wissen zur »kulturell prämierten Information« (Giesecke 2005: 14) und damit würdig wird, angewandt und weitergegeben zu werden. In diesem Sinne greift die Öffentlichkeit genau genommen also zunehmend direkt in die Herstellung und Verbreitung gesellschaftlicher Deutungsmuster ein und wird auf diese Weise schließlich zum eigentlichen Ausgangspunkt derselben. Der Weg der Wissensproduktion wird unter dem Eindruck der wissensgesellschaftlichen Herausforderungen heute also grundsätzlich von seinem Ende her gedacht.

Im Prozess der Aushandlung selbst tritt an die Stelle des Wahrheitsanspruchs im Sinne von Evidenz zudem das Moment der *Plausibilität*. Stefan Meißner stellt im Rahmen eines Sammelbandes zu den »Ordnungen des Denkens«[8] beispielsweise unter anderem fest, dass im Zuge der abnehmenden Autorität der Wissenschaft und eines gestiegenen gesellschaftlichen Bewusstseins für die mangelnde bzw. fragile Gewissheit wissenschaftlichen Wissens »vermehrt von der ›Plausibilität‹ – statt von der (wie auch immer vorläufigen) Wahrheit […] gesprochen wird« (Meißner 2007: 87). Der Begriff der Plausibilität beinhaltete dabei nach Ansicht Meißners stets eine gewisse Doppeldeutigkeit: So gilt etwas dann als plausibel, wenn es in einem intuitiven Sinne einleuchtet, verständlich wird und glaubhaft erscheint. In dieser Lesart korrespondiert der Begriff der Plausibilität weitgehend mit jenem der (wahren) Erkenntnis. Weiterhin kann Plausibilität aber auch auf den Aspekt der Wahrscheinlichkeit verweisen, wobei dieser, verstanden als im ursprünglichen Wortsinne ›Schein der Wahrheit‹ eine klare Tendenz in Richtung Täuschung und Manipulation besitzt (vgl. ebd. 87f.). Aus der Perspektive der Wissenssoziologie (und sicherlich auch jener der wissensbezogenen Philosophie), resümiert Meißner schließlich, bedeutet also

»plausibel nicht ›wahr an-sich‹ […], sondern vielmehr ein Wissen […], das nur sozial und historisch gebunden einleuchtet. […] Mit dieser Perspektive kann die erkenntnistheoretische Sicherungsgeste zumindest irritiert werden, denn Wissen scheint nunmehr mit Adjektiven wie ›sicher‹, ›beständig‹ oder ›wahr‹ nur noch unzureichend charakterisierbar« (ebd.: 88).

Für den Umgang mit Wissen ergeben sich daraus drei Konsequenzen: Zum Ersten die Einsicht, dass Forschung bzw. Erkenntnisgenerierung stets bestimmten Eigenlogiken folgt, die nicht unbedingt als universal gelten müs-

---

8   Der Untertitel des von Langer u.a. herausgegebenen Sammelbandes lautet: »Debatten um Wissenschaftstheorie und Erkenntnistheorie«.

sen bzw. die – mehr noch – für andere Akteure weder relevant noch überhaupt einsichtig sein müssen. Auch die eigenen wissensbezogenen Aussagen gilt es also zunächst einmal vor einem bestimmten Hintergrund zu plausibilisieren (vgl. ebd.: 94). Zum Zweiten folgt daraus die bereits mehrfach, wenn auch in anderer Form, zitierte »Verschiebung von einer Produktionslogik zu einer Rezeptionslogik« (ebd.), d.h. der Schwerpunkt im Prozess der Wissensgenese und -kommunikation liegt nicht länger auf der Optimierung von Methoden und Theorien (vgl. ebd.). Zum Dritten aber, und das scheint vor dem Hintergrund der Argumentationslogik der hier vorgenommenen Überlegungen die entscheidende Konsequenz zu sein, rückt auf diese Weise erstmals die »möglichkeitsorientierte Herstellung« von Wissen in den Vordergrund:

»Während nämlich mit einem evidenten Wahrheitskriterium Mögliches von Unmöglichem (im Sinne von Unwahrheit) getrennt wird, kann über Plausibilität Wirkliches von Möglichem unterschieden werden. Das könnte bedeuten, dass sich von einer vorgegebenen Norm verabschiedet wird, welche Denk-Möglichkeiten einschränkt. Durch diese Normentbindung bzw. Anomie-Etablierung würde dann ›Möglichkeitssinn‹ in die Wissenschaft implementiert und in Form einer Steigerungslogik organisiert werden.« (Ebd.: 95)

Was Meißner hier noch rein hypothetisch denkt, würde im Modus situativer Aushandlung gültigen Wissens freilich zur Alltäglichkeit – verkörpern Plausibilität und Funktionalität hier doch, wenn man so will, die neuen Maximen der Rationalität.

2.2.2 Kollektives Laien-Expertentum

Schon jetzt wird Wissen, wie eingangs des Kapitels im Kontext der Ausführungen zu den Veränderungen auf der Akteursebene (Abschn. 1.2) bereits deutlich wurde, nicht mehr allein von wenigen, ausgewählten Angehörigen eines bestimmten institutionellen Kontextes des Systems der akademischen Wissenschaft(en) unter Berücksichtigung normativ feststehender Kriterien und Handlungsprinzipien produziert und kommuniziert. Die Wissensproduktion weitet sich stattdessen über die Grenzen des akademischen Systems aus. Entsprechend kommt es auch zu einer Ausweitung und Diversifizierung der am Produktionsprozess beteiligten Akteure. Dies hat, auch das wurde bereits diskutiert, einen »Theorien- und Methodenpluralismus« (Giesecke 2005: 21) im Bereich des Wissens zur Folge, der letztendlich selbst wiederum als Ursache für den rasant anwachsenden, zugleich aber auch dynamischen und unübersichtlichen Wissenshaushalt der Wissensgesellschaft betrachtet werden kann. Eben diese nicht selten verwirrende Komplexität der Gesellschaft bringt denn auch eine weitere Komponente der typographisch geprägten Wissenskultur ins Wanken – das Expertentum.

Der Prozess der Pluralisierung und Dynamisierung des Wissens in der Wissensgesellschaft (explosionsartiges Wissenswachstum bei gleichzeitig beständigem Wissensverfall) intensiviert zunächst das öffentliche Bedürfnis nach fachkundiger Expertise. Zugleich sinkt mit der Einsicht in die Vielgestaltigkeit und rasche Veränderbarkeit dieser Expertise aber auch das Vertrauen in dieselbe. Auf der Suche nach Orientierung sind aktuelle theoretische Erkenntnisse und Handlungsmodelle zwar mehr denn je zuvor gefragt, doch nimmt die Öffentlichkeit das vorhandene Expertenwissen längst nicht mehr unkritisch als solches an. Faktisch bedeutet das, dass mit der Expertise auch die Expertokratie an Autorität und Boden verliert und daher heute *vielfältige Krisen des professionellen Expertentums* zu verzeichnen sind (vgl. u.a. Schmidt-Tiedemann 1996: 28).[9] Nach außen, d.h. bezogen auf die Öffentlichkeit, ist folglich wohl vor allem von einer *Legitimationskrise* auszugehen. Im Kontext der digitalen Wissensgesellschaft sind auch ausgewiesene Experten nur noch bedingt in der Lage, ihrer Funktion als Erkenntnisproduzent, Wissensvermittler und Ratgeber stets in adäquater Art und Weise nachzukommen. Zu individuell und spezifisch sind die gesellschaftlichen Erwartungen an die Expertise, zu vielfältig und situationsabhängig die zugehörigen Antwortmöglichkeiten. Auf derartige Variabilitäten und Spezialisierungen ist das Konzept des (szientistischen) Experten nicht zugeschnitten. Es verliert mehr und mehr seine gesellschaftliche Legitimation, da es ihm immer seltener gelingt, einheitliche und verbindliche Deutungsmuster zu generieren und zu behaupten. Das »Etikett ›Experte‹« kann damit, wie Marc Bovenschulte (2005: 27) betont, kaum noch als ein Synonym für garantiertes Vertrauen in die Wissensautorität gelten.

Diese Entwicklung hat selbstverständlich auch Auswirkungen auf das professionelle Selbstverständnis der Experten. Der Entzug des bedingungslosen gesellschaftlichen Vertrauens und das Erleben sinkender Autonomie und Kompetenz verdichten sich nach innen zu einer *Identitätskrise* des Expertentums. Der hierarchische Überlegenheitsanspruch der Experten (vgl. u.a. Hitzler 1994 aber insbesondere auch Gisler u.a. 2004) wird sukzessive gebrochen. An dessen Stelle tritt die Einsicht in die Notwendigkeit der dialogischen Öffnung von Wissensproduktion und -kommunikation (vgl. dazu u.a. Nowotny/Scott/Gibbons 2005: insb. 267-301). Die inzwischen bereits mehrere Jahrhunderte währende und sich in beständig steigenden Allgemeinbildungsstandards sowie fortschreitenden Demokratisierungsbestrebungen manifestierende ›lange Aufklärung‹ hat dazu eine kritische und kompetente Öffentlichkeit hervorgebracht. Gerade die Öffentlichkeit der Laien beschränkt sich dabei aber nicht ausschließlich auf die oftmals beschriebene Rolle eines kritisch-reaktiven, bewertenden Publikums (vgl. u.a. Koch 1999; Weingart 1999), sondern beginnt allmählich zum gleichberechtigten Akteur zu avancieren. Noch ist die Dominanz des hierarchischen Strukturprinzips des professionellen Expertentums freilich sogar bis hinein in die vermeint-

---

9 Der Medienwissenschaftler Norbert Bolz spricht hier im Rahmen des bereits in der Einleitung zu diesem Buch erwähnten Interviews mit dem »SPIEGEL« im Sommer 2006 sogar vom »Ende der Expertokratie« (vgl. O.A. 2006b).

lich demokratische Idee des Public Understanding of Science (PUS) spürbar. Bei genauerem Hinsehen basiert dieses aber ebenso auf einem paternalistisch geprägten Defizitentwurf der Laien wie die Bestrebungen der frühneuzeitlichen Wissenspopularisierer und Volksaufklärer (vgl. Weingart 2004: 18 sowie Kap. II, Abschn. 2.2.3).

Unter dem Eindruck der wissensgesellschaftlichen Veränderungstendenzen und unterstützt durch den ›Möglichkeitsraum‹ des Internet weicht die Vertikalität des Wissenstransfers (vgl. Wichter 1994) jedoch zunehmend multidirektionalen, flexibleren Formen der Interaktion. Die fortschreitende Ausdifferenzierung und Spezialisierung der gesellschaftlichen Wissensbestände verändert die Struktur wissensbezogener Ungleichheit, da gesellschaftlich relevantes Wissen nicht mehr allein auf Seiten der professionellen Experten zu verorten ist.

In gleichem Maße wie der Kompetenzbereich der Experten eingeschränkt und diese zu Unwissenden in immer mehr Gebieten des Sonderwissens werden, sind nun auch Laien immer häufiger spezialisierte Wissende für bestimmte Bereiche des Wissens (vgl. u.a. Dewe 2005: 376). Dies geschieht beispielsweise insbesondere dort, wo vor dem Hintergrund einer verstärkten Anwendungsorientierung praktisches, man könnte auch sagen: implizites Wissen,[10] gerade in der Wissensgesellschaft eine Renaissance erlebt (vgl. Hörning 2001). Im Internet finden diese ›Laien‹ überdies ein – zumindest potentiell – demokratisches Medium (siehe hierzu ausführlicher Kap. IV, Abschn. 2.2), das es ihnen erlaubt, ihr Wissen ebenso wie die institutionellen Experten an ein breites Spektrum von Adressaten zu kommunizieren oder gemeinsam mit anderen Laien bzw. Experten zu diskutieren und bei Bedarf kollaborativ zu modifizieren. Sie erhalten damit letztendlich die Chance, traditionelle, expertendominierte Wissensmonopole zu überwinden und gegebenenfalls neuartige Wissensprozesse anzustoßen.

Wenn in der Wissensgesellschaft also auch Laien potentiell einen spezifischen Wissensvorsprung gegenüber (ausgewiesenen) Experten besitzen können und ihnen zudem vergleichbare Chancen offen stehen, dieses, ihr Wissen aktiv und nachhaltig in den gesellschaftlichen Wissensprozess einzubringen, verliert das bis dato gängige duale Muster ›Experte vs. Laie‹ dadurch unweigerlich an Trennschärfe. Es kommt sukzessive zu einer demokratischen *Aufweichung der hierarchisch geprägten Experten-Laien-Dichotomie* und zu einer vermutlich folgenschweren Verschiebung in diesen Kategorien. Mit anderen Worten wird also die dem Wahrheitsmodell des Wissens eigene, strukturelle Rollendifferenz zwischen Experten und Laien im (hypothetischen) Konsensmodell zusehends nivelliert. Diese basiert bislang, wie in Kapitel II ausführlich beschrieben wurde, gemeinhin auf dem Prinzip

---

10 Auf nähere Ausführungen zur besonderen Bedeutung impliziten Wissens in der Wissensgesellschaft muss an dieser Stelle aus pragmatischen Gründen leider verzichtet werden. Der Aspekt wurde jedoch in Kapitel III, Abschnitt 2.2.1 unter dem Stichwort ›Wissensmanagement‹ schon ansatzweise diskutiert.

eines wissensbezogenen, institutionell abgesicherten Kompetenzgefälles, welches die hierarchisch angelegten Rollenmuster letztlich legitimiert. Gerade wissenschaftliche Experten zeichnen sich bis heute durch eine besondere wissensbezogene Professionalität[11] aus, die auf der Einhaltung der strengen Konventionen und ideellen Imperative des wissenschaftlichen Systems im Rahmen der Erzeugung und Kommunikation ›wahren‹ Wissens basiert. Mit dem Wegfall des Wahrheitsanspruchs lässt sich die Anerkennung von Wissen als gesellschaftlich relevant nun allerdings nicht mehr ausschließlich über derartig normativ systematisierte und institutionalisierte Verfahren regeln, sondern muss fortwährend interaktiv ausgehandelt werden. Wenn dabei nun aber jeder erst einmal potentiell zum Kommunikator seines persönlichen Wissensangebots werden kann und dieses sich nicht länger an den normativen Standards der akademischen Wissenschaft, sondern allein an den neuen Kriterien von situativer Brauchbarkeit (Funktionalität) und prinzipieller Plausibilität messen lassen muss, wird die Deutungsautorität der professionellen (wissenschaftlichen) Experten weithin obsolet. Die wissenschaftliche Expertise verliert ihre scheinbar naturgegebene Autorität, die asymmetrische Einseitigkeit des Transfers wandelt sich zur symmetrischen Gegenseitigkeit des Dialogs und mehr noch: der Kooperation.

In diesem Sinne ist schlussendlich auch von einer Aufweichung der traditionellen Rollenmuster im Bereich der Produktion, Darstellung und Kommunikation von Wissen auszugehen. Unter den Bedingungen einer hochspezialisierten sowie differenzierten, individualistischen, pluralistischen und dynamischen Wissensgesellschaft und angesichts der Implikationen des Mediums Internet erscheinen plötzlich gewissermaßen alle Menschen als potentielle Experten. Wer Laie ist und wer Experte bemisst sich nicht länger an formal feststehenden Regeln. Die betreffenden Rollen können weder weiterhin institutionell zugeschrieben werden, noch sind diese gleichbleibend statisch. Will sagen: Im wechselseitigen Ermöglichungszusammenhang aus wissensgesellschaftlichen Bedürfnislagen und den medialen Dispositionen des Web 2.0 realisiert und etabliert sich das Phänomen einer gesellschaftlich geteilten Expertise (vgl. Nowotny u.a. 2005: 321), die mehr ist als die bloße Berücksichtigung adressatenseitiger Anforderungen und Ansprüche. Stattdessen kommt es zur Herausbildung eines flexiblen und demokratischen *Laien-Expertentums*, bei dem prinzipiell jeder situativ zum Experten werden kann, dessen Wissen bzw. Wissensdarstellung die jeweiligen Bedürfnisse nach Funktionalität und Plausibilität adäquat erfüllt und der daher als solcher anerkannt wird. Insofern kann und will die dort

---

11 Die Professionalität des Experten definiert sich allgemein über eine spezielle Form der Anwendung einer Expertise in der beruflichen Praxis und einer institutionalisierten Selbstkontrolle bei der Fortschreibung und Erweiterung des jeweiligen Sonderwissensbestandes, woraus wiederum bestimmte Legitimations- und Autoritätsansprüche resultieren (vgl. Hitzler: 1994: 14ff. sowie Kap. II, Abschn. 3.2.2).

verkündete Expertise freilich immer nur auf Zeit und für einen sehr eng bemessenen, hochspezialisierten Bereich Gültigkeit beanspruchen. Nicht selten erscheint auch diese situative Zuschreibung von Expertentum jedoch schon von vornherein obsolet, da das dargestellte und kommunizierte Wissen keiner Einzelperson mehr zugeschrieben werden kann, sondern ein kollaboratives Gemeinschaftsprodukt darstellt. Das neue Laien-Expertentum im Internet ist daher weder institutionell noch professionell begründet, sondern basiert auf (demokratischer) Beteiligung. Im Konsensmodell des Wissens kommt es folglich vor allem darauf an, die Möglichkeit aktiver Teilhabe im Sinne wirklicher Teilnahme wahrzunehmen und an der Herstellung des demokratischen Konsenses zu partizipieren. Anstatt Wissensvorsprung und institutionell-normiertem Handeln zählen in der digitalen Wissensgesellschaft nun also vielmehr *Engagement* und *Aktivität*.

2.3 Von wahrer Erkenntnis zu situativem Konsens

Zusammengefasst lässt sich mit Blick auf die hier antizipierte Wissenskultur des digitalen Zeitalters also festhalten: Das auf den Implikationen des Buchdrucks basierende klassische Wissensmodell der typographischen Ära (Wahrheitsmodell) begreift die Welt bzw. die sie konstituierende Wirklichkeit als eine objektiv wahrnehmbare. Die Funktionsprinzipien dieser Wirklichkeit sind daher auch prinzipiell mit Hilfe des menschlichen Verstandes zu durchdringen. Der Vorgang der Welterkenntnis kommt der Ermittlung allgemeingültiger Wahrheit gleich, die sich im Idealfall in Form gesellschaftlich relevanten Weltwissens zu symbolischen Deutungsmustern verfestigt und so ein gemeinsames Verstehen sichert. Die Prozesse der Genese, Darstellung und Kommunikation des ›wahren‹ Wissens, die sich maßgeblich entlang der linearen Struktur gedruckter Texte entspinnen, folgen im typographischen Modell notwendigerweise normativ festgeschriebenen und institutionalisierten Regeln und Rollenmustern. Der Anspruch auf Objektivität und interindividuelle Nachprüfbarkeit verlangt eine präzise und systematische und in diesem Sinne vom Alltäglichen abgesetzte professionelle Praxis. Entsprechend sind die aktive Teilhabe am Wissen und damit das Recht auf dessen Genese und Kommunikation auch nur Wenigen vorbehalten. Dieser gemeinhin als ›Experten‹ bezeichneten gesellschaftlichen Gruppe kommt auf diese Weise ein entscheidender Wissens- respektive Kompetenzvorsprung gegenüber der großen Masse der strukturell ausgeschlossenen und daher unwissenden ›Laien‹ zu. Letztere sind als bloße Rezipienten des Wissens zwar auf die Transferleistung der Experten angewiesen, können deren Expertise jedoch nichts Wirkungsvolles entgegensetzen, da sie weder über ein geeignetes Medium verfügen, noch die Legitimationsprinzipien wahren Wissens – Objektivität und Professionalität – erfüllen.

Mit dem Eintritt in das digitale Zeitalter beginnt diese bis dato vermeintlich untrennbar mit dem Wissen verbundene, hierarchisch angelegte Experten-Laien-Dichotomie nun allmählich unscharf zu werden. Wissen avanciert zur zentralen Kategorie des öffentlichen wie privaten Lebens, indem Wissensprozesse in alle Funktionsbereiche der Gesellschaft vordringen. Es kommt zu einer Diffusion sowohl der Orte als auch der Akteure des Wissens. Die Annahme objektiver Wirklichkeit und der damit verbundene Anspruch der Erkenntnis allgemeingültiger Wahrheit weichen in der Wissensgesellschaft schrittweise der Einsicht in die Vielgestaltigkeit möglicher Sichtweisen und dem Bedürfnis nach situativer Relevanz und praktischer Anwendbarkeit des Wissens. Das Wissen der digitalen Wissensgesellschaft erscheint somit zunehmend als veränderbares, weil stets subjektiv zu konstruierendes Gut. Das führt zu einer Pluralisierung und Dynamisierung der bisher geltenden normativen Kriterien der Wissensherstellung und -verbreitung und damit schließlich zu einem rapiden Anstieg der gesellschaftlichen Wissensbestände, was den Eindruck der Heterogenität und Dynamik wiederum verstärkt. Aufgrund der wachsenden Menge des Wissens und dessen zunehmender Ausdifferenzierung in zahlreiche Wissensgebiete entsteht zudem eine nie dagewesene Spezialisierung und Arbeitsteilung unter den Individuen der Gesellschaft, wodurch die absolute Wissensautorität der Experten systematisch in Frage gestellt wird. Insgesamt wird die aktive Teilnahme von Laien am gesellschaftlichen Wissensprozess damit zum genuinen Bestandteil des Wissensmodus der Digitalität – zum einen, da die Laien als Adressaten des Wissens deutlicher als je zuvor jeweils subjektiv-situativ über dessen Anerkennung als gesellschaftlich relevant entscheiden und so indirekt auf die Prozesse der Genese und Kommunikation zurückwirken; zum anderen, da sie mit Hilfe der neuen Technologien des Internet auch direkt und demokratisch eigene Inhalte beisteuern und aktiv an der Herstellung kollektiver Deutungsmuster partizipieren können. Nicht mehr Objektivität, Rationalität und Professionalität allein entscheiden über Fragen der Gültigkeit von Wissen, vielmehr sind Funktionalität, Engagement und Aktivität die neuen Handlungsprämissen eines Laien-Expertentums des digitalen Zeitalters.

Mit Blick auf die dispositive Struktur des Wissensdiskurses lässt sich damit schließlich festhalten, dass nicht nur der Wissensmodus eine folgenschwere Verschiebung von wahrer Erkenntnis zu situativem Konsens erfährt, auch und insbesondere die zugehörigen Prinzipien der Legitimation erleben eine folgenschwere Wandlung. Sie rücken bei genauem Hinsehen aus dem Bereich der Genese nun verstärkt in den Bereich der Kommunikation des Wissens. Die Anerkennung gesellschaftlich relevanten Wissens wird nicht mehr a priori einseitig und autoritär festgelegt, sondern a posteriori kollaborativ und demokratisch ausgehandelt.

3 REFLEXION DER WIKIPEDIA-ANALYSE

Vor dem Hintergrund der zusammenfassenden Betrachtung der Phänomenologie der uns gegenwärtig umgebenden digitalen Wissensgesellschaft und ihrer Synthese bzw. Verdichtung zu einem im Gestus der Antizipation freilich noch weitgehend hypothetisch gehaltenen, konsensorientierten Wissensmodell erscheinen auch die Befunde der exemplarischen Wikipedia-Analyse noch einmal klarer. Sie sollen daher an dieser Stelle erneut aufgegriffen und eingehender diskutiert und reflektiert werden. Gemeinsam stützen sie nämlich – soviel sei hier bereits vorweg genommen – die zugegeben etwas provokante Behauptung, die Online-Enzyklopädie Wikipedia sei überhaupt keine Online-Enzyklopädie; wobei die Betonung hier explizit auf dem Begriff der Enzyklopädie liegt und also darunter eine Enzyklopädie zu verstehen ist, die online verfügbar ist, d.h. über das Internet abgerufen werden kann. Provokant ist diese Behauptung vor allem deshalb, weil die Wikipedia zum einen extern immer wieder als eine solche bezeichnet respektive betrachtet wird, sich zum anderen aber zeitweilig auch selbst (intern) als eine solche, d.h. als eine Enzyklopädie bezeichnet (vgl. hierzu erneut das Logo der deutschsprachigen Wikipedia: Abb. 17). Im Wikipedia-Artikel zur Wikipedia selbst[12] findet sich zudem der Verweis auf die Online-Enzyklopädie. Dort heißt es etwa:»Wikipedia [...] ist ein Projekt zur Erstellung einer Online-Enzyklopädie in mehreren Sprachversionen. [...]«.[13]

Provokant ist diese Behauptung aber auch, weil sie sich nicht der gängigen, vorrangig normativ motivierten Kritik an der Unzulänglichkeit und potentiellen Fehlerhaftigkeit der Wikipedia einstimmt, wie sie meist von Seiten der traditionellen Wissenseliten geäußert wird; weil sich ihre Argumentation also gerade nicht darin erschöpft, aufzuzeigen, dass die Wikipedia die qualitativen Ansprüche einer (klassischen) Enzyklopädie nicht erfüllt und daher nicht als solche bezeichnet oder besser: genutzt werden kann bzw. darf. Stattdessen wird hier eine strukturelle Unvereinbarkeit zwischen dem Begriff ›Enzyklopädie‹ – verstanden als literarische bzw. mediale Gattung – und der Wikipedia – als damit zu bezeichnendem Faktum – konstatiert.

3.1 Die Mediengattung Enzyklopädie im Kontext der typographischen Wissenskultur

Der Begriff der Enzyklopädie als Mediengattungsbegriff ist, wie bereits im zweiten Kapitel gezeigt wurde, tief in der typographischen Wissenskultur der westlichen Moderne verankert – und das nicht allein deswegen, weil die Enzyklopädie als solche in unserer Alltagswelt natürlich (immernoch) in

---

12 Artikel »Wikipedia«: http://de.wikipedia.org/wiki/Wikipedia
13 http://de.wikipedia.org/wiki/Wikipedia, Abruf am 16.04.2009, Bearbeitungsstand: 16.04.2009, 01:03 Uhr. Folgt man der Verlinkung, so gelangt man zum Artikel »Online-Lexikon«. Dieses Lemma wiederum wird folgendermaßen erläutert: »Ein Online-Lexikon ist eine Datenbank, die als abfragbaren Content ein elektronisches Fachlexikon oder ein elektronisches Wörterbuch anbietet, und die »online« (im Internet) bereitgestellt wird. [...].« (http://de.wikipedia.org/wiki/Online-Lexikon, Abruf am 16.04.2009, Bearbeitungsstand: 04.03.2009, 20:39 Uhr).

erster Linie auf dem gedruckten Buch basiert. Die damit angesprochenen Dispositionen des typographischen Mediumswaren nur ein Teil der Rahmenbedingungen bei der Herausbildung des (heutigen) Gattungsverständnisses. Einen zweiten wichtigen Teil stellten die soziokulturellen Umbrüche dar, welche sich im Zuge der Frühen Neuzeit, genauer zwischen Renaissance und Aufklärung, in Europa ereigneten und unter dem Einfluss der sich zunehmend verbreitenden Druckschriftlichkeit bzw. in Koevolution mit den medialen Möglichkeiten der Typographie zu einer neuartigen Wissenskultur führten. Das in Kapitel II entwickelte oder besser: rekonstruierte neuzeitliche Wissensmodell (Wahrheitsmodell) dieser typographischen Wissenskultur brachte dann, so könnte man sagen, auch ein bestimmtes Gattungsverständnis von Enzyklopädie hervor, an das wiederum bestimmte gattungsspezifische Erwartungen geknüpft sind. Die zeitliche Parallelität der historischen Entwicklung darf folglich keinesfalls als zufällig betrachtet werden. Vielmehr erweist sich der Gattungsbegriff Enzyklopädie ebenso wie das Produkt der Enzyklopädie selbst als symptomatisch für das mit dem typographischen Wissensmodell verbundene Wissens- und Wirklichkeitskonzept sowie die daraus resultierenden Regeln und Konventionen des Umgangs mit Wissen.

Der Vollständigkeit halber sei hier noch einmal kurz an die am Ende des zweiten Kapitels vorgenommenen zusammenfassenden Überlegungen zum Wechselverhältnis zwischen typographischem Wissensmodell und Enzyklopädiebegriff erinnert: So konnte dort zunächst gezeigt werden, dass schon der Begriff der Enzyklopädie gänzlich eine Neuschöpfung der Frühen Neuzeit respektive der Moderne darstellt – das aber nicht nur als Begriff selbst im Sinne einer Bezeichnung, sondern vor allem auch im Hinblick auf die begriffliche Füllung, d.h. also hinsichtlich dessen, was mit dem Begriff verbunden bzw. bezeichnet wird und also das Gattungsverständnis ausmacht. Diese Prägung ist nun nach zwei Seiten hin zu denken: Auf der einen Seite in Bezug auf den Bereich der Wissensgenese. Hier befindet sich die Enzyklopädie in unmittelbarer Nähe zur Entstehung der akademischen Wissensordnung, der Differenzierung der Disziplinen und der Herausbildung der wissenschaftlichen Methode als eines rational-forschenden Zugangs zur Welt und zum Wissen der Welt. Nicht von ungefähr war die Enzyklopädik des 16. und 17. Jahrhunderts zunächst vor allem vom Gedanken der Systematisierung dieses neu erschlossenen Wissens durchdrungen. Der Prozess der Wissensgenese selbst musste im neuen System der Wissenschaften dabei grundsätzlich intersubjektiv nachvollziehbar sein und also stets einem normierten und standardisierten Vorgehen folgen. Gleiches galt für den Prozess der Erkenntnissicherung und -weitergabe. Wissenschaftliche Forschung war fortan allein institutionell legitimierten und autorisierten Akteuren vorbehalten, die ihr Tun zudem gegenseitig kontrollierten. Allein auf diese Weise war der hohe Anspruch der Erzeugung wahren, d.h. objektiven und allgemeingültigen Wissens sicher zu gewährleisten. Auf der anderen Seite wirkt die Prägung des Enzyklopädiebegriffs aber auch und womöglich ganz besonders im Hinblick auf den Bereich der Wissenskommunikation. Hier steht die Enzyklopädie – insbesondere in Form der Konversationslexika des 18. und 19. Jahrhunderts – für die Realisierung des (volks-)aufklärerischen Ideals der Wissenspopularisierung. (Neuerworbene) wissenschaftliche Erkenntnisse, die einerseits mutmaßlich zur Verbesserung der Bewältigung des Alltagslebens, andererseits aber auch zur Hebung der Allgemeinbildung der Bevölkerung schlechthin beitragen konnten, sollten gezielt an ein möglichst breites Publikum weitergegeben werden. Das setzte freilich eine gewisse Vereinfachung der wissenschaftlichen Erkenntnisse in Richtung Allgemeinverständlichkeit aber auch eine entsprechende Sachlichkeit der Darstellung sowie eine auf Nachhaltigkeit und Allgemeininteresse gerichtete Auswahl der Inhalte voraus (vgl. Keiderling 2005b). Zudem wurde auch der Prozess der Wissenskommunikation ebenso wie jener der Wissensproduktion unter dem Einfluss der Buchkultur an institutionell besonderte Akteursgruppen gebunden. Herausgeber und Autoren von Enzyklopädien besaßen folglich nicht nur einen Wissensvorsprung gegenüber den Rezipienten (wie sonst sollten sie ›laienverständliche‹ Darstellungen erzeugen). Neben diesem inhaltlichen Kompetenzgefälle entstanden rasch auch formale Hierarchien aufgrund von Rollenmustern, die zu durchbrechen nur schwer oder gar nicht möglich war. Bis heute arbeiten große enzyklopädische Nachschlagewerke wie der »Brockhaus« mit einem festen Stamm von (meist namhaften) Autoren aus dem akademischen Bereich. Eine Vielzahl von Artikeln wird aber auch von den Redakteuren selbst verfasst, die im Allgemeinen ebenfalls über eine »Hochschulausbildung und mehrjährige[.] akademische[.] Berufs- und Projekterfahrung« verfügen (ebd.: 330).

Zusammengefasst heißt das: Der Mediengattungsbegriff Enzyklopädie verbindet die enzyklopädische Idee der Wissenssammlung mit der akademischen Wissenschaftskultur und dem (volks-)aufklärerischen Popularisierungsideal, wobei beide Elemente maßgeblich vom typographischen Medium beeinflusst sind.

3.2 Die Wikipedia im Kontext der libertären Kultur der digitalen Wissensgesellschaft

Mit ihrem Anspruch, das Wissen der Welt zu sammeln, zu systematisieren und allen Menschen gleichermaßen verständlich zugänglich zu machen, schließt die Wikipedia nun in gewisser Hinsicht unmittelbar an den enzyklopädischen Gattungsbegriff der neuzeitlichen Moderne an. Im Rahmen der praktischen Realisierung dieser Idee trifft sie jedoch auf vollkommen neuartige soziokulturelle sowie medienkulturelle Umstände.

So befindet sich die Wikipedia aus soziokultureller Perspektive im Kontext einer Gesellschaft, in der im Zuge einer langen Aufklärung Wissen und wissensbezogenen Prozessen eine immer größere Bedeutung beigemessen wurde und wird. Verwiesen sei hier erneut auf die zentralen Theorien zur Wissensgesellschaft (Drucker 1969; Touraine 1969; Bell 1973; Stehr 1994;

Willke 1997), die im dritten Kapitel bereits ausführlicher beschrieben wurden und die Wissen vor allem als zentralen Produktions- und Wettbewerbsfaktor im unternehmerischen Wertschöpfungsprozess aber auch als zunehmend entscheidende Größe für das Alltagshandeln der Individuen betrachten. Im Zuge dieser Ökonomisierung des Wissens bei gleichzeitiger Verwissenschaftlichung der Alltagskultur ändert sich in der Wissensgesellschaft nicht zuletzt auch das Verhältnis zwischen Wissenschaft(en) und Öffentlichkeit (vgl. Gibbons u.a. 1994; Nowotny/Scott/Gibbons 2005; Weingart 2006; Nikolow/Schirrmacher 2007b). Die Wissensgesellschaft erscheint damit also zum einen als eine Gesellschaft zunehmender Wissenszentrierung; zum anderen ist sie aber auch eine Gesellschaft, in der aufgrund dieser massiven Verwissenschaftlichung inzwischen deutliche Auflösungserscheinungen im Hinblick auf Wissen zu beobachten sind. Diese hier auch als ›Paradoxa der Wissensgesellschaft‹ (siehe Kap. II, Abschn. 4.2) bezeichneten Auflösungserscheinungen – gemeint ist beispielsweise das Erlebnis eines, relativ betrachtet, immer geringeren persönlichen Wissensanteils an den sich zugleich beständig vervielfachenden und vervielfältigenden gesellschaftlichen Wissensbeständen, wodurch der Eindruck einer permanenten persönlichen Unzulänglichkeit entsteht; oder die Erfahrung, dass mit zunehmender Einsicht in Wissenschaft und die Arbeit der Wissenschaft(en) auch die Einsicht in die Fragilität des wissenschaftlichen Wissens zunimmt – machen ein verändertes (dynamisches und individualistisches) Verhältnis zum Wissen notwendig. Mit anderen Worten konfrontiert uns die Wissensgesellschaft also mit der Herausforderung einer gesellschaftlichen Lebensrealität, die ein prinzipielles Bewusstsein für die Vielgestaltigkeit und Veränderbarkeit des Wissens voraussetzt sowie die permanente Bereitschaft jedes Einzelnen, diesem Umstand flexibel und zugleich effektiv Rechnung zu tragen.

Die Wikipedia stellt nun in diesem Sinne (aus Nutzerperspektive) eine geeignete Plattform zu eben jener flexiblen und vor allem effektiven Informations- resp. Wissensbeschaffung dar. Entscheidend ist dabei nicht in erster Linie die objektive Evidenz der gelieferten Inhalte, denn diese ist angesichts der wissensbezogenen Pluralität und Dynamik in der Wissensgesellschaft ohnehin obsolet. Entscheidend sind dabei, das lässt sich im Rückblick auf die abstrahierend-theoretisierenden Überlegungen zu den Strukturmerkmalen des Konsensmodells zweifellos vermuten, vielmehr deren prinzipielle und meist unmittelbare Verfügbarkeit sowie situative Brauchbarkeit – kurz: in einem pragmatischen Sinne also deren Funktionalität für den Einzelnen.

Medienkulturell betrachtet ist die Wikipedia weiterhin aber auch, das wurde zu Beginn des fünften Kapitels bereits thematisiert, ein geradezu naturwüchsiger Spross des heutigen Internet und der dazugehörigen Internetkultur. In diesem Sinne basiert sie auf zwei zentralen Prinzipien: Zum einen auf dem Prinzip einer freien Zugänglichkeit bzw. Teilhabe am verfügbaren Wissen, das im Kontext des Internet gewöhnlich mit dem Begriff ›Open Access‹ bezeichnet wird. Eigentlich Grundprinzip der öffentlichen Infrastruktur bzw.

der »Architektur der Offenheit« (Castells 2005: 36) des Internet schlechthin richtet sich der Begriff gegenwärtig vor allem auf ein verändertes, nämlich freies Publizieren und damit die Aufhebung eines restriktiven Zugangs zu wissenschaftlichen Informationen (vgl. u.a. Passek 2005 sowie Kap. IV, Abschn. 2.2.3a). Das zweite Prinzip ist das der freien Partizipation an Wissen – und das nicht nur im Sinne von Teilhabe, sondern zudem auch im Sinne aktiver Teilnahme. Gemeint ist die Idee des ›Open Source‹, d.h. der freien Software (GNU, General Public License), verstanden als Öffentlichmachung und Weitergabe des dazugehörigen Quellcodes mit der Option diesen erneut zu verändern, sowie der Creative Commons (CC, analog zur General Public License (GPL) im Software-Bereich) als Verfahren, mit dem Produzenten von Wissen und Informationen selbstbestimmt Lizenzen erteilen können (vgl. u.a. Grassmuck 2004 sowie Kap. IV, Abschn. 2.2.3b). Das Prinzip des Open Source steht demzufolge also für einen radikal veränderten Umgang mit Inhalten, da diese nun nicht mehr nur frei zugänglich, sondern auch durch jedermann gestaltbar werden. Massenwirksame Verbreitung und Umsetzung findet diese Idee einer gewissermaßen doppelten Demokratisierung gegenwärtig in den Anwendungen des sogenannten Web 2.0, einer neuen Generation der partizipativen, interaktiven und kollaborativen Internetnutzung, die auf der regen Beteiligung möglichst vieler User basiert und vom Glauben an und das Vertrauen in die kollektive Intelligenz der Gruppe getragen ist.

Wie damit hoffentlich deutlich geworden ist, stehen sowohl das Konzept der Wissensgesellschaft als auch die libertäre Kultur des Internet, die in den technischen Möglichkeiten des Web 2.0 endlich ihre massenwirksame Einlösung findet, in der Tradition einer ›langen Aufklärung‹ – sind also ein Stück weit ›Kinder‹ einer Moderne, die nun jedoch allmählich beginnt, reflexiv zu werden (vgl. Giddens/Beck/Lash 1996) und sich in diesem Sinne letztlich selbst zu überholen. In der Zusammenführung der soeben kurz skizzierten soziokulturellen und medienkulturellen Umstände werden somit, wenn man so will, die Umrisse einer digitalen Wissensgesellschaft sichtbar, die vollkommen neuartige Implikationen für das Verhältnis zu und den Umgang mit Wissen bereithält, die jenen der typographischen Wissenskultur strukturell zuwiderlaufen.

3.3 Warum die Wikipedia keine Online-Enzyklopädie ist

Hebt man das eben Resümierte nun auf eine neue, abstraktere, ja theoretischere Ebene, so lässt sich zunächst sagen, dass auch die Wikipedia als Gesamtphänomen vor dem Hintergrund ihrer historischen (inhaltlichen, technischen wie auch ideologischen) Wurzeln in jeglicher Hinsicht das Resultat einer ›langen Aufklärung‹ darstellt. Trotz oder gerade aufgrund dieses Umstandes bewegt sie sich jedoch in einem ebenso explosiven wie fruchtbaren Spannungsfeld.

Die Wikipedia ist Erbe der typographischen Wissenskultur und Spross der digitalen Wissensgesellschaft zugleich. Sie greift die frühneuzeitlichen Bestrebungen der Weitergabe und Verbreitung des gesellschaftlich relevanten Wissensbestandes (Idee der Wissenspopularisierung) auf und führt sie fort, bedient sich zur Umsetzung dieses Anliegens jedoch neuer medialer Möglichkeiten sowie demokratischer Mechanismen der Produktion und Kommunikation, womit sie jedoch wiederum den aktuellen gesellschaftlichen Bedürfnislagen Rechnung trägt. So gesehen steht die Wikipedia also exemplarisch für den Versuch der Fortführung und Einlösung enzyklopädischer Ideale unter den Bedingungen der neuen wissensgesellschaftlichen Realität sowie im Rückgriff auf deren veränderte mediale Dispositionen. Doch auch wenn die doppelte (wenn nicht sogar dreifache) historische Kontinuität der Wikipedia hier zweifelsfrei und deutlich auszumachen ist, sind beide Stränge mit jeweils spezifischen, einander aber – und das ist entscheidend – gleichwohl ausschließenden bzw. wechselseitig miteinander konkurrierenden Ansprüchen und Erwartungshaltungen verbunden: einerseits den Ansprüchen der Mediengattung Enzyklopädie als sozialer Konvention, die inhaltlich wie formal wirkt und dabei an die Strukturmerkmale der typographischen Wissenskultur anschließt.[14] Andererseits wirken ebenso aber auch die Einflüsse einer libertären und demokratischen Internetkultur, die in den Anwendungen des Web 2.0 ihre massenmediale Umsetzung findet.

Typisch für die Wikipedia ist nun der vehemente Versuch der Verschmelzung klassischer buchkultureller und neuer libertärer Ideale der Internetkultur – ein Vorhaben das, trotz der bekannten ›Fragilität‹ im Bereich der praktischen Umsetzung (hohe Fehleranfälligkeit, inhaltliche Ungenauigkeiten, subjektive Verzerrungen) auf der Ebene des eigenen Selbstverständnisses zunächst einmal auch scheinbar ohne Not gelingt, wie die hermeneutischen Rekonstruktionen des fünften Kapitels gezeigt haben. So belegt etwa das Beispiel der Sequenz »Umfang und Themen« in eindrucksvoller Weise, wie die Wikipedia auf der Ebene ihres Selbstverständnisses geradezu affirmativ an das Konzept der (klassischen) Enzyklopädie und damit letztlich auch das dazugehörige Gattungsverständnis anschließt, indem sie dieses immer wieder als Vergleichshorizont nutzt und sich damit gewissermaßen in dessen Tradition stellt. Gleichzeitig ist die Wikipedia im Sinne einer Abgrenzungsfigur dabei aber auch bestrebt, die ›Begrenzungen‹ der klassischen Enzyklopädie sowohl medientechnisch als auch inhaltlich auszuweiten. Bei genauerem Hinsehen lassen sich auf der Ebene der latenten Sinnstrukturen des Geäußerten jedoch zahlreiche Ambivalenzen und Brüche ausmachen, die, so kann man vermuten, eben aus dem Einfluss widerstreitender und konfligierender Ansprüche resultieren. Auch hier eignet sich erneut das Beispiel der Sequenz »Umfang und Themen«, bei welchem sich im interpretativen Zugang ein doppeltes Verkennen der eigenen Identität do-

---

14 An diesen wird die Wikipedia in der Öffentlichkeit (folgerichtig) ja auch meistenteils gemessen.

kumentiert: Zum einen im Behaupten der Andersartigkeit das Verkennen des starken impliziten Anschlusses an die klassische enzyklopädische Tradition im Duktus der Fortführung und Reproduktion, was bestimmte Anspruchshaltungen mit sich bringt und der daher unweigerlich scheitern muss, da die strukturelle Ausweitung des inhaltlichen Spektrums auch Folgen für dessen Qualität hat; sowie zum anderen in eben jenem – wenn auch eher impliziten – Versuch des Anschlusses das Verkennen der Andersartigkeit, die jegliche Ebenbürtigkeit strukturell ausschließt. Die Wikipedia unterliegt hier also auf der Ebene der hermeneutisch erschlossenen Tiefenstrukturen der Illusion der Vereinbarkeit von Gleichartigkeit und Andersartigkeit.

Bildlich gesprochen bewegt sich die Wikipedia so gesehen also auch tiefenstrukturell zwischen den zwei (extremen) Polen eines Kontinuums, oszilliert gewissermaßen zwischen der enzyklopädischen Tradition der Buchkultur einerseits und der Kultur der Digitalität, d.h. der Internetkultur andererseits (Abb. 18), die sich jedoch nicht zusammenbringen lassen.

Abbildung 18: Kontinuum wissenskultureller Einflüsse auf die Wikipedia

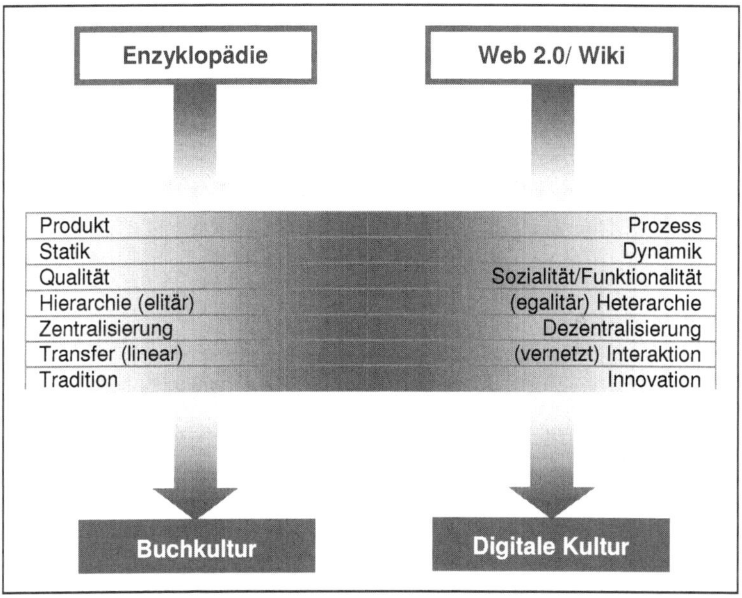

Enzyklopädie	Web 2.0/ Wiki
Produkt	Prozess
Statik	Dynamik
Qualität	Sozialität/Funktionalität
Hierarchie (elitär)	(egalitär) Heterarchie
Zentralisierung	Dezentralisierung
Transfer (linear)	(vernetzt) Interaktion
Tradition	Innovation
Buchkultur	**Digitale Kultur**

Theoretisch abstrahierend gefasst, handelt es sich bei den rekonstruktiv herausgearbeiteten Widersprüchlichkeiten und Ambivalenzen damit um nichts anderes als den Ausdruck zweier grundlegend verschiedener, ja sogar unvereinbarer und daher widerstreitender Wissensmodelle. Man könnte auch sagen: Die Besonderheit der Wikipedia liegt darin, dass sie auf zwei verschiedene Wissensmodelle rekurriert. Im Versuch der Verschmelzung beider Modelle entsteht ein Spannungsmoment, das im Wissensdiskurs in Form von Brüchen, Widersprüchen und Ambivalenzen spürbar wird. Das bemerkt auch Günter Schuler, wenn er in seinem Buch »Wikipedia inside« schreibt:

»Exemplarisch markieren die beiden Projektgründer die beiden unterschiedlichen Pole, die Wikipedia bis heute ausmachen: hier die basisdemokratische, oft in Aktivismus ausartende pragmatische Linie nach dem Motto ›Enzyklopädie ist machbar, Herr Nachbar‹, dort die elitäre, streng wissenschaftlich orientierte Richtung, welche die allerhöchsten Ambitionen verfolgt und schließlich scheitert.« (Ders. 2007: 44)

Welcher Schluss lässt sich nun daraus ziehen im Hinblick auf die Wikipedia im Speziellen und den wissenskulturellen Wandel im Allgemeinen? Oder anders gefragt: Inwiefern könnten die skizzierten Ambivalenzen tatsächlicher Ausdruck eines beginnenden wissenskulturellen Wandels sein?

Versteht man den Begriff der Enzyklopädie entsprechend der Mediengattungstheorie als Mediengattungsbegriff, so ist dieser mit klaren gattungsspezifischen Medienhandlungsschemata verbunden. Diese dienen einerseits den Nutzern des jeweiligen Medienangebots zur Orientierung hinsichtlich dessen erwartbaren Kommunikationsabsichten, stecken also etwa den inhaltlichen, technischen und/oder stilistischen Rahmen der medialen Kommunikation ab (vgl. Schmidt/Weischenberg 1994: 219), steuern andererseits auch die Prozesse der Herstellung und Präsentation des jeweiligen Medienangebots. Werden diese Schemata nun, wie im Fall der Wikipedia, gezielt sowohl medientechnisch als auch inhaltlich ausgeweitet, so ergeben sich daraus – auch das hat die Analyse des Beispiels Wikipedia deutlich gemacht – auch strukturelle Veränderungen im Hinblick auf die Produktion, Verbreitung sowie Rezeption der Inhalte.

Das Wiki-Prinzip etwa bietet vollkommen neue (strukturelle) Möglichkeiten der Realisierung des klassischen enzyklopädischen Anspruchs der umfassenden Sammlung des Weltwissens. Aber auch den lexikalischen Gedanken setzt es fort und besitzt im Sinne der Hypertextualität sogar das Potential, diesen noch zu verbessern. Christian Schlieker und Kai Lehmann arbeiten als wesentliche Unterschiede von Wikis zu herkömmlichen Enzyklopädien entsprechend den Umfang des Wissensspektrums sowie dessen Offenheit, Spezialisierung und Aktualität, weiterhin aber auch die flexible Anordnung der Inhalte und die größere Anzahl von Verknüpfungen und Querverweisen heraus (vgl. Schlieker/Lehmann 2005: 255). Aufgrund des kollaborativen Charakters seien zudem auch konkrete Aushandlungen bezüglich dessen, was als ›allgemein anerkannt‹ anzusehen ist, üblich (vgl. ebd.: 256). Auch Erik Möller hebt die inhaltliche Quantität, Diversität und Aktualität als die zentralsten Differenzen zwischen Wikis und klassischen Enzyklopädien hervor (vgl. Möller 2006: 182). Gerd Antos stellt daher sogar die Frage, ob (klassische) Enzyklopädien durch das Internet nicht gänzlich überflüssig würden (vgl. Antos 2004).

Allerdings steht das Wiki-Prinzip – wiederum strukturell betrachtet – aber auch in einem fundamentalen Widerspruch zum wenn auch nicht ideell-quantitativen (Stichwort: enzyklopädische Utopie), so doch aber qualitativen Anspruch der Mediengattung Enzyklopädie, der zweifelsohne einer typographisch geprägten Wissenskultur entspringt. Diese beschränkte die (herkömmliche) Enzyklopädie zwar in Umfang und Themen und limitierte die Möglichkeiten aktiver Partizipation; gleichzeitig war durch diese Reglementierungen aber auch die Gewährleistung des Wahrheitsanspruchs des enthaltenen Wissens sicher gestellt. Im Hinblick auf die Wikipedia ergibt sich daraus folgende Argumentation:

1. *Die Wikipedia ist eine Enzyklopädie*, insofern ihr Anliegen ein grundlegend enzyklopädisches ist – nämlich die Sammlung, Speicherung, Ordnung und Zugänglichmachung des gesellschaftlich verfügbaren Wissens. In diesem Sinne schließt die Wikipedia sogar geradezu idealtypisch an die (volks-)aufklärerische Idee einer umfassenden Wissenspopularisierung an.
2. *Die Wikipedia ist mehr als eine Enzyklopädie*, insofern sie zum Zwecke der Realisierung dieses enzyklopädischen Anliegens zugleich die Implikationen der digitalen Wissensgesellschaft sowie der libertären Internetkultur aufgreift und damit nicht nur eine neue Art der Erzeugung und Publikation enzyklopädischen Wissens verkörpert, sondern ebenso auch neuartige Prinzipien und Konventionen des Umgangs mit gesellschaftlich relevantem Wissen allgemein implementiert.
3. *Die Wikipedia ist keine Enzyklopädie*, insofern diese Prinzipien und Konventionen eine Aufweichung und Modifikation der herkömmlichen Strukturen der Wissensgenese und -kommunikation (Wahrheitsmodell) bedeuten. Die Wikipedia ist folglich auch keine Online-Enzyklopädie, da es sich nicht um ein einfaches ›Übertragen‹ einer (klassischen) Enzyklopädie in das Medium Internet handelt, wie es der Begriff der ›Online-Enzyklopädie‹ zunächst suggerieren mag. Vielmehr steht die Wikipedia für eine veränderte Sichtweise auf den Enzyklopädiebegriff im Sinne einer medienkulturellen Neuauffüllung des dazugehörigen Gattungsverständnisses. Ein Festhalten am bisherigen Mediengattungsbegriff Enzyklopädie ist daher strukturell nicht möglich.

Das reflektiert in gewisser Hinsicht natürlich auch die Wikipedia selbst. So findet sich im entsprechenden Wikipedia-Artikel »Enzyklopädie« im Abschnitt »Neue Formen der Enzyklopädie« etwa die Aussage:

»Die modernste Form der Wissensdarstellung erfolgt als Enzyklopädische Datenbank oder als Online-Enzyklopädie, wobei das Konzept des Lexikons durch das der Datenbank (die ein Lexikon nur noch simuliert) vollständig ersetzt wird.«[15]

---

15 Wikipedia-Artikel »Enzyklopädie«: http://de.wikipedia.org/wiki/Enzyklopädie, Abruf am 07.05.2009; Bearbeitungsstand:17.05.2009, 11:29 Uhr.

Dass intern also durchaus eine Reflexion des veränderten Gattungsverständnisses stattfindet, dokumentiert auch folgendes Bild, das der Mediensammlung Wikimedia Commons entnommen ist (Abb. 19). Wie weit diese Reflexion dabei tatsächlich reicht, bleibt allerdings spekulativ.

Abbildung 19: »Wikipedia-Enzyklopädie"

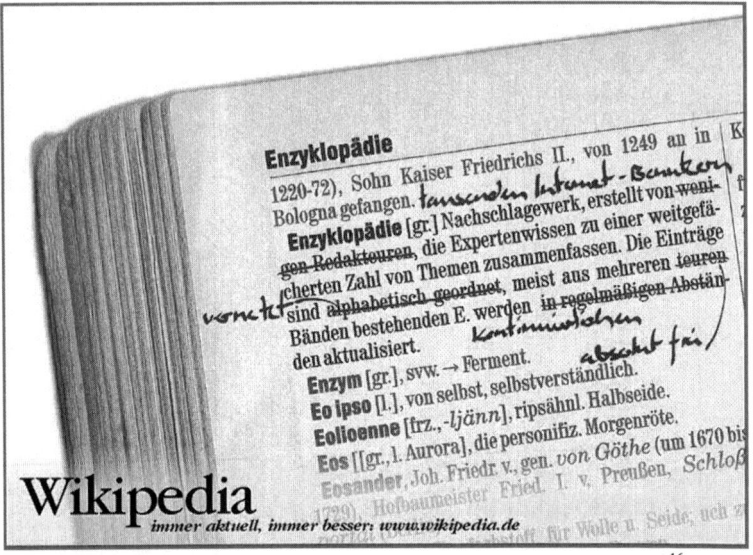

Quelle: Wikimedia Commons; Darstellung von Benutzer ›Sansculotte‹ 2004[16]

Ändert sich aber das Gattungsverständnis und mit ihm die zugehörigen Medienhandlungsschemata, so ist im Anschluss an die Behauptung der Mediengattungstheorie, »dass [nämlich] Veränderungen im System von Medienhandlungsschemata nur im Rahmen von Veränderungen relevanter Realitätskonstrukte insgesamt in einer sozialen Gruppe bzw. in einer Gesellschaft stattfinden« (Schmidt 1987: 189), auch hier, d.h. im Falle der Wikipedia, von einem Wandel des geltenden Wirklichkeitsmodells auszugehen. Denn, wie schon Schmidt/Weischenberg (1994: 221) bemerken:

»Wann und warum es zu *Wandlungsprozessen* in Gattungssystemen kommt, lässt sich nur empirisch-historisch bestimmen. Grundsätzlich kann man nur annehmen, dass Veränderungen im Wirklichkeitsmodell einer Gesellschaft und Gattungswandel eng miteinander synchronisiert sind [...].« (Herv. i.O.)

---

16 http://commons.wikimedia.org/wiki/File:Wikipedia_lexikon2.jpg, Abruf am 06.05.2009. Die Darstellung ist angeblich einer Illustration des »Guardian« zu einem Wikipedia-Artikel vom 26.10.2004 nachempfunden.

Nimmt man zudem an, dass Gattungen respektive Gattungsbegriffe nicht nur ein indirekter Ausdruck herrschender Weltbilder sind, sondern das jeweilige Enzyklopädieverständnis über den Gattungsbegriff und dessen enge Verbindung zum gesellschaftlich relevanten Wirklichkeitsmodell ebenfalls Rückschlüsse auf die jeweilige Wissenskultur zulässt, so ist das, was sich hier exemplarisch anhand der Wikipedia dokumentiert, die Manifestation eines beginnenden wissenskulturellen Wandlungsprozesses im digitalen Zeitalter.

Es lässt sich also festhalten: Anhand der Wikipedia dokumentiert sich exemplarisch eine Verschiebung der gattungsspezifischen Erwartungen an das, was eine Enzyklopädie ist oder sein sollte. Sie entspricht, wenn man so will, einer ›Enzyklopädie 2.0‹. Eben diese Verschiebung des Mediengattungsverständnisses in Form seiner begrifflichen wie strukturellen Neuauffüllung ist nun jedoch vermutlich Ausdruck eines weitaus tiefer liegenden, beginnenden Wandels der gesellschaftlichen Wissenskultur insgesamt. Die Wikipedia steht damit exemplarisch für wissens- bzw. wissenskulturbezogene Wandlungsimpulse, die von der fertilen Kopplung wissensgesellschaftlicher Bedürfnislagen und den Möglichkeiten bzw. Dispositionen des vernetzten und digitalen Mediums Internet ausgehen. Das Phänomen Wikipedia führt damit eine nur scheinbar (sic!) logische Entwicklung fort, die mit dem Bedürfnis nach Wissenssammlung beginnt, sich in der Entstehung von Enzyklopädien als Medien der Wissenssammlung, -darstellung und -weitergabe verdichtet und schließlich durch die technischen Entwicklungen im Bereich des Internet seine partizipative und kollaborative Befreiung erlebt. Das Produkt Wikipedia ist als Resultat einer bestimmten historischen Entwicklung retrospektiv daher einerseits tatsächlich nicht anders als evolutionär zu denken. Vor allem ist sie, so seltsam es auch erscheinen mag, Resultat unserer bisherigen typographischen Wissenskultur. Andererseits dokumentiert sich in den zugrunde liegenden Strukturmechanismen des Phänomens Wikipedia nun jedoch mehr etwas Revolutionäres denn etwas Evolutionäres. Geht man daher nun davon aus, dass die Wikipedia, so wie sie ist, als Enzyklopädie verstanden und auch entsprechend als solche genutzt wird und zudem eine Enzyklopädie ein typisches Wissensmedium ist (und also symptomatisch für die gesellschaftliche Wissenskultur), dokumentiert sich darin nicht nur ein verändertes Begriffsverständnis, sondern letztendlich auch eine veränderte Sichtweise auf sowie ein veränderter Umgang mit dem gesellschaftlichen Wissen selbst.

VII Wissenskultureller Wandel als Option – Bestandsaufnahme und Ausblick

Der vorliegende Band hat nun über insgesamt sechs Kapitel sukzessive, teils auf der phänomenologisch-deskriptiven Ebene, teils auf der Ebene der reflexiven Abstraktion, teils aber auch auf jener des Theoretischen und nicht zuletzt des Hypothetischen die Umrisse eines potentiellen wissenskulturellen Wandels im Kontext einer als digitale Wissensgesellschaft verstandenen Postmoderne skizziert. Zentrales Anliegen dieser ›Überlegungen zum digitalen Wandel des Wissens‹ – denn mehr als (erste) Überlegungen können es zu diesem Zeitpunkt der Entwicklung (noch) nicht sein – war es, Anregungen in Richtung eines veränderten Nachdenkens über das zu liefern, was sich in den westlichen Gesellschaften gegenwärtig ereignet oder, um es vorsichtiger auszudrücken, allem Anschein nach im Begriff ist, sich zu ereignen.

Ausgehend von den im ersten Kapitel gelegten theoretischen, methodologischen und konzeptionellen Grundlagen wurden im zweiten Kapitel zunächst die Charakteristika einer typographisch geprägten Wissenskultur historisch-rekonstruktiv herausgearbeitet und in ein idealtypisches Modell des ›wahren Wissens‹ überführt. Dieses basiert, wie ausführlich gezeigt werden konnte, auf der Idee der prinzipiellen Möglichkeit einer wahren Erkenntnis der diesseitigen, d.h. weltlichen und also realen Wirklichkeit im Sinne ihrer rationalen Durchdringung, die durch die Objektivität standardisierter und normierter Verfahren und ein sowohl institutionell verfestigtes als auch medial gestütztes hierarchisches System des professionellen (akademischen) Expertentums und der aufklärerischen Wissensdiffusion gewährleistet wie auch legitimiert wurde und bis heute wird. Sein Ursprung liegt jedoch bereits in den Individualisierungs-, Säkularisierungs- und vor allem Rationalisierungsbestrebungen der europäischen Renaissance- und Reformationszeit, die sich mit den Implikationen des damals neuen Mediums Buchdruck verbanden und zur Herausbildung einer bis dato vollkommen unbekannten dispositiven Struktur des gesellschaftlichen Wissensdiskurses führten.

Analog zu diesem, wenn man so will, letzten großen wissenskulturellen Wandel hin zum *Wahrheitsmodell des Wissens* – so die These, die es argumentativ zu begründen, analytisch zu fundieren und theoretisch zu systematisieren galt – lässt sich heute am Beginn des 21. Jahrhunderts unter dem spezifischen leitmedialen Einfluss des Internet im Allgemeinen sowie des

Web 2.0 im Speziellen eine ganz ähnliche Konstellation ausmachen, in der alle Voraussetzungen eines erneuten fundamentalen wissenskulturellen Wandels erfüllt sind und die damit – zumindest potentiell – einen solchen auslösen könnte. Im Aufzeigen der koevolutionären Verflechtung der wissensbezogenen soziokulturellen Bedürfnislagen der Gegenwart, d.h. der Herausforderungen und Paradoxa der Wissensgesellschaft (Kap. III) und des (wissens-)demokratischen Möglichkeitsraums des World Wide Web, der nicht nur eine passive Teilhabe, sondern auch eine aktive Teilnahme am gesellschaftlichen Wissensdiskurs erlaubt (Kap. IV), konnte im sechsten Kapitel schließlich ein neues Wissensmodell des digitalen Zeitalters, ein postmodernes *Konsensmodell des Wissens* hypothetisch entworfen werden. Wissen erscheint in diesem Modell nicht länger als Resultat der Erkenntnis einer objektiv feststehenden Wahrheit, die durch ausgewiesene Experten elitär erworben und monologisch verkündet wird, sondern vielmehr als Ergebnis eines gleichberechtigten (demokratischen) Dialogs, das situativ und subjektiv, d.h. je nach funktionalem Anspruch, variieren kann. Auch das Expertentum ist in diesem Modell entsprechend nicht länger ein fest institutionalisiertes und also professionelles, sondern ein flexibles und variables.

Dieses siebte Kapitel, das zugleich den inhaltlichen Abschluss des vorliegenden Bandes darstellt, soll sich nun noch einmal genauer der Frage widmen, wie der bislang noch lediglich hypothetisch antizipierte digitale Wissenswandel aktuell bereits praktisch in Erscheinung tritt und wie dieses In-Erscheinung-Treten theoretisch zu fassen ist. Dabei wird auch explizit auf die Frage eingegangen werden, warum sich die klassischen Institutionen der gesellschaftlichen Wissensvermittlung und -aneignung[1] – die Schulen und Universitäten – so schwer tun mit dem sogenannten User Generated Content, d.h. der partizipativen und inhaltlichen Liberalität der neuen Amateurkultur im Netz. Die Antwort darauf ermöglicht nämlich nicht nur einen veränderten Blick auf die aktuellen Entwicklungen, sie lässt auch konkrete Zukunftsvisionen entstehen und denkbar werden.

Das in der Frühen Neuzeit zwischen Renaissance und Aufklärung entstandene klassische Wissensmodell wahrer Erkenntnis ist zweifelsohne als kulturprägend für die westlichen Gesellschaften zu betrachten. Insbesondere die traditionellen Bildungsinstitutionen Schule und Universität reproduzieren und stabilisieren seit Jahrhunderten ein dem Modus der Wahrheit verpflichtetes Wissensideal. Auch der seit den späten 1960er Jahren einsetzende didaktische Paradigmenwechsel vom themenzentrierten Behaviorismus zum lernerzentrierten Kognitivismus und später Konstruktivismus vermochte die gesellschaftlich wie institutionell fest verankerten, typographisch geprägten Prinzipien, Konventionen und Rollenmuster der Wissensgenese und -kommunikation in ihrer grundsätzlichen Ausrichtung nicht aufzubrechen.

---

1 Ausführlicher zum Verhältnis von Vermittlung und Aneignung aus pädagogischer Perspektive vgl. Kade 1997.

Objektivität, Rationalität und Professionalität galten und gelten bis heute als oberste Maximen der europäischen Wissenskultur.

Gleichwohl deuten sich seit geraumer Zeit und in verschiedenen wissensbezogenen Bereichen der Gesellschaft Veränderungen an, die wissenskulturell nicht ohne Folgen bleiben können: Ein besonderer Stellenwert kommt dabei in jedem Fall der zunehmenden Notwendigkeit eines lebenslangen und zudem selbstgesteuerten Lernens zu. Im dritten Kapitel dieses Buches wurde gezeigt, dass die Wissensgesellschaft insbesondere durch eine immense Zunahme sowie eine hohe Dynamik der gesellschaftlichen Wissensbestände gekennzeichnet ist. Damit einher geht auch eine Aufweichung des standardisierten Beschäftigungssystems (vgl. Forneck 2002: 242). Dies hat zur Folge, dass das heute im Laufe eines Lebens relevante Wissen längst nicht mehr in Form eines feststehenden curricularen Kanons einmalig – vorwiegend im Kindes- und Jugendalter – vermittelt werden kann, sondern lebenslang jeweils situations- und anforderungsbezogen angepasst und gegebenenfalls verändert werden muss (vgl. Brinkmann 2000: 54). Eine permanente Wissensaneignung wird in der Wissensgesellschaft mithin also zum entscheidenden Schlagwort. Angesichts der Pluralität möglicher individueller Bildungsbedürfnisse muss dieses Lernen jedoch nicht nur lebenslang, sondern auch immer häufiger selbstgesteuert erfolgen. Der Begriff des selbstgesteuerten Lernens beschreibt Lernprozesse, die vom Lerner selbst initiiert, organisiert, reguliert und kontrolliert werden (vgl. Deitering 1995: 11). Selbstgesteuertes Lernen findet in diesem Sinne auch meist außerhalb formeller Settings und klassischer Bildungsinstitutionen statt, stellt also ein non-formales oder auch informelles Lernen dar (vgl. dazu u.a. Dohmen 2001; Straka 2003).[2] Angesichts der Möglichkeiten und Potentiale des Internet (siehe Kap. IV, Abschn. 2.1.1) wird auch dieses natürlich immer häufiger zum Ort lebenslangen, selbstgesteuerten Lernens. Dabei spielen vor allem nutzer- bzw. laiengenerierte Inhalte eine zunehmende Rolle.

Einen zweiten zentralen Bereich bzw. Aspekt stellt aber auch der mediale Möglichkeitsraum des Internet selbst dar. Denn auch wenn die ›Partizipationskultur der Amateure‹, wie aktuelle Untersuchungen immer wieder belegen, längst nicht die breite Masse der Bevölkerung erreicht und vielleicht auch in Zukunft nicht erreichen wird, genügt doch bereits die reine Existenz der Option und deren praktische Realisierung – wenn auch nur durch eine Minderheit, die hergebrachte strukturelle Ordnung aufzubrechen und einen wissenskulturellen Wandel zu bewirken:

»Kultureller Wandel findet genau dann statt, wenn sich die kulturelle Praxis und damit die Alltagspraktiken der Menschen verändern – wenn, mit Bourdieu (1987, 190f.) gedacht, die Nutzer dem Internet einen (neuen) ›praktischen Sinn‹ zuschreiben und Web 2.0-Angebote in ihren Alltag integrieren. Obwohl nur eine Minderheit der Inter-

---

2 Ausführlicher zum lebenslangen und selbstgesteuerten Lernen im Kontext von Internet und Wissensgesellschaft vgl. Pscheida 2007.

netnutzer selbst Inhalte produziert und damit das lebt, was der Hype um Web 2.0 zu versprechen scheint, wandeln sich der Alltag, die Wahrnehmung anderer Medienangebote und damit letztlich die Art und Weise, wie sich Menschen die Welt aneignen.« (Meyen/Pfaff-Rüdiger 2009: 194)

Mit anderen Worten können also bereits die Aktivitäten der wenigen aktiven Amateure im Web zu einem Mentalitätswandel bzw. Strukturwandel beitragen – das allerdings nicht über das quantitative Argument der Masse, sondern über eine qualitative Verschiebung des gesamten diskursiven Gefüges. Ramón Reichert (2009: 22) bemerkt dazu:

»Konzediert man hingegen den Amateurinnen und Amateuren eine aktive, kontingente und produktive Handlungsfähigkeit zu, dann erscheinen ihre diskursiven Praktiken befähigt, den Weg für die Verschiebung und Umkehr der kulturellen Hegemonie und der ihr korrespondierenden politischen Institutionalisierungen zu bahnen.«

Die Betrachtungen dieses Bandes sollen daher auch nicht abgeschlossen werden, ohne wenigstens einen Seitenblick auf die gegenwärtige gesellschaftliche Situation und die Bedeutung des – soviel darf angesichts des soeben erwähnten Zitats wohl bereits prognostiziert werden – tatsächlich allmählich heraufziehenden wissenskulturellen Wandels zu werfen und dabei zugleich auch ein paar Überlegungen zu dessen Auswirkungen und Konsequenzen sowie möglichem Verlauf anzustellen. Dank der beiden kontrastierenden Wissensmodelle müssen auch derartige Überlegungen nun nicht mehr länger, wie dies in feuilletonistischen Darstellungen vielfach der Fall ist, einseitig-spekulativ entworfen werden, sie erscheinen stattdessen vielmehr als theoretisch fundierte und gerichtete Annahmen – wenngleich sie aufgrund ihrer Zukunftsgewandtheit dabei freilich weiterhin zunächst im Status des Hypothetischen verbleiben.

1 DIE DISPARATE GEGENWART DES HERAUFZIEHENDEN WANDELS

Wenn ein Medium in seiner Eigenschaft als Leitmedium im koevolutionären Zusammenspiel mit bestimmten soziokulturellen Bedürfnislagen die dispositive Struktur des gesellschaftlichen Wissensdiskurses oder anders ausgedrückt: die Strukturen der gesellschaftlichen Wissensgenese und kommunikation in einer derart fundamentalen Weise aufbricht, dass von einem wissenskulturellen Wandel, d.h. einer Um- oder Neuordnung der gesellschaftlichen Selbstverständlichkeiten, ihrer grundlegenden Denk- und Orientierungsmuster, kurz: der Prinzipien und Konventionen des Verständnisses von und Umgangs mit Wissen ausgegangen werden kann, dann werden sich diese Veränderungen über kurz oder lang vor allem auch im Kontext der Wissensvermittlung und -aneignung, genauer: des Lernens und der Bildung bemerkbar machen. Diesbezüglich zeigt sich bereits jetzt eine gesellschaftliche Spannungssituation, denn trotz der rasanten gesellschaftlichen Verbreitung und Etablierung digitaler Informations- und Kommunikationstechnologien sind diese in den klassischen Institutionen der Wissensvermittlung und -aneignung bislang lediglich randständig angekommen. Insbesondere neue Formen des computer- und/oder internetbasierten bzw. -gestützten Lernens (Lernplattformen, Online-Tutorials, Wiki-Systeme) finden vergleichsweise schwer Eingang in den Bereich formaler, d.h. institutionalisierter Bildung oder werden dort sogar grundsätzlich abgelehnt. Jeannette Böhme verweist in zahlreichen Aufsätzen sowie in ihrer 2006 erschienenen Habilitationsschrift etwa auf den zunächst erstaunlich erscheinenden Umstand, dass der Versuch der Implementierung von E-Learning im Bereich der Schule (z.B. die Initiative »Schulen ans Netz«) letztendlich auf breiter Front gescheitert ist, während Computer und Internet im außerschulischen Bereich gerade auch bei Schülern und Jugendlichen mehr und mehr zum Alltagsmedium avancieren (vgl. u.a. Böhme 2005: 30 sowie 2006b: 7). Ähnliches ließe sich wohl auch für die Universitäten konstatieren. So stellen der gezielte Einsatz von E-Learning-Angeboten oder Web 2.0-Anwendungen im hochschuldidaktischen Bereich noch immer – wenn auch vielversprechende – »[i]nnovative Insellösungen« (Zauchner u.a. 2008: 11) dar. Einen nicht unerheblichen Einfluss übt hier sicherlich der vor gut zehn Jahren mit dem Ziel der Schaffung eines ›Europäischen Hochschulraums‹ gestartete Bologna-Prozess aus, der – erstaunlicherweise nicht ungewollt – zu einer systematischen Verschulung der Hochschullehre beiträgt, die inzwischen deutliche – erstaunlicherweise nun doch ungewollte (sic!) – Konsequenzen zeigt und etwa kaum noch Spiel für alternative und innovative Lernszenarien lässt.

Die hierarchisch flachen, dynamischen und häufig kollaborativ organisierten, dabei aber dennoch stets betont individuell und subjektiv ausgerichteten Prozesse des digitalen Lernens scheinen mit den traditionellen Strukturen der institutionellen Wissensvermittlung, so möchte man meinen, kaum kompatibel. Zudem scheint auch das angeeignete Wissen selbst dem traditionellen Wahrheitsanspruch nicht in gewohnter Weise Genüge leisten zu können. In informellen, sprich selbstorganisierten und -gesteuerten Wissensaneignungs- und Bildungsprozessen außerhalb institutioneller Kontexte erfreuen sich vor allem die neuen interaktiven Wissensangebote des Internet in Gestalt des Web 2.0 hingegen großer Beliebtheit und Akzeptanz. Laut den Ergebnissen der ARD/ZDF-Onlinestudie 2008 nutzen inzwischen beispielsweise 60 Prozent aller deutschen Onliner ab 14 Jahre die Wikipedia wenigstens rezeptiv (im Vorjahr 2007 lag der Wert noch bei nur 47 Prozent). Bei den 14- bis 19-Jährigen sind es sogar ganze 91 Prozent, bei den 20- bis 29-Jährigen 76 Prozent.[3] Das entspricht einem Zuwachs von etwa 10

---

3 Der Wert bezieht sich jeweils auf die Angabe einer zumindest seltenen Nutzung. Etwa 22 Prozent der Befragten gaben an, die Wikipedia monatlich zu nutzen,

Prozentpunkten gegenüber dem Vorjahr bei den Teens und fast 20 Prozentpunkten bei den Twens (vgl. Gscheidle/Fisch 2007: 400 sowie Fisch/ Gscheidle 2008a: 358f.). Eine zwischen September und Oktober 2008 durchgeführte Befragung von insgesamt 4.400 Studierenden verschiedener Fachrichtungen an deutschen Universitäten und Fachhochschulen zum »Studieren im Web 2.0« ergab weiterhin, dass sich gerade auch im studentischen Bereich Wissensplattformen wie die Wikipedia einer besonderen Beliebtheit im Spektrum der abgefragten Internetanwendungen erfreuen. Insgesamt gaben 60 Prozent der befragten Studierenden an, die Wikipedia sehr häufig oder häufig zu nutzen. Damit liegt sie in der Nutzungshäufigkeit noch vor den ebenfalls sehr beliebten Social Communities, die von 51 Prozent der Befragten entsprechend oft frequentiert werden. Allerdings beschränkt sich die Beliebtheit der Wikipedia auch hier nahezu gänzlich auf deren passive Rezeption, d.h. das Lesen von Artikeln. 85 Prozent der befragten Studierenden gaben an, noch nie einen neuen Artikel geschrieben zu haben, immerhin 77 Prozent haben nach eigenen Angaben auch noch niemals einen bestehenden Artikel überarbeitet (vgl. Kleimann/Özkilic/Göcks 2008: 5ff., 24 sowie 28).

Mehr noch als ihre allgemeine Beliebtheit und intensive Benutzung, die sich keineswegs auf die Gruppe der jugendlichen Nutzer beschränken lässt (auch fast 60 Prozent der 40- bis 49-Jährigen und immerhin 45 Prozent der 50- bis 59-Jährigen nutzen die Wikipedia gegenwärtig wenigstens gelegentlich; vgl. Fisch/Gscheidle 2008a: 359), erstaunt jedoch das immense Vertrauen, das der Wikipedia und ihren Inhalten entgegengebracht wird: Ganze 52 Prozent der 2008 befragten Studierenden halten die dort gelieferten Informationen für sehr verlässlich bis verlässlich,[4] wobei sich leicht überdurchschnittliche Werte für Studierende an Fachhochschulen (gegenüber Universitäten) und Studierende wirtschafts-, natur- und ingenieurswissenschaftlicher Fächer sowie der Medizin (gegenüber den Sozial-, Kultur- und Geisteswissenschaften) ergeben (vgl. Kleimann/Özkilic/Göcks 2008: 7f., 47 sowie 68).[5] Noch höher fallen die Vertrauenswerte für Kinder und Jugendli-

---

ebenfalls 22 Prozent nutzen sie wöchentlich, 3 Prozent informieren sich nach eigenen Angaben sogar täglich dort (vgl. Fisch/Gscheidle 2008a: 358).

4   Dieser Wert liegt, was zunächst besonders erstaunt, noch deutlich vor jenem für die klassischen Nachschlagewerke »Microsoft Encarta« (29%), »Meyers Lexikon Online« (27%) und »Encyclopedia Britannica« (26%). Allerdings muss man diesbezüglich berücksichtigen, dass bei diesen Beispielen jeweils auch zwischen 55 und 70 Prozent der Befragten angaben, die informationelle Qualität überhaupt nicht einschätzen zu können, wohingegen dies im Falle der Wikipedia nur 0,8 Prozent taten (vgl. Kleimann/Özkilic/Göcks 2008: 29).

5   Auch die in Kapitel V (siehe Fußnote 12) bereits erwähnte, im Sommersemester 2007 am Department Medien- und Kommunikationswissenschaften der Martin-Luther-Universität Halle-Wittenberg durchgeführte Studie zur Nutzung und Einschätzung der Wikipedia durch Studierende ergab nicht nur, dass ca. 80 Prozent

che aus. Eine 2007 durchgeführte Studie des in München ansässigen Marktforschungsunternehmens iconkids & youth[6] unter 890 jungen Internetnutzern zwischen 6 und 19 Jahren ergab, dass über die Hälfte der Befragten (55%) der Wikipedia total vertrauen (vgl. iconkids & youth 2007 sowie Wannemacher 2008: 150).[7] Es mag daher auch kaum verwundern, wenn trotz vehementer Vorbehalte von Lehrern und Wissenschaftlern gegenüber der Qualität und Verlässlichkeit der Wikipedia-Inhalte diese von Schülern und Studierenden immer häufiger vorbehaltlos in Referaten, Aufsätzen, Haus- oder gar Abschluss- und Qualifikationsarbeiten verwendet werden (vgl. u.a. Güntheroth/Schönert 2007: 34).

Symptomatisch für die kategorischen Vorbehalte der klassischen Bildungsinstitutionen, insbesondere aber der Universitäten als unmittelbare Repräsentanten der Wissenschaft, ist hier im weiten thematischen Spektrum des ›digitalen Lernens‹ entsprechend auch die oftmals geradezu verbissen geführte Debatte um einen fortschreitenden Trend zum Plagiarismus. Die über das Internet in digitaler Form massenhaft zugänglichen elektronischen Texte und Dokumente, so die sicherlich nicht unbegründete Behauptung, unterstützten und begünstigten die schnelle, unreflektierte und vor allem in vielen Fällen unbemerkt bleibende Übernahme fremder Inhalte durch einfaches Kopieren, wobei diese Entwicklung gerade auch vor der wissenschaftlichen Welt nicht Halt mache. Dies führe, wie Stefan Weber in seinem Buch mit dem bezeichnenden Titel »Das Google-Copy-Paste-Syndrom« schreibt, zur »Austreibung des Geistes aus der Textproduktion« und zu einer »Textkultur ohne Hirn« (Weber 2007: 39 sowie 117). In den vergangenen Jahren seien »womöglich tausende und abertausende akademische Arbeiten ent-

---

der insgesamt 239 Befragten die Wikipedia zu studienbezogenen Recherchezwecken nutzen und immerhin ca. 25 Prozent auch als Quelle für Hausarbeiten, sondern dass insgesamt etwa 63 Prozent der befragten Studierenden der Wikipedia zudem auch eine Qualität bescheinigen, die der Schulnote ›gut‹ (55%) oder ›sehr gut‹ (8%) entspricht. Ganze 79 Prozent gaben darüber hinaus an, bisher überwiegend positive Erfahrungen mit der Nutzung von Wikipedia gemacht zu haben (vgl. Hubl/Peters/Rolle 2008).

6   Siehe: http://www.iconkids.com/, Abruf am 11.06.2009.
7   Als Beleg für die daraus resultierende allgemeine gesellschaftliche Relevanz der Wikipedia bzw. ihre kulturelle Bedeutung könnte auch das gezielte Bemühen von Wissenschaftlern, Politikern oder Prominenten verstanden werden, die Wikipedia gezielt zur Beeinflussung des öffentlichen Meinungsbildes über die eigene Person, Firma, Partei etc. zu instrumentalisieren. In den vergangenen Jahren wurden dazu verschiedene Beispiele bekannt (vgl. u.a. Ohrndorf 2007; Weiss 2007). Weiterhin werden Manipulationen von Wikipedia-Artikeln aber auch gezielt zu Zwecken der Diffamierung missliebiger Konkurrenten vorgenommen – ganz prominent hier etwa im Herbst 2008 der Fall des linken Bundestagsabgeordneten Lutz Heilmann (vgl. Kleinz 2008 zu älteren Beispielen auch Herwig 2007; Jellen 2007).

standen, bei denen die ›Autoren‹ so gut wie kein eigenes Hirnschmalz investieren mussten. Die Schüler und Studenten von heute texten zunehmend nicht mehr selbst« (ebd.: 3). Stattdessen bestehe der ›eigene‹ Text heute vielmehr in einem dreistufigen Prozess: der »Ergoogelung des Themas«, der »Aneignung von prägnanten, ›wohlklingenden‹ Textbausteinen durch Copy/Paste« sowie der »Textbearbeitung«, die sich häufig auf die Montage und sprachliche Adaption der einzelnen kopierten Textteile beschränkt (vgl. ebd.). Und tatsächlich: diese Annahmen können von Weber anhand zahlreicher Beispiele aus dem akademischen Alltag belegt werden (vgl. ebd.: 41ff. sowie 68ff. und insbesondere 76f.). Auch entsprechende Umfragen unter Studierenden und Lehrenden erhärten die Annahme zusätzlich: Bei einer 2006 auf einer österreichischen Studentenplattform (www.unihelp.cc) durchgeführten Befragung gaben beispielsweise etwa 30 Prozenten der Studierenden an, schon einmal Texte ohne Quellenangabe verwendet zu haben. Ähnliche Ergebnisse liefern auch britische und US-amerikanische Studien (vgl. ebd.: 49ff.). Weber kommt daher – wohlgemerkt nicht als erster und einziger Vertreter[8] der Wissenschaftswelt – zu dem Schluss, dass »[d]as Referenzsystem der vergangenen Jahrhunderte kollabiert, die Mechanismen der Textproduktion aus der ›Gutenberg-Galaxis‹ verlieren rasant an Gültigkeit [...]« (ebd.: 4).

Häufig wird in der kulturkritischen Debatte um den moralisch-ethischen wie intellektuellen ›Verfall‹ des Umgangs mit geistigem Eigentum beispielhaft auch die Wikipedia herangezogen. Die Wikipedia, so auch Weber (2007: 27) in seinem eben schon referierten Buch, stehe per se unter »Plagiatsverdacht«, da sie ein »systematische[s] Quellenproblem« habe. Dabei wird angenommen, dass ein Großteil der Texte in der Wikipedia nicht belegte Textübernahmen, mit anderen Worten also Fremd- oder auch Selbstplagiate darstellen (vgl. ebd.: 31):

»Es wird dann so getan, als wäre in der Wikipedia die Unterscheidung zwischen genuinem Text und Zitat, zwischen eigenem und fremdem geistigen Eigentum obsolet geworden, da ja ohnedies jeder in den Text eingreifen kann.« (Ebd.: 35)

In der Wikipedia entstehe daher ein »verzerrte[r] Wissenskosmos zweiter Ordnung« (ebd.: 32).[9] Das, sowie auch die Tatsache, dass die Inhalte der Wikipedia einem permanenten Revisionsprozess unterworfen sind, stark in ihrer Qualität variieren und noch dazu nicht auf einen konkreten einzelnen Autoren zurückgeführt werden können, schließt die Wikipedia (aus wissenschaftlicher Sicht) im Allgemeinen als wissenschaftliche Quelle weitgehend

---

8   Stefan Weber verweist in seinem Buch etwa beispielhaft auf die Medienwissenschaftlerin Joan Kristin Bleicher und den Soziologen Wolfgang Krohn (vgl. Weber 2007: 55).

9   Wird noch dazu, wie es wohl häufig vorkommt, der Text der Wikipedia wiederum plagiiert, ist das Chaos perfekt.

aus – ganz abgesehen davon, dass sich enzyklopädische Texte nach gängiger Meinung ohnehin nicht wirklich als wissenschaftliche Quelle eignen (vgl. ebd.: 29 aber auch Wehn/Welkers 2006).[10]

Insgesamt lässt sich – von einem wohlgemerkt streng nicht-normativen Blickwinkel aus betrachtet – in Bezug auf den Einsatz von Computer und Internet als Grundlage der Informationsbeschaffung und der Wissensaneignung gegenwärtig also ein eklatantes Missverhältnis zwischen den Einschätzungen der Vertreter klassischer Institutionen der Wissensvermittlung und Bildung (Schule und Universität) sowie dem Handeln der nachwachsenden Generation der dazugehörigen Schüler und Studierenden feststellen. Klaus Wannemacher resümiert dazu:

»Offenkundig nimmt die Bereitschaft vieler Studierender, zu Zwecken wissenschaftlicher Recherche Bibliotheken und Fachbücher zu konsultieren, in dem Maß ab, in dem das Internet alternative Informationsquellen bereitstellt. Die verstärkte Tendenz zur undokumentierten Nutzung freier Inhalte durch Studierende in Qualifikationsarbeiten trägt maßgeblich zu einer negativen Wahrnehmung der Wissensform Wikipedia unter Lehrenden bei.[...] Gegenwärtig dominieren Aspekte wie die Transitionalität von Einträgen der Online-Enzyklopädie, die Untauglichkeit im Sinne einer wissenschaftlichen Referenz, die studentische Nachlässigkeit im Umgang mit Internet-Quellen und die daraus resultierende Notwendigkeit zur Überprüfung von Seminararbeiten auf Internet-Plagiate [...] die Wahrnehmung von Wikipedia an den Hochschulen.« (Wannemacher 2008: 149f. sowie 151)

Was diese verständlicherweise spannungsgeladene Situation aber auch kennzeichnet, ist, wie weiter oben schon kurz erwähnt, eine zunehmend breiter werdende öffentliche Akzeptanz internetbasierter Wissensangebote und nutzergenerierter Inhalte, die sich von den genannten Warnungen und Bedenken der klassischen Bildungseliten nur wenig bis gar nicht beeindrucken lässt. Am Institut für Kommunikationswissenschaft und Medienforschung der LMU München wurde im Herbst 2008 eine Studie zum Stellenwert von Web 2.0-Anwendungen im Alltag sowie im Kontext anderer Internetanwendungen durchgeführt. Die Ergebnisse der Studie basieren auf insgesamt 102 qualitativen Interviews. Befragt wurden Personen ab 14 Jahren, die das Internet privat nutzen. Entscheidend scheint hier die Erkenntnis zu sein, dass das Internet nicht nur »in Berufs- und Freizeitroutinen integriert« ist, den Tag strukturiert und damit den Alltag insgesamt verändert, sondern dass das Internet aus Sicht der Befragten einen unvergleichlichen Zugang zum Weltwissen bietet, dass sie »jederzeit alles nachschlagen können, was sie wissen wollen« (Meyen/Pfaff-Rüdiger 2009: 201). Hoch im Kurs stehen

---

10 Sehr aufschlussreich waren hierzu auch die Beiträge einer Debatte zum Thema »Wikipedia als zitierfähige Quelle«, die im Oktober 2006 in der Mailingliste Qualitative Sozialforschung geführt wurde. Vgl. hierzu: https://lists.fu-berlin.de/pipermail/qsf_l/2006-October/msg00026.html, Abruf am 11.06.2009.

hier bei den Befragten auch ganz besonders Angebote des Web 2.0, die, wie etwa die Wikipedia, »vollkommen gleichberechtigt zu professionellen Informationsanbietern genutzt« werden. »Weltwissen«, so die Autoren, »bedeutet auch, dass irgendeine Person schon einmal vor dem gleichen Problem gestanden hat, und darüber hoffentlich im Internet berichtet« (ebd.). Dadurch entsteht »Orientierungssicherheit« und das Gefühl, »für jedes Problem eine Lösung zu finden« (ebd.: 200f.). Meyen/Pfaff-Rüdiger ziehen daher das Fazit:

»[...] Web 2.0 gibt allen Nutzern die Sicherheit, jederzeit auf das Weltwissen zugreifen zu können – auf Kenntnisse, Ideen und Erfahrungen, die andere Menschen gesammelt haben. Der kulturelle Wandel, der mit dem Gefühl verbunden ist, für jedes Problem eine Lösung zu finden, dürfte langfristig zu einem Mentalitätswandel führen, der nicht ohne Folgen für die Strukturen von Alltag und Gesellschaft bleiben kann.« (Ebd.: 194)

2 DER DIGITALE WANDEL DES WISSENS ALS ÄQUILIBRATIONSPROZESS ZWISCHEN NORMATIVER ASSIMILATION UND INNOVATIVER AKKOMODATION

Laut Jeanette Böhme hält insbesondere die Institution Schule angesichts der sich gegenwärtig abzeichnenden gesellschaftlichen und medialen Veränderungstendenzen gerade deshalb so stark am klassischen Bildungsmedium Buch fest, weil sie eine spezifische ›Bildungsarchitektur der Schriftlichkeit‹ besitzt. Böhme (2006a) identifiziert und untersucht dazu verschiedene »Machtformationen medienkultureller Bildungsarchitekturen«. Im Anschluss an Überlegungen der Kanadischen Schule der Kommunikation (Innis; McLuhan) geht sie davon aus, dass die gesellschaftlich jeweils dominanten Medien in Gestalt sogenannter spezifischer Mediengefüge »die raumzeitlichen Relationen kultureller Ordnung und die synästhetischen Relationen von Wahrnehmungsmodi in Bildungsarchitekturen« (ebd.: 27) beeinflussen, indem sie bestimmte Mechanismen pädagogischer Macht ermöglichen oder verhindern. Diese Machtformationen stellen zwar lediglich ein Potential dar, doch handelt es sich hier um Potentiale einer intentionalen und vor allem normativ ausgerichteten Beeinflussung von Bildungsprozessen etwa über die strukturelle Ausgestaltung von Vermittlungs- und Aneignungsprozessen (vgl. ebd.). Die mündlichen Bildungsarchitekturen der Antike und des Mittelalters, die vor allem auf der Anerkennung der pädagogischen Autorität beruhten und daher unmittelbar an Aura und Charisma der jeweils lehrenden Person gebunden waren[11] (vgl. ebd.: 27ff.), wurden durch die Einführung und Verbreitung der Typographie von einer schriftlichen

---

11 Man denke beispielsweise an die Schilderungen Platons über die Sokratischen ›Lehrmethoden‹ (vgl. dazu u.a. Platon »Der Staat«).

bzw. schriftbasierten Bildungsarchitektur abgelöst, deren Grundprinzipien die Möglichkeit zur Kopie, d.h. zur massenhaften Vervielfältigung, und die damit verbundene Notwendigkeit der Standardisierung darstellte und in weiten Teilen noch heute darstellt.

Im zweiten Kapitel wurde bereits ausführlich beschrieben, was diesbezüglich hier auch Böhme anführt (vgl. ebd.: 29ff.): Die Vermittlung wandelt sich zu einem unpersönlichen Akt, dem das Buch bzw. der Text gewissermaßen als isolierendes Medium zwischengeschaltet wird. Der Lehrer fungiert nur noch als eine Art Stellvertreter, da der Text den direkten Dialog mit dem Autor respektive der Autorin nicht zulässt. Auch sein Auftreten gleicht also einer Kopie des buchkulturell verbürgten Wissens. Der eigentliche Prozess der Vermittlung ist jedoch stumm und einsam. Das Buch bzw. der Text selbst verlangt dabei nach Standardisierung. Die typographische Speicherform erlaubt nicht nur die massenhafte Vervielfältigung, sie ermöglicht auch die Vergleichbarkeit der Informationen. Das, sowie die Anhäufung immer neuer Informationen bzw. Wissensinhalte drängte im Laufe der Frühen Neuzeit schließlich zur Herausbildung spezifischer wissensbezogener Ordnungssysteme, die an einem festen Fächerkanon ebenso orientiert waren wie am Prinzip der Autorschaft. Zugleich entstand aber auch die Idee der »Expansion von Bildungsprozessen«, die im Gefolge der Aufklärungsbewegung mehr und mehr institutionalisiert, gesetzlich festgeschrieben und staatlich kontrolliert wurde (vgl. ebd.: 30f.). In diesem Sinne ist also historisch wie strukturell von einer engen Verkopplung von Schule und (Druck-)-Schriftlichkeit auszugehen (vgl. dies. 2005: 34).

»In der Schule, die das Bildungsmonopol der Buchkultur absichert, manifestierten sich die literalen bzw. typographischen Ordnungsparameter in dem schulkulturellen Ordnungsgefüge. […] So erkennt man bei einem ›unscharfen‹ Blick auf klassische Sitzordnungen in Klassenzimmern die zeilenförmige Anordnung der Buchseite wieder; die Schülerkarriere wird irreversibel im Jahrgangsprinzip mit einem Anfang und einem Ende institutionalisiert; der Lernprozess wird als sequenzieller Aufbau von Kompetenzen und Wissen konzipiert; die partizipative Ordnung des Schulsystems, der Einzelschule und der Lehrer-Schüler-Beziehung ist hierarchisch geordnet; Schulgebäude sind architektonisch hochgradig linear und seriell; Unterricht wird entlang des Fächerkanons disziplinär klassifiziert und der Schulalltag wird raumzeitlich entlang von Lernorten und Stundenplänen segmentiert.« (Ebd.: 35)

Mit anderen Worten »geht die soziokulturelle Lebenswelt der Schule in der medien-kulturellen Architektur von Schriftlichkeit auf« (dies. 2006a: 33). Denkt man dies weiter, dann erscheinen die Schwierigkeiten und die Skepsis der Institution Schule gegenüber dem Internet und dessen heterarchischer, vernetzter Struktur als eine Art Versuch, »die letzte und zentrale buchkulturelle Bildungsbastion zu verteidigen« (dies. 2005: 30). Böhme bezeichnet diese Abwehrhaltung auch als »buchkulturellen Widerstand«:

»Dieser buchkulturelle Widerstand wird durch eine diffuse Angst vor umfassenden Irritationen der visuellen Wahrnehmungs- und Ordnungsparameter ausgelöst, vor dem Verlust des identitätsstiftenden Standpunktes in einer Welt, die durch Quantifizierung, Fragmentierung, Klassifizierung, Hierarchie, Linearität etc. begriffen wird. Entsprechend zielt die Arbeit am globalen Schulmythos auf eine schriftkulturelle Hegemonie durch das literale Bildungsmonopol.« (Ebd.: 41)

Vergleichbares trifft wohl auch auf das System der akademischen Wissenschaft(en), die Universitäten (siehe die weiter oben geschilderte Debatte zum Plagiarismus), und damit letztendlich, wie eben bereits erwähnt, die gesamte Bildungs- und Wissenswelt der modernen westlichen Gesellschaften zu – ist diese doch insgesamt ganz eng und untrennbar mit den Anforderungen und Implikationen des typographischen Wissensmodells wahrer Erkenntnis verbunden und von den Strukturen der dazugehörigen Wissenskultur durchdrungen. Gehen wir zum theoretischen Verständnis der faktischen Bedeutung dieses Phänomens des »buchkulturellen Widerstands« noch einmal kurz zurück zur Wikipedia und den auf dieses Beispiel gerichteten Analysen und Diskussionen des fünften sowie sechsten Kapitels:

Paradigmatisch erscheint für das verhandelte Beispiel Wikipedia dabei zunächst – sowohl was dessen externe Wahrnehmung und Bewertung als auch dessen interne Entwicklung betrifft – vor allem das vehemente Festhalten an normativen Erwartungserwartungen der Text- bzw. Mediengattung ›Enzyklopädie‹. So stellen externe Kritik und interne Qualitätssicherungsprozesse im Grunde nichts anderes als Versuche der *kulturellen Assimilation* dar. Der Begriff der Assimilation stammt ursprünglich aus der Erkenntnistheorie Jean Piagets und beschreibt dort ganz allgemein die Anwendung eines Schemas oder einer Struktur auf einen Gegenstand. Piaget beschäftigte sich in der ersten Hälfte des 20. Jahrhunderts intensiv mit der kognitiven Entwicklung des Menschen, insbesondere mit der Entwicklung des Wahrnehmens und Denkens, der Logik und der Intelligenz. Dabei geht Piaget unter anderem von der Grundannahme aus, dass Intelligenz ein Anpassungsverhalten darstellt – und zwar eine Anpassungsleistung im Hinblick auf Schemata und Strukturen, denn jede Handlung und jede geistige Operation, jede Begriffsverwendung, jedes Klassifizieren, jedes Ordnen, jedes Kategorisieren, jedes Schlussfolgern ist auf solche Schemata und Strukturen zurückzuführen (vgl. Montada 1998: 548). Assimilation meint nun den Vorgang der Anpassung bzw. Einpassung des Wahrgenommenen in bereits vorhandene Denkstrukturen im Sinne kognitiver Schemata:

»Die Intelligenz ist nämlich in dem Maße Assimilation, als sie ihren Strukturen alle Gegebenheiten der Erfahrung einverleibt. Ob also das Denken mittels des Urteils das Neue auf Bekanntes zurückführt und so das Universum auf seine ihm bekannten Begriffe reduziert oder die sensomotorische Intelligenz die wahrgenommenen Dinge durch eine Einordnung in die vorhandenen Schemata strukturiert, in allen Fällen enthält die intellektuelle Anpassung ein Element der Assimilation. Assimilation aber ist

Strukturierung durch Einverleibung der äußeren Wirklichkeit in die aus dem eigenen Tun herausgewachsenen Formen.« (Piaget 1969 [1936]: 16f.)

Übertragen auf das Beispiel Wikipedia bedeutet das: Das neue Phänomen wird im Modus des Alten (hier: Wahrheit) und mit Hilfe der bereits vorhandenen Kategorien (hier: Objektivität, Rationalität und professionelles Expertentum) wahrgenommen und bewertet. Insofern es sich bei diesem Phänomen jedoch tatsächlich um etwas Neues handelt, muss es früher oder später geradezu Eigenschaften aufweisen, welche unter der angelegten Prämisse schlüssig nur als abweichend zu interpretieren sind. Die logische Folge ist nicht selten eine kategorische bzw. kategoriale (sic!) Kritik bis hin zur Ablehnung (hier: durch die traditionellen bzw. klassischen Bildungseliten) und/ oder die strukturelle Umgestaltung des Phänomens entlang der vertrauten Kategorien, wie sie im Falle der Wikipedia eindrucksvoll zu beobachten ist. Mit fortschreitender Etablierung finden dort sukzessive immer stärker auch typische Prinzipien des klassischen Wahrheitsmodells Anwendung (Peer Review, Prämierung, institutioneller Aufstieg und Reputation, redaktionelle Sichtung vorab).

Entsprechende Forderungen und Vorschläge, die ganz klar in Richtung einer derartigen Haltung der Assimilation zu verstehen sind, finden sich am Ende des weiter oben schon ausführlicher geschilderten Kapitels zum systematischen Quellen- und Plagiatsproblem auch bei Stefan Weber (2007: 36f.)[12]. Sehr prominent ließ aber auch Erik Möller, aktiver Wikipedia-Autor und Administrator (Benutzername ›Eloquence‹), MediaWiki-Entwickler und derzeitiger stellvertretender Geschäftsführer (Deputy Director) der Wikimedia Foundation in San Francisco, in seinem erstmals schon 2005 erschienen Buch »Die heimliche Medienrevolution. Wie Weblogs, Wikis und freie Software die Welt verändern« verlauten, Wikipedia zeige zwar »das gewaltige Potenzial kollaborativer Medien auf«, doch müsse es der Wikimedia-Stiftung »in den nächsten Jahren gelingen, Qualitätskontrolle in das Wiki-Konzept zu integrieren, Konfliktlösungs-Mechanismen zu verbessern, neue Diskussions-Werkzeuge zu entwickeln und alle denkbaren Wissensbereiche zu erschließen«, denn »[g]rößtes Problem der Online-Enzyklopädie ist die fehlende Glaubwürdigkeit ihrer Artikel« (Möller 2006: 194). Daher macht auch er sich sogleich daran, Kriterien »für ein erfolgreiches System zur allgemeinen Qualitätskontrolle« (ebd.) zu entwickeln, das unter anderem auch die Idee der »Markierung einer bestimmten Revision eines Artikels als ›sta-

---

12 Weber (2007: 36f.) nennt hier als Vorschläge zur »Problemlösung von Seiten der Wikipedia«: klare Richtlinien für die Erstellung eines Beitrags, ein stichprobenartiger Antiplagiats-Check im Kontext der Qualitätskontrolle sowie eingefrorene Artikel-Versionen. Aber auch dann hätten, wie Weber ebenfalls deutlich macht, »Zitate aus der Wikipedia […] nicht mehr und nicht weniger Sinn als Zitate aus dem Brockhaus oder dem Duden: Sie sollten daher nur in Ausnahmefällen in wissenschaftlichen Texten vorkommen […].«

bil‹« (ebd.: 195) enthält, wobei die Anzeige dieses ›stabilen Raums‹ dem Wunsch des Lesers selbst überlassen sein sollte und die Prüfung nicht nur von ausgewiesenen Experten, sondern prinzipiell auch von formalen ›Laien‹ durchgeführt werden können sollte (vgl. ebd.: 196).

Insgesamt ist dieses tendenziell beharrende und damit letztlich verkennende ›Umgangsmuster‹, diese Haltung der Assimilation gegenüber dem Neuen, strukturell Andersartigen dennoch nicht ungewöhnlich. Vielmehr scheinen Prozesse der Umgestaltung und des Wandels häufig, wenn nicht sogar fast immer davon begleitet zu werden. So schreiben etwa Gibbons u.a. (1994) in ihrem hier nun bereits mehrfach zitierten Werk »The new production of knowledge«, dass Neuerungen im Denken immer erst in den alten Kategorien erfasst und beschrieben werden (müssen) und aus diesem Grund meist rasch in die Missgunst derer geraten, deren Ideen, Denkmuster und Strukturen gerade vorherrschend sind. Erst allmählich und schrittweise kann und wird ein solcher Wandel daher auch auf breite gesellschaftliche Akzeptanz stoßen[13]:

»It seems to be a recurrent historical pattern that intellectual innovations are first described as misguided by those whose ideas are dominant, then ignored and, finally, taken over by original adversaries as their own invention. Part of the explanation of the phenomenon derives from the fact that it is necessary to begin by describing the characteristics of the new in terms of the old. A further difficulty may be expected when the new mode is growing out of the existing [...].« (Gibbons u.a. 1994: 2)

Diese, wenn man so will, mit dem Vorgang der Assimilation verbundene ›Post-Integration‹ traditioneller Strukturen in die mediale Wirklichkeit des Internet im Allgemeinen resp. des Wiki-Systems im Speziellen, kann freilich nur bedingt gelingen, da dessen dispositive Strukturen mit jenen konfligieren. So untergräbt beispielsweise die Vergabe von Sonderbefugnissen zu Verwaltungs- und Kontrollzwecken, wie sie der Benutzergruppe der sogenannten Administratoren (vgl. dazu Kap. V, Abschn. 2.2 und 4.2) zukommt, die grundsätzlich postulierte Gleichheit aller Autoren. Ein weiteres Beispiel sind die zunehmend rigider werdenden Qualitätssicherungsmaßnahmen der Wikipedia, insbesondere die sogenannten ›gesichteten Versionen‹ (vgl. dazu Kap. V, Abschn. 3.1). Diese beschränken das Ideal der offenen Selbstregulation aber auch das der prinzipiellen Gleichheit aller Nutzer insofern, als dass die Beiträge, Änderungen und Ergänzungen von Personen ohne Sich-

---

13 Hans Magnus Enzensberger formuliert eben diesen Gedanken mit Blick auf den medialen Wandel in seinem Aufsatz zum Fernsehen als »Nullmedium« (1989: 99): »Die Programm-Illusion verdankt sich nicht nur juristischen und institutionellen Gründen; sie geht direkt aus der Phylogenese der Medien hervor. In deren Evolution gilt der Grundsatz, dass jedes neue Medium sich zunächst an einem älteren orientiert, bevor es seine eigenen Möglichkeiten entdeckt und gewissermaßen zu sich selber kommt.«

terstatus (unangemeldete Nutzer und Neulinge) zunächst der formalen ›Freigabe‹ durch einen Sichter bedürfen, bevor sie als gültige Version des Artikels unmittelbar zugänglich werden. Mit anderen Worten: Der Prozess der kulturellen Assimilation ist letztlich nur unter der Preisgabe des innovativen Potentials des digitalen Mediums vollends zu realisieren.

Das Nicht-wahrhaben-Wollen, die Ignoranz, Negation oder aber bewusste Ablehnung der Faktizität des Neuen,[14] das sich strukturell eben gerade nicht (angemessen) assimilieren lässt, muss und wird daher auch irgendwann Konsequenzen nach sich ziehen – etwa, weil die gezielte Förderung entsprechender, auf die Anforderungen der sich wandelnden Realität bezogener Kompetenzen und Problemlösungsstrategien gerade im Bereich der klassischen Bildungsinstitutionen systematisch unterbleibt. Wieder ist es hier beispielsweise Böhme (2005: 31), die darauf verweist, dass

»[i]n der literalen Monomedialität institutionalisierter Lernorte [...] diejenigen Kompetenzen, die zu einer Aneignung der multimedialen Kultur befähigen, eher verlernt bzw. nicht gefördert [werden]. Auch gelingt es der Schule nicht, an die Erfahrungen und Routinen anzuknüpfen, die Kinder und Jugendliche in den außerschulischen Medienwelten machen bzw. entwickeln. Deshalb kann man von einer neuen Variante der Schulentfremdung sprechen, die sich in der Integrationsproblematik literaler Wahrnehmungsmodi durch zunehmend ›elektronisch‹ sozialisierte Kinder und Jugendliche begründet. Der Rückgang der Lesekompetenz wäre entsprechend ein Hinweis auf die zunehmende Multimedialisierung der Kultur, die unausweichlich seit der Etablierung des Computers freigesetzt wurde.«

In diesem Sinne weise die seit geraumer Zeit geführte Diskussion um die teilweise erschreckend schlechten Pisa-Ergebnisse deutscher Schüler nicht in eine zukunftsträchtige Richtung, denn »[a]usgeblendet bleibt dagegen weitestgehend, worin der nicht-literale Bildungswert des Fernsehens [man könnte auch sagen: des Computers oder des Internet] liegen könnte« (ebd.: 37). Fast schon ketzerisch anmutend fordert Böhme daher, endlich »den medienkritischen Balken aus unserem literalisierten Auge zu ziehen« (ebd.) und den Blick offener und stärker auf die bildungsbezogenen Potentiale der neuen, digitalen Medien zu richten. Dazu gehörte es auch, über neue Bil-

---

14 Stefan Weber erkennt gerade darin übrigens einen zentralen ›Mythos der Medienwissenschaft‹: Von einem grundsätzlich non-dualistischen Standpunkt (Josef Mitterer) aus argumentiert er, dass gerade in der historisch ausgerichteten Medienwissenschaft eine allzu strenge Ablehnung der Kategorie des ›Neuen‹ herrsche und allzu häufig im Duktus des ›Immer-schon-Dagewesenen‹ gedacht würde. Die Ursache dieses Mythos sei eine nicht zwingende strikte Trennung zwischen der Wahrnehmung eines Phänomens und dem Phänomen selbst sowie ein weit verbreitetes, im Kern aber dennoch falsches Analogiedenken (vgl. Weber 2007: 12f.).

dungsformate und die Implementierung internetbasierter Bildungsarchitekturen nachzudenken (vgl. ebd.: 2006a: 31ff.).

Auch Michel Giesecke bemerkt ausgehend von einem posttypographischen Wissenschafts- und Wissensschöpfungsideal, das starke Parallelen zum im vorangegangenen sechsten Kapitel entwickelten Konsensmodell aufweist (vgl. Giesecke 2005: 21):

»Wenn der Koevolutionsgedanke zutrifft, dann werden die Informationen, die die Post-Gutenberg-Kultur prämiert und als ›Wissen‹ anspricht, andere sein als jene der vergangenen fünfhundert Jahre. Die Konzepte von Lernen und Lehren werden sich ebenfalls ändern. Die gegenwärtige Diskussion über den Einsatz der neuen elektronischen Medien im Unterricht verkennt diese Zusammenhänge, wenn sie weiterhin mit dem Wissens- und Lernbegriff operiert, den die Buchkultur zu ihrer Selbstvergewisserung entwickelte. Das ›Lernen‹, welches mit dem Wort ›E-Learning‹ bezeichnet wird, könnte sich einmal vom Lernkonzept der Buchkultur nicht minder scharf als jenes von vormodernen Konzepten, wie sie sich z.b. im mittelhochdeutschen ›leren‹ niedergeschlagen haben, unterscheiden. Es macht wenig Sinn den Bildungskanon des 20. Jahrhunderts zu digitalisieren, die Vermittlungswege zu elektrifizieren oder die Kriterien des Lernerfolgs nationalstaatlicher Bildungseinrichtungen aufrecht zu erhalten. Die posttypographische Bildungspolitik braucht posttypographische Konzepte von Wissen, Wissensschöpfung und Kommunikation. Diese Konzepte werden sich nicht ausschließlich wissenschaftsimmanent begründen lassen. Ihnen liegen letztlich Werteentscheidungen zugrunde. Notwendig ist eine Beschäftigung mit der Frage: Welche Form von Information, Wahrnehmung, Darstellung und Weitergabe von Informationen wollen wir prämieren?!« (Ebd.: 17)

Tatsächlich setzen, wo die Haltung der Assimilation an ihre Grenzen gerät, nicht (mehr) gelingt oder aber bewusst als nicht notwendig erachtet wird, demgegenüber nun weiterhin allmählich auch Tendenzen der *kulturellen Akkomodation* ein. Der Begriff der Akkomodation bezeichnet dabei in der kognitiven Entwicklungstheorie Jean Piagets die Anpassung eines Schemas oder einer Struktur an eine jeweilige Situation oder einen Gegenstand. Es handelt sich also gewissermaßen, ganz im Gegensatz zur Assimilation, um die Neuschaffung von Denkstrukturen entsprechend des Wahrgenommenen (vgl. Montada 1998: 548). Dabei sind Assimilation und Akkomodation jedoch keinesfalls als einander ausschließende Vorgänge zu betrachten. Vielmehr ergänzen sie sich und bauen aufeinander auf:

»Assimilation kann nie in ausschließlicher Weise geschehen, denn indem beispielsweise die Intelligenz die neuen Elemente den vorhandenen Schemata einverleibt, modifiziert sie fortwährend diese Schemata, um sie den neuen Gegebenheiten anzupassen. Umgekehrt werden aber auch die Dinge nicht an sich erkannt, da ja die Akkomodationswirkung nie möglich ist ohne den umgekehrten Prozess der Assimilation.« (Piaget 1969 [1936]: 17)

Akkomodationsprozesse vollziehen sich gegenwärtig unter anderem immer dann, wenn die Wikipedia oder auch andere Wissensangebote des Web 2.0 und des User Generated Content ungeachtet etwaiger qualitativer Mängel und formaler ›Unzulänglichkeiten‹ (fehlende Autorenangaben, rasche Veränderbarkeit etc.) als Lieferanten funktionalen und situativ brauchbaren Wissens genutzt werden. Wenn es nun aber der Tatsache entspricht, dass Wikipedia, wie im ersten Teil dieses Kapitels geschildert, in privaten wie beruflichen Kontexten längst zu einem beliebten »Alltags-Recherchemittel« (Schuler 2007: 7) avanciert ist und dabei allen Vorbehalten zum Trotz besonders unter Schüler und Studierenden eine große Popularität genießt, dann hat genau an diesen Stellen der digitale Wandel des Wissens hin zum Konsensmodell letztlich bereits eingesetzt und scheint als solcher in der momentanen wissensgesellschaftlichen Realität auch kaum mehr umkehrbar.

Im Unterschied zur hier Annahme des leitmedialen Charakters des Internet in Gestalt des Web 2.0 ist die posttypographische Epoche für Michael Giesecke allerdings grundlegend multimedial geprägt. Er wehrt sich damit explizit gegen Wiederholungszwang und Medienabsolutismus. Für ihn kann es in der posttypographischen Epoche kein leitmediales Denken und damit auch keine Hierarchisierung eines einzelnen Medium geben. Vielmehr wirken verschiedene Medien in einem multimedialen Netzwerk ökologisch zusammen (vgl. Giesecke 2005: 18ff.). Jeanette Böhme macht im Anschluss an Giesecke darauf aufmerksam, dass das eigentliche Novum des Internet dessen Simultanität sei und dass im Netz daher verschiedene Bildungsarchitekturen zugleich existierten (vgl. Böhme 2006a: 31). Dies deckt sich wiederum mit dem Bild eines langsamen Übergangs, einer allmählichen Umstrukturierung der kognitiven Schemata und Strukturen im Schwingen zwischen Assimilation und Akkomodation. Böhme entwickelt hier auch den Gedanken eines »transmediale[n] Nomadentum[s]« (ebd.: 33), das in eben diesem Zwischenraum zu Hause ist und sich in mehreren medienkulturellen (Bildungs-)Architekturen zugleich aufhalten kann und zurechtfindet.

Als gemeinsamer Nenner lässt sich demnach festhalten, dass der hier untersuchte und theoretisch gefasste wissenskulturelle Wandel nicht einfach als revolutionärer Umbruch zu denken ist, sondern als vielschichtiger Prozess des ›Zugleich‹ und ›Nebeneinanderher‹, als (wiederum ganz im Sinne der Terminologie Piagets) *Äquilibrationsprozess* also. Die langfristige Stoßrichtung ist aber nichtsdestotrotz die des Wandels, d.h. der Um- und Neuordnung der Strukturen der Wissensgenese und -kommunikation.

3 Wohin der Weg uns führt...
Beobachtungen und Zukunftsvisionen

Der weitere Fortgang dieser begonnenen wissenskulturellen Entwicklung ist daher hypothetisch in drei Stufen zu denken: Kurzfristig lässt sich unter der Annahme der Beibehaltung sowohl der soziokulturellen als auch der medialen Konstellation in absehbarer Zukunft zunächst ein Ausbau sowie eine gesellschaftliche Etablierung und Konsolidierung der in Ansätzen bereits heute vorhandenen Koexistenz beider Wissensmodelle für funktional unterschiedliche Sphären und/oder Akteursgruppen antizipieren. Dabei stellt sich freilich unmittelbar die Frage nach deren jeweiligem Geltungsradius. Wo läge der Dominanzbereich wahren bzw. konsensualen Wissens und welche Kriterien würden darüber entscheiden? Welche Einflüsse könnten zu weiteren Geltungsverschiebungen führen? Entscheidend wäre schließlich auch die Frage nach dem gesellschaftlichen Verhältnis der beiden Modi, deren allgemeiner Wertigkeit und gegenseitiger Anerkennung. So stünde zu befürchten, dass es im Laufe der Zeit zur Herausbildung klar voneinander unterscheidbarer Subkulturen des Wissens kommen könnte, würde doch gerade eine derartige Entwicklung in letzter Konsequenz jegliche Vergleichbarkeit verbieten und Wechselbeziehungen oder gar Übergänge gänzlich verunmöglichen. Auf Dauer käme dies dem unwahrscheinlichen Fall einer wissenskulturellen Aufspaltung der Gesellschaft gleich, welche nicht zuletzt auch den Abschied von einer gemeinsam geteilten sozialen Realität bedeuten würde.

Mittelfristig ist daher wohl eher von einer wechselseitigen Annäherung beider Wissensmodelle mit klarer Tendenz in Richtung einer schrittweisen Öffnung und Liberalisierung der traditionellen wissenskulturellen Strukturmuster mitsamt der dazugehörigen institutionellen Verfestigungen auszugehen. Nach Einschätzung Michael Gieseckes (2005: 21) »vollzieht sich an den Universitäten [gegenwärtig] eine Kompromissbildung zwischen den alten und den neuen Paradigmen«.[15] Das beginnt etwa bei der in Kapitel IV und VI beschriebenen zunehmenden Präsenz von Online-Publikationen auf Basis von ›Open Access‹ und reicht bis zur Einsicht, dass sich die Wissenschaften auch im Bereich der internen Wissensvermittlung, d.h. der wissenschaftlichen Lehre, auf die Öffentlichkeit einstellen müssen – und das heißt in diesem Fall ganz konkret: den sich verändernden medialen Erfahrungen, Bedürfnissen und Verhaltensweisen ihrer Studierenden Rechnung zu tragen. Bernhofer prognostizierte dazu bereits 2001, dass »[i]m Zeitalter der Digitalisierung [...] von den angehenden Wissenschaftlern vermutlich immer früher gefordert werden [würde], sich in diesem Medium selbst zu vermitteln« (Bernhofer 2001: 30). Tatsächlich stellen sich in den letzten Jahren immer mehr Hochschullehrer darauf ein, dass Studierende im fachgerechten Umgang mit entsprechenden Web-Anwendungen geschult werden müssen. Den Studierenden müsse beispielsweise beigebracht werden, »wie sie Informationen und Quellen im Internet auffinden und kritisch bewerten« (Laszlo 2001: 39; dazu auch Wannemacher 2008: 150). Auch in Bezug auf den angemessenen Umgang mit der Wikipedia im akademischen Kontext kursieren

---

15 Gemeint ist bei Giesecke (2005: 21f.) konkret eine »perfektionierte frontale Vermittlung allgemeingültigen, wahren Wissens auf Vorrat und [eine] standardisierte Kanonabfrage« einerseits, sowie »zunehmend fallbezogenes, projektförmiges Lernen mit Praxiskontakten und höheren selbstreflexiven Anteilen«.

seit einigen Jahren entsprechende ›Grundsatzerklärungen‹ deutscher sowie US-amerikanischer Dozenten. Allgemein geht es dabei in diesen wie in anderen Initiativen darum, eine unreflektierte Übernahme von Webinhalten mediendidaktisch zu verhindern (vgl. Wannemacher 2008: 150 sowie auch Wehn/Welker 2006). Die Lehrenden stehen hier freilich zudem in der Pflicht, sich nicht nur präventiv, sondern auch inhaltlich an die neuen Bedingungen einer digitalisierten Umwelt anzupassen. So gilt es nicht zuletzt darauf zu achten, Aufgabenstellungen und Arbeitsaufträge so zu formulieren, dass ein einfaches Kopieren von Webinhalten nicht mehr ausreichend ist und Studierende stattdessen unweigerlich zum eigenen Nachdenken ›gezwungen‹ werden (vgl. Wannemacher 2008: 151). So gesehen erscheint das im ersten Abschnitt dieses Kapitels geschilderte »Google-Copy-Paste-Syndrom« plötzlich auch nicht länger im Lichte eines kulturellen Verfalls, sondern vielmehr als Resultat einer wissenskulturell veralteten Didaktik.

Im Rahmen der mediengestützten Erneuerung der Hochschullehre gewinnen konkret aber gerade auch Web 2.0-Anwendungen zunehmend an Bedeutung. Insbesondere Wiki-Systeme stehen dabei hoch im Kurs (vgl. ebd.: 147). Bernd Kleimann spricht hier bereits von einem neuen Paradigma, von einem »eLearning 2.0«, dass sich »[i]m Gegensatz zum anbieterzentrierten eLearning 1.1 [...] durch interaktive, selbstorganisierte, Community-bildende und nutzerzentrierte Verfahrensweisen charakterisieren« lässt (Kleimann 2007: 149). Trotz der geschilderten, oftmals fundamentalen und sicherlich auch nicht (immer) unbegründeten Bedenken und Vorbehalte im Hinblick auf Wissenschaftlichkeit, Zuverlässigkeit und Zitierbarkeit der dargebotenen Wissensinhalte werden dabei zunehmend auch die Wikipedia und ihre Schwesterprojekte, wie etwa Wannemacher (2008: 147) bemerkt, »von Dozentinnen und Dozenten auf ihre Tauglichkeit für eine Einbindung in neue Formen der Hochschullehre geprüft«. Jan Hodel und Peter Haber (2007) untersuchen das Potential kollaborativer Schreibprozesse in Wiki-Systemen im Allgemeinen und Wikipedia im Speziellen etwa am Beispiel des Geschichtslernens und der Geschichtsdidaktik. Andererseits nähern sich in letzter Zeit auch die Wikipedia und ihre Schwesterprojekte selbst vermehrt Schulen und Hochschulen an. Wannemacher (2008: 153) meint daher, es sei ein »aktives Werben seitens der Wikimedia-Community für eine Vernetzung mit den Wissenschaftsinstitutionen« zu verzeichnen. Exemplarisch ließe sich hier die sogenannte »Wikipedia Academy« anführen, die seit 2006 einmal jährlich als Live-Veranstaltung stattfindet und darauf abzielt, »die Wikipedia stärker im akademischen Umfeld zu etablieren« (Wikipedia:Academy)[16]. Auf den schulischen Bereich zielen hingegen verschiedene Informations- und Projektseiten (z.B. Wikiversity:Schule[17], Wikipedia:Wiki-

---

16 http://de.wikipedia.org/wiki/Wikipedia:Academy, Abruf am 14.06.2009; Bearbeitungsstand: 13.11.2008, 13:56 Uhr.

17 http://de.wikiversity.org/wiki/Wikiversity:Schule, Abruf am 14.06.2009.

pedia_im_Unterricht[18], Wikipedia:Wikiprojekt_Lehrerseminare[19] und Wikipedia_Schulprojekt[20]) sowie spezielle Aktionstage an Schulen (vgl. Menke 2009).

Weiterhin nutzen aber auch Wissenschaftler die Wikipedia zunehmend nicht nur für didaktische, sondern ebenso auch gezielt für ihre genuin wissenschaftlichen Zwecke: Lisa Spiro etwa zeigte Mitte 2008 mit einer – statistisch sicher nicht ganz unumstrittenen – Untersuchung, dass die Begeisterung für die Wikipedia nicht nur auf Schüler und Studenten zutrifft, sondern zunehmend auch im Umfeld der eigentlichen akademischen Akteure üblich wird. Spiro weist darin auf der Basis der Analyse zweier großer Datenbanken für elektronische Zeitschriften nach, dass auch im Bereich der Geistes- und Sozialwissenschaften zunehmend aus der Wikipedia zitiert wird. Dies freilich längst nicht massenhaft, aber die Tendenz zu einer diesbezüglichen Öffnung ist erkennbar: Von insgesamt 167 Nennungen des Begriffs Wikipedia mit einem direkten Linkverweis zur Wikipedia-Seite zwischen 2002 und 2008 entfallen auf das Jahr 2002 lediglich eine Nennung, in 2005 waren es bereits 17 Nennungen und in 2007 schließlich 56. Bis August 2008, so die Autorin, waren schon 52 Nennungen nachweisbar (vgl. Spiro 2008).

Darüber hinaus wird die Wikipedia zudem immer häufiger auch zur Plattform der Kommunikation und Zirkulation wissenschaftlicher Ideen und Ansätze jenseits der (bzw. ergänzend zu den) klassischen Wege(n) der Fachpublikationen und des Peer Review – wie der inzwischen im Ruhestand befindliche französischstämmige Germanist und Romanist Jean-Pol Martin, bis 2008 Professor an der Katholischen Universität Eichstätt-Ingolstadt, in einem Aufsatz mit dem Titel »Gemeinsam Wissen konstruieren« deutlich macht. Darin schildert er persönliche Erfahrungen im Kontext der Erstellung eines Artikels zur von ihm entwickelten und vertretenen Methode »Lernen durch Lehren« (LdL) und dessen schrittweise ›Optimierung‹ mit Hilfe der Wikipedia-Administratorinnen ›Elian‹ und ›Fenice‹ (vgl. Martin 2006: 159ff.). Was Martin offen und forciert betreibt, findet sicher auch im Verborgenen der akademischen Wirklichkeit statt. Wikipedia bietet hier eine gute Möglichkeit, das eigene wissenschaftliche Tun, die eigene Methode oder Theorie gezielt zu lancieren, zu forcieren und zu etablieren.

Nicht ausgeschlossen ist langfristig daher schließlich die weitgehende Ablösung des Wahrheitsmodells durch das Konsensmodell in allen gesellschaftlichen Bereichen. Diese Variante nimmt vor allem in Anbetracht des unaufhaltsamen generationalen Wandels Gestalt an. Wolfram Peiser beispielsweise betrachtet langfristige Veränderungen innerhalb der Gesellschaft unter dem Fokus der Sukzession medial geprägter Generationen wie folgt:

---

18 http://de.wikipedia.org/wiki/Wikipedia:Wikipedia_im_Unterricht, Abruf am 14.06.2009.
19 http://de.wikipedia.org/wiki/Wikipedia:Wikiprojekt_Lehrerseminare, Abruf am 14.06.2009.
20 http://meta.wikimedia.org/wiki/Wikipedia_Schulprojekt, Abruf am 14.06.2009.

»Die (sich wandelnden) Medien sozialisieren bzw. prägen die einzelnen Generationen in der Gesellschaft unterschiedlich, und dies trägt – in Verbindung mit dem Generationswechsel in der Bevölkerung – langfristig zum gesellschaftlichen Wandel bei (Werte, Einstellungen, Lebensstile usw.). […] Auf diese Weise sind Medien- und Gesellschaftswandel über Generationen und den Generationswechsel miteinander verknüpft." (Peiser 2003: 198).

Eine mit den Herausforderungen der Wissensgesellschaft vertraute und im Umgang mit dem Web 2.0 sozialisierte *Generation Internet* könnte so gesehen allmählich tatsächlich einen wissenskulturellen Wandel herbeiführen. Stärker noch als in der ersten Variante bzw. Stufe der Koexistenz wäre auch dies jedoch – obgleich formal auf einer gemeinsamen Wissenskultur basierend – mit dem Verlust jeglicher kollektiver Deutungs- und Orientierungsmuster im herkömmlichen Sinne verbunden. In dieser Situation des ›geistigen Nomadentums‹ würden auch Wissenstransferprozesse im bisher bekannten Sinne obsolet. Jede noch so subjektive Behauptung würde dann ein potentielles Wissensangebot darstellen, welches im egalitären öffentlichen Diskurs konsensuell und situativ angenommen aber auch verworfen werden kann. Voraussetzung einer derartigen neuen Wissenskultur wäre allerdings eine gesellschaftliche Öffentlichkeit, die auch zur Übernahme dieser aktiven Position im Wissensdiskurs bereit wie fähig ist und die mit den damit verbundenen Unbeständigkeiten und Unsicherheiten umzugehen weiß.[21] Der Modus des Konsenses verlangt im Vergleich zu jenem der Wahrheit ein bisher ungekanntes Maß an wissensbezogener Eigenverantwortlichkeit, das wohl kaum jemals von allen Mitgliedern der Gesellschaft gleichermaßen aufgebracht werden wird. Gleichwohl läge erst in dieser vollständigen Überwindung des klassischen Wissensmodells die Chance zur letztendlichen Einlösung der einstigen aufklärerischen Ideale.

---

21 Die Bedeutung diesbezüglicher Entwicklungen und Tendenzen insbesondere bei Kindern und Jugendlichen näher und eingehender zu untersuchen, wäre gleichwohl sicher eine lohnende Aufgabe für die Zukunft. Vielleicht – so nur eine erste vage und vorsichtige Vermutung – fände sich auf diesem Wege auch ein bislang unbeachteter Schlüssel zu den derzeit immer zahlreicher werdenden schulischen ›Eingliederungsproblemen‹ vieler Schüler (Stichwort: ADS/ADHS) und womöglich eine hilfreiche Alternative zur gleichzeitig immer beliebter werdenden medikamentösen ›Ruhigstellung‹.

Literatur- und Quellenverzeichnis

Das nachfolgende Literatur- und Quellenverzeichnis gliedert sich in vier Teile: Den ersten Teil bildet die im Fließtext verwendete, d.h. direkt oder sinngemäß zitierte, sowie anderweitig ausgewiesene Sekundärliteratur. Im zweiten Teil werden weiterhin die in Kapitel V erwähnten, aber auch weitere Studien und Forschungsarbeiten zur Wikipedia aufgeführt. Die im Band zitierten oder in anderer Form ausgewiesenen Wikipedia-Artikel sowie sonstigen Wikimedia-Seiten werden im dritten Teil alphabetisch gelistet. Ihre URL ist jeweils mit dem Datum des letzten Zugriffs versehen. Dieses gibt – wie bei anderen Internetquellen auch – lediglich den Tag der letzten Rückversicherung bezüglich der Existenz und Zugänglichkeit des betreffenden Artikels bzw. der Seite an. Wo im Falle eines direkten Zitats die Angabe einer konkreten Version erforderlich ist, wird diese stets unmittelbar im Fußnotentext des Fließtextes genannt. Über den Reiter ›Versionen/Autoren‹ (neu: ›Versionsgeschichte‹) kann die gesamte Entstehungsgeschichte eines Wikipedia-Artikels bzw. einer Wikimedia-Seite jederzeit eingesehen werden. Im vierten Teil des Literaturverzeichnisses findet sich schließlich eine Zusammenstellung sonstiger im Text zitierter oder ausgewiesener Webseiten bzw. Internetquellen.

ZITIERTE UND AUSGEWIESENE SEKUNDÄRLITERATUR

Adamzik, Kirsten (2004): »Zwischen Fachidioten und Bildungsmuffeln. Akteure des Wissenstransfers«, in: Busch/Stenschke, Wissenstransfer und gesellschaftliche Kommunikation, S. 13-30.
Albrecht, Stephan (1998): »Wissenschaft als hermetische Öffentlichkeit«, in: Gegenworte. Zeitschrift für den Disput über Wissen 1 (Frühjahr 1998: »Forschungsfreiheit«), Berlin-Brandenburgische Akademie der Wissenschaften, S. 47-51.
Albrecht, Wolfgang (1995): »Aufklärerische Selbstreflexion in deutschen Enzyklopädien und Lexika zur Zeit der Spätaufklärung«, in: Eybl u.a., Enzyklopädien der Frühen Neuzeit, S. 232-254.
Albrow, Martin (1996): The Global Age: State and Society Beyond Modernity, Cambridge: Polity Press.
Albrow, Martin (2007): Das globale Zeitalter, Frankfurt a.M.: Suhrkamp.

Alby, Tom (2007): Web 2.0. Konzepte, Anwendungen, Technologien, München/Wien: Hanser.
Alby, Tom (2008): »Technikgeschichte des Webs«, in: Scherfer, Webwissenschaft, S. 102-114.
Angermeier, Heinz (1983): »Reichsreform und Reformation in der deutschen Geschichte«, in: Ders. (Hg.) unter Mitarbeit von Reinhard Seyboth, Säkulare Aspekte der Reformationszeit, München/Wien: Oldenbourg, S. 1-16.
Angilletta, Salvatore P. (2002): Individualisierung, Globalisierung und die Folgen für die Pädagogik (1. Aufl.), Opladen: Leske + Budrich.
Antos, Gerd unter Mitarbeit von Stefan Pfänder (2001): »Transferwissenschaft. Chancen und Barrieren des Zugangs zu Wissen in Zeiten der Informationsflut und der Wissensexplosion«, in: Wichter/Antos, Wissenstransfer zwischen Experten und Laien, S. 3-33.
Antos, Gerd (2004): »Neuere Tendenzen in populärwissenschaftlichen Darstellungen. Ein Vergleich zwischen Enzyklopädien und Präsentationen im WWW«, in: Busch/Stenschke, Wissenstransfer und gesellschaftliche Kommunikation, S. 31-43.
Antos, Gerd/Wichter, Sigurd (Hg.) (2005): Wissenstransfer durch Sprache als gesellschaftliches Problem, Frankfurt a.M.: Peter Lang.
Aristoteles (2003 [1973/ca. 350 v. Chr.]): Politik. Übersetzt und herausgegeben von Olof Gigon (9. Aufl.), München: Deutscher Taschenbuch Verlag.
ARD/ZDF-Onlinestudie (2009): »Nachfrage nach Videos und Audios im Internet steigt weiter. 67 Prozent der Deutschen sind online«. Pressemitteilung vom 27.05.2009, Siehe http://www.ard-zdf-onlinestudie.de/index.php?id=125, Abruf am 21.06.2009.
Ash, Mitchell G. (2007): »Wissenschaft(en) und Öffentlichkeit(en) als Ressourcen füreinander. Weiterführende Bemerkungen zur Beziehungsgeschichte«, in: Nikolow/Schirrmacher, Wissenschaft und Öffentlichkeit als Ressourcen füreinander, S. 349-362.
Assmann, Jan (1988): »Kollektives Gedächtnis und kulturelle Identität«, in: Assmann, Jan/Tonio Hölscher (Hg.), Kultur und Gedächtnis (1. Aufl.), Frankfurt a.M.: Suhrkamp, S. 9-19.
Assmann, Jan (2005 [1992]): Das kulturelle Gedächtnis. Schrift, Erinnerung und politische Identität in frühen Hochkulturen (5. Aufl. der Ausgabe von 1999), München: C.H. Beck.
Assmann, Aleida/Assmann, Jan (1990): »Einleitung. Schrift – Kognition – Evolution. Eric A. Havelock und die Technologie kultureller Kommunikation«, in: Havelock, Schriftlichkeit, S. 1-35.
Assmann, Aleida/Assmann, Jan (1994): »Das Gestern im Heute. Medien und soziales Gedächtnis«, in: Merten/Schmidt/Weischenberg, Die Wirklichkeit der Medien, S. 114-140.
Auchard, Eric (2007): »Participation on Web 2.0 Sites Remains Weak«. Agenturmeldung Reuters vom 17.04.2007. Siehe http://www.reuters.com/article/internetNews/idUSN1743638820070418

Baudrillard, Jean (1978): Agonie des Realen, Berlin: Merve.
Baumgart, Franzjörg (Hg.) (2007): Entwicklungs- und Lerntheorien. Erläuterungen – Texte – Arbeitsaufgaben (Nachdruck der 2. Aufl.), Bad Heilbrunn/Obb.: Klinkhardt.
Baumgart, Peter (1984): »Humanistische Bildungsreform an deutschen Universitäten des 16. Jahrhunderts«, in: Wolfgang Reinhard (Hg.), Humanismus im Bildungswesen des 15. und 16. Jahrhunderts, Weinheim: Acta Humaniora, S. 171-197.
Baumgartner, Peter/Payr, Sabine (1994): Lernen mit Software, Innsbruck: Österreichischer Studien-Verlag.
Beck, Ulrich (1986): Risikogesellschaft. Auf dem Weg in eine andere Moderne (1. Aufl.), Frankfurt a.M.: Suhrkamp.
Beck, Ulrich (1998): Was ist Globalisierung? Irrtümer des Globalismus – Antworten auf Globalisierung (4. Aufl.), Frankfurt a.M.: Suhrkamp.
Beck, Ulrich/Bonß, Wolfgang/Lau, Christoph (2001): »Theorie reflexiver Modernisierung – Fragestellungen, Hypothesen, Forschungsprogramme«, in: Ulrich Beck/Wolfgang Bonß (Hg.), Die Modernisierung der Moderne (1. Aufl.), Frankfurt a.M.: Suhrkamp, S. 11-59.
Beck, Ulrich/Giddens, Anthony/Lash, Scott (1996): Reflexive Modernisierung: eine Kontroverse (1. Aufl.), Frankfurt a.M.: Suhrkamp.
Beisheim, Marianne/Nuscheler, Franz (2003): »Demokratie und Weltgesellschaft«, in: Ingomar Hauchler/Dirk Messner/Franz Nuscheler (Hg.), Globale Trends 2004/2005. Fakten, Analysen, Prognosen. Stiftung Entwicklung und Frieden (= Sonderauflage für die Bundeszentrale für politische Bildung), Frankfurt a.M: Fischer, S. 31-47.
Bell, Daniel (1975): Die nachindustrielle Gesellschaft, Frankfurt a.M./New York: Campus.
Bell, Daniel (1999 [1973]): The Coming of Post-industrial Society: A Venture in Social Forecasting (14. Aufl.), New York: Basic Books.
Bender, Gerd (2001a): »Einleitung«, in: Ders., Neue Formen der Wissenserzeugung, S. 9-21.
Bender, Gerd (Hg.) (2001b): Neue Formen der Wissenserzeugung, Frankfurt a.M./New York: Campus.
Benjamin, Walter (1963 [1936]): Das Kunstwerk im Zeitalter seiner technischen Reproduzierbarkeit. Drei Studien zur Kunstsoziologie, Frankfurt a.M.: Suhrkamp.
Benkler, Yochai (2006): The Wealth of Networks: How Social Production Transforms Markets and Freedom, New Haven u.a.: Yale University Press.
Berger, Peter L./Luckmann, Thomas (2004 [1966]): Die gesellschaftliche Konstruktion der Wirklichkeit. Eine Theorie der Wissenssoziologie (20. Aufl.), Frankfurt a.M.: Fischer.
Berker, Thomas (2001): Internetnutzung in den 90er Jahren. Wie ein junges Medium alltäglich wurde, Frankfurt a.M./New York: Campus.

Berndes, Stefan (2000): »Zukunft des Wissens – Ethische Normen der Wissensauswahl und -weitergabe«, in: Hubig, Unterwegs zur Wissensgesellschaft, S. 315-328.
Bernhofer, Martin (2001): »Cyberscience – Was macht die Wissenschaft im Internet?«, in: Gegenworte. Zeitschrift für den Disput über Wissen 8 (Herbst 2001: »Digitalisierung der Wissenschaften«), Berlin-Brandenburgische Akademie der Wissenschaften, S. 26-31.
Bialas, Volker (1990): Allgemeine Wissenschaftsgeschichte: philosophische Orientierungen, Wien/Köln: Böhlau.
BITKOM (2009): »E-Learning setzt sich durch«, Pressemitteilung vom 04.03.2009. Siehe http://www.bitkom.org/de/presse/49896_58057.aspx, Abruf am 21.06.2009.
Bittlingmayer, Uwe H. (2001): »›Spätkapitalismus‹ oder ›Wissensgesellschaft‹?«, in: Aus Politik und Zeitgeschichte (ApuZ) 36/2001, S. 15-23.
Bittlingmayer, Uwe H. (2005): »Wissensgesellschaft« als Wille und Vorstellung, Konstanz: UVK Verlagsgesellschaft.
Bittlingmayer, Uwe H./Bauer, Ullrich (2006a): »Strukturierende Vorüberlegungen zu einer kritischen Theorie der Wissensgesellschaft«, in: Dies., Die ›Wissensgesellschaft‹, S. 11-23.
Bittlingmayer, Uwe H./Bauer, Ullrich (Hg.) (2006b): Die ›Wissensgesellschaft‹. Mythos, Ideologie oder Realität? (1. Aufl.), Wiesbaden: VS-Verlag.
Bolz, Norbert (1994a): »Computer als Medium – Einleitung«, in: Norbert Bolz/Friedrich Kittler/Christoph Tholen (Hg.), Computer als Medium, München: Wilhelm Fink Verlag, S. 9-16.
Bolz, Norbert (1994b): Das kontrollierte Chaos: Vom Humanismus zur Medienwirklichkeit, Düsseldorf u.a.: Econ.
Bolz, Norbert (1995): Am Ende der Gutenberg Galaxis: die neuen Kommunikationsverhältnisse (2. Aufl.), München: Wilhelm Fink Verlag.
Bolz, Norbert (1998): »›Neue Medien – Das Ende der Philosophie?‹ Ein Streitgespräch zwischen Norbert Bolz und Julian Nida-Rümelin«, in: Information Philosophie 4/1998, S. 20-29.
Bourdieu, Pierre (1997): »Die verborgenen Mechanismen der Macht enthüllen«, in: Ders., Die verborgenen Mechanismen der Macht (= Schriften zu Politik & Kultur 1). Herausgegeben von Margareta Steinrücke, Hamburg: VSA, S. 81-86.
Bovenschulte, Marc (2005): »Public Understanding of Science«, in: Antos/Wichter, Wissenstransfer durch Sprache, Frankfurt a.M.: Peter Lang, S. 27-35.
Bonfadelli, Heinz (1999): Medienwirkungsforschung (Band 1: Grundlagen und theoretische Perspektiven), Konstanz: UVK-Medien.
Böhle, Fritz (2003): »Wissenschaft und Erfahrungswissen – Erscheinungsformen, Voraussetzungen und Folgen einer Pluralisierung des Wissens«, in: Böschen/ Schulz-Schaeffer, Wissenschaft in der Wissensgesellschaft, S. 143-177.

Böhme, Günther (1988): Wirkungsgeschichte des Humanismus im Zeitalter des Rationalismus, Darmstadt: Wissenschaftliche Buchgesellschaft.

Böhme, Jeanette (2005): »E-Learning und der buchkulturelle Widerstand gegen eine Entschulung der Gesellschaft«, in: Zeitschrift für Pädagogik 51 (H. 1), S. 30-44.

Böhme, Jeanette (2006a): »Machtformationen medienkultureller Bildungsarchitekturen: Aura und Charismatisierung – Kopie und Standardisierung – Code und Regulierung«, in: Zeitschrift für Pädagogik 52 (H. 1, Themenheft zum DGfE-Kongress »Bildung-Macht-Gesellschaft« 2006), S. 27-35.

Böhme, Jeanette (2006b): »Die Objektive Hermeneutik als typographischer Forschungsansatz. Reflexionen aus der heuristischen Perspektive einer medienökologischen Bildungsforschung«, in: Rahm, Sybille/Mammes, Ingelore/Schratz, Michael (Hg.), Organisations- und Bildungsprozessforschung. Perspektiven innovativer Ansätze (= Schulpädagogische Forschung, Band 2), Innsbruck: Studien Verlag, S. 43-54.

Böhme, Jeanette (2006c): Schule am Ende der Buchkultur. Medientheoretische Begründungen schulischer Bildungsarchitekturen. Habilitationsschrift am Fachbereich Erziehungswissenschaften der Martin-Luther-Universität Halle-Wittenberg, Bad Heilbrunn: Klinkhardt.

Böning, Holger (1990): »Einführung in den 1. Teil: Die Genese der Volksaufklärung und ihre Entwicklung bis 1780«, in: Böning, Holger/Reinhart Siegert, Volksaufklärung: Bibliographisches Handbuch zur Popularisierung aufklärerischen Denkens im deutschen Sprachraum von den Anfängen bis 1850 (Band 1: Die Genese der Volksaufklärung und ihre Entwicklung bis 1780), Stuttgart-Bad Cannstatt: Friedrich Frommann Verlag, S. XIX-IL.

Böning, Holger (2004): »Popularaufklärung – Volksaufklärung«, in: Dülmen/Rauschenbach, Macht des Wissens, S. 563-581.

Böschen, Stefan (2003): »Von der absoluten zur konstitutionellen Monarchie«, in: Gegenworte. Zeitschrift für den Disput über Wissen 11 (Frühjahr 2003: »Vom Rang ins Parkett«), Berlin-Brandenburgische Akademie der Wissenschaften, S. 21-25.

Böschen, Stefan/Schulz-Schaeffer, Ingo (Hg.) (2003): Wissenschaft in der Wissensgesellschaft (1. Aufl.), Wiesbaden: Westdeutscher Verlag.

Brandt, Dina (2009): »Postmoderne Wissensorganisation oder: Wie subversiv ist Wikipedia?«, in: Libreas. Library Ideas 14 (Schwerpunkt: »Open Access und Geisteswissenschaften«). Siehe http://www.ib.hu-berlin.de/~libreas/libreas_neu/ausgabe14/001bra.htm, Abruf am 19.06.2009.

Brecht, Bertolt (2004 [1932]): »Der Rundfunk als Kommunikationsapparat. Rede über die Funktion des Rundfunks«, in: Pias u.a., Kursbuch Medienkultur, S. 259-263.

Briggs, Asa/Burke, Peter (2002): A social history of the media: from Gutenberg to the Internet, Cambridge: Polity Press.

Brinkemper, Peter V. (2008): »Wie Wikipediatisierung des Wissens. Chancen und Risiken der größten Online-Enzyklopädie aller Zeiten«, in: Telepolis vom 15.06.2008. Siehe http://www.heise.de/tp/r4/artikel/28/28 010/1.html, Abruf am 18.06.2008.

Brinkmann, Dieter (2000): Moderne Lernformen und Lerntechniken in der Erwachsenenbildung: Formen selbstgesteuerten Lernens, Bielefeld: Institut für Freizeitwissenschaft und Kulturarbeit (IFKA).

Bromme, Rainer/Rambow, Riklef (1998): »Die Verständigung zwischen Experten und Laien: Das Beispiel Architektur«, in: Schulz, Expertenwissen, S. 49-65.

Bruns, Axel (2008): Blogs, Wikipedia, Second Life, and Beyond. From Production to Produsage, New York u.a.: Peter Lang.

Buck, August (1987): Humanismus: seine europäische Entwicklung in Dokumenten und Darstellungen, Freiburg i.Br./München: Alber.

Bude, Heinz (1990): »Wissen«, in: Grubitzsch, Siegfried/Günter Rexilius (Hg.), Psychologische Grundbegriffe. Mensch und Gesellschaft in der Psychologie. Ein Handbuch (revidierte und aktualisierte Neuausgabe), Reinbek bei Hamburg: Rowohlt, S. 1228-1230.

Bullinger, Hans-Jörg/Wörner, Kai/Prieto Juan (1998): »Wissensmanagement – Modelle und Strategien für die Praxis«, in: Bürgel, Hans Dietmar (Hg.), Wissensmanagement. Schritte zum intelligenten Unternehmen, Berlin u.a.: Springer, S. 21-39.

Bunz, Mercedes (2008): Vom Speicher zum Verteiler. Die Geschichte des Internet, Berlin: Kadmos.

Burke, Peter (2001): Papier und Marktgeschrei. Die Geburt der Wissensgesellschaft, Berlin: Wagenbach.

Burkhardt, Johannes (2002): Das Reformationsjahrhundert: deutsche Geschichte zwischen Medienrevolution und Institutionenbildung 1517-1617, Stuttgart: Kohlhammer.

Busch, Albert (1994): Laienkommunikation: Vertikalitätsuntersuchungen zu medizinisches Experten-Laien-Kommunikationen, Frankfurt a.M.: Peter Lang.

Busch, Albert (1999): »Semantische Vertikalitätstypik und diskursive Grundkonzepte in der Gesundheitskommunikation«, in: Niederhäuser, Jürg/ Kirsten Adamzik (Hg.), Wissenschaftssprache und Umgangssprache im Kontakt, Frankfurt a.M.: Peter Lang, S. 103-122.

Busch, Albert/Stenschke, Oliver (Hg.) (2004): Wissenstransfer und gesellschaftliche Kommunikation. Festschrift für Sigurd Wichter zum 60. Geburtstag (1. Aufl.), Frankfurt a.M.: Peter Lang.

Busch, Albert (2005): »Wissenstransfer aus vertikalitätsorientierter und kommunikationssoziologischer Perspektive: Experten und Laien im diskursiven Kontakt«, in: Antos/Wichter, Wissenstransfer durch Sprache, S. 429-446.

Buss, Klaus-Peter/Wittke, Volker (2001): »Wissen als Ware – Überlegungen zum Wandel der Modi gesellschaftlicher Wissensproduktion am

Beispiel der Biotechnologie«, in: Bender, Neue Formen der Wissenserzeugung, S. 123-146.

Büttner, Frank/Friedrich, Markus/Zedelmaier, Helmut (2003): »Zur Einführung«, in: Dies. (Hg.), Sammeln, Ordnen, Veranschaulichen. Zur Wissenskompilatorik in der Frühen Neuzeit, Münster: Lit-Verlag, S. 7-12.

Cahn, Michael (1991): Der Druck des Wissens: Geschichte und Medium der wissenschaftlichen Publikation, Wiesbaden: Reichert.

Cassirer, Ernst (1929): Philosophie der symbolischen Formen (Dritter Teil: Phänomenologie der Erkenntnis), Berlin: Bruna Cassirer Verlag.

Castells, Manuel (2001): Der Aufstieg der Netzwerkgesellschaft (Teil 1: Das Informationszeitalter), Opladen: Leske+Budrich.

Castells, Manuel (2005): Die Internet-Galaxie. Internet, Wirtschaft und Gesellschaft (1. Aufl.), Wiesbaden: VS-Verlag.

Charpa, Ulrich (2000): »Wissen«, in: Schnell, Ralf (Hg.), Metzler Lexikon Kultur der Gegenwart. Themen und Theorien, Formen und Institutionen seit 1945, Stuttgart/Weimar: Metzler, S. 543-544.

Combe, Arno/Helsper Werner (Hg.) (1996): Pädagogische Professionalität. Untersuchungen zum Typus pädagogischen Handelns (1. Aufl.), Frankfurt a.M.: Suhrkamp.

Coy, Wolfgang (1994): »Die Turing-Galaxis. Computer als Medien«, In: Ders., Computer als Medien. Drei Aufsätze. Forschungsbericht des Studiengangs Informatik der Universität Bremen 3/1994, S. 7-13. (Aufsatz auch erschienen in: Zeitschrift für Semiotik 1/1994).

Coy, Wolfgang (1995): »Von der Gutenbergschen zur Turingschen Galaxis: Jenseits von Buchdruck und Fernsehen«, Einleitung zu: McLuhan, Die Gutenberg-Galaxis, S. VII-XVIII.

Craig, Edward (1993): Was wir wissen können: pragmatische Untersuchungen zum Wissensbegriff (Wittgenstein-Vorlesungen der Universität Bayreuth), Frankfurt a.M.: Suhrkamp.

Dahrendorf, Ralf (1997): »An der Schwelle zum autoritären Jahrhundert. Die Globalisierung und ihre sozialen Folgen werden zur nächsten Herausforderung einer Politik der Freiheit«, in: Die ZEIT vom 14.11.1997. Siehe http://www.zeit.de/1997/47/athesen.txt.19971114.xml, Abruf am 15.06.2009.

Dambeck, Holger (2006): »Stabile Artikel. Wikipedia plant Zwei-Klassen-Gesellschaft«, in: SPIEGEL Online vom 07.07.2006. Siehe http://www.spiegel.de/netzwelt/web/0,1518,425434,00.html, Abruf am 15.06.2009.

Dammann, Günter (2002): »›Le dispositif‹ als ›das Dispositiv‹. Bemerkungen zum Fall einer Nicht-Übersetzung«, in: Tiefenschärfe WS 2002/2003 (Thema: »Medien-Dispositive«), Universität Hamburg, S. 4-6.

Daston, Lorraine (2003): Wunder, Beweise und Tatsachen. Zur Geschichte der Rationalität (2. Aufl.), Frankfurt a.M.: Fischer Taschenbuch Verlag. (Das besonders berücksichtigte 5. Kapitel »Objektivität und die Flucht aus der Perspektive« erschien unter dem Titel »Objectivity and the Es-

cape from Perspective« zuvor in Social Studies of Science, Band 22/1992, S. 597-618.).
Degele, Nina (2000): Informiertes Wissen. Eine Wissenssoziologie der computerisierten Gesellschaft, Frankfurt a.M./New York: Campus.
Degele, Nina (2005): »Neue Kompetenzen im Internet. Kommunikation abwehren, Information vermeiden«, in: Lehmann/Schetsche, Die Google-Gesellschaft, S. 63-74.
Deitering, Franz G. (1995): Selbstgesteuertes Lernen, Göttingen: Verlag für angewandte Psychologie.
Derrida, Jacques (1992 [1967]): Grammatologie (4. Aufl.), Frankfurt a.M.: Suhrkamp.
Detecon (2002): e-Learning. Die zweite Welle. Siehe http://www.detecon.com/de/publikationen/studien/studien.html?unique_id=2121, Abruf am 20.06.2005.
Dewe, Bernd (2005): »Von der Wissenstransferforschung zur Wissenstransformation: Vermittlungsprozesse – Bedeutungsveränderungen«, in: Antos/Wichter, Wissenstransfer durch Sprache, S. 365-379.
Dierse, Ulrich (1977): Enzyklopädie. Zur Geschichte eines philosophischen und wissenschaftstheoretischen Begriffs (Archiv für Begriffsgeschichte, Supplementheft 2), Bonn: Bouvier Verlag.
Dohmen, Günther (2001): Das informelle Lernen: die internationale Erschließung einer bisher vernachlässigten Grundform menschlichen Lernens für das lebenslange Lernen aller, Bonn: Bundesministerium für Bildung und Forschung (BMBF).
Döring, Nicola (1997): »Lernen mit dem Internet«, in: Issing, Ludwig J./ Paul Klimsa (Hg.), Information und Lernen mit Multimedia (2. Aufl.), Weinheim: Beltz, S. 304-336.
Dörre, Klaus (2002): »Reflexive Modernisierung – eine Übergangstheorie. Zum analytischen Potenzial einer populären soziologischen Zeitdiagnose«, in: SOFI-Mitteilungen (Sonderausgabe), Göttingen, S. 55-67. Siehe http://www.sofi-goettingen.de/fileadmin/SOFI-Mitteilungen/Nr._30/doerre.pdf, Abruf am 06.08.2008.
Drucker, Peter F. (1969): Die Zukunft bewältigen. Aufgaben und Chancen im Zeitalter der Ungewißheit, Düsseldorf u.a.: Econ.
Dudenredaktion (2001): Herkunftswörterbuch. Etymologie der deutschen Sprache (Duden Band 7, 3. Aufl.), Mannheim u.a.: Dudenverlag.
Dülmen, Richard van/Rauschenbach, Sina (2004): »Einleitung«, in: Dies., Macht des Wissens, S. 1-8.
Dürrschmidt, Jörg (2002): Globalisierung, Bielefeld: Transcript.
Ebersbach, Anja/Glaser, Markus/Heigl, Richard (2008): Social Web, Konstanz: UVK Verlagsgesellschaft.
Eid, Volker (2002): »Alle wissen alles, aber keiner weiß Bescheid. Über Wissens-Optimismus und frustrierende Unübersichtlichkeit«, in: Rüdel/ Stadelhofer, Wohin geht die Wissensgesellschaft?, S. 129-145.

Eimeren, Birgit van/Frees, Beate (2007): »Internetnutzung zwischen Pragmatismus und YouTube-Euphorie« (Ergebnisse der ARD/ZDF-Onlinestudie 2007), in: Media Perspektiven 8/2007, S. 362-378.

Eimeren, Birgit van/Frees, Beate (2008): »Internetverbreitung: Größter Zuwachs bei Silver-Surfern« (Ergebnisse der ARD/ZDF-Onlinestudie 2008), in: Media Perspektiven 7/2008, S. 330-344.

Eisenstein, Elizabeth L. (1997 [1983]): Die Druckerpresse. Kulturrevolutionen im frühen modernen Europa, Wien/New York: Springer.

Elsner, Monika/Gumbrecht, Hans Ulrich/Müller, Thomas/Spangenberg Peter M. (1994): »Zur Kulturgeschichte der Medien«, In: Merten/Schmidt/Weischenberg, Die Wirklichkeit der Medien, S. 163-187.

Engell, Lorenz (2004): »Zur Einführung« (Kapitel »Wege, Kanäle, Übertragungen«), in: Pias u.a., Kursbuch Medienkultur, S. 127-133.

Enskat, Rainer (2005): Authentisches Wissen. Prolegomena zur Erkenntnistheorie in praktischer Hinsicht, Göttingen: Vandenhoeck & Ruprecht.

Enzensberger, Hans Magnus (1989): »Das Nullmedium oder Warum alle Klagen über das Fernsehen gegenstandslos sind«, in: Ders., Mittelmaß und Wahn. Gesammelte Zerstreuungen (3. Aufl.), Frankfurt a.M.: Suhrkamp, S. 89-103.

Enzensberger, Hans Magnus (1997 [1970]): »Baukasten zu einer Theorie der Medien«, in: Glotz, Peter (Hg.), Baukasten zu einer Theorie der Medien: kritische Diskurse zur Pressefreiheit/ Hans Magnus Enzensberger, München: Fischer, S. 97-132.

Eybl, Franz M./Harms Wolfgang/Krummacher, Hans-Henrik/Welzig, Werner (Hg.) (1995): Enzyklopädien der Frühen Neuzeit. Beiträge zu ihrer Erforschung, Tübingen: Niemeyer.

Fahle, Oliver (2004): »Zur Einführung« (Kapitel »Begründungen«), in: Pias u.a., Kursbuch Medienkultur, S. 13-17.

Felsenberg, Alexander (2007): »DANKE Tim O'Reilly – Die Bedeutung des Web 2.0 für die Digitale Wirtschaft«, in: Gehrke, Web 2.0 – Schlagwort oder Megatrend?, S. 91-108.

Fiebig, Henriette (2005): Wikipedia. Das Buch (2. Aufl.), Berlin: Zenodot Verlagsgesellschaft mbH.

Fisch, Martin/Gscheidle, Christoph (2008a): »Mitmachnetz Web 2.0: Rege Beteiligung nur in Communitys« (Ergebnisse der ARD/ZDF-Onlinestudie 2008), in: Media Perspektiven 7/2008, S. 356-364.

Fisch, Martin/Gscheidle, Christoph (2008b): »Technische Ausstattung der Onliner in Deutschland« (Ergebnisse der ARD/ZDF-Onlinestudie 2008), in: Media Perspektiven 7/2008, S. 345-349.

Fischer, Klaus (2004): »Die neue Ordnung des Wissens. Experiment – Erfahrung – Beweis – Theorie«, in: Dülmen/Rauschenbach, Macht des Wissens, S. 155-185.

Fittkau & Maaß (2009): »W3B-Profile: Senioren im Internet« (Report 2008). Siehe http://www.fittkaumaass.de/services/w3breports/senioren, Abruf am 17.06.2009.

Forneck, Hermann J. (2002): »Selbstgesteuertes Lernen und Modernisierungsimperative in der Erwachsenen- und Weiterbildung«, in: Zeitschrift für Pädagogik 48 (H. 2), S. 242-261.
Foucault, Michel (1978): Dispositive der Macht. Über Sexualität, Wissen und Wahrheit, Berlin: Merve Verlag.
Foucault, Michel (1981 [1973]): Archäologie des Wissens (1. Aufl.), Frankfurt a.M.: Suhrkamp.
Foucault, Michel (2003 [1974]): Die Ordnung des Diskurses (9. Aufl. der erw. Ausg. von 1991), Frankfurt a.M.: Fischer.
Franck, Georg (1998): Ökonomie der Aufmerksamkeit. Ein Entwurf, München: Hanser.
Frederichs, Günther (2001): »Mode 2 und Erkenntnis«, in: Bender, Neue Formen der Wissenserzeugung, S. 69-82.
Fuchs, Harald (1962): »Enkyklios Paideia«, in: Klauser, Theodor (Hg.), Reallexikon für Antike und Christentum. Sachwörterbuch zur Auseinandersetzung des Christentums mit der antiken Welt (Band V), Stuttgart: Anton Hiersemann Verlag, S. 365-398.
Garz, Detlef/Kraimer, Klaus (1994): »Die Welt als Text. Zum Projekt einer hermeneutisch-rekonstruktiven Sozialwissenschaft«, in: Dies., Die Welt als Text, S. 7-22.
Garz, Detlef/Kraimer, Klaus (Hg.) (1994): Die Welt als Text. Theorie, Kritik und Praxis der objektiven Hermeneutik (1. Aufl.), Frankfurt a.M.: Suhrkamp
Gehrke, Gernot (Hg.) (2007): Web 2.0 – Schlagwort oder Megatrend? Fakten, Analysen, Prognosen (= Schriftenreihe Medienkompetenz des Landes Nordrhein-Westfalen), Düsseldorf/München: kopaed.
Gehrke, Gernot/Gräßer, Lars (2007): »Neues Web, neue Kompetenz?«, in: Gehrke, Web 2.0 – Schlagwort oder Megatrend?, S. 11-36.
Gendolla, Peter/Schäfer, Jörgen (2005): »Zettelkastens Traum. Wissensprozesse in der Netzwerkgesellschaft – Eine Einführung«, in: Dies. (Hg.), Wissensprozesse in der Netzwerkgesellschaft, Bielefeld: Transcript, S. 7-27.
Gensicke, Thomas (2001): »Modernisierung, Religiosität und Familienorientierung. Wertverlust oder Wertewandel in den westlichen Gesellschaften?«, in: Hill, Hermann (Hg.), Modernisierung – Prozess oder Entwicklungsstrategie?, Frankfurt a.M./New York: Campus, S. 131-153.
Gerhards, Maria/Mende, Annette (2008): »Ein Drittel der Deutschen bleibt weiter offline« (Ergebnisse der ARD/ZDF-Onlinestudie 2008), in: Media Perspektiven 7/2008, S. 365-376.
Gettier, Edmund L. (1963): »Is Justified True Belief Knowledge?«, in: Analysis 23/1963, S. 121-123.
Gibbons, Michael/Limoges, Camille/Nowotny, Helga/Schwartzman, Simon/Scott, Peter/Trow, Martin (1994): The New Production of Knowledge. The Dynamics of Science and Research in Contemporary Societies, London/Thousand Oaks/New Delhi: Sage.

Giesecke, Michael (1994): Der Buchdruck in der frühen Neuzeit. Eine historische Fallstudie über die Durchsetzung neuer Informations- und Kommunikationstechnologien (Unveränderter Nachdruck der gebundenen Ausgabe von 1991), Frankfurt a.m.: Suhrkamp.

Giesecke, Michael (2002): Von den Mythen der Buchkultur zu den Visionen der Informationsgesellschaft. Trendforschungen zur kulturellen Medienökologie (1. Aufl.), Frankfurt a.m.: Suhrkamp.

Giesecke, Michael (2005): »Auf der Suche nach posttypographischen Bildungsidealen«, in: Zeitschrift für Pädagogik 51 (H. 1), S. 14-29.

Giesecke, Michael (2007): Die Entdeckung der kommunikativen Welt. Studien zur kulturvergleichenden Mediengeschichte (1. Aufl.), Frankfurt a.m.: Suhrkamp.

Gillies, James/Cailliau, Robert (2002): Die Wiege des Web: Die spannende Geschichte des WWW (1. Aufl.), Heidelberg: Dpunkt Verlag.

Gisler, Priska/Guggenheim, Michael/Maranta, Alessandro/Pohl, Christian/ Nowotny, Helga (2004): »Über die Schultern von Expertinnen«, in: Dies., Imaginierte Laien. Die Macht der Vorstellung in wissenschaftlichen Expertisen, Weilerswist: Velbrück. S. 7-12.

Glasersfeld, Ernst von (1992): »Konstruktion der Wirklichkeit und des Begriffs der Objektivität«, in: Foerster, Heinz von, Einführung in den Konstruktivismus (Mit Beiträgen von Heinz von Foerster, Ernst von Glasersfeld, Peter M. Hejl, Siegfried J. Schmidt, Paul Watzlawick), München/ Zürich: Piper, S. 9-39.

Goertz, Hans-Jürgen (2004): »Von der Kleriker- zur Laienkultur«, in: Dülmen/Rauschenbach, Macht des Wissens, S. 39-64.

Goody, Jack/Watt, Ian (2005 [1963]): »The Consequences of Literacy«, in: Goody, Jack (Hg.), Literacy in Traditional Societies. (Digitally Printed Version), New York: Cambridge University Press, S. 27-68.

Gradmann, Stefan (2006): »Finanzmodelle. Wer zahlt – und wofür? Vom Wahrencharakter wissenschaftlicher Publikationen hin zum Publikationsprozess als Dienstleistung«, in: Wissenschaftsmanagement. Zeitschrift für Innovation 1/2006 (Special Open Access), S. 20-21.

Gradmann, Stefan (2007a): »Finanzierung von Open-Access-Modellen«, in: Deutsche UNESCO-Kommission e.V. (Hg.), Open Access. Chancen und Herausforderungen – ein Handbuch, Bonn, S. 42-45. Siehe http://www. unesco.de/fileadmin/medien/Dokumente/Kommunikation/Handbuch_Op en_Access.pdf, Abruf am 17.06.2009.

Gradmann, Stefan (2007b): »Verbreitung vs. Verwertung. Anmerkungen zu Open Access, zum Wahrencharakter wissenschaftlicher Informationen und zur Zukunft des elektronischen Publizierens«, in: Havemann, Frank/ Heinrich Parthey/Walther Umstätter (Hg.), Integrität wissenschaftlicher Publikationen in der Digitalen Bibliothek (= Jahrbuch der Gesellschaft für Wissenschaftsforschung 2007), Berlin: Gesellschaft für Wissenschaftsforschung, S. 93-106. Siehe http://www.wissenschaftsforschung. de/JB07_93-106.pdf, Abruf am 17.06.2009.

Graff, Bernd (2007): »Web 0.0. Das Internet verkommt zu einem Debattierclub von Anonymen, Ahnungslosen und Denunzianten. Ein Plädoyer für eine Wissensgesellschaft mit Verantwortung«, in: Süddeutsche Zeitung vom 8./9. Dezember 2007.

Grassmuck, Volker R. (1995): »Die Turing Galaxis. Das Universal-Medium als Weltsimulation«, in: Lettre International 28/1995 (Deutsche Ausgabe), S. 48-55. Siehe http://waste.informatik.hu-berlin.de/Grassmuck/Texts/ tg.d.html, Abruf am 27.09.2008.

Grassmuck, Volker (2004): Freie Software. Zwischen Privat- und Gemeineigentum (2. Aufl.), Bonn: Bundeszentrale für politische Bildung. Siehe http://freie-software.bpb.de/Grassmuck.pdf, Abruf am 17.06.2009.

Gräßer, Lars/Pohlschmidt Monika (Hg.) (2007): Praxis Web 2.0. Potenziale für die Entwicklung von Medienkompetenz (= Schriftenreihe Medienkompetenz des Landes Nordrhein-Westfalen), Düsseldorf/München: kopaed.

Grob, Ronnie (2009): »Das Internet fördert die Demokratie. Warum die Menge intelligenter und effizienter als Eliten entscheidet«, in: Neue Züricher Zeitung, Beilage vom 6. März 2009. Siehe http://www.nzz.ch/ nachrichten/medien/das_internet_foerdert_die_demokratie_1.2150453.html, Abruf am 17.06.2009.

Grotjahn, Henrik (2007): Qualitätsmessungen an der Wikipedia. Konstruktion von Qualität – eine Metaanalyse, Saarbrücken: VDM.

Gscheidle, Christoph/Fisch, Martin (2007): »Onliner 2007: Das ›Mitmach-Netz‹ im Breitbandzeitalter« (Ergebnisse der ARD/ZDF-Onlinestudie 2007), in: Media Perspektiven 8/2007, S. 393-405.

Günther, Gotthard (1979): Beiträge zur Grundlegung einer operationsfähigen Dialektik (Band II), Hamburg: Meiner.

Haan, Gerhard de/Poltermann, Andreas (2002): »Bildung in der Wissensgesellschaft«, in: Heinrich-Böll-Stiftung, Gut zu Wissen, S. 310-340.

Haber, Peter (2000): »Der wiedererwachte Traum von der ›Bibliotheca Universalis‹. Das totale Wissen im digitalen Zeitalter«, in: Neue Züricher Zeitung vom 24. Januar 2000, S. 25. Siehe http://www.hist.net/haber/tex te/103559.pdf, Abruf am 18.06.2009.

Habermas, Jürgen (1990 [1962]): Strukturwandel der Öffentlichkeit. Untersuchungen zu einer Kategorie der bürgerlichen Gesellschaft (Mit einem Vorwort zur Neuauflage 1990, Nachdruck), Frankfurt a.M.: Suhrkamp.

Habermas, Jürgen (1996): »Drei normative Modelle der Demokratie«, in: Ders., Die Einbeziehung des Anderen. Studien zur politischen Theorie, Frankfurt a.M.: Suhrkamp, S. 277-292.

Habermas, Jürgen (1998): Die postnationale Konstellation. Politische Essays, Frankfurt a.M.: Suhrkamp.

Hack, Lothar (2001): »›Ich habe da eine Theorie‹ oder: Neue Fokussierung von Kontext/en und Kompetenz/en«, in: Bender, Neue Formen der Wissenserzeugung, S. 23-56.

Hamann, Götz (2006): »Die Eingeborenen des Internets. Mitreden, mitteilen, mitgestalten: Millionen wenden sich von den alten Medienkonzernen ab, weil die ihre neuen Vorlieben nicht bedienen«, in: Die ZEIT vom 16. März 2006. Siehe http://www.zeit.de/2006/12/memedia, Abruf am 25.07.2006.

Hafner, Katie/Lyon, Matthew (2000): ARPA Kadabra oder Die Geschichte des Internet (2. Aufl.), Heidelberg: Dpunkt Verlag.

Harnad, Stevan (1991): »Post-Gutenberg Galaxy: The Fourth Revolution in the Means of Production of Knowledge«, in: Public-Access Computer Systems Review 2 (H. 1), S. 39-53. Siehe http://users.ecs.soton.ac.uk/harnad/Papers/Harnad/harnad91.postgutenberg.html, Abruf am 27.09.2008.

Hartling, Florian (2009): Der digitale Autor. Autorschaft im Zeitalter des Internets, Bielefeld: Transcript.

Havelock, Eric A. (1982 [1963]): Preface to Plato. History of the Greek Mind, Cambridge: Harvard University Press.

Havelock, Eric A. (1990 [1982]): Schriftlichkeit: das griechische Alphabet als kulturelle Revolution (Mit einer Einleitung von Aleida und Jan Assmann), Weinheim: VCH, Acta Humaniora.

Heidenreich, Martin (2003): »Die Debatte um die Wissensgesellschaft«, in: Böschen/Schulz-Schaeffer, Wissenschaft in der Wissensgesellschaft, S. 25-51.

Heinrich-Böll-Stiftung (Hg.) (2002): Gut zu Wissen. Links zur Wissensgesellschaft (1. Aufl.), Münster: Westfälisches Dampfboot.

Heintz, Bettina (1993): »Wissenschaft im Kontext. Neuere Entwicklungstendenzen der Wissenschaftssoziologie«, in: Kölner Zeitschrift für Soziologie und Sozialpsychologie 45/1993, S. 528-552.

Hejl, Peter M. (1994): »Soziale Konstruktion von Wirklichkeit«, in: Merten/Schmidt/Weischenberg, Die Wirklichkeit der Medien, S.43-59.

Hempfer, Klaus W. (1973): Gattungstheorie. Information und Synthese, München: Fink.

Henningsen, Jürgen (1966): »›Enzyklopädie‹. Zur Sprach- und Bedeutungsgeschichte eines pädagogischen Begriffs«, in: Archiv für Begriffsgeschichte (Band 10), S. 271-362.

Herwig, Malte (2007): »Hacker im Hohen Haus«, in: Der SPIEGEL vom 15. Januar 2007, S. 140. Siehe http://wissen.spiegel.de/wissen/dokument/53/36/dokument.html?id=50186335&top=SPIEGEL&suchbegriff=&quellen=&vl=0, Abruf am 12.06.2009.

Hesse, Hans A. (1998): Experte, Laie, Dilettant: über Nutzen und Grenzen von Fachwissen, Opladen/Wiesbaden: Westdeutscher Verlag.

Hesse, Friedrich W./Mandl, Heinz unter Mitarbeit von Gabi Reinmann-Rothmeier und Steffen-Peter Ballstaedt (2000): »Neue Technik verlangt neue pädagogische Konzepte. Empfehlungen zur Gestaltung und Nutzung von multimedialen Lehr- und Lernumgebungen«, in: Bertelsmann Stiftung/Heinz Nixdorf Stiftung (Hg.), Studium online. Hochschulentwicklung durch neue Medien, Gütersloh: Bertelsmann, S. 31-50.

Hingst, Anja zum (1995): Die Geschichte des Grossen Brockhaus: vom Conversationslexikon zur Enzyklopädie (Mit einem Geleitwort von A. G. Swierk), Wiesbaden: Harrassowitz.

Hitzler, Ronald (1994): »Wissen und Wesen des Experten. Ein Annäherungsversuch – zur Einleitung«, in: Ders. (Hg.), Expertenwissen: die institutionalisierte Kompetenz zur Konstruktion von Wirklichkeit, Opladen: Westdeutscher Verlag, S. 13-30.

Hitzler, Ronald (1998): »Reflexive Kompetenz – Zur Genese und Bedeutung von Expertenwissen jenseits des Professionalismus«, in: Schulz, Expertenwissen, S. 33-47.

Hodel, Jan/Haber, Peter (2007): »Das kollaborative Schreiben von Geschichte als Lernprozess. Eigenheiten und Potenzial von Wiki-Systemen und Wikipedia«, in: Merkt u.a., Studieren neu erfinden, S. 43-53.

Hoewner, Jörg (2008): »Im Spiel der Moden? – Das Web in der Wirtschaft, die Wirtschaft im Web«, in: Scherfer, Webwissenschaft, S. 212-233.

Holtel, Stefan/Buck, Konrad (2006): »Hässlich, unzivilisiert und böse. Interview mit Jaron Lanier«, in: Süddeutsche Zeitung Online vom 12. Dezember 2006. Siehe http://www.sueddeutsche.de/computer/artikel/662/94568/article.html, Abruf am 20.12.2006.

Hornig, Frank (2006): »Du bist das Netz!«, in: Der SPIEGEL vom 17.07.2006, S. 60-74.

Höhne, Thomas (2003): Pädagogik der Wissensgesellschaft, Bielefeld: Transcript.

Hölscher, Christoph (2000): Informationssuche im Internet: Web-Expertise und Wissenseinflüsse. Inaugural-Dissertation an der Philosophischen Fakultät der Albert-Ludwigs-Universität Freiburg im Breisgau.

Hörning, Karl H. (2001): Experten des Alltags. Die Wiederentdeckung des praktischen Wissens, Weilerswist: Velbrück.

Hubig, Christoph (Hg.) (2000): Unterwegs zur Wissensgesellschaft. Grundlagen – Trends – Probleme, Berlin: Ed. Sigma.

Hubl, Nancy/Peters, Yvonne/Rolle, Karoline (2008): Qualitätsanspruch im Web 2.0 am Beispiel Wikipedia. Unveröffentlichte Hausarbeit im Seminar »Wikipedia und Co. – Wissensdemokratisierung im Internet?!« am Department Medien- und Kommunikationswissenschaften der Martin-Luther-Universität Halle-Wittenberg, Sommersemester 2007.

Hug, Theo (2003): »Was ist Wissen? Ausgewählte Unterscheidungen und Differenzierungen«, in: Hug/Perger, Instantwissen, Bricolage, Tacit Knowledge, S. 17-35.

Hug, Theo/Perger, Josef (Hg.) (2003): Instantwissen, Bricolage, Tacit Knowledge. Ein Studienbuch über Wissensformen in der westlichen Medienkultur, Innsbruck: Studia.

Huntington, Samuel (1991): The Third Wave. Democratization in the Late Twentieth Century, Norman u.a.: University of Oklahoma Press.

Iconkids & youth (2007): »Jugendliche: Wikipedia im Internet glaubwürdiger als SPIEGEL oder BRAVO«, Pressemitteilung vom 27. Juli 2007.

Siehe http://www.iconkids.com/deutsch/download/presse/2007/PM_200 7_07_29.pdf, Abruf am 17.06.2009.

Initiative D21 (2008): (N)Onliner-Atlas 2008. Eine Topographie des digitalen Grabens durch Deutschland. Nutzung und Nichtnutzung des Internets, Strukturen und regionale Verteilung. Herausgegeben von Initiative D21 e.V. und TNS Infratest GmbH und Co. KG. Siehe http://old.initiatived21. de/fileadmin/files/08_NOA/NONLINER2008.pdf, Abruf am 17.06.2009.

Innis, Harold A. (1997 [1947]): »Die Eule der Minerva«, in: Barck, Karlheinz (Hg), Harold A. Innis – Kreuzwege der Kommunikation. Ausgewählte Texte, Wien,/New York: Springer, S. 69-94.

Innis, Harold A. (1999 [1951]): The Bias of Communication, Toronto u.a.: University of Toronto Press.

Jahn, Klara (2003): »Stempel«, in: Typographische Monatsblätter. Zeitschrift für Schrift, Typographie und Sprache 71 (H. 3), S. 1-44.

Jahr, Silke (2001): »Adressatenspezifische Aspekte des Transfers von Wissen im wissenschaftlichen Bereich«, in: Wichter/Antos, Wissenstransfer zwischen Experten und Laien, S. 239-256.

Jansson, Kurt/Danowski, Patrick/Voss, Jakob (2006): »Wikipedia: Kreative Anarchie für den freien Informations- und Wissensaustausch«, in: Drossou, Olga/Stefan Krempl/Andreas Poltermann (Hg.), Die wunderbare Wissensvermehrung. Wie Open Innovation unsere Welt revolutioniert (1. Aufl.), Hannover: Heise, S. 159-167.

Jarren, Otfried (2009): »Unersetzbare soziale Institutionen. Die verkannten Vorteile der klassischen Medien«, in: Neue Züricher Zeitung, Beilage vom 6. März 2009. Siehe http://www.nzz.ch/nachrichten/medien/uner setzbare_soziale_institutionen_1.2150452.html, Abruf am 15.05.2009.

Jaschniok, Meike (2007): Wikipedia und ihre Nutzer. Zum Bildungswert der Online-Enzyklopädie, Marburg: Tectum.

Jäger, Ludwig (1996): »Expertenkultur und Sprachkultur: ›Innersprachliche Mehrsprachigkeit‹ und das Problem der Transparenz des Expertenwissens«, in: Kerner, Max (Hg.), Aufstand der Laien: Expertentum und Demokratie in der technisierten Welt, Aachen: Thouet, S. 45-60.

Jäger, Siegfried (2001a): »Diskurs als ›Fluss von Wissen durch die Zeit‹. Ein transdiziplinäres Konzept«, in: Wichter/Antos, Wissenstransfer zwischen Experten und Laien. S. 35-50.

Jäger, Siegfried (2001b): »Diskurs und Wissen. Theoretische und methodische Aspekte einer Kritischen Diskurs- und Dispositivanalyse«, in: Keller u.a., Handbuch Sozialwissenschaftliche Diskursanalyse, S. 81-112.

Jäger, Siegfried (2001c): »Dispositiv«, in: Kleiner, Marcus S. (Hg.), Michel Foucault. Eine Einführung in sein Denken, Frankfurt a.M./New York: Campus, S. 72-89.

Jellen, Reinhard (2007): »Edit-War um Friedrich Merz. Warum die Geschichte eines Wikipedia-Eintrags oft aufschlussreicher ist als der Eintrag selbst«, in: Telepolis vom 31.03.2009. Siehe http://www.heise.de/ tp/r4/artikel/24/24930/1.html, Abruf am 12.06.2009.

Jenkins, Henry (2006): Convergence Culture. Where Old and New Media Collide, New York u.a.: New York University Press.
Jessen, Jens (2009): »Das Netz trügt. Im Internet ist vieles möglich. Nur mit Demokratie sollten wir es nicht verwechseln. Zur Debatte um Adam Soboczynskis Netzkritik«, in: Die ZEIT vom 04.06.2009, S. 52.
Jukl, Gilda (2001): »Psychologische Aspekte des Webdesigns unter besonderer Berücksichtigung der Gestaltpsychologie«, in: Vitouch, Peter (Hg.), Psychologie des Internet: Empirische Arbeiten zu Phänomenen der digitalen Kommunikation, Wien: Universitätsverlag, S. 206-241.
Kade, Jochen (1997): »Vermittelbar/nicht vermittelbar: Vermitteln: Aneignen. Im Prozeß der Systembildung des Pädagogischen«, in: Lenzen, Dieter/Niklas Luhmann (Hg.), Bildung und Weiterbildung im Erziehungssystem, Frankfurt a.M.: Suhrkamp, S. 30-70.
Kade, Jochen/Seitter, Wolfgang (2004): »Selbstbeobachtung: Professionalität lebenslangen Lernens«, in: Zeitschrift für Pädagogik 50 (H. 3), S. 326-341.
Kallass, Kerstin (2008): »Artikelentstehung in der Wikipedia. Zu Textkonstitutionsmustern und Schreibprozessen bei Wikipedia-Artikeln«, in: Berichte des DFG-Forschungsprojekts »Netzwerkkommunikation im Internet« (Nr. 08). Siehe http://www.netzwerke-im-internet.de/fileadmin/downloads/Bericht2008-3-Wikipedia.pdf, Abruf am 17.06.2009.
Kant, Immanuel (1990 [1784]): »Beantwortung der Frage: Was ist Aufklärung«, in: Norbert Hinske (Hg.), Was ist Aufklärung? Beiträge aus der Berlinischen Monatsschrift. In Zusammenarbeit mit Michael Albrecht ausgewählt, eingeleitet und mit Anmerkungen versehen (4. Aufl., unveränd. Nachdruck), Darmstadt: Wissenschaftliche Buchgesellschaft.
Keen, Andrew (2008): The Cult of the Amateur: How Blogs, MySpace, YouTube and the Rest of Today's User-generated Media are Destroying our Economy, our Culture, and our Values, London: Nicholas Brealey.
Keiderling, Thomas (2005): F.A. Brockhaus. Die Festschrift (Band 2: F.A. Brockhaus 1905-2005, 1. Aufl.), Bibliographisches Institut & F.A. Brockhaus AG
Keiderling, Thomas (2005a): »Exkurs I: Enzyklopädien und Konversationslexika«, in: Ders., F.A. Brockhaus, S. 71-87.
Keiderling, Thomas (2005b): »Exkurs II: Aus der Werkstatt eines großen Lexikons«, in: Ders., F.A. Brockhaus, S. 329-344.
Keller, Reiner (2001): »Wissenssoziologische Diskursanalyse«, in: Keller u.a., Handbuch Sozialwissenschaftliche Diskursanalyse, S. 113-143.
Keller, Reiner (2004): Diskursforschung. Eine Einführung für SozialwissenschaftlerInnen (2. Aufl.), Wiesbaden: Verlag für Sozialwissenschaften.
Keller, Reiner (2005a): Wissenssoziologische Diskursanalyse. Grundlegung eines Forschungsprogramms (1. Aufl.), Wiesbaden: Verlag für Sozialwissenschaften.
Keller, Reiner (2005b): »Wissenssoziologische Diskursanalyse als interpretative Analytik«, in: Keller, Reiner/Andreas Hirseland/Werner Schnei-

der/Willy Viehöver (Hg.), Die diskursive Konstruktion von Wirklichkeit. Zum Verhältnis von Wissenssoziologie und Diskursforschung, Konstanz: UVK Verlagsgesellschaft, S. 49-75.

Keller, Reiner/Hirseland, Andreas/Schneider, Werner/Viehöver, Willy (2001): »Zur Aktualität sozialwissenschaftlicher Diskursanalyse – Eine Einführung«, in: Dies., Handbuch Sozialwissenschaftliche Diskursanalyse, S. 7-27.

Keller, Reiner/Hirseland, Andreas/Schneider, Werner/Viehöver, Willy (Hg.) (2001): Handbuch Sozialwissenschaftliche Diskursanalyse (Band I: Theorien und Methoden), Opladen: Leske + Budrich, S. 81-112.

Kelly, Kevin (1995): Out of Control: The New Biology of Machines, Social Systems, and the Economic World, Reading: Perseus Press.

Kerckhove, Derrick de (1995): Schriftgeburten. Vom Alphabet zum Computer. Mit einem Nachwort von Friedrich A. Kittler, München: Fink.

Kerckhove, Derrick de (2000): »Medien des Wissens – Wissensherstellung auf Papier, auf dem Bildschirm und online«, in: Maar/Obrist/Pöppel, Weltwissen Wissenswelt, S. 49-65.

Kerres, Michael (2001): Multimediale und telemediale Lernumgebungen: Konzeption und Entwicklung (2. Aufl.). München/Wien: Oldenbourg.

Kerres, Michael/Nattland, Axel (2007): »Implikationen von Web 2.0 für das E-Learning«, in: Gehrke, Web 2.0 – Schlagwort oder Megatrend?, S. 37-53.

Kleimann, Bernd (2007): »eLearning an deutschen Hochschulen«, in: Merkt u.a., Studieren neu erfinden – Hochschule neu denken, S. 149-158.

Kleimann, Bernd/Özkilic, Murat/Göcks, Marc (2008): Studieren im Web 2.0. Studienbezogene Web- und E-Learning-Dienste (= HISBUS-Kurzinformation, Nr. 21), Hannover: HIS Hochschul-Informations-System GmbH. Siehe https://hisbus.his.de/hisbus/docs/hisbus21.pdf, Abruf am 09.06.2009.

Kleinz, Torsten (2008a): »Bundestagsabgeordneter lässt wikipedia.de sperren«, in: Heise online am 15.11.2008. Siehe http://www.heise.de/newsticker/Bundestagsabgeordneter-laesst-wikipedia-de-sperren-Update--/meldung/118930, Abruf am 17.06.2009.

Kleinz, Torsten (2008b): »Freie Online-Enzyklopädie Wikipedia führt ›gesichtete Artikel-Versionen‹ ein«, in: Heise online vom 06.05.2008. Siehe http://www.heise.de/newsticker/Freie-Online-Enzyklopaedie-Wikipedia-fuehrt-gesichtete-Artikel-Versionen-ein--/meldung/107465, Abruf am 11.06.2008.

Klook, Daniela (2007): »Oralität und Literalität«, in: Klook/Spahr, Medientheorien, S. 237-265.

Klook, Daniela/Spahr, Angela (2007): Medientheorien. Eine Einführung (3. Aufl.), Paderborn: Fink.

Knoblauch, Hubert (2005): Wissenssoziologie, Konstanz: UVK Verlagsgesellschaft.

Koch, Claus (1999): »Ein Publikum, das diesen Namen verdiente, haben die Wissenschaften nicht«, in: Gegenworte. Zeitschrift für den Disput über Wissen 3 (Frühjahr 1999: »Muss Wissenschaft hinein ins Leben?«), Berlin-Brandenburgische Akademie der Wissenschaften, S. 55-59.

Köcher, Renate (2008): Veränderungen der Informations- und Kommunikationskultur. Ergebnisse der Allensbacher Computer- und Technik-Analyse, Präsentation am 16.10.2008 in München. Siehe http://www.acta-online. de/praesentationen/acta_2008/acta_2008_Information%2390EDC.pdf, Abruf am 08.12.2008.

Kolbow, Berti (2008): »Buchdruck für Jedermann«, in: Heise online vom 25.12.2008. Siehe http://www.heise.de/newsticker/meldung/print/120908, Abruf am 05.01.2009.

Kost, Andreas (2008): Direkte Demokratie (1. Aufl.), Wiesbaden: VS-Verlag.

Krause, Peter/Möller, Torger (2008): »Vorwort: Die Förderinitiative ›Wissen für Entscheidungsprozesse – Forschung zum Verhältnis von Wissenschaft, Politik und Gesellschaft‹«, in: Mayntz u.a., Wissensproduktion und Wissenstransfer, S. 11-17.

Kretschmann, Carsten (2003): »Einleitung: Wissenspopularisierung – ein altes, neues Forschungsfeld«, in: Ders., Wissenspopularisierung, S. 7-21.

Kretschmann, Carsten (Hg.) (2003), Wissenspopularisierung. Konzepte der Wissensverbreitung im Wandel, Berlin: Akademie Verlag, S. 221-234.

Krohn, Wolfgang (2003): »Das Risiko des (Nicht-)Wissens. Zum Funktionswandel der Wissenschaft in der Wissensgesellschaft«, in: Böschen/ Schulz-Schaeffer, Wissenschaft in der Wissensgesellschaft, S. 97-118.

Krohn, Wolfgang (2006): »Die ästhetischen Dimensionen der Wissenschaft«, in: Ders. (Hg.), Ästhetik in der Wissenschaft. Interdisziplinärer Diskurs über das Gestalten und Darstellen von Wissen (= Sonderheft 7 der Zeitschrift für Ästhetik und Allgemeine Kulturwissenschaft), Hamburg: Felix Meiner Verlag, S. 3-38.

Kuhlen, Rainer (2005): »Wikipedia – Offene Inhalte im kollaborativen Paradigma – eine Herausforderung auf für Fachinformation«, siehe http://www.inf-wiss.uni-konstanz.de/People/RK/Publikationen2005/wiki pedia_141005.pdf, Abruf am 21.03.2007.

Kübler, Hans-Dieter (2005): Mythos Wissensgesellschaft. Gesellschaftlicher Wandel zwischen Information, Medien und Wissen. Eine Einführung (1. Aufl.), Wiesbaden: VS-Verlag.

Lanier, Jaron (2006): »Digital Maoism: The Hazards of the New Online Collectivism«, in: Edge. The Third Culture vom 30.05.2006. Siehe http://www.edge.org/3rd_culture/lanier06/lanier06_index.html, Abruf am 23.01.2009.

Lanier, Jaron (2006): »Digitaler Maoismus. Kollektivismus im Internet, Weisheit der Massen, Fortschritt der Communities? Alles Trugschlüsse«, in: Süddeutsche Zeitung vom 16.06.2006. Siehe http://www.sued deutsche.de/kultur/artikel/306/78228/article.html, Abruf am 20.12.2006.

Lau, Christoph/Böschen, Stefan (2003): »Wissensgesellschaft und reflexive Modernisierung«, in: Böschen/Schulz-Schaeffer, Wissenschaft in der Wissensgesellschaft, S. 220-235.

Laszlo, Pierre (2001): »Akademische Lehre im Zeitalter des Internets«, in: Gegenworte. Zeitschrift für den Disput über Wissen 8 (Herbst 2001: »Digitalisierung der Wissenschaften«). Berlin-Brandenburgische Akademie der Wissenschaften, S. 38-41.

Leadbeater, Charles/Miller, Paul (2004): The Pro-Am Revolution: How Enthusiasts are Changing Our Society and Economy, London: Demos.

Lehmann, Kai/Schetsche, Michael (Hg.) (2005): Die Google-Gesellschaft. Vom digitalen Wandel des Wissens, Bielefeld: Transcript.

Leistert, Oliver (2002): »Das ist ein Dispositiv, das geht, es läuft!«, in: Tiefenschärfe, WS 2002/2003 (Thema: »Medien-Dispositive«), Universität Hamburg, S. 7-9.

Lenk, Hans (2002): »Die Heraufkunft der systemtechnologischen Superinformationsgesellschaft und deren Bildungserfordernisse«, in: Weber, Karsten/Michael Nagenborg/Helmut F. Spinner (Hg.), Wissensarten, Wissensordnungen, Wissensregime. Beiträge zum Karlsruher Ansatz der integrierten Wissensforschung, Opladen: Leske + Budrich, S. 117-133.

Lévi-Strauss, Claude (1973 [1962]): Das wilde Denken (1. Aufl.), Frankfurt a.M.: Suhrkamp.

Locke, John (1977 [1690]): Zwei Abhandlungen über die Regierung.. Herausgegeben und eingeleitet von Walter Euchner (1. Aufl.), Frankfurt a.M.: Suhrkamp.

Lohmöller, Bö (2005): »Blogs sind? Blogs sind!«, in: Lehmann/Schetsche, Die Google-Gesellschaft, S. 221-228.

Lortz, Joseph/Iserloh, Erwin (1969): Kleine Reformationsgeschichte. Ursachen – Verlauf – Wirkung. Freiburg i.Br./Basel/Wien: Herder.

Luhmann, Niklas (1992): »Europäische Rationalität«, in: Ders., Beobachtungen der Moderne, Opladen: Westdeutscher Verlag, S. 51-91.

Lünenborg, Margreth (2006): »Genre«, in: Bentele, Günter/Hans-Bernd Brosius/Otfried Jarren (Hg.), Lexikon Kommunikations- und Medienwissenschaft (1. Aufl.), Wiesbaden: VS-Verlag, S. 81-83.

Lutz, Heinrich (1985): »Humanismus am Vorabend der Reformation: Konzeptionen, Kräfte, Probleme«, n: Pesch, Otto Hermann (Hg.), Humanismus und Reformation – Martin Luther und Erasmus von Rotterdam in den Konflikten ihrer Zeit, München, Zürich: Verlag Schnell & Steiner, S. 12-32.

Maar, Christa/Obrist, Hans Ulrich/Pöppel, Ernst (Hg.) (2001): Weltwissen Wissenswelt. Das globale Netz von Text und Bild, Köln: DuMont, S. 49-65.

Machlup, Fritz (1973 [1962]): The Production and Distribution of Knowledge in the United States, Princeton University Press.

Mahrenholz, Simone (2004): »Derrick de Kerckhove – Medien als Psychotechnologien«, in: Lagaay, Alice/David Lauer (Hg.), Medientheorien. Eine philosophische Einführung, Frankfurt a.M./New York: Campus, S. 69-95.

Maissen, Thomas (2006): »Schlusswort. Überlegungen zu Funktionen und Inhalt des Humanismus«, in: Maissen/Walther, Funktionen des Humanismus, S. 396-402.

Maissen, Thomas/Walther, Gerrit (Hg.) (2006): Funktionen des Humanismus. Studien zum Nutzen des Neuen in der humanistischen Kultur, Göttingen: Wallstein.

Maranta, Alessandro/Pohl, Christian (2001): »Lesarten und Kennzeichnungen: Interpretationsspielräume bei ›Modus 2‹ und ›genetisch veränderten Lebensmitteln‹«, in: Bender, Neue Formen der Wissenserzeugung, S. 101-122.

Margreiter, Reinhard (2005): »Medienphilosophie des Buchdrucks«, in: Sandbothe, Mike/Ludwig Nagl (Hg.), Systematische Medienphilosophie, Berlin: Akademie Verlag, S. 239-252.

Margreiter, Reinhard (2007): Medienphilosophie. Eine Einführung (1. Aufl.), Berlin: Parerga Verlag.

Marotzki, Winfried/Meister, Dorothee M./Sander, Uwe (Hg.) (2003): Zum Bildungswert des Internet (1. Aufl.), Opladen: Leske + Budrich, S. 217-229.

Marshall, Monty G./Gurr, Ted Robert (2003): Peace and Conflict 2003. A Global Survey of Armed Conflicts, Self-Determination Movements, and Democracy. With Contributions by Jonathan Wilkenfeld, Mark Irving Lichbach and David Quinn, University of Maryland: College Park. Siehe http://www.cidcm.umd.edu/publications/papers/peace_and_conflict_ 2003.pdf, Abruf am 01.07.2009.

Martin, Jean-Pol (2006): »Gemeinsam Wissen konstruieren am Beispiel der Wikipedia«, in: Klebl, Michael/Michael Köck (Hg.), Projekte und Perspektiven im Studium Digitale (= Medienpädagogik 3), Berlin: LIT-Verlag, S. 157-164. Siehe http://www-edit.ku-eichstaett.de/Fakultaeten/SLF /romanistik/didaktik/Forschung/ipk/material/papers/wikipedia.pdf, Abruf am 18.06.2009.

Martin, Hans P./Schumann, Harald (1998): Die Globalisierungsfalle. Der Angriff auf Demokratie und Wohlstand (17. Aufl.), Reinbek bei Hamburg: Rowohlt.

Massing, Peter/Breit, Gotthard (Hg.) (2003): Demokratie-Theorien. Von der Antike bis zur Gegenwart (= Lizenzausgabe für die Bundeszentrale für politische Bildung, Schriftenreihe Band 424), Bonn.

Mayntz, Renate/Neidhardt, Friedhelm/Weingart, Peter/Wengenroth, Ulrich (Hg.) (2008): Wissensproduktion und Wissenstransfer. Wissen im Spannungsfeld von Wissenschaft, Politik und Öffentlichkeit, Bielefeld: Transcript.

McLuhan, Marshall (1992 [1964]): Die magischen Kanäle: ›Understanding media‹, Düsseldorf u.a.: Econ.

McLuhan, Marshall (1995 [1968]): Die Gutenberg-Galaxis: das Ende des Buchzeitalters, Bonn u.a.: Addison-Wesley.

McLuhan, Marshall (2002 [1962]): The Gutenberg galaxy: The Making of Typographic Man, Toronto: University Press.

Meckel, Miriam (2008): »Aus Vielen wird das Eins gefunden – wie Web 2.0 unsere Kommunikation verändert«, in: Aus Politik und Zeitgeschichte (ApuZ) 39/2008, S. 17-23.

Meckel, Miriam/Stanoevska-Slabeva, Katarina (Hg.) (2008): Web 2.0. Die nächste Generation Internet (1. Aufl.), Baden-Baden: Nomos.

Meder, Norbert (2000): »Wissen und Bildung im Internet – in der Tiefe des semantischen Raumes«, in: Marotzki/Meister/Sander, Zum Bildungswert des Internet, S. 33-56.

Meißner, Stefan (2007): »Wahrheit oder Plausibilität? Mögliche Konsequenzen in der Wissenschaft«, in: Langner, Ronald/Timo Luks/Anette Schlimm/Gregor Straube/Dirk Thomaschke (Hg.), Ordnungen des Denkens. Debatten um Wissenschaftstheorie und Erkenntniskritik, Berlin: LIT-Verlag, S. 87-96.

Menke, Birger (2009): »›Für Lehrer ist Wikipedia ein rotes Tuch‹. Lexikonmacher auf Schultournee«, in: SchulSPIEGEL vom 24.03.2009. Siehe http://www.spiegel.de/schulspiegel/wissen/0,1518,615029,00.html, Abruf am 14.06.2009.

Merkt, Marianne/Mayrberger, Kerstin/Schulmeister, Rolf/Sommer, Angela/ Berk, Ivo van den (Hg.) (2007): Studieren neu erfinden – Hochschule neu denken (= Medien in der Wissenschaft, Band 44), Münster: Waxmann.

Merten, Klaus (1994): »Evolution der Kommunikation«, in: Merten/Schmidt/ Weischenberg, Die Wirklichkeit der Medien, S. 141-162.

Merten, Klaus/Schmidt, Siegfried J./Weischenberg, Siegfried (Hg.) (1994), Die Wirklichkeit der Medien. Eine Einführung in die Kommunikationswissenschaft, Opladen: Westdeutscher Verlag, S. 163-187.

Merton, Robert K. (1942): »Science and Technology in a Democratic Order« in: Journal of Legal and Political Sociology 1 (H. 1/2), S. 115-126.

Meyen, Michael/Pfaff-Rüdiger, Senta (2009): »Web 2.0 im Alltag: Weltwissen, Identitätsmanagement und Kommunikation. Eine qualitative Studie zum kulturellen Wandel«, in: Pscheida/Trültzsch (Hg.), Das Web 2.0 als Agent des kulturellen Wandels, S. 193-210.

Michel, Paul (2002): »Ordnungen des Wissens. Darbietungsweisen des Materials in Enzyklopädien«, in: Tomkowiak, Populäre Enzyklopädien, S. 35-83.

Mitterer, Josef (1988): »Abschied von der Wahrheit«, in: Delfin. Eine deutsche Zeitschrift für Konstruktion, Analyse und Kritik 6/1988, Frankfurt a.M.: Suhrkamp, S. 23-29.

Mohr, Hans (1997): »Wissen als Humanressource«, in: Clar, Günter/Julia Doré/Hans Mohr (Hg.), Humankapital und Wissen: Grundlagen einer nachhaltigen Entwicklung, Berlin u.a.: Springer, S. 13-27.

Montada, Leo (1998): »Die geistige Entwicklung aus der Sicht Jean Piagets«, in: Oerter, Rolf/Leo Montada (Hg.), Entwicklungspsychologie. Ein Lehrbuch (4. Aufl.), Weinheim: Beltz (Psychologie Verlags Union), S. 518-560.
Mosch, Kristin (2006): »Open Access. Publikationskosten sind Teil der Forschungskosten«, in: Wissenschaftsmanagement. Zeitschrift für Innovation 1/2006 (Special Open Access), S. 2-3.
Moser, Heinz (1999): Einführung in die Medienpädagogik. Aufwachsen im Medienzeitalter (2. Aufl.), Opladen: Leske + Budrich.
Möller, Erik (2006): Die heimliche Medienrevolution. Wie Weblogs, Wikis und freie Software die Welt verändern (2. Aufl.), Hannover: Heise.
Müller, Albrecht A.C. von (2000): »Das Erzeugen, Speichern und Nutzen von Wissen als Schlüsselkompetenz der Zukunft«, in: Maar/Obrist/Pöppel, Weltwissen Wissenswelt, S. 262-268.
Müller, Klaus (2002): Globalisierung (Lizenzausgabe für die Bundeszentrale für politische Bildung), Frankfurt a.M./New York: Campus.
Münch, Joachim (2002): »Lernen im Netz – Eine Problemskizze«, in: Dewe, Bernd (Hg.), Betriebspädagogik und berufliche Weiterbildung. Wissenschaft – Forschung – Reflexion (2. Aufl.), Bad Heilbrunn: Klinkhardt, S. 237-246.
Münte, Peter/Oevermann, Ulrich (2002): »Die Institutionalisierung der Erfahrungswissenschaften und die Professionalisierung der Forschungspraxis im 17. Jahrhundert. Eine Fallstudie zur Gründung der ›Royal Society‹«, in: Zittel, Claus (Hg.), Wissen und soziale Konstruktion, Berlin: Akademie Verlag, S. 165-230.
Narr, Wolf-Dieter (2001): »Vom Machtsystem in den Wortfolgen«, in: Gegenworte. Zeitschrift für den Disput über Wissen 7 (Frühjahr 2001: »Wissenschaftssprache – Sprache der Wissenschaftler«), Berlin-Brandenburgische Akademie der Wissenschaften, S. 40-43.
Nassehi, Armin (2000): »Von der Wissensarbeit zum Wissensmanagement – Die Geschichte des Wissens ist die Erfolgsgeschichte der Moderne«, in: Maar/Obrist/Pöppel, Weltwissen Wissenswelt, S. 97-106.
Neidhardt, Friedhelm/Mayntz, Renate/Weingart, Peter/Wengenroth, Ulrich (2008): »Wissensproduktion und Wissenstransfer. Zur Einleitung«, in: Mayntz u.a., Wissensproduktion und Wissenstransfer, S. 19-37.
Niederhauser, Jürg (1999): Wissenschaftssprache und populärwissenschaftliche Vermittlung, Tübingen: Narr.
Nikolow, Sybilla/Arne Schirrmacher (2007a): »Das Verhältnis von Wissenschaft und Öffentlichkeit als Beziehungsgeschichte. Historiographische und systematische Perspektiven«, in: Dies, Wissenschaft und Öffentlichkeit als Ressourcen füreinander, S. 11-36.
Nikolow, Sybilla/Schirrmacher, Arne (Hg.) (2007b): Wissenschaft und Öffentlichkeit als Ressourcen füreinander. Studien zur Wissenschaftsgeschichte im 20. Jahrhundert, Frankfurt a.M./New York: Campus.

Nowotny, Helga/Scott, Peter/Gibbons, Michael (2005): Wissenschaft neu denken. Wissen und Öffentlichkeit in einem Zeitalter der Ungewissheit (2. Aufl.), Weilerswist: Velbrück.
Ohne Autor (2006a): »Chronologie der Aufräumarbeiten. Untergebrachte Fälschungen«, in: Süddeutsche Zeitung Online vom 03.11.2006. Siehe http://www.sueddeutsche.de/kultur/artikel/634/90544/article.html, Abruf am 10.11.2006.
Ohne Autor (2006b): »›Exhibitionismus – leichtgemacht‹. Der Kommunikationswissenschaftler Norbert Bolz über die alltägliche Selbstentblößung im Internet, wegfallende Schamgrenzen und das Ende der Expertokratie«, in: Der SPIEGEL vom 17.07.2006, S. 68-69.
Ohne Autor (2006c): »Nach Vandalismus. Wikipedia friert Artikel ein«, in: Der SPIEGEL Online vom 18.06.2008. Siehe http://www.spiegel.de/netzwelt/web/0,1518,422037,00.html, Abruf am 18.06.2009.
Ohne Autor (2007): »Digitale Demokratisierung des Wissens. Kostenlose Internetinhalte verändern Lernen und Geschäftsmodelle«, in: Neue Züricher Zeitung Online vom 19.11.2007. Siehe http://www.nzz.ch/nachrichten/startseite/digitale_demokratisierung_des_wissens_1.586544.html, Abruf am 25.06.2008.
Ohne Autor (2009): »Ohne Elite geht es nicht. Die Medienkrise, der Technologiewandel und die Öffentlichkeit«, in: Neue Züricher Zeitung. Beilage vom 6. März 2009. Siehe http://www.nzz.ch/nachrichten/medien/ohne_elite_geht_es_nicht_1.2150493.html, Abruf am 15.06.2009.
Oehmichen, Ekkehardt/Schröter, Christian (2007): »Zur typologischen Struktur medienübergreifender Nutzungsmuster«, in: Media Perspektiven 8/2007, S. 406-421.
Oevermann, Ulrich (1996): Konzeptualisierung von Anwendungsmöglichkeiten und praktischen Arbeitsfeldern der objektiven Hermeneutik (Manifest der objektiven hermeneutischen Sozialforschung). Manuskript, Frankfurt a.M.
Ohrndorf, David (2007): »Firmen schreiben sich Wikipedia schön. IP-Adressen verraten Urheber«, 15.10.2007. Siehe http://www.wdr.de/themen/computer/internet/wikipedia/index.jhtml, Abruf am 12.06.2009.
Ong, Walter J. (2004 [1983/1958]): Ramus, Method, and the Decay of Dialogue: From the Art of Discourse to the Art of Reason, Chicago u.a.: University of Chicago Press.
Ong, Walter J. (1987): Oralität und Literalität: die Technologisierung des Wortes, Opladen: Westdeutscher Verlag.
Opaschowski, Horst W. (1999): Generation @ – die Medienrevolution entlässt ihre Kinder. Leben im Informationszeitalter (1. Aufl.), Hamburg: Britisch American Tobacco Edition.
O'Reilly, Tim (2005): »What is Web 2.0? Design patterns and business models for the next generation of software«, 30.09.2005. Siehe http://www.oreilly.com/pub/a/oreilly/tim/news/2005/09/30/what-is-web-20.html, Abruf am 14.11.2007.

Paech, Joachim (1997): »Überlegungen zum Dispositiv als Theorie medialer Topik«, in: Medienwissenschaft 4/1997, S. 400-420.

Passek, Oliver (2005): »Open Access. Freie Erkenntnis für freie Wissenschaft«, in: Lehmann/Schetsche, Die Google-Gesellschaft, S. 337-344.

Peiser, Wolfram (2003): »Gesellschaftswandel – Generationen – Medienwandel. Generationen als Träger von Veränderungen in der Gesellschaft und in den Medien«, in: Behmer, Markus/Friedrich Krotz/Rudolf Stöber/ Carsten Winter (Hg.), Medienentwicklung und gesellschaftlicher Wandel. Beiträge zu einer theoretischen und empirischen Herausforderung (1. Aufl.), Wiesbaden: Westdeutscher Verlag, 197-207.

Pentzold, Christian (2007): Wikipedia. Diskussionsraum und Informationsspeicher im neuen Netz, München: Verlag Reinhard Fischer.

Perger, Josef (2003): »Zur Geschichte des Wissens in den westlichen Kulturen«, in: Hug/Perger, Instantwissen, Bricolage, Tacit Knowledge, S. 36-54.

Perrin, Daniel/Böttcher, Ingrid/Kruse, Otto/Wrobel Arne (Hg.) (2003): Schreiben. Von intuitiven zu professionellen Schreibstrategien (2. Aufl.), Wiesbaden: Westdeutscher Verlag.

Pesch, Volker (2003): » Charles de Montesquieu«, in: Massing/Breit, Demokratie-Theorien, S. 109-117.

Peters, Hans Peter/Heinrichs, Harald/Jung, Arlena/Kallfass, Monika/Petersen, Imme (2008): »Medialisierung der Wissenschaft als Voraussetzung ihrer Legitimierung und politischen Relevanz«, in: Mayntz u.a., Wissensproduktion und Wissenstransfer, S. 269-292.

Piaget, Jean (1969 [1936]): Das Erwachen der Intelligenz beim Kinde (Autorisierte Übersetzung nach der dritten Auflage der französischen Originalausgabe [La naissance de l'intelligence chez l'enfant] mit einer Einführung von Hans Aebli, 1. Aufl.), Stuttgart: Klett.

Pias, Claus (Hg.) (1999): Medien. Dreizehn Vorträge zur Medienkultur, Weimar: Vdg-Verlag.

Pias, Claus (2004): »Zur Einführung« (Kapitel: »ABC...«), in: Pias u.a., Kursbuch Medienkultur, S. 77-80.

Pias, Claus/Vogl, Joseph/Engell, Lorenz/Fahle, Oliver/Neitzel, Britta (Hg.) (2004): Kursbuch Medienkultur. Die maßgeblichen Theorien von Brecht bis Baudrillard, (5. Aufl.), Stuttgart: DVA, S. 259-263.

Platon (2001 [1991/370 v. Chr.]): Der Staat (Mit einer Einleitung von Thomas Alexander Szlezák und Erläuterungen von Olof Gigon, 3. Aufl.), München: Deutscher Taschenbuch Verlag.

Polanyi, Michael (1983): The tacit dimension, Glucester: Smith.

Pongs, Armin (1999): In welcher Gesellschaft leben wir eigentlich? Gesellschaftskonzepte im Vergleich (Band 1), München: Dilemma-Verlag.

Pongs, Armin (2000): In welcher Gesellschaft leben wir eigentlich? Gesellschaftskonzepte im Vergleich (Band 2), München: Dilemma-Verlag.

Postman, Neil (1992 [1982]): Das Verschwinden der Kindheit, Frankfurt a.M.: Fischer.

Postman, Neil (2007): Die zweite Aufklärung. Vom 18. ins 21. Jahrhundert (2. Aufl.), Berlin: Taschenbuch Verlag.

Pöttker, Horst (2006): »Öffentlichkeit«, in: Bentele, Günter/Hans-Bernd Brosius/Ottfried Jarren (Hg.), Lexikon Kommunikations- und Medienwissenschaft (1. Aufl.), Wiesbaden: VS-Verlag, S. 205-206.

Projektgruppe ARD/ZDF-Multimedia (2007): Internet zwischen Hype, Ernüchterung und Aufbruch. 10 Jahre ARD/ZDF-Onlinestudie, Baden-Baden: ARD/ZDF-Medienkommission.

Pscheida, Daniela (2007): »Internetkompetenz von Erwachsenen. Medienpraxis der Generationen«, Hamburg: Reinhard Krämer.

Pscheida, Daniela (2009): »Wissensmodelle im Wandel: Vom Modus wahrer Erkenntnis zum Modus situativen Konsenses«, in: Hug, Theo (Hg.), Mediale Wende – Ansprüche, Konzepte und Diskurse (= Siegener Periodicum zur Internationalen Empirischen Literaturwissenschaft [SPIEL] 25/2006, H. 1), Frankfurt a.M.: Peter Lang, S. 149-176.

Pscheida, Daniela/Trültzsch, Sascha (2009): »Veröffentlichte Privatheit im Bild. Zur neuen Kultur der Freizügigkeit in internetbasierten sozialen Kontaktnetzwerken«, in: Dies., Das Web 2.0 als Agent des kulturellen Wandels, S. 245-270.

Pscheida, Daniela/Trültzsch, Sascha (Hg.) (2009), Das Web 2.0 als Agent des kulturellen Wandels (= Siegener Periodicum zur Internationalen Empirischen Literaturwissenschaft [SPIEL] 26/2007, H. 2), Frankfurt a.M.: Peter Lang.

Pscheida, Daniela/Trültzsch, Sascha (2010): »Am Rande des guten Geschmacks?! Eine kleine Medienkulturgeschichte der veröffentlichten Privatheit«, in: Buck, Matthias/Florian Hartling/Sebastian Pfau (Hg.), Randgänge der Mediengeschichte. Festschrift für Manfred Kammer zum 60. Geburtstag, Wiesbaden: VS, S. 259-274.

Randow, Gero von (2009): »Geistesaristokratie. Nicht alles im Internet ist schön – na und? Das Netz ist demokratischer als seine Kritiker. Eine Replik«, in: Die ZEIT vom 28. Mai 2009, S. 3.

Reble, Albert (1999): Geschichte der Pädagogik (19. Aufl.), Stuttgart: Klett-Cotta.

Reble, Albert (1999a): »Jahrhundert des Barock«, in: Ders., Geschichte der Pädagogik, S. 105-134.

Reble, Albert (1999b): »Zeitalter der Aufklärung«, in: Ders., Geschichte der Pädagogik, S. 135-173.

Reble, Albert (1999c): »Zeitalter der Renaissance, Reformation und Gegenreformation«, in: Ders., Geschichte der Pädagogik, S. 67-104.

Reichert, Ramón (2008): Amateure im Netz. Selbstmanagement und Wissenstechnik im Web 2.0, Bielefeld: Transcript.

Reichert, Ramón (2009): »Netzdispositive. Selbsttechniken und Wissenstechniken im Web 2.0«, in: Pscheida/Trültzsch, Das Web 2.0 als Agent des kulturellen Wandels, S. 211-230.

Reichertz, Jo (1994): »Von Gipfeln und Tälern. Bemerkungen zu einigen Gefahren, die den objektiven Hermeneuten erwarten«, in: Garz/Kraimer, Die Welt als Text, S. 125-152.

Reichertz, Jo (2007): »Objektive Hermeneutik und hermeneutische Wissenssoziologie«, In: Flick, Uwe/Ernst von Kardorff/Ines Steinke (Hg.), Qualitative Forschung. Ein Handbuch (5. Aufl.), Reinbek bei Hamburg: Rowohlt, S. 514-524.

Reinmann-Rothmeier, Gabi/Mandl, Heinz (2000a): Individuelles Wissensmanagement: Strategien für den persönlichen Umgang mit Information und Wissen am Arbeitsplatz (1. Aufl.), Bern u.a.: Huber.

Reinmann-Rothmeier, Gabi/Mandl, Heinz (2000b): »Wissensmanagement im Unternehmen – eine Herausforderung für die Präsentation, Kommunikation und Nutzung von Wissen«, in: Maar/Obrist/Pöppel, Weltwissen Wissenswelt, S. 271-282.

Rheingold, Howard (1994): Virtuelle Gemeinschaft. Soziale Beziehungen im Zeitalter des Computers, Bonn u.a.: Addison-Wesley.

Ritter, Gerhard (1963): Die geschichtliche Bedeutung des deutschen Humanismus (2. Aufl.), Darmstadt: Wissenschaftliche Buchgesellschaft.

Roelcke, Thorsten (2001): »Was bringt die kognitive Semantik dem fachlexikalischen Wissenstransfer?«, in: Wichter/Antos, Wissenstransfer zwischen Experten und Laien, S. 51-63.

Robertson, Roland (1993): Globalization. Social Theory and Global Culture, London u.a.: Sage.

Rossi, Paolo (1997): Die Geburt der modernen Wissenschaft in Europa, München: C. H. Beck.

Rötzer, Florian (2001): »Das Internet – Demokratisierung oder Balkanisierung?«, in: Gegenworte. Zeitschrift für den Disput über Wissen 8 (Herbst 2001: »Digitalisierung der Wissenschaften«), Berlin-Brandenburgische Akademie der Wissenschaften, S. 17-20.

Rüdel, Reinhardt/Stadelhofer, Carmen (Hg.) (2002): Wohin geht die Wissensgesellschaft? Interdisziplinäre Beiträge zu Entwicklungen in Medizin, Informatik, Wirtschaft und Bildung sowie zur Grenzsituation zwischen Leben und Tod, Bielefeld: Kleine, S. 129-145.

Rühle, Alex (2006): »Im Daunenfedergestöber. Wikipedia-Fälschungen«, in: Süddeutsche Zeitung Online vom 03.11.2006. Siehe http://www.sueddeutsche.de/kultur/artikel/631/90541/article.html, Abruf am 10.11.2006.

Sacher, Werner (2000): »Schule und Internet: Informations- und Wissensmanagement als zeitgemäße Bildungsaufgabe«, in: Marotzki/Meister/Sander, Zum Bildungswert des Internet, S. 97-113.

Schachtner, Christina (1997): »Neue Medien im Kontext lebensweltlicher Umbrüche. Ansprüche an die Medienerziehung«, in: Dichanz, Horst (Hg.), Medienerziehung im Jahre 2010: Probleme, Perspektiven, Szenarien, Gütersloh: Bertelsmann Stiftung, S. 135-157.

Schalk, Fritz (1936): Einleitung in die Encyclopädie der französischen Aufklärung, München: Max Hueber Verlag.

Schanze, Helmut (Hg.) unter Mitarb. von Susanne Pütz (2002): Metzler Lexikon. Medientheorie – Medienwissenschaft. Ansätze – Personen – Grundbegriffe, Stuttgart/Weimar: Metzler.

Schenda, Rudolf (2002): »Hand-Wissen. Zur Vorgeschichte der großen Enzyklopädien«, in: Tomkowiak, Populäre Enzyklopädien, S. 15-34.

Scherfer, Konrad (Hg.) (2008): Webwissenschaft – Eine Einführung, Berlin u.a.: LIT-Verlag.

Scherfer, Konrad (2008): »Ist das Web ein Medium?«, in: Ders., Webwissenschaft, S. 10-30.

Schetsche, Michael/Lehmann, Kai/Krug, Thomas (2005): »Die Google-Gesellschaft. Zehn Prinzipien der neuen Wissensordnung«, in: Lehmann/Schetsche, Die Google-Gesellschaft, S. 17-31.

Schlieker, Christian/Lehmann, Kai (2005): »Verknüpft, Verknüpfter, Wikis«, in: Lehmann/Schetsche, Die Google-Gesellschaft, S. 253-262.

Schmidt, Siegfried J. (1987): »Skizze einer konstruktivistischen Mediengattungstheorie«, in: Siegener Periodicum zur Internationalen Empirischen Literaturwissenschaft (SPIEL) 6 (H. 2), Frankfurt a.M.: Peter Lang, S. 163-206.

Schmidt, Siegfried J. (1994): »Die Wirklichkeit des Beobachters«, in: Merten/Schmidt/Weischenberg, Die Wirklichkeit der Medien, S. 3-19.

Schmidt, Siegfried J. (2000): Kalte Faszination. Medien Kultur Wissenschaft in der Mediengesellschaft, Weilerswist: Velbrück.

Schmidt, Siegfried J. (2005): Lernen, Wissen, Kompetenz, Kultur. Vorschläge zur Bestimmung von vier Unbekannten, Heidelberg: Carl-Auer Verlag.

Schmidt, Siegfried J./Weischenberg Siegfried (1994): »Mediengattungen, Berichterstattungsmuster, Darstellungsmuster«, in: Merten/Schmidt/Weischenberg, Die Wirklichkeit der Medien, S. 212-236.

Schmidtchen, Gerhard (2002): Die Dummheit der Informationsgesellschaft. Sozialpsychologie der Orientierung, Opladen: Leske + Budrich.

Schmidt-Biggemann, Wilhelm (1995): »Enzyklopädie und Philosophia perennis«, in: Eybl u.a., Enzyklopädien der Frühen Neuzeit, S. 1-18.

Schmidt-Tiedemann, K. Joachim (1996): »Experten und Bürger – Über die Teilung der Verantwortung für Technikfolgen«, in: Kerner, Max (Hg.), Aufstand der Laien: Expertentum und Demokratie in der technisierten Welt, Aachen: Thouet, S. 27-43.

Schneider, Ulrich Johannes (2006): »Bücher als Wissensmaschinen«, in: Ders. (Hg.), Seine Welt wissen. Enzyklopädien in der Frühen Neuzeit, Darmstadt: WBG, S. 9-20.

Schneider, Ulrich Johannes/Zedelmaier Helmut (2004): »Wissensapparate. Die Enzyklopädistik der Frühen Neuzeit«, in: Dülmen/Rauschenbach, Macht des Wissens, S. 349-363.

Schorn-Schütte, Luise (2003): Die Reformation. Vorgeschichte – Verlauf – Wirkung, München: C.H. Beck.

Schuler, Günter (2007): Wikipedia Inside. Die Online-Enzyklopädie und ihre Community, Münster: Unrast.

Schulz, Wolfgang K. (Hg.) (1998): Expertenwissen. Soziologische, psychologische und pädagogische Perspektiven, Opladen: Leske + Budrich, S. 49-65.
Schwarz, Angela (2003): »Bilden, überzeugen, unterhalten. Wissenschaftspopularisierung und Wissenskultur im 19. Jahrhundert«, in: Kretschmann, Wissenspopularisierung, S. 221-234.
Shell, Kurt L. (2000): »Demokratie«, in: Holtmann, Everhard (Hg.), Politik-Lexikon (3. Aufl.), München/Wien: Oldenbourg, S. 110-114.
Shinn, Terry/Whitley, Richard (Hg.) (1985): Expository Science: Forms and Functions of Popularisation. Dordrecht/Boston/Lancaster: D. Reidel Publishing Company.
Sick, Franziska (2008): »(Populär)Wissen und Gedächtnis: Zur Wissensorganisation und -distribution im Internet«, in: Jacke, Christoph/Martin Zierold (Hg.), Populäre Kultur und soziales Gedächtnis: theoretische und exemplarische Überlegungen zur dauervergesslichen Erinnerungsmaschine Pop (= Siegener Periodicum zur Internationalen Empirischen Literaturwissenschaft [SPIEL] 24/2006, H. 2), Frankfurt a.M.: Peter Lang, S. 223-238.
Sietmann, Richard (2002): »Ein Netz im Netz der Netze. Wissenschaftlicher Informationsaustausch im Zeitalter des Internet«, in: c't 18/2002. Siehe http://www.heise.de/ct/02/18/080/#literatur, Abruf am 03.03.2009.
Soboczynski, Adam (2009): »Das Netz als Feind. Warum der Intellektuelle im Internet mit Hass verfolgt wird«, in: Die ZEIT vom 20. Mai 2009, S. 45.
Soeffner, Hans-Georg (1999): »Verstehende Soziologie und sozialwissenschaftliche Hermeneutik«, in: Hitzler, Ronald/Jo Reichertz/Norbert Schröer (Hg.), Hermeneutische Wissenssoziologie: Standpunkte zur Theorie der Interpretation, Konstanz: UVK, S. 39-49.
Spahr, Angela (2007): »Magische Kanäle. Marshall McLuhan«, in: Klook/Spahr, Medientheorien, S. 39-76.
Speth, Rudolf (2003a): » Jean-Jacques Rousseau«, in: Massing/Breit, Demokratie-Theorien, S. 118-124.
Speth, Rudolf (2003b): »John Locke«, in: Massing/Breit, Demokratie-Theorien, S. 99-105.
Speth, Rudolf (2003c): »Thomas Hobbes«, in: Massing/Breit, Demokratie-Theorien, S. 94-98.
Spielkamp, Matthias (2006): »Es waren einmal Zuschauer«, in: Aus Politik und Zeitgeschichte (APuZ) 38/2006, S. 32-38.
Spinner, Helmut F. (1994): Die Wissensordnung. Ein Leitkonzept für die dritte Grundordnung des Informationszeitalters (= Studien zur Wissensordnung, Band 1), Opladen: Leske + Budrich.
Spiro, Lisa (2008): »Is Wikipedia Becoming a Respectable Academic Source?«, Eintrag vom 01.09.2008. Siehe http://digitalscholarship.wordpress.com/2008/09/01/is-wikipedia-becoming-a-respectable-academic-source/, Abruf am 14.06.2009.

Spree, Ulrike (2000): Das Streben nach Wissen: eine vergleichende Gattungsgeschichte der populären Enzyklopädien in Deutschland und Großbritannien im 19. Jahrhundert, Tübingen: Niemeyer.

Sprondel, Walter M. (1979): »›Experte‹ und ›Laie‹: Zur Entwicklung von Typenbegriffen in der Wissenssoziologie«, in: Sprondel, Walter/Richard Grathoff (Hg.), Alfred Schütz und die Idee des Alltags in den Sozialwissenschaften, Stuttgart: Enke, S. 140-154.

Surowiecki, James (2005): Die Weisheit der Vielen. Warum Gruppen klüger sind als Einzelne und wie wir das kollektive Wissen für unser wirtschaftliches, soziales und politisches Handeln nützen können (2. Aufl.), München: Bertelsmann.

Stammen, Theo/Weber, Wolfgang E. J. (2004): »Zur Einführung«, in: Dies., Wissenssicherung, Wissensordnung und Wissensverarbeitung, S. 9-12.

Stammen, Theo/Weber, Wolfgang E. J. (Hg.) (2004): Wissenssicherung, Wissensordnung und Wissensverarbeitung. Das europäische Modell der Enzyklopädien, Berlin: Akademie Verlag, S. 15-23.

Staudt, Erwin (2002): »Strategien auf dem Weg in die Wissensgesellschaft«, in: Alt, Guido/Holger Bill/Matthias Machnig (Hg.), Innovation Technik Zukunft. Die Wissens- und Informationsgesellschaft gestalten, Opladen: Leske + Budrich, S. 117-126.

Stehr, Nico (1994): Arbeit, Eigentum und Wissen: zur Theorie von Wissensgesellschaften (1. Aufl.), Frankfurt a.M.: Suhrkamp.

Stehr, Nico (1998): »Wissensberufe«, in: Schulz, Expertenwissen, S. 17-31.

Stehr, Nico (2001): »Moderne Wissensgesellschaften«, in: Aus Politik und Zeitgeschichte (APUZ) 36/2001, S. 7-14.

Steinbicker, Jochen (2001): Zur Theorie der Informationsgesellschaft. Ein Vergleich der Ansätze von Peter Drucker, Daniel Bell, Manuel Castells, Opladen: Leske + Budrich.

Stenschke, Oliver (2004): »Die Akteure des diskursiven Wissenstransfers«, in: Wichter, Sigurd/Oliver Stenschke (Hg.) in Zusammenarbeit mit Manuel Tants, Theorie, Steuerung und Medien des Wissenstransfers, Frankfurt a.M.: Peter Lang, S. 45-56.

Stichweh, Rudolf (1996): »Professionen in einer funktional differenzierten Gesellschaft«, in: Combe/Helsper, Pädagogische Professionalität, S. 49-69.

Stickfort, Bernd (2002): »Das Internet als enzyklopädische Utopie«, in: Tomkowiak, Populäre Enzyklopädien, S. 271-295.

Stollberg-Rilinger, Barbara (2000): Europa im Jahrhundert der Aufklärung, Stuttgart: Reclam.

Straka, Gerald A. (2003): »Selbstgesteuertes Lernen – das Survival Kit in der Informationsgesellschaft?«, in: Marotzki/Meister/Sander, Zum Bildungswert des Internet, S. 217-229.

Tapscott, Don/Williams, Anthony D. (2006): Wikinomics: How Mass Communication Changes Everything, New York: Portfolio.

Tergan, Sigmar-Olaf (2002): »Lernen mit Multimedia-, Hypertext- und Hypermedia-Systemen. Zur Funktion von Visualisierungen«, In: Huber, Hans Dieter/Bettina Lockemann/Michael Scheibel (Hg.), Bild – Medien – Wissen. Visuelle Kompetenz im Medienzeitalter, München: kopaed, S. 321-336.

Thomas, Natascha (2005): »Wissenschaft in der digitalen Welt«, in: Lehmann/Schetsche, Die Google-Gesellschaft, S. 313-322.

Toffler, Alvin (1980): The Third Wave, New York: Morrow.

Tomkowiak, Ingrid (Hg.) (2002): Populäre Enzyklopädien. Von der Auswahl, Ordnung und Vermittlung des Wissens, Zürich: Chronos.

Touraine, Alain (1972 [1969]): Die postindustrielle Gesellschaft, Frankfurt a.M.: Suhrkamp.

Trendwatching (2004): »Generation C«, siehe http://trendwatching.com/trends/GENERATION_C.htm, Abruf am 14.11.2008.

Tschopp, Silvia S. (2004): »Popularisierung gelehrten Wissens im 18. Jahrhundert. Institutionen und Medien«. In: Dülmen/Rauschenbach, Macht des Wissens, S. 469-489.

Unz, Dagmar (2000): Lernen mit Hypertext. Informationssuche und Navigation, Münster u.a.: Waxmann.

Viehoff, Reinhold (1998): »Disziplinierung der Wahrnehmung? Ist die Mediengeschichte als eine Geschichte der Disziplinierung der Wahrnehmung zu schreiben?«, in: Rundfunk und Geschichte 24 (H. 4), S. 227-232.

Viehoff, Reinhold (2002a): »Gattung«, in: Schanze, Metzler Lexikon Medientheorie – Medienwissenschaft, S. 125-127.

Viehoff, Reinhold (2002b): »Genre«, in: Schanze, Metzler Lexikon Medientheorie – Medienwissenschaft, S. 127.

Viehoff, Reinhold/Bogen, Cornelia/Domaschke, Madlen/Pabst, Sabine (2007): Senioren in sachsen-anhaltinischen Bürgermedien. Eine empirische Untersuchung, wissenschaftliche Analyse und medienpolitische Evaluation der Partizipation älterer Menschen an den Bürgermedien in Sachsen-Anhalt. Herausgegeben von der Medienanstalt Sachsen-Anhalt, Berlin: Vistas.

Vogelsang, Klaus (2004): »Zum Begriff ›Enzyklopädie‹«, in: Stammen/Weber, Wissenssicherung, Wissensordnung und Wissensverarbeitung, S. 15-23.

Vollmar, Gabriele (2004): »Wissen als Billigware?«, in: Wissensmanagement. Das Magazin für Führungskräfte 3/2004, S. 55.

Vorländer, Hans (2003): Demokratie. Geschichte – Formen – Theorien (Lizenzausgabe für die Bundeszentrale für politische Bildung), München: C.H. Beck.

Voß, Jakob (2006): »Was Wikipedia und die Wissenschaft voneinander lernen können«, in: Zeitenblicke 5 (H. 3). Siehe http://www.zeitenblicke.de/2006/3/Voss/dippArticle.pdf, Abruf am 09.07.2009.

Voßkamp, Wilhelm (1992): »Gattungen«, in: Brackert, Helmut/Jörn Stückrath (Hg.), Literaturwissenschaft. Ein Grundkurs, Reinbek bei Hamburg: Rowohlt Taschenbuch Verlag, S. 253-269.

Walger, Gerd (2000): Die Universität der Wissensgesellschaft (=Wittener Diskussionspapiere, Heft 61), Fakultät für Wirtschaftswissenschaften, Universität Witten/Herdecke.

Walther, Gerrit (2006): »Funktionen des Humanismus. Fragen und Thesen«, in: Maissen/Walther, Funktionen des Humanismus, S. 9-17.

Wannemacher, Klaus (2008): »Wikipedia – Störfaktor oder Impulsgeber für die Lehre?«, in: Zauchner, Sabine/Peter Baumgartner/Edith Blaschitz/ Andreas Weissenbäck (Hg.), Offener Bildungsraum Hochschule. Freiheiten und Notwendigkeiten (=Medien in der Wissenschaft, Band 48), Münster: Waxmann, S. 147-156.

Wawra, Steffen (2001): »Die selektive Wirkung der Digitalisierung«, in: Gegenworte. Zeitschrift für den Disput über Wissen 8 (Herbst 2001: »Digitalisierung der Wissenschaften«), Berlin-Brandenburgische Akademie der Wissenschaften, S. 21-25.

Weber, Max (1996 [1919]): Wissenschaft als Beruf (10. Aufl.), Berlin: Duncker und Humblot.

Weber, Michael (2002): »World Wide Web – die Basis der Informationsgesellschaft?«, in: Rüdel/Stadelhofer, Wohin geht die Wissensgesellschaft?, S. 162-174.

Weber, Stefan (2007): Das Google-Copy-Paste-Syndrom. Wie Netzplagiate Ausbildung und Wissen gefährden (1. Aufl.), Hannover: Heise.

Weber, Wolfgang E. J. (2004): »Buchdruck. Repräsentation und Verbreitung von Wissen«, in: Dülmen/Rauschenbach, Macht des Wissens, S. 65-87.

Wehling, Peter (2003): »Die Schattenseite der Verwissenschaftlichung. Wissenschaftliches Nichtwissen in der Wissensgesellschaft«, in: Böschen/Schulz-Schaeffer, Wissenschaft in der Wissensgesellschaft, S. 119-142.

Wehn, Karin/Welker, Martin (2006): »Weisheit der Massen. Quelle für wissenschaftliches Arbeiten?«, in: Telepolis vom 01.09.2006. Siehe http://www.heise.de/tp/r4/artikel/23/23435/1.html, Abruf am 11.09.2006.

Weinberger, David (2007): Everything is Miscellaneous. The Power of the New Digital Disorder, New York: Times Books.

Weingart, Peter (1998): »Ist das Wissenschafts-Ethos noch zu retten?«, in: Gegenworte. Zeitschrift für den Disput über Wissen 2 (Herbst 1998: »Lug und Trug«), Berlin-Brandenburgische Akademie der Wissenschaften, S. 13-17.

Weingart, Peter (1999): »Aufklärung ›von oben‹ oder Pflege des Dialogs«, in: Gegenworte. Zeitschrift für den Disput über Wissen 3 (Frühjahr 1999: »Muss Wissenschaft hinein ins Leben?«), Berlin-Brandenburgische Akademie der Wissenschaften, S. 13-17.

Weingart, Peter (2003a): »Experte ist jeder, alle sind Laien«, in: Gegenworte. Zeitschrift für den Disput über Wissen 11 (Frühjahr 2003: »Vom Rand ins Parkett«), Berlin-Brandenburgische Akademie der Wissenschaften, S. 58-61.
Weingart, Peter (2003b): Wissenschaftssoziologie, Bielefeld: Transcript.
Weingart, Peter (2004): »Welche Öffentlichkeit hat die Wissenschaft?«, in: Zetzsche, Wissenschaftskommunikation, S. 15-21.
Weingart, Peter (2005): Die Stunde der Wahrheit? Zum Verhältnis der Wissenschaft zu Politik, Wirtschaft und Medien in der Wissensgesellschaft (Studienausgabe), Weilerswist: Velbrück.
Weingart, Peter (2006): »Die Wissenschaft der Öffentlichkeit und die Öffentlichkeit der Wissenschaft«, in: Ders., Die Wissenschaft der Öffentlichkeit. Essays zum Verhältnis von Wissenschaft, Medien und Öffentlichkeit (2. Aufl.), Weilerswist: Velbrück, S. 9-33.
Weingart, Peter/Carrier, Martin/Krohn, Wolfgang (2007): Nachrichten aus der Wissensgesellschaft. Analysen zur Veränderung der Wissenschaft, Weilerswist: Velbrück.
Weiss, Oliver (2007): »SPÖ und ÖVP manipulieren im großen Stil Wikipedia-Einträge«, in: Computerwelt Österreich vom 31.08.2007. Siehe http://www.computerwelt.at/detailArticle.asp?a=111995&n=5, Abruf am 12.06.2009.
Wernet, Andreas (2000): Einführung in die Interpretationstechnik der objektiven Hermeneutik (=Qualitative Sozialforschung, Band 11), Opladen: Leske + Budrich.
Whitley, Richard (1985): »Knowledge Producers and Knowledge Acquirers: Popularisation as a Relation between Scientific Fields and Their Publics«, in: Shinn, Terry/Richard Whitley (Hg.), Expository Science: Forms and Functions of Popularisation, Dordrecht/Boston/Lancaster: D. Reidel Publishing Company, S. 3-28.
Wichter, Sigurd (1994): Experten- und Laienwortschätze. Umriss einer Lexikologie der Vertikalität, Tübingen: Niemeyer.
Wichter, Sigurd/Antos, Gerd (Hg.) (2001): Wissenstransfer zwischen Experten und Laien. Umriss einer Transferwissenschaft, Frankfurt a.M.: Peter Lang.
Wieland, Wolfgang (1999): Platon und die Formen des Wissens (2. Aufl.), Göttingen: Vandenhoeck und Ruprecht.
Willke, Helmut (1997): Supervision des Staates (1. Aufl.), Frankfurt a.M.: Suhrkamp.
Willke, Helmut (2002): Dystopia. Studien zur Krisis des Wissens in der modernen Gesellschaft, Frankfurt a.M.: Suhrkamp.
Winkler, Hartmut (1994): Diskursökonomie. Versuch über die innere Ökonomie der Medien (1. Aufl.), Frankfurt a.M.: Suhrkamp.
Winkler, Hartmut (1997a): Docuverse. Zur Medientheorie der Computer. Mit einem Interview von Geert Lovink, München: Boer.

Winkler, Hartmut (1997b): »Die prekäre Rolle der Technik. Technikzentrierte vs. ›anthropologische‹ Mediengeschichtsschreibung« (Vortrag auf der Jahrestagung der Gesellschaft für Film- und Fernsehwissenschaft. Oktober 1997 in Mainz), in: Telepolis vom 12.12.1997. Siehe http://www.heise.de/tp/r4/artikel/2/2228/1.html, Abruf am 06.04.2009.

Winterhoff-Spurk, Peter (1997): »Medienkompetenz: Schlüsselqualifikation der Informationsgesellschaft?«, in: Medienpsychologie 3/1997, S. 182-190.

Wirth, Werner/Brecht, Michael (1999): »Selektion und Rezeption im WWW. Eine Typologie«, in: Wirth/Schweiger: Selektion im Internet, S. 149-180.

Wirth, Werner/Schweiger, Wolfgang (1999): »Selektion neu betrachtet: Auswahlentscheidungen im Internet«, in: Wirth/Schweiger, Selektion im Internet, S. 43-74.

Wirth, Werner/Schweiger, Wolfgang (Hg.) (1999): Selektion im Internet. Empirische Analysen zu einem Schlüsselkonzept, Opladen/Wiesbaden: Westdeutscher Verlag

Zauchner, Sabine/Baumgartner, Peter/Blaschitz, Edith/Weissenbäck, Andreas (Hg.) (2008): Offener Bildungsraum Hochschule: Freiheiten und Notwendigkeiten (= Medien in der Wissenschaft, Band 48), Münster: Waxmann.

Zetzsche, Indre (Hg.) (2004): Wissenschaftskommunikation. Streifzüge durch ein ›neues‹ Feld. Mit Beiträgen von Peter Weingart, Hazel Rosenstrauch, Ludwig Kürten u.a., Bonn: Lemmens Verlags- & Mediengesellschaft.

Zotter, Hans (2004): »Parallele Modelle von Wissenssicherung und Ordnung«, in: Stammen/Weber, Wissenssicherung, Wissensordnung und Wissensverarbeitung, S. 25-37.

STUDIEN ZUR WIKIPEDIA

Adler, Thomas B./Alfaro, Luca de (2007): »A Content-Driven Reputation System for the Wikipedia«, in: Proceedings of the 16th International World Wide Web Conference (WWW 2007), May 8-12, Banff, Alberta, Canada, S. 261-270. Siehe http://www2007.org/papers/paper692.pdf, Abruf am 05.06.2009.

Anthony, Denise/Smith, Sean W./Williamson, Tim (2005): »Explaining Quality in Internet Collective Goods: Zealots and Good Samaritans in the Case of Wikipedia«, Innovation & Entrepreneurship Seminar at MIT. Fall 2005. Siehe http://web.mit.edu/iandeseminar/Papers/Fall2005/anthony.pdf sowie aktualisierte Version von 2007: http://www.cs.dartmouth.edu/reports/TR2007-606.pdf, Abruf am 06.06.2009.

Blumenstock, Joshua E. (2008): »Size Matters: Word Count as a Measure of Quality on Wikipedia«, in: Proceedings of the 17th International Conference on World Wide Web (WWW'08), April 21-25, Beijing, China,

S. 1095-1096. Siehe http://www2008.org/papers/pdf/p1095-jblumenstock. pdf, Abruf am 06.06.2009.

Bryant, Susan L./Forte, Andrea/Bruckman, Amy (2005): »Becoming Wikipedian: Transformation of Participation in a Collaborative Online Encyclopedia«, in: Proceedings of the 2005 International ACM SIGGROUP Conference on Supporting Group Work, November 6-9, Sanibel Island, Florida, USA, S. 1-10. Siehe http://www-static.cc.gatech.edu/~aforte/BryantForteBruckBecomingWikipedian.pdf, Abruf am 05.06.2009.

Büffel, Steffen/Pleil, Thomas/Schmalz, Jan Sebastian (2007): »Net-Wiki, PR-Wiki, KoWiki – Erfahrungen mit kollaborativer Wissensproduktion in Forschung und Lehre«, in: Stegbauer, Christian/Klaus Schönberger/Jan Schmidt (Hg.), Wiki-Diskurse, Theorien und Anwendungen. Sonderausgabe von kommunikation@gesellschaft. Journal für alte und neue Medien aus soziologischer, kulturanthropologischer und kommunikationswissenschaftlicher Perspektive 8. Siehe http://www.soz.uni-frankfurt.de/K.G/F2_2007_Bueffel_Pleil_Schmalz.pdf, Abruf am 05.06.2009.

Capocci, A./Servedio, V.D.P./Colaiori, F./Buriol, L.S./Donato, D./Leonardi, S./Caldarelli, G. (2006): »Preferential Attachment in the Growth of Social Networks: The Internet Encyclopedia Wikipedia«, in: Physical Review E 74 (H. 3). Siehe http://www.inf.ufrgs.br/~buriol/papers/Physical_Review_E_06.pdf, Abruf am 05.06.2009.

Chesney, Thomas (2006): »An Empirical Examination of Wikipedia's Credibility«, in: First Monday 11 (H. 11). Siehe http://131.193.153.231/www/issues/issue11_11/chesney/index.html, Abruf am 06.06.2009.

Ciffolilli, Andrea (2003): »Phantom Authority, Self-selective Recruitment and Retention of Members in Virtual Communities: The Case of Wikipedia«, in: First Monday 8 (H. 12). Siehe http://131.193.153.231/www/issues/issue8_12/ciffolilli/index.html, Abruf am 05.06.2009.

Cross, Tom (2006): »Puppy Smoothies: Improving the Reliability of Open, Collaborative Wikis«, in: First Monday 11 (H. 9). Siehe http://131.193.153.231/www/issues/issue11_9/cross/index.html, Abruf am 06.06.2009.

Elia, Antonella (2006): An Analysis of Wikipedia Digital Writing. Università degli Studi di Napoli Federico II. Siehe http://acl.ldc.upenn.edu/W/W06/W06-2804.pdf, Abruf am 05.06.2009.

Emigh, William/Herring, Susan C. (2005): »Collaborative Authoring on the Web: A Genre Analysis of Online Encyclopedias«, in: Proceedings of the 38th Hawaii International Conference on System Sciences (HICSS'05), January 3-6, Big Island, Hawaii. Siehe http://csdl2.computer.org/comp/proceedings/hicss/2005/2268/04/22680099a.pdf, Abruf am 06.06.2009.

Forte, Andrea/Bruckman, Amy (2005): Why Do People Write for Wikipedia? Georgia Institute of Technology, College of Computing. Siehe http://jellis.org/work/group2005/papers/forteBruckmanIncentivesGroup.pdf, Abruf am 05.06.2009.

Frost, Ingo (2006): Zivilgesellschaftliches Engagement in virtuellen Gemeinschaften? Eine systemwissenschaftliche Analyse des deutschsprachigen Wikipedia-Projektes. Diplomarbeit Universität Osnabrück, München: Herbert Utz Verlag. Siehe http://www-lehre.inf.uos.de/~ifrost/offiziell/frost2006_wikipedia.pdf, Abruf am 05.06.2009.

Gerling, Robert (2008): Automatische Erkennung von Vandalismus mit Hilfe maschineller Lernverfahren. Diplomarbeit Bauhaus-Universität Weimar. Siehe http://www.uni-weimar.de/medien/webis/publications/downloads/theses/gerling_2008.pdf, Abruf am 05.06.2009.

Giles, Jim (2005): »Internet Encyclopaedias Go Head to Head«, in: Nature 438 (December 2005), S. 900-901. Siehe http://www.nature.com/nature/journal/v438/n7070/full/438900a.html, Abruf am 06.06.2009.

Güntheroth, Horst/Schönert, Ulf unter Mitarbeit von Jessica Schweke (2007): »Wikipedia. Wissen für alle«, in: Der STERN vom 06.12.2007, S. 30-44. Siehe http://www.stern.de/computer-technik/internet/:Wikipedia-Wissen/606048.html, Abruf am 06.06.2009.

Hammwöhner, Rainer (2007a): »Interlingual Aspects of Wikipedia's Quality«, in: Proceedings of the 12th International Conference on Information Quality (ICIQ'07), November 10-11, MIT, Cambridge, USA. Siehe http://mitiq.mit.edu/iciq/PDF/INTERLINGUAL%20ASPECTS%20OF%20WIKIPEDIAS%20QUALITY.pdf oder: http://www-nw.uni-regensburg.de/~.har16557.infwiss.sprachlit.uni-regensburg.de/Literatur/iciq_2007.pdf, Abruf jeweils am 06.06.2009.

Hammwöhner, Rainer (2007b): »Semantic Wikipedia – Checking the Premises«, in: Auer, Sören/Christian Bizer/Claudia Müller/Anna V. Zhdanova (Hg.), The Social Semantic Web 2007. Proceedings of the 1st Conference on Social Semantic Web (CSSW), September 26-28, Leipzig, Germany, S. 173-178. Siehe http://sunsite.informatik.rwth-aachen.de/Publications/CEUR-WS/Vol-301/Poster_4_Hammwoehner.pdf> oder: http://www-nw.uni-regensburg.de/~.har16557.infwiss.sprachlit.uni-regensburg.de/Literatur/cssw_2007.pdf, Abruf jeweils am 05.06.2009.

Hammwöhner, Rainer (2007c): »Qualitätsaspekte in der Wikipedia«, in: Stegbauer, Christian/Klaus Schönberger/Jan Schmidt (Hg.), Wiki-Diskurse, Theorien und Anwendungen. Sonderausgabe von kommunikation@gesellschaft. Journal für alte und neue Medien aus soziologischer, kulturanthropologischer und kommunikationswissenschaftlicher Perspektive 8. Siehe http://www.soz.uni-frankfurt.de/K.G/B3_2007_Hammwoehner.pdf, Abruf am 06.06.2009.

Hammwöhner, Rainer (2007d): »Wikipedia – ein Medium der Ignoranz?«, in: Geisenhanslüke, Achim (Hg.), Ignoranz: Nichtwissen, Vergessen und Missverstehen in Prozessen kultureller Transformationen, Bielefeld: Transcript, S. 229-257. Siehe http://www-nw.uni-regensburg.de/~.har16557.infwiss.sprachlit.uni-regensburg.de/Literatur/ignoranz_2007.pdf, Abruf am 06.06.2009).

Hammwöhner, Rainer/Fuchs, Karl-Peter/Kattenbeck, Markus/Sax, Christian (2007): »Qualität der Wikipedia. Eine vergleichende Studie«, in: Oßwald, Achim/Maximilian Stempfhuber/Christian Wolff (Hg.), Open Innovation. Neue Perspektiven im Kontext von Information und Wissen. Proceedings des 10ten Internationalen Symposiums Informationswissenschaft, Konstanz: UVK, S. 77-90. Siehe http://www-nw.uni-regensburg.de/ ~.har16557.infwiss.sprachlit.uni-regensburg.de/Literatur/isi_2007.pdf, Abruf am 06.06.2009.

Hassel, Christoph (2007): Das freie Enzyklopädie-Projekt Wikipedia. Eine exemplarische Analyse neuer Formen der wissensbasierten Kooperation. Diplomarbeit Ruhr-Universität Bochum. Siehe http://christoph-hassel.de/ diplomarbeit_hassel.pdf, Abruf am 05.06.2009.

Hoppe, Dennis (2008): Automatische Erkennung von Bearbeitungskonflikten in Wikipedia. Bachelorarbeit Bauhaus-Universität Weimar. Siehe http://www.uni-weimar.de/medien/webis/publications/downloads/theses/ hoppe_2008.pdf, Abruf am 05.06.2009.

Jaschniok, Meike (2007): Wikipedia und ihre Nutzer. Zum Bildungswert der Online-Enzyklopädie, Marburg: Tectum.

Kittur, Aniket/Chi, Ed H./Pendleton, Bryan A./Suh, Bongwon/Mytkowicz, Todd (2007): »Power of the Few vs. Wisdom of the Crowd: Wikipedia and the Rise of Bourgeoisie«, in: Proceedings of the 25th SIGCHI Conference on Human Factors in Computing Systems (CHI'07), April 26-May 3, San Jose, California, USA. Siehe http://www.viktoria.se/altchi/ submissions/submission_edchi_1.pdf, Abruf am 05.06.2009.

Kittur, Aniket/Suh, Bongwon/Pendleton, Bryan A./Chi, Ed H. (2007): »He Says, She Says: Conflict and Coordination in Wikipedia«, in: Proceedings of the 25th SIGCHI Conference on Human Factors in Computing Systems (CHI'07), April 26-May 3, San Jose, California, USA, S. 453-462. Siehe http://kittur.org/files/Kittur_2007_Wikipedia_CHI.pdf, Abruf am 05.06.2009.

Kurzidim, Michael (2004): »Wissenswettstreit. Die kostenlose Wikipedia tritt gegen die Marktführer Encarta und Brockhaus an«, in: c't. 21/2004, S. 132-139. Siehe http://www.heise.de/kiosk/archiv/ct/2004/21/132, Abruf am 06.06.2009.

Lawler, Cormac (2005): Wikipedia as a Learning Community. Master Thesis. University of Manchester. Siehe http://en.wikibooks.org/wiki/User: Cormaggio/Wikipedia_as_a_learning_community_(edit), Abruf am 05.06.2009.

Lih, Andrew (2004): »Wikipedia as Participatory Journalism: Reliable Sources? Metrics for Evaluating Collaborative Media as a News Resource«, in: Proceedings of the 5th International Symposium on Online Journalism, April 16-17, Austin, Texas, USA. Siehe http://jmsc.hku.hk/ faculty/alih/publications/utaustin-2004-wikipedia-rc2.pdf, Abruf am 06.06.2009.

Matei, Sorin Adam/Dobrescu, Caius (2006): »Ambiguity and Conflict in the Wikipedian Know-ledge Production System«, in: Proceedings of the 56th Annual Conference of the International Communication Association (ICA), June 19-23, Dresden, Germany. Siehe http://www.matei.org/ ithink/papers/ambiguity-conflict-wikipedia, Abruf am 05.06.2009.

Möller, Erik (2003): »Tanz der Gehirne«, in: Telepolis vom 9.-30.05.2003. Siehe http://www.heise.de/tp/r4/artikel/14/14736/1.html, Abruf am 18.06.2009.

Möllenkamp, Andreas (2007): Wer schreibt die Wikipedia? Die Online-Enzyklopädie in der Vorstellungs- und Lebenswelt ihrer aktivsten Autoren. Masterarbeit am Institut für Kulturwissenschaften der Universität Leipzig. Siehe http://www.cultiv.net/cultranet/1212420166Wikipediener.pdf, Abruf am 05.06.2009.

Moskaliuk, Johannes/Kimmerle, Joachim/Cress, Ulrike (2008): »Learning and Knowledge Building with Wikis: The Impact of Incongruity between People's Knowledge and a Wiki's Information«, in: Proceedings of the International Conference of the Learning Sciences (ICLS'08), June 23-28, Utrecht, The Netherlands, S. 99-106. Siehe http://blog.moskaliuk.com/wp-content/uploads/2008/08/moskaliuk_et_al_wikisym 2008.pdf, Abruf am 05.06.2009.

Ortega, Felipe/Gonzalez-Barahona, Jesus M. (2007): »Quantitative Analysis of the Wikipedia Community of Users«, in: Proceedings of the 2007 International Symposium on Wikis (WikiSym'07), October 21-25, Montreal, Quebec, Canada, S. 75-86. Siehe http://libresoft.es/oldsite/down loads/wiki35f-ortega.pdf, Abruf am 05.06.2009.

Ortega, Felipe/Gonzales-Barahona, Jesus M./Robles, Gregorio (2008): »On the Inequality of Contributions to Wikipedia«, in: Proceedings of the 41st Hawaii International Conference on System Sciences (HICSS'08), January 7-10, Waikoloa, Big Island, Hawaii. Siehe http://libresoft.es/ downloads/Ineq_Wikipedia.pdf, Abruf am 05.06.2009.

Pentzold, Christian (2007): Wikipedia. Diskussionsraum und Informationsspeicher im neuen Netz, München: Verlag Reinhard Fischer. Artikelfassung: http://www.soz.uni-frankfurt.de/K.G/B4_2007_Pentzold.pdf, Abruf am 06.06.2009.

Pentzold, Christian/Seidenglanz, Sebastian (2006): »Foucault@Wiki. First Steps Towards a Conceptual Framework of the Analysis of Wiki Discourses«, in: Proceedings of the 2006 International Symposium on Wikis (WikiSym'06), August 21-23, Odense, Denmark, S. 59-68. Siehe http://delivery.acm.org/10.1145/1150000/1149468/p59-pentzold.pdf?key1 =1149468&key2=4934504711&coll=GUIDE&dl=GUIDE&CFID=15151 515&CFTOKEN=6184618, Abruf am 06.05.2009.

Potthast, Martin/Stein, Benno/Gerling, Robert (2008): »Automatic Vandalism Detection in Wikipedia«, in: Advances in Information Retrieval. Proceedings of the 30th European Conference on IR Research (ECIR 2008), March 30-April 3, Glasgow, UK, S. 663-668. Siehe http://www.

uni-weimar.de/medien/webis/publications/downloads/papers/stein_2008c. pdf, Abruf: 05.06.2009.

Priedhorsky, Reid/Chen, Jilin/Lam, Shyong (Tony) K./Panciera, Katherine/ Terveen, Loren/Riedl, John (2007): »Creating, Destroying, and Restoring Value in Wikipedia«, in: Proceedings of the 2007 International ACM Conference on Supporting Group Work (GROUP'07), November 4-7, Sanibel Island, Florida, USA, S. 259-268. Siehe http://www-users. cs.umn.edu/~reid/papers/group282-priedhorsky.pdf, Abruf am 05.06.2009.

Reagle, Joseph M. Jr. (2007): »Do As I Do: Authorial Leadership in Wikipedia«, in: Proceedings of the 2007 International Symposium on Wikis (WikiSym'07), October 21-25, Montreal, Quebec, Canada, S. 143-156. Siehe http://www.wikisym.org/ws2007/_publish/Reagle_Wiki Sym2007_WikipediaAuthorialLeadership.pdf sowie ältere Version von 2005: http://reagle.org/joseph/2005/ethno/leadership.html, Abruf jeweils am 05.06.2009.

Schlieker, Christian (2004): Wissen auf Wikipedia.org. Explorative Untersuchung von kollektiven Hypertexten. Diplomarbeit Universität Bremen. Siehe http://www-user.uni-bremen.de/~chrof/wissen_auf_wikipedia.pdf, Abruf am 06.06.2009.

Schmalz, Sebastian (2007): »Zwischen Kooperation und Kollaboration, zwischen Hierarchie und Heterarchie. Organisationsprinzipien und -strukturen von Wikis«, in: Stegbauer, Christian/Klaus Schönberger/Jan Schmidt (Hg.), Wiki-Diskurse, Theorien und Anwendungen. Sonderausgabe von kommunikation@gesellschaft. Journal für alte und neue Medien aus soziologischer, kulturanthropologischer und kommunikationswissenschaftlicher Perspektive 8. Siehe http://www.soz.uni-frankfurt.de/ K.G/B5_2007_Schmalz.pdf, Abruf am 05.06.2009.

Schroer, Joachim/Hertel, Guido (2007): »Voluntary Engagement in an Open Web-based Encyclopedia: Wikipedians, and Why They Do It«. Zuletzt auch erschienen in: Media Psychology 12, S. 96-120. Siehe http://www.psy.uni-muenster.de:8019/publications.php?action=view&id =44, Abruf am 05.06.2009; Folienpräsentationen (deutsch/englisch): http://www.i2.psychologie.uni-wuerzburg.de/ao/research/wikipedia/fg_ao_ 2007_wikipedia.pdf sowie http://www.i2.psychologie.uni-wuerzburg.de/ ao/research/wikipedia/eawop2007_wikipedia.pdf, Abruf jeweils am 05.06.2009.

Smets, Koen/Goethals, Bart/Verdonk, Brigitte (2008): »Automatic Vandalism Detection in Wikipedia: Towards a Machine Learning Approach», in: Proceedings of the Association für the Advancement of Artificial Intelligence (AAAI). Workshop on Wikipedia and Artificial Intelligence: An Evolving Synergy (WikiAI08), July 13, Chicago, USA. Siehe http://www.aaai.org/Papers/Workshops/2008/WS-08-15/WS08-15-0 08.pdf, Abruf am 05.06.2009).

Stegbauer, Christian (2008): »Wikipedia und die Bedeutung der sozialen Netzwerke«, in: Forschung Frankfurt 2/2008, S. 12-18. Siehe http://www.for

schung-frankfurt.uni-frankfurt.de/dok/2008/2008-02/12-19IntensivWikipedia.pdf, Abruf am 05.06.2009.

Stvilia, Besiki/Twidale, Michael B./Smith, Linda C./Gasser, Les (2005a): »Assessing Information Quality of a Community-Based Encyclopedia«, in: Proceedings of the 10th International Conference on Information Quality (ICIQ'05), November 4-6, MIT, Cambridge, Massachusetts, USA, S. 442-454. Siehe http://mailer.fsu.edu/~bstvilia/papers/quantWiki.pdf, Abruf am 06.06.2009.

Stvilia, Besiki/Twidale, Michael B./Gasser, Les/Smith, Linda C. (2005b): Information Quality Discussions in Wikipedia. University of Illinois at Urbana-Champaign. Siehe http://mailer.fsu.edu/~bstvilia/papers/qualWiki.pdf, Abruf am 06.06.2009.

Viégas, Fernanda B./Wattenberg, Martin/Kushal, Dave (2004): »Studying Cooperation and Conflict between Authors with history flow Visualizations«, in: Proceedings of the SIGCHI Conference on Human Factors in Computing Systems (CHI'04), April 24-29, Vienna, Austria, S. 575-582. Siehe http://alumni.media.mit.edu/~fviegas/papers/history_flow.pdf, Abruf am 05.06.2009.

Viégas, Fernanda B./Wattenberg, Martin/Kriss, Jesse/Ham, Jan van (2007): »Talk Before You Type: Coordination in Wikipedia«, in: Proceedings of the 40th Hawaii International Conference on System Sciences (HICSS 2007), January 3-6, Big Island, Hawaii. Siehe http://www.research.ibm.com/visual/papers/wikipedia_coordination_final.pdf, Abruf am 05.06.2009.

Voß, Jakob (2005): »Measuring Wikipedia«, in: Proceedings of the 10th International Conference of the International Society for Scientometrics and Infometrics (ISSI 2005), July 24-28, Stockholm, Sweden. Siehe http://eprints.rclis.org/archive/00003610/01/MeasuringWikipedia2005.pdf, Abruf am 05.06.2009.

Wiegand, Dorothee (2007): »Entdeckungsreise. Digitale Enzyklopädien erklären die Welt«, in: c't 6/2007, S. 136-145. Siehe http://www.heise.de/kiosk/archiv/ct/07/06/136_Entdeckungsreise, Abruf am 06.06.2009.

Wilkinson, Dennis W./Huberman, Bernardo A. (2007): »Assessing the Value of Cooperation in Wikipedia«, in: First Monday 12 (H. 4). Siehe http://firstmonday.org/htbin/cgiwrap/bin/ojs/index.php/fm/article/view/1763/1643; aktualisierte Version vom Februar 2008: http://arxiv.org/abs/cs/0702140, Abruf jeweils am 18.06.2009.

Wolf, Anneke (2007): »Onlinebasiertes Lernen mit einem Wiki – ein Erfahrungsbericht«, in: Vokus. Volkskundlich-naturwissenschaftliche Schriften 15 (H. 2), S. 84-89. Siehe http://www.kultur.uni-hamburg.de/volkskunde/Texte/Vokus/2005-2/vokus2005-2_s84-88.pdf, Abruf am 05.06.2009.

Wolkensteiner, Gregor (2006): Die Qualität von Wikipedia im Vergleich zu Traditionellen Enzyklopädien. Seminararbeit Wirtschaftsuniversität Wien. Siehe http://wwwai.wu-wien.ac.at/~koch/lehre/inf-sem-ss-06/wolkensteiner.pdf, Abruf am 06.06.2009.

Zesch, Torsten/Gurevych, Iryna/Mühlhäuser, Max (2007): »Analyzing and Accessing Wikipedia as a Lexical Semantic Resource«, in: Data Structures for Linguistic Resources and Applications, Tübingen: Narr, S. 197-205. Siehe http://elara.tk.informatik.tu-darmstadt.de/publications/2007/wikipedia-paper.pdf, Abruf am 05.06.2009.

ZITIERTE UND AUSGEWIESENE WIKIPEDIA-ARTIKEL SOWIE ANDERE WIKIMEDIA-SEITEN

Artikel »Enzyklopädie«,
http://de.wikipedia.org/wiki/Enzyklopädie, Abruf am 17.05.2009.
Artikel »Freie Inhalte«,
http://de.wikipedia.org/wiki/Freie_Inhalte, Abruf am 23.07.2007.
Artikel »GNUPedia«,
http://de.wikipedia.org/wiki/GNUPedia, Abruf am 02.02.2009.
Artikel »Konsens«,
http://de.wikipedia.org/wiki/Konsens, Abruf am 21.07.2007.
Artikel »MediaWiki«,
http://de.wikipedia.org/wiki/MediaWiki, Abruf am 13.02.2009.
Artikel »Online-Lexikon«,
http://de.wikipedia.org/wiki/Online-Lexikon, Abruf am 16.04.2009.
Artikel »Sockenpuppe«,
http://de.wikipedia.org/wiki/Sockenpuppe, Abruf am 24.02.2009.
Artikel »Tom Hanks«,
http://de.wikipedia.org/wiki/Tom_Hanks, Abruf am 24.02.2009.
Artikel »Wiki«,
http://de.wikipedia.org/wiki/Wiki, Abruf am 13.02.2009.
Artikel »Wikipedia«,
http://de.wikipedia.org/wiki/Wikipedia, Abruf am 16.04.2009.
Datei:Meilensteine,
http://de.wikipedia.org/wiki/Datei:Meilensteine.png, Abruf am 02.02.2009.
Hilfe:Beobachtungsliste,
http://de.wikipedia.org/wiki/Hilfe:Beobachtungsliste, Abruf am 16.03.2009.
Hilfe:Logbücher,
http://de.wikipedia.org/wiki/Hilfe:Logbücher, Abruf am 16.03.2009.
Hilfe:MediaWiki-Namensraum,
http://de.wikipedia.org/wiki/Hilfe:MediaWiki-Namensraum, Abruf am 16.02.2009.
Hilfe:Namensraum,
siehe http://de.wikipedia.org/wiki/Hilfe:Namensraum, Abruf am 16.02.2009.
Hilfe:Spezialseiten,
siehe http://de.wikipedia.org/wiki/Hilfe:Spezialseiten, Abruf am 03.07.2009.
Hilfe:Versionen,
siehe http://de.wikipedia.org/wiki/Hilfe:Versionen, Abruf am 16.03.2009.

Hilfe:Wikipedia-Namensraum,
siehe http://de.wikipedia.org/wiki/Hilfe:Wikipedia-Namensraum, Abruf am 16.02.2009.

IP-Patrol (Tool zur Identifikation aller Änderungen durch IP-Adressen), http://de.wikipedia.org/wiki/Benutzer:APPER/IP-Patrol, Abruf am 16.03.2009.

Larry Sangers Kündigungsschreiben, http://meta.wikimedia.org/w/index.php?title=My_resignation--Larry_Sanger, Abruf am 02.02.2009.

Meta Wikimedia (Hauptseite), http://meta.wikimedia.org/wiki/Hauptseite, Abruf am 16.02.2009.

Meta Wikimedia/Stewards, http://meta.wikimedia.org/wiki/Stewards, Abruf am 03.02.2009.

Meta Wikimedia/System_administrators, http://meta.wikimedia.org/wiki/System_administrators, Abruf am 03.07.2009.

Projekt:Wikipedia_im_Unterricht, http://de.wikiversity.org/wiki/Projekt:Wikipedia_im_Unterricht, Abruf am 14.06.2009.

Spezial:Einstellungen, http://de.wikipedia.org/wiki/Spezial:Einstellungen, Abruf am 03.07.2009.

Spezial:Gruppenrechte, http://de.wikipedia.org/wiki/Spezial:Gruppenrechte, Abruf am 03.02.2009.

Spezial:Letzte_Änderungen, http://de.wikipedia.org/wiki/Spezial:Letzte_Änderungen, Abruf am 16.03.2009.

Spezial:Neue Seiten, http://de.wikipedia.org/wiki/Spezial:Neue_Seiten, Abruf am 16.03.2009.

Spezial:Spezialseiten, http://de.wikipedia.org/wiki/Spezial:Spezialseiten, Abruf am 03.07.2009.

Spezial:Statistik, http://de.wikipedia.org/wiki/Spezial:Statistik, Abruf am 03.02.2009.

Startseite Wikimedia (international), http://wikimedia.de/, Abruf am 16.02.2009.

Startseite Wikipedia (international), http://www.wikipedia.org, Abruf am 09.07.2009.

Startseite der deutschsprachigen Wikipedia-Ausgabe, http://de.wikipedia.org/wiki/Wikipedia:Hauptseite, Abruf am 24.02.2009.

Statistik: Deutschsprachige Wikipedia, http://stats.wikimedia.org/DE/TablesWikipediaDE.htm, Abruf am 16.03.2009.

Statistik: Trends, http://stats.wikimedia.org/DE/TablesRecentTrends.htm, Abruf am 03.07.2009.

Tool zum automatischen Generieren einer umfassenden Seitenstatistik, http://vs.aka-online.de/cgi-bin/wppagehiststat.pl, Abruf am 11.03.2009.

Wiki Research Bibliography,
http://meta.wikimedia.org/wiki/Wiki_Research_Bibliography, Abruf am 05.06.2009.

Wikibooks Hauptseite,
http://de.wikibooks.org/wiki/Hauptseite, Abruf am 16.02.2009.

Wikimedia Chapters,
http://meta.wikimedia.org/wiki/Wikimedia_chapters, Abruf: 16.02.2009.

Wikimedia Commons Hauptseite,
http://commons.wikimedia.org/wiki/Hauptseite, Abruf: 16.02.2009.

Wikimedia Foundation,
http://wikimediafoundation.org/wiki/Home, Abruf: 13.02.2009.

Wikimedia Incubator (Hauptseite),
http://incubator.wikimedia.org/wiki/Main_Page, Abruf: 16.02.2009.

Wikipedia_Schulprojekt,
siehe http://meta.wikimedia.org/wiki/Wikipedia_Schulprojekt, Abruf am 14.06.2009.

Wikimedia-Organigramm 2008,
http://de.wikipedia.org/w/index.php?title=Datei:Wikimedia-Organigramm-2008.png&filetimestamp=20080629140933, Abruf am 13.02.2009.

Wikinews Hauptseite,
http://de.wikinews.org/wiki/Hauptseite, Abruf am 16.02.2009.

Wikipedia:Academy,
http://de.wikipedia.org/wiki/Wikipedia:Academy, Abruf am 14.06.2009.

Wikipedia:Administratoren,
http://de.wikipedia.org/wiki/Wikipedia:Administratoren, Abruf am 03.07.2009.

Wikipedia:Artikel,
http://de.wikipedia.org/wiki/Wikipedia:Artikel, Abruf am 25.02.2009.

Wikipedia:Benutzer,
http://de.wikipedia.org/wiki/Wikipedia:Benutzer, Abruf am 03.02.2009.

Wikipedia:Benutzersperrung,
http://de.wikipedia.org/wiki/Wikipedia:Benutzersperrung, Abruf am 24.02.2009.

Wikipedia:Bewertungen,
http://de.wikipedia.org/wiki/Wikipedia:Bewertungen, Abruf am 24.02.2009.

Wikipedia:Bürokraten,
http://de.wikipedia.org/wiki/Wikipedia:Bürokraten, Abruf am 03.02.2009.

Wikipedia:CheckUser,
http://de.wikipedia.org/wiki/Wikipedia:Checkuser, Abruf am 03.02.2009.

Wikipedia:Dritte Meinung,
http://de.wikipedia.org/wiki/Wikipedia:Dritte_Meinung, Abruf am 16.03.2009.

Wikipedia:Edit War,
http://de.wikipedia.org/wiki/Wikipedia:Edit_War, Abruf: 16.03.2009.

Wikipedia:Fachspezifische Qualitätssicherung,
http://de.wikipedia.org/wiki/Wikipedia:Fachspezifische_Qualitätssicherung,
Abruf am 23.02.2009.

Wikipedia:Fragen zur Wikipedia,
http://de.wikipedia.org/wiki/Wikipedia:Fragen_zur_Wikipedia, Abruf am 03.07.2009.

Wikipedia:Geprüfte Versionen,
http://de.wikipedia.org/wiki/Wikipedia:Geprüfte_Versionen, Abruf am 16.03.2009.

Wikipedia:Geschichte der Wikipedia,
http://de.wikipedia.org/wiki/Wikipedia:Geschichte_der_Wikipedia, Abruf am 02.02.2009.

Wikipedia:Geschützte Seiten,
http://de.wikipedia.org/wiki/Wikipedia:Geschützte_Seiten, Abruf am 24.02.2009.

Wikipedia:Gesichtete Versionen,
http://de.wikipedia.org/wiki/Wikipedia:Gesichtete_Versionen, Abruf am 24.03.2009.

Wikipedia:Grundprinzipien,
http://de.wikipedia.org/wiki/Wikipedia:Grundprinzipien, Abruf am 03.02.2009.

Wikipedia:Ignoriere alle Regeln,
http://de.wikipedia.org/wiki/Wikipedia:Ignoriere_alle_Regeln, Abruf am 03.02.2009.

Wikipedia:Kandidaten für lesenswerte Artikel,
http://de.wikipedia.org/wiki/Wikipedia:Kandidaten_für_lesenswerte_Artikel,
Abruf am 24.02.2009.

Wikipedia:Kandidaturen,
http://de.wikipedia.org/wiki/Wikipedia:Kandidaturen, Abruf am 24.01.2009.

Wikipedia:Kategorien,
http://de.wikipedia.org/wiki/Wikipedia:Kategorien, Abruf am 16.02.2009.

Wikipedia:Kriterien für lesenswerte Artikel,
http://de.wikipedia.org/wiki/Wikipedia:Kriterien_für_lesenswerte_Artikel,
Abruf am 24.02.2009.

Wikipedia:Lesenswerte Artikel,
http://de.wikipedia.org/wiki/Wikipedia:Lesenswerte_Artikel, Abruf am 24.02.2009.

Wikipedia:Löschkandidaten,
http://de.wikipedia.org/wiki/Wikipedia:Löschkandidaten, Abruf am 25.02.2009.

Wikipedia:Löschprüfung,
http://de.wikipedia.org/wiki/Wikipedia:Löschprüfung, Abruf am 03.07.2009.

Wikipedia:Löschregeln,
http://de.wikipedia.org/wiki/Wikipedia:Löschregeln, Abruf am 25.02.2009.

Wikipedia:Machtstruktur,
http://de.wikipedia.org/wiki/Wikipedia:Machtstruktur, Abruf am 05.07.2009.
Wikipedia:MediaWiki,
http://de.wikipedia.org/wiki/Wikipedia:MediaWiki, Abruf am 13.02.2009.
Wikipedia:Meinungsbilder,
http://de.wikipedia.org/wiki/Wikipedia:Meinungsbilder, Abruf am 24.01.2009.
Wikipedia:Mentorenprogramm,
http://de.wikipedia.org/wiki/Wikipedia:Mentorenprogramm, Abruf am 03.02.2009.
Wikipedia:Oversight,
http://de.wikipedia.org/wiki/Wikipedia:Oversight, Abruf am 03.02.2009.
Wikipedia:Portal-Namensraum,
http://de.wikipedia.org/wiki/Wikipedia:Portal-Namensraum, Abruf am 03.07.2009.
Wikipedia:Qualitätssicherung,
http://de.wikipedia.org/wiki/Wikipedia:Qualitätssicherung, Abruf am 23.02.2009.
Wikipedia:Relevanzkriterien,
http://de.wikipedia.org/wiki/Wikipedia:Relevanzkriterien, Abruf am 25.02.2009.
Wikipedia:Review,
http://de.wikipedia.org/wiki/Wikipedia:Review, Abruf am 24.02.2009.
Wikipedia:Schiedsgericht,
http://de.wikipedia.org/wiki/Wikipedia:Schiedsgericht, Abruf am 16.03.2009.
Wikipedia:Schiedsgericht/FAQ,
http://de.wikipedia.org/wiki/Wikipedia:Schiedsgericht/FAQ, Abruf am 16.03.2009.
Wikipedia:Schnelllöschantrag,
http://de.wikipedia.org/wiki/Wikipedia:Schnelllöschantrag, Abruf am 25.02.2009.
Wikipedia:Schreibwettbewerb,
http://de.wikipedia.org/wiki/Wikipedia:Schreibwettbewerb, Abruf am 16.03.2009.
Wikipedia:Schwesterprojekte,
http://de.wikipedia.org/wiki/Wikipedia:Schwesterprojekte, Abruf am 16.02.2009.
Wikipedia:Statistik,
http://de.wikipedia.org/wiki/Wikipedia:Statistik, Abruf am 05.06.2009.
Wikipedia:Stimmberechtigung,
http://de.wikipedia.org/wiki/Wikipedia:Stimmberechtigung, Abruf am 24.03.2009.
Wikipedia:Tour/1,
http://de.wikipedia.org/wiki/Wikipedia:Tour/1, Abruf am 22.05.2009.
Wikipedia:Tutorial,
http://de.wikipedia.org/wiki/Hilfe:Tutorial, Abruf am 04.07.2009.

Wikipedia:Über Wikipedia,
  http://de.wikipedia.org/wiki/Wikipedia:Über_Wikipedia, Abruf am 11.03.2009.
Wikipedia:Vandalismus,
  http://de.wikipedia.org/wiki/Wikipedia:Vandalismus, Abruf am 16.03.2009.
Wikipedia:Vermisste Wikipedianer,
  http://de.wikipedia.org/wiki/Wikipedia:Vermisste_Wikipedianer, Abruf am 03.02.2009.
Wikipedia:Vermittlungsausschuss,
  http://de.wikipedia.org/wiki/Wikipedia:Vermittlungsausschuss, Abruf am 16.03.2009.
Wikipedia:Was bedeutet ein Löschantrag,
  http://de.wikipedia.org/wiki/Wikipedia:Was_bedeutet_ein_Löschantrag, Abruf am 25.02.2009.
Wikipedia:Was Wikipedia nicht ist,
  http://de.wikipedia.org/wiki/Wikipedia:Was_Wikipedia_nicht_ist, Abruf am 25.02.2009.
Wikipedia:Wie schreibe ich gute Artikel,
  http://de.wikipedia.org/wiki/Wikipedia:Wie_schreibe_ich_gute_Artikel, Abruf am 25.02.2009.
Wikipedia:Wikiliebe,
  http://de.wikipedia.org/wiki/Wikipedia:Wikiliebe, Abruf am 25.02.2009.
Wikipedia:Wikipedia im Unterricht,
  http://de.wikipedia.org/wiki/Wikipedia:Wikipedia_im_Unterricht, Abruf am 14.06.2009.
Wikipedia:Wikipedianer,
  http://de.wikipedia.org/wiki/Wikipedia:Wikipedianer, Abruf am 03.02.2009.
Wikipedia:Wikiprojekt Lehrerseminare,
  http://de.wikipedia.org/wiki/Wikipedia:Wikiprojekt_Lehrerseminare, Abruf am 14.06.2009.
Wikipedia:Wikiquette,
  http://de.wikipedia.org/wiki/Wikipedia:Wikiquette, Abruf am 25.02.2009.
Wikiquote Hauptseite,
  http://de.wikiquote.org/wiki/Hauptseite, Abruf am 16.02.2009.
Wikisource Hauptseite,
  http://de.wikisource.org/wiki/Hauptseite, Abruf am 16.02.2009.
Wikiversity Hauptseite,
  http://de.wikiversity.org/wiki/Hauptseite, Abruf am 16.02.2009.
Wikiversity:Schule,
  http://de.wikiversity.org/wiki/Wikiversity:Schule, Abruf am 14.06.2009.
Wiktionary Hauptseite,
  http://de.wiktionary.org/wiki/Wiktionary:Hauptseite, Abruf am 16.02.2009

Zitierte und ausgewiesene Webseiten[1]

Alexa – The Web Information Company. Internet Informationsdienst, 1996ff. Siehe http://www.alexa.com/

Allensbacher Computer- und Technik-Analyse (ACTA). Marktforschungsstudie des Instituts für Demoskopie Allensbach zur Entwicklung der Nutzung neuer Technologien in privaten Haushalten und deren Auswirkungen auf das Informations- und Konsumverhalten, 1997ff. Siehe http://www.acta-online.de

Allgemeinwissen und Gesellschaft. Enzyklopädien als Indikatoren für die Veränderung der gesellschaftlichen Bedeutung von Wissen, Bildung und Information. Forschungsprojekt an der Universität Zürich unter Leitung von Prof. Dr. Madeleine Herren und Prof. Dr. Paul Michel, Laufzeit: 2002-2006. Siehe http://www.enzyklopaedie.ch/

ARD/ZDF-Online Studie. Untersuchungsreihe zur Entwicklung der Medien- und Onlinenutzung in Deutschland im Auftrag der ARD/ZDF-Medienkommission, durchgeführt durch die Forschungsabteilungen des BR, hr, rbb, SWR und ZDF, 1997ff. Siehe http://www.ard-zdf-online studie.de

Berliner Erklärung über den offenen Zugang zu wissenschaftlichem Wissen (Berlin Declaration on Open Access to Knowledge in the Sciences and Humanities). Gemeinsames Grundsatzdokument der TeilnehmerInnen der Conference on Open Access to Knowledge in the Sciences and Humanities 20. bis 22. Oktober 2003 in Berlin. Siehe http://www.mpg.de/pdf/openaccess/BerlinDeclaration_dt.pdf
Der aktuelle Stand der Unterzeichnungen kann eingesehen werden unter: http://oa.mpg.de/openaccess-berlin/signatories.html

Berlin-Institut für Bevölkerung und Entwicklung. Institut zur Aufbereitung und Verbreitung wissenschaftlicher Erkenntnisse zum demografischen Wandel und Entwicklung von Konzepten zur Lösung demografischer Probleme, 2000ff. Siehe http://www.berlin-institut.org/

Bertelsmann-Stiftung. Gemeinwohl orientierte Stiftung zur frühzeitigen Identifizierung gesellschaftlicher Herausforderungen und zur Entwicklung und Realisierung exemplarischer Lösungsmodelle, 1977ff. Siehe http://www.bertelsmann-stiftung.de/

BILDblog. Watchblog zur Beobachtung der deutschen Boulevardpresse, 2004ff. Siehe http://www.bildblog.de/

Budapest Open Access Initiative. Initiative zur Förderung der Open Access-Bewegung, die aus einem Treffen des Open Society Institute (OSI) am 1. und 2. Dezember 2001 hervorgegangen ist. Siehe http://www.soros.org/openaccess/g/index.shtml

---

1 Die Erläuterungen zu den jeweils aufgeführten Institutionen und Webanwendungen orientieren sich im Wesentlichen an den Selbstbeschreibungen auf den dazugehörigen Homepages. Sie sind keine Einschätzung der Autorin.

LITERATUR UND QUELLEN | 517

Canon Deutschland. Webwebseite des Unternehmens zur Übersicht über Produkte und Neuentwicklungen. Siehe http://www.canon.de
Ehrensenf. Tägliche Internet TV-Show, 2005ff. Siehe http://www.ehrensenf.de
Facebook. Internationale soziale Netzwerkseite zum Anlegen eines persönlichen Profils und zum Aufbau virtueller Freundesnetzwerke weltweit, 2004ff. Siehe http://www.facebook.com/
Flickr. Online-Fotoplattform zur Organisation und Weitergabe (privater) Fotos und Videos, 2002ff. Siehe http://www.flickr.com/
GNU Operating System. Webseite der GNU General Public License, 2007ff. Siehe http://www.gnu.org/licenses/gpl.html
Heise Online. Webseite des Heise Zeitschriften Verlags, 1994ff. Siehe http://www.heise.de/
Iconkids & youth. Marktforschungsinstitut mit spezieller Ausrichtung auf Kinder und Jugendliche, 1996ff. Siehe http://www.iconkids.com/
ICQ. Kostenloser Instant Messaging Dienst, 1998ff. http://www.icq.de/
Initiative D21. Parteien- und brachchenübergreifendes Netzwerk von 200 Mitgliedsunternehmen und -institutionen sowie politischen Partnern aus Bund, Ländern und Kommunen zur Durchführung von gemeinnützigen Projekten mit Bezug auf digitale Veränderungen der Gesellschaft, 2004ff. Siehe http://www.initiatived21.de/
Institut für Medien- und Kommunikationspolitik (IfM). Unabhängige Forschungs- und Beratungseinrichtung für Medien, Kommunikationsforschung und handelnde Politik, 2005ff. Siehe http://medienpolitik.eu/
McLuhan Program. University of Toronto, 1980ff. Siehe http://www.utoronto.ca/mcluhan/
Mailingliste Qualitative Sozialforschung. Follow-Ups zum Thema »Ist Wikipedia eine zitierfähige Quelle für wissenschaftliche Untersuchungen? Mail-Archiv der Freien Universität Berlin, Oktober 2006. Siehe https://lists.fu-berlin.de/pipermail/qsf_l/2006-October/msg00026.html
MySpace. Internationale soziale Netzwerkseite mit privater Ausrichtung, 2003ff. Siehe http://www.myspace.com/
»Netzwerkkommunikation im Internet«. DFG-Projekt zur Erforschung grundlegender kommunikativer Muster der selbstorganisierten Wissensproduktion und -distribution in kollaborativen Online-Kommunikationen, Kooperationsprojekt zwischen der Universität Trier (Prof. Dr. Hans-Jürgen Bucher) und der Universität Koblenz-Landau (Prof. Dr. Wolf-Andreas Liebert. Siehe http://www.netzwerke-im-internet.de/home/index.html
Open Access. Der freie Zugang zu wissenschaftlicher Information. Informationsplattform zur Open Access-Bewegung in Deutschland. Projekt im Anschluss an die »Berliner Erklärung«. Siehe http://open-access.net/de
Skype. Kostenlose VoIP-Software zur sprach- und bildbasierten Internet-Telefonie inklusive Instant Messaging-Funktion, 2003ff. Siehe http://www.skype.com/

Spinner, Helmut F., Homepage an der Universität Karlsruhe, 2003. Siehe http://www.rz.uni-karlsruhe.de/~Helmut.Spinner/start.html

StudiVZ. Deutschsprachige soziale Netzwerkseite mit privater Ausrichtung der StudiVZ Ltd, 2005ff. Siehe http://www.studivz.net/

Transferwissenschaften. Transdisziplinäre Erforschung des gesellschaftlichen Wissenstransfers, 2001ff. Siehe http://www.transferwissenschaften.de

Trendwatching. Unabhängiges Trendforschungsunternehmen, 2002ff. Siehe http://trendwatching.com/

Twitter. Micro-Blogging-Dienst, 2006ff. Siehe http://twitter.com/

W3B-Umfrage. Jährliche Studie der Fittkau und Maaß Consulting Internet Research & Consulting Services zum Internet-Nutzungsverhalten und zu Trends im Internet, 1995ff. Siehe http://www.w3b.org/

»Wissen schafft Zukunft«. Hochschulprogramm des Ministeriums für Bildung, Wissenschaft, Jugend und Kultur des Landes Rheinland-Pfalz, 2005ff. Siehe http://www.mbwjk.rlp.de/wissenschaft/wissen-schafft-zukunft/

»Wizards of OS«. Konferenzreihe zu Open Source und Open Content, Berlin 1999ff. Siehe http://www.wizards-of-os.org/

YouTube. Online-Videoplattform zum Ansehen und Zeigen von Videos im Netz, 2005ff. Siehe http://www.youtube.com/

'Xing. Internationale soziale Netzwerkseite für Geschäftskontakte (ehemals openBC), 2003/2006ff. Siehe http://www.xing.com/

Kultur- und Medientheorie

BARBARA EDER, ELISABETH KLAR,
RAMÓN REICHERT, MARTINA ROSENTHAL (HG.)
Theorien des Comics
Ein Reader

Dezember 2010, ca. 300 Seiten,
kart., zahlr. Abb., ca. 28,80 €,
ISBN 978-3-8376-1147-2

ERIKA FISCHER-LICHTE,
KRISTIANE HASSELMANN,
ALMA-ELISA KITTNER (HG.)
Kampf der Künste!
Kultur im Zeichen von
Medienkonkurrenz und Eventstrategien

Dezember 2010, ca. 300 Seiten,
kart., zahlr. Abb., ca. 28,80 €,
ISBN 978-3-89942-873-5

GUNTHER GEBHARD, OLIVER GEISLER,
STEFFEN SCHRÖTER (HG.)
Das Prinzip »Osten«
Geschichte und Gegenwart
eines symbolischen Raums

November 2010, ca. 300 Seiten, kart., ca. 29,80 €,
ISBN 978-3-8376-1564-7

**Leseproben, weitere Informationen und Bestellmöglichkeiten
finden Sie unter www.transcript-verlag.de**

Kultur- und Medientheorie

Claus Leggewie, Anne-Katrin Lang,
Darius Zifonun (Hg.)
**Schlüsselwerke
der Kulturwissenschaften**

April 2011, ca. 300 Seiten, kart., ca. 24,80 €,
ISBN 978-3-8376-1327-8

Annette Jael Lehmann,
Philip Ursprung (Hg.)
Bild und Raum
Klassische Texte zu Spatial Turn
und Visual Culture

April 2011, ca. 300 Seiten, kart., ca. 29,80 €,
ISBN 978-3-8376-1431-2

Roberto Simanowski
**Textmaschinen – Kinetische Poesie –
Interaktive Installation**
Studien zu einer Hermeneutik
digitaler Kunst

Mai 2011, ca. 320 Seiten, kart.,
zahlr. Abb., ca. 32,80 €,
ISBN 978-3-89942-976-3

Leseproben, weitere Informationen und Bestellmöglichkeiten
finden Sie unter www.transcript-verlag.de

Kultur- und Medientheorie

CRISTIAN ALVARADO LEYTON,
PHILIPP ERCHINGER (HG.)
Identität und Unterschied
Zur Theorie von Kultur,
Differenz und Transdifferenz
Januar 2010, 332 Seiten, kart., 29,80 €,
ISBN 978-3-8376-1182-3

MATTHIAS BAUER,
CHRISTOPH ERNST
Diagrammatik
Einführung in ein kultur-
und medienwissenschaftliches
Forschungsfeld
September 2010, 372 Seiten,
kart., 32,80 €,
ISBN 978-3-8376-1297-4

CHRISTOPH BIEBER,
BENJAMIN DRECHSEL,
ANNE-KATRIN LANG (HG.)
Kultur im Konflikt
Claus Leggewie revisited
November 2010, ca. 470 Seiten,
kart., 25,80 €,
ISBN 978-3-8376-1450-3

CHRISTOF DECKER (HG.)
Visuelle Kulturen der USA
Zur Geschichte von Malerei,
Fotografie, Film, Fernsehen
und Neuen Medien in Amerika
November 2010, ca. 350 Seiten,
kart., zahlr. Abb., ca. 29,80 €,
ISBN 978-3-8376-1043-7

BARBARA GRONAU,
ALICE LAGAAY (HG.)
Ökonomien der Zurückhaltung
Kulturelles Handeln zwischen
Askese und Restriktion
Juli 2010, 388 Seiten,
kart., zahlr. Abb., 32,80 €,
ISBN 978-3-8376-1260-8

LUTZ HIEBER,
STEPHAN MOEBIUS (HG.)
Ästhetisierung des Sozialen
Reklame, Kunst und Politik
im Zeitalter visueller Medien
Mai 2011, ca. 250 Seiten,
kart., zahlr. Abb., ca. 26,80 €,
ISBN 978-3-8376-1591-3

PETER MÖRTENBÖCK,
HELGE MOOSHAMMER
Netzwerk Kultur
Die Kunst der Verbindung
in einer globalisierten Welt
April 2010, 158 Seiten, kart.,
zahlr. z.T. farb. Abb., 17,80 €,
ISBN 978-3-8376-1356-8

DORIT MÜLLER,
SEBASTIAN SCHOLZ (HG.)
Raum Wissen Medien
Zur raumtheoretischen
Reformulierung
des Medienbegriffs
April 2011, ca. 366 Seiten,
kart., zahlr. Abb., ca. 29,80 €,
ISBN 978-3-8376-1558-6

CHRISTOPH NEUBERT,
GABRIELE SCHABACHER (HG.)
**Verkehrsgeschichte und
Kulturwissenschaft**
Analysen an der Schnittstelle
von Technik, Kultur und Medien
November 2010, ca. 250 Seiten,
kart., ca. 26,80 €,
ISBN 978-3-8376-1092-5

THEO RÖHLE
Der Google-Komplex
Über Macht im Zeitalter
des Internets
Juli 2010, 266 Seiten, kart., 24,80 €,
ISBN 978-3-8376-1478-7

**Leseproben, weitere Informationen und Bestellmöglichkeiten
finden Sie unter www.transcript-verlag.de**

ZfK - Zeitschrift für Kulturwissenschaften

Daniela Hammer-Tugendhat,
Christina Lutter (Hg.)

Emotionen

Zeitschrift für Kulturwissenschaften,
Heft 2/2010

August 2010, 164 Seiten, kart.,
8,50 €,
ISBN 978-3-8376-1405-3

ZfK - Zeitschrift für Kulturwissenschaften

Der Befund zu aktuellen Konzepten kulturwissenschaftlicher Analyse und Synthese ist ambivalent: Neben innovativen und qualitativ hochwertigen Ansätzen besonders jüngerer Forscher und Forscherinnen steht eine Masse oberflächlicher Antragsprosa und zeitgeistiger Wissensproduktion – zugleich ist das Werk einer ganzen Generation interdisziplinärer Pioniere noch wenig erschlossen.

In dieser Situation soll die **Zeitschrift für Kulturwissenschaften** eine Plattform für Diskussion und Kontroverse über »Kultur« und die Kulturwissenschaften bieten. Die Gegenwart braucht mehr denn je reflektierte Kultur, historisch situiertes und soziales verantwortetes Wissen. Aus den Einzelwissenschaften heraus kann so mit klugen interdisziplinären Forschungsansätzen fruchtbar über die Rolle von Geschichte und Gedächtnis, von Erneuerung und Verstetigung, von Selbststeuerung und ökonomischer Umwälzung im Bereich der Kulturproduktion und der naturwissenschaftlichen Produktion von Wissen diskutiert werden.

Die **Zeitschrift für Kulturwissenschaften** lässt gerade auch jüngere Wissenschaftler und Wissenschaftlerinnen zu Wort kommen, die aktuelle fächerübergreifende Ansätze entwickeln.

Lust auf mehr?

Die **Zeitschrift für Kulturwissenschaften** erscheint zweimal jährlich in Themenheften. Bisher liegen die Ausgaben »Fremde Dinge« (1/2007), »Filmwissenschaft als Kulturwissenschaft« (2/2007), »Kreativität. Eine Rückrufaktion« (1/2008), »Räume« (2/2008), »Sehnsucht nach Evidenz« (1/2009), »Politische Ökologie« (2/2009), »Kultur und Terror« (1/2010) sowie »Emotionen« (2/2010) vor.
Die **Zeitschrift für Kulturwissenschaften** kann auch im Abonnement für den Preis von 8,50 € je Ausgabe bezogen werden.
Bestellung per E-Mail unter: bestellung.zfk@transcript-verlag.de

www.transcript-verlag.de